本书编委会

编委会主任　焦　扬　许宁生

副　主　任　张人禾　吴宏翔

编委会成员　汪　玲　方　明　楚永全　杨长江　先梦涵　吴海鸣　姜友芬
　　　　　　刁承湘　顾树棠　顾云深　廖文武　黄颂杰　谢遐龄　周　斌
　　　　　　包晓明　杜　磊　胡玲琳　潘　星　刘晓宇

主　　　编　张人禾

执 行 主 编　吴宏翔

副　主　编　汪　玲　方　明　楚永全　杨长江　先梦涵　吴海鸣　姜友芬

策 划 统 筹（以姓名拼音排序）
　　　　　　包晓明　杜　磊　胡玲琳　刘晓宇　潘　星

主要编写人员（以姓名拼音排序）
　　　　　　包晓明　杜　磊　段军岩　胡玲琳　金　鑫　李婷婷　廖文武
　　　　　　刘晓宇　陆德梅　潘　星　唐荣堂　王　烨　吴宏翔　吴鸿翔
　　　　　　夏学花　先梦涵　许　滢　姚玉河　赵姝婧　朱纯正

协助编写人员（以姓名拼音排序）
　　　　　　陈　芳　陈建平　陈　琍　陈仁波　陈苏华　陈兆君　段咏红
　　　　　　樊廷建　樊智强　耿昭华　梁　玲　刘佳琪　刘树麟　罗爱华
　　　　　　马　彦　慕　梁　潘晓蕾　裴　鹏　彭　丽　钱益民　任　宏
　　　　　　施　展　谭　嵩　谭　芸　王安华　王晶晶　王磊俊　王永珍
　　　　　　王　云　夏天怡　徐洁祎　徐晓创　许丽红　杨　柳　应质峰
　　　　　　詹　梅　甄炜旎　周春莲　周小雅　庄　琛

1978—2018

卿云缦缦 日月光华

复旦大学恢复研究生教育40周年

复旦大学研究生院 编著

复旦大学出版社

序 一

研究生教育是高校人才培养的重要环节,是学科发展和科技创新的重要支撑,也是服务创新型国家建设、参与全球人才竞争和科技竞争的重要依托。新中国成立以来,尤其是改革开放40年以来,伴随着中华民族从站起来、富起来到强起来的伟大飞跃,中国的研究生教育也实现了由小到大、由弱变强的历史性跨越,为经济社会发展提供了重要的人才支持和智力支持,注入了强大的创新基因和发展活力。

复旦大学是中国人民间集资、自主创办的第一所高校,在研究生教育方面有较悠久的传统、较深厚的积淀和较丰硕的成果,为我国研究生教育的发展做出了重要贡献。复旦在全国研究生教育史上曾有3个"率先":一是1923年,从金陵大学毕业的文学学士蔡乐生进入复旦大学心理学院成为研究生,率先开启了在中国人自主创办的高等学校培养研究生的先河;二是1949年新中国成立后,复旦大学率先在全国公开招收研究生;三是1977年10月,在小平同志的亲自关心下,教育部下发了《为复旦大学苏步青教授建议招收研究生发通知》,复旦率先在全国恢复研究生招生。

40年来,在党和国家的坚强领导和重点支持下,复旦研究生教育始终坚持为党育人、为国育才,为新中国培养出大批优秀人才。目前,研究生在校生已达2.8万余人,其中博士生8千余人、硕士生2万余人。复旦培养的研究生以其深厚的知识素养、出色的实践能力和积极的创新精神,为党和国家各项事业发展做出许多贡献。40年来,复旦研究生教育始终坚持深化改革、锐意进取,培养体系不断发展完善。学校逐步形成了哲学、经济学、法学、教育学、文学、历史学、理学、工学、医学、管理学、艺术学等11个学科门类的研究生培养和学位授权体系。40年来,复旦研究生教育始终强调创新引领、勇立潮头,涌现出许多一流的学术成果。研究生在国际顶级期刊上发表论文的数量大幅提升。据统计,在2017年度复旦大学主导发表的SCI、SSCI、AHCI、EI这4类论文中,研究生参与发表论文数量占70%,主导发表论文数量占56%,研究生已经成为学校科研创新的重要生力军。40年来,复旦大学的研究生教育始终加强对外交流、开放合作,国际化创新融合平台不断拓展。学校的国际知名度和影响力与日俱增,先后与全球270多家大学和机构签订了合作协议,促进了高层次国际交流,为研究生人才培养提供了广阔的空间和舞台。

《卿云缦缦　日月光华：复旦大学恢复研究生教育40周年(1978—2018年)》一书，见证了复旦研究生教育规模从小到大、学位制度从无到有的发展和改革历程，总结了学校40年来研究生教育的发展经验，对于我们进一步提高新时代高层次创新人才培养质量，落实立德树人根本任务，构建中国特色世界一流的研究生教育培养体系，具有重要的指导意义和参考价值。

不忘初心，方得始终。中国特色社会主义进入新时代，以习近平同志为核心的党中央作出了"统筹推进世界一流大学和一流学科建设"的重大战略部署。当前，新一轮科技革命和产业变革蓄势待发，中国社会持续发生深刻变革，要进行伟大斗争、建设伟大工程、推进伟大事业、实现伟大梦想，党和国家对高层次创新人才的需要，比以往任何时候都更为迫切。一流的大学必须有一流的研究生教育。希望通过这本书，我们能够从40年的发展历程中提炼思想、汲取经验，牢牢把握新的历史性机遇，加快推进研究生教育综合改革，培养更多具有国家意识、人文情怀、科学精神、专业素养、国际视野的高层次学术创新型人才和专业性人才，推动和支撑中国特色世界一流大学建设，为建设社会主义现代化强国、实现中华民族伟大复兴的中国梦贡献力量！

复旦大学党委书记

2019 年 12 月 2 日

序 二

在今天全球高等教育界,没有一所世界一流大学乃至世界顶尖大学不把培养引领未来的一流人才作为自身最重要的使命。研究生教育肩负着培养国家乃至全球"高精尖缺"高层次人才的重要任务,在研究型大学人才培养中所占份额越来越大,对一所大学育人质量提升提出了越来越多的挑战。研究生教育的规模、质量、效果也决定着大学在学术登峰、社会贡献和承担国家使命担当方面的影响力。

改革开放40年来,我国的社会主义现代化建设取得了举世瞩目的伟大成就,我国的研究生教育也走过了从恢复建设到快速发展到内涵发展再到创新发展的不凡历程。复旦大学作为中国特色、世界一流的综合性研究型大学,一直以来是我国研究生教育的重镇。学校很重视研究生教育,在改革开放初期就向党中央提出恢复研究生教育的建议。恢复研究生教育40年以来,学校遵循党的教育方针,坚持社会主义办学方向,秉承"博学而笃志,切问而近思"的校训,将研究生教育放在办学治校的突出重要位置,为国家培养了一大批社会主义现代化建设的栋梁之才。进入21世纪以后,复旦大学的研究生教育加速发展。2000年4月,复旦大学与上海医科大学强强联合,学校的学科结构得到进一步拓宽,人文、社科、理科、工科、医科鼎立的学科格局逐渐形成,学校的整体办学实力和研究生培养能力持续增强。经过40年来的不断努力探索和改革,复旦大学已经逐渐构建形成一个完善的,能够充分适应学生、社会和国家需求,且富有活力的研究生教育体系。在此期间,复旦大学的研究生教育主动适应经济社会发展需要,着力推进培养机制改革、创新培养方式,从招生制度、培养模式到管理体制都发生了重大变革。学校始终将研究生培养质量放在第一位,较早确立并始终坚持走"内涵发展"式道路。在人才选拔上,坚持敢为人先、不拘一格的人才选拔理念和方式,坚持理性审慎的人才选拔态度;在人才培养上,始终紧扣研究生创新精神和创新能力的培养核心,始终坚持开放办学理念,以面向世界的战略眼光,不断推进研究生教育的国际交流与合作。

40年来,学校各类研究生结构比例不断优化,研究生招生、培养和学位授予的质量持续提升。今天的复旦大学研究生教育共包含44个一级学科,拥有博士学位授权一级学科点37个、硕士学位授权一级学科点43个;博士专业学位授权点4个、硕士专业学位授权点

32个。2019年全年,复旦学者在 Cell、Nature、Science、NEJM 等顶尖期刊上发表论文36篇,以通讯作者/第一作者身份发表16篇,其中有两项作为全球十大亮点被杂志推荐,复旦研究生在这些工作中做出了重要贡献。

党的十九大报告描述中国发展的历史方位时,提出要"加快一流大学和一流学科建设,实现高等教育内涵式发展",这是新时代赋予中国高等教育事业发展的新要求。高层次人才培养是高校人才培养链条的高端,集中体现一所学校的人才培养综合能力和前沿开拓能力。研究生教育肩负着培育高素质创新人才、打造一流导师队伍、构建一流学科、凝聚一流研究成果、传承文化、服务社会的多重使命,是学校学科建设的重要内涵,是学科交叉、融合、创新的内在动力,在"双一流"建设中发挥着不可替代的重要作用。为此,在加快推进"双一流"建设进程中,必须始终将研究生教育作为一项核心任务,只能不断加强,不能有丝毫削弱。研究生教育要率先冲击世界一流水平,主动担当实现学校"双一流"建设目标的重任。面对新形势和新要求,2018年9月召开的复旦大学第十五次党代会明确提出,将"形成以'高精尖缺'为导向的研究生培养格局"作为学校研究生教育未来发展的战略方向。按照以上部署,学校正在主动进行体制机制创新,全力推进研究生教育综合改革,通过各项改革举措,力图真正实现将一流研究生培养与一流科研有机结合,促进研究生的科研能力和创新水平的全面提升,加快"双一流"建设目标早日实现。

由复旦大学研究生院编写出版的《卿云缦缦 日月光华:复旦大学恢复研究生教育40周年(1978—2018年)》一书,对改革开放40年来,复旦大学研究生教育所走过的历程进行了全景式回顾,对40年来复旦大学研究生教育的历次重大改革进行了全面梳理,对基于我校实践基础之上的研究生教育规律进行了系统的总结和提炼。相信本书的出版,对未来我校进一步加强研究生教育,深化研究生教育综合改革,全面提升研究生教育质量,构建中国特色、复旦特点、世界一流研究生人才培养体系,促进"双一流"建设全面健康发展,有着不可或缺的重要意义。

复旦大学校长、中国科学院院士

2019年12月25日

前　言

继教育部1977年10月下发《为复旦大学苏步青教授建议招收研究生发通知》后，1978年2月复旦大学迎来了中断研究生教育10余年后的第一批研究生，标志着学校正式恢复了研究生教育工作。

2018年是新中国改革开放40周年，也是复旦大学恢复研究生教育40周年。作为一所拥有百年悠久历史和深厚文化积淀的高校，作为新中国重点建设的一所社会主义综合性大学，40年来，复旦大学历经了"恢复研究生教育、与上海医科大学强强联合、砥砺奋进"等发展过程，始终与国家同呼吸、共命运，始终是中国改革开放进程中的奋发前行者。

40年来，通过国家"211工程"、"985工程"，以及当前正在实施的"双一流"建设等重点工程建设，复旦大学整体办学实力和研究生教育水平得以不断提升。截至2018年9月，已累计招收学历研究生近11.2万人，其中博士生2.87万人、硕士生8.33万人；授予学位逾10万人，其中博士学位1.95万人、硕士学位8.13万人。在校研究生规模超过2.8万人，其中博士研究生8千余人、硕士研究生2万余人（以上均含医学生）。形成了涵盖哲学、经济学、法学、教育学、文学、历史学、理学、工学、医学、管理学、艺术学等11个学科门类的完整研究生培养和学位授权体系。

本书共分4个篇章，全面整理和记录了1978—2018年学校在研究生招生、培养、学位、导师队伍、学科建设、管理组织体系和研究生教育研究等方面工作的发展历程，详细整理了40年中复旦大学研究生教育工作的丰富成果。从内容来看，本书体现了前人心血的继承与延续：复旦大学研究生教育工作者编撰的各种材料，包括出版物和自编材料，如《复旦大学百年志》、《上海医科大学志》、复旦大学与上海医科大学年鉴，以及档案馆中的各种史料文献，为本书的撰写工作提供了最珍贵的资料来源。本书亦是近年来复旦大学研究生教育重大革新的见证与体现：无论是招生、培养、学位管理制度的变革，还是教育资源环境的变迁与发展，都通过翔实的文字叙述、表格整理以及图片展示，全面地展现于其中。本书更是对未来充满信心的展望与愿景。全书真实展现了复旦大学研究生教育40年发展的特色和成效，观点鲜明，材料翔实，数据可靠，对我们了解复旦大学研究生教育的历史沿革、改革进程、任务挑战和未来发展具有重要的参考价值。

当前,复旦大学正迎来发展新机遇:2017年9月学校获批为国家"双一流"建设高校,11月获教育部批准开展"博士研究生教育综合改革试点工作";2018年4月获批为"学位授权自主审核单位"。复旦大学研究生教育将抓住机会、乘势而上、顺势而为,按照2018年9月召开的学校第十五次党代会提出的建设中国特色世界顶尖大学的目标,以服务需求、提高质量为主线,瞄准国际科学前沿和国家重大战略、重大工程、重大需求,聚焦上海科创中心和学校"双一流"建设目标,以科教、产教融合协同育人机制建设为抓手,着力开展研究生教育综合改革。在形成以"高精尖缺"为导向的研究生培养格局和建设中国特色、世界顶尖大学进程中,实现研究生教育率先向世界顶尖水平靠拢的目标,这是全体复旦人的光荣与梦想。

复旦大学副校长兼研究生院院长、中国科学院院士

2019年9月30日

目　录

序一 ·· 焦　扬　1
序二 ·· 许宁生　1
前言 ·· 张人禾　1

第一篇　历史传承与发展

第一章　研究生教育的悠久历史 ································ 3
　第一节　恢复研究生教育 40 年回顾 ··························· 3
　第二节　基本经验与成就 ·· 16

第二章　研究生教育理念回顾（1978—1999 年） ············ 21
　第一节　复旦大学校长及研究生院院长的研究生教育理念
　　　　　（1978—1999 年） ·· 21
　第二节　原上海医科大学校长及研究生院院长的研究生教育理念
　　　　　（1984—1999 年） ·· 39

第三章　研究生教育理念回顾（2000—2018 年） ············ 48
　第一节　校长的研究生教育理念 ······························ 48
　第二节　研究生院院长的研究生教育理念 ··················· 62

第四章　复旦大学研究生教育管理、机构及人员的沿革 ···· 75
　第一节　校级研究生教育管理机构的发展沿革 ············· 75

第二节　校级研究生管理机构人员变动情况 ……………………………… 80
第三节　两级管理的职责与分工 …………………………………………… 83
第四节　研究生教育管理信息化建设 ……………………………………… 85
第五节　重视教育理论研究，强化理论与实践结合 ……………………… 86

第二篇　人才培养与成效

第五章　立德树人与人才培养 ………………………………………………… 93
　　第一节　立德树人是研究生培养的根本任务 …………………………… 94
　　第二节　全面落实研究生导师立德树人职责 …………………………… 96

第六章　学科建设与学科评估 ………………………………………………… 98
　　第一节　重点学科建设 …………………………………………………… 98
　　第二节　博士、硕士学位授权点建设 …………………………………… 109
　　第三节　学科评估和专业学位水平评估 ………………………………… 112
　　第四节　学位授权点合格评估 …………………………………………… 114

第七章　研究生导师队伍 ……………………………………………………… 116
　　第一节　名师云集，成就名校 …………………………………………… 116
　　第二节　研究生导师队伍建设 …………………………………………… 117
　　第三节　优秀导师案例及人才培养理念 ………………………………… 120
　　第四节　研究生心目中的好导师 ………………………………………… 136
　　第五节　优秀导学团队 …………………………………………………… 139

第八章　研究生招生 …………………………………………………………… 149
　　第一节　持续扩大招生规模 ……………………………………………… 149
　　第二节　优化调整招生结构 ……………………………………………… 154
　　第三节　多样化的招生方式与宣传活动 ………………………………… 155
　　第四节　健全和规范招生管理制度 ……………………………………… 164

第九章　研究生培养 …………………………………………………………… 166
　　第一节　培养方案与分类培养 …………………………………………… 166
　　第二节　课程建设与教学成果 …………………………………………… 183

第三节	中期考核与质量检查	200
第四节	科研训练与实施成效	205
第五节	研究生国际化培养	217
第六节	优秀研究生案例	225
第七节	就业竞争力分析	231

第十章 研究生学位授予与质量保障 ········· 234
  第一节 学位委员会组织职能及成员 ········· 234
  第二节 博士、硕士学位授予 ········· 242
  第三节 学位审核质量保障制度 ········· 246
  第四节 全国优秀博士学位论文评选 ········· 250
  第五节 名誉博士 ········· 254

第三篇　育人实践与探索

第十一章 科学道德和学风建设 ········· 259
  第一节 科学道德和学风建设概况 ········· 259
  第二节 科学道德和学风建设特色 ········· 267
  第三节 创新研究生思政教育形式 ········· 271

第十二章 创新创业与科创实践 ········· 275
  第一节 研究生创新创业工作概述 ········· 275
  第二节 上海市研究生创新创业能力培养计划 ········· 281
  第三节 研究生参赛及获奖情况 ········· 284

第十三章 研究生学术活动 ········· 305
  第一节 研究生学术论坛 ········· 306
  第二节 研究生暑期学校 ········· 321
  第三节 优秀大学生夏令营 ········· 341
  第四节 "学术新人奖"与"学术之星" ········· 350

第十四章 复旦大学研究生奖助体系 ········· 366
  第一节 研究生奖助体系的历史沿革 ········· 366

第二节 现行研究生奖助体系概况 ……………………………………… 377
第三节 研究生奖助体系的育人探索 …………………………………… 380

第四篇 创新发展与展望

第十五章 加快推进综合改革，实现复旦研究生教育创新发展 ………………… 385
　　第一节 复旦大学研究生教育面临的战略背景、机遇和挑战 …………… 385
　　第二节 加快研究生教育综合改革，实现复旦研究生教育创新发展 …… 388

第十六章 未来展望：发展中国特色、世界一流优质研究生教育的思考 ……… 395
　　第一节 复旦大学研究生教育的发展方向、目标与前景 ………………… 395
　　第二节 复旦大学研究生教育的使命与任务 ……………………………… 397
　　结语 不忘初心，引领未来 ……………………………………………… 405

参考文献 ………………………………………………………………………… 407
附录 ……………………………………………………………………………… 409
　　附录1 复旦大学学位与研究生教育大事记 …………………………… 409
　　　　复旦大学大事记(1977—1999年) ………………………………… 409
　　　　原上海医科大学大事记(1977—1999年) ………………………… 413
　　　　复旦大学大事记(2000—2018年) ………………………………… 418
　　附录2 复旦大学学位与研究生教育重要文件选编 …………………… 436
　　　　复旦大学(1977—1999年) ………………………………………… 436
　　　　原上海医科大学(1977—1999年) ………………………………… 438
　　　　复旦大学(2000—2018年) ………………………………………… 439
　　附录3 国家研究生教育重要文件选编 ………………………………… 447
　　附录4 复旦大学培养研究生学科、专业目录(学术学位) …………… 465
　　附录5 复旦大学培养研究生学科、专业目录(专业学位) …………… 473
　　附录6 1978—2018年复旦大学学历教育研究生招生数统计表(含2000年前
　　　　原上海医科大学) ………………………………………………… 475
　　附录7 复旦大学专业学位研究生实践基地列表 ……………………… 478

附录 8　2015—2016 年研究生课程体系及重点建设特色课程项目列表 ········· 481

附录 9　分模块研究生课程列表 ········· 483

附录 10　复旦大学 FIST 课程项目开课课程汇总清单(2013—2018 年) ········· 487

附录 11　复旦大学研究生教材列表(2002—2018 年) ········· 503

附录 12　复旦大学研究生教学成果奖列表(2005—2017 年) ········· 509

附录 13　复旦大学研究生培养项目(含全英文研究生学位项目)列表 ········· 514

附录 14　复旦大学学位评定委员会会议主要内容 ········· 517

附录 15　复旦大学历年授予博士和硕士学位按门类、类别人数统计表
(含 2000 年前原上海医科大学) ········· 534

附录 16　复旦大学历届全国优秀博士学位论文提名奖、上海市优秀博士
学位论文、上海市优秀硕士学位论文入选情况 ········· 552

附录 17　复旦大学博士生参加全国博士生学术论坛情况 ········· 582

附录 18　复旦大学承办全国博士生学术论坛情况(2005 年) ········· 588

附录 19　复旦大学博士生学术论坛一览表(2008—2015 年) ········· 600

附录 20　复旦大学优秀大学生夏令营实施概况表(2009—2018 年) ········· 606

后记 ········· 612

第一篇 历史传承与发展

第一章 研究生教育的悠久历史

第一节　恢复研究生教育 40 年回顾

2018年是中国改革开放40年,也是恢复研究生教育40年。40年来,中国的研究生教育蓬勃发展,在中华民族实现从"站起来"、"富起来"到"强起来"的历史性飞跃进程中,研究生教育的地位和作用越来越突出,所担负的社会责任越来越重大。复旦大学作为一所拥有百年悠久历史和深厚文化积淀的著名高校,作为新中国重点建设的一所社会主义综

◆ 图 1-1-1　复旦大学正校门

合性大学,在研究生教育方面始终勇立潮头、敢为人先、锐意进取。特别是 2000 年复旦大学与原上海医科大学强强联合,组成新的复旦大学以后,学校整体办学实力和研究生教育总体水平实现了质的飞跃。40 年来,通过坚持不懈的努力奋斗和持续不断的改革创新,复旦大学的研究生教育工作取得了辉煌成就,为改革开放事业的胜利和我国高等教育事业的发展进步做出了重要贡献,成为全国研究生教育的优秀典范。

一、近代中国研究生教育的先声,新中国研究生教育的典范

复旦大学历来十分重视研究生教育,早在新中国成立之前就已经开办研究生教育,可谓近代中国研究生教育的先声。复旦大学始创于 1905 年,原名"复旦公学",1917 年定名为"复旦大学",是由中国人自主创办的第一所高等学校。"卿云烂兮,纠缦缦兮;日月光华,旦复旦兮",撷取自《尚书大传·虞夏传》中的"复旦"二字校名,寓意追求光明,寓含自主办学、复兴中华之义。创校之初,马相伯、严复等先后担任校长。1913 年李登辉开始担任校长,一直到 1936 年。在他长达 23 年的校长任内,复旦大学发展成为一所以培养商科、经济、新闻、教育、土木等应用型人才闻名的、有特色的私立大学,形成了从中学到研究院的完整的办学体系。在此期间,1923 年,复旦大学心理学院招收金陵大学毕业生文学学士蔡乐生为研究生,标志着复旦大学校史上首次开启研究生教育。在近代中国人自己所独立创办的高等学校中开办研究生教育,复旦大学首开先河。

复旦大学上海医学院(原上海医科大学)创建于 1927 年,创立时名为"国立第四中山大学医学院",是中国人创办的第一所国立大学医学院,颜福庆出任首任院长。1932 年,独立为"国立上海医学院"(简称"上医")。院训是"正谊明道",出自《汉书·董仲舒传》:"正其谊不谋其利,明其道不计其功。"早在 1943 年 12 月,根据当时教育部制定的《大学研究所暂行组织规程》,在全国 33 所高校设立了 156 个研究所。国立上海医学院先后设立药理学研究所、病理学研究所和生物化学研究所。1947 年 3 月,首先在病理学研究所和药理学研究所招收了 5 名研究生。1948 年,生物化学研究所林国镐教授招收 2 名研究生。1949 年,生物化学研究所林国镐和李亮教授又陆续招收了 4 名研究生。

新中国成立后,中国的高等教育经历凤凰涅槃之后重获新生、脱胎换骨,复旦大学的研究生教育也随之迎来新的发展机遇。1949 年,复旦大学率先在全国公开招收研究生。1952 年,全国高等院校大调整,复旦大学以此为契机,锐意发展,实现从多科性大学向文理科综合性大学的转变。据统计,从 1949 至 1965 年,全校共计招收、培养研究生 651 人。这一时期复旦良师济济,虽然建国之初各项条件异常艰苦,但是他们以高昂的热情和百倍的斗志,投入教书育人工作之中。在研究生培养方面,得益于这些良师,此时的复旦就进行了一系列极富开创性的尝试,为日后国家社会主义现代化建设培养了一大批在各自领域引领风骚的高层次人才。

以复旦大学数学系为例,20 世纪 50 年代初期,便在苏步青、陈建功等著名数学家的带领下,提出"培养研究生主要是培养研究生独立研究的能力,包括独立的学习能力、研究能力和创造能力"的研究生育人理念。在名师指导下,谷超豪、夏道行、胡和生、严绍宗等一批研究生人才先后成长起来,取得一系列在当时具有国际水准的科研成果。与此同时,生

物系在著名遗传学家、进化生物学家谈家桢等人带领下,建立了中国第一个遗传学专业和第一个遗传学研究所,使复旦大学成为新中国成立后国内最早开展生物遗传变异和进化研究及研究生人才培养的高校之一。物理系则拥有卢鹤绂、谢希德两位领军人物,二人先后成为新中国原子能科学和半导体物理学的开创者和奠基人,分别为培养中国第一代原子科学技术骨干和半导体人才做出重要贡献。根据公开资料,在中国 11 位"两弹"元勋中,有 7 位曾接受过卢鹤绂的指导;在 1956—1958 年,经过谢希德和她的同事们培养的半导体人才有 300 多名,这批人才先后成为中国第一批半导体科研单位和生产第一线业务骨干,为新中国白手起家建立自己独立的半导体科研和工业体系奠定了基础。此时的复旦文科更是大师辈出,先后涌现新闻系陈望道,中文系朱东润、贾植芳,历史系周谷城、谭其骧,哲学系蔡尚思,经济学系蒋学模等著名教授,他们都是儒雅博学、学贯中西之士。由他们所开创的以"手工作坊"式师傅带徒弟精工细作的研究生人才培养方式,深深地影响了几代学人。

1952 年,国立上海医学院更名为"上海第一医学院"。高等教育部于 1953 年 11 月 27 日印发《高等学校培养研究生暂行办法(草案)》,明确规定"凡有苏联专家(或人民民主国家的专家)或师资较好的高等学校均应担负培养研究生的任务",并制定了研究生的培养目标、学制和要求。1955 年,卫生部批准上医每年招收研究生。当时学校拥有一批全国著名的医学家,其中张昌绍、王淑贞、徐丰彦、苏德隆、荣独山、杨国亮等一级教授都积极带教研究生。1955 年 10 月后,3 位苏联专家到校,与本校教授一起在生理学等学科协助指导研究生。学校研究生招生人数在全国医学院校中居于前列,并制定了研究生培养计划和考试办法。1947—1966 年,共招研究生 227 人,毕业 141 人。期间,临床医学更是涌现出黄家驷、林兆耆、沈克非、荣独山、王淑贞、陈翠贞、郭秉宽、胡懋廉、钱惪、杨国亮、吴绍青等 11 位国家一级教授,这些蜚声海内外的著名临床医学专家亦先后投身于医学研究生教育,

◆ 图 1-1-2 1977 年 10 月 3 日教育部发文《为复旦大学苏步青教授建议招收研究生发通知》

为独立自主培养新中国自己的高层次临床医学专家做出卓越贡献。1959年,上海第一医学院被定为全国16所重点高等学府之一。

10年"文革"期间,中国的研究生教育遭遇严重挫折,复旦大学的研究生教育也受到重创。"文革"结束后,国家形势好转,复旦大学的研究生教育得以恢复和发展。1977年10月,复旦大学在全国最早恢复研究生招生。

1978年,中国进入改革开放的新时期,中国的研究生教育也随之迎来了前所未有的大发展。1981年1月1日,《中华人民共和国学位条例》正式颁布实施,将中国的学位与研究生教育真正带入良性发展轨道。在此期间,复旦大学和原上海医科大学的研究生教育紧扣时代脉搏,牢牢把握历史机遇,通过持续不断的改革创新和艰苦奋斗,取得了长足的进步和发展。1982年4月,"文革"后首批硕士毕业生获得硕士学位。1983年5月,全国举行首批18名博士学位获得者的授证仪式,复旦大学基础数学学科1982年首批毕业的博士洪家兴、李绍宽、张荫南、童裕孙占据其中4席。1983年下半年,周振鹤、葛剑雄成为全国最早的两名文科博士。他们是由复旦大学历史地理学科依靠自己的力量培养并授予博士学位的,这在中国历史上还是第一次。1984年,国务院批准全国22所高校试办研究生院,复旦大学和上海医科大学都位列其中。同年,医科开始试行临床医学研究生培养。1991年,复旦大学成为全国工商管理硕士首批9所试点高校之一;1998年,上海医科大学正式成为临床医学博士、硕士专业学位试点单位。1981—1999年复旦大学累计招收和培养文理学科研究生共计13 937人、医学研究生共计4 731人。其中,文理学科有23名研究生,医科有9名研究生,在1991年被国家授予"做出突出贡献的中国硕士、博士学位获得者"光荣称号。

◆ 图1-1-3 1983年10月19日,复旦大学为中国首批2位文科博士举行学位授予仪式,图为周振鹤(左)、葛剑雄(右)与导师谭其骧教授(中)合影

进入21世纪,复旦大学的研究生教育加速发展。2000年4月,复旦大学与原上海医科大学强强联合,通过合并调整,学校的学科结构得到进一步拓宽,文、理、医三足鼎立的学科格局逐渐形成,学校的整体办学实力和研究生培养能力持续增强。在此期间,复旦大学深入贯彻教育部提出的"深化改革、积极发展;分类指导、按需建设;注重创新、提高质量"24字研究生教育工作方针,重新调整研究生教育在学校总体发展中的布局和定位,把加速高层次人才培养和加强研究生特别是博士生创新精神和创新能力的培养作为研究生教育的核心任务,在研究生教育改革实践道路上阔步向前。这一时期,复旦大学研究生教育率先实施了多项具有引领性的改革举措,包括:2000年在国内率先启动两院院士和杰出教授自主招生改革,同步实施研究生培养体系改革;自2002年起,开展博士学位论文"双盲"评审改革,实施研究生课程和教学改革;自2013年开始设立"集中授课、聘请名师、计算学分、对外开放"的研究生FIST项目(Fudan Intensive Summer Teaching,简称FIST,即"复旦大学夏季集中式授课");自2014年起,连续开展"问题驱动型"研究生培养质量大检查;同年,在全国高校中首创研究生服务中心等。通过一系列改革举措,不仅有效促进了复旦大学自身研究生教育工作的发展,也为全国的研究生教育改革积累了宝贵经验。

复旦大学把发展研究生教育视为建设世界一流大学的关键,始终以"提高研究生培养质量"为核心,激发研究生的科研创新能力,研究生成为学校科研生力军的势头日益显现,在校研究生在 Science、Nature 等国际顶级期刊上发表论文的数量稳步提升,表现出巨大的科研潜力。根据统计,在2017年度复旦大学主导发表的SCI、SSCI、AHCI、EI这4类论文中,研究生参与发表论文数量占70%,主导发表论文数量占56%,研究生的科研贡献度可见一斑。在1999—2013年连续15届的全国百篇优秀博士学位论文评选活动中,复旦大学共获得全国优秀博士学位论文58篇,在全国高校中位列第三,并累计有78篇博士学位论文获得全国优秀博士学位论文提名。高质量的研究生也赢得了就业市场的肯定,复旦大学毕业研究生以其深厚的知识素养、出色的实践能力和积极的创新精神,受到用人单位

◆ 图1-1-4 2000年4月27日,复旦大学与上海医科大学合并大会召开

的广泛赞誉。据2018年9月最新发布的"2019年QS世界大学就业竞争力排名",复旦大学毕业生就业竞争力位列全球第26名,位列大陆高校第3名、亚洲第6名,已连续多年位列全球前30名。

经过40年的改革和发展,复旦大学已经形成了涵盖哲学、经济学、法学、教育学、文学、历史学、理学、工学、医学、管理学、艺术学等11个学科门类的完整研究生培养和学位授权体系,拥有一级学科博士学位授权点37个、一级学科硕士学位授权点6个、博士专业学位授权点2个、硕士专业学位授权点27个。与此同时,各类研究生结构比例更加优化,研究生招生、培养和学位授予的质量持续提升。截至2018年10月,全校已累计授予研究生学位人数共计100 762人,其中授予博士学位19 488人,授予硕士学位81 274人。学校建成了一支高水平的研究生师资队伍,现有研究生导师共计3 685人,其中有博士生导师1 821人,硕士生导师1 864人,包含中国科学院、中国工程院院士46人,国家杰出青年基金获得者117人,文科杰出教授1人,文科资深教授13人。

二、守正创新、锐意改革,着力打造"中国特色、复旦特点、世界一流"的研究生人才培养体系

研究生教育是高校人才培养根本任务的重要方面,是对学科发展和科研创新的重要支撑,是服务国家战略需求和经济社会发展的重要内容。研究生教育水平是高校办学质量和竞争力的重要体现,一流的大学必然要有一流的研究生教育。基于这种认识,中国共产党复旦大学第十五次代表大会明确将"形成以'高精尖缺'为导向的研究生培养格局",作为学校研究生教育未来发展的战略方向。围绕上述战略目标,复旦大学坚持守正创新,走内涵式发展道路,始终以提高研究生教育质量为主线,不断深入推进研究生招生制度、培养模式、学位授予和质量保障机制等方面改革,着力打造"中国特色、复旦特点、世界一流"的研究生人才培养体系。2014年9月,汪玲教授牵头的"我国临床医学教育综合改革的探索和创新——'5+3'模式的构建与实践"获2014年国家级教学成果特等奖。复旦大学等高校经过长期探索,通过培养体系、教育制度、协同机制和实践教学创新,探索了我国研究生临床技能水平提高的根本途径,促进了我国住院医师规范化培训制度的建立、健全,明确了我国医学教育结构优化和学制学位调整的方向,逐步形成了适合我国国情的、以实践能力为核心的"5+3"临床医学人才培养模式("5年临床医学本科教育+3年住院医师规范化培训"),也引领了我国其他领域专业学位教育模式改革。

(一)以研究生资源配置为抓手,完善学科形成促进机制

学科建设是高校科学研究和研究生人才培养的重要基础,学科的综合实力体现了学校的水平。1985年,国家颁布的《中共中央关于教育体制改革的决定》中提出"根据同行评议、择优扶植的原则,有计划地建设一批重点学科"。根据这一要求,原国家教育委员会于1987年发布了《国家教育委员会关于做好评选高等学校重点学科申报工作的通知》,由此开启了我国高等学校重点学科评选和建设之路。在这项制度实施的20多年里,复旦大学始终积极响应国家号召,把重点学科建设作为学校发展的一项优先任务和基础性工作。此后的20多年间,经过教育部和上海市共建,从"七五"至"十五",历经"211工程"和"985

工程"的重点建设,全校有11个一级学科成为国家重点学科,有19个二级学科成为国家重点学科和3个国家重点(培育)学科,另有20个上海市重点建设学科和9个上海市医学重点学科。这些重点学科承担着教学和科研双重任务,为学校高水平的科学研究和博士、硕士人才培养做出重要贡献。

2015年10月,国务院印发《统筹推进世界一流大学和一流学科建设总体方案》,开启了我国高校进行世界一流大学和世界一流学科建设的新征程。根据2017年9月教育部、财政部、国家发展改革委联合印发的《关于公布世界一流大学和一流学科建设高校及建设学科名单的通知》(教研函〔2017〕2号),复旦大学入选"双一流"建设高校名单,17个学科入选"双一流"学科建设名单。为了适应新的形势变化,更好服务国家发展战略,加快建成世界一流大学,学校明确马克思主义理论与实践、历史与考古学、数学、计算机类脑智能与大数据、临床医学等27个学科为拟建设一流学科。为了紧密结合学校"双一流"建设目标,研究生院提出依托各个学科和研究生学位授权点,通过优化资源配置来促进全校学科结构和研究生教育结构的整体优化布局。在博士研究生规模偏小、供小于求的情况下,学校按照"存量调整、增量牵引"的原则,合理配置研究生资源,将有限的博士生招生资源优先向新增学科、新建平台、优势学科、重大项目、新进高层次师资倾斜。同时,结合学校发展目标和研究生培养质量,给予部分优势学科、重点学科、新兴或交叉学科和重大科研项目政策资源倾斜。此外,为推进交叉学科的发展,充分发挥交叉学科培养拔尖创新人才的重要渠道作用,进一步完善并解决在交叉学科研究生培养过程中遇到的体制机制问题,学校积极对学位评议制度实行改革,设立了"复旦大学交叉学部"及若干"交叉学科项目委员会"。同时,抓住国家工程博士教育布局改革契机,积极促进新工科发展。

经过多年不懈努力,复旦大学的学科水平和研究生人才培养能力得到显著提升,在全国第四轮学科评估中,参评学科A类率超过60%。

(二)深化博士研究生自主招生改革,在国内高校率先实行"申请-考核制"

当前我国研究生教育的主要问题是培养质量问题,导致这种状况的原因很多,其中生源质量不理想是重要原因之一。因此,要想提高研究生培养质量,首先必须提高研究生尤其是博士生生源质量,必须进行招生机制改革。为此,复旦大学在国内高校中较早推行博士研究生招生机制改革。2000年,学校经教育部批准,率先在两院院士和杰出教授中实行博士研究生自主招生改革,由此正式开启了复旦大学博士研究生招生改革的历程。随后,为了在更多的学科层面和更大的覆盖范围推动改革,学校又从2007年开始,在复旦大学上海医学院博士生招生中试行"申请-考核制",并逐渐推广到全校文、社、理、工、医各个学科和院系。经过10余年改革,2018年以"申请-考核制"入学的博士生已超过录取总数的87.6%。同年12月,汪玲教授牵头的"基于健康中国需求的创新人才培养机制探索与实践"获2018年国家级教学成果二等奖,"申请-考核制"已经成为国家层面博士生招生选拔制度,这一成果率先探索基于健康中国需求的创新人才培养机制改革,取得了十分显著的人才培养效益。今后"申请-考核制"的应用范围将进一步扩大。与此同时,复旦大学还不断改革硕士生选拔机制,总结并推广"全国优秀大学生夏令营"经验,以推免生选拔为主,全面提高硕士生生源质量。通过招生机制改革,有效突破了原有的应试招生模式,加大了对博士生科研能力及基本素质的考核力度,使考生科研素质和潜力得到充分展示和考察;导师比过去更早介入学生遴选过程,参与度大大提高,积极性被极大调动起来。通过这项改革,导师招生自主权得到充分扩大,更多具有创新潜质的优秀人才被选拔和招入复旦大学,显著提升了复旦大学博士生生源的整体质量。

◆ 图 1-1-5 2008 年 5 月复旦大学博士生招生改革研讨会

(三) 实施"问题驱动型"研究生培养质量检查,通过强化外部监督倒逼内部改革

为深入了解复旦大学研究生培养质量状况,自 2014 年开始,在全校所有院系中开展"问题驱动型"研究生培养质量检查。检查方式结合问卷调研和专家访谈,通过专家与研究生做"一对一"谈话,着重考察和诊断研究生的"在学状态",查找复旦大学研究生教育领域的"特有问题"。检查结果最后被反馈到院系,由院系针对检查发现的问题,逐一采取具体措施进行整改。以 2015 年为例,大检查覆盖全校 58 个研究生培养单位,得到包括两院院士、长江学者、"973"项目首席专家等学科专家,校长、院长、教育管理部门领导等管理和德育专家在内的校外专家 86 人的大力支持,访谈调研研究生 1 500 人次。通过此次质量检查,发现复旦大学研究生在学状态及相关培养环节存在诸如学习目标不明确、适应环境的能力不够、论文写作训练不够充分等不足。通过这种外部诊断方式,尤其是第三方校外访谈专家的意见和建议反馈,帮助学校发现了大量具体且实际的问题,为复旦大学进一步改革研究生培养模式、提高研究生培养质量提供了宝贵的资料和建议,并最终为学校深化研究生教育改革起到重要作用。

(四) 创新研究生培养机制,改进研究生教育关键环节

复旦大学历来重视研究生培养工作,始终将培养质量放在第一位,积极探索创新培养工作,着力激发在校研究生的科研创新能力。从 2001 年开始,随着复旦大学与原上海医科大学并校完成,学校的研究生招生规模快速增长,复旦大学成为全上海市重要的研究生

培养单位之一。在这种情况下,为了保证研究生培养质量不下降,学校坚持以能力和科研创新培养为核心,多措并举,不断深化人才培养体制机制改革,积极推进和完善具有中国特色、复旦特点的研究生培养体系建设。为了加强研究生科研创新意识和创新能力的培养,引导研究生选择创新性强及富有挑战性的基础研究和应用研究课题,鼓励优秀博士生自主创新和冒尖,学校于2001年设立了"复旦大学研究生创新基金",通过基金以专项经费奖励的方式,支持优秀博士学位论文的前期孕育。同时,为了营造浓厚的学术氛围、拓宽博士研究生的视野、激发研究生的创新能力,从2005年开始,学校加大对研究生学术论坛、暑期学校等项目的支持力度,每年定期举办国家、上海市和学校3个层次的博士研究生学术论坛和全国研究生暑期学校,先后树立了全国生物信息学博士生学术会议、中欧大气化学暑期学校、全国数学学科暑期学校和生态学暑期高级讲习班等众多品牌。学校积极利用"211工程"和"985工程"建设契机,实施创新人才培养计划,探索交叉学科平台研究生培养模式。在此期间,建设了研究生金融创新、生物信息学、数字医学、医学分子生物学、环境科学、数字传媒、力学学科复杂工程问题仿真计算等多个具有学科交叉性质的研究生创新实验室和平台,设立了"重点学科博士生科研资助计划"等六大创新人才培养资助计划。通过以上举措,复旦大学研究生的创新意识和创新能力得到明显提升,整个校园的创新氛围日渐浓郁。

2010年,国家出台《国家中长期教育改革和发展规划纲要(2010—2020年)》,随后教育部等三部委联合下发《关于深化研究生教育改革的意见》(教研〔2013〕1号),明确提出"坚持走内涵式发展道路,以服务需求、提高质量为主线"的研究生教育改革方向,从国家层面将研究生培养质量的重要性提升到一个新的高度。为了贯彻以上文件精神,学校出台《复旦大学关于进一步提高研究生培养质量的若干意见》,决定以提高研究生培养质量为中心,全面加强和深化研究生培养体系等方面改革。为此,学校对研究生培养机制进行

◆ 图1-1-6 2003年全国优秀博士论文指导教师闻玉梅院士(左一)

相应改革和调整,实施按学位类型,乃至每个培养对象个性化定制培养方案。学校研究生院根据相关学科最新进展和经济社会发展对人才培养的更高要求,在国家组织编写的一级学科博士、硕士学位基本要求和专业学位基本要求的基础上,于2017年完成新一轮研究生培养方案修订工作。近期,又进一步推进"长学制"研究生培养模式改革,扩大了"长学制"覆盖面,并不断强化分流淘汰机制建设。针对研究生全过程管理,学校出台系列措施,对涉及研究生教育管理相关制度进行全面系统梳理,根据新形势发展要求,及时制订和修订了《复旦大学学术学位研究生培养工作规定(试行)》等一批管理文件。同时,积极探索构建科教融合、协同育人机制,通过全面对接上海科创中心建设,实施上海科创中心拔尖人才培养计划,着重推行卓越研究生导师团队计划、卓越博士生科研促进计划等六大专项子计划,构筑博士生拔尖人才创新培养体系。通过以上举措,复旦大学研究生培养质量、研究生整体创新能力和水平得到稳步提升。

(五)深化研究生课程教学改革,建设与国际接轨的研究生课程体系

课程学习是保障研究生培养质量的必由环节,在研究生成长成才中具有全面、综合和基础性作用。为此,复旦大学始终把"重视研究生课程学习,加强研究生课程建设"作为提升研究生科研能力、创新能力、实践能力的重要手段和深化研究生教育改革的重要任务。自建校以来,经过多年的积淀和发展,复旦大学已经形成一套由学位公共课、学位基础课和学位专业课构成的完备研究生课程体系。以此为基础,为了进一步将研究生带入课程学习的前沿,复旦大学近年又重点建设了一批一级学科"新视野系列课程"和公共选修课程,并于2013年开始,创新性地设立了研究生FIST课程建设项目。FIST项目具有师资高端、内容前沿、方法创新、梯队授课等几大特点,主要授课教师囊括菲尔兹奖获得者、两院院士等大批国内外知名教授学者。学校研究生院要求承担授课任务的院系,必须为这些校内外名师配上本校年轻教师担任助手,通过年轻教师与知名专家联合授课合作,带动并培养了一批优秀本校青年教师。经过近6年的实践,FIST项目平均每年建设课程60余门,6年共建设课程407门,已经成为复旦既有研究生课程体系的重要补充。为了拓宽学生的研究视野、培养和锻炼学生跨专业的研究思想和研究方法,学校于2018年开始,在理工科博士生中开展"双基训练"课程建设试点。"双基训练"即"基本研究思想"和"基本研究方法"训练,是在一级学科或相近一级学科群层面,面向一、二年级直博生或硕博连读生等"长学制"研究生开设的思想和方法类训练课程。此外,学校还立项资助一批一级学科课程体系建设项目、专业学位类别课程体系建设项目和特色课程建设项目;实施"复旦大学研究生课程建设推进计划",将中华优秀文化教育纳入日常课程体系;开设"论文写作训练"课程,加强对研究生进行科研写作基本方法和写作能力训练;先后出版"21世纪复旦大学研究生教学用书"系列教材、全国首套成体系的金融专业学位案例型主干课程教材等。

通过以上改革,有效促进了复旦大学研究生课程体系更新和课程质量提升,帮助研究生更多地接触到学科领域国际前沿,增进了优质研究生教学资源共享,培养了一批青年教学骨干。目前,学校正在积极对标世界一流顶尖大学,进一步系统梳理研究生课程体系,设立与国际接轨的课程修读标准,试行全程进阶式课程改革,并在部分院系和一级学科层面展开试点;同时,正在推动贯通本硕博课程,力图打通本研选课系统,实现本研课程共

通、互选。

（六）推进学位授予机制改革，完善质量保障监督体系

学位论文质量是衡量研究生教育质量的重要标准之一，但是，当前研究生学位论文质量却不容乐观。为巩固并提升研究生学位论文的质量和水平，复旦大学从2000年开始，不断强化学位授予和论文质量保障机制建设，先后建立了"复旦大学学位论文四级评优"制度和规范的学位论文答辩程序，并全面实行博士学位论文"双盲"评审改革；为有效应对学位审议和授予过程中出现的各种问题，学校成立了文、理、医3个学部委员会以及复旦大学学位委员会投诉受理委员会等机构。2014年，《国务院学位委员会、教育部关于加强学位与研究生教育质量保证和监督体系建设的意见》（学位〔2014〕3号）和教育部《博士硕士学位论文抽检办法》（学位〔2014〕5号）等文件先后出台，学校进一步加强构建以学位授予单位质量保证为基础的内部质量保证和监督体系。在总结前期改革经验基础上，学校确立了"以健全学位论文质量内控机制为核心，坚持正面导向、重心下移、关口前移，通过制度设计来形成研究生院、院系、导师、研究生的多方合力，通过信息化手段来强化规章制度的落实"的学位工作深化改革总体思路。通过修订《复旦大学博士、硕士学位论文双盲评审办法》、《复旦大学学位论文抽检结果处理办法》，以及推行将学位论文预答辩（预审）环节纳入学位申请流程、强化相似度检测环节、改进论文盲审和答辩环节等改革举措，显著加强对"问题论文"的处理力度。学校"动真格、下狠手"，向院系和导师传递压力，让院系和导师真正重视并加强研究生论文的指导工作，使复旦大学研究生学位论文质量得到有效保障。

（七）不断加强导师队伍建设，积极推进导师遴选机制改革

研究生导师担负着教书育人、全面培养研究生的责任。复旦大学始终把加强导师队伍建设摆在重要位置，通过系列改革举措，不断强化导师的人才培养能力和活力，建立起一支学风扎实、业务精湛、道德优良、老中青紧密衔接配合的优秀研究生导师队伍。为了强化导师队伍能力建设，学校面向全体研究生导师，实施"科研文化再造与科研能力提升"计划。研究生院启动了4年一轮的中青年导师系统培训，并定期举行大型导师培训会议，通过将参加培训与新任导师上岗资格挂钩，明确了导师培训是新任导师上岗的第一堂必修课。与此同时，进一步加强导师服务工作。研究生院于2016年专门成立了研究生导师服务中心。中心通过开设小型导师沙龙等方式，建立起不同学科之间导师互动、交流的平台，并定期以优秀导师研究生培养经验分享、科学精神与学术规范、师生矛盾及化解对策、相关政策解读指导等为主题，举办各类丰富多彩的活动，有效促进导师综合能力的提升。另一方面，通过推进导师遴选改革，进一步激发院系在导师队伍建设中的动力和导师自身的责任意识。为此，学校积极推行院校两级管理，规定在不低于学校规定的遴选条件和标准的前提下，院系可自行设定适合本学科特色的遴选条件；逐渐放宽职称限制，明确所有院系学术造诣深厚、具有高级职称的专家均可申请博导；实行导师遴选与上岗资格审核并存制，构建起一套导师上岗资格与教师的代表作、科研贡献、科研经费、师德师风等相关联的制度体系。通过以上举措，充分激发了院系在导师队伍建设中的能动性，有效保证了真正富有学术活力和学术能力的教师担任导师，并打破了导师资格终身制。

（八）按照"全覆盖、制度化、重实效"要求，积极推进研究生科学道德和学风建设宣讲教育工作

优良的科学道德和学风是研究生从事科学研究、产出优质科研成果的前提条件。为了加强对研究生的思想引领，从源头上培养研究生的科学精神、好奇心和想象力，学校不断加强育人环境和氛围建设，通过积极创新研究生思政教育工作的传统内容和形式，着力打造复旦大学研究生"我的新时代'五四'演讲比赛"、"中国道路大讲堂"、"大师面对面"等品牌项目；通过邀请著名专家学者报告，为学生提供与国内外学术巨擘同台对话的机会，以昂扬向上的正能量和精神感召力，突出对研究生的信念导向、价值引领、精神鼓舞和素养提升；通过开展案例库建设和教材建设等手段，积极创新研究生科学道德和学风教育的方式。复旦大学于2015年被中国科协、教育部遴选为实施科学道德和学风建设宣讲教育案例教学试点单位。在此基础上，学校编写出版了《研究生学术行为规范读本》等3本专著，并有另外2本专著和10余本"科研规范和伦理"配套教材正在编写之中，希望借此形成"复旦大学研究生科学道德和学风教育系列教材"体系。相关工作受到教育部等上级部门肯定，教育部网站以"复旦大学多措并举推进研究生科学道德和学风建设"为题进行了专文报道。

（九）推进国际交流与合作，进一步提升研究生教育对外开放水平

现代高等教育的历史是开放合作办学的历史，世界上的高水平大学无不走开放办学之路。越是开放办学早的大学，发展越早；越是开放办学全面深入的大学，发展得越快、越好，办学水平也越高。复旦大学很早就深刻地认识到这条现代大学的办学规律，因此早在改革开放伊始，就秉承海纳百川的传统，在国内高校中率先开启了与世界各国高等教育机构的广泛交流与合作。1978年，时任物理系教授的谢希德带队参加在西德慕尼黑附近伽兴召开的国际核靶发展学会第七届国际会议，拉开"文革"后复旦大学与国际高等学校及

◆ 图1-1-7 1984年美国总统里根在复旦3108教室讲演（右为谢希德校长）

学术界交流的帷幕。80年代初,复旦成为中美联合招考物理研究生计划(China-US Physics Examination and Application Program,简称CUSPEA)和中美化学研究生计划(Chemistry Graduate Program,简称CGP)最早的支持者和参与者。在1978—1988年这10年中,复旦共派遣出国留学848人,其中攻读硕士和博士学位214人;此外,学校还受教育部委托,直接从在校大学生和研究生中选拔了463名赴美国、欧洲和日本攻读博士学位。在此期间,上医共派出出国留学人员近800名,其中联合培养或攻读学位者14名,学成回国比例超过50%。受益于对外开放合作办学,复旦大学的国际知名度和影响力与日俱增。学校先后与40多个国家和地区的270多所大学和机构签订了合作协议。

近年来,复旦大学的研究生教育进一步加大对外开放力度,学校以人类命运共同体构建、"一带一路"建设等国家战略发展为契机,以国际合作为依托,以联合培养为途径,把扩展研究生国际视野,全面提升研究生跨文化理解、交往和竞争能力作为一项重要目标。为此,复旦大学通过建立国际智库中心、美国圣地亚哥"中国研究中心"、全球公共政策研究院等智库外交和人文交流平台,有力促进了高层次的国际交流,为研究生人才培养提供更广阔的资源。同时,通过开拓与国外高校的双学位项目,建立复旦大学研究生教育首个海外教学点——复旦大学经济学院匈牙利布达佩斯教学点,开设"复旦大学-巴黎高师人文硕士班"、"复旦大学-汉堡大学-麦考瑞大学三校联合博士学位项目"等400余个中外研究生交流合作项目,实质性落实和推动了研究生的国际化培养。此外,为了提升研究生的国际视野,研究生院设立一系列访学资助计划,包括博士生国际短期访学资助计划、哈佛燕京学社项目、耶鲁大学福克斯国际奖学金项目、德国林岛项目等[①],以此来鼓励研究生主动"走出去"。学校还积极参加国际知名大学组织的活动,已成为环太平洋大学协会、东亚研究型大学协会、21世纪大学协会、大学校长国际协会等组织成员。通过以上举措,积极适应国家对外开放的要求,希望塑造更多兼具世界眼光和国际视野、掌握世界文明成果、了解世界发展新趋势的研究生高层次人才,并推动他们用自己的专长去攻克解决人类面临的环境、能源、健康等共性问题,同各国人民一道推动人类命运共同体建设,共同创造人类的美好未来。

研究生教育是改革开放事业的重要组成部分,改革开放伟大成就的取得离不开研究生教育的贡献。40年来,研究生教育为我国社会经济文化的发展做出了巨大贡献,研究生教育的快速发展,使我国在短期内实现了从研究生教育规模较小的国家一跃成为世界研究生教育大国,实现了立足国内独立自主培养高层次专门人才的战略目标,为国家培养了大批高层次人才,为中国社会发展提供了有力的人才支持和智力支持。40年来,复旦大学的研究生教育始终与国家的发展同呼吸、共命运,始终与改革开放的伟大征程同频共振,为改革开放的胜利贡献了重要力量。

党的十九大报告描述中国发展的历史方位时,提出要"加快一流大学和一流学科建设,实现高等教育内涵式发展",这无疑成为新时代对中国高等教育事业发展提出的新要

---

① 哈佛燕京学社项目、耶鲁大学福克斯国际奖学金项目、德国林岛项目主要由外方提供资助。

求。站在新的时代起点,复旦大学的研究生教育将主动肩负起使命,牢牢抓住历史机遇,努力把改革推向深入。

第二节　基本经验与成就

"百年大计,教育为本",教育作为民生之本、强国之基。还有学人认为,"本科生教育是立校之本,研究生教育是强校之路"①。自1977年恢复研究生招生制度之初,国家就提出教育面向世界、面向现代化。进入新时代后,国家又分别提出到2020年、2035年分阶段基本实现教育现代化和强国的宏伟目标与举措,拉开了我国从研究生教育大国走向世界强国的历史性新阶段的序幕。在实现教育现代化和研究生教育强国战略以及实现伟大复兴中国梦的历史征程上,复旦大学牢记使命,不断奋发,锐意进取,如今正在新的起点上向着建设一流研究生教育的目标稳步迈进。

"时间如梭,岁月如流"。恢复研究生教育40年来,在教育部、上海市教委和市学位委员会办公室及学校领导的直接指导下,复旦大学的研究生教育为社会和经济及学科的发展做出了巨大贡献,实现了研究生教育快速的跨越式发展,实现了从较小培养规模、较低发展水平到较大规模、较高水平的方向发展,基本实现了立足国内独立自主培养高层次专门人才的战略目标,为国家造就和培养了大批高层次创新性人才,为建设创新型国家提供了有力的人才资源支持和智力支撑。

回顾和总结40年的建设与发展轨迹,复旦研究生教育始终坚持贯彻落实党的教育方针,坚持立德树人、教书育人、质量第一的原则,在科学发展观、新时代新教育理念引领下,积极探索和深化教育改革,历经几代人的不懈努力,使复旦的研究生教育事业有了长足进步与发展。尤其是跨入21世纪和恰逢并校的契机,复旦大学和原上海医科大学两个在全国第一批经过国务院批准建立的研究生院强强联合、优势互补、协调发展,学校培养研究生的学科、专业结构与布局更进一步得到优化,办学实力及培养能力更进一步得到加强。

学校深入贯彻落实教育部《关于加强和改进研究生培养工作的几点意见》(教研〔2000〕1号)文件精神,于2001年1月举行"复旦大学研究生教育改革研讨会",通过重新修改发展规划,做好新增博士、硕士点和国家、市级各种重点专项建设申报准备工作,重新调整研究生教育在学校总体发展中的布局和目标定位。学校党政领导明确提出:"要在重视本科生教育的同时,把工作重点放在大力发展和加强研究生教育上②。"当时还特别强调,对硕士研究生层次的培养以课程学习和基本科研训练为主;对于博士研究生的培养则要以科研创新精神和创新能力的培养为主,探索设计学术学位(科研型学位)和专业学位(应

---

① 张伟江、王志中:《上海研究生教育改革发展20年(展望篇)》,上海交通大学出版社,1999年,第304页。
② 廖文武:《鉴往思来:研究生教育创新与探索与实践》,复旦大学出版社,2005年,第165页。

用型学位)的分层次、分学科类型(划分核心层和延伸层的规格与结构试点)的研究生人才培养格局(形式)。随后,学校围绕以质量为核心的研究生培养模式改革,实施以学分制为核心的硕士生2~3年为主、博士生4年为主、基础学科的硕博连读和直博生以5年为主的弹性学制,以及博士生资格考试、年度科研考核制度等,在培养过程中形成了自身的培养特色。

在内涵发展与微观管理上,通过调整优化招生结构、严格培养过程管理、强化科研论文训练、合理使用和开发教育资源、构建研究生教育质量保障体制机制、推进研究生培养机制改革等一系列教育创新举措,以及随后实施的"211工程"、"985工程"3期创新人才培养计划、"双一流建设"等国家重点专项,以提高学科建设水平来扩大研究生教育办学规模、提高研究生培养质量,有力地促进学校研究生培养与学位授予质量的提升。在研究生教育发展与改革上取得了较大的成效和一系列新进展,也积累了宝贵的实践经验与教训。基本经验和主要成就突出表现在以下5个方面。

(1) 研究生教育的恢复和学位条例的施行,完善了学校高等教育层次结构,巩固了学校博士、硕士和学士3级学位授权制度,形成了具有自身特色的研究生教育和学位授予体系。

(2) 构建和完善了培养研究生学科专业(目录)体系,自主地培养和造就了一批合格的高层次创新性专门人才。

(3) 建立和健全了一套教育管理规章、3支从事研究生教育的人员队伍和教育质量保证体系。

(4) 促进了学科建设、科学研究和高校师资队伍建设。

(5) 推进和提升了学校研究生教育国际化水平和国际学术影响力。

进一步探析和归纳为如下6点具体做法与特点。

一、坚持"育人为本,德育为先"的教育理念,关注研究生的思政教育和全面素质发展

恢复研究生培养制度以来,坚持"育人为本,德育为先"的指导思想,重视思想政治教育,通过建设研究生工作队伍、开展研究生党建工作、选拔"人才工程预备队"、组织支教团和博士讲师团、开展社会实践等措施,认真做好德育工作,全面培养和提升研究生的综合素质。同时,注意发挥研究生导师教书育人的作用,把全面关心研究生成长、教书育人作为研究生导师的基本职责写进研究生导师工作条例,作为评审导师资格和有关奖励的依据,并注意及时总结和发扬导师中教书育人的经验和先进事迹,充分利用学校各种教育资源,以多种渠道和途径加强德育宣传和教育工作力度,营造学者成长成才自律的良好学术道德氛围,让"崇尚道德、崇尚文化、崇尚学术"成为全校师生的共同价值追求[①]。

---

① 廖文武:《鉴往思来:研究生教育创新与探索与实践》,复旦大学出版社,2005年,第165页。

二、坚持践行"不拘一格选拔人才"、"质量第一,宁缺毋滥"的基本原则

研究生优秀人才选拔乃国家之重事,教育之首位。在研究生人才选拔环节上,复旦大学始终坚持"质量第一,宁缺毋滥"的人才选拔原则,不单以才智为唯一选拔标准,高度重视学生的德行品质,坚持敢为人先的人才选拔方式。在具体招生工作中,于2000年在国内最早提出并启动两院院士和杰出教授自主招生选拔办法;2007年率先在医学学科试行博士生"申请-考核制"招生改革;举行暑期夏令营,强化对生源质量的考察,加强对"面试环节考核,注重差额复试",优选对学科、科研具有浓厚兴趣且有创新激情与学术潜力的新生入学,不断完善研究生人才选拔机制。多年来,学校实施了多项具有引领意义的改革试点,体现了积极探索、多样化招生方式以适应创新求变的新时代发展步伐。

三、坚持遵循研究生教育的规律与特点,立足国内培养高水平创新拔尖人才

复旦大学始终将为国家和社会培养高素质拔尖创新人才作为自己的使命。针对传统的研究生教育培养以"知识传授为主要内容,以课堂教学为主要载体"的方法不利于对研究生创新能力的培养,以及现实中普遍反映创新能力不足等弊端,在培养过程环节上,学校积极采取各种教育改革实践并收到成效,形成了具有复旦大学特色的培养方式和基本模式。包括:为国家和社会培养了一批合格的高层次创新型人才。据统计,1978—2018年,复旦大学累计招收研究生(含并校前后数据)共计11.2万人,已毕业研究生10万多人。毕业研究生以其深厚的知识素养、出色的实践能力和创新创业精神,受到社会用人部门的良好评价。

(一)重视学位授权点建设,完善人才培养体系

重视培养研究生学科专业与学位授权点建设是完善研究生拔尖创新人才培养体系的基石。40年来,经国家12次学位授权审核和自身的持续建设,至2018年12月,复旦大学拥有一级学科博士点35个、二级学科博士点175个、一级学科硕士点43个、博士专业学位点2个、硕士专业学位授权点27个,已形成了比较完善的培养研究生学科专业体系和学位授权体系,全校共覆盖和涉及11个学科门类。学校的学术影响力、学科建设水平和研究生人才培养能力有了显著提升。在2018年刚完成的全国第四轮学科评估中,参评学科A类率超过60%;14个学科纳入上海市高峰学科建设;在国际学术榜单上,有18个学科进入ESI前1%,材料科学、化学、临床医学和药理学与毒理学等4个学科进入1‰;近5年ESI论文篇均引用次数从9.16%提高到14.4%。

(二)以重点课程建设为引领,夯实理论基础,不断深化课程教学改革

为夯实在校研究生的理论基础,提高教育教学水平,每年对全校所开设的各类硕士生和博士生课程,包括学位基础课、学位专业课、专业选修课,以及公共基础课和选修课(含跨一级学科新视野课程)都进行严格审核把关,并不断创新课程体系和课程模块。有的课程还需经过专家组选定。例如,首次创设"FIST"拳头系列课程;开设跨一级学科新视野课

程和"双基"训练课程;加强课程审核工作,如需核发教学任务书,才可以开设新课程等。学校非常重视设立研究生重点课程建设资助专项;同时,鼓励教师撰写研究生教学用书(教材)或教学参考用书,出版了以"21世纪复旦大学研究生教学用书"为标志的系列教材等。

研究生课程和科研训练注重方式方法创新,注意把握好3个方面的关系:①正确处理博士生与硕士生培养层次的目标定位问题;②处理好"博"与"专"和"深"的关系、拓展视野和学科面与掌握专门知识的问题;③理顺按一级学科与二级学科培养的关系、课程内容的更新与课程教学质量的提升等问题。特别强调了采用讨论班这种教学形式。

(三)创设研究生创新基金,强化科研能力训练

多年以来,学校每年除了认真地完成所承担的国家和市级各种创新项目外,还注意加强对在校研究生科研创新能力的培养与训练,积极采取多种措施,为在读研究生营造更好的培养土壤和成才环境,以提升研究生的创新意识、创新创业精神、综合能力的培养。例如,通过设立在校生的"研究生创新基金"等专项资助,开展早期优秀科研成果,包括优秀博士学位论文和硕士学位论文(作品)、教育教学成果、研究成果专利等的培育支持,鼓励在校研究生出高水平的科学研究成果。多年的探索与实践表明,"研究生创新基金"资助成效显著,获得各方好评。

(四)加强交叉学科、复合型人才培养工作的力度

学校逐步创建和设立了金融创新、生物信息学、数字医学、医学分子生物学、环境科学、数字传媒、力学学科、生物医学工程实验室等多个交叉性学科研究生创新实验室或平台,激励在校研究生在实验、平台自主开展科研探究,磨炼自己的动手能力,在各种思想相互碰撞中,产生新的思想火花和科研灵感,以利于培养综合性、复合型人才。与此同时,鼓励各个院系及不同学科之间,设置更多的具有交叉学科性质的研究组或研究中心(主要指在文科类系科)、实验平台,鼓励组建交叉学科的学术研究团队和研究生人才培养梯队,积极探索交叉学科的人才培养要求和学位授予标准及管理方式,包括组建交叉学科部试点审核学位授予事宜等管理工作事项,收到一定的成效。

四、重视和加强教育质量保障体系建设,确保学位论文授予质量

加强研究生教育质量保证、质量监督体系建设,营造高端人才培养的环境和土壤。学校注重对研究生培养过程的规范管理,在培养过程中加强对研究生的中期考核;加强对学位论文选题、开题、预审或预答辩、答辩等环节的督促检查和监控,推行学位申请全流程督导制度,实施学位论文相似度检测、盲审、抽检制度,建立学位论文答辩公开机制,推出学位论文质量与招生资源配置挂钩联动机制,健全学术不端预防处置制度。通过中期考核、博士生资格考核、科研进展汇报和综合考核、开展"问题驱动型诊断性的教育培养过程质量检查评估"等方式,切实了解研究生培养现状,针对研究生培养中存在的问题,及时采取改进举措,逐步建立和健全研究生教育培养的内部质量保证和监控体系。

五、重视和发挥专家委员会在研究生教育中的作用,加强研究生教育队伍建设,形成"三全"育人的科学管理体系

针对管理体制中存在的结构不够合理、人员变化频繁、职务或职称晋升缓慢、管理机构设置级别偏低等现实问题,未来应注意调整和优化组织机构,继续推进和实施校与院(系)二级管理运行机制。更新、充实、组建并发挥学校研究生教育教学指导委员会、校学位评定委员会、各学科教育教学委员会、学位评定分委员会、院系教授会等各类专家委员会在研究生人才培养工作中的核心作用。以研究生导师、研究生辅导员等队伍为中坚力量,激发研究生院和各院系研究生工作秘书及教务员开展研究生教育教学理论与实践研究的积极性,以此来推进教育教学改革,加强教师的合作研究与协同发展,培养教学骨干与教学梯队,培育教育教学成果,多措并举,建设和形成强有力的研究生"三全"育人体系。

六、重视和加强教育理论研究,提高研究生教育办学效益和管理水平

复旦大学一贯重视开展学位与研究生教育教学与改革实践和理论的研究,努力提高研究生教育办学效益与管理水平。学校充分意识到,教育科学研究是各种教育教学改革的先导,是反映一所高校教育改革成效的重要表征,可为教育改革试点少走弯路、甚至犯错,以及为教育主管部门决策提供参考。复旦大学全体教职员工和研究生积极开展研究生教育和学位制度的科学研究,特别是学校主管部门——研究生院,历来注重研究生教育宏观理论和实际教学实践及管理工作的研究,鼓励教职员工结合本职工作实际,开展各类教改项目研究与探索,多年的不断坚持和不懈的奋斗探究,获得了丰硕的研究成果,现已发展成为国内研究生教育培养的重要基地和研究重镇之一。

第二章

研究生教育理念回顾（1978—1999年）

改革开放以来，中国高校领导体制是"党委领导下的校长负责制"，校长的教育理念对一所高校的人才培养工作至关重要。复旦大学经历多任校长的领导，在他们的带领下，学校不断锐意进取、开拓创新，逐步发展成为一所具有世界一流水平的社会主义综合性大学。作为1984年教育部批准设置的我国首批22所研究生院之一，复旦大学研究生院有着光荣的历史和优良的传统。伴随着改革开放伟大历史进程，复旦大学研究生院在历任院长带领下，为全校研究生教育的改革、创新和发展事业做出了不可或缺的突出贡献。

第一节　复旦大学校长及研究生院院长的研究生教育理念（1978—1999年）

1978年，复旦大学恢复招收研究生。同年，苏步青出任校长、党委委员，夏征农出任党委第一书记，进行了一系列拨乱反正工作，同时，倡导民主办校，推动思想解放运动。此后，1983—1999年，谢希德、华中一、杨福家、王生洪先后出任校长。1984年，复旦大学成立研究生院，谷超豪、杨福家、李大潜、王生洪先后担任研究生院院长。正是在以上历任校长和研究生院院长的带领下，复旦大学研究生教育朝着"追求优质，争创一流"的目标不断迈进。

一、苏步青的研究生教育理念

苏步青（1902—2003），浙江平阳人。著名数学家，专长微分几何，是我国近代数学的主要奠基者之一。1927年毕业于

◆ 图2-1-1　苏步青

日本东北帝国大学数学系，后入该校研究院，获理学博士学位。回国后，受聘于浙江大学数学系，1949年担任浙江大学教务长。1952年全国高校院系调整，苏步青到复旦大学任教。1955年当选为中国科学院学部委员（现称院士）。1958年筹建了复旦大学数学研究所并任所长。1978年任复旦大学校长。1980年创办《数学年刊》并任主编。1959年苏步青光荣地加入了中国共产党，积极参与政治活动，历任第二、第七、第八届全国政协委员，第七、第八届全国政协副主席，第二、第三、第五、第六、第七届全国人大代表，民盟中央副主席等职。

在苏步青执教的60余年间，始终以教育事业为己任，辛勤耕耘，桃李遍天下。在教育教学实践中，他创造和总结出一些关于高等教育的思想，包括要教导学生学会独立思考和创造，坚持教学与科研相结合，要正确处理基础理论和应用科学研究的关系，要严格要求学生德才兼备，鼓励学生一代超过一代，高等教育办学必须适合中国国情；要完善研究生培养工作的方式；要注重基础课教学等。

教导学生具有独立思考和创造的能力，是苏步青教育思想一个十分重要的内容。苏步青一向认为，培养高素质人才的方法，不同于中学生的死记硬背，而更注重于思考和理解。因此，他认为："教师讲课与辅导，既要使学生听懂，又要回答学生提出的各种问题，这就说明教学不是简单的复述，而要有创造性。"为了培养学生的思考和独创能力，他和陈建功教授在浙江大学共同倡导和主持"数学讨论班"，将其作为引导学生思考和创新的一种有效方法。讨论班由青年教师和高年级学生组成，每周举行一次。讨论班在两位教授的指导下，通过介绍文献资料、报告读书心得、宣读科研成果等各种各样的严格要求，培养了参加者独立思考问题和工作的能力。苏步青在论述"讨论班"多种优点时指出："其一，培养学生或青年教师严谨的学风。他们必须仔细阅读书籍和文献，在阅读中如发现问题，一定要推敲到底。其二，养成独立思考的习惯。报告者在阐述自己的学习心得时，要求有独到之处，这就必须深入思考、研究。其三，教师在讨论班上可以针对每个学生的具体情况，进行个别指导，经过讨论答辩，使论文达到较高的水平。讨论班报告通不过者不得毕业，对青年学生无形中也有一定的压力。"

苏步青认为，坚持教学和科研的结合，是培养优秀人才的一种有效方法，也是发展新学科的一条重要途径。在苏步青看来，要使自己的教学取得好的效果，"除了教学经验的积累之外，主要是依靠科学研究，对新学科发展加强了解"。他认为，教师科研成果越多，教学内容就越丰富，而且富有新意，学生愿意听讲，培养出来的学生才能适应今后工作的需要。当前，科学技术正处于相互渗透的一个新时期，提倡并坚持教学与科研相结合，才能发展新学科，跟上飞速发展的科技形势。苏步青认为："教学和科研相长，使数学系和数学研究所获得教学、科研双丰收，一批学有专长、造诣较深的专门人才也迅速成长起来。"同时，"高等院校的教育必须抓住教学与科研的密切结合。60年来我是努力沿着这条道路走过来的。只有强调教学与科研相结合，才能有效地提高质量，我们高等教育工作必须抓住这个关键"。苏步青的这一论述，高度概括了教学与科研的密切关系以及相互促进，在发展交叉学科、边缘学科和提高教学质量方面，都具有现实的指导意义。

苏步青鼓励学生超过自己，认为"青出于蓝而胜于蓝，这是科学发展的规律。我们老年科学工作者能否正确对待这个规律,并自觉主动地鼓励学生超过自己,对科学事业的发展有一定的影响"。苏步青在总结培养优秀人才经验时,归纳出以下 3 条做法:"一是先鼓励他们尽快赶上自己;二是不要挡住他们的成才之路,要让他们超过自己继续前进;三是自己决不能一劳永逸,还要抓紧学习和研究,用自己的行动,在背后赶他们、推他们一把,使中青年人戒骄戒躁、勇往直前。"在复旦大学工作的几十年间,他培养了一大批学生,目前正在各条战线起到骨干作用。他的学生学习、运用和发展老师的经验,培养出新的一代博士、硕士,为祖国的四化建设事业做出应有的贡献。苏步青曾风趣地说:"'名师出高徒',天下没有不出高徒的名师。但是,我觉得这句话还不全面,应该是'严师出高徒'。"

苏步青教授认为,高等教育办学必须适合中国国情,这是办好高等教育一个十分重要的指导思想。我国高等教育发展起伏大、曲折多,在办学的体制和方针、办学规模等重大问题上,没有充分时间去探索一套办学经验以符合我国国情。其结果是培养出来的人才无论在数量上或质量上,不能完全符合各部门、各单位的需要。要改变这种状况,就必须对高等学校进行整顿,调整专业设置,克服急于求成的心态,在办学中积累经验、不断改革、稳步前进。苏步青认为,综合大学的理科要从纯理论中解脱出来,同工、农、医科结合,同经济实践结合,要融汇管理科学、计算机科学、应用数学等同经济密切相关的学科。现在招收了一批博士研究生,考取的硕士研究生更多,但要防止脱离实际的理论研究。否则搞那么多博士、硕士,到实际中没用场,也是一种人才浪费。他建议开辟培养研究生的另一渠道,实行企业与学校挂钩,培养在职研究生①。

二、谢希德的研究生教育理念

谢希德(1921—2000),福建泉州人。1946 年毕业于厦门大学数理学系。后留学美国,获麻省理工学院博士学位。1952 年 10 月回国到复旦大学任教,历任现代物理研究所所长、副校长、校长等职,1988 年起任复旦大学顾问。1979 年、1980 年两次被评为全国"三八"红旗手,当选为中共第十二、第十三届中央委员,上海市第七届政协主席。1980 年当选为中国科学院数学物理学部委员,1981 年被选为主席团成员,1988 年被选为第三世界科学院院士。专长表面物理和半导体物理的理论研究。撰有《半导体物理学》、《固体物理学》、《群论及其在物理中的应用》等专著 4 部。

谢希德不但是一位国内外知名的物理学家,也是一位杰出的教育家。在高等教育事业方面,谢希德的贡献是突出的。她先后担任复旦大学副校长(1978—1983 年)和校长(1983—1988 年)长达 10 年之久,建树累累。她率先在国内打破综合大学只有文科和理科的苏联模式,根据复旦大学的条件增设了技术科学、生命科学、管理科学等 5 个学院。

◆ 图 2-1-2　谢希德

---

① 王增藩:"苏步青关于高等教育的理论与实践",《复旦教育》总第 16 期,1991 年;总第 19 期,1992 年。

她大力提倡师生的创造性和科研工作,加强国内外的学术交流,使学校的教学质量和科研水平与日俱增。她深知抓好教师队伍建设的重大意义,采用破格提升的方法,鼓励学科带头人脱颖而出。她注意发挥教师在教书育人中的指导作用,1986年秋在复旦大学推行导师制。设立"校长信箱"、"校长论坛"、"新闻发布会",沟通校内各方面情况,及时解决存在的问题。1987年6月,在她接受美国纽约州立大学奥尔巴尼分校授予名誉博士时,《今日美国》报社记者称她为"中国的哈佛大学校长"。在她的任期内,复旦大学从10年动乱的劫后创伤中重新奋起,她以解放思想、开拓创新的精神和严谨务实的作风,在学校的学科建设、师资培养、教学和科研水平的提高等方面取得显著成绩,使复旦大学站到了国内高等学校的前列。她率先带领复旦大学走出国门,扩大国际合作交流,向世界开放,极大提高了复旦大学在国际上的知名度。她以自己的学术风范、人格魅力,教育和影响学校师生,在复旦大学树立了严谨、务实、开拓、进取的良好学风。

谢希德是我国改革开放以后推动国际合作交流的一位出色领头人和组织者。在70年代末她就打消各种疑虑,积极开展与国外的联系,大力推荐我国学者去国外访问、进修和合作研究。国内各学校和研究所经她亲自推荐去国外留学及工作的学生和学者不计其数。她在与国际科技界友好往来和学术交流中显示特有的智慧和才干。她为我国物理学界与国际物理学界建立了各种合作交流协议,做出了重大贡献。她不顾年迈体弱,频繁地率团出席各种国际会议,特别是自1983年起,她每年都参加美国物理学会的3月会议,回来后必向国内同行介绍当前物理学前沿的重要发展。根据国家的需要,她还多次应邀出席各种国际会议,做有关中国科学、教育和社会发展等方面的报告。她以一个科学家的身份,向国外全面介绍中国,增进各国人民对中国的了解。她的足迹遍及美国、英国、法国、德国、意大利、日本、苏联、波兰、匈牙利、希腊、泰国、委内瑞拉等国家。许多美国科学家曾说过,谢希德是在美国人中知名度最高的3位中国人之一[①]。

作为复旦的掌门人,谢希德以科学家的独有理性,没有埋首于具体的细节和琐事,而是充分考虑办学方向、办学理念和办学指导思想,使学校走上高速发展道路。在她看来,复旦虽然名为综合性大学,但是只有文理两科,不仅难以应对科学技术飞速发展的局面,更难培养出符合社会发展需要的人才。于是,谢希德主抓机构改革、管理体制改革、规章制度改革等方面的工作。在她的带领下,复旦经过调整,在原有院系基础上,先后成立技术科学学院、经济学院、管理学院等,把学校变成一所拥有人文科学、社会科学、自然科学、技术科学和管理科学的综合性大学。值得一提的是,有段时间管理学科曾在院系调整中被取消,而谢希德预见到这一学科对国家发展的重要性,她力排众议将管理学科与文科、理科、技术学科并列为学校的建设学科,并实行"放权"管理:学院只需要向学校备案,即可单独与外国大学的管理学院签订交流与合作协议。

为了使改革见成效,谢希德非常重视师资队伍建设。为保证师资队伍的相对稳定和有一定的承接性,她在研究生中挑选少量师资,聘任在校外贡献突出的本校毕业生,同时,有计划地吸收国内外学者,共同发展教学和科研工作。为了改变"近亲繁殖"的局面,谢希

---

① 陆栋、王迅:"光辉的一生 崇高的品德——深切怀念谢希德教授",《物理》2000年第7期。

德带领管理团队,邀请外国专家和外校专家到复旦讲学,合作搞研究,同时,选派大批骨干教师出国进修,做访问学者。为鼓励教师积极出国进修,她主动为教师联系国外大学,许多教师的出国介绍信都是谢希德亲自所写。她还采用破格提升人才的办法,使学科带头人脱颖而出,并大胆使用年轻拔尖的人才,鼓励学科间的相互交流、渗透,促进教师知识更新。此外,为了解决教师和工作人员的后顾之忧,能让他们安心工作,谢希德推行行政、后勤工作服务于教学的理念,与领导班子成员亲自下基层,了解各方面情况。

在保障师资的同时,谢希德把培养高质量人才放在学校工作的首位。为了培养学生,她采取了许多措施。一是注重提高教授、副教授给本科学生上课的比例,增强学生的创造性。二是抓好"四个环节"的教学工作,即基础(知识)、外语、实践和能力。三是在教学计划和教学方法上提倡"三性",即灵活性、适应性和科学性。四是推广"三制",即优秀学生的导师制、学分制、5级浮动记分制。五是大力开展继续教育,缓解高等教育不能满足社会需求的矛盾。在短短5年间,复旦大学先后举办6个专业干部专修科、3个专业大专班,受当时国家经济贸易委员会和国家科学技术委员会的委托,还开办了13期干部培训班,培养了1 000多名专门人才[①]。

三、华中一的研究生教育理念

华中一(1931—2007),江苏无锡人。1951年毕业于交通大学物理系。1952年底随交通大学X光管研究室来复旦大学。历任物理系主任、现代物理研究所副所长、技术科学学院院长、副校长、校长等职。1984年获国家级"有突出贡献中青年专家"称号。专长为电真空物理研究,1952—1956年参加我国第一只国产医用X光管和高压镇流管的研制,获得成功。撰有《高真空技术与设备》、《真空技术基础》、《真空技术三十年集》等专著10多部。

在高等教育管理方面,华中一也有自己一套独特的教育思想。华中一认为,教育还是有阶级性的,表现在教育为什么人服务。因此,他反对"贵族化中学",反对办"学店",反对"教育产业化"。他认为学校对学生的责任可归纳为两点:一是教育,二是保护。大学的目标是要培养开创型人才,要

◆ 图2-1-3 华中一

鼓励学生的学习创造性。在所有措施之上的,乃是经常的、不懈的思想教育:一是要解决学习动力问题,二是要抵制资产阶级个人名利思想的侵蚀。1990年左右,基于当时国家和学校的实际情况,华中一提出:由于教育资金的制约,应当少提"建成世界第一流大学"等不现实的口号,重要的是制订近期和中期的计划,踏实工作。在学校的办学目标确定上,要尽力做到的是把学校办成综合性和国际型。

在学校的专业设置方面,华中一认为要不断适应学科前沿的变化和社会需求。复旦

---

① 杨阳:"谢希德:新中国第一位大学女校长",《中国教师报》2019年06月26日第13版。

这样的学校,除办好人文、自然和管理科学外,还特别应当利用其优秀的理科基础,面向应用目标,培养高技术的研究开发型人才,这种人才同一般工科专业培养的工程师是不同的。华中一赞成学科之间相互交叉、融合和渗透。他认为,特别是理科学生需要文科知识,其理由是除研究工作外,还涉及学生个人的文化素质和气质的培养。反过来说,对学校学生目前已进行的文学艺术方面的教育,要经常考察其思想倾向。

在学校任用干部时,华中一认为要慎重、民主。对于推荐的带学术性职能部门的负责人(处长、系主任、院长、副校长等)要考察两点:一是真正有学问,是公认的,而不是自吹的;二是有好的个人品质,不浮躁、不胡吹、不摆架子、不搞派性。这样才能有管理的力度,并能得到广大师生的欢迎。学校在评定教授或博导等业务职称方面也要公开、公正、公平。在这个方面,华中一认为校长要尽量减少特批的案例,甚至可以放弃特批的权力。政策要对青年人倾斜,但不能过分;对回国任教的学者要倾斜,但也不能过分。校长也要管有碍学校观瞻的"小事"。例如,反对在校门口两旁的布告、展板或海报中出现错别字(包括英语的拼法);反对学生在进入教室上课时穿汗背心、拖鞋;反对在老师讲课时学生在下面喝水或吃东西;反对在校园里的不文明举止,等等。

在阐释复旦精神方面,华中一认为对求知来说,"博学而笃志,切问而近思"是很好的教谕。对办学来说,他认为还要加上两条,即:在师资队伍方面,要引进优秀人才,博采众长,为教育齐心合力;在培养学生方面,要顺应时代需求调整专业,同社会和谐前进。北京颐和园排云门上有一副对联:"复旦引星辰珠联璧合,顺时调律吕玉节金和。"华中一认为,如果加以新的诠释,倒是很符合先进的办学思想的,在复旦百年的办学过程中,这种思想起了非常重大的作用。单从院系调整以后的复旦大学的历史来看,就可以发现很多老领导、老教授,如陈望道、王零、苏步青、王福山、周同庆、谈家桢、杨岂深、周谷城、卢鹤绂、葛传椝、朱东润等,就是本着这种精神来发展学校或学科的,他希望这能成为复旦的优良传统之一。

四、杨福家的研究生教育理念

◆ 图2-1-4 杨福家

杨福家(1936—),浙江宁波人。著名核物理学家和教育家。1958年毕业于复旦大学物理学系,后留校任教,组织并基本建成了"基于加速器的原子、原子核物理实验室"。1984年被国家科委定为国家级有杰出贡献的中青年专家,1988年成为李政道教授主持的中国现代科学技术中心特别委员,1991年当选为第三世界科学院院士,几乎同时当选为中国科学院学部委员。1987年6月至1991年11月,担任复旦大学研究院院长。1993年至1999年出任复旦大学校长。2001年起出任英国诺丁汉大学校长,成为担任英国知名院校校长的第一位在籍中国人。曾任中国科协副主席。2012年被聘为中央文史研究馆馆员(终身)。现还任中国特大型综合性辞典《大辞海》的副主编。

杨福家先生关于一流大学建设和研究生教育的回顾

（一）关于一流大学建设与研究生教育

杨福家先生在国内的专家学者中较早地探讨一流大学的建设标准。1993年2月25日，在他被宣布任命为复旦大学校长的干部大会上，他发表了题为"找差距，创一流，振兴复旦"的就职演说。在这次演讲中，他指出：当前学校工作的重心应当放在提高"国家队"的水平上，使它有朝一日跻身于世界第一流大学的行列。复旦应当以一流的教学、一流的教材，培养一流的人才；复旦应当有一流的科学研究；复旦应当有一流的高技术产业；而一流的教学、科研、实验室和高技术产业，又需要一流的后勤保障系统。"发展高等教育，创建一流大学，离不开必需的资金投入，但这仅是最起码的外因和基础，更重要的是营造一个有利于产生学术大师的良好的研究环境。"[①] 在他看来，大学应是一个智力环境，只有当这个环境充满大爱时，它才能吸引天才、留住天才；天才包括优秀学术和优秀教师。优秀教师会吸引优秀的学生，优秀学生也会吸引优秀的教师。当然要吸引世界优秀的教师、优秀的学生，还必须有足够的财力。要让教育家独立自主办学，除了有政府资助外，还必须有非政府的资助。为此要成为世界一流大学，必须有一个良好的外部文化环境：一方面，大学要为社会服务；另一方面，社会必须具有乐于资助教育的文化[②]。

杨福家认为大学是分类的，而大学发展与研究生教育的关系，也要看大学所属的类型。在他看来，对应社会的多种需要，大学主要分为3个类别：第一类是研究型大学，第二类是高等职能院校，第三类是一般性的大学。复旦大学的定位是一流的研究型大学，从这个角度来讲，研究生是不可或缺的。复旦要走得更远，首先要明确自己的定位，它的目标应该是美国哈佛、耶鲁这类知名高校。

（二）如何当好研究生导师——关心和锻炼学生

杨福家认为作为一名优秀的老师，不但要学问好，更重要的是看他能否全心全意为学生服务。老师不应该是高高在上的，而是应该时刻想到学生、为学生服务。复旦大学老师的重要职责不仅仅是完成上课任务，而是要与学生多接触，要了解每个学生他真正的专长在哪里，这比上课要重要得多。现在有些学校认为老师做博士生导师要这个条件、要那个条件，但实际上这些条件对指导博士生而言是根本用不到的。严格讲，教授就能够做博士生导师，但是这个博士生导师你能不能做，其实导师可以自己衡量，是不是真正彻底了解应该怎么样做博士生导师。

杨福家以自己曾经的导师卢鹤绂为例，证明怎样才算一名好导师。1958年初，是杨福家在复旦求学的最后一个学期，因为撰写毕业论文，他有幸接受卢鹤绂的亲自指导。卢先

[①] 杨福家："大楼、大师与大爱"，《文汇报》2002年9月17日第5版。
[②] 杨福家："大学的使命与文化内涵"，方鸿辉、陈建新选编：《博学笃志　切问近思——杨福家院士的科学与人文思考》，上海教育出版社，2016年，第92页。

生给杨福家出了一个难度很高的题目,是瞄准科学前沿——国际物理学界才发表的原子核的壳层模型新理论。卢先生鼓励杨福家从实验结果出发探索一条新途径,并期望他能与权威们做得一样好。然而,由于出的题目实在太难了,杨福家做了很久也没有做出来——这是一个世界级的难题,1963年提出这一理论的两位科学家获得了诺贝尔物理学奖。即便如此,杨福家仍然认为,这一过程让他学到了很多东西,受益匪浅,并认为这才是真正的锻炼。因为在卢先生的严格要求下,他通过这篇论文比较深刻地理解了原子核的壳层模型新理论的奥秘。后来,杨福家去丹麦留学,遇到上述诺贝尔奖获得者中的一位科学家,便因此有机会与他做非常彻底的交流,并从此成为好朋友[①]。

杨福家指出,研究生导师要让研究生处于年轻时代,最有创造性的时代,给他做较难的题目,而不是为了保证他能做出来,给他做大习题,如果这样做,无论学生,还是老师,都做不出大的创造。世界上很多优秀大学产生了优秀研究生博士论文,很多人凭其获得了诺贝尔奖。博士生是科学研究的主力军。例如,牛顿22岁发明微积分,哥白尼32岁提出日心说,达尔文22岁开始环球航行,爱迪生29岁发明留声机、31岁发明电灯,贝尔29岁发明电话,居里夫人31岁发现镭,爱因斯坦26岁提出相对论、用量子论解释光电效应,李政道31岁、杨振宁35岁时发现"弱作用中宇称不守恒"。世界上有名的一流大学,之所以称为一流,除了有大师外,最重要的是有一批风华正茂、思维敏捷的优秀博士研究生,他们在充满好奇与激情、充分发挥民主的欢乐集体中日夜奋斗[②]。

研究生教育的重要意义不仅仅体现在专业研究方面。对于学生而言,即使将来不从事研究工作,但是读研期间掌握的做研究的方法和思路也是终生有用的。学到的专业知识将来也许会过时,但方法却会一直有用。正所谓,授人以鱼,不如授人以渔。

(三)如何培养优秀研究生——点燃学生心中的火种

杨福家院士认为,育人的重要性不在分数,而在点燃被教育对象心中的火种;要想培养出优秀的研究生,首先就要点燃他心中的火种。如果能激发或发现研究生心中的火种,就能更容易让他腾飞。"没有兴趣,没有好奇心,是没有创造的";"我们的教师或者家长,有很大的责任去关心学生和子女,发现他们的火种,点燃他们的火种。教师应该是广大学生的点火者,而不是灭火者。人无全才,人人有才,学校的任务就是发挥学生的天才"。

杨福家以他的亲身经历为例,证明点燃学生心中火种的重要性。杨福家有位大学同学,从小喜欢磨玻璃,大学进校时就带了一套磨玻璃的工具。为了激励这位同学对科学的兴趣,发挥他的特长,老师介绍他利用课余时间去复旦校办工厂实习,毕业以后,又按他的兴趣将他分配到南京紫金山天文台。后来,这个同学参加了世界水平的天文望远镜的制造,取得了成功。

杨福家寄语广大师生:"复旦的校训是'博学而笃志,切问而近思',我最欣赏'学问'二

[①] 结合访谈记录与杨福家所撰"进复旦50年"一文相关内容整理。"进复旦50年"中的相关内容,可参见方鸿辉、陈建新选编:《博学笃志 切问近思——杨福家院士的科学与人文思考》,上海教育出版社,2016年,第159—160页。
[②] 杨福家:"诺贝尔奖百年是年轻人的创业史",方鸿辉、陈建新选编:《博学笃志 切问近思——杨福家院士的科学与人文思考》,上海教育出版社,2016年,第63—64页。

字。什么叫学问？学会问问题，把问题提出来，你已经有一半成功了，没有问题是没有创造的，有问题才有创造。所有的创造，都是从问题产生的。"

五、王生洪的研究生教育理念

王生洪（1942—　），上海市人。1965年毕业于上海科技大学。其主要研究范围是精密跟踪雷达、射电天文望远镜和大型天线系统结构设计、计算力学等领域，曾获得国家科技进步一等奖、上海科技进步一等奖和全国教学科研成果一等奖等多项奖项。

曾任中国电子机械学会副主任委员、上海科技大学常务副校长、上海市政府教育卫生办公室主任、上海市委统战部部长（期间又先后兼任上海大学校长、上海市高教局局长、上海国际教育交流协会会长等职）、上海海外联谊会会长、上海市政协副主席。

1999年起，出任复旦大学第十八任校长，直至2009年。在任期间，他倡导教育改革，推进学分制改革和通识教育；提出以学科建设为龙头、以科学研究为抓手的战略思路；他致力于"复旦走向世界"，推动复旦与海外著名大学建立战略合作关系，利用国际办学资源促进复旦跨越发展。

◆ 图2-1-5　王生洪

建设高水平研究型大学就应大力加强研究生教育①

为响应教育部关于重点支持若干所大学进入国际先进行列的号召，复旦大学把向研究型大学转型作为学校"十五"规划发展的重要目标，即：以创建世界一流大学为奋斗目标，以科学研究为主导，以学科结构为主线，以信息化、国际化为手段，在科研成果、人才培养、队伍建设和产业化等方面实现跨越式发展，朝着高水平、研究型大学方向迈出坚实的步伐，来迎接我校100周年校庆。

目前我国的本科生教育水平在世界上高于其他国家，硕士生基本持平，而博士生的教育与世界上发达国家相比还有差距，这种差距与我国的科研、经济水平、教授的学术水平、学术理念等因素有关，我们大家应看到这一薄弱环节。我们应从复旦大学和原上海医科大学合并后的实际情况出发，在学科门类具有一定综合性优势的前提下，集中资源提高学校的内涵发展，提高我们的学术水平和科研水平，来缩小复旦大学与世界一流大学主要科研方面的差距。通过建设高水平的研究型大学来带动学校的整体工作。

建设高水平研究型大学就应大力加强研究生教育。美国把培养博士生的水平和质量以及覆盖的范围作为衡量研究型大学的重要指标，研究型大学应通过多出高水平的科研成果带动学生的教学和培养，导师和研究生是科学研究的主体，建设高水平的研究型大学

---

① 王生洪："建设高水平研究型大学就应大力加强研究生教育"，《上海教育》2001年第15期。

就要求大力加强研究生教育。科学研究的生力军是年轻人。总书记曾在最近两次全国院士会议上指出,所有的科研成果都是一个人处在风华正茂的时候产生的,因为这段时间一个人的创新能力最强,要做到创新,就要充分发挥和造就一批年轻的知识接班人。复旦大学杨福家院士在研究生系列学术报告中也指出:"一个学校能否成为一流,研究生起着极为重要的作用;在一流大学里唱主角的是研究生,研究生是否一流,决定着学校是否一流,一所大学的科研水平很大程度上取决于博士生的科研能力和学术水平。"研究生教育规模也是研究型大学的主要体现方面,目前复旦大学研究生与本科生的比率为0.52∶1,根据"十五"发展规划,到2005年将达到0.8∶1。届时本科生与研究生的招生数已基本持平,其中在校硕士生与博士生之比为3∶1。

我们还应优化研究生在各学科分布中的结构,复旦大学学科门类多,各学科特点差异较大,其中基础学科建设的重点不是数量,而是质量,在控制并保持一定规模数量的前提下提高质量。对于同社会发展密切相关的应用性学科需加快发展,社会急需的紧缺专业应超常规发展。最近,随着浦东微电子产业带的启动,社会对该类人才需求量也随之激增,我们对此提出:以改革的思路、创新的体制、超常规和跨越式的发展,在浦东建立复旦张江微电子研究院。研究院将享受高科技园区的优惠政策,对复旦的工程硕士、工科硕士的教育带来好的市场机遇,微电子研究院未来的学生规模将达2 000～3 000人。

博士生的培养质量是研究型大学办学的灵魂和生命,尤其在加快发展过程中,如果不重视博士生培养质量,将给将来的发展带来隐患。复旦大学从学科建设、人才队伍建设出发,为研究生教育提供了良好氛围和环境。另外,要提高研究生教育,必须要有一套符合实际情况的制度,进行科学地管理。办好研究生教育的关键是要加强博士生导师队伍建设。复旦"十五"规划指导思想如下:以观念转变为先导、体制创新为动力、队伍建设为关键。学校关于队伍建设、人的重要性有了更高的认识,要充分认识人在事业发展中的根本作用,目中要有人,心里要想到人,工作要从人着手,资源要向干事业、能出成果的人集中,政策要从有利于调整人的积极性方向指定和调整。总之,要以人为本,才万事俱兴。

对于我们的研究生教育,特别是博士生教育,导师在其中起着引导和促进的作用。名师出高徒,好的导师不但学术造诣深,为人师表,而且对学生的要求很严格。我国研究培养模式是导师负责制,导师对研究生的教育,从入学起,至以后的培养计划、课程设置、研究方向、论文选题和从事科研等主要环节,自始至终起着引导和督促的作用。对大多数研究生来说,导师不仅是他们系统教育的终结者,而且是他们学术生涯的领路人。杨福家教授说过,博士生导师是点燃火炬的人,带着强烈求知欲望来复旦学习的学生好比干柴。

复旦大学研究生教育也适时推出了一些加强导师在研究生教育中作用、地位和责任的措施,如招生工作方面,对数、理、化、生、文、史、哲等基础性学科试行5年硕士连读制,因为要做好一篇基础性学科的论文需要较长时间做潜心的研究工作。在招生考试环节中加大口试成绩占总分的比例,好的招生生源不仅要有扎实的基础知识、开阔的思维,而且应有对科学执着追求的精神,要有火一样的热情,口试可以检测一名学生在思维及事业精神方面的基本素质。研究生培养方面也推出了几个重要抓手,如个人培养计划制订过程及论文选题、开题等环节,导师应体现出因材施教的指导水平,研究生中期考核、博士生预答辩等质量的把关,很大程度上取决于导师的工作质量。充分发挥导师指导小组在博士生培养过程中的作用,严格审核博士生学位论文的质量等各环节都离不开导师的责任。清华大学曾在学生中开展导师工作情况民意调查,发现了一些问题,如导师因会议多、申报科研项目多、所指导的学生数也多,学生认为导师与他们交流少、缺乏沟通的占43.9%。其次,学生认为导师对他们学术上的整体指导不够的占42.9%,形成这一数字的主要原因可能是导师的精力没有到位,许多导师在繁忙研究工作的第一线,没有时间把培养研究生工作放在自己重要职责范围内,有的导师把学生推到科研工作的第一线,自己退到了第二线,这样的导师实际上失去了学术上的指导能力。第三,调查数据反映导师在为人师表方面做得还不够的占27.9%。从总体来看,在感染学生做人、做学问方面,应该对我们的导师提出更高的要求,在大力提倡培养创新人才的氛围里,要培养、指导学生创新,首先要求导师站在学科的最前沿。导师应保持良好的敬业精神、严谨的治学态度、优秀的人格,去积极地影响研究生的学术生涯。

今年复旦大学新增的141名博导中,45岁以下的占55%,具有博士学位的占72%,可以看出导师队伍正朝着年轻化、高学历化方向发展建设,这对于复旦大学向研究型大学转型有着重要的意义。

六、谷超豪的研究生教育理念

谷超豪(1926—2012),浙江温州人。1948年毕业于浙江大学。1959年获苏联莫斯科大学物理数学科学博士学位。1980年当选为中国科学院学部委员。曾任复旦大学副校长、中国科学技术大学校长。1982年获国家自然科学奖二等奖,2002年获上海市首届科技功臣奖,2005年获何梁何利基金科学与技术成就奖,2010年1月11日,获2009年度国家最高科学技术奖。1984年9月至1987年6月任复旦大学研究生院院长。

主要从事偏微分方程、微分几何、数学物理等方面的研究和教学工作。在一般空间微分几何学、齐性黎曼空间、无限维变换拟群、双曲型和混合型偏微分方程、规范场理论、调和映照和孤立子理论等方面取得了系统的重要研究成果。特别是首

◆ 图2-1-6 谷超豪

次提出了高维、高阶混合型方程的系统理论,在超音速绕流的数学问题、规范场的数学结构、波映照和高维时空的孤立子的研究中取得了重要的突破。

(一) 重视学科交叉与创新

谷超豪非常重视数学和现实世界的联系,非常重视数学与其他学科的交叉。对此,杨振宁教授的评价很高,说谷超豪是"站在高山上往下看,看到了全局"。的确,谷超豪不仅是一位卓越的数学家,更是一位具有长远眼光的数学战略家。当打开了一个个科学堡垒的缺口并占领了制高点之后,谷超豪以其旺盛而出色的创新意识和才能,更愿意去开辟一个个新的战场,做更具挑战性的尝试。他曾经在接受采访时说:"我喜欢做自己提出的问

题,在一个领域获得突破后,我会让学生们继续深入下去,而我会再去做新的东西,在新的领域做出自己的贡献。"改行难,风险大,从一个熟悉而处于事业高峰的状态改行到一个陌生的领域更难,风险更大。在数学这个神奇的世界里,就好比在崇山峻岭中摸索,谷超豪不愿意步别人的后尘,渴望走一条自己独特的道路。这也充分见证了他"独特、高雅、深入、多变"的治学风格和不断创新的科学探索精神。

在科研上,谷超豪坚持高品味、高标准,从不拾人牙慧、随波逐流,努力抓住具关键性的课题攻坚,往往以独特、优雅的方式另辟蹊径,收获出人意料的深刻结果,给后人以极大的启迪和推动。对于学生,他提出的问题都不是一些具体的问题,而是全局性、方向性的,是一个大的方向,几十年下来还可以继续做下去,这一点是他的特长。例如,谷超豪所开创的偏微分方程研究,主要是怎样从数学理论的角度去解释一些物理力学上的实际问题,至今仍有很多问题还没有解决,许多学者仍在探索研究。如今,相对于数学其他研究方向,国内偏微分方程这一块研究队伍还是比较壮大的。与其他学科相比,国内数学研究与国外的差距要小一些,偏微分方程与国外的差距更小一些。甚至有些研究,尤其是拟线性双曲型方程组的研究,还处于国际的前沿。谷超豪常常说:"做学问就像下棋,要有大眼界,只经营一小块地盘,容易失去大局。"而学术上的大眼界,来自人生的大胸怀。"国家、社会的需要,是研究的生命所在。"谷超豪时时刻刻将民族的利益放在首位,将国家和社会的需要看得比自己已有的专长和兴趣重要得多。在这个物欲横流的时代,谷超豪真正称得上是一位当之无愧的大师①。

(二)耐心育人,严格要求

科研与教书育人,是谷超豪"人生方程"的横轴与纵轴。他长期为学生开设数学基础课,也开设过许多专门课程。"人言数无味,我道味无穷。良师多启发,珍本富精蕴。解题岂一法,寻思求百通。幸得桑梓教,终生为动容。"这是谷超豪20年前写的一首诗。他抒发了自己对数学的眷恋之情,也道出了对教书育人的理解。

有一次,苏步青先生曾开玩笑地说:"谷超豪只有一点没有超过老师,就是没有培养出像谷超豪似的学生来。"其实,谷超豪从教60多年,桃李早已满天下。在他直接指导的研究生中,就有3人成为中国科学院院士,听过他课或接受过他指导的学生中还有3位中科院院士和3位工程院院士。

在浙江大学当助教的时候,前辈数学家钱宝琮先生就对谷超豪说过,当学生向你请教的时候千万不能说这个问题很容易,这样会使学生失去自信心。谷超豪一直践行老先生的教诲,他带的学生如果遇到问题,他总会耐心地讲解,绝不会有一丝傲慢与轻视。后来,他当了复旦大学副校长,行政工作十分繁忙,但还是抽出时间坚持每个星期至少两个半天参加由学生和青年教师组成的数学、物理、几何讨论班,甚至给一些学生开小灶。"成功的秘诀除了持之以恒的努力外,有一个好的老师也是至关重要的。"谷超豪有幸遇到了苏步青、陈建功这样的数学大师,他很感激自己的老师。因此,对于自己的学生,谷超豪总是尽可能地在学习上和生活上提供帮助,希望自己的学生最终能够超越自己,取得更大的科学

---

① 段炼、周桂发:"谷超豪:徜徉在数学的海洋里",《中国科学报》2013年10月25日第6版。

成就。李大潜院士不能忘记,1956年当他还是一个大学三年级学生的时候,在老师的指导下写学年论文,谷老师利用在北京参加全国先进工作者代表大会的间隙,密密麻麻地修改了学生的原稿,促成他发表了第一篇学术论文。"文革"结束以后,谷老师为了支持他出国进修,帮他提高英语听说能力,把家里珍藏的电唱机及凌克风唱片长期借给他使用。在谷超豪先生的追思会上,他深情地说:"谷超豪老师不仅引领我走上科研的道路,而且一直对我严格要求,时时刻刻帮助和督促着我。"洪家兴院士不能忘记,1978年他因母亲生病产生了退学的念头,是谷老师竭力挽留,帮他排忧解难,才有了他今天的成就。复旦数学科学学院谢纳庆副教授是谷超豪最后一位博士研究生,他至今还记得博士论文预答辩时的情景。那是2007年,谷老师摔伤骨折住在华东医院,却在病房里一字一句帮他修改博士论文。"先生看得很仔细,连标点符号不对都能帮我指出来,更教我如何规范使用术语,这种严谨的作风对我影响很大。正是谷先生的教导让我立志要在数学路上一路走下去。"

复旦大学陈恕行院士是谷超豪最早培养的研究生。他总结说:"谷先生有一个特点,就是很有战略眼光,看得很远,而且十分关注国外学术界的最新动态。谷先生在研究生教学中,很具体的东西他讲得不多,也很少和研究生一起做具体的研究工作。他很少和学生讨论具体问题,只是给你一个方向性的指导,让你自己去摸索。他给你看最新的文章,指出哪些问题值得考虑,我觉得这种教学方式可以培养年轻人的独立思考能力。一个好的老师是指导一个方向,而且这个方向是有发展前景的,可以做一辈子的。"恩师的学识让他敬佩,恩师的教诲使他受益终身。

2012年6月24日,谷超豪在上海病逝,享年87岁。纵观谷超豪的一生,他没有遗憾,不仅在数学领域拥有开创性的成果,而且还培养了一大批后继的学者。"半纪随镫习所之,神州盛世正可为。乐育英才是夙愿,奖掖后学有新辉。"这首《和苏诗》是谷超豪一生诲人不倦的真实写照。为此,谷超豪能够欣慰地说:"如今回首,我想,在一定程度上我可以向苏先生交账了!"①

七、李大潜的研究生教育理念

李大潜(1937—),江苏南通人。1957年毕业于复旦大学数学系,1966年在职研究生毕业。1982年获国家自然科学奖二等奖。1995年当选为中国科学院院士。1997年当选为第三世界科学院院士。2005年当选为法国科学院外籍院士,同年获何梁何利基金科学与技术成就奖。2007年当选欧洲科学院院士。2008年当选葡萄牙科学院外籍院士,同年获第八届华罗庚数学奖。2015年获国际应用数学大奖——ICIAM苏步青奖。曾任中国数学会副理事长、上海市科学技术协会副主席、中国工业与应用数学学会理事长、教育部高等

◆ 图2-1-7 李大潜

---

① 科普中国:"谷超豪:人言数无味,我道味无穷",2018年5月17日;网址:http://www.kepuchina.cn/person/jcrs/201712/t20171218_315696.shtml。

学校数学与统计学教学指导委员会主任委员、国务院学位评定委员会数学学科评议组召集人、国际工业与应用数学联合会(ICIAM)执行委员、中法应用数学研究所中方所长、中法应用数学国际联合实验室中方主任等职。复旦大学教授,国务院学位委员会批准的首批博导。1991年11月至1999年9月任复旦大学研究生院院长。

李大潜主要从事偏微分方程、最优控制理论及有限元法理论等方面的研究和教学工作。对一般形式的二自变数拟线性双曲型方程组的自由边界问题和间断解的系统研究,以及对非线性波动方程经典解的整体存在性及生命跨度的完整结果研究,均处于国际领先地位。在理论研究的基础上,坚持数学理论和生产实际相结合,对各种电阻率测井建立了统一的数学模型和方法,并成功地在大庆等10多个油田推广使用,取得了良好的地质效果和显著的经济效益,为我国应用数学的发展提供了经典的成功范例。

从跨世纪高层次人才的培养看研究生教育的改革[①]

在世界范围内愈演愈烈的综合国力的竞争中,高层次专门人才在数量及质量上是否占有优势归根结底起着决定性的作用。在"科教兴国"战略的指引下,我国的经济建设和发展也正逐步转向依靠科技进步和提高劳动者素质的轨道上来。加速培养一大批优秀的跨世纪高层次人才,已成为一项紧迫的任务,并对我们的研究生教育提出了越来越高的要求。大家都在认真总结经验,研究如何进一步对研究生教育进行改革。下面结合我们上海及复旦大学的情况,谈谈个人几点很不成熟的看法。

(一) 跨世纪高层次人才应具有怎样的素质?

我们希望所培养的研究生能成为优秀的跨世纪高层次人才。不仅希望他们在学期间及毕业时有优秀的成绩及表现,更重要的是希望他们在毕业取得学位之后,能够在此基础上主动顺应时代、社会及形势的要求,自觉学习,锐意创新,不断进取,对国家、社会及人类做出重要的贡献;希望他们有比较大的适应性、竞争能力及发展潜力,有强大的后劲。评估一个学校研究生教育的成败及好坏,也应该主要看所培养的研究生走上社会后的实际表现和业绩,看培养出了多少劳动模范及先进工作者,培养出了多少杰出的科学家、发明家、实业家和社会活动家,等等。

由此,我们应该认真地考虑新的世纪对高层次专门人才会提出哪些基本的要求,想一想我们培养的研究生在未来的岁月中将会面临怎样的挑战,从而对人才培养的规格及素质有一个宏观上的认同和把握,为制订研究生的培养目标及培养计划提供重要的依据。

未来的事很难说得很准,而且对不同类型的人才也应有不同规格的要求,不能强求一律,但从总的方面来说,是不是可以提出下面的一些设想:

——当代的新科技革命,其规模之大、发展之快、影响之深,是前所未有的。我们国家又正处在向社会主义市场经济体制转轨的经济发展关键时期。即使已取得硕士、甚至博士学位,也必须进一步学习,善于汲取知识,追踪科技前沿,不断更新及拓展自己的知识领

[①] 李大潜:"从跨世纪高层次人才的培养看研究生教育的改革",《学位与研究生教育》1996年第2期。

域,才能适应日新月异的形势发展的需要。

——"创新是一个民族进步的灵魂,是国家兴旺发达的不竭动力"(江泽民)。对基础性的研究来说,创新的重要性自不待言。即以高新技术产业而论,仅仅建立在进口替代基础上的发展,必定受制于人,是没有竞争力的。上海市在最近召开的科技大会上已明确提出"科技进步的灵魂是创新",要在抓紧做好引进技术的消化、吸收的基础上,抢占21世纪高新技术产业发展的制高点,提高自主研究、开发创新的能力。我们培养的人才,不论是进行基础性研究,还是从事应用开发的工作,都不仅要善于学习,而且要善于创新,要努力做到比别人技高一筹,甚至出类拔萃,才能在激烈的竞争中立于不败之地。

——在未来的世纪中,新产品、新工艺、新技术、新学科及新领域将会层出不穷。在踏上工作岗位之后,从一个行当转入另一个行当,从一个领域转移到另一个不太熟悉的领域,甚至完全不熟悉的新兴领域,将会是一个不以人们意志为转移的客观需要,对相当大的一部分人来说,改行或"跳槽"将是不可避免的。这就需要具有不仅放得下、而且也拿得起的应变能力,这也是一个不容忽视的事实。

——高层次专门人才中的大多数,将成长为新的学科带头人、重大企业部门的领导人或骨干,甚至党和政府的领导人,面临着组织、带领一批人工作的任务。这就要求我们培养的人才不仅有高瞻远瞩的战略眼光,有团结人合作共事的宽广胸怀,而且要有善于组织、运筹帷幄的能力。

——高层次专门人才要立足国内,走向世界,努力适应未来信息社会的要求,必须善于利用国际上高科技的最新成果,积极主动地到国际舞台上去交流、去竞争。

——在未来的岁月中,国际政治舞台上的风风雨雨将是难以避免的,有时可能还会是很激烈的。跨世纪的高层次专门人才应该经得起大大小小的政治风浪,站得稳,立得正,始终坚持社会主义的道路,永远与党、国家和人民心连心。

概括地说,优秀的跨世纪高层次人才应具有学习的能力、创新的才能、应变的本领、领导的才干、国际交往的素养和政治上的坚定性。这些素质的综合将保证跨世纪的高层次人才出色地完成其承上启下、继往开来的历史使命,为我们的国家铸造更加辉煌灿烂的未来。

(二) 怎样培养好优秀的跨世纪高层次人才?

要使我们培养出来的研究生具有前面所说的一些素质,自然不可能完全在学习期间实现,更主要的是要在踏上工作岗位以后,在社会的大课堂中,经过实践逐步走向成熟与完善。但在研究生学习期间,应该为此确立一个良好的开端,并为今后进一步的发展奠定一个可靠的基础。

为了培养优秀的跨世纪高层次人才,首先必须打好基础。

在科学技术迅猛发展、知识更新不断加速的今天,在研究生学习阶段,还是要强调进一步打好基础。这是因为,新的科技革命尽管显示各门科学向广度及深度进军的飞跃进展,但并没有动摇基础科学大厦的基石。我们并不处于上一世纪之交那种出现"物理学危机"的时代,各门科学的基础内容仍然是我们可靠的宝贵精神财富,从这个意义上看,谈不上"知识老化"的问题。同时,要了解国际前沿的新进展,必须了解科学发展的历史进程,在继承中发展。只有深刻地了解过去,才能主动地掌握未来;也只有打下牢固的基础,才能自如地实现向新领域的转变,具有可靠的应变能力和坚实的后劲。在研究生培养中,一直强调要"掌握本学科坚实宽广的基础理论和系统深入的专业知识",在现在的形势下,仍然是十分必要的。

为此,必须开设一定数量的课程,包括学位基础课、专业课和选修课,将加强基础落到实处。但是,课程的设置及教学内容的确定仍然要遵循少而精的原则,并不是越多越好,一味地加以膨胀。实际上,所有的课程大体上可分为两类。一类是真正核心的基础,是有关学科的精髓,学会并牢固地掌握了它,将会无时无刻不起到作用,可以说一辈子受用不尽。对这类课程,应该作为学位基础课重点加以安排,不仅在时间上要加以保证,而且要强化训练,保证学生能够学到手,并且会运用。同时,要在着重介绍经典性内容的基础上,不断注意吸收最新的科技成果充实教学内容,体现现代化的精神,显示基础性内容的新进展及在当代科技革命中的巨大影响和作用,使同学真正"站在巨人的肩膀上"。另一类课程可以看作这些核心基础的延伸,本身有其重要性,而且往往可以更直接地通向应用,但在牢固深入地掌握核心基础之后,只要下定决心学习,原则上并不难掌握。对这类课程的安排必须精选,不宜过多过杂,在内容上也必须体现简明精炼的原则,把最基本的概念、方法及结论展示出来,把同学引上路,使他们将来结合工作需要可以进一步学习和发挥,就应该说达到了要求。这一类课程一般应在专业课甚至选修课中加以安排。因此,为了有效地加强基础,要合理安排课程的结构及体系,精心地选择每门课程的内容,制订合适的课程教学计划,这是一项重要而且细致深入的工作。

为了加强基础,还必须根据学科发展进一步综合化,新的学科生长点以及新兴、交叉与边缘学科不断涌现的事实和趋势,将加强基础的范围从本专业(二级学科)的比较狭窄的理解拓广到更加宽阔的范围。不仅要注意尽可能按一级学科来组织安排一部分甚至大部分学位基础课程,而且要提供跨专业、跨(一级)学科的选课及开展科学研究。基础性专业的学生要注意应用的背景及向应用方面的开拓,应用性专业的学生要注意提高基础方面的内涵及素养。这不仅要在制订培养计划时自觉地加以安排,而且要使广大研究生充分认识到这方面的重要性,充分发挥自己的主观能动作用,自觉地参加各种讲座及学术交流活动,主动查阅文献资料,包括结合学位论文的写作,努力扩大自己的知识视野。

在重视知识的增长与积累的同时,还要使研究生了解本门学科的发展历史及科学思想的沿革过程,使大家知道科学概念、方法及理论的来龙去脉,逐步培养他们在学术上具有纵览全局的战略眼光和高瞻远瞩的远见卓识,树立正确的科学观及方法论。这样,他们在今后的岁月里就能正确地选择自己的发展道路及主攻方向,善于在错综复杂、千头万绪的情况下抓住机遇,抓住主流,抓住根本,从而做出出色的成果。这也应该是加强基础的一个重要的内容。

总之,为了加强基础,对基础的内涵还应有一个全面的理解,也不能一味靠开设课程来解决,而应贯穿在整个教学过程的各种学习及实践活动中,并在制度上加以必要的保证。

为了培养优秀的跨世纪高层次人才,还必须非常重视能力的培养。

单纯积累知识,但不会学习、不会运用、不会创造,即使变成了活字典,甚至百科全书,也决不可能适应社会的需要,更谈不上成为优秀的跨世纪高层次人才。"高分低能"的现象,在研究生的学习阶段,不仅必须坚决避免,而且对研究生在能力方面的培养还应该提出更高的要求。能力方面的要求是多方面的,对不同的人也应有不同的侧重,但大体上说来应该包括自学汲取知识的能力、设计及动手实验的能力、科学判断的能力、选择目标及课题的能力、分析问题和解决问题的能力、创造性思维及创新的能力、进行学术交流与社会交往的能力、中外文的表达能力、向应用转化的能力、组织管理的能力以及熟练使用计算机的能力等。这些都是在整个研究生的学习阶段应该注意培养的。

在培养能力方面,撰写学位论文自然是一个极为重要的环节。它的主要目的,是通过科研工作的实践,提高独立从事科研工作的能力。这一过程包括查阅文献资料,开展调查研究,了解历史状况及前沿动态,有的放矢地深入学习,精心设计实验,反复讨论交流,深入进行思考,分析主要矛盾,突破关键难关,步步引向深入,探索向应用的转化以及最后总结成文,并通过答辩,是一个相当全面的训练,相当综合地体现了对研究生能力培养的要求。一篇学位论文,不仅反映了研究生对基础知识掌握的深度及广度,更反映了研究生的创造精神和创造能力。只要研究生在学位论文的撰写过程中使自己的独立工作能力得到全面认真的锻炼,在科研工作的实践过程中真正尝到了梨子的滋味,学到了科学的方法,将来无论是从事基础理论的研究,还是从事应用开发的研究,都不会心中无底、束手无策,一定会想出办法克服一切困难,做出出色的成果。因此,对指导教师来说,要关心研究生撰写学位论文的全过程,不仅注意他们获得的具体成果,并且要及时对他们的能力培养提出严格的要求,在学习方法上进行认真的指导,帮助他们在能力的全面提高上实现一个飞跃。在学位论文的答辩意见中,除研究课题的意义及成果的水平等重要的指标外,还应加入有关独立工作能力方面的考核指标,尽可能对研究生实际具有的水平及能力作一个准确的描绘。

除学位论文之外,在研究生的各个教学环节上都要既注意传授知识,又重视能力的培养。各种实践环节无疑对能力的培养起着重要的作用,而课程学习安排得好,同样对能力的培养可以起到重要的作用。国外的研究生课程,教师只讲主要的内容,同时给同学布置大批的课外阅读材料以及很多的习题与思考题。研究生在课后要花大量的时间查阅资料、撰写报告及完成一大堆作业,学一门课颇不轻松,但训练却到了位,而且能力也培养出来了。相形之下,我们的研究生教学还没有从老师讲、学生听的状态下摆脱出来,同学表面上学得相当轻松,却不生动活泼,主动性、积极性得不到发展,很容易变成高分低能,迫切需要加以改革。

除此之外,适当开设一些必要的公共选修课程,如有关计算机应用、现代数学方法、管理等方面的课程,有的甚至可以规定作为公共必修课,并认真训练,对强化能力方面的培养也会起到积极的保证作用。

为了培养优秀的跨世纪高层次人才,对研究生还要特别加强素质方面的熏陶和培养。

在整个研究生学习期间,我们不仅要求他们长知识、增智慧、出成果,更重要的是要他们进一步学会做人,做一个对国家、对民族、对人民有用的人才,做一个大写的人。我们要坚持教书育人,努力培养研究生以振兴中华为己任,胸怀宽广,志向远大,具有高尚的道德情操和思想觉悟,具有强烈的事业心和责任感,具有求实创新、拼搏奉献、艰苦奋斗、团结协作的精神。

在基础、能力及素质3个方面对研究生进行严格要求、认真培养,应该贯穿于研究生的整个学习过程和各个教学环节,而且和整个学校作为研究生培养基地的学风、校风,和整个培养基地的学术传统与氛围,和整个培养基地的众多学科及人才荟萃的综合优势等,都有着密切的关系,并起着决定性的作用。因此,重视研究生培养基地的建设,特别是重点建设好若干个主要的培养基地,充分发挥它们在培养优秀高层次人才方面的优势及示范带头作用,看来是十分必要的。

(三) 怎样看待"博士不博"的问题?

谈到研究生需要加强基础,近来一个普遍性的提法是"博士不博"。的确,从目前的实际情况看,我们国家培养的研究生,包括博士生在内,知识面比较狭窄,视野不够宽广,培养中传统的"师傅带徒弟"的手工操作方式还相当普遍地存在,学术梯队在培养中的集体作用没有得到充分的发挥,整个培养基地在人才及学科方面的综合优势没有得到充分的利用,在培养制度方面如何切实保证加强基础尚未能有效地得到落实,等等,"博士不博"的现象是客观存在的。目前不少学校包括我们复旦大学在内提出的一系列措施,诸如在一级学科范围中安排硕士学位基础课程、提供跨学科跨系科选课、建立博士生指导教师小组、试行博士生的资格考试制度、积极推进硕博连读试点、建立博士生学位论文开题报告制度、完善中期考核及淘汰制度、规定文科必读文献目录、加强实践环节,等等,都是为了加强基础这一个总的目标,相信可以取得积极的效果。

但我觉得要正确认识并合理解决"博士不博"的问题,首先要对博士生及硕士生的培养要求进行定位。现在,大家已相当一致地认为大学本科生阶段主要是培养通才,在大学里打下比较全面但又比较初步的基础,以适应社会各方面的需要。硕士生在此基础上进一步打好基础并进行适度的能力培养,除一部分人作为博士生的合格生源进入博士生学习阶段继续深造外,大部分仍将走向社会,其中大量的要面向经济建设的主战场,走向各种应用领域,包括基础性学科的硕士毕业生也将大量地转入应用。因此,对硕士生仍不应按培养专家的要求来培养,而应按在专才与通才之间过渡性阶段的要求进行培养。只有到博士生阶段,才应该培养专才,要求他们的大多数人成为未来的专家。

这样,博士生作为高层次专门人才的一个特定的培养阶段,对他们在基础方面的广度及深度应该有一个较高的严格要求,但要求他们博到何种程度,应该恰如其分,笼统地要求他们上知天文、下知地理,什么都知道,是不现实的;但应要求他们的知识不仅仅限于自己研究课题的一个狭窄的范围,而要对本学科的历史、现状及发展趋势,对本学科与其他相关学科以及应用领域的关系有一个比较清楚的认识和了解,有较宽的知识面。

同时,解决"博士不博"的问题,主要不应在博士生阶段,而应该在硕士生阶段。这是因为,打好比较坚实宽广的基础,是培养位于通才与专才之间、适应社会多方位需要的硕士生阶段的主要任务。硕士生阶段基础不打好,到博士生阶段再回过来补基础那就太迟了。国外博士生培养及我们试行硕博连读培养中的资格考试制度,实际上就是这样做的。另一方面,博士生阶段固然还需要进一步扩充和打好基础,但从"博大精深"的要求来说,对博士生更重要的是要追求精深,即利用已有的基础,在人生的这一重要阶段奋力拼搏,在科学前沿上努力攀登,力争占领制高点,上水平,出大成果,甚至创造自己一生中的辉煌。国外的一些优秀博士论文得到国际上大奖的先例应该是一个很好的榜样。在追求精深的过程中,也必将进一步拓宽并打好基础,促进实现伟大的目标。反过来,不是未雨绸缪,到了博士生阶段才着手解决"博士不博"的问题,必然会分散博士生科研攻坚的精力,不仅事倍功半,而且不利于跨世纪高层次人才的培养。

在结束本文的时候,我想引述一下列宁在《国家与革命》一书初版跋中的话。列宁在解释他没写出预定的第七章《1905年和1917年俄国革命的经验》的原因时,说是"因为1917年十月革命前夜的政治危机"妨碍了他,接着他又说"做出'革命的经验'总比论述'革命的经验'更愉快,更有益"。现在,各种各样的报表、统计表,各种各样的评估活动接连不断,而且要求越来越高,条目越来越多,精度越来越细,温度越来越高,尽管有时这也是必要的,但的确大大分散了学科带头人及广大指导教师的时间和精力。重温列宁的教导,尽可能将学科带头人及广大教师从这些活动中解脱出来,让他们专心致志地从事更为重要、更加实际的教学科研工作,为研究生的教育做出更大的贡献。

第二节　原上海医科大学校长及研究生院院长的研究生教育理念(1984—1999年)

1984年,经国务院批准,全国22所高校成立研究生院,复旦大学和原上海医科大学(当时校名为"上海第一医学院")均位列其中。作为我国第一批真正意义上的高校研究生院,原上海医科大学亦对研究生教育十分重视,在与复旦大学合并前,先后历经张镜如、姚泰、彭裕文3任院长,在他们的带领下,上医的研究生教育取得了鲜明特色和显著成就。

一、张镜如的研究生教育理念

张镜如,1929年生于上海。原上海医科大学生理学教授,博士生导师。1984年6月至1988年9月担任上海第一医学院院长、上海医科大学校长,1985年1月至1988年11月任研究生院院长。主要研究方向为神经生理和神经系统对呼吸运动的调节机制,以主编国家级规划教材《生理学》和大型参考书《人体生理学》而闻名于生理学界,为我国生理学的发展做出了重要贡献。曾任全国生理学会副理事长。

◆ 图2-2-1　张镜如

（一）端正教育思想

多少年来，教师与学生都认为学校是单纯传授知识的，教学应以教师课堂讲授为中心，舍此学生就不能学好。在这种思想指导下，逐步形成了教师上课满堂灌的状态，学生只是被动地接受知识，哪里还能开展创造性的学习！这样培养出来的学生往往"高分低能"，不能适应新形势的要求。当前，知识更新速度加快，新技术不断发展，学校当然不能把变化着的全部知识传授给学生，只能在传授核心知识的基础上，让学生通过自学去掌握和获取知识。对于如何摆正教与学的关系，应该发动师生加以讨论，使之逐步明确教学要以学为主的道理。

（二）改变教学方法

现行的大课讲授方式基本上是灌输式的。中学培养出来的学生很乐意接受这种方式，教师也习惯于采用这种方式，一下子很难改变。然而这种状况必须改变，无妨可以这样着手：学生进入医学院以后，有意识地组织他们多参加小组讨论式学习。例如，在学习基础知识时，理论性强的内容仍采用讲授方式进行教学，实践性强的内容逐步采用小组讨论式；在学习临床知识时，尽量多采用小组讨论式。小组讨论式学习是以学生自学为基础，教师发给学生讨论问题，引导学生自学，然后开展争论。这样做可以使学生掌握自学技能，培养独立思考、分析和解决问题的能力，尤其是开展学术争论可以培养学生的开拓精神，并锻炼学生的表达能力。

（三）加强实验实习

医学教育不能离开实际操作训练，因此，基础课学习阶段要加强实验训练，临床课学习阶段要加强实习训练。实验训练应重视基本技能操作，进行科研思维能力训练。实验指导的操作部分可以写得详细些，验证理论部分要以提问的方式引导学生思考，学生可以相互讨论来决定实验步骤。实验要有代表性，量不宜多，重要的实验可以重复做。医学院要多设教学床位，在实习期间每个学生要有足够的实习床位，要对病员有全过程的了解，在上级医师指导下逐步学会独立处理病情的能力，鼓励学生在病情讨论时与上级医师争论。

（四）进行课程改革

医学教育课程一贯按学科来设置，门类多，教学时数达 4 000 左右。近年来，新学科不断产生，新内容不断增多，如仍按学科设置课程，势必造成危机。现行的课程之间重复脱节现象是存在的，必须通过课程的横向和纵向综合逐步加以解决。课程综合要由全院的课程设置研究中心加以解决，各学科教研室可以提意见，但无权干扰课程综合，以避免互相争时数、抢教学内容的现象发生。课程综合要合理，凡是有利于减少教学时数、加强学科间联系的课程设置要坚决推行，任课教师由院部聘请各有关学科的同志来承担。

（五）减少讲授时数

医学教学每周学时太多，对学生的压力太大，必须减少周学时数。首先，应该减少讲授时数 10%～15%，使教学内容不断精炼。有些基础理论与临床有密切联系，则采取在临床学习阶段开设选修课的方式加以解决,不要求每个学生都学习;有些教学内容联系实际更易于理解,则结合实验课或实习进行教学,可不作大课讲授。对于自学能力强的学生,可以通过审批容许自由选择听大课讲授。

（六）提供自学条件

应该扩大图书馆内学生用的专业阅览室,学生可以随便查阅自己需要的书籍,也容许学生把自己的书本、笔记带入阅览室。阅览室的桌椅和照明设备要合乎规格,要陈列中外文教科书、专著和主要的专业期刊。要提供复印机,降低复印价格,使学生能自费复印必要的学习资料。要容许学生借阅中外文期刊,借阅时间不宜太长,以利于书刊周转。

（七）提高外语水平

学生的外语主要在中学阶段打好基础,大学入学考试外语要求必须提高。进入医学院后,外语教研室要进一步提高学生外语水平,使学生能顺利阅读外文书刊。各专业课程要通过专业教学加强专业外语训练,包括在课堂上运用必要的专业外语,在课后指导学生阅读专业外文书刊。学校在可能的条件下建立外语活动室,便于加强外语对话训练,以提高学生听说能力。外语好的学生经过审批,可以选修第二外语。

（八）研究考试方法

考试方法很多,但每一种方法都有优缺点。目前采用的多选法考试,能考核学生的知识水平,但很难评定学生的自学能力和解决问题的能力。如果长期仅用多选法来评定学生成绩,势必使学生单纯记忆知识、不重视能力训练。为此,必须改进考试方法,要用多种方法考核学生,要重视对学生操作能力的考核、自学能力的考核、分析判断能力的考核、解决问题能力的考核。应该研究用计算机来考核学生,这样可以比较客观。评定学生学习成绩的不仅是教师,学生之间相互很了解,可以相互评定,临床学习时病员也应对医学生进行评定。

（九）提高师资水平

师资的教学能力和科研能力必须不断提高,才能把医学教育改革搞好。没有具有创造能力和开拓精神的教师,就不可能培养出优秀的学生来。教师除做好教学工作外,必须从事科研工作,学校为他们提供必要条件,使副教授以上的教师都有自己的科研思路并带教研究生。同时,学校要采取各种政策鼓励教师做好教学工作,在职称晋升、工资提级、福利分配等方面优先考虑教学做得好的教师,以避免教师重科研、轻教学的现象发生。对不适宜从事教学的教师要经常进行合理流动,以不断提高师资水平并保持合理的梯队结构。

（十）扩大学生知识面

医学院目前着重使学生掌握生物医学知识和临床技能,这显然已不能符合新形势的要求。学校要逐步开设卫生政策学、医学法律学、管理学、经济学等选修课程,还要逐步开设医学心理学、社会医学、计算机应用等必修课程。学生在学期间应该走向社会,开展社会调查,参加红十字会等社会服务机构的服务工作,以逐步培养学生献身"四化"的思想,使学生学会为人民服务的各种本领。

（十一）重视毕业后教育

医学院学生毕业时仅能从事一般性的医疗卫生工作，水平还是比较低的。要成为具有较高水平的医师还要不断学习。学校有责任帮助毕业生逐步成长，进行毕业后教育，为他们举办短期讲习班或让他们回母校进修深造，使他们成为有专长的人才。学校对毕业生情况要进行调查，分析他们工作中的表现和优缺点，从而不断改进在校教育中存在的问题，以免今后的毕业生存在类似的缺陷。

（十二）成立医学教育研究中心

医学教育是一门实践性很强的科学，要有专门的队伍开展研究。学校成立医学教育研究中心，把这支队伍组织起来，给予经费，授予职称，培养研究生，使他们专心从事研究工作来不断改进医学教育工作。要研究并吸取国外的医学教育改革的成功经验，但更重要的是研究我国医学教育的实际问题。要研究课程设置、教学方法、评定方法、新技术的应用和毕业后教育等，从实际工作中得出理论性的观点，以进一步指导教学实践，从而不断提高医学教育水平。

二、姚泰的研究生教育理念

◆ 图2-2-2　姚泰

姚泰，1938年生于浙江。复旦大学上海医学院生理学和病理生理学系教授，博士生导师。1988年12月至1997年3月任研究生院院长，1994年1月至2000年4月担任上海医科大学校长。主要研究方向为自主神经系统对心血管和肾脏活动的调节和针刺对生理功能的调节机制，主编国家级规划教材《生理学》（第五版、第六版）。曾任国务院学位委员会学科评议组成员、上海市学位委员会委员、中国生理学会理事会理事长、《生理学报》主编，获得国家教委科技进步奖一等奖等奖励。

对新世纪医学教育人才培养模式的思考[①]

在21世纪到来之际，医学教育界热衷于讨论的一个题目就是我们应该把怎样的一个医学教育带入21世纪，以及医学教育培养的人才模式应该是怎样的。

（一）创新是知识经济时代对人才的要求

走向新世纪，我们面临着世界新的科技发展的挑战，越来越多的人同意这样的说法：人类正在进入一个以智力资源的占有和配置，以知识的生产、分配和使用为经济，知识是社会发展最重要因素的一个新的经济时代，即知识经济时代。在这样的时代背景下，国际

---

① 姚泰："对新世纪医学教育人才培养模式的思考"，《中国高等医学教育》1999年第4期。

间各个国家综合国力的竞争,最终是依靠经济和科技的发展。经济是基础,科技是先导,而关键在于人才。知识经济时代对人才的要求就是创新精神,创新是知识经济的灵魂。江泽民同志说:"创新是一个民族进步的灵魂,是国家兴旺发达的不竭动力。"高等学校是培养具有创新精神人才的摇篮,这里强调的创新精神,也是素质教育的核心。按照培养具有创新精神人才的要求,我们培养人才的模式应该达到基础扎实、适应面宽、能力强和素质好的要求。这些是培养人才的一般要求,对于培养医学专门人才来说,基本要求也是一致的。

(二)新世纪对医学生的要求

医学的发展与其他许多科学技术的发展有关。除了化学、物理、数学、生物学等基础自然科学外,医学的发展与许多现代技术学的发展有密切关系。医学的一个显著特点是,它的服务对象是人。医生面对的患者,是生活在复杂的人类社会中的一个个体,人的健康不仅受自然环境的影响,而且越来越明显地受许许多多社会环境因素的影响。因此,一个合格的医生应该有比较好的人文社会科学的知识和训练。现在对医学生的要求应该注重以下5个方面。

(1) 德、智、体全面发展。这是对所有学生的普遍要求。对于医学生来说,更要强调职业道德,即崇尚医德。不讲医德,不可能很好地为人民服务,而且也不可能成为一个真正的、合格的医生。所以,学校和教师的责任是在各种场合对学生进行教育,特别是在医学专业教育的实践过程中使学生认识崇尚医德的重要性。教师注意教书育人和为人师表尤为重要。

(2) 自觉拓宽知识面。大学学习阶段是打基础的阶段。对于大学生来说,不应过早地把自己的兴趣和精力集中到某一个狭窄的领域,而应该注意拓宽知识面。在学生时代就应注意拓宽知识面,打下宽厚扎实的基础。这里要强调的有两点:一是自觉,二是重视人文知识。自觉,就是医学生能真正认识到拓宽知识面的重要性,因而能自觉要求自己对各种知识有广泛的兴趣和求知欲。另外,由于医学生比较忽视人文社会科学,因此,当前更应强调人文社会科学的学习。学校和教师应为学生创造各种条件,并正确引导学生去扩展知识面。

(3) 重视能力的培养和训练。学习知识是为了具备解决实际问题的能力。知识要在一定的条件下转化成为能力,这里的关键是在具体实践中锻炼。所以,学校和教师必须创造各种条件,使学生在学习过程中能更多地得到实践锻炼,提高解决实际问题的能力。

(4) 树立终身学习的意识和创新意识。大学阶段的学习是打基础,大学毕业决不是学习的结束。对医学教育来说,大学阶段是基础医学教育。医科大学生毕业时,尚不具备独立担当医生工作的能力,还应接受五六年毕业后继续教育,才能成为主治医生。然后进入继续医学教育阶段,一直要学到老。教育是终身教育,所以,学习也必定是终身学习。这里重要的是学生能树立终身学习的意识。人类的知识是不断发展的,也就要不断创新。一个人只有不断学习,才能树立和加强创新意识,使自己加入创新工作中去。所以,学校和教师要经常帮助学生强化这种意识,并且创造各种条件,提高学生的自学能力,特别要帮助学生养成自学的习惯。

（5）有事业心、社会责任感和历史使命感。这对任何学生都是十分重要的，对于医学生来说，更是极其重要的。

（三）当前培养医学人才中应考虑的几个问题

从前面所述对医学生的要求来看，目前医学教育中至少存在以下问题：专业设置多而细；课程内容陈旧；教学方法陈旧，仍以课堂讲授为主；本科教育与毕业后继续教育的衔接、联系尚无明确的制度和措施保证；和其他专业的教育一样，德育的内容和教育方法也有待于改进；外语教学的内容和方法陈旧，学生应用外语的实际能力仍较低。此外，现在我国的医学院校绝大多数为单科（医药学）学校，对培养知识面宽、基础扎实深厚的学生来说，是有欠缺的。

针对这些情况，当前在培养医学生中应该认真考虑以下几个问题：医学教育要适应医学模式的转变，必须加强人文学科的教学；拓宽专业口径，更新课程内容，改进教学方法，加强自学训练，让学生早期接触临床和预防等实际工作；加强以学生为中心的教育观念；改进德育，注重实效；加强外语实际应用的训练，下面着重讨论4个方面的问题。

（1）关于专业口径。前面已经说过，进入知识经济时代，对人才的要求是有宽的知识面和扎实的基础。新的科技成果往往是多种专业、学科交叉、渗透、融合的结果。所以，在大学教育阶段，应该用宽口径培养学生，医学教育也完全相同。20世纪80年代，医学门类的本科专业数增加了好几个，有的学校开设了10多个本科专业。现在许多人已经认识到这对于培养适应新世纪要求的医学人才来说是不利的。教育部已经组织了对本科教育与专业目录的修订工作，以后还要进一步修订，重点是拓宽专业口径。一些学校已经开始减少专业数，用宽口径培养学生。现在，有的学校已在考虑和实施培养医、理、文复合型人才，这是值得进一步探索的。

（2）关于知识和能力。学生在学校学习是为了获取知识。我们常说学校是传授知识的场所。但是，如果单纯传授知识显然不够，还要强调能力的培养和锻炼。对学生来说，学习和掌握知识是基础，要经过转化才能成为能力。关于学生的能力训练，一般来说可包括以下5个方面的内容：①学习能力。这里指独立学习、获取新知识的能力，还包括运用外语、计算机和各种先进的媒体获取知识的能力。②思维能力。学习要善于思考，要学会怎样进行科学思维。对于医学生来说，还必须十分重视临床思维。③动手能力。关于自己动手来解决实际问题，对于医学生来说，就是要能够在临床、预防、保健以及管理等实际工作中动手解决问题，并且有实干的精神。④创造能力。大学应该是培养具有创新精神人才的摇篮，所以，医学生应该注意锻炼自己的创新能力。⑤与他人合作共事能力。在当代，任何新的科技成果的取得都需要许多人的通力合作，越来越多的人也意识到这种团队精神的重要性。对医学生来说，要使他们真正理解和树立团队精神，从学生时代起就要在学习和工作过程中注意锻炼自己具备和各种人合作共事的能力，要求自己能够成为团队中一名称职的成员。这对青年人成才来说，是一种极其重要的条件，也是应具备的一种极其重要的能力。总括以上所述，应该要求医学生学会学习，学会动脑，学会做事，学会做人。

(3) 关于发展共性和发展个性。长期以来我们的教育比较重视发展共性,即标准化的教育,用一个模子塑造人。然而,每个人都是不相同的,他们的背景(如家庭、地区、经历等)各不相同,各人的天赋条件(如个性、体格、兴趣、特长等)也各不相同。应该承认,每个人都有独特的发展潜力,在合适的条件下,每个人都可能得到充分发展,对社会做出贡献。所以,在学校中除了要发展学生的共性外,还必须非常重视因材施教,也就是要注意每个学生个性的发展。教师在教学过程中应该熟悉每个学生,了解每个学生的特点、强项和弱项,然后引导和帮助每个学生去充分发展自己的强项。当前的教育应该更重视学生的个性培养,应该从以教师为中心转向以学生为中心。

(4) 关于继承和创新。在强调学校是传授知识的场所的观念指导下,学校教育常常注重继承,也就是注重传授已有的知识。面向新的世纪,应该从注重继承转向注重创新。现在,从基础教育到高等教育,都认为应该强调素质教育。而素质教育的核心就是创新精神,就是要培养学生具有创新意识和创新能力。创新能力不是凭空产生的,而是源于合理的知识结构。创新能力应体现在下面5个方面:① 学习能力,学习新的知识,汲取他人的经验;② 思维能力,能进行比较、联想和逻辑思维;③ 判断能力,能进行判断,有预见和直觉的能力;④ 评价能力,能深入观察事物、发现问题、作出评判;⑤ 创新精神,表现为敬业、求知欲,能独立思考,不怕困难,不怕失败。

三、彭裕文的研究生教育思想

彭裕文,1945年生于江苏常州市,复旦大学基础医学院解剖与组织胚胎学系教授,博士生导师。1997年3月至2000年4月期间任上海医科大学研究生院院长。主要研究方向为脊柱和颈肩腰腿痛的应用解剖和基础理论,主持完成课题于1987年获卫生部科技进步二等奖和上海市科技进步二等奖,1992年获国家教委科技进步三等奖。1991年曾获国家教委和国务院学位委员会授予的"做出突出贡献的中国博士学位获得者"称号。

(一) 关于在综合性大学培养高层次医学人才

图 2-2-3 彭裕文

在综合性大学培养高层次医学人才具有很多优势,不同学科间从思维上是相通的,很多创新的理念和思路都是不同学科碰撞产生的。复旦大学有较强的人文社会学科、理学科和前沿的生命学科,这些学科师资水平较高、设备技术精良、实验条件先进。同时,还有学科间互相交叉、融合和渗透的优势,社会活动和课外讲座都较丰富,这样的文化氛围和学术环境,有利于高层次医学研究生扩大视野、增长见识、开拓思路、拓宽基础。通过医学学科与其他学科之间的交叉融合,让医学专业的博士研究生做到"博士要博",有利于提高博士生学位论文的创新性。在综合性大学中,医学研究生教育既要保持严谨求实的态度,同时,应具有开放的姿态,加强与文科、理科及其他学科的交叉,重视理论和技术的创新,对提高医学研究生的培养水平具有重要的意义。

(二)一流大学建设与研究生教育的关系

在我国,研究生教育是在本科生教育的基础上逐渐发展起来的。彭裕文非常欣赏一句话:"本科生教育是立校之本,研究生教育是强校之路。"大学归根到底是培养人的,一流大学建设最要紧的是培养一流的优秀人才。在培养高层次人才的过程中,研究生教育要出成果,还要服务社会。一流大学建设的关键是一流师资队伍建设、一流人才队伍建设,而研究生教育和研究生导师队伍的建设,是一流大学人才队伍建设的重中之重。导师从助教开始,逐步培养成为教授、博导,甚至是院士,整个过程与一流大学的建设都有密切关系。

一流大学的研究生教育包括规模和水平。就规模来说,一是绝对规模较大,拥有众多的研究生人数;二是相对规模较大,研究生人数占在校学生总数的比例较高。研究生教育的水平则主要反映在博士生教育的水平上。一流的大学要有一流的科学研究,研究生和研究生导师是一流大学从事科学研究的生力军。科学研究是培养研究生的重要方面,是提高研究生培养水平的重要保证;同时,强大的研究生教育又是一流科学研究的重要保证。研究生在开展科研工作中,从导师那里受到严谨学风和献身精神的熏陶,研究生教育则促进一流大学科研工作的规模和水平的发展。

提到一流大学的医学研究生教育,必须提一下一流大学的附属医院。世界一流大学的附属医院,不是我们一般意义上理解的单纯看病的医院,不仅是"Hospital",还应该是"Medical Center"。附属医院的院长、教授及每一位医生,都要兼顾医疗、科研和教学任务,绝对不能将这3个方面割裂开来,在开展医疗和科研工作的同时,必须考虑如何培育一流的医学人才队伍,这样的医院才是一流大学的附属医院。

(三)导师在研究生教育中的作用

研究生教育的关键是研究生导师队伍建设,导师队伍建设好,研究生教育才能好,学位的质量和水平才能提高。导师作为第一责任人,在整个研究生培养过程不仅承担教育的责任,还有通过教育培养学生达到相应学位水平的责任。导师的责任不仅是业务上进行指导,还包括学术道德和学术规范方面的引导。以前上医的研究生院比较强调导师小组,除导师外,另外还有1到2个甚至3个同一学科或跨学科的导师。例如,解剖学专业的研究生导师小组成员经常请临床相关专业的导师担任,甚至有外校相关导师参与。学生遇到问题,可以去找导师小组成员进行指导。彭裕文认为,导师小组对研究生培养的作用是很重要的。导师小组成员除了要协助导师教育培养研究生以外,在研究生撰写文献综述、开题报告、预答辩甚至答辩这些环节,导师小组成员都要到位。

加强导师管理,根本上就是让导师成为研究生教育的第一责任人。不同学科都会有很优秀的导师,优秀主要体现在第一责任人做得好、责任心强。希望更多的导师成为有责任感的导师,对做得好的导师应该树立榜样、好好宣传。例如,学校组织"研究生心目中的好导师"评选活动,采取这样的措施让做得好的导师有荣誉感,对他们也要有相应的奖励。对那些差的导师,要严格管理,必要时也应采取措施,暂停招生甚至取消导师资格。

（四）研究生创新能力的培养

伴随中国经济发展和社会进步，政府越来越重视科学技术进步，一流大学应该更加重视研究生教育中创新能力的培养。上医校训秉承"正谊明道"，坚持"严谨、求实、团结、创新"。彭裕文一直认为，"严谨求实"是我们的强项，"团结创新"是我们需要不断努力的方向。有些导师不要求学生有头脑，只要学生有手就行，这是绝对错误的，这与传统文化重继承、轻创新有关系。学生从小接受应试教育，到了研究生阶段再培养创新能力就有困难。但一定要为研究生提供创新的土壤。创新的土壤意味着对研究生要宽容，允许和鼓励他们冒出思想的火花，允许和鼓励他们与导师有不同的观点，并且敢于提出自己的想法。导师应该给研究生科学研究的大方向，研究生通过自己的艰苦学习和广泛深入的思考，做到情况清、方向明、方法对。导师除了引导，除了宽容，还要努力创造条件，支持研究生的科学研究，不能只是要求学生发 SCI 论文。

（五）学位与研究生教育的关系

如何看待学位与研究生教育的关系，彭裕文认为学位是目标、是水平，研究生教育是过程。研究生教育的质量和水平是以学位为标志的。学位的水平质量高，研究生教育的水平质量就高。现在，一方面，大家都认为我们的博士生规模已经太大，另一方面，大家又要拼命招博士生，出现了研究生教育的规模和博士学位水平不高之间的矛盾。让更多的人接受研究生教育好像不是坏事，但是，让更多人拿到博士学位而质量水平又达不到就是坏事。如果接受研究生教育都要给学位，就不可能保障博士学位的质量和水平。这个观念要扭转。拿到博士学位应该是经过研究生教育的、一部分符合博士学位的质量和水平要求的人，而不是全部。提高研究生教育的水平，要严格掌握博士学位的标准，衡量研究生教育的成败，就看学位的质量和水平到底怎样。

第三章 研究生教育理念回顾（2000—2018年）

2000年4月27日，复旦大学与上海医科大学强强联合，成立新的复旦大学。迈进新世纪的复旦大学，由杨玉良、许宁生先后出任校长，周鲁卫、杨玉良、金力、钟扬、张人禾先后担任学校研究生院院长。在他们的带领下，复旦大学的研究生教育努力发扬优良传统，不断开拓创新，积极适应新时代发展，主动服务国家需求，正在沿着建设成为具有世界一流水平的社会主义综合性大学，为建设中国特色社会主义伟大事业培养更多德才兼备的高素质人才，为全面建设小康社会、实现中华民族的伟大复兴做出新的更大贡献的道路阔步前进。

第一节 校长的研究生教育理念

一、杨玉良的研究生教育理念

▲ 图3-1-1 杨玉良

杨玉良，1952年生，浙江海盐人，高分子科学家。1977年毕业于复旦大学化学系，1984年获博士学位。1986—1988年在德国马普高分子研究所做博士后研究工作。2003年当选为中国科学院院士。2004年获国家科技进步二等奖。1999年、2005年两次被聘为国家"973"项目首席科学家，2008年被聘为国家"863"计划首席专家。曾任国务院学位委员会办公室主任、教育部学位管理与研究生教育司司长、复旦大学校长，现为复旦中华古籍保护院院长。2006年6月至2006年10月任复旦大学研究生院院长。

主要从事高分子凝聚态物理的研究，将分子轨道图形理论中的唐-江定理推广到研究具有复杂拓扑结构和共聚物结构高分子链构象统计与粘弹性问题,建立了高分子链的静态和动态行为的图形理论,采用射频脉冲与转子同步技术相结合的方法,建立了研究高分子固体结构、取向和分子运动间相关性3项新的实验研究方法,迄今该方法仍是获得高分子固体材料内部的链结构、凝聚态结构及动力学信息及其相关性的唯一磁共振实验方法。

漫谈研究生教育中的一些相关问题[①]

我到国务院学位委员会办公室工作不久,对于全国的研究生教育与学位工作刚开始了解,还不够全面,也来不及作深入思考,也谈不出太多的东西。其次,我的角色还没有完全转换好,时而作为一位教授在思考问题,时而又作为国务院学位委员会办公室主任在思考问题。再者,在座的各位都是研究生教育和教育管理方面的专家,我到这里来做这个报告是有心理压力的。所以,我在我的报告题目上特意用了"漫谈"这个词。理由是:所要讨论的问题即使经过深思熟虑也未必有公认的答案,只能漫谈;再者,漫谈可以让我随便一点,大家对我的要求可以低一些,说错了不至于遭到专家们过多的耻笑,我只是和大家交流一些感受、一些有感而发的东西而已。这是最近我读了温家宝总理的《与文学艺术家谈心》(在文学艺术座谈会上的讲话)得到的启示。因此,以这种双重身份和"漫谈"的方式来讨论问题或许有好处:一是我可以和大家一起平等地来对话和共同探讨问题,二是或许我可以促使大家从另一个角度来思考我国的研究生教育问题。

另外,我在这里必须预先说明:限于我的个人实践经验,下面的讨论大多数与理工科类研究生(尤其博士生)的培养有关,是否适合于其他类型的研究生培养我不得而知。但愿对其他类型的研究生培养也能有所启示。

(一)我国研究生教育的现状

在讨论问题之前,我们先看一下我国研究生培养的现状。其表现特征如下。

(1) 我国研究生教育起步晚。我国于1978年才开始恢复招收硕士研究生,于1982年开始招收博士研究生,比发达国家晚了将近上百年。

(2) 招生规模小。在2000年以前,我国研究生的招生规模非常小,每年不足10万人(其中博士生不到2万人),在校研究生不足30万人。

(3) 培养总数少、发展慢。从1978—1999年的22年间,培养的硕士研究生总量是67.79万人、博士研究生是11.46万人,合计不到80万人。仅相当于美国一两年的培养总数。而且长期以来发展速度慢。从1986年到1989年连续4年负增长,1991年和1995年增长不到1%。因此,在2000年以前,我国研究生教育一直是以很小的规模缓慢增长的。

(4) 近几年发展较快。从1999年开始,党中央、国务院作出战略决策,要扩招研究生,加快发展步伐,要与经济的持续健康快速发展相适应。从1999年开始,年均增长幅度达

[①] 本文根据中国科学院院士、国务院学位委员会办公室主任杨玉良同志2006年12月18日在中国学位与研究生教育学会2006年学术交流大会上的演讲整理而成。原载于《学位与研究生教育》2007年第2期。

到28.8%,2000年研究生招生规模首次超过10万人、2002年超过20万人、2004年超过30万人、2006年接近40万人,在校研究生已超过100万人,使我国研究生教育在短时间内达到了一个较高水平。

这里,我们必须指出的是:近几年我国的研究生教育快速发展,但导师队伍在数量上,尤其是在质量上的发展严重落后于研究生规模和质量要求的发展。经过25年的发展,我国的研究生教育要进行多方面的反思,要重新考量一下其中的诸多问题。譬如,我们应该如何来招生?导师应该怎样来培养学生?等等。本演讲想从我的个人体验出发来初步探讨一下相关的问题。

(二)大学本科教育与研究生生源质量问题

我国的研究生招生制度在本质上基本沿用了本科生的招生考试制度。尽管近年来加大了面试的力度,但没有根本性的改变。为了便于讨论这个问题,我们先来了解两位著名的美国科学家的经历,或许对本科生的培养和研究生招生制度改革会有所启迪。

第一位是1989年度的诺贝尔医学奖获得者、世界公认的反转录病毒和癌基因研究方面的学术大师哈罗德·瓦穆斯(Haorld Varmus)教授,他的简历给人留下深刻的印象。

瓦穆斯1939年出生于美国纽约长岛。1955年进入阿默斯特学院,取得文学学士学位,并被授予文科硕士学位;1966年在哥伦比亚大学获医学博士学位;1968年在美国国家卫生研究院从事环-AMP对细菌基因调控方面的工作;1970年在旧金山加利福尼亚大学做博士后,1979年受聘为加利福尼亚大学微生物系教授;1984年为美国癌症学会的研究教授;1989年获诺贝尔医学奖。1993年11月受美国总统克林顿任命,担任国家卫生研究院院长。

再来看另一位非常特殊的人物——爱德华·威藤(Edward Witten)教授的情况。

威藤在美国布兰迪斯大学主修历史,并对语言学有着浓厚的兴趣。1971年毕业后,他为乔治·麦克格文(George MeGovenr)竞选总统效力,因此,麦克格文为他写了一封推荐他上研究生院的推荐信。威藤曾经在《国家》和《新共和》杂志上撰文,他现在是主导着全世界理论物理(尤其是超弦理论)的普林斯顿高等研究院的领军人物。《科学美国人》(Scientific Ameircan)杂志的记者约翰·霍根(John Hogran)在采访他之后说:世界上最不可思议的、最聪明的人居然是一个自由民主党人。确实,这非常令人不可思议。研究超弦理论需要令人难以忍受的高等数学,而一个主修历史的人居然从事着如此艰深的理论物理工作。威藤一旦投身于理论物理,就玩命地学习物理学。他先是成为普林斯顿大学的研究生,然后在哈佛大学任教,继而在28岁时飞速地成长为普林斯顿大学的教授。他还荣获了卓有声望的麦克阿瑟研究员职席(有时被新闻界称为"天才奖")。他的研究工作派生的结果深深地影响了数学界。1990年,他获得了堪称"数学界的诺贝尔奖"的菲尔兹(Fields)奖。尽管超弦理论取得了巨大的成功,它将量子力学和广义相对论结合起来,被誉为"TOE"(Theory of Everything),但是威藤并未获得诺贝尔奖,那是因为超弦的存在目前尚无法进行直接的实验验证。

在上面的两个实例中,他们都是先在大学学习人文与社会科学,然后转向自然科学并取得了杰出成就。这是我的着意选择,理由是在我国几乎只有学习理、工和医科的人转向人文社科研究,反之则几乎闻所未闻。我们一定会对一位文学学士和硕士学位获得者居然成为生命科学领域的学术权威并获得诺贝尔奖而感到惊奇,也一定会为一个由主修历史转而从事高深的理论物理研究、并在这样一个令绝大多数数学家都望而却步的领域中取得如此瞩目成就的人而惊讶,其间的原因值得深思。

其实,当今世界的学科交叉已经在广度上近乎是无所不包,而且日益向深度发展。最近,申玉在《科技导报》上对近5年诺贝尔奖获得者的学科背景所作的统计发现,获奖人具有多学科(或跨学科)背景的在物理学奖中占20%,在化学奖中占57.1%,而在医学(生理学)奖中则高达84.6%。由此可见,对于越复杂的学科,获奖人的多学科(或跨学科)背景尤为突出。显然,这是由科学发展的自身规律所决定的。

为了理解我们的学生为什么学科交叉能力显得较差,这里有必要把美国的大学教育和我们的传统教育模式作一个简单的比较。

美国的研究型大学均把"宽口径"的广博教育作为培养本科生的要旨。例如,哈佛大学早就规定,大学生入学后都要学习"七艺",即文法、修辞、逻辑、算术、几何、音乐、天文。这样培养出来的学生具备广博的知识和融会贯通的思考能力,能够在整个人类知识体系的框架中认识某一门类的专业知识,因而学生可以在没有太多知识障碍的情况下来选择自己所热爱的专业领域。在哈佛医学院里就有许多本科生是学文科甚至学音乐的学生。所以,尽管瓦穆斯在大学获得的是文科的学士和硕士学位,尽管威藤在大学时主修的是历史,但我们可以相信他们有足够的数学、生物和其他自然科学的基础知识,因而能够在攻读博士学位的阶段分别转到生物医学和理论物理的研究领域并做出优异的成绩。

然而,在目前我国大学内部机构设置的框架下,高中生考入大学后,立即就被分入几十个专业面十分狭窄的院和系,就如同被领进一条条相互分割的窄胡同。更有甚者,一些中学的高中生就被划分到理科班或文科班,等等。这样培养出来的人,就只能"管中窥豹,略见一斑",没有明显的创新能力。各个学科的教育没有能够在人类整个知识框架下来认识自己的专业,体会各学科间的内在必然联系。加之当前我国个别高校的本科教育的"应试化"倾向,使得研究生考生的生源质量得不到基本保证。因此,不难理解,由于人文、社会科学与自然科学的思考方式上的巨大差别,在目前我国大学教育体系下,一般只可能有学理科和医科的学生转到从事人文和社会科学的研究领域中去,反之则简直无法想象。

(三) 合理的研究生招生制度才能使得有研究潜质的年轻人入学成为研究生

那么,我们怎么才能使得类似瓦穆斯和威藤这样的年轻人顺利入学成为研究生呢?这就涉及我们的研究生招生考试制度问题。

目前我国硕士研究生入学考试实行全国统考,而且考生一次只能报考一个研究生培养单位;博士研究生入学考试目前是各个培养单位自行组织考试。这样的招生制度至少有如下的弊端。

目前，我们不少的高校本科生毕业前要做毕业论文（或称毕业实践），这对培养本科学生的创新和实践能力大有裨益。然而，现行的硕士研究生入学考试制度会使得许多学生放弃毕业论文（或毕业实践）阶段的教育，专心准备研究生的入学考试。客观上带来的效果是：具有研究潜质的学生很容易被挡在门外，因为他们如果认真做毕业论文，就会无暇顾及复习应考。

按照我国现行研究生招生考试制度，类似瓦穆斯和威藤这样的年轻人就无缘通过入学考试而成为研究生，因为他们一般无法考得比那些已在本专业学习多年的考生更好。

由于国外的研究生招生只需要考生参加 GRE 和 TOFEL 之类的通用考试（而且每年有多次考试机会），再提供本科成绩单和教授的推荐信就可以。因此，这就使得我国具有研究潜质的学生只能转向国外攻读学位，客观上我们的研究生招生考试制度把好的学生逼到了国外。

事实上，研究生招生考试制度自然会对本科教育形成一种"应试"导向。我国现行研究生招生考试制度将促使某些高校将本科教育"应试化"，他们专门针对研究生招生考试的科目进行"应试"教育，甚至连面试也进行"应试"辅导。更有甚者，诸如实验课等其他不考的科目干脆不予以教授。尽管可能是极少数，但其危害性值得高度警惕！

再者，招生关键是要建立竞争机制。饶毅教授曾经尖锐地指出："要允许考生报考多个学校（培养单位），使得各个学校（单位）关心怎么样才能招到优秀的研究生，在学校（单位）之间形成竞争机制。现在这些学生都可以申请多个海外学校，为什么在国内只能一次报考一个学校（或者研究所）？这等于海外多个研究机构可以竞争一个中国学生，而在国内只能是一个单位竞争学生，这等于是我们自己害自己，使得学校没有竞争的压力和提高培养质量的动力。我们不让竞争是怕国内各个高校（或研究机构）之间竞争。事实上，这已经是个假象了，因为我们已经和海外竞争了，难道还怕和国内竞争？应该开放中国多个高校（研究机构），让学生来选择这些高校（研究机构）。或许，我们用不着对其进行统一管理，而由各个学校自己管理。如果哪个研究机构、哪个导师借机凭关系招收低于原来统一标准的学生，那就是自讨苦吃。一个导师如果招不合格的人，对他就是一个很大的负担。我打个比方，他认为自己可以收容难民，他把自己的实验室变成难民营，那过几年他自己就会变成难民，因为别人不给他经费。教育部和管理机构每过一段时间审核研究生录取，他如果不合格率太高了，或有很糟糕的招生舞弊现象，这就可以惩罚这个导师或单位。导师、学生为非作歹不是完全能避免，但你要想，如果后面有检查制度，他们就会有压力。让各个学校自己招生，过几年审查这些学校，它就不会乱搞。"我个人非常同意这些观点。

由此我们可以得到的核心启示是：研究生招生改革的关键是要建立竞争机制。国内各个学校（单位）之间害怕竞争，这完全是多余的，因为国内多年面临海外学校的竞争，阻止国内竞争不过是有利于海外学校。

（四）让优秀的学生能够师从优秀的导师从事科学研究

耶鲁大学心理学家丹尼尔·莱文森（Daniel Jr. Levinson）在其《一个男人的生命四

季》一书中说过:"早期成人阶段的一个关键任务就是要找到一名好的导师。"

我们中国人也常说"良师益友",好的导师既是导师,又是朋友。由此可见导师的重要性。

设想如果当时瓦穆斯的博士生导师的思想比较保守,认为他的生物医学基础知识不够扎实,或者在僵化的考试制度下他无法通过传统的考试,那么这个人才也就无法脱颖而出。我们都很清楚,培养研究生的关键在于导师(关于这个问题我们下面还有详细讨论)。我们是否可以在一些高校(或研究单位)的研究生招生中给予导师更多的自主选择的权力呢?另一个值得思考的问题是:我们如何能够创造一种灵活的机制,让优秀的学生在杰出教授的指导下,在科学前沿艰苦奋斗。

近年来,我们为了提拔年轻的科学家,似乎年纪大一些的科学家都是年轻人成长的障碍,但我们忽略了另一个重要事实:优秀的科学家大都出自名师之门,即所谓的"名师出高徒"。关于创新人才培养中的师承关系,早在近30年前,著名的美国科学社会学家哈里特·朱克曼(Harriet Zuckerman)在其《科学界的精英》一书中,对美国诺贝尔奖获得者中的师承关系早已有过仔细的分析。结论是:虽然科学界的师徒关系常常是痛苦的,但"名师出高徒"的事实不断地被得到证实。

美国国立卫生研究院(NIH)和约翰·霍普金斯大学以伯纳德·伯罗迪(Bernard B. Brodie)的学生们所构成的著名科学家群体,通过半个多世纪以来在生物医学科学领域内的突破性贡献,赢得了拉斯克(Lasker)奖和诺贝尔奖。著名的美国科普作家罗伯特·卡尼格尔(Robert Kanigel)在其《师从天才:一个科学王朝的崛起》一书中,对该科学家群体的形成进行研究分析后,不无感慨地指出:

> 每一位导师通过自身的经验、地位和榜样作用,对年轻的学生进行引导和影响,将自己的教训传授给对方,向对方逐步灌输对科研以及对成功的把握能力。同时,也用自己在科学领域里探险的勇气感染年轻学生。

> 传统的师徒关系仍在科学的某个领域占主导地位。这种关系常常是充满热情的:双方会投入狂热的日常工作,每天的工作时间会很长,并将分享实验成功的喜悦,或是失败的泪丧。通过这种关系,学生按导师的方式得到培养,学生带着自己的一种看法、一类风格、一种口味或是一种对成为"好的科学"的内心感受而离去。通过这种关系,偏爱被认同,科研事业得以发展,某一学科门类的统治得以延伸。通过这种关系,有时也会引发愤慨,乃至终生的怨恨。

有关科学界师承关系的重要性还有不少的论述。如乔纳森·科尔(Jonathan Cole)在《公平科学:科学界的女性》一书中写道:师承关系是至关重要的,它可以培养年轻科学家对好问题及关键课题的感觉、搞科研或理论化的风格、批判性立场及教导自己未来门生的方式。从这一意义上说,师承关系传承了丰富的"秘密"知识。

既然师承关系是一个不争的事实,由此引发的另一个迫切需要解决的问题是:我们如何能够形成一种机制,让优秀的学生在杰出的导师指导下,在科学的前沿奋斗。事实上,在我们不少的大学里,研究生名额的分配还存在着平均主义的倾向。以考试分数作为基本判别标准的、僵化的入学考试将许多真正优秀的学生挡在门外。这种现象亟待改变。

为了弥补传统入学考试的缺陷,我们必须给予研究生导师一定程度的自主招生的权力,并且让导师在研究生的培养过程中真正负起责任来。

一个重要的改革措施就是:"以科学研究为主导的导师责任制"和"以科研项目经费为引导的导师资助制"。这样的制度改革意义如下。

(1) 可以密切导师和学生的关系,提高导师的责任感,提高学生的生活补助,使学生可以静心从事科学研究。

(2) 国家和地方的科研项目不仅反映了国家和地方在社会和经济发展方面的需求,也间接或直接地反映了国家对特定领域的高层次人才的需求。因此,此举也可满足国家在特定领域的人才需求(领域、数量和质量)。

(3) 研究生是一种资源,可以达到资源的合理配置。可以使优秀的学生配置到优秀的导师那里从事科学研究。

在改革过程中,我们需要防止的是:

(1) 一定要注意一些从学科发展的生态角度来看不可或缺的学科(尽管其当前并不热门)以及新兴学科与交叉学科的发展需要。

(2) 对于一些新引进的、暂时尚无科研项目的人才在招收研究生方面的需求。

(3) 要防止学生认为是在为"老板""打工",以及导师把学生当作简单的"劳动力"而忘了自己的培养责任。

(五) 科研风格的传承与发展—教书育人

既然师承关系是科学界一个重要的社会学现象,而且导师的研究风格通过他的学生来加以传承、改造和发展。有一句话就是:"师承关系是至关重要的。"我一直有个看法,在研究生教育阶段,"教书育人"才得到了切实的体现,因为一个负责任的好导师几乎每天都有机会和学生在一起谈天说地、谈学术、谈时事,甚至谈流行。"学高为师,身正为范。"导师的任何一言一行对学生未来的德与智的发展都有极其重要的影响。

首先,我们必须承认,每一位优秀的科学家均有其鲜明的风格(或个性)。印度有句古语:"个性决定命运。"一位科学家的风格和个性的发展及其命运依赖于社会的政治和文化环境。因此,需要我们对各种个性保持宽容,不要轻易地去抹杀个性。

这个问题涉及:打破对科学家的神秘感,以及我们如何培养年轻的科学家,就目前而言,即如何培养学生的问题。我们首先得清楚,科学家是人,是普通的人。他不完全是某些新闻媒体和某些电视小品所描写的圣人或怪人(对科学家的神化或妖魔化也是伪科学)。

科学家由个性发展而来的研究风格的类型很多。著名的科普作家詹姆士·格雷克(James Gleik)说过:"天才的面孔并不总是带有爱因斯坦式的圣人风采。"据说,爱因斯坦就是整天一副未睡醒的模样。

杨振宁先生关于狄拉克和海森堡的研究风格的论述就十分精彩。狄拉克的文章是"秋水文章不染尘";海森堡的所有文章都有一个共同特点:朦胧、不清楚、有渣滓,与狄拉克的文章风格形成鲜明的对比。读了海森堡的文章,你会惊叹他的独创力(Originality),

然而会觉得问题还没有做完，没有做干净，还要发展下去；读了狄拉克的文章，你也会惊叹他的独创力，却会觉得他似乎把一切都发展到了尽头，没有什么可以再做下去了。

美国物理学家米切尔·费根鲍姆(Mitchell J. Feigenbaum)是混沌学的创始人之一，"Feigenbaum 常数"的发现者，是个不知疲倦的"工作狂"。他在寻找现在称之为"Feigenbaum 普适常数"时，曾经连续两个月每天工作 22 小时。当他发现该普适常数时，深夜就给他的双亲打电话，告诉他们自己碰上了某种深刻的东西，并告诉母亲他将因此而出名，喜悦的心情溢于言表。极具讽刺意义的是，费根鲍姆的那篇论文曾经被退稿，他现在还耿耿于怀地保留着该退稿信。

肯尼斯·威尔逊(Kenneth Wilson)是重正化群理论和现代相变理论的创立者。看起来他像是什么也做不出来，在康奈尔大学初期，他什么论文都未发表。但任何与他长谈过的人都意识到他对物理学的深刻的洞察力。他的固定职位问题曾经是被严肃争论的问题。但那些愿意为他的未被证明过的潜力打赌的物理学家们胜利了，威尔逊随后一发不可收拾，写出了一大批论文，其中包括使他获得 1982 年诺贝尔奖的工作。

发现威尔逊和费根鲍姆的物理学家彼特·卡鲁斯(Peter Carruthers)是一位发现人才的伯乐。他认为，他寻求的不是聪明，而是一种似乎像是从某个魔术腺体中流出来的创造力。

弗里曼·戴森(Freeman J. Dyson)在《宇宙波澜：科技与人类前途的自省》一书中这样评价理查德·费曼(Richard Feynman)："……他嗓门大，才思敏捷，对各种人、事、物，有着强烈的兴趣，爱讲些疯狂的笑话，藐视权威。"我十分喜欢费曼的这种个性。可是，在中国的文化状态和现行体制下，这样的科学家恐怕会遇到很多困难。

费曼有许多有趣的故事：

(1) 在中学时，同学们为人类小便时究竟是靠重力还是靠腹肌的收缩而争论不休时，费曼当众脱下裤子并拿大顶，以此来证实人类小便不仅是靠重力，而且也靠腹肌的收缩。这其实是一种实验精神。

(2) 费曼有能力打开当时在洛斯·阿拉莫斯(Los Alamos)实验室的所有保险箱，他将负责人泰勒(Taylor)的保险箱多次打开，并取出机密文件放在泰勒的桌子上，这个玩笑令泰勒十分吃惊。

(3) 费曼在获得诺贝尔奖时尚不是美国科学院的院士，得了奖后他被增选为美国科学院的院士。两年后，他申请辞去美国科学院院士之职。有人问及原因时他说："我发现院士对我来说没有任何意义，我唯一要做的就是飞来飞去地去评别人能否当院士。"

(4) 他不在乎领先权。为了避免落入前人思想的框框，他在从事一项研究时先独自考虑一下问题，然后再查找文献。这个习惯导致他在很多领域进行了重新创造。他的路径积分(Path Integral)形式的量子力学和量子电动力学的创造都源于此。

从这些活生生的例子可见，科学家是一些具有常人喜怒哀乐的普通人，但也带有鲜明的个性和风格。导师们丰富多彩的风格将影响其学生的终身。

我认为，导师应该培养学生树立良好的科学精神，培养其对好的科学问题及关键课题的感觉，造就学生的研究和理论化的风格，确立其批判性的立场和教导自己未来学生的方式。

首先要培养学生良好的精神境界。古人说:"学必悟,悟必行,行必高远。"

现在的世界闹哄哄,浮躁之风比比皆是,我们更多地(或者说过多地)使用了直觉,少了(源于沉思的)理性。我国的物理学家吴大猷(诺贝尔奖得主杨振宁和李远哲的老师)曾经专门为此写过一篇题为"社会富裕反导致学术下降"的文章。英国数学家、哲学家罗素在20世纪初就指出,"影响中国实现大工业的思想障碍即小富即安的心态",应该承认这种遗风仍存在于一些人的心中,其中包括一部分科技工作者。学风浮躁,快速提拔年轻教授,十分年轻的教授已经离开科研第一线,靠学生工作,甚至图书室也很少进去,文献也很少看了!以致近年来我曾见到有些年轻教授的科研办公室宛若大公司董事长的办公室,豪华之极,却是俗不可耐。殊不知"室雅何须大,花香不在多"。

我读过一些老科学家的文章,其文风简约,无不小中见大,意从简出。那些老科学家为人低调,话语不冗,委婉动听。确实是"有真才者不矜才,有实学者不夸学"。讨论学术问题时,一些老科学家的寥寥数语,却余音绕梁,留予你足够的想象空间。面对目前科学界对发表文章和出版书籍过度追求的现状,他们提出的回应是:"板凳坐得十年冷,文章不写半句空。"

近年来,关于科学家的形形色色的失节行为时有所闻,有的是导师,有的是学生,师生关系的问题也不少见。总的感觉是人都是多面而复杂的,竞争激烈,世事艰难,导师和学生都是实在不易。有人曾经总结,导师与学生的关系恰如一场恋情,进程很难顺利,并常有一个痛苦的结局。导师常常会剥削、压榨、嫉妒或是强行控制学生。有些学生也常会过高地估计自己的贡献,并提出一些十分贪婪的要求。更有甚者,学生把导师视为自己学术生涯的阴影、前进道路上的障碍,周身不舒,踢开为快。在当今变革中的社会大潮下,学生对导师的感情通常是十分复杂的。其不端情况不外乎有下述几种类型:要么是对导师的依赖和依恋而导致的仰慕;或是盲目地否定自我而妄自菲薄、心存感激;更有甚者则是骄横的忘恩负义。关于学生与导师相互关系的处理以及导师与学生互动的培养方式,我在其他场合已经另有讨论,在此不再赘述。

30年前,朱克曼经粗略的统计发现,在美国的诺贝尔奖得主中,有一半以上曾当过其他诺贝尔奖得主的研究生、博士后或助手。因此,在导师与学生的关系中,"每一位主人公都是先当学生、徒弟、门生;然后成为这条链上下一位主人公的导师。每一位导师通过自身的经验、地位和榜样作用,对年轻的学生进行引导和影响,将自己的教训传授给对方,向对方逐步灌输对科研的把握能力以及对成功的把握能力"。因此,优良的师徒关系是要靠导师和学生共同来塑造的,若要使导师与学生的关系不以"一场痛苦的恋情"来结束,更需要导师和学生双方共同的努力。卡尼格尔在《师从天才:一个科学王朝的崛起》一书中曾经充满感慨地总结了科学界的这样一个现象:"一个科学家的早期声誉,几乎一半取决于他在谁的实验室工作过——他是谁的科学后代,另一半则取决于他的科研发现。"

更为重要的是传承与发扬。记得齐白石老人在看到某学生的画风与其本人的画风惟妙惟肖时,曾经语重心长地警告该学生说:"似我者亡。"在学术上,学生首先自然是按导师的方式得到培养,但学生切不可墨守成规,而应该带着自己特有的看法,在导师的风格中再融合自己的独特风格和科学鉴赏"口味",或是一种对成为"好的科学家"的内心感受而离去。通过这种传承和创造的延续,学术事业才能得以发展,某一学科门类或领域才能得以拓展与延伸,一个学术机构才能保持应有的活力,才能兴旺。

其次要培养学生对科学的鉴赏能力。2006年9月我在中组部于上海浦东干部学院举办的高级理论研讨班(院士班)上曾经撰写过一文,名为"科学有大美"。现摘录如下,代表我的一点体会。

"科学之中有大美",大凡是大科学家都有此感受。

有科学哲人称,倘若未能体悟到爱因斯坦的质能公式,麦克斯威电磁学方程组和薛定谔方程等科学成就的简洁、和谐、对称并略带点神秘之美者,非心有旁骛,抑或是尚未感悟到科学之真谛。

是美就要去欣赏。美学家朱光潜先生认为:"美应欣赏者的情趣和境界而生。"赏大美,如浴江上清风,溽暑尽消;如高山窥明月,心平如镜。诚然,科学必以"真"为最高目的,但倘若科学家在求"真"时摆脱了个人的功利目的,并视其为一种情趣时,科学即成其为"美"。"美"即艺术,难怪李政道先生称"科学和艺术是一枚硬币的两个面",并欣然编辑了《科学与艺术》一书,以飨芸芸学人。

作为"美"的科学活动,必是"无所为而为之"。其只求满足理想和精神之情趣,不计其个人斤斤利害得失,才可有一番真正的成就。对科学之美的欣赏如同玩味一幅书法艺术作品,若非体味其"笔力"、"神韵"和"隽秀",而只念及其收藏的经济价值,纵然其不乏书法知识,也必定称不上是好的艺术家。苏东坡有诗说:"宁可食无肉,不可居无竹。无肉使人瘦,无竹使人俗。"

人心之坏,皆出自"未能免俗"。若对科学之真和美的探索没几分精神上的饥渴,心灵必定已经到了垂老的病态。因此,想必当今社会以科学作为沽名钓誉手段者也必无欣赏科学大美之性分。

科学是一项伟大的事业,但凡大事业都出于宏远的眼界、豁达的胸襟和崇高的境界。有境界则自成高格。国学大师王国维在《人间词话·人间词》中谈及:

古今之成大事业、大学问者,必经过3种之境界:"昨夜西风凋碧树。独上高楼,望尽天涯路。"此第一境也。"衣带渐宽终不悔,为伊消得人憔悴。"此第二境也。"众里寻他千百度,蓦然回首,那人却在,灯火阑珊处。"此第三境也。

显然,对科学事业无此境界者必与科学之大美无缘,想必绝无勇气闯入先哲马克思所谓之"地狱之门"。

美学家们称,欣赏之中寓有几分创造,创造之中也都寓有欣赏。欣赏营造了一种意境,而创造需是意境的进一步外溢。因此,很难想象对科学无鉴赏能力,或缺乏鉴赏之境界和能力者会有科学的大创造。故余斗胆断言,提高学人对科学之美的鉴赏力亦应是创造型科学英才培育之大旨。

国学大师王国维另有一首词的下半阕如是说:"万事只需身手好。一生须惜少年时,哪能白首下书帷。"

所以,我要呼唤青年科学家和研究生朋友们,趁着还年轻、精力充沛的时候,在现今的纷扰中静下心来,慢慢欣赏科学之大美吧!

针对上面谈到的几点,我认为对年轻的研究生导师要进行培训,让其掌握指导研究生最基本的原则。同时,似乎也要为新入学的研究生增加有关的讲座或课程。

一些不得不补的课程或讲座是:《科学研究的魅力》,《怎样成为一个好的科学家?》,《怎样成为一个好的研究生?》,《科学精神和科学道德——规避科学研究中的违规、违法行为》,《社会政治和科学技术的发展》,《如何整理你的文献资料并做好你的阅读笔记?》,《科学研究的选题过程》,《如何阅读、撰写和发表科研论文?》,《如何做学术报告?》,《研究生的择业指导》(可参考《有了博士学位还不够》一书,复旦大学出版社,2006)。

限于时间问题,有关上述研究生教育补充讲座的内容及其必要性的讨论,我将另外择机与大家讨论。

(六) 要强调数学教育的重要性

其实,对研究生培养的最重要内容是对其进行科学精神、思维方式和基本科学研究技能的培养。针对目前情况,我必须将数学教育作为一个专门内容提出来,并加以强调。因为数学是科学思维方法的重要工具和手段。抽象是必须的。詹姆斯·格雷克(James Gleik)曾经在《混沌学传奇》一书中指出:

> 你可以把模型搞得更复杂,更忠于现实,或者你可以使它更简单,更易于处理。只有天真的科学家才相信,完美的模型是完全代表现实的模型。这种模型的缺点同一张与所表示的城市一般大而详细的地图一样,图上画上了每个公园、每条街、每个建筑物、每棵树、每个坑洼、每个居民,等等。即使可能造这样的地图,它的特殊性也会破坏它的目的性:概括和抽象。……地图和模型在模仿世界时必须简化。

数学是抽象描述的语言。大多数普通人对数学总感到神经性的恐惧(甚至于反感)。这主要是他们与物理学的隔阂造成的。这种隔阂是一道屏障,使他们不能充分欣赏科学发现之美,也使他们在面对经历千辛万苦的研究才揭示出来的众多自然奇观时感觉不到快乐。

最近,北京大学甘子钊院士等一批老科学家呼吁要加强物理教学。对物理学家来说,数学最富于成效的功能在于:它是一种普遍的思维框架。它是用来分析自然,并将我们对它的理解加以表达和描述的最强有力的抽象方法。因此,我们常说"数学是科学的语言"。

罗杰·培根(R Bacon)曾经说过:"数学是进入各种科学的门户,是钥匙。没有数学知识,就不可能知晓这个世界中的一切。"许多物理学家深为大自然所具有的数学质朴性和大自然规律的优美所感动,以至于他们认为,这种质朴性和优美所显示的正是存在的基本特点。在一些科学家看来,"造物主是个数学家"。物理学家戴森认为"物理学家用数学材料来构建理论"。

关于数学的重要性,我还想引用美国前总统克林顿在《科学与国家利益》一书前言中的一句话:"如果我们要迎接今天……以及明天的挑战,这个国家就必须保持在科学、数学和工程学中的世界领先地位。"他把数学从科学和工程学中独立了出来并单独强调,想必是有相当的考虑的。

最近,美国科学院和工程院联合发表的发展报告《迎接风暴:振兴美国经济,创造就业机会,建设美好未来》中再一次指出,随着美国学生年龄的增大,在科学和数学上的表现和兴趣在逐渐降低。该报告强调美国面临的几个最严峻的挑战包括:基础教育阶段在科学和数学方面的知识准备不足,本科生对科学和数学专业的兴趣有限,等等。同时,该报告还专门建议美国联邦政府为基础教育培养1万名科学和数学教师,培训25万名教师,以提高教师水平。此外,该报告还建议联邦政府每年为5万名一线教师举办"暑期培训班",为在职教师开设课时灵活的两年制科学与数学教育方面的硕士学位课程,以提高在职教师的业务水平和能力,等等。

对照我国目前研究生的数学能力(对此我有切身体会),美国政府的一系列做法值得深思。

在结束我的演讲之前,我再引用古代埃及的一个寓言。这个寓言说:一条狗将脑袋探进一个围墙的小洞,发现院子里尽是好吃的葡萄,但苦于洞太小而无法钻入。这条狗将自己饿了3天,终于能够钻了进去,美美地饱餐了3天。但它马上发现自己无法再钻出这个小洞,它在院子里又把自己饿了3天才使自己能够钻出洞来。洞外还是那片天地,那条狗学会了"出世"和"入世"。这个寓言说明了什么呢?我留给大家去思考。

最后,我再引用王国维的半阕词来结束我的演讲:"试上高峰窥明月,偶开天眼觑红尘。可怜自身在眼中。"

我虽然在指导研究生方面有一些体会,但我也属"眼中"之人,实堪"可怜",所说的不一定正确,供大家讨论,更欢迎大家批评、指正。

二、许宁生的研究生教育理念

2014年10月24日下午,复旦大学举行全校骨干教师和干部大会。中组部干部三局局长喻云林在会上宣读了中共中央、国务院关于复旦大学校长职务任免的决定,任命许宁生同志为复旦大学校长[①]。自2014年至今,在许宁生校长的带领下,复旦大学将研究生教育放在更加突出的战略地位,全校师生为打造中国特色、世界一流的研究生教育齐心协力、埋头苦干,全校的研究生育人事业呈现出一片积极向上、奋发有为、勇于创新的良好态势和勃勃生机。

许宁生,1957年生,广东澄海人,中共党员,博士,教授,博士研究生导师。中国科学院院士,发展中国家科学院院士。1975—1978年为广东省普宁县知青。1978—1982年在中山大学物理系本科学习,1982—1983年在中山大学物理

◆ 图3-1-2　许宁生

---

① 复旦大学信息公开网:"中共中央、国务院任命许宁生为复旦大学校长",2014年10月24日;网址:http://news.fudan.edu.cn/2014/2014/c4a57417/page.htm。

系任教师，1983—1986年为英国阿斯顿大学博士研究生，1986—1996年在英国阿斯顿大学从事科研和教学工作，1996年起在中山大学任教授，1998年起任中山大学凝聚态物理研究所所长，1999—2004年任中山大学物理科学与工程技术学院院长，2001年起任中山大学光电材料与技术国家重点实验室主任，2004—2010年任中山大学党委常委、副校长，2004—2006年兼任中山大学高等学术研究中心主任，2004—2008年兼任中山大学国际交流学院院长，2010年12月起任中山大学校长兼研究生院院长。2014年10月起任复旦大学校长。

迈进新时代的博士人才培养[①]

党的十九大报告提出，"加快一流大学和一流学科建设，实现高等教育内涵式发展"，这是党和国家在中国特色社会主义进入新时代的关键时期对高等教育提出的新要求。"双一流"建设的核心是高质量、高层次人才培养。博士研究生教育作为高层次创新人才培养的主要途径，代表着一个国家人才培养的高度。迈进新时代的博士人才培养工作，承担着新使命，面临着新机遇，也应有新作为。

一、新时代赋予博士人才培养新使命

新中国建立以来，我国便开始了研究生教育，"文革"期间研究生教育中断，改革开放后恢复研究生教育，并进入了全面布点、形成规模效应的阶段。在新时代，博士人才培养要寻找出自己的新方位！作为国家发展的战略支撑，博士研究生教育是"高精尖缺"高层次人才的主要来源和培养国家科技创新生力军的主渠道，是国家核心竞争力的重要依托，博士研究生教育必须走在时代前列。

当前，我国高等教育领域正在加快推进"双一流"建设，这是党中央做出的重大战略决策。高质量的高层次人才培养是高校人才培养链条的高端，集中体现一所学校的人才培养综合能力和前沿开拓能力。博士研究生教育肩负着培育高素质创新人才、打造一流导师队伍、构建一流学科、凝聚一流研究成果、传承文化服务社会的多重使命，是学校学科建设和发展的有效途径，是学科交叉、融合、创新的源泉，在"双一流"建设中发挥着不可替代的重要作用。为此，高校博士研究生教育必须率先冲击世界一流水平。

培养高水平博士人才，关键在于提升博士研究生教育质量。改革开放40年来，我国博士研究生教育取得了举世瞩目的成就，但还无法满足世界一流大学的目标要求，无法适应国家战略需求和经济社会发展的需求，尤其是"高精尖缺"博士创新人才匮乏问题还很突出。博士人才与学术拔尖人才、兴业英才、治国栋梁之间尚未形成等号；一流博士人才培养的体制机制还不够科学完善，一流博士人才的"苗子"尚未充分脱颖而出；在世界重大科技成果中，我国博士人才贡献占比低，与国家地位不相匹配。这些困扰我国高水平博士人才培养的"难点"和"痛点"，严重制约了我国科技水平和国际竞争力的提升，不利于国家长远发展。因此，要提高我国博士人才培养水平，培养出更多符合新时代发展需要的"高

[①] 许宁生："迈进新时代的博士人才培养"，《中国研究生》2018年第4期。

精尖缺"优质博士人才,就必须不断改革育人机制,大力提高博士研究生的教育质量。

二、新时代带来博士人才培养新机遇

当前,党和国家把建设教育强国作为中华民族伟大复兴的基础工程,把教育事业放在优先发展的战略地位,我国必将迎来"教育强国"的新时代,博士人才培养工作面临的重大历史机遇前所未有。

在今年两会上习近平总书记强调,"发展是第一要务,人才是第一资源,创新是第一动力"。人才在国家发展中的重要地位将进一步得到增强。国家实施创新驱动发展战略、制造强国战略和人才优先发展战略,整个国家和社会经济发展达到新的高度,对高水平博士人才的渴求比以往任何时候都更加强烈。国家教育投入占 GDP 比重多年稳定在 4% 以上,先后推出"211 工程"、"985 工程"、"双一流建设"等高等教育重大建设工程;重大科学计划相继实施;迈进新时代,教育部又适时启动了"博士研究生教育综合改革试点"工作;博士生规模在质量提升的条件下逐步扩大。这些都为我们培养高水平博士人才创造了极佳条件。我们要紧紧抓住这样的历史机遇,乘势而上、顺势而为,把博士研究生教育作为培养"高精尖缺"高层次创新人才的根本途径,积极支撑国家创新驱动发展战略,最大限度发挥博士研究生教育的创新引领作用。

三、新时代要求博士人才培养新作为

中国特色社会主义进入新时代,对我国博士人才培养提出了新要求,这就是扎根中国大地,培养世界一流水平博士创新人才。

要树立起中国标准。 世界一流大学无不把培养引领未来发展的一流人才作为办学理念的核心,但对于什么是一流人才,并没有统一标准。我们要确立我国的"世界一流"目标内涵及考核指标,制定中国自己的博士人才培养标准。一流博士人才首先要有正确的世界观、人生观和价值观。大学要坚持育人为本、德育为先,坚持不懈地培育和弘扬社会主义核心价值观,引导博士研究生做社会主义核心价值观的坚定信仰者、积极传播者、模范践行者。一流博士人才要有家国情怀和国际视野,不断增强民族自尊心、自信心和自豪感,立足于中华民族源远流长的文化根基,更好地进行跨文化交往和参与国际合作与竞争。一流博士人才要有强烈的科学精神和创新能力,甘于坚守学术理想,勇于追求科学真理,敢于挑战科学难题,提一流的问题,做一流的学问,做出一流的科研成果。

要立足高水平科研培养高水平博士人才。 高水平科学研究与博士人才培养的密切结合、相互促进,既有历史渊源,也符合当代科教发展的客观规律。研究生教育最早可以追溯到 19 世纪初的德国洪堡模式,确立了教育培养和科学研究协同并举的原则。20 世纪中后期,国内外著名大学开始以"研究型大学"为目标,逐渐形成了以高水平科研优势带动博士人才培养的制度。从国际高等教育发展的成功经验看,以科教融合、协同育人是增强高校国际竞争力的必然选择,以一流研究培养一流博士人才是世界一流大学的共同选择。

构建科教融合、协同育人机制要依靠机制创新。 具体来说,人才培养工作要对接国家重大战略、重大工程和未来发展需要,以战略需求为导向培养人才,从引领国家未来发展出发，积极适应科学技术和产业发展的新特点，优化人才的知识能力和素质结构，对学科专业和课程体系进行再设计，提高学科交叉、跨学科培养的能力和比例；加强产学研紧密协同，探索建立创新链、人才链、产业链对接机制，开展更多形式博士生拔尖创新人才培养试验。

近年来，复旦大学主动对接上海科创中心建设，在构建科教融合、协同育人机制上进行积极探索。学校将高质量博士生培养与"张江复旦国际创新中心"建设对接，与国际人类表型组重大科学计划、脑与类脑智能国际创新中心和微纳电子与量子国际创新中心等重大科技布局紧密结合。通过瞄准国家重大战略、重大工程、重大需求，聚焦"双一流"建设目标，真正实现将高水平博士生培养与高水平科研有机结合。为构建科教融合、协同育人机制，复旦大学正在全力推进博士研究生教育综合改革，包括改革招生选拔模式，推广博士生"申请-考核制"招生模式；确立分类培养机制，学术型博士生实行"长学制"培养，施行"分流淘汰制"；实施"机制、科研、导师"三维提质战略；实施"未来学者计划"，培育研究生的科学精神，等等。通过综合改革，科教融合、协同育人机制构建工作正在复旦全面展开，必将促进博士生的科研能力和创新水平的全面提升。

要坚定文化自信，加强中外合作交流，助力高水平博士人才培养。 大学是一个国家精神文化的高地，推动文化的传承与繁荣是一流大学必须肩负的使命。一流博士人才不仅要继承和发扬中华民族的优秀传统文化，还要有文化传承与创新的能力，努力成为世界文明进步的积极推动者。博士人才培养要依托国家整体对外开放战略，积极推进中外合作与交流。要以人类命运共同体构建、"一带一路"建设等国家战略发展为契机，以国际合作为依托，以联合培养为途径，扩展博士生国际视野，全面提升博士生跨文化理解、交往和竞争能力。复旦大学成立了国际智库中心，在海外建设"中国研究中心"，构建涵盖数十个国家的智库网络，广泛吸收海内外访问学者，实现中国发展和全球治理等重大问题的双向交互，搭建智库外交和人文交流的重要平台。智库在发挥战略研究、政策建言、舆论引导、公共外交重要功能的同时，也发挥着人才培养的功能。复旦大学还承建5家教育部中外人文交流研究中心，构建复旦版"中外人文和大国对话机制"，组建"复旦-拉美"大学联盟。上海论坛、复旦学者项目等有力促进高层次的国际交流，为博士人才培养提供更广阔的平台。

总而言之，迈进新时代的博士研究生教育要立足国内、国际两个大局，牢固树立为人民服务、为中国共产党治国理政服务、为巩固和发展中国特色社会主义制度服务、为改革开放和社会主义现代化建设服务的思想，落实立德树人根本任务，以内涵发展为基本路径，在"双一流"建设推进过程中，全面提升博士人才培养质量，培养更多"高精尖缺"专门人才，为中华民族伟大复兴提供人才保障和智力支撑。

第二节 研究生院院长的研究生教育理念

进入新世纪，历经与原上海医科大学合并新成立的复旦大学，先后由周鲁卫、杨玉良、金力、钟扬、张人禾担任研究生院院长。在他们的带领下,学校的研究生教育事业不断取得新的进步和发展,呈现出蒸蒸日上、蓬勃发展之势。

一、周鲁卫的研究生教育理念

周鲁卫,1947年生于山东。复旦大学物理学系教授,博士生导师。2000年8月至2006年6月任复旦大学研究生院院长,2003年3月至2006年6月任复旦大学副校长。主要研究方向为软凝聚态物理。曾任上海市物理学会理事长。现为复旦大学希德书院院长。

(一) 要强化研究生院服务功能和研究生教指委的作用

研究生院一直强调要释放导师和研究生的创造力。不注意这个问题,就会出现很多不良规则,束缚住导师、研究生的手脚、头脑。我们要释放创新力,要冲破束缚,就要研究是什么妨碍了释放创新力,怎样才能释放创新力。

研究生院的定位问题必然和释放导师和研究生的创新能力密切相关。国外高校,如英国的高校,很注重校级部门的服

◆ 图3-2-1 周鲁卫

务功能。例如,诺丁汉大学在师生申请课题的每一个环节,学校科研办公室都会帮助教师,以减轻教师花在课题申请、课题汇报、课题结题上的精力,而把精力集中在只有教师才能完成的教学、科研、撰写论文上。我在物理系当系主任时,一次王迅院士到香港科技大学交流访问,他请物理系的书记和我一起去考察香港科技大学、香港中文大学。我们回来后就在物理系建立了很多委员会,让教授们通过各种委员会对物理系的各项工作进行管理,教授们也通过各个委员会给物理系两委班子提出不少意见和建议,对物理系的发展起到有力的推动作用。之后,学校党委要我向其他院系介绍物理系治理中充分发挥教授作用的做法。我到研究生院后,和陆剑英副院长一起将她已经建起的研究生培养的顾问小组扩建成由各学科教授组成的"研究生教育指导委员会",王迅教授就是第一届教指委主任。教指委讨论并决定全校在研究生培养方面的重大事项,工作重点立足于提高研究生教育的质量,研究生院的培养办就成为执行教指委决定的管理机构。这样做的目的,就是强化以教授为成员的委员会在学校学术事务上的决策功能;在不减弱作为校级机关管理功能的同时,强化研究生院的服务功能。教指委参与了很多研究生培养文件的制订,在激发研究生科研创新能力、选编研究生教材、探索研究生教学方法等方面,发挥了积极的作用。现在本科生教学指导委员会和研究生教育指导委员会已经合二为一,但实际上本科生教学重视的是课堂教学的传承和创新,研究生教育重视的是培养过程中创新能力的培养,两者区别较大,合在一起容易忽视全校研究生培养过程中的特殊问题。建议恢复研究生教育指导委员会的独立建制。

(二) 要坚持按规则办事和灵活执行的辩证统一

研究生院很多工作都有明确的法律法规、政策文件和管理规定,必须按照制定规则的

原则办事。但是规则往往是针对大多数人、大多数情况而制定的。研究生院和各种机关处室存在的一个重要意义是对一些特殊情况进行讨论,具体情况具体分析,通过一定的程序,在不违反法律法规政策的前提下,决定要不要破例和如何破例。这样做的目的就是要最大化地发挥导师和研究生的创新能力。研究生培养的个案千差万别,我们不能像计算机一样死板,输入一定条件,根据预定程序,产生固定结果。

例如,国家规定"具有教授(研究员或相当职称)专业技术职务"的优秀教师才可能担任博导。副教授是不是能破例担任博导?我们就由校学位评定委员会根据导师具体情况来决定是不是要破这个例。复旦大学是多学科的大学,每个学科有不一样的特点。如数理化生和基础医学这类学科,教师在年轻时想象力丰富、创造力强,这些对学科发展、对研究生的培养很关键。应该鼓励他们之中的佼佼者尽早担任博导,培养更多的优秀博士生。那么谁来判定副教授是否能够做博导?应由学科学位评定分委员会讨论提名、通过决定(确定),学校再备案。相反,有一些学科主要依靠积累,如文史哲和临床医学,如果规定这些学科中的学术权威到了一定年龄必须退出博导岗位,这就太浪费人才了。在这种情况下,校学位评定委员会就实施权力,讨论并决定能否延长一些教授的博导资格。

还有一个破例的例子就是当时给硕士生田博之授予博士学位。田博之同学在硕士学习阶段发表多篇优秀论文,科研能力特别突出,化学学位评定分委员会提出来建议给他博士学位。校学位评定委员会讨论后,经过投票同意授予他博士学位。因为这种情况比较特殊,要上报教育部。教育部非但同意了,还表示对这样优秀的人才要跟踪研究。田博之毕业后到哈佛去做博士后,现在博士后也完成了,成为优秀的科研人才。

每个学科有不同的特点,要尊重各个学科发展的特殊规律。应该给每个学科有足够大的自主权,允许他们对于不同学科导师的学术水平,制定出多样性的评价体系。还有,原上海医科大学和复旦大学一起作为全国22所最早成立研究生院的高校,两校合并后,国务院学位办授予原上海医科大学的学位评定权并未明确收回,因此,由医科学位评定委员会独立讨论、确定学位工作方面的一些事情并非违规。复旦和上医大合并时比较重视"深度融合",强调"横向到边,纵向到底"。现在回头来看,觉得两校合并的"初心"并不是为了对外显现出它是一体的,最重要的是使两校能够充分发挥各自优势,真正实现强强联合的目的,使新的复旦成为一个非常强的学校,有比以前强得多的医科,有比以前强得多的文理科,使每个学科都变得比以前更强大。这就必须尊重各个学科的特殊规律。

(三)要强化学术规范建设,保护创造力

学术规范与创造力紧密相关,加强学术规范建设实际上是保护导师和研究生的创造力,保护他们的知识产权。这就好像严肃处理考试作弊者或违反考场纪律者,才有可能鼓励学生刻苦学习。

复旦建立学术规范也是比较早的,而且首先就是由研究生院内部组织学习哈佛、斯坦福等校教师手册中与处理抄袭、剽窃等问题的相应条款,由研究生院首先向校学位评定委员会提出研究生学术规范的建议条文。在讨论时,陆谷孙教授提议由学校另外出台针对全校,而不仅仅是制定针对研究生的学术规范。学校后来制定了学术规范和处理办法,并对一些学术不端行为进行了严肃处理,保护了导师和研究生的创新成果不被剽窃。社会上也看到了复旦的做法:一旦定性为学术不端,学校绝不姑息,必定严肃处理。

学校同时格外注意区分研究生在进入学术研究初期时因疏忽而出现的失范行为和个别人有意违反学术规范。按规定,失范行为一旦被定性为学术不端,就必须处分,所以,定义学术不端、定义抄袭是十分严肃的。复旦大学学术规范条例明确,一种抄袭是指不注明出处,故意将已发表或他人未发表的学术成果作为自己的研究成果发表。这里面特意强调了"故意"两字。这点和国家版权局的考虑是不一致的,也就是说,在根据国家版权局的规定进行司法判定时,"过失"犯错也可以被定性为侵犯知识产权。另外,在实际操作时,是否"故意"的举证责任往往在校方。校方无法证明"故意",就只能认为是"无意之过",而不加处罚。这实际上是对学生的无罪推定,我们把举证责任拦到了有权处罚的一方。不能认为教师、研究生不能证明自身不是故意的,就只能认定为故意的。

(四)要坚持注重行政规范和重视实效的辩证统一

研究生院的管理工作做得好不好,这和激励还是压抑导师、研究生的创新力是休戚相关的。

复旦和上医的传统是做事情比较讲究行政规范,和上医结合后就变得更加规矩。例如,兄弟院校来访,我们根据来访学校带队领导的行政级别,派出同级别的行政官员接待;再如,有些市属医院想和我们合并,我们往往会首先考虑我们是部属高校,和其他单位在行政管辖上不是一条线的,就会放弃。活力较高的学校就会抓住各种机会,以利于他们的发展。

我体会到研究生院、学校机关的各个处室,管理工作必须有活力。看一个学校是不是有活力,就是看你在意外情况出现时能不能抓住时机,或者加以利用,或者及时化解。如果一个良机意外出现,我们也有绿色通道,但是这个绿色通道不够"绿",我们往往会强调工作规范程序,导致错失良机,被人家占尽先机。没有活力,也会表现在出现意外情况时应对不当,给学校工作造成被动。要避免这两种现象,就要重视实效,要明确所有的规范程序都是为高效工作服务的,而不是把规范程序放在第一位。

当时研究生院还根据大家的建议,推行了"首问负责制"。例如,师生来研究生院办事,无论是哪个办公室首先接待的,就由这个办公室的工作人员带着他们尽快地把事情办掉,哪怕不是你这个办公室的工作,你也要带着他们去其他办公室办事,而不是推来推去踢皮球,这样可以尽量节省导师和研究生的宝贵时间。

研究生院的工作特别要求我们合法合规办事。以前有位研究生告研究生院行政不作为,因为研究生院在收到学位申请材料后,没有及时转给校学位评定委员会,导致这位学生未能按时取得学位。这给我们很大的教训。实际上,研究生院没有权利不及时转交学生的学位申请,也没有权利不及时转交学校其他委员会交由校学位评定委员会决定的事项。研究生院要强化履责意识,避免行政不作为。

周鲁卫寄语广大师生:"释放创造力,要发挥导师主导作用,破除束缚创造力的桎梏,用学术规范保护创造力。"

二、金力的研究生教育理念

◆ 图3-2-2 金力

金力,生物遗传学家,1963年生,浙江上虞人。1985年本科毕业于复旦大学遗传学专业,1987年硕士毕业于复旦大学遗传学专业。1994年获德克萨斯大学生物医学/遗传学博士学位,1994—1996年在斯坦福大学从事博士后研究。曾任美国德克萨斯大学公共卫生学院副教授(终身教职)、美国辛辛那提大学医学院教授(终身教职)。1999年获教育部"长江学者"(讲座教授),2002年被聘为"973"项目首席科学家。曾获国家杰出青年基金、国务院政府特殊津贴、国家自然科学二等奖、何梁何利基金科技进步奖、教育部和上海市科技进步一等奖、上海市科技精英和优秀学科带头人、谈家桢生命科学创新奖等奖项。现为复旦大学党委委员、常委,副校长,中国科学院院士、德国马普学会外籍会员、国际人类基因组组织理事、上海市遗传学会理事长、上海市人类学会理事长,以及《基因组研究》等9家国际学术期刊的编委。2007年7月至2011年4月兼任复旦大学研究生院院长。

主要研究方向为群体遗传学、遗传流行病学、基因组学和计算生物学,研究人群的遗传结构、人群的迁徙和自然选择、人类复杂遗传病和人类学性状。迄今在包括 Nature、Science、Cell 等国际学术期刊发表论文660余篇,共被引30 000次以上。

培养研究生是为了超越自己[①]
——访复旦大学副校长金力教授

研究生培养是高等教育的重要组成部分。研究生教育的规模有限,但是,无论国家的投入还是社会的期望都是其他层面的教育难以比拟的。研究生的培养质量关乎国家实力的提升与社会发展的前景。如何评价、提高研究生培养的质量目前显得越来越重要。我们必须对研究生教育给与更多的关注。日前,记者就这一话题走访了复旦大学副校长、研究生院院长金力教授。

记者: 金教授,我曾听人讲,中美知名大学比较,本科生教育并没有很大的差距,差就差在研究生教育上。你曾长期治学国外,对这一观点有何评价?

金力: 这一说法有一定道理。现阶段我们对于研究生的培养,不能说不重视,投入也不少,缺的是深入的探讨以及系统的思考、总结和提高。这就使得无论是学校、院系还是导师个人,对于为什么要招收研究生、培养的目标是什么、怎样培养这些最基本的问题缺乏理性思考。这可能与这些年我们的高等教育发展太快、研究生教育规模增长太快有关。

我在国外做了一段时间研究生教育的课程规划。我曾任教的美国德克萨斯大学休斯

---

① 金力:"培养研究生是为了超越自己",《中国教育报》2008年10月30日第9版。

敦人类遗传中心对研究生培养很重视,具体体现就是参与研究生培养的教授群体每隔四五年就要深入研讨一次。六七十位教授算是一个培养团队,坐下来讨论在遗传学这个方向培养研究生的目标是什么。最近一次讨论的定位是以科研为主攻方向的一流科学家,要能达到在世界任何一所一流大学担任教授的水平。那么,要达到这一目标需要什么样的知识和能力结构?在知识方面,大家觉得必须具有4个领域的知识基础:数量分析、分子、细胞、系统论。每一类知识领域要设什么课?我负责的是分子这一块,于是4位教授坐下来研讨3天,决定开设"分子人类遗传学"这门课,选定一本参考教材,再在六七十人中选择三四个人来上这门课。不是选水平最高的,而是选最合适的。主讲教授还要了解在这一领域前一门课讲的是什么,排在自己后面的人要讲什么。

记者:这样就避免了国内大学课程设置的一个常见病:内容重复与遗漏。

金力:成为一流的遗传学科学家,应具备哪些方面的能力,要达到什么程度?除了科研、创新、表达、沟通、写作以外,还要有做规划、组织力量、争取经费等方面的能力。目标确定了,就要一项一项地落实、一项一项地训练。就拿表达能力训练来说,这门课设为每周1课时,一个学期内每个学生都要至少上台演讲一次。类似的课国内也开,通常是找一些报刊文章读一读,大家围坐在一起作一些分析。

国外可不是这样,三四位教授和同学们坐在下面听,并且提问、讲评。提的问题很多,讲评也不留情面,哪儿没讲清楚,哪儿讲得太啰嗦了,站姿、表情如何,饮水瓶没放对地方,等等,让人受益匪浅。我第一次讲演,拿了一份稿子,一上去就被教授喝止:"稿子是你自己写的吗?自己写的东西还有什么记不住的,非要拿稿子不可?!"这门课对我来说收获太大了。我在出国前性格内向,人前话不多,更不要说演讲了,等到博士毕业演讲时已是口若悬河,懂得了怎样才能抓住听众、打动观众。另一个收获就是明白了要珍惜任何一次演讲机会。所以,我在上课前总要做好充分的准备,用熟了的投影仪也要再检查一遍,不能有故障。再重要的事也要放下来,提前到讲台上,不能耽误学生一分钟。

写作课的要求也十分严格,写论文、做标书、经费分析要十分精细。我的资格考核内容就有一项是做标书。这时我已经胸有成竹,按照美国国立健康研究院的格式写了一份标书,顺利通过,给我的导师争取来了100多万美元的经费。这就是读博时严格训练的结果。

记者:看来理性思考、制定周密计划和严格标准是高层次教育成功的必要条件。

金力:拿美中研究生教育做一个比较,我想请国内的同行们仔细想一想,我们招收研究生、培养研究生的目标是什么,学生毕业后的发展方向是什么?目标确定之后我们是否有完整的计划和严格的教育、训练?没有充分的思考,缺乏明确的方向和严格的标准,培养过程就可能流于自由发挥,质量难以保证,造成浪费。国家在这方面给予这么多的投入,同时给毕业生这么多的机会,这是多么重大的责任呀!

记者:你认为像复旦这样的高校招收研究生的目标是什么呢?

金力:我不太赞成培养研究生是为了"人才强校"的提法。一流大学"人才强校"的路数应该是教授全球招聘。我回到复旦后培养的博士基本不留校,让他们争取去其他高校任教,但是要争创一流。我们学校新人的聘用是招收外校的博士。开始时有人不大敢来,觉得你那里全是复旦的人,我去了会不会总当圈外人呀?后来就没有这种顾虑了。你看复旦生命科学学院的年轻人,北大毕业的、南大毕业的、中科大毕业的、武大毕业的都有,真正实现了五湖四海。不过一开始还是有点风险的,我把好学生送出去,要是人家不肯把好学生送过来可怎么办呢?好在这些年"海归"博士多起来,来自不同学校的年轻人使得复旦的文化开始呈现多元化,学术方向多样化,大家团结一致干正事、做项目,活力上升。

现在很多学校、导师把研究生培养的目标定位于学术传承,用那种师傅带徒弟的方式,培养出来当成个宝贝留在学校里。对这种做法我是不认同的。我认为培养研究生,尤其是带博士,目标就是要超越自己。要是学生总不能超过先生,那岂不是代代衰减?每年我见到来复旦读博的新人时,都习惯地问他们为什么要读博士?有的人回答说来深造,我都纠正他们,要立志成为世界一流的科学家。

记者: 说来深造有什么不对吗?

金力: 在习惯上,人们对于深造的理解往往是知识的积累。而成为一流科学家则要求包括能力在内的各方面素质的提高,还要接受严格的训练。

我和学生们交流,其实做科研并没什么神秘的,但成为一名出色的科学家就不容易了。科学家至少要知道,怎么做不行,什么是不对的。这就要有坚实的理论基础、科学的方法和大量的科研实践。我以前有一个小本子,有什么想法,哪怕是一个念头,都写上去。做了这么多年的科研,知道了什么是行不通的,再翻翻看,有不少是垃圾,这就是积累。

记者: 研究生培养各有其特点,这就给评价、质量控制提出了挑战。

金力: 是这样的。一方面,院系、导师对每一个学生都要因材施教。

记者: 这就要求研究生必须是手工培养,而不能是"批量生产"。

金力: 另一方面,就教育、训练的特色而言,不要说不同领域、不同学科,就是同一领域、同一学科,不同的学校、不同的导师也不一样。所以我认为,对研究生教育的管理应该是分类指导。

在复旦大学,近一段时间研究生教育的建设主要是宣扬一种理念,树立一些标杆。其次是放权,放给各学院、系。质量的监管主要是通过学科评估来实施,通过那些民间的学科交流提出标准。例如,有的学科提出博士生在读期间至少要发表3篇优秀论文作为下限。

研究生院提出这样一个分类指导的理念,即把学生按发展方向分成4类:一类是侧重于基础的,即人文学科、自然学科、管理学科那些最本原的基础理论研究;二是侧重于科研的,即打好一定基础,侧重于应用研究、工程研究,毕业后为国家的重点项目服务;三是职业类的,毕业后按各自的志趣相对自由发展;四是师资培养,这一类多半是高校教师在职读博。

复旦这个层级的学校承担着为国家培养优秀人才的任务,研究生培养的名额有限。要争取"好钢用在刀刃上"。首先要把基础类的人才培养好。这一类人才要求在精不在多,要选最好的学生,在资源上要多投入。职业类的就不要占比例太大了。师资培养类的,我建议采取同等学力的培养方式,因为一些中青年教师在业务上已经有所建树了,既然不能投入很多时间作研究,就不要再占博士培养名额了。有些时候这类研究生要占到1/3以上。

记者: 这样有所区分后,各高校之间是否应该有所分工,比如复旦大学这类学校侧重于培养第一类、第二类,哪一类学校侧重于培养第三类,哪一类学校侧重于培养第四类?

金力： 就是这个意思。但是无论哪所学校，培养什么发展方向的研究生，都要有严格的质量要求，要有同行学术评议。博士生的培养关键是质而不是量。我们的招生规模已不低于美国，但是客观地说，在质量上还是参差不齐的。

大学在发展上要理清概念、找准方向、提高质量、办出特色，不能找借口降低标准，用上海话说，就是不能"捣浆糊"。

三、钟扬的研究生教育理念

钟扬，植物学家、生物信息学家，1964年生，湖南邵阳人。生前系复旦大学党委委员，研究生院院长（2012年7月—2017年9月），中组部第六、第七、第八批援藏干部，生命科学学院教授，教育部"长江学者"奖励计划特聘教授，复旦大学第六届"研究生心目中的好导师"，曾获全国先进工作者、对口支援西藏先进个人等荣誉。

钟扬从事植物学、生物信息学科学研究和教学工作30多年，勤奋钻研，锐意进取，在生物信息学、进化生物学等生命科学前沿领域有长期的积累和独创性成果。他艰苦援藏16年，足迹遍布西藏最偏远、最艰苦的地区，为西部少数民族地区的人才培养、学科建设和科学研究做出了重要贡献。钟扬在担任复旦大学研究生院长期间，大力推进并深化全校研究生教育综合改革，特别是通过创

◆ 图3-2-3 钟扬

立复旦大学研究生导师服务中心、研究生服务中心、开展研究生培养质量大检查、推广"FIST课程"试点等一系列全国首创的改革措施，有效地提高了研究生教育质量，实现了复旦大学研究生教育综合实力的持续提升，并使每一位研究生导师和研究生深深受益。

2017年9月25日，钟扬出差途中遭遇车祸，不幸逝世，年仅53岁。他的先进事迹在全社会引起强烈反响，群众深切缅怀。钟扬同志去世后被追授"全国优秀党员"、"时代楷模"、"感动中国2018年度人物"、"全国优秀教师"、"上海市优秀共产党员"等荣誉称号。

研究生培养质量提升的解决之道①

研究生的能力和素质培养，现在已经成为一个越来越受关注的话题。为此，教育部曾多次下发文件，要求高校重视研究生的培养质量。

事实上，研究生质量问题主要是研究生的能力。这并非一所、几所大学或者哪一个部门能够完全办到，这是一个庞大的系统工程。

（一）大学并非无限责任公司

研究生的能力培养贯穿整个教育过程，并非只在研究生阶段。只不过研究生阶段已

---

① 钟扬："研究生培养质量提升的解决之道"，《文汇报》2015年11月20日第7版。

是"教育接力赛"的最后一棒,前面积累下来的问题也许此时集中体现。我们的上级教育部门由于管得太多、管得太细,实际上已经将大学变成了一种无限责任公司——希望每个毕业的研究生都要成为一个各方面优秀的人。但一个研究生学习阶段也就只有两三年时间,而且每个人还有很多不同的想法,研究生教育只能在有限时间达到有限目标。人才培养问题都要等到研究生阶段解决,为时已晚。

例如,现在强调要关心研究生的心理问题。其实,有些研究生的心理问题在童年时期就已造成。仅仅因为他考取了研究生,似乎这些问题也要研究生阶段解决,这不太现实。只能在研究生招生过程中增加心理健康考查内容。

在我看来,我们的研究生教育首先要正确地认识到研究生有哪些能力是我们必须培养的,有哪些能力是我们培养不了的。对于不能在研究生阶段培养的能力,我们不应该浪费太多时间。而对于某些研究生,他们已具备很好的能力,甚至超越了导师,学校就要善于发现这种学生并且为他们提供最好的条件,让他们得到最好的发展。这样,研究生教育才会有意义。

不过,根据世界各国研究生教育发展的经验来看,中国在最近30年的研究生教育中所遇到的培养质量问题,也是西方国家200年来已经遭遇过的,可以说是成长中的烦恼和痛苦。

数据显示,现在我国有超过400所大学和研究所有博士学位授予权,2012年全国招收博士生67 216名。而1982年左右,我国第一批博士学位获得者仅18名,1984年全国博士生招生人数大约是1 000名。因此,1984年一些大学开始成立研究生院。但谁能料到,30年后就会变成6万多名博士。记得2012年底我去国外参加研究生培养研讨会,当我说出这个数据时,把国外的大学都吓着了。我们的解释是我们国家发展的迫切需求使得我们必须有这么大的量。

但有目共睹的是,研究生数量上升却伴随着质量的下降,这已成为目前研究生教育遇到的最大挑战。最直观的例子是,过去博士并不那么容易遇到,但现在要遇到一个博士很容易。而且现在博士一般不那么爱讨论专业,不管做什么研究的都是如此。甚至你与他交谈很久,也很难感受到他是一名博士,也许就是文凭之外的所谓气质不像吧。

(二) 研究生质量提升必须直面问题

为了检查研究生培养质量,复旦大学做了两次"问题驱动型"调查,来查找研究生培养中存在的问题。之所以是"问题驱动型",是因为我们必须直面研究生培养中的真实问题,只有发现问题,才可能解决问题。

我看过很多质量调查报告,都是谈到大部分情况(如95%)是好的,少部分(如5%)是有问题的。但我感觉未必如此。为此,我们在全校范围内访谈研究生,调查受教育者的感受,他们如何看待研究生学位,希望得到什么,哪些部分没有得到满足……从被教育者的角度来审视我们研究生培养中的问题。

这个调查针对全校二年级研究生。之所以选择二年级,是因为一年级学生充满了梦想;二年级往往是"纯粹的梦想"开始破灭,这时研究生自己也会意识到问题很多,他们也有解决问题的愿望;而到三年级,学生就开始为工作或者深造烦恼,无暇思考这些问题了。

过去的调查是看打分和综合,但缺点很多。例如,一个专业25个研究生,3年后发表25篇论文,人均1篇论文。但仔细一看会发现,这25篇是15个同学写的,剩下10个学生一篇论文都写不出。所以,一定要一个个谈,每次调查都有上千人。

部分教授也参加调查。调查中有一个很能说明问题的例子,文科的学生反映师生关系不太密切,很多情况下学生可能两三个月没见过导师。而理科学生反映导师一天见他3遍,甚至把办公室搬到实验室门口,老问学生实验做得怎样,学生压力山大。那么,如何了解文科的老师和学生是不是在研究指导上配合密切?其实很简单。调查学生在过去3个月中,导师和他之间讨论最多的科学问题是什么?调查好学生后,可以给老师打电话,在过去3个月中这个学生和你讨论的问题是什么。有时候,老师和学生说的就是牛头不对马嘴。老师有时还替学生打马虎眼,但学生非常大胆,他们如果对导师不满,往往会直接告诉我们,这个老师我真的不喜欢,他总是忙自己的事情之类。所以,这样的调查还是很真实的。

那么,院系对研究生培养的态度是什么呢?凡是要研究生指标的多是院长来,软磨硬泡,希望增加指标。谈研究生质量,来的一般则是副院长。不过调查过两轮后,现在情况有所改观了。

研究生和老师其实是学术共同体,研究生培养的问题解决了,学科和科研的质量也会上升,否则,教授再好、硬件再好,学科质量也很难上升。最明显的例子是,有一个院系虽然有国家重点学科,但在"985"高校中排名不理想。一所比我们学校排名高的大学的院长决定加入本校,引进过来若干年,还是问题多多。调查发现,我们可以购买硬件,可以引进团队,但我们无法引进学生,因为学生和教授是一个环境内的共同体。这个共同体变了,结果也会变。

(三) 研究生培养质量四大问题

我们的质量调查发现以下4个问题,我相信这4个问题在很多学校研究生中都存在,只是比例多少不同。

第一,缺乏远大的理想和人生目标。远大理想和创新人才、行业颠覆性人才培养密切相关。退而求其次,很多学生来读研究生却连自己想干什么都不知道。很多人说,我妈觉得我现在工作不好,希望我读个研究生。这算什么目标?因为找工作难,所以来读一个研究生。这不是把研究生事业给毁了吗?

第二,缺乏从事科学研究的热情。很多人来问我,你们专业好不好找工作,我小孩要不要读博士。以前我觉得这个问题很难回答。现在看了那么多研究生访谈报告后,我终于找到了一句回答的话——他自己要不要读研究生,尤其是博士。

如果你想读博士,那么,最好问一问自己的内心:你曾经心头燃烧的科学研究之火是不是已经熄灭?如果这团火熄灭了,那无论是好导师还是好大学都无法让它燃烧。如果火不大,我们可以把它放大,但如果已经熄灭了,那还读下去,基本上也是没救了。这就是导致科学研究水平低下的原因。

麦可思教育调查发现,目前学术学位研究生当中只有四分之一真正有热情,我个人认为这个估计还有一点偏高。我经常问导师,你们实验室招的研究生有没有一个特别爱科学?如果没有,我深表同情;如果真的有一个,我就恭喜你。要是每个学生经过你的教育都特别爱科学,那你应该买彩票,一般的导师都没有如此好运。

第三,缺乏科学论文写作的训练。这件事太普遍了。我们今年开始下大力气解决,就是想让研究生写出来的东西像一个研究生写的。我们要成立研究生论文写作服务中心。为什么?因为我坚信论文写作是可以训练的,不像上面两个问题是不能训练的,只能在招生时多一双眼睛,同时去碰运气,后面这个是可以训练的。

第四,缺乏必要的时间和精力投入。这是管理问题。我们自己扪心自问,到底师生双方有多少时间和精力的投入?有的人虽然在职,但想着学习的事。有的人虽然是脱产,但灵魂完全离开了这个校园,这样的人在以前是不应该读研究生的,但现在在我们队伍中有很多。

在解决我们的问题之前,可以先学习一下国外的先进经验。当然,研究生培养还要坚持特色,要有信心。其实,国外高等教育成熟的一个标志是绝不会有任何一个一流的大学在所有的领域都保持一流。因此,大家也不会看到一个二流的大学在所有的领域都是二流。

(四)研究生培养问题解决之道

问题说了那么多,有些在短时间内还很难解决。但无论如何,我们的教育工作者不能放弃自己的责任。即使知道研究生的有些能力我们不能直接去培养,但我们要尽可能地提升和改造他们的素质。

第一是发现问题的能力。

很多研究生之所以不像研究生,就是因为缺少发现问题的能力。现在很多研究生做论文,总需要老师先提出问题。如果研究生自己不能发现问题,以后到单位如何开展工作?对一个理工科学生来说,如果能够准确地发现问题,那问题已经解决一半了。不能发现问题的学生往往文章也写不好。我看过很多研究生的论文,发现他们最写不好的就是引言部分。如果你问学生为什么研究这个问题,学生第一句就说是老师让我做的。

而且不能解决的问题不是问题。所有要研究的问题不是漫无边际的,必须是已经重新定义并可以尝试解决的问题。

第二是选择课题的能力。

做课题就让研究生从发现问题逐渐走上解决问题之路。

一些老教授的话很有道理:硕士是刚刚从通识教育走向科学研究的第一步,因此,他所挑选的课题应该让他在从事科学研究的第一天起就尝到科研的甜头、发现科研的乐趣。这不同于将未经训练的学生当成某种形式的劳动力并直接投入高强度的科研攻关工作,两者甚至有天壤之别。

第三是交流与写作的能力。

很多学生在写作上达不到研究生的标准。这里说的写作,中英文是一致的。我发现,写作不好的学生往往也不喜欢阅读,这在很大程度上限制了他们长远的发展。甚至一些学生缺乏逻辑,平时说话做事都是颠三倒四的。

我们刚成立的写作服务中心正在联系一批教授,他们愿意花时间去帮助自己和别人的学生提高写作水平。我们期望学生匿名来"问诊",看自己论文写作水平达到什么级别,再有针对性地进行训练。

如何诊断呢?比如逻辑问题。我们挑一个真实的话题,拿关键词到百度上去查几段话。每一段话在200字以上。为什么是200个字?我们发现现在学生的思维不连贯与手机100多个字的片段化有关。而一个研究生如果每次还只会按100多个字思考和论述问题,那肯定不够格。

我们把几段话顺序打乱后,请同学们来重新理顺。我们很多硕士生和博士生都理不顺。这与专业无关,这是逻辑问题。从这一点看,我们的研究生培养问题有多严重——即便准许学生抄论文,很多人都抄不对!

第四是团队组织和协作的能力。

研究生阶段若不培养,以后也许再也无法培养了。

我经常抽时间到中学和小学做报告。我始终认为,目前教育上忽视得最多的是团队协作能力的培养。我们的研究生甚至发自内心地认为,从幼儿园起,他的成功都是靠个人取得的。事实上,我们的应试教育不断强化了这种意识——你的每一次考试成功都是你一个人努力的结果,不需要与别人合作。高考如此,考研还是如此。所以,他一点都没有想过,在他今后人生道路上需要与人合作。

对大多数科学家来说,团队组织和协作应该是他所有能力中最强的能力。为什么?因为它在一定程度上违背了人(包括科学家)的本性——能不与人合作就不与人合作。可是,现代社会的很多工作的确需要我们去克服这个人性的障碍。

所以,我们一定要在研究生阶段为学生补上这一课。否则,如果他在研究生阶段没有在这方面受过训练,今后在工作单位上很快就会暴露出这一能力的缺乏并尝到苦果。

四、张人禾的研究生教育理念

张人禾,气象学家,1962年7月生于甘肃省兰州市,籍贯天津市。1982年毕业于兰州大学地理系气象专业,1991年获中国科学院大气物理研究所博士学位,1999—2001年任中国科学院大气物理研究所副所长,2001—2012年任中国气象科学研究院院长;2015年增选为中国科学院院士;2016年被聘为复旦大学特聘教授,担任大气科学研究院院长;2018年先后担任复旦大学研究生院院长、校长助理、副校长。

张人禾是首批"新世纪百千万人才工程"国家级人选,曾获国家科技进步奖二等奖(排名第一)、中国青年科技奖、赵九章优秀中青年科学奖、国家杰出青年基金等。先后担任国际"气候变化及其可预测性"研究计划科学指导组成员、美国气

◆ 图3-2-4 张人禾

象学会海气相互作用专业委员会委员、国际全球气候观测系统常务委员会委员、中国气象局科技委副主任、中国气象学会副理事长、中国青藏高原研究会副理事长等学术职务。

（一）博士研究生教育定位

新时代博士人才培养要找到自己的新方位。作为国家发展的战略支撑,要坚持立德树人和内涵式发展的导向。博士研究生教育是国家"高精尖缺"高层次人才的主要来源,是培养国家科技、经济和社会创新发展生力军的主渠道,是国家核心竞争力的重要依托。在加快推进中国特色世界一流大学建设进程中,博士研究生教育要与推动国家各领域的发展进步相结合,大力提升人才培养质量和高层次人才供给能力。

（二）博士研究生教育未来发展的战略方向

形成以国际学术前沿和国家重大需求为导向的培养格局是学校博士研究生教育未来发展的战略方向。要营造科教融合、产教融合的育人环境,推进研究生分类培养改革,强化系统科研训练和创新能力培养,着力造就具有创新思维的高水平创新人才。

（三）双一流建设的核心内容

构建中国特色世界一流研究生人才培养体系是学校加快世界一流大学建设的一个核心内容。一流研究生教育首先要创新思政教育,建立符合研究生特点的思政教育体系,培养中国特色社会主义的合格接班人。创新研究生选拔机制,吸引优秀生源。打造一流的研究生导师队伍,立足高水平科研,培养高水平人才。构建科教融合、产教融合、协同育人机制。严把出口关,提高学位授予质量。

（四）我校研究生教育综合改革

复旦大学正在积极推进的研究生教育综合改革,其目标就是进一步提升学校研究生教育水平,促进学校双一流建设。综合改革的具体内容主要包括以下 6 个方面。

（1）将博士研究生资源和学位点设置与学校"双一流"建设相匹配,支撑学校的"双一流"建设。

（2）扩大研究生招生规模,提高生源质量,满足学校学科领域的不断拓展和科研能力的不断提升对博士研究生不断增大的需求;改进奖助体系,选拔优秀高年级本科生从事研究,吸引优秀本科生生源。

（3）着力创新研究生教育体制机制,探索研究生教育内涵发展模式,以原始创新能力培养为核心,鼓励交叉研究;完善研究生信息管理系统,加强过程管理,建立教育督导制度,系统提升研究生培养质量。

（4）加大对学位论文质量的把关力度,对问题论文加大惩处,强化导师责任;厘清学术学位和不同类型专业学位研究生培养的差异,强化研究生学位的分类要求。

（5）规范和更新各一级学科研究生课程体系,打通本硕博课程;广泛实施课程思政,加强学术道德、学术规范类课程的教材建设和课程设置;深化课程教学改革,构建科学完善的不同类型的研究生课程体系。

（6）增大研究生国际交流专项经费资助力度,扩大与世界一流学科联合培养范围,吸引国外一流学生,建立研究生国际化教育培养体系。

第四章 复旦大学研究生教育管理、机构及人员的沿革

第一节 校级研究生教育管理机构的发展沿革

一、复旦大学校级研究生教育管理机构沿革(1949—1999年)

1949—1952年

学校研究生教育组织管理机构附属于教学和科学研究部门。

1954—1957年3月

研究生部下设研究生科,杨师曾任科长。

1957年3月起

学生处负责办理原研究生科工作。

1959年

在教学科学部设立研究生办公室,并根据教育部意见开始筹建研究生院。

1961年

学校成立研究生工作领导小组,由苏步青、蔡尚思分别担任正、副组长;下设研究生工作办公室,由各系主任分管,并设秘书1人。

1966—1976年

因正常研究生教育中断,学校教学和人事组织部门兼管研究生工作方面的问题。

1977年下半年

研究生工作办公室开始恢复工作。

1978 年

1 月

学校成立研究生部,由校长苏步青、副校长蔡尚思分别兼任研究生部正、副主任。

11 月

研究生部下设办公室,由杨波洲任办公室主任、宁荫任办公室副主任。

1983 年

3 月

将研究生部改为研究生处,由杨波洲、袁晚禾两位副处长主持工作。

1984 年

9 月

设立研究生院。复旦成为首批被批准成立研究生院的单位之一。

11 月 6 日

正式举行复旦大学研究生院成立大会,由副校长谷超豪兼任研究生院院长,杨福家、袁晚禾任研究生院副院长。

建院时下设一个研究生院办公室,有学籍培养科、招生科、分配科、学位科 4 个科。

1985 年

12 月

经校长讨论,研究生院机构调整为 4 个办公室,分别为学位办公室、研究生招生办公室、研究生培养办公室和研究生分配办公室,办公室主任在此次任命时均暂定为副处级。

1987 年

6 月

院内机构设置作适当微调,设研究生院办公室、培养与学位办公室、招生办公室和分配办公室。

11 月

制定各办公室的职责。

上海市研究生教育学会会刊——《上海研究生教育》创刊,该刊属于上海市连续性出版物,即属于内部准印证季刊,每年出版 4 期。杂志编辑部在创刊后不久,就一直挂靠并设立在复旦大学研究生院,由上海市学位委员会办公室和上海市研究生教育学会共同主办。

1991 年

4 月

设立研究生院培养处、管理处和研究生院办公室。

1993 年

9 月起

原文科科研科划归研究生院,更名为社会科学研究办公室,由沙似鹏、郭才伯负责文科科研工作。

12月

经学校批准,在研究生院成立学科建设办公室,由廖文武任副主任。

1999年

9月

研究生院下属机构作了较大调整,撤销培养处、管理处、院办公室的建制,设立研究生院办公室、培养办公室、招生与就业办公室和学生工作办公室。

二、原上海医科大学校级研究生教育管理机构沿革(1949—1999年)

1952年

上海第一医学院有分管研究生工作的副院长。

1959年

国家实施"调整、巩固、充实、提高"八字方针,在科研科(后改为科研处)指派专职管理研究生干部,并制定研究生培养计划和考试办法。

1963年

科研处成立,设有专职研究生管理干部。

1978年

3月

根据教育部《关于高等学校一九七八年研究生招生工作安排意见》,成立研究生招生领导小组。在科研处内设研究生管理工作岗位,分别从儿科医院和妇产科医院调、借陈渭与刁承湘到学校,着手招生准备工作。

7月

在科研处下设研究生科,由刘玲任科长,有专职工作人员3名。

1984年

8月

设立研究生院,为我国首批试办研究生院的22所重点高校之一。

1985年

1月25日

研究生院成立,下设招生办公室、培养科、学位办公室,均为科级单位,研究生院管理干部10人,同时设研究生院党总支。由校长张镜如兼任研究生院院长,李金钟任研究生院副院长兼党总支书记。

4月13日

成立院务委员会,制定院务委员会条例。张镜如任第一届院务委员会主任,李金钟任副主任,委员由姚泰等24位同志组成。

1987年

5月

研究生院下设机构调整为院办公室、招生办公室、培养办公室、学位办公室,均为副处级建制。后因工作需要,学位办公室独立为原上海医科大学学位办公室。

7月9日

与上海市肿瘤研究所及顾健人签订联合招收、培养研究生协议,开创了学校与研究所联合办学的先例。

1993年

4月

与上海市计划生育研究所开展科技合作和人才培养,签订合作培养博士、硕士研究生协议,为研究生培养开辟又一个校外基地。

撤销研究生院党总支。

1995年

11月

设立研究生工作办公室。

1996年

2月

上报研究生院正式建院报告。

3月

国家教委正式批准建立研究生院,标志着学校研究生教育和管理水平再上新台阶。

7月5日

原上海医科大学研究生院挂牌,同时成立原上海医科大学学位与研究生教育研究中心。彭裕文任该中心主任,刁承湘任中心副主任。

1997年

1月

新设学生办公室。

3月

彭裕文副校长任研究生院院长。

11月

研究生院院务委员会换届。彭裕文副校长兼任研究生院第四届院务委员会主任,熊仿杰任副书记,刁承湘副院长兼任副主任。

1998年

11月

成立研究生院研究生党总支,主管研究生一年级学生党员的党组织和学生党建工作。

三、复旦大学校级研究生教育管理机构沿革(2000—2018年)

2000年

根据复旦〔2000〕组干字第55号文件《关于成立党委研究生工作部及干部任命的通知》,成立党委研究生工作部。

2000—2004年

研究生院院内机构作调整,设置研究生院招生办公室、研究生院培养办公室、研究生院学位办公室、研究生院综合办公室及博士后工作办公室。

2001年

3月29日

复旦大学成立了复旦大学学位与研究生教育研究中心,由研究生院院长周鲁卫兼任首届研究中心主任。

11月16日

全国学位与研究生教育发展中心上海研究基地成立,由副校长孙莱祥担任基地主任,挂靠于复旦大学研究生院。

2004年

为加强专业学位研究生教育管理,院内设立专业学位办公室。

2006年

学校机构调整,博士后办公室调入人事处,其他办公室保持不变。

2007年

研究生院为加强导师工作,经学校同意,增设导师办公室。

2011年

成立医学学位与研究生教育管理办公室。储以微任办公室主任,吴海鸣、任宁任办公室副主任。

2014年

2月

为简化办事手续、提高服务质量,学校发文成立复旦大学研究生服务中心,为全校研究生导师、学生和校友提供一站式服务。

按学校统一部署精简机构,导师办公室撤销,设置研究生院招生办公室、研究生院培养办公室、研究生院学位办公室、研究生院综合办公室。

医学学位与研究生教育管理办公室下设综合办公室、培养办公室。

注:以上机构设置沿革内容选自《复旦大学百年志》(2005年9月第一版,复旦大学出版社)、《上海医科大学志》(2005年8月第一版,复旦大学出版社)等书籍以及学校相关文件。

第二节　校级研究生管理机构人员变动情况

一、研究生院领导任职情况

表 4-2-1　复旦大学研究生院领导任职情况（1984—1999 年）

任次	院长	任职时间	姓名	职务	任职时间
第一任	谷超豪	1984.09—1987.06	杨福家	副院长	1984.09—1987.06
			袁晚禾	副院长	1984.09—1987.06
第二任	杨福家	1987.06—1991.11	袁晚禾	副院长	1987.06—1990.03
			李大潜	副院长	1987.07—1991.11
			姜德安	副院长	1987.09—1991.11
第三任	李大潜	1991.11—1999.09	姜德安	副院长	1991.11—1996.01
			沙似鹏	副院长	1993.04—1998.01
			黄仲贤	副院长	1994.09—1996.09
			顾树棠	副院长	1996.09—1999.09
			周　斌	副院长	1995.03—1999.09
			章巨修	副院长	1996.03—1999.09
第四任	王生洪	1999.09—2000.07	袁竹书	常务副院长	1999.09—2000.07
			章巨修	副院长	1999.09—2000.01
			陆剑英	副院长	1999.09—2000.07
			杜慧芳	副院长	1999.09—2000.08
			朱国宏	副院长	2000.08—2000.07

表 4-2-2　原上海医科大学研究生院领导任职情况（1984—1999 年）

任次	院长	任职时间	姓名	职务	任职时间
第一任	张镜如	1985.01—1988.11	李金钟	副院长（主持工作）	1985.01—1988.11
			袁鸿昌	副院长	1987.10—1988.11
第二任	姚泰	1988.12—1997.03	李金钟	副院长（主持工作）	1988.12—1993.10
			袁鸿昌	副院长	1988.12—1992.03

（续表）

任次	院长	任职时间	姓名	职务	任职时间
			金锡鹏	副院长	1992.03—1997.07
			刁承湘	副院长（1993年11月起主持工作）	1991.11—1997.03
第三任	彭裕文	1997.03—2000.04	刁承湘	副院长（主持工作）	1997.03—2000.04
			周志俊	副院长	1999.10—2000.04

表4-2-3 复旦大学研究生院领导任职情况（2000—2018年）

任次	院长	任职时间	姓名	职务	任职时间
第五任	周鲁卫	2000.08—2006.06	袁竹书	常务副院长	2000.08—2002.09
			陆剑英	副院长	2000.08—2001.06
			朱国宏	副院长	2000.08—2001.05
			汪玲	副院长	2000.07—2006.06
			顾云深	常务副院长	2002.10—2006.06
			熊思东	副院长	2003.11—2004.11
第六任	杨玉良	2006.06—2006.10	顾云深	常务副院长	2006.06—2007.07
			汪玲	副院长	2006.06—2007.07
第七任	金力	2007.07—2011.04	顾云深	常务副院长	2007.07—2012.07
			汪玲	副院长	2007.07—2012.07
第八任	钟扬	2012.07—2017.09	顾云深	常务副院长	2012.07—2013.03
			陈玉刚	副院长	2012.07—2014.07
			储以微	副院长	2012.10—2014.02
			楚永全	副院长	2014.01—2018.01
			杨长江	副院长	2014.07—2018.01
			吴宏翔	副院长	2014.07—2018.01
第九任	张人禾	2018.01—	吴宏翔	副院长	2018.01—2018.05
				常务副院长	2018.05—
			楚永全	副院长	2018.01—
			杨长江	副院长	2018.01—

表4-2-4 2011年4月成立医学学位与研究生教育管理办公室

主任	任职时间	姓名	职务	任职时间
储以微	2011.04—2014.02	任 宁	副主任	2011.04—2017.07
		吴海鸣	副主任	2011.04—2017.07
汪玲(兼)	2017.07—	吴海鸣	副主任	2017.07—
		姜友芬	副主任	2018.02—

二、校级研究生管理机构教职工名单（1978—2018年）

表4-2-5 校级研究生管理机构教职工名单

（按姓名拼音横向排序）

包晓明	包一敏	蔡尚思	曹惠民	陈 芳
陈建平	陈 杰	陈 珋	陈仁波	陈苏华
陈 伟	陈 渭	陈文基	陈玉刚	陈兆君
储以微	楚永全	刁承湘	杜慧芳	杜 磊
段咏红	樊廷建	樊智强	高冠钢	葛海眺
龚万里	谷超豪	顾美娟	顾旻浩	顾树棠
顾云深	郭才伯	韩正旺	贺师亮	胡 磊
胡玲琳	胡小苹	黄仲贤	姜德安	姜友芬
蒋正揆	金 力	金锡鹏	金 鑫	李大潜
李金钟	李巧云	廖文武	林 涓	刘碧英
刘 冰	刘季平	刘 玲	刘树麟	刘晓宇
刘学英	龙小平	卢 静	陆德梅	陆剑英
陆俊珺	陆烨敏	罗爱华	罗金妹	马如明
聂筱谕	宁 荫	潘晓蕾	潘 星	彭裕文
瞿 珋	任 宏	任 宁	任 哲	戎祥康
沙似鹏	施 展	苏步青	孙纪凤	谭 芸
唐佩琭	田 健	汪 玲	王凤芝	王根生
王锦华	王晶晶	王磊俊	王丽莉	王生洪
王亚平	王 烨	王永珍	魏 凤	吴海鸣
吴宏翔	吴鸿翔	吴惠如	吴丽娣	吴延风
吴兆路	先梦涵	肖卫民	熊思东	徐 菁
许 滢	薛 丽	杨波洲	杨福家	杨纪凤
杨建成	杨玉良	杨长江	杨连卿	姚将来

(续表)

姚 泰	姚玉河	叶绍梁	殷昌义	袁鸿昌
袁晚禾	袁竹书	詹 梅	张 春	张 红
张建林	张 劲	张镜如	张俊琪	张人禾
张生妹	张 晓	张 毅	张 渊	张志英
章巨修	赵姝婧	钟 扬	周 斌	周 历
周鲁卫	周 亚	周正箴	周志成	周志俊
朱国宏	朱洁清	宗一文		

注：① 以上共计148人(因年久之故,如有错漏,敬请指出,再版修正)。
② 2000年党委研究生工作部成立之后,在其中工作过的教职工未计入名单。
③ 收录范围为历年在校级研究生管理机构工作过的在编教职工和现职在编教职工。
④ 含两校合并前的原上海医科大学教职工。

第三节 两级管理的职责与分工

随着研究生教育事业的发展,研究生规模不断增长,为加强研究生管理,充分发挥校院两级的积极性,有效增强二级单位的办学活力及行政管理能力,创新研究生培养模式,提高研究生培养质量,理清部门职责,规范科室设置,积极转变职能,从权力相对集中向适度简政放权转变,从被动应付事务向主动谋划运作转变,从注重审批管理向加强监督管理转变,明确研究生教育管理机构与研究生培养单位的职责分工,推进校院两级管理体制改革,明确改革的目标、方法和步骤,复旦大学于2000年完成两校合并后,即积极推动两级管理改革。

研究生教育实行两级管理,即校级的研究生院管理和院级(院、系、所、中心、附属医院)(以下简称"院系")的研究生教育管理,共同承担办好研究生教育的责任,同时又明确各自的责权范围和需承担的管理责任。

研究生教育管理重心应向直接担负研究生培养任务的院系下移。校级管理部门主要担负起把握方向、统筹协调、监管评估等职责,院系的职责在于自主办学、自律有序。在校教学指导委员会和校学位委员会的指导下,逐步扩大院系在招生、培养、学位授予等各重要环节的决定权,将具体到每个研究生的管理权力下放到院系这一管理主体。

2002年1月22日,经校长办公会议通过,颁发《复旦大学研究生教育两级管理暂行条例(试行)》,现全文收录如下。

复旦大学研究生教育两级管理暂行条例(试行)

校通字〔2002〕6号

第一条 目的

为落实《复旦大学"十五"发展计划纲要》确定的建设高水平研究型大学目标,适应校研究生规模的扩大,进一步推动研究生培养质量的提高,特制订本暂行条例。

第二条 基本原则

按照"本科生教育是立校之本,研究生教育是强校之路"的思路,动员全校力量办好复旦大学研究生教育。

研究生教育实行两级管理,即校级的研究生院管理和院(系、所、中心)(以下简称"院系")的研究生管理,共同承担办好研究生教育的责任,同时又明确各自的责权范围,承担因分工不同而各自需承担的管理责任(参见《复旦大学研究生教育两级管理分工细则(试行)》)。

研究生教育管理重心应向直接担负培养任务的院系下移。在校研究生教育指导委员会专家的指导下,逐步扩大院系在招生、培养、学位授予等各重要环节的决定权。

第三条 基本职责

研究生院的主要职责是:

(1) 在校长领导下,根据国家学位与研究生教育的有关政策、规定,制定适合复旦大学研究生教育、有利于研究生全面素质提高的具体规定与措施;

(2) 就复旦大学研究生教育的规划与实施向校领导提供决策咨询;

(3) 加强与各部门、各院系的协调,共同开展复旦大学研究生教育管理;

(4) 为各院系的导师、研究生及管理人员提供有关研究生教育的各种信息服务与其他服务,培训院系研究生教育管理人员;

(5) 建立复旦大学研究生教育的各项评估制度和质量保证监督机制,组织复旦大学研究生教育评估,建立相互监督机制,以保证复旦大学研究生培养的质量;

(6) 加强研究生教育的国内及国际交流;

(7) 开展研究生教育及其管理规律、特点和理论的研究。

各院系研究生管理机构的主要职责是:

(1) 按学校的规定行使本院系在研究生招生、培养和学位授予工作中的自主权;

(2) 组织本院系的研究生教育,保证其有序进行;

(3) 为本院系的研究生导师、研究生提供各种信息服务与其他服务;

(4) 落实学校及本院系制定的研究生培养和管理规定,保证本院系研究生培养的质量;

(5) 负责本院系研究生的日常管理及政治思想工作;

(6) 结合本院系的特点,推进本院系研究生教育的改革与发展。

第四条 人员配置

研究生教育两级管理的第一级是校研究生院及其各办公室,其组成成员为在编研究生院工作人员。

研究生教育两级管理的第二级设在各院系,具体要求为:

(1) 各院系应成立研究生教育指导小组,由分管研究生工作的院长(系主任、所长)领导,其组成成员为导师代表及各院系认为必需的其他人员。各院系应根据在校研究生人数的实际情况,在研究生教育指导小组下设立研究生教学办公室(成员主要为研究生秘书和教务员),或设立若干个专职研究生教学管理和兼职研究生教学管理岗位。研究生人数在200人以内的院系应设立专职研究生秘书岗位;研究生人数达200人以上的院系应至少再增加一个专职管理岗位;除了设立专职岗位,根据实际情况可再设立若干个兼职岗位,原则上兼职岗位必须保证有一半时间从事研究生教育管理工作,人员应相对稳定。

(2) 各院系应成立研究生学生工作组(其人员配置等见校党委颁发的《复旦大学研究生思想政治工作队伍建设实施方案》)。

(3) 院系主要党政负责人应加强对研究生工作的领导,并统一协调研究生教育指导小组和研究生学生工作组的工作。

院系应将研究生管理机构的组成及分工报研究生院备案。

第五条 考核 奖惩

学校按第三条第一款所列研究生院的主要职责对研究生院院长、常务副院长进行考核;按第三条第二款所列各院系研究生管理机构的主要职责对各院系负责人及分管研究生工作的院系负责人进行考核。考核结果作为升职升级、加薪的依据之一。

两级研究生教育管理机构的负责人分别负责对本级机构管理人员的考核,考核结果作为对有关人员聘任、升职升级、加薪的主要依据之一。

上述考核实施时,两级研究生教育管理机构相互提供对考核对象的考核意见。

第六条 其他

本条例自校长办公会议通过之日起实施;

本条例由研究生院负责解释。

2002年1月22日

第四节 研究生教育管理信息化建设

20世纪90年代以来,计算机技术和网络技术在我国日益普及,信息技术在管理工作中的应用给研究生教育管理工作带来了全面而深刻的影响。复旦大学研究生教育管理信息化建设工作即开始于20世纪90年代初,从原上海医科大学研究生院建立的单机DOS系统开始,经过20多年的努力、几次跨越式的更新换代,复旦大学的研究生教育管理信息化建设取得了长足的发展,为研究生教育满足本校快速发展的需要提供了科学、有效的保障。信息技术的应用不仅带来了先进的管理模式和手段,同时也对管理制度的建设和完善、管理方法和服务理念的转变产生了积极的影响。

20世纪90年代初的单机系统主要用于代替手工抄写、统一和加强数据管理,仅记录了学生的基本学籍信息、课程成绩、学位论文题目等简单数据,存储量非常有限;90年代中后期随着网络技术的发展,逐渐建立了校院两级管理的联网系统。两校合并后,复旦大学研究生院于2000年初向学校提交"关于建设复旦大学研究生教育管理信息系统的报告",全面启动信息化建设工作。经过专家论证,由上海复旦天翼计算机有限公司承担建设任务,预算投入建设资金200余万元。至2002年,复旦大学研究生院已建设了第三代研究生教育管理系统(天翼系统),实现了从入学开始到毕业的学籍、教学、科研、学位的全流程信息化管理。2009年,在天翼系统累积经验的基础上,在学校信息办的支持下,研究生院完成了第四代研究生教育管理系统(金智系统)的建设。该系统是基于云存储技术的网络系统集成,涵盖了招生、培养、学位、导师、奖助以及综合服务等主要业务系统;该系统优化了研究生教育管理模式,实现了研究生教育分权限的两级管理,实现了研究生院内部各部门、各个院系、各部处之间的信息共享,实现了基础数据采集的权威性和同一性。

信息系统是管理业务与信息技术的有机融合,本质上反映了研究生教育的管理制度以及各项业务内容的相互关系。2017年,随着教育部41号令的发布,复旦大学研究生学籍管理系统根据新规完成了升级。目前,复旦大学涵盖"学位点建设→导师资格认定、培养方案制定→招生→培养→学位申请"的研究生信息管理系统正在全面升级,已完成新研究生招生系统的招标、研究生培养方案管理系统的建设,即将启动导师管理服务系统和学位申请系统的升级。

信息系统建设的最初目的是减轻管理人员的工作负担,实现的功能主要集中在研究生院和各院系的日常管理业务方面,使用对象往往限于研究生院以及各院系研究生教务管理人员,但随着研究生教育事业的发展,研究生、教师和社会各界对研究生教育信息的需求越来越多。近年来,复旦大学研究生院一直在努力完善系统功能,着重实现从"管理"向"服务"的转变、跨部门的协同办公等。2014年完成了研究生迎新系统和离校系统的建设,2015年实现了研究生成绩单和学籍证明的自助打印,建设了研究生综合服务系统,2017年实现了本科生与研究生选课系统的贯通。

复旦大学研究生院将继续整合信息化建设渠道,建立研究生教育资源云服务体系,完善研究生教育管理平台和研究生教育资源公共服务平台的建设。通过平台建设,实现功能和界面的统一及各业务系统之间的关联,确保研究生教育业务的连贯性、信息的准确性和基本数据的一致性,为师生及各级管理人员提供更多的信息服务功能,为研究生教育的科学管理和决策提供保障。

第五节 重视教育理论研究,强化理论与实践结合

复旦大学历来重视开展学位与研究生教育方面的理论研究,鼓励全校教职员工结合本职工作,积极开展研究生教育管理、教学实践、学位制度的科学研究和探索,鼓励申报教育部、上海市各类研究生教育教学改革项目,鼓励各相关学科开展各类教改项目实践试点,努力提高研究生教育管理水平。经过多年的持续坚持和不懈奋斗,获得了丰硕的研究成果。

长期以来,复旦大学研究生院依托挂靠在复旦的教育部学位与研究生教育发展中心上海研究基地、《上海研究生教育》编辑部以及复旦大学学位与研究生教育研究中心等较灵活的非实体组织和机构,包括具有民间性质的第三方社团组织机构,历来重视理论联系实际,经常深入教育教学一线调查,不断积累资料,了解现状和分析问题,总结经验与教训。

◆ 图4-5-1　2005年5月22日,教育部学位与研究生教育发展中心上海研究基地举行揭牌仪式,由时任国务院学位委员会办公室副主任、教育部学位管理与研究生教育司司长郭新立和教育部学位与研究生教育发展中心副主任王战军揭牌

◆ 图4-5-2　与复旦大学研究生院合作的非实体组织和机构

在40年间,复旦大学研究生院先后承担了数十项科研项目,分别来自国务院学位委员会办公室、教育部学位管理与研究生教育司、中国学位与研究生教育学会、上海市教委和上海市学位办公室、上海市研究生教育学会的"七五"、"八五"、"九五"、"十五"、"十一五"、"十二五"、"十三五"关于学位制度和研究生教育科学研究重大或重点课题,获得一大批科研成果和各级教育教学优秀成果奖。同时,为国家、市级和学校研究生教育主管部门决策咨询做出了卓越的贡献,为研究生教育学学科自身建设添砖加瓦,受到同行学者的关注和肯定。具体表现如下。

一、注重开展教育科学研究工作,促进和推动研究生教育发展与改革

多年来,复旦大学研究生院坚持重视开展研究生教育培养与管理实践的科学研究,努力建设并形成本校特色的研究生教育管理体系,收到了良好成效。例如,在1984年国家批准试办研究生院10年后,经过专家评估,复旦大学研究生院位居全国前列,被批准正式建立研究生院,同时获得教育部10万元的表彰奖励。复旦大学研究生院先后获得"全国

研究生院先进集体单位"和"全国研究生就业先进单位"等多项全国管理工作先进个人和突出贡献奖等奖项。

二、承担数十项国家和市级研究项目

复旦大学研究生院承担了由国务院学位委员会办公室、中国学位与研究生教育学会组织的中国研究生教育和学位制度科学研究的重大课题"中国研究生教育学研究"（课题编号：A-1），2002年获评"九五"中国研究生教育和学位制度科学研究优秀成果二等奖（由叶绍梁等人完成）；承担了由国务院学位委员会办公室、教育部学位管理与研究生教育司委托中国学位与研究生教育学会组织下达的2015—2017年重点研究课题"各级教育质量保障体系建设研究：经济新常态下的研究生教育质量保障体系建设研究"（课题编号：A2-2015Y03-016），2017年8月获评课题研究结题优秀成果奖（该年度全国23项重点课题结题中评出10项"A等"，由廖文武等人完成）。

三、率先在高等教育学专业设置学位与研究生教育研究方向

从1996年开始至今，高等教育学专业方向（三级学科）共计招生培养了30名研究生，均已毕业并获得相应的学位。研究生院的专家和学者长期兼职在校研究机构（高等教育研究所）和相关院系指导研究生的有叶绍梁、廖文武、吴宏翔等人。他们承担国家等上级部门下达或委托的重点教育改革课题，为决策部门提供咨询建议，并直接服务、参与国家和上海市研究生教育领域的政策文件起草与修订工作。研究生院的前辈学者、领导班子成员，如刁承湘、汪玲、叶绍梁、顾云深、廖文武等教授或研究员，在教育部相关司局和上海市教委及处室有关研究生教育管理决策中都发挥了重要的指导和咨询作用，并担任了中国学位与研究生教育学会、上海市研究生教育学会等学术机构的负责人、理事和学术委员等职务。

四、编辑出版一批在国内研究生教育领域有一定影响力的教材和著作

复旦大学研究院主持编写的教材和著作包括：《上海研究生教育改革发展二十年（奋斗篇、成果篇、展望篇）》（刁承湘、章巨修、叶绍梁、廖文武主编，1998年）；《医学研究生教育实践论》（刁承湘，2001年）；《研究生德育论》（刁承湘，2004年）；《探寻研究生教育的岁月》（廖文武、刁承湘主编，2009年）。参与编写的著作包括：《中国高等学校研究生院》（1995年）、《上海研究生教育新进展》（2009年）、《终日乾乾 与时偕行——上海恢复研究生教育40年（上、中、下册）》（2018年）等。承担编辑出版上海市研究生教育学会会刊《上海研究生教育》至今33年。该会刊现为季刊，是上海市连续出版物（(K)第0116号）。

五、发表一批有一定水准的期刊论文

1998年以来，据不完全统计，复旦大学研究生院教职工在国内具有影响力的《学位与研究生教育》（CSSCI核心期刊）发表论文近100篇，有3位专家被评为研究生教育研究领域的活跃作者。例如，仅刁承湘研究员就发表了30多篇。复旦大学也成为发文量较多的

研究生培养单位，有数位专家进入全国研究生教育领域的活跃作者群。

此外，复旦大学在其他高教研究期刊发表了数百篇文章。根据2016—2017学年上报上海市的"复旦大学研究生教育年度质量与发展报告"统计，复旦大学在研究生教育领域共发表了50多篇教育期刊论文。

六、复旦大学在研究生教育教学研究与管理改革领域，获得一批国家级科研项目、优秀研究论文、教育教学优秀成果奖等奖项。

近5年来，学校获得的教学成果奖包括："我国临床医学教育综合改革的探索和创新——'5+3'模式的构建与实践"，获高等教育国家级教学成果特等奖（汪玲等人完成，2014年）。"全球化背景下研究生教育改革的创新与实践——以妇幼健康学科为例"（钱序、汪玲、陈文、史慧静、谭晖等人完成，2014年），"上海专业学位研究生教育改革的探索与创新——'六化'模式的构建与实践"（束金龙、李耀刚、廖文武、马爱民、丁明利等人完成，2014年），"以健康为中心的公共卫生硕士培养模式的创新探索"（何纳、汪玲、何更生、陈文、姜庆武等人完成，2016年），这3项成果均获中国学位与研究生教育学会首届中国研究生教育成果二等奖。此外，2016年全国共有5人获评首届中国学位与研究生教育学会学术贡献奖，复旦大学廖文武入围。

此外，医学学科获得的研究生教学成果还包括："建立临床医学应用型研究生培养的新模式"获上海市高等学校优秀教学成果一等奖（1993年）、国家级优秀教学成果二等奖（1993年）；"培养临床医学博士的总结与探讨"获上海市哲学社会科学优秀成果三等奖（1993年）；"把握脉搏 坚定方向 活跃思想 开拓视野——漫谈马克思主义理论课教学方针、内容和方法"获《学位与研究生教育》10年优秀论文二等奖；"博士生马克思主义理论课

◆ 图4-5-3 2014年，由公共卫生学院汪玲教授领衔的"我国临床医学教育综合改革的探索和创新"项目获得国家级教学成果特等奖

教学改革的实践与研究"获国家级教学成果二等奖(1997年);"医学研究生教育与地方建设"获上海市教学成果一等奖(1998年);"博士生马克思主义理论课总体改革"获上海市教学成果一等奖(1998年);"我国医学学位制度的理论与实践研究"获上海市第六届教育科学研究成果二等奖(1998年);"博士生教育的改革与实践"获上海市教学成果二等奖(2001年);"医学研究生教育实践论"获上海市第八届教育科学研究成果三等奖(2005年)。

七、研究生教育管理人员充分发挥重要作用

复旦大学研究生教育管理人员在全国、上海市研究生教育学会建设方面发挥重要作用,在研究生教育各类委员会担任领导职务。例如,担任中国学位与研究生教育学会学术委员会和其他专委会成员的有:刁承湘(第一、第二届常务理事和学术委员,医药科工作委员会副主任)、叶绍梁(第一、第二届学术委员)、顾云深(第三届学术委员)、汪玲(第三、第四、第五届学术委员)。担任中国学位与研究生教育学会评估委员会委员的有:廖文武(第三届副秘书长、第一至第五届评估委员)、刁承湘(第二、第三届评估委员)、吴宏翔(第六届评估委员)。此外,还有人员担任第二、第三届全国工程硕士教指委培养专家组成员、全国工程硕士教指委课程建设研究组(第二、第三届)专家成员等。

除了担任领导职务外,复旦大学研究生教育管理人员还先后荣获中国学位与研究生教育学会颁发的"优秀先进工作者"、"管理突出贡献者"等奖项。廖文武在2014年、2016年分获中国学位与研究生教育学会建设突出贡献者、"学术贡献奖";2018年陈殷华、汪玲获中国学位与研究生教育学会第五届理事会优秀工作者;吴宏翔获中国学位与研究生教育学会德育委员会2018年度优秀德育工作者。

第二篇 人才培养与成效

第五章

立德树人与人才培养

党的教育方针一贯强调对受教育者德智体美全面发展的培养,从提出"培养德、智、体等方面全面发展"到"育人为本、德育为先",再到"把立德树人作为教育的根本任务",突出思想政治教育在研究生教育中的核心地位。2016年12月7日,习近平总书记在全国高校思想政治工作会议的重要讲话中强调:"高校思想政治工作关系高校培养什么样的人、如何培养人以及为谁培养人这个根本问题。要坚持把立德树人作为中心环节,把思想政治工作贯穿教育教学全过程,实现全程育人、全方位育人,努力开创我国高等教育事业发展新局面。"2018年9月10日,习近平总书记在全国教育大会的讲话中又指出:"要努力构建德智体美劳全面培养的教育体系,形成更高水平的人才培养体系。"总书记的讲话将立德树人作为教育的中心环节,对研究生思想政治教育工作提出新的要求,为研究生教育发展指明了方向。

复旦大学始终把立德树人作为学校立身之本,坚持社会主义办学方向,以培养德智体美劳全面发展的社会主义建设者和接班人为根本目标。2013年9月26日,中国共产党复旦大学第十四次代表大会提出:"必须始终坚持育人为本,促进学生的全面发展。要全面贯彻党的教育方针,牢牢抓住育人的根本任务,不断提高人才培养质量,为中国特色社会主义事业培养更多德才兼备、全面发展的建设者和接班人。"2018年9月26日,中国共产党复旦大学第十五次代表大会进一步提出:"立德树人是办好中国特色社会主义大学的根本任务。为党育人、为国育才是复旦大学的重大责任使命。我们必须抓住培养德智体美劳全面发展的社会主义建设者和接班人这个根本,把立德树人的要求融入思想道德教育、文化知识教育、社会实践教育各环节,把立德树人的成效作为检验学校一切工作的根本标准。"学校深入贯彻党的十九大和全国教育大会精神,坚持把立德树人作为学校教育的中心环节,把思想政治工作贯穿研究生教育教学全过程,实现全员、全过程、全方位育人,深化改革、创新引领、内涵发展,加快推进"双一流"建设,全面开启中国特色世界顶尖大学建设的新征程。

第一节 立德树人是研究生培养的根本任务

复旦大学全面贯彻党的教育方针,坚持把社会主义核心价值观融入教育教学的全过程,通过推进思想政治课程改革、弘扬科学道德与科学精神、加强学术规范和学风建设,将立德树人贯穿到研究生教育环节的各个方面。

一、举办各类宣讲教育活动,加强科学道德和学风建设

科学道德和学风建设是思想政治教育的重要内容,加强科学道德和学风建设是提升高等学校人才培养质量和科学研究水平的重要保证。复旦大学认真贯彻落实教育部、中国科学技术协会、上海市科学道德和学风建设宣讲教育领导小组办公室等部门的相关文件精神,按照"全覆盖、制度化、重实效"要求,积极推进全校科学道德和学风建设宣讲教育工作。

学校按照不同师生群体采取"分类指导、分别教育"的原则,自2011年开始,每年都会面向研究生、本科生、教师等不同群体,邀请德高望重、治学严谨的老教授,有针对性地组织全校层面的文、理、医科专场报告会和院系层面的各种特色宣讲教育活动。对新教工入职培训,将学风问题作为必讲课程;对新导师上岗培训,着重讲教书育人、学术规范;对高年级本科生,主要抓住论文撰写环节。根据统计,各院系所开展的各类宣教活动,2011年、2012年、2013年、2014年分别开设27场、80余场、90余场和100余场;2015年,全校各院系共开展相关宣讲教育活动110余场,覆盖研究生、本科生和教师群体近9 000余人;2016年,全校各院系共开展相关活动137场,涉及各类师生近万人;2017年,全校开展主题教育、专家报告、专题学习等各类宣讲教育活动242场,基本实现研究生师生群体全覆盖。相关活动立足复旦大学特色,主题丰富、形式多样、紧跟社会热点、受众辐射面广,对整个学校科学道德和学风建设工作的全面推进起到良好效果。

二、创新思想政治教育形式,构建"三全育人"研究生教育体系

党的十九大以来,教育部启动"三全育人"综合改革试点,要求各高校将立德树人作为立身之本,着力构建全员、全过程、全方位育人工作体系,不断提升人才培养的针对性和实效性,切实肩负起培养德智体美劳全面发展的社会主义建设者和接班人的神圣使命。按照教育部文件精神和学校指示,研究生院深入贯彻落实党的十九大精神,紧紧围绕世界一流大学、一流学科建设的总体要求和立德树人的根本任务,加强顶层设计,创新体制机制,努力构建"三全育人"研究生教育新体系。

充分认识中国特色社会主义教育是知识体系教育同思想政治教育的结合与综合,把思想政治教育贯通于研究生学科体系、教材教学体系、人才培养方案、人才发展规划以及管理体系,贯穿到学校"双一流"建设全过程和学科建设全方位。第一,加强学科专业建设,大力提升马克思主义理论学科。2017年和2018年,学校在"马克思主义理论"一级学

科下增设"马克思主义发展史"、"国外马克思主义研究"、"党的建设"3个二级学科博士学位授权点,以大力提升马克思主义理论学科水平。第二,把好教材关,专题排摸教材使用情况。严格落实哲学社会科学教材统编统用制度,由哲学学院、马克思主义学院开设的"中国特色社会主义理论与实践"、"马克思主义与社会主义方法论"、"自然辨证法概论"、"中国马克思主义与当代"、"马克思主义经典选读"5门研究生课程均统一使用马克思主义理论研究和建设工程重点教材。哲学社会科学及其他课程的教材,优先在国家公布的目录中选用。2017年9月,为落实"问题地图"专项行动,在全校范围内开展了"问题地图"专项调研。第三,加强课程建设,推进"思政课程"转向"课程思政"。"课程思政"指以构建全员、全程、全课程育人格局的形式,将各类课程与思想政治理论课同向同行,形成协同效应,把"立德树人"作为教育的根本任务的一种综合教育理念。2017年,由研究生院牵头,联合相关院系拟定《复旦大学研究生课程建设推进计划》,请马克思主义学院、哲学学院、中文系等单位开设相关课程,研究生院予以经费资助。在哲学社会科学专业课程,强化政治导向和育人功能;在自然科学专业课程,强化创新意识、科学素养、人文情怀和工匠精神等教育。加强研究生专业教育(学术教育)和职业教育,包括:研究生基本实验思想与基本实验能力训练(即"双基训练")和研究生通用能力培养(如科技论文写作能力、学术分析能力等)。在全国率先建立起"科学道德、学术规范和职业伦理"教育课程体系,按照学科大类,要求有条件的院系,以本学科学术道德、学术伦理、学术规范、科研方法为主要内容,建设一门研究生科研行为规范与方法指导类课程;将"学术规范与职业伦理类"课程列入学校"研究生课程建设特色项目",在学校的推动和资助下,共开设"学术规范与职业伦理类"课程13门。启动"研究生学术道德教育系列丛书"编写计划,已出版专著《研究生学术行为规范读本》、《研究生学术道德案例教育读本》、《研究生学术道德案例教育百例》3本,已立项专著还有《研究生学术道德与学术规范百问》、《研究生导师学术行为规范读本》2本,以及"研究生学术规范与职业伦理"类课程教材共13本。同时,围绕国家安全与法制、中华文化传承、品德与素养3个主题,支持建设8门研究生公共选修课。第四,创新思想政治教育的传统内容和形式,加强育人环境和氛围建设。在内容和形式上,对传统研究生思想政治课进行积极创新,启动"中国道路大讲堂"、"大师面对面"系列讲座;持续开展"'五四'青年节研究生演讲比赛",树立研究生锐意进取、凝心聚力、砥砺前行的理想信念;落实中华经典诵读工程和中国传统节日振兴工程,组织"中华优秀传统文化进校园"系列活动;培育和弘扬科学精神,实施开展"未来学者计划";开通"复旦大学研究生教育"、"复旦研究生"等微信公众号,发布主流新闻、传递主流价值观,网络思政教育工作取得显著成效。

三、建立健全研究生学术规范管理制度

学校把研究生的科学道德和学风教育贯穿于教育培养的全过程,及时完善研究生科学道德、科研行为规范和学术诚信教育管理规章,构建集教育、预防、监督、惩治于一体的学术诚信体系。第一,为每位研究生新生发放《复旦大学研究生学习和申请学位基本文件选编》,针对新生特点举行"研究生入学教育考试"、组织签署《复旦大学研究生遵守管理规定与学术规范承诺书》(中、英文版),为新生开展为期1个月的主题教育活动,邀请知名专

家学者做专题讲座。第二，修订《复旦大学研究生学籍管理实施细则(试行)》、《复旦大学研究生课程和教学管理规定》、《复旦大学学术学位研究生培养工作规定(试行)》、《复旦大学专业学位研究生培养工作规定(试行)》等文件，进一步增加和明确学风方面的内容和要求。第三，为提高学位论文质量和预防学术不端，制订《复旦大学博士、硕士学位论文预审办法》，修订《复旦大学博士、硕士学位相似度检测工作的实施办法》和《复旦大学博士、硕士学位论文双盲评审办法》等文件，健全学术不端预防处置制度。第四，进一步规范答辩程序和答辩仪式，制订《复旦大学博士、硕士学位论文答辩组织办法》，建立巡视督导和学位论文答辩公开机制。

第二节 全面落实研究生导师立德树人职责

为全面落实研究生导师立德树人职责，复旦大学通过多项改革举措，振奋精神、凝聚共识、建章立制、规范管理、加强建设、优化服务，努力构建长效机制，着力打造一支有理想信念、有道德情操、有扎实学识、有仁爱之心的研究生导师队伍。

一、注重思想引领，强化导师立德树人的责任感与使命感

注重思想引领，以宣传学习"钟扬精神"为抓手，引导全校导师在思想上进一步增强立德树人的责任感与使命感。钟扬教授是在本校导师身边涌现出来的"时代楷模"，学校将学习"钟扬精神"与贯彻研究生导师立德树人职责的工作有机结合，以此为契机对全校所有研究生导师进行深入的思想教育。2017年10月以来，学校开展了主题党日、专题座谈会、联合党组生活等各类多层次、多形式的学习钟扬活动，研究生导师积极参与学习活动，在自觉加强立德树人职责意识方面经历了一场深刻的精神洗礼。为强化示范引领、榜样教育，学校开展"钟扬式好老师"和"钟扬式好团队"评选活动。每年评选10名思想素养过硬、业务能力突出、立德树人、爱生如子、敢于担当、甘于奉献的优秀中青年教师予以表彰。同时，每年认定10个"钟扬式好团队"，它们是在深入学习贯彻新时代习近平中国特色社会主义思想，落实立德树人根本任务，在师德师风、教育教学、科研创新、社会服务等方面成绩突出的教学科研单位和创新团队。

二、构建完善的制度体系，以制度建设保障导师立德树人职责的落实

落实导师立德树人职责，制度建设是保障。学校严格贯彻执行教育部关于导师队伍建设的各项文件，并在此基础上，先后制订《复旦大学关于建立健全师德建设长效机制的实施意见》、《复旦大学研究生指导教师工作条例(征求意见稿)》、《复旦大学审核新增及认定博士生指导教师岗位任职资格暂行规定》、《复旦大学审核新增硕士生导师任职资格的暂行规定》等系列规章制度，逐步构建起一套完善的制度体系。通过以上制度体系构建，进一步明确了学校研究生导师的权责、管理规范、岗位任职资格的基本条件、审核流程等，建立起全校健全师德师风建设长效机制。

三、加强导师队伍建设，优化导师服务工作，全面提升导师素养和指导能力

学校采取多项措施加强研究生导师队伍建设，力促导师队伍的整体素养和指导能力提升。学校高度重视研究生导师培训工作，从 2018 年起，将导师培训与导师上岗挂钩，明确规定只有参加过培训的研究生导师才有上岗招生资格。针对新教工、新研究生导师，加强岗前培训，强化岗位意识，将师德师风、学术规范等主题列为上岗之前的必修课程；针对在岗导师，多途径搭建导师能力提升平台，鼓励和支持导师参加国际高层次学术会议，促进导师不断进取，保持科研创新活力，始终紧跟或处于本学科领域学术前沿。同时，不断优化导师服务，充分发挥服务引导作用。为此，2016 年 11 月研究生院专门设立"研究生导师服务中心"，具有组织"导师交流活动、接受导师日常咨询、调解师生矛盾"等多重功能，搭建起不同学科导师、导师与学生、导师与管理部门之间的有效沟通交流平台。研究生导师服务中心自成立以来，组织了 10 多场"导师沙龙"活动，深受广大导师的好评。

四、以提高学位论文质量为抓手，深入推进导师首要责任人职责落实

学校围绕师德师风与校风学风建设任务，以提高学位论文质量为抓手，真正落实导师是研究生培养首要责任人的职责。具体做法是：第一，前移学位论文质量内控关口，做实预答辩（预审）环节，要求提交的学位论文通过预答辩（预审）后才能进入后续环节，避免少数研究生学位论文提交过迟、极少数导师审核不严等问题。第二，引入学位论文网上提交与审核机制，明确要求导师需通过网上论文审核系统，对学生网上提交的学位论文作进一步审核和确认，通过信息化技术手段，更直观地赋予导师对学位论文的审核权利，使导师对论文审核工作更为慎重。第三，确立学位论文质量指标与招生资源配置挂钩的联动机制，对于双盲评审中存在严重问题论文的学科，扣减所在院系相关学科的招生名额并暂停相关导师下一年度招生资格，同时，对在学位论文质量控制方面成绩突出的院系及导师给予招生名额奖励。第四，高度重视博士、硕士学位论文抽检工作，制订《复旦大学博士、硕士学位论文抽检结果处理办法》，对问题论文涉及的导师作出处理，并根据抽检结果对下一年度招生资源配置进行联动调整，同时，要求相关院系在校学位评定委员会会议上作整改汇报。

第六章

学科建设与学科评估

学科建设是高校科学研究和人才培养的基础和重要支撑,学科的综合实力体现学校整体办学水平和学术地位。复旦大学历来高度重视学科建设工作,始终以学科建设为龙头,积极优化学科结构,不断提升学科整体水平。

第一节　重点学科建设

1985年,国家颁布《中共中央关于教育体制改革的决定》,提出"根据同行评议、择优扶植的原则,有计划地建设一批重点学科",根据这一要求,原国家教育委员会于1987年8月12日印发了《国家教育委员会关于做好评选高等学校重点学科申报工作的通知》,由此开启了我国高等学校重点学科评选和建设之路。复旦大学作为教育部和上海市共建高校,通过"七五"和"八五"国家重点学科建设、"九五"至"十二五"期间的"211工程"和"985工程"建设,以及推进建设世界一流大学和一流学科为目标的"双一流"建设,有力地促进了学校的学科发展。

一、国家及上海市重点学科

自1986年以来,国家先后组织并完成了3次重点学科评选,复旦大学均取得了优异的成绩。两校合并,更充分显示出融合所带来的巨大学科综合优势。至今,复旦大学拥有原评选制度认定的一级学科国家重点学科11个、二级学科国家重点学科19个、国家重点(培育)学科3个、上海市重点学科20个、上海市医学重点学科9个。

表 6-1-1　复旦大学入选国家重点学科名单

复旦大学和原上海医科大学入选第一轮国家重点学科评选名单（1987年）				
复旦大学		原上海医科大学	
序号	学科名称	序号	学科名称
1	政治经济学	1	人体解剖学
2	世界经济	2	生物化学
3	工业经济	3	生理学
4	国际关系	4	病理解剖学
5	文艺学	5	流行病学
6	历史地理	6	内科学（心血管病）
7	基础数学	7	外科学（神经外科）
8	应用数学	8	儿科学
9	运筹学与控制论	9	耳鼻咽喉科学
10	理论物理	10	传染病学
11	原子核物理	11	肿瘤学
12	凝聚态物理	12	劳动卫生与职业病学
13	半导体物理与半导体器件物理	13	中西医结合基础
14	光学		
15	物理化学		
16	遗传学		

复旦大学入选第二轮国家重点学科评选名单（2001年）					
序号	一级学科	学科名称	序号	一级学科	学科名称
1	哲学	马克思主义哲学	12	历史学	历史地理学
2		外国哲学	13	数学	基础数学
3	理论经济学	政治经济学	14		应用数学
4		世界经济	15		运筹学与控制论
5	应用经济学	金融学	16	物理学	理论物理
6		产业经济学	17		凝聚态物理
7	政治学	政治学理论	18		光学
8		国际关系	19	化学	物理化学
9	中国语言文学	中国古代文学	20		高分子化学与物理
10		汉语言文字学	21	生物学	生态学
11	新闻传播学	传播学	22		神经生物学

（续表）

复旦大学入选第二轮国家重点学科评选名单（2001年）					
序号	一级学科	学科名称	序号	一级学科	学科名称
23		遗传学	33		影像医学与核医学
24		生理学	34		外科学（普外科）
25	电子科学与技术	电路与系统			外科学（骨外科）
26		微电子学与固体电子学			外科学（泌尿外科）
27	基础医学	人体解剖与组织胚胎学			外科学（神经外科）
28		病原生物学	35		眼科学
29		病理学与病理生理学	36		耳鼻咽喉科学
30	临床医学	内科学（心血管病）	37		肿瘤学
		内科学（肾病）	38	中西医结合	中西医结合基础
		内科学（传染病）	39		中西医结合临床
31		儿科学	40	公共管理	社会医学与卫生事业管理
32		神经病学			

复旦大学入选第三轮国家重点学科评选名单（2007年）			
序号	一级学科国家重点学科	序号	二级学科国家重点学科
1	哲学	1	产业经济学
2	理论经济学	2	金融学
		3	政治学理论
		4	国际关系
3	中国语言文学	5	历史地理学
		6	中国近现代史
4	新闻传播学	7	计算机软件与理论
		8	内科学（心血管病 / 肾病 / 传染病）
5	数学	9	儿科学
		10	神经病学
6	物理学	11	影像医学与核医学
		12	外科学
7	化学	13	眼科学
8	生物学	14	耳鼻咽喉科学

（续表）

复旦大学入选第三轮国家重点学科评选名单(2007年)			
序号	一级学科国家重点学科	序号	二级学科国家重点学科
9	电子科学与技术	15	肿瘤学
		16	妇产科学
10	基础医学	17	流行病学与卫生统计学
		18	药剂学
11	中西医结合	19	社会医学与卫生事业管理

注：① 教育部2007年8月20日发布。
② 材料物理与化学、管理科学与工程、马克思主义基本原理为国家重点(培育)学科。
③ 资料来源于《复旦大学百年志(1905—2005年)》，第587—592页。

表6-1-2　复旦大学上海市重点学科

序号	学科名称	序号	学科名称
1	西方经济学	11	生物物理学
2	民商法学	12	生物医学工程
3	国外马克思主义	13	材料物理与化学
4	中国现当代文学	14	计算机软件与理论
5	英语语言文学	15	内科学(呼吸系病)
6	新闻学	16	妇产科学
7	原子与分子物理	17	外科学(胸心外)
8	无机化学	18	流行病学与卫生统计学
9	分析化学	19	药理学
10	生物化学与分子生物学	20	管理科学与工程

注：上海市教育委员会2007年8月8日发布。

表6-1-3　复旦大学上海市医学重点学科

序号	所在单位	学科名称
1	复旦大学附属肿瘤医院	临床病理科
2	复旦大学附属儿科医院	新生儿内科
3	复旦大学附属华山医院、上海市公共卫生中心	传染病科
4	复旦大学附属眼耳鼻喉科医院	头颈肿瘤科
5	复旦大学附属华山医院	检验科
6	复旦大学附属华山医院	神经内科
7	复旦大学附属中山医院	呼吸内科
8	复旦大学附属妇产科医院	妇产科
9	复旦大学附属中山医院	介入影像科

注：上海市卫生局2004年12月20日发布。

二、"211工程"和"985工程"建设学科

1993年,中共中央、国务院印发《中国教育改革和发展纲要》指出:"要集中中央和地方各方面的力量,分期分批重点建设100所左右的高等学校和一批重点学科。"1995年11月,经国务院批准,原国家计委、原国家教委和财政部联合印发《"211工程"总体建设规划》,以"面向21世纪、重点建设100所左右的高等学校和一批重点学科"为战略目标的"211工程"建设正式启动。1998年5月4日,时任国家主席江泽民代表中国共产党和中华人民共和国中央人民政府向全国宣告:"为了实现现代化,我国要有若干所具有世界先进水平的一流大学。"1999年,国务院批转教育部《面向21世纪教育振兴行动计划》,提出"创建若干所具有世界先进水平的一流大学和一批一流学科",标志着"985工程"建设正式启动。复旦大学是国家首批"211工程"和"985工程"建设高校,学科建设的基本思路是:以重点学科建设为核心,加强基础学科;发挥两校合并后的学科综合优势,推进交叉学科;确立一批探索与解决国家和上海市经济建设、社会发展中的重大问题为目标的学科项目。

表6-1-4 "211工程"期间的重点学科建设项目

时间	复旦大学		原上海医科大学	
	序号	学科名称	序号	学科名称
"九五""211工程"	1	表面科学	1	分子医学
	2	光物理与离子束物理	2	医学神经生物学
	3	遗传学	3	预防医学
	4	数学科学	4	内科学
	5	理论经济学与管理科学	5	外科学
	6	中国历史地理	6	肿瘤学
	7	国际新闻与传播学	7	儿科学
	8	国际关系与全球问题	8	耳鼻咽喉科学
	9	文艺学与中国文论	9	影像医学
	10	信息系统集成与电子材料		
	复旦大学			
"十五""211工程"	1	数学科学	7	脑功能的基础和相关疾病的机制研究
	2	量子体系的新物理特性探索	8	肝癌、糖尿病、肺结核等重大疾病的基因组学研究
	3	化学新材料的制备科学及物理化学研究	9	发育遗传学与疾病功能基因组研究
	4	聚合物分子工程学	10	重大疾病相关生理病理过程的功能蛋白质组学
	5	当代马克思主义哲学与西方哲学	11	重要病原微生物功能基因组研究
	6	中国文学从古代到现代的演变		

(续表)

		复旦大学		
	12	肝癌、乳腺癌复发转移的关键分子和环节及防治对策研究	18	媒体发展与社会进步
	13	组织与器官的移植与功能重建	19	全球化时代大国关系与中国政治发展
	14	重大心肾疾病的发生机制和干预	20	生物多样性与区域生态安全
	15	新生儿重大疾病的防治研究	21	先进材料科学与应用技术
	16	上海现代化国际大都市与长江三角洲：历史变迁的多维视野研究	22	系统集成芯片（SOC）和纳光子学的关键技术研究
	17	中国经济发展与经济理论创新	23	软硬件混合系统中信息获取、处理与传输的理论及应用

		复旦大学		
"十一五" "211工程"	1	哲学基础理论与现代性问题	17	人类活动下区域环境演变与生态系统响应及调控
	2	中国语言文学学科若干前沿问题探索	18	重大疾病的基础医学研究
	3	中国当代社会变迁和大众传媒	19	重要病原微生物持续感染的致病与抗药机制及对策
	4	本土与域外：文化交流与近代中国学科知识的奠立	20	缺血性心血管疾病早期预警及干预的基础和临床研究
	5	全球化与中国经济学的创新	21	手、脑与重要器官病损的功能重建的应用基础与临床研究
	6	中国产业的科学发展与自主创新		
	7	中国参与全球治理的战略：制度建设与国家成长	22	女性生殖健康的临床与应用性基础研究
	8	当代中国马克思主义大众化	23	降低5岁以下儿童病死率和致残率的关键问题研究
	9	数学科学及其应用		
	10	复杂物理体系的研究	24	癌转移研究及其临床转化和个体化治疗
	11	新物质制备科学及控制转化化学		
	12	聚合物软凝聚态物质科学研究	25	聋盲防治的生物和信息科学途径
	13	重大生物学问题的理论、应用和方法研究	26	公共卫生重大问题的控制对策与政策研究
			27	中西医结合基础和临床的创新发展研究
	14	感觉、记忆及重要神经疾病的机制研究	28	新型给药系统的设计、成分构建与药理评价体系的建设
	15	核心芯片和电子系统研究中的若干基础理论、方法与关键技术	29	公共安全与危机
	16	下一代网络计算的理论、技术与应用	30	新型功能材料在能源高效利用与转化中的应用

注：资料来源于《复旦大学百年志》(1905—2005年)，第593—608页，以及复旦大学发展规划处网页 http://www.op.fudan.edu.cn/5684/list.htm。

1999年上半年，学校获批进入"985工程"建设，开始酝酿和制定《复旦大学三年行动计划》，"985工程"一期建设分为学科建设、队伍建设、学生素质提高、基础设施改造与建设、教学条件改善等,其中,学科建设是重点。在学科建设中突出重点学科和交叉学科建设,包括 13 个"重中之重"学科建设项目、40 个校重点学科建设项目、6 个特色方向学科建设项目、13 个扶植学科项目和 11 个交叉学科项目,基本构成一个具有不同层次目标及内容的学科建设格局。

表 6-1-5 "985 工程"一期"重中之重"学科建设项目

期次	序号	学科名称	项目主管	所属学院、系(所)
一期	1	遗传学	毛裕民	生命科学学院
	2	基础数学与应用数学	洪家兴	数学系(所)
	3	凝聚态物理	周鲁卫	物理系
	4	物理化学	贺鹤勇　范康年	化学系
	5	高分子化学与物理	杨玉良	高分子科学系
	6	微电子学与固体电子学	童家榕	电子工程系
	7	历史地理学	葛剑雄	历史地理研究所
	8	中国古代文学	黄　霖	中国语言文学研究所、古籍整理研究所、中国语言文学系
	9	金融学	姜波克	经济学院、管理学院、数学系(所)、计算机科学系
	10	肿瘤学	汤钊猷	中山医院、肿瘤医院
	11	心血管病学	王玉琦	中山医院
	12	神经病学	吕传真	华山医院
	13	神经生物学	孙凤艳	上海医学院

注:资料来源于《复旦大学百年志》(1905—2005 年),第 611—612 页。

"985 工程"二期建设的主要任务包括体制机制创新、科技创新平台和哲学社会科学创新基地建设、队伍建设、国际合作与交流、支撑条件等 5 个方面。其中,科技创新平台和哲学社会科学创新基地建设是"985 工程"二期建设的重点。"985 工程"科技创新平台包括 5 个Ⅰ类平台建设、若干个Ⅱ类平台和拟建部委重点实验室建设项目;"985 工程"哲学社会科学创新基地均为Ⅰ类基地,共有 7 个。

表 6-1-6 "985 工程"二期科技创新平台和哲学社会科学创新基地项目

期次	Ⅰ类科技创新平台	Ⅰ类哲学社会科学创新基地
二期	先进材料科技创新平台	历史地理研究创新基地
	生物医学科技创新平台	美国研究创新基地
	脑科学研究科技创新平台	国外马克思主义与国外思潮研究创新基地
	微纳电子科技创新平台	中国经济国际竞争力研究创新基地

(续表)

期次	Ⅰ类科技创新平台	Ⅰ类哲学社会科学创新基地
二期	数理研究科技创新平台	新闻传播与媒介化社会研究创新基地
		公共管理与公共政策研究创新基地
		文史研究院

注：资料来源于复旦大学档案馆《"985工程"二期建设总结报告》，2009年3月。

"985工程"三期建设的主要任务包括学科建设、拔尖创新人才培养、学术领军人物和创新团队建设、提升自主创新和社会服务能力、国际交流与合作。其中，学科建设包括人文社会科学学科建设、理学工学学科建设、基于理学优势学科的新兴交叉学科建设、医学学科建设4个方面。

三、"双一流"重点建设学科

2015年8月，中央全面深化改革领导小组会议审议通过《统筹推进世界一流大学和一流学科建设总体方案》，对新时期高等教育重点建设做出新部署，将"211工程"、"985工程"及"优势学科创新平台"等重点建设项目，统一纳入世界一流大学和一流学科建设。2017年1月，教育部、财政部、国家发展和改革委员会印发《统筹推进世界一流大学和一流学科建设实施办法（暂行）》，开启了我国高校进行世界一流大学和世界一流学科建设的新征程。2017年9月，《教育部 财政部 国家发展改革委关于公布世界一流大学和一流学科建设高校及建设学科名单的通知》公布，复旦大学入选A类"双一流"建设高校，共有17个一流学科入围"双一流"建设学科。

为了适应新的形势变化、更好地服务国家及上海市发展战略、加快建成世界一流大学，学校最终确定中文与艺术、历史与考古学、哲学、现代语言学等27个学科作为重点建设学科。围绕这一目标，依托各个学科和研究生教育学位授权点，学校实行招生资源动态调配和学位评议制度改革，设立校学位评定委员会六大学部及若干交叉学科项目委员会。学校计划在2020年以前，以"双一流"建设为核心目标，积极促进人文、社科、理科、医科、工科五大学科门类，凝练重点，特色发展。按照五大学科门类，推进同类学科的整合，加强分类指导与管理，健全学术管理体系，通过哲学社会科学繁荣计划、医科整体推进计划和新工科建设计划，统筹学科、平台和队伍建设，进一步提升各学科门类的整体优势。

表6-1-7 复旦大学入围教育部"双一流"建设学科名单（17个）

序号	复旦大学一流学科名单
1	哲学
2	政治学
3	中国语言文学
4	中国史

（续表）

序号	复旦大学一流学科名单
5	数学
6	物理学
7	化学
8	生物学
9	生态学
10	材料科学与工程
11	环境科学与工程
12	基础医学
13	临床医学
14	中西医结合
15	药学
16	机械及航空航天和制造工程
17	现代语言学

注：资料来源于《教育部 财政部 国家发展改革委关于公布世界一流大学和一流学科建设高校及建设学科名单的通知》教研函〔2017〕2号。

表6-1-8 复旦大学确立"双一流"重点建设学科名单（27个）

序号	学科名称	序号	学科名称
1	中文与艺术	15	生物学
2	历史与考古学	16	生态学
3	哲学	17	材料科学与工程
4	现代语言学	18	环境科学与工程
5	马克思主义理论与实践	19	机械、航空航天与制造工程
6	新闻传播学	20	电子通信科学与技术
7	政治学与行政管理	21	计算机、类脑智能与大数据
8	理论经济学	22	生物医学工程与精准医疗技术
9	应用经济学	23	基础医学
10	社会学、公共政策与法学	24	临床医学与护理学
11	管理学	25	中西医结合
12	数学	26	公共卫生与预防医学
13	物理学	27	药学
14	化学		

注：资料由复旦大学发展规划处提供。

同时,学校入选上海市高校一流学科建设计划 27 个、上海市高峰学科 14 个。近年来,学校学科建设以争创世界一流为目标,一批优势学科已在国际上崭露头角,18 个学科进入 ESI 全球前 1‰,其中,材料科学、化学、临床医学、药理学与毒理学进入全球前 1‰,处于世界领先水平。

表 6-1-9　上海市高校一流学科

序号	类别	学科名称
1	上海高校一流学科(A 类)建设计划	物理学
2		化学
3		生物学
4		基础医学
5		应用经济学
6		政治学
7		临床医学
8		中国语言文学
9		数学
10		生态学
11	上海高校一流学科(B 类)建设计划	法学
12		社会学
13		马克思主义理论
14		外国语言文学
15		考古学
16		中国史
17		世界史
18		材料科学与工程
19		计算机科学与技术
20		环境科学与工程
21		生物医学工程
22		公共卫生与预防医学
23		药学
24		护理学
25		管理科学与工程
26		工商管理
27		公共管理

注:上海市教育委员会 2012 年 9 月 3 日发布,2013 年 7 月 8 日增补。

表 6-1-10 上海市高峰学科

序号	类别	学科名称
1	上海市Ⅰ类高峰学科	政治学
2		中国语言文学
3		新闻传播学
4		基础医学
5		公共卫生与预防医学
6		理论经济学
7		数学
8		哲学
9		中国史
10	上海市Ⅱ类高峰学科	物理
11		中西医结合
12		化学
13	上海市Ⅳ类高峰学科	电子科学与计算机
14	—	马克思主义理论

注：资料由复旦大学发展规划处提供。

表 6-1-11 ESI 全球学科排名（2018 年）

序号	学科名称	国际排名	国内排名	世界百分比(%)
1	材料科学	18	4	0.02
2	化学	43	9	0.04
3	临床医学	232	3	0.05
4	药理学与毒理学	73	4	0.09
5	生物与生物化学	178	6	0.18
6	工程学	284	35	0.21
7	数学	61	2	0.24
8	社会科学总论	394	2	0.28
9	分子生物学与遗传学	206	3	0.27
10	神经科学与行为学	279	2	0.34
11	物理学	254	9	0.36
12	动植物科学	408	12	0.34
13	环境与生态学	363	11	0.40

（续表）

序号	学科名称	国际排名	国内排名	世界百分比(%)
14	免疫学	322	2	0.46
15	计算机科学	262	36	0.61
16	微生物学	310	5	0.71
17	农业科学	695	45	0.87
18	地球科学	648	28	0.97

注：① 材料科学、化学、临床医学和药理学与毒理学 4 个学科进入 ESI 排名前 1‰。
② 资料由复旦大学发展规划处提供。

第二节　博士、硕士学位授权点建设

复旦大学及原上海医科大学都是全国首批研究生学位授权单位，在 1981 年刚建立学位制度并进行第一批学位授权点申报时，主要以二级学科申报学位授权点，复旦大学首批获得 23 个博士学位授权点和 59 个硕士学位授权点；上海第一医学院（1985 年经卫生部批准，学校更名为"上海医科大学"）首批获得博士学位授权点 21 个、硕士学位授权点 40 个。1996 年国务院学位委员会和国家教委在 5 个一级学科试点评审一级学科博士学位授权，复旦大学的数学、化学学科被批准首批获得一级学科博士学位授权。1998 年，复旦大学再获批准理论经济学、应用经济学、中国语言文学、物理学、电子科学与技术、管理科学与工程 6 个一级学科博士学位授权。同年，原上海医科大学的生物学、基础医学、公共卫生与预防医学、中西医结合、药学 5 个学科获得一级学科博士学位授权。经过国务院学位委员会开展的 12 次学位授权审核，以及根据历次新修订研究生教育的学科专业目录进行对应调整，学校的学位授权点数量不断增加，并不断得到更新和完善。截至 2018 年，已形成涵盖哲学、经济学、法学、教育学、文学、历史学、理学、工学、医学、管理学、艺术学等 11 个学科门类的完整研究生培养和学位授权体系，拥有一级学科博士学位授权点 37 个、一级学科硕士学位授权点 43 个、博士专业学位授权点 2 个、硕士专业学位授权点 27 个。文、理、医优势学科得到均衡发展，各具特色。2018 年 4 月，国务院学位委员会印发《学位授权自主审核单位名单的通知》，学校成为首批 20 所学位授权自主审核单位，根据《博士、硕士学位授权审核办法》和《关于高等学校开展学位授权自主审核工作的意见》规定，自 2018 年开始可以自行开展学位授权点自主审核工作，每年新增博士学位授权点数量不超过本单位已有博士学位授权点数量的 5%。学位授权点自主审核权的获得，将有利于学校完善学科布局、扬长补短、形成特色优势、推动学科内涵建设、开展高水平的研究生教育。新时期学校将充分发挥多学科综合的优势，不断加强学科整合与交叉，调整及优化学位授权点结构与布局，根据国家需要及学校"双一流"建设规划，学位授权点建设的重点任务包括：健全学位授权自主审核工作机制，积极布局、有序推进新设一级学科学位授权点；持续开展学位授权点合格评估工作,完善学位授权点动态调整机制;优先扶持国家急需学科、新兴学科、交叉学科和学科群;改革一级学科内部布局与管理体制,优化学科结构;结合国家改革工程博士教育战略布局,大力促进新工科发展,进一步加快建设世界一流学科的步伐。

表6-2-1 复旦大学一级学科学术学位授权点列表

序号	一级学科	序号	一级学科	序号	一级学科
1	哲学	16	化学	31	公共卫生与预防医学
2	理论经济学	17	大气科学	32	中西医结合
3	应用经济学	18	生物学	33	药学
4	法学	19	生态学	34	护理学
5	政治学	20	统计学	35	管理科学与工程
6	社会学	21	光学工程	36	工商管理
7	马克思主义理论	22	材料科学与工程	37	公共管理
8	中国语言文学	23	电子科学与技术	38	教育学(硕士)
9	外国语言文学	24	计算机科学与技术	39	心理学(硕士)
10	新闻传播学	25	环境科学与工程	40	力学(硕士)
11	考古学	26	生物医学工程	41	信息与通信工程(硕士)
12	中国史	27	软件工程	42	航空宇航科学与技术(硕士)
13	世界史	28	网络空间安全	43	戏剧与影视学(硕士)
14	数学	29	基础医学		
15	物理学	30	临床医学		

注:① 序号38～43为一级学科硕士学位授权点,其他为一级学科博士学位授权点[①]。
② 资料由复旦大学研究生院学位办公室提供。

表6-2-2 复旦大学专业学位授权类别列表

序号	专业学位类别	序号	专业学位类别	序号	专业学位类别
1	金融硕士	8	社会工作硕士	15	文物与博物馆硕士
2	应用统计硕士	9	教育硕士	16	工程(硕士/博士)
3	税务硕士	10	汉语国际教育硕士	17	临床医学(硕士/博士)
4	国际商务硕士	11	应用心理硕士	18	口腔医学硕士
5	保险硕士	12	翻译硕士	19	公共卫生硕士
6	资产评估硕士	13	新闻与传播硕士	20	护理硕士
7	法律硕士	14	出版硕士	21	药学硕士

① 具体详见附录4:《复旦大学培养研究生学科、专业目录(学术学位)》。

（续表）

序号	专业学位类别	序号	专业学位类别	序号	专业学位类别
22	工商管理硕士	24	会计硕士	26	图书情报硕士
23	公共管理硕士	25	旅游管理硕士	27	艺术硕士

注：① 序号 16～17 为博士专业学位授权点 2 个，其他为硕士专业学位授权点 27 个[①]。
② 资料由复旦大学研究生院学位办公室提供。

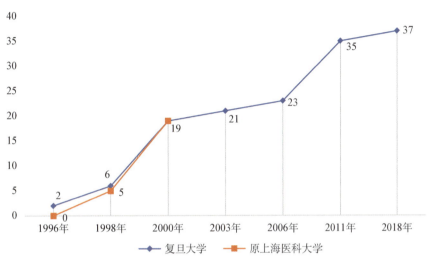

图 6-2-1　复旦大学一级学科博士学位授权点情况

注：资料由复旦大学研究生院学位办公室提供。

图 6-2-2　1981—2018 年复旦大学二级学科博士学位授权点情况

注：资料来源于《复旦大学百年志》(1905—2005 年)第 782 页和《上海医科大学志》(1927—2000 年)第 389—392 页，以及由复旦大学研究生院学位办公室提供。

---

① 具体详见附录 5：《复旦大学培养研究生学科、专业目录（专业学位）》。

第三节　学科评估和专业学位水平评估

学科评估是教育部学位与研究生教育发展中心按照国务院学位委员会和教育部颁布的《学位授予与人才培养学科目录》对全国具有博士或硕士学位授予权的一级学科开展整体水平评估。学科评估是学位中心以第三方方式开展的非行政性、服务性评估项目，并根据评估结果进行聚类排位。此项工作于2002年首次在全国开展，截至2018年，已完成4轮评估。全国第四轮学科评估中，复旦大学共有38个一级学科参评，其中，哲学、理论经济学、政治学、中国史和数学5个学科获评"A+"，有23个学科获评A类，占参评学科数的60.5%，居全国第四；另外，"学科优秀率"①为55%，位列全国第四。

表6-3-1　复旦大学第一、第二、第三、第四轮学科评估排名情况

一级学科名称及代码		第一轮 （2002—2004年）		第二轮 （2006—2008年）		第三轮 （2012年）		第四轮 （2016年）
		排名	得分	排名	得分	排名	得分	等第
0101	哲学	3	81.29	4	83	3	87	A+
0201	理论经济学	3	90.50	4	81	4	84	A+
0202	应用经济学	3	89.90	10	72	4	83	A−
0301	法学	10	73.30	14	67	13	76	B+
0302	政治学	4	90.70	3	78	1	89	A+
0303	社会学	6	74.20	7	74	5	80	A−
0305	马克思主义理论	—	—	6	74	11	77	A
0401	教育学	—	—	17	67	—	—	
0501	中国语言文学	3	89.90	3	81	2	91	A
0502	外国语言文学	6	76.10	11	70	10	76	A−
0503	新闻传播学	2	90.80	2	83	3	90	A
0601	历史学	3	88.70	3	82	—	—	—
0601	考古学	—	—	—	—	10	74	B−
0602	中国史					3	87	A+
0603	世界史	—	—	—	—	9	76	B+
0701	数学	2	89.74	2	86	2	87	A+
0702	物理学	5	85.60	5	85	5	82	A

---

① "学科优秀率"是指评估结果为A类（包括"A+"、"A"、"A−"）的学科数与本校学位授权点数之比，用来反映一所大学优秀学科布局等综合实力。

(续表)

一级学科名称及代码		第一轮 (2002—2004年)		第二轮 (2006—2008年)		第三轮 (2012年)		第四轮 (2016年)
		排名	得分	排名	得分	排名	得分	等第
0703	化学	7	82.62	4	89	4	88	A
0710	生物学	5	76.15	2	79	3	86	A-
0713	生态学	—	—	—	—	3	84	A-
0714	统计学	—	—	—	—	15	74	B+
0801	力学	17	68.90	26	70	26	67	C+
0803	光学工程	—	—	—	—	17	74	B
0805	材料科学与工程	35	67.05	26	71	23	75	B+
0809	电子科学与技术	13	72.85	9	79	7	81	A-
0810	信息与通信工程	—	—	—	—	—	—	C
0812	计算机科学与技术	15	72.99	14	77	17	75	B+
0825	航空宇航科学与技术	—	—	—	—	—	—	其他
0830	环境科学与工程	—	—	17	69	14	76	B+
0831	生物医学工程	—	—	8	78	12	73	B+
0835	软件工程	—	—	—	—	13	75	B+
1001	基础医学	2	79.71	1	84	2	88	A
1002	临床医学	1	94.20	3	84	2	87	A
1004	公共卫生与预防医学	1	94.20	3	81	3	85	A-
1006	中西医结合	1	96.00	2	81	2	82	A-
1007	药学	7	78.30	4	75	5	82	A-
1011	护理学	—	—	—	—	8	76	B
1201	管理科学与工程	13	80.45	18	75	14	78	B+
1202	工商管理	5	76.69	12	80	12	80	A
1204	公共管理	2	80.93	1	94	7	80	A-
1205	图书情报与档案管理	—	—	—	—	12	69	—
合计(一级学科数量)		26		30		37		38

注：资料由复旦大学研究生院学位办公室提供。

2016年4月,教育部学位与研究生教育发展中心在8个专业学位类别首次启动了专业学位水平评估试点工作。复旦大学参评的5个专业学位授权点均获评A类,A类学位授权点数量位列参评高校第二。评估结果显示,学校的专业学位研究生培养质量获得了社会的认可,学校将继续加强专业学位研究生培养工作,逐步形成具有复旦特色的专业学位研究生培养模式。

表6-3-2 专业学位水平评估结果统计

序号	等第	学科名称
1	A+	工商管理
2	A	公共管理
3		临床医学
4	A-	法律
5		会计

注:教育部学位与研究生教育发展中心2017年7月26日发布。

第四节 学位授权点合格评估

为贯彻落实党的十八大和十八届三中全会精神,根据《国家中长期教育改革和发展规划纲要(2010—2020年)》《教育部 国家发展改革委 财政部关于深化研究生教育改革的意见》(教研〔2013〕1号)的文件要求,强调高校走内涵式发展道路,提高研究生教育质量,加强学位与研究生教育质量保证和监督体系建设。2014年,国务院学位委员会、教育部发布《学位授权点合格评估办法》(学位〔2014〕4号)、《关于开展学位授权点合格评估工作的通知》(学位〔2014〕16号)等文件,标志着首轮学位授权点合格评估工作正式启动。

学位授权点合格评估是我国学位授权审核制度的重要组成部分,采取学位授权单位自我诊断性评估(简称"自我评估")和教育行政部门随机抽评相结合并以自我评估为主的方式,每6年进行一轮,前5年为自我评估阶段,最后1年为随机抽评阶段。学位授权点合格评估贯彻"以评促建,以评促改,以评促管,评建结合,重在建设"的方针,旨在通过自评与抽评结合,不断完善高校内部质量保障体系,全面提高研究生培养质量,最终达到以下效果:①保证我国学位授权点和研究生教育的基本质量;②建立常态化的自我评估制度,强化质量保障的主体意识;③打破学位授权点终身制,建立学位授权点动态调整机制,优化人才培养结构,主动适应经济社会发展;④引导开展高水平研究生教育,创新人才培养机制。

自我评估是对学校学位授权点水平和人才培养质量的一次全面深入检查,从目标定位、研究方向、师资队伍、人才培养、科学研究、学术交流、资源配置、制度建设等方面,真实、准确地考察学位授权点的目标达成度。学校本着"盘家底、找问题、补漏洞、上层次"的原则,围绕提高人才培养质量的中心任务,2015年上半年在前期调研基础上,召开各院系工作动员会议,制定《复旦大学关于2014—2018年学位授权点自我评估的工作方案》,成立学位授权点自我评估领导小组和工作小组。自我评估的组织形式以一级学科博士授权点或一级学科硕士授权点的相关院系为主体单元,对跨院系的一级学科,以主体院系为牵头单位落实评估的具体方案。考虑到学校共涉及 85 个学术学位和专业学位授权点,2015 年下半年首先在文、理、医的政治学、环境科学与工程、公共卫生与预防医学、翻译硕士 4 个学位授权点试点开展自我评估,在总结试点工作的基础上,2016 年上半年全面启动学位授权点自我评估,截至 2018 年 10 月,第一轮学位授权点自我评估工作全部完成。经校学位评定委员会审议,除口腔临床医学审议结果不合格外,其他由学校自行组织开展的 63 个学位授权点自我评估结果均为"合格",21 个由国务院学位委员会学科评议组和全国专业学位研究生教育指导委员会组织实施的专项评估也均为"合格"。2018 年 11 月,全校 85 份学位授权点评估报告上传到全国学位与研究生教育质量信息平台接受社会监督及 2019 年的教育部抽检。通过学位授权点自我评估,建立起学科动态调整机制,逐步撤销一批需求不足、水平不高或不符合学校办学目标定位要求的学位授权点。

第七章 研究生导师队伍

第一节 名师云集,成就名校

复旦大学研究生教育 40 年的发展及其成就,与学校拥有一支高水平的研究生导师队伍密不可分。高水平的导师队伍是复旦大学的第一资源,学校积极引进国内外顶尖人才,实施"复旦卓越人才发展计划",加大对中青年教师的培养力度。截至 2018 年 10 月,学校共有中国科学院、中国工程院院士 43 人(含双聘),文科杰出教授 1 人,文科资深教授 13 人,全国高校教学名师 5 人。

表 7-1-1 中国科学院院士(33 人)
(按姓名拼音横向排序)

安芷生	包信和	陈凯先	陈恕行
樊 嘉	干福熹	葛均波	龚新高
贺福初	洪家兴	黄春辉	江 明
金 力	金亚秋	李大潜	林国强
陆汝钤	麻生明	穆 穆	沈学础
沈自尹	孙 鑫	陶瑞宝	王 迅
王正敏	徐国良	许宁生	杨福家
杨雄里	杨玉良	张人禾	赵东元
赵国屏			

表7-1-2　中国工程院院士（10人）
（按姓名拼音横向排序）

陈芬儿	陈灏珠	顾玉东	胡思得
陆道培	汤钊猷	王威琪	闻玉梅
邬江兴	周良辅		

表7-1-3　文科杰出教授（1人）
（按姓名拼音横向排序）

裘锡圭			

表7-1-4　文科资深教授（13人）
（按姓名拼音横向排序）

陈尚君	陈思和	葛剑雄	葛兆光
黄　霖	姜义华	刘放桐	彭希哲
童　兵	王水照	姚大力	周振鹤
朱立元			

表7-1-5　全国高校教学名师（5人）
（按姓名拼音横向排序）

陈纪修	陈思和	范康年	乔守怡
袁志刚			

注：资料来源于复旦大学网页 https：//www.fudan.edu.cn/555/list.htm。

第二节　研究生导师队伍建设

1923年，从金陵大学毕业的文学学士蔡乐生，进入复旦心理学院攻读研究生，师从郭任远教授（美国加利福尼亚大学博士），从事实验动物学研究，在国人自办的高等学校中首开先河。改革开放前后，老一辈专家（如苏步青、谢希德、谈家桢、周谷城、郭绍虞、谭其骧、谷超豪、蒋学模等教授）、上海第一医学院一批著名医学家（如张昌绍、王淑贞、徐丰彦、苏德隆、荣独山、杨国亮等一级教授），都是我国各个学科领域的大师或知名学者，率先在全国公开招收研究生，为我国的科学和医学事业做出杰出贡献。1978年全国恢复招收研究生，复旦大学即有12个系35个专业的83名研究生指导教师、11个集体指导小组担任指导研究生的任务。1981年全国首批博士生导师中，复旦大学获批32人，上海第一医学院获批29人。硕士生指导教师审核主要由学校自行组织开展，根据国家对担任硕士生导师应具备的条件和有关规定及本校当年的培养条件与生源情况，从具有副高级职称的人员中遴选硕士生导师。在博士生指导教师审核方面，1993年以前博士生导师都须经国务院学位委员会统一审核、批准，才能招收研究生。1993年9月13日，国务院学位委员会办公室发布《关于批准开展自行审批增列博士生指导教师试点工作的通知》，对全国17个博士学位授予单位下放了自行增列博士生导师的审批权，复旦大学和原上海医科大学均位列其中。1981—1993年由国务院学位委员会审核批准的博士生导师共296人，其中，复旦大学有173人，原上海医科大学有123人。为保证自行审批增列博士生导师的工作规范进行，保证博士生导师的质量，1994年9月6日，复旦大学学位评定委员会第35次会议审议讨论了《复旦大学自行审定博士生指导教师实施方案》，原上海医科大学同时制订《自行审定博士生指导教师的实施方案》，方案对申请条件、遴选程序作出了严格规定，由校学位评定委员会办公室组织校外同行专家通讯评议。当年，复旦大学被批准的53名博士生导师中有35名通过自行审定获得博士生导师资格，其他18名不属于自审学科专业范围的博士生导师依旧通过国务院学位委员会审核批准。1994年，原上海医科大学校学位评定委员会自行审批增列博士生导师47人。到2000年4月，复旦大学共审批增列（含自审）博士生导师467人，原上海医科大学审批增列（含自审）博士生导师293人。经过40年的发展，研究生导师队伍规模和结构都得到大幅度提升，截至2018年10月，共有博士生导师1821人、硕士生导师1864人，校外兼职博士生导师121人、硕士生导师856人。在博士生导师中，96.31%具有正高级职称，3.69%具有副高级职称；24.55%在45周岁以下，45.40%在46～55周岁之间；22.7%具有海外学历背景。

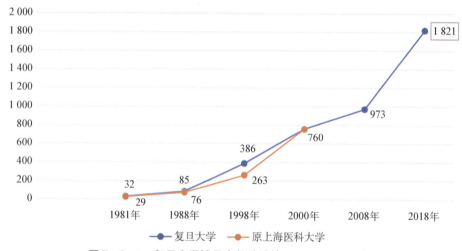

图7-2-1　复旦大学博导人数统计情况（1981—2018年）

注：① 2008年以前的数据来源于《复旦大学百年志》（1905—2005年）第782—803页和《上海医科大学志》（1927—2000年）第421—429页。

② 2008年及以后的数据来源于《复旦大学年鉴》（2009年）第124—148页；2018年的数据由复旦大学研究生院学位办公室提供。

③ 2008年及以后的数据不包括已去世、退休、离职的博导人数。

研究生导师担负着教书育人、全面培养研究生的责任。学校始终把导师队伍建设摆在重要位置，较早开展实践探索，早在1997年，上海医科大学就在全国范围内率先倡导打破导师终身制，提出了"总量控制、结构调整、按需设岗、竞争淘汰"的博导队伍建设原则，在全国率先打破导师终身制，在教育界引起了很大反响，《光明日报》作了专题报道。近年来，学校通过实施"科研文化再造与科研能力提升"计划,有效地促进了导师的教育观念转变和指导能力的提升。新时期,学校通过全面改革博导遴选制度,同步实行导师上岗资格审核制度,构建起一套导师上岗资格与教师的代表作、科研贡献、科研经费、师德师风等相关联的联动制度。

第一,为提升中青年导师综合素质,启动4年一轮的中青年导师系统培训;定期开展大型导师培训会议,增强导师岗位意识,提升指导能力,并出台新任导师上岗与参加培训挂钩政策,强调导师培训是新任导师上岗前的第一堂必修课。同时,全面升级导师培训,积极推动建立导师全方位参与研究生教育过程管理的工作机制,扩大导师自主决定权等举措,激发导师活动,提高培养热情。

◆ 图7-2-2 定期开展导师培训会

第二,在既往导师培训基础上,进一步加强导师服务工作,成立导师服务中心,通过加大对导师的服务性、支持性项目,强调服务与管理并重的理念。通过开设集中或相对分散的小型导师沙龙、讲座和研讨会,建立不同学科之间导师的互动、交流平台,主题包括优秀导师研究生培养经验分享、科学精神与学术规范、师生交流沟通技巧、师生矛盾及化解对策等,从而促进导师综合能力的提升。

◆ 图7-2-3 常态化、定期化开展导师沙龙

第三,学校逐步推进导师遴选改革,推行院校两级管理,发挥院系学科建设和导师队伍建设的自主性,在不低于学校规定的遴选条件和标准的前提下,院系可自行设定适合本

学科特色的遴选条件;并逐渐放宽职称限制,从理、工、医部分学科试点副教授申请博导到向所有院系开放学术造诣深厚、具有高级职称的专家均可申请博导。同时,打破导师资格终身制,实行导师遴选与上岗审核并存,构建上岗资格与教师的代表作、科研贡献、科研经费、师德师风等的关联制度,让真正富有学术活力和学术能力的教师走上导师岗位。同时,在师德师风、学术规范、学位论文质量问题、履行导师职责等方面,设立上岗负面清单,以一票否决制从源头杜绝"问题"导师上岗招收培养研究生,保证导师队伍的良性发展。接轨学校支持杰出青年的人才引进计划,完善引进人才博导遴选的"绿色通道",在原有"校聘特别岗位、校聘关键岗位、'985'首期9所高校等原博导"人才基础上,支持院聘关键岗位的"青年千人、青年长江、青年拔尖、优青"等4类引进人才纳入"绿色通道",直接认定博导岗位任职资格。

第四,加强并实施与科研院所的联合培养制度,完善导师队伍结构。复旦大学与中国医药工业研究总院、中国工程物理研究院,原上海医科大学与上海市计划生育研究所、司法鉴定所等多家研究单位实施研究生联合培养制度,通过双方互聘导师、学生双导师指导等形式,实施师资队伍的人才交流与共享。发挥优秀拔尖人才的学术领军作用和团队合作的优势,推进学科方向之间的交叉融合,吸纳短期来访海外学者以"联合导师"、"项目导师"的身份进入导师团队指导研究生,拓展优质师资来源渠道。此外,特别针对教育部关于全日制专业学位要求实施双导师制的文件精神,在建立专业学位校外实习实践基地的基础上,通过每年遴选专业学位校外兼职导师、邀请校外兼职导师担任授课教师,或由校内、校外导师共同指导研究生等多种方式,加强与企业、科研院所的联系,建立起一支专兼结合的导师队伍。

第三节　优秀导师案例及人才培养理念

复旦大学拥有一支高水平的师资队伍,在众多学科中,蜚声中外、造诣深厚、学术卓越的学者层出不穷,而复旦自己培养的优秀研究生很多也成为复旦辉煌历史的贡献者,他们从风华正茂的学子,成为学有所成、业有所专的研究生导师,肩负着培养一代又一代研究生的重任。复旦为他们提供了广阔的学术空间和舞台,他们回报给复旦莘莘学子,薪火不衰。

▶ 图7-3-1　周振鹤与导师谭其骧在一起

>>> **周振鹤**,1941年出生于厦门,本科就读于厦门大学、福州大学矿冶系,1978—1983年就读于复旦大学中国历史地理研究所,师从谭其骧院士,1983年获历史学博士学位,为全国文科首批的两名博士之一。擅长政治地理、文化地理、地方制度史、近代新闻史以及文化语言学、语言接触史的研究。现任复旦大学历史地理研究所教授,并任《历史地理》主编、《九州学林》编委;曾任日本茨城大学、德国哥廷根大学、爱尔兰根大学与香港城市大学客座教授。

周振鹤出身于工科,又喜欢人文科学,所以选择历史地理研究。他长于逻辑思维,精于考证,擅长将断了环节的历史链条连接起来,将分散的史料集中条理之,互为矛盾的史料化解之,缺佚的史料推理补缀之。从人所习见的史料中读出人所未见的结论来,揭示出暗昧不明的史实,善于发现新的史料来源,不断在新的研究领域探索。他学术兴趣广泛,不仅限于专业领域,对近代新闻史、语言接触史也有一定的研究。特别嗜好读书和藏书,家里的摆设只有书籍,特定制作的滚轴钢质书架顶天立地,满架图书压面而来,俨然一个私人图书馆。

◆ 图7-3-2 周振鹤教授

◆ 图7-3-3 《中国行政区划通史》

周振鹤1993年起担任博士生导师,已培养研究生50余人。出版专著《西汉政区地理》、《方言与中国文化》(合著)、《体国经野之道》、《中国地方行政制度史》等,主著《中国历史文化区域研究》,并有论文集《周振鹤自选集》、《学腊一十九》、《长水声闻》、《看山是山》及学术随笔集《随无涯之旅》、《逸言殊语》、《知者不言》、《余事若觉》及《天行有常》等,发表学术论文百余篇,主编《上海历史地图集》,并点校《广志绎》一书。他主编的《中国行政区划通史》(共13卷)继承了其导师谭其骧先生的遗志,深入考证揭示中国两千多年来行政区划变迁全过程,是第一部具有学术意义的中国行政区划变迁通史,填补了中国学术史上的一项重要空白。

尊重学术兴趣　薪尽火传等于有9条命

师者,所以传道授业解惑也!授业、解惑应该是每个教师的职责,但是,传道却不一定都能做到、做好。周振鹤教授学问广博而专深,授业、解惑自不必多说,但道可道,非常道,周教授对学生一般不会指定式地说你该怎么做,他推崇的是耳濡目染。正如周教授自己所言,他比较主张教智慧,而不是教知识。一要教学生如何获取知识,二要教他们如何做学术研究。他尊重学生自己的学术兴趣,他说一个人做研究,兴趣具有很大的动力。人的脑子多少都有点偏向,有的擅长考证,有的擅长爬梳资料,有的长于作理论思考。要注意发现学生的不同特点而加以指导,让他们发挥最大的特长,才能写出最好的论文,而不要对他们有千篇一律的要求。他认为所指导的优秀论文主要是博士生自己的能力所致,学生充分发挥了自己的长处,论文自然就写得出色。作为他的学生,常常会自然而然地笼罩在他的学术热情和为人处事的方式之中,不怒自威,既是压力,又是动力。正如周教授喜欢的稼轩词句:"我见青山多妩媚,料青山见我应如是。情与貌,略相似。"师生之间就需要这样一种无形的感应。

谈到师生之间的关系,周教授认为,不管是研究型大学,还是创业型大学,都要把学生摆在主体位置,老师和学生之间应该亦师亦友。教书育人从来就是老师的根本职责,不但老师自己能承担项目、做研究,还要培养学生以后也能独立自主地做研究,决不能因为是研究型大学就忽略了这一点。"只有状元学生,没有状元老师。"周教授以俗语相警,学术研究之所以能够长足发展,一是师生之间的薪火相传,二来更是长江后浪推前浪的结果。他笑称,一个人做学问最好有9条命,很多大学者都是带着一肚子学问离去的,能够做到薪尽火传,就等于有9条命了,这是最令人感到欣慰的。"我最开心的时候,就是看到学生有超过我的地方,这表明我的工作有了成绩。"谈话间,周教授一脸欣慰的表情。天下师者,当桃李芬芳时,莫不以此为傲吧。

(作者:徐建平;资料来源:复旦大学校园媒体所作的"研究生心目中的好导师"候选人访谈)

图7-3-4 1978年陈尚君被复旦大学破格录取为硕士研究生

》**陈尚君**,1952年6月15日生于江苏南通。1969年初中毕业后,在江苏海门江心沙农场务农8年。1977年被推荐至复旦大学中文系学习。1978年破格录取为硕士研究生,师从朱东润教授研究唐宋文学。1981年获文学硕士学位,并留系任教。1995年任教授。1996年开始担任中国古代文学专业博士生导师。1997—2001年任中文系主任,2015年起任中国古代文学研究中心主任。担任中国唐代文学学会会长、全国古籍整理规划小组成员、中国杜甫研究会顾问等。

忆及当年被推荐来复旦念书的往事,陈尚君教授笑称自己那时只有初中一年级文化水平,只因机缘巧合,才得以就学于中文系。1977年入复旦大学,一年之后就考取了朱东润先生的研究生。"我只是把干农活的精神用来读书罢了。"复旦4年,对他影响最大的老师,一为朱东润先生,"朱先生的格局非常宏大,而且对已有的定论绝不轻易认可。不了解他的人觉得他的立说好像没有文献根据,熟悉他的人才知道他阅读古籍有多么勤奋和深入,而且善于用自己的眼光分析问题"。二是陈允吉先生,"我当时是陈先生的课代表,陈先生每周三的晚上都会跑到学生宿舍,跟我们聊几个小时。现在看来,是非常奢侈的事情"。三则是王运熙先生,"王先生讲授的版本目录学,让我掌握了做学问的基本途径"。

陈尚君教授指导的博士生中有10余人被评为教授,所著图书3次获得全国古籍优秀图书奖一等奖、全国高等学校人文社会科学研究优秀成果奖著作二等奖、上海市哲学社会科学优秀成果著作一等奖等,两次获得全球华人国学大奖优秀成果奖。

◆ 图7-3-5 陈尚君与他的研究生

◆ 图7-3-6 陈尚君的著作

敬畏传统：用最艰苦的方法追求学识

陈尚君教授的治学理念是通晓目录，全面掌握文献；重视史源，区分主次源流；兴趣广泛，不为学科所限；庄敬审慎，不轻疑、不轻信。育人理念是尊重个性，因材施教，做人要光明坦荡；独立思考，耐得寂寞，为学当勤勉刻苦。

陈教授从作唐代诗文起步，由文入史，由唐溯汉，打通4部的分域，卓然为一代大家，已为当今学界所公认。他经常告诉研究生8个字，"渊源有自，转益多师"，是为治学之门径。告诫他们"严守门户，恪循师训，当然是一种美德，而广参山林，转益多师，或能寻得契合个人发展之机缘"。为此，陈教授将之前所作分述前辈学人学术成就的系列文章，由上海辞书出版社汇为一编，并命名为"转益多师"，寓意他此举除了表彰先贤，纪念于己曾有启迪的前辈先进外，更重要在于金针度人，为后进指示学术之门径。对于自己的本师朱东润先生，陈教授更是报以无限的敬意，朱老去世后，陈教授积极地为朱老整理文集，先后整理出版了《八代传叙文学述论》、《朱东润文存》、《中国传叙文学之变迁》等书。仍然记得2014年底朱老的《朱东润文存》发布出版时，在发布会上，朱老最后一位学生李祥年老师站起来恭恭敬敬地鞠了一躬向自己的师兄表示敬意，陈教授当即站起来还礼，师兄弟二人相向躬身行礼，会场的掌声经久不息。

陈教授对于有唐一代的文献有通盘的掌握，举凡诗文、笔记、正史、杂史，甚至医药、数学类书籍都有浓厚的兴趣。在他看来，欲作某代就必须对这一时期的所有方方面面的文献了然于胸，不能有所偏废。向陈教授求教时，一些诗句，他随口就来，一些文献所在古书的卷次也能准确说出。可见陈教授平时看书之勤，记忆之精准。除此之外，对于海外的研究成果，陈教授也有认真研究，甚至连港台的硕博论文，他也几乎全部都认真地翻过，可以说对于中古文献，他真是做到了"竭泽而渔"。因此，在平时的学习中，他的学生都愿意见到陈教授，希望听他讲课，但又怕见他，因为每每会被问住答不上来。陈教授是雷厉风行的人，他决定做一件事时就会放下一切立马去做，有些文章往往一夕而就，如《〈诗渊〉全编求原》等，他说准备写一篇文章，过不久立马就写出来了，绝不拖沓。针对研究生平常拖延症的倾向，陈教授以苏东坡的"作诗火急追亡逋，清景一失后难摹"告诫研究生要静下心来、专注其中。这几年陈教授每一学期总有新的著作付梓,如《唐女诗人甄辨》、《转益多师》、新旧《五代史》、《贞石诠唐》等。每一种出版后,他都送给研究生一本,题签"某某同学存阅",除此之外还发表大量的学术文章和书评、随笔等。为此陈教授常常工作到深夜,给研究生回复邮件的时间常常在凌晨一两点钟。他在光华楼27楼的办公室也是没有星期天的,他放弃了太多的个人休闲时间,甘当唐代的"户籍警"。

"用最艰苦的方法追求学识,从最坚决的方向认识人生",这本是朱老告诫子女的箴言,以陈教授的勤勉和认真,完全符合朱老的要求。

(作者:魏晓帅;资料来源:《复旦》第1078期)

◆ 图7-3-7　张军在复旦大学读书

≫ **张军**,1963年出生于安徽亳州。1985年复旦大学本科毕业,1988年获复旦大学经济学硕士,1992年获复旦大学经济学博士。现任复旦大学经济学院院长、中国经济研究中心主任。他是2003年国务院特殊津贴获得者,2006年获得"新世纪百千万人才工程国家级人才",同年入选教育部"长江学者"特聘教授。2014年入选"文化名家暨'四个一批'人才",2015年获得"上海市先进工作者"称号,2016年入选国家高层次人才特殊支持计划("万人计划"领军人才)。

他的研究成果多次获得全国人文社会科学优秀成果奖和上海市哲学社会科学的优秀成果奖一等奖、二等奖和三等奖。他是第七届中国经济理论创新奖获得者以及美国比较经济学会最佳论文奖柏格森奖(Bergson Prize)获得者。他还是第二届蒋学模经济学奖(2002)和第三届张培刚发展经济学优秀成果奖(2010)的获得者,也曾是霍英东教育基金会第六届青年教师研究奖(1998)的获得者。早期他还曾获得国家"优秀留学回国人员奖"(1996)以及第六届上海市十大杰出青年称号(1999)。

作为一名国际知名的中国经济学家,他是中国以国际化的视角研究本土经济问题的杰出代表,在学术领域取得了卓越的成绩。2009年入选"影响新中国60年经济建设的经济学家",并入选凤凰网评选的"影响新中国60年"的第三代最有影响力的经济学家行列。根据有关统计,张军教授位列改革开放以来经济学类高频被引文献第一作者,被引频次总量为第二名。根据谷

◆ 图7-3-8　复旦经济学课海报

歌学术(Google Scholar)的最新统计,张军教授对中国经济的研究成果被引次数高达10 000余次,在国内经济学家中不为多见。

自2015年担任经济学院院长以来,他主动大胆创新、锐意进取,团结班子、带领学院师生大力推动学院各项事业的大发展,在人才引育、教学改革、国际合作与办学、校友服务、宣传、社会捐赠、改善硬件和学院文化软环境建设等方面取得突出成绩。在他的带领下,经济学院的理论经济学获得国家第四轮学科评估的"A+"级,与中国人民大学并列全国第一。

◆ 图7-3-9 张军解读经济形势

他还具有极强的社会责任意识,倡导做一流学问、发中国之声。他为经济学院制定了"上天入地"的建设目标。"上天"是指创一流学问,他认为在经济学基础研究上,复旦大学经济学院应该有在国际上产生影响的学术成果;"入地"是指接地气,让研究与国家需求结合起来,学院应该发挥经济研究对于政策的影响力,突出作为智库服务国家发展战略的能力。他带领智库谏言献策并身体力行,其研究成果和政策建议多次受到党和国家最高领导人的批示。他是复旦精神的传承者。

授业严师,治学有道

张军教授在复旦大学教书育人30载,培养的研究生累积超过百人。除了日常的授课,他还坚持以讨论班的形式精心指导研究生如何从事有价值的学术研究,向他们分享自己的研究经验和思路,极大地激发了学生对学术研究的兴趣,显著提升了他们独立从事研究工作的能力。现任汇添富基金首席经济学家的韩贤旺博士回忆起20多年前读书时的情形,对张教授做了这样的描述:"张老师总是能够通过主线讨论和启发思考,让学生不断更新看法,突破自我局限。张老师作为导师最优秀的品质就是敏锐的学术眼光,他能够很快地发现学术争论的核心,并且有很好的思路去解决这些问题。"在他培养的学生中,已有十几位正教授,并有多名学生入选了"长江学者"、"杰青"、"青年长江"和"万人计划青年拔尖人才"等国家人才计划。其中,陈诗一、陈钊、范子英、章元、方红生和罗长远等已成为中国国内青年经济学家的代表人物。

2009年,张军教授获得"复旦大学校长奖"和"廖凯原最受欢迎教师奖"。2018年,经过全校研究生投票,他又荣获复旦大学第八届"研究生心目中的好导师"荣誉称号。在谈到多年来培养学生时的感受时,张军教授说:"培养研究生是极其刺激而又快乐的工作。你必须学会跟学生们相处,一方面激励他们去做好的研究,甚至把自己的研究从他们那里延展出去,另一方面也偷偷从他们身上学到很多自己不熟悉的东西。他们进步了,我也不会落伍,真是太棒的事情。"他曾经在微信群里说:"跟学生们在一起,真正是我最享受的时间。"

黑发积霜织日月，粉笔无言写春秋。张军教授孜孜不倦地把自己的全部精力奉献给他所热爱的教育事业。他的大师风范、仁师关怀不仅培养了一批批杰出的青年学子，甚至影响了许许多多普通人。春风化雨，润物无声！

（资料来源：复旦大学经济学院）

◆ 图7-3-10　王迅为本科生开设讲座

>>> **王迅**，1934年出生于上海。1956年毕业于复旦大学物理系，1960年复旦大学研究生毕业。历任复旦大学半导体物理教研室副主任，微电子教研室副主任，表面物理研究室副主任、主任，应用表面物理国家重点实验室主任、学术委员会主任，复旦大学学术委员会副主任，复旦大学研究生教育指导委员会主任等。1999年当选为中国科学院院士。

王迅教授长期从事半导体物理学和表面物理学的教学、科研与学科建设工作。对半导体表面和界面的结构和电子态做了系统研究，其中，对InP极性表面进行了开拓性研究。在多孔硅研究方面发现多孔硅的光学非线性现象，实现多孔硅的蓝光发射，并被国际上引为1992年多孔硅研究的6项进展之一，发现多孔硅发光峰位钉扎现象，测量了多孔硅/硅界面的能带偏移。在高质量锗硅超晶格的研制、锗硅量子阱和量子点物理特性的研究、新型硅锗器件的合作研制等方面作出多项创新成果。领导建成应用表面物理国家重点实验室，并领导研究取得多项重要成果。

1985年任博士生导师，共培养40多名博士、20多名硕士。在国内外学术刊物发表论文300余篇，其中，在国际SCI刊物发表的有170余篇。论文被国际刊物他引1 200余次，有2项国家发明专利。在国际学术会议做邀请报告21次，曾10余次担任过国际半导体物理会议、国际硅分子束外延会议、国际表面结构会议、国际固体薄膜与表面会议等国际学术会议的程序委员会、顾问委员会、组织委员会委员或分组会主席。

◆ 图7-3-11　王迅与他的研究生

◆ 图7-3-12　王迅的著作

严谨踏实　虚怀若谷

王迅教授是一位治学严谨而又谦逊、要求严格而又慈蔼的老师，他喜欢别人称呼为"老师"，而不是"院士"，在他那里学到的不仅是知识，更是做人的道理。

培养研究生和青年教师是王迅教授一生中耗费心血最多的一件事，他培养学生的宗旨是"严格要求，让学生超越自己"。而对待自己，他也毫不马虎。律人先律己，言行一致，敢说敢做是王迅教授学术风格的真实写照。他说自己的弱点是没有经过正规的科研训练，自己没有完成过博士论文，无法做到"名师出高徒"，只能求其次，采用"严师出高徒"的办法。他的一名研究生曾回忆，他将没怎么修改好的文章交给王教授，没想到第二天被叫到办公室，王教授用不太响的声音说道："良工不示人以璞。"文章上密密麻麻布满了王教授修改的笔迹，不符合规范的地方一一注释标出。当这篇满载教授心血的修改稿返回那位研究生手里时，他既是感动又是羞愧，感动的是王教授在学术上亲力亲为、身先士卒的态度，羞愧的是因自己工作的不认真竟导致先生如此操劳。尽管王教授十分强调学生在科研中要严谨踏实，但他并不刻板，有着年轻教师一样的活力和想法，每次上课或做报告，无不体会到他不落窠臼的科研理念：做科研要多做横向的比较，多了解现代科学发展的前沿，强烈的好奇心或看似天真的想法非但不是科研中的阻碍，反而往往是解决难题的金钥匙。勇于探索、敢于发现是王教授教给研究生最有用的工作法宝。

面对学生，王教授总是说："叫我王老师，不要叫我王院士，我和同学们是平等的。"他喜欢与学生交流，尤其乐于本科生的教育工作，为本科生开设讲座、做代课老师、支持各类学生活动，复旦大学物理系的教育战线上哪里有需要，哪里就能看到他的身影。他是如此的不简单，不论是科研教学上的言传身教，还是对学生生活中的关怀备至，更无论他事业中的辉煌。但他又是简单的，简单到只用一句他自己常挂在嘴边的话来概括："我是复旦大学的教师，我就是王老师。"

（资料来源：《我心目中的好老师》一书）

>>> **洪家兴**，1942年1月15日生，江苏吴县人。1965年复旦大学数学系毕业，1977年考入复旦大学数学研究所，师从谷超豪教授，从事混合型方程的研究。1982年5月被国务院学位委员会授予理学博士学位，是我国首批18位博士学位获得者之一。1991年获国家教委和国务院学位委员会授予的"有突出贡献的中国博士学位获得者"光荣称号。

研究生毕业后，他在复旦大学数学研究所从事教学和科研工作，曾任复旦大学数学研究所所长、教育部非线性数学模型与方法重点实验室主任、《数学年刊》及 Asian J. of Math 编委。主要从事偏微分方程及其几何应用方面研究。关于二维黎曼流形在三维欧

● 图7-3-13　洪家兴与导师谷超豪在一起

氏空间中实现的经典问题研究,首次得到了单连通完备负曲率曲面在三维欧氏空间中实现的存在性定理,所得条件接近最佳,对丘成桐教授所提出的有关问题研究作了重要的推进;关于蜕型面为特征的多元混合型方程(包括高阶)的研究,获得了相当一般的边值问题的正则性和适定性;关于蜕化 Monge-Ampere 方程解的正则性研究,对 Trudinger 特征值问题的猜测,在两维的情形给出了肯定的回答。

◆ 图 7-3-14　课堂上的洪家兴

◆ 图 7-3-15　洪家兴 2003 年当选中科院院士

1993 年起担任博士生导师。1986 年获国家教委科技进步奖一等奖(第二获奖人),1995 年获第五届陈省身数学奖,1996 年获求是科学基金会颁发的"杰出青年学者奖",1997 年获"上海科技精英"称号。2003 年当选为中国科学院院士。担任第五届国务院学位委员会委员。洪家兴教授曾多次应邀在国际学术会议上做大会报告,特别是 2002 年在北京召开的国际数学家大会上所做的 45 分钟邀请报告,受到广泛重视。

严谨治学　锲而不舍

治学理念： 严谨治学、无微不至。

育人理念： 锲而不舍,致力于搞科学研究,就要认真对待每一个知识环节,要"求甚解",并且拿出克服困难的勇气,科学无坦途。

洪家兴教授治学严谨,对学生要求严格,甚至很"较真儿"。他说:"做学问,一定要下功夫,不懂的地方,就要想办法搞懂,绝不能有半点儿马虎,要对自己所做的事情负责。"

洪教授讲课深入浅出,上课从来不看讲义,却能很准确地表述概念、诠释定理,即使遇到繁琐的计算,也能熟练推演,有时讲得投入,不觉竟已下课。他在课堂上声若洪钟,永远都充满激情。"如果你自己都不能充满激情投入到课堂上,那么怎么还能期待学生集中注意力听你上课呢?"

除了上课内容外,洪教授还会尽可能地让学生了解最前沿的科学研究,引导学生培养广泛兴趣,开阔眼界,帮助他们成长,但从不要求他们去做那些没有条件做的事。

洪教授的治学特点是能够迅速进入新领域,抓住重要问题,并在其中作出创造性的新成就。他相信数学家如能和其他领域的科学家有共同语言,将受益无穷。

(资料来源:《复旦》第 877 期)

>> **王威琪**,1939 年生于上海。1961 年复旦大学物理系毕业留校,1988 年晋升教授,1993 年起任博士生导师,1998 年被聘为复旦大学首席教授,1999 年当选中国工程院院士,2002 年当选中国工程院医药卫生工程学部常委(2010 年期满)。曾任教育部科学技术委员会委员、复旦大学学术委员会副主席兼工程技术学部主席、复旦大学学位委员会委员兼信息学科分学位委员会主席、电子科学与技术博士后流动站站长。现任复旦大学生物医学工程研究所所长、复旦大学超声医学与工程研究所名誉所长、上海超声医学研究所名誉所长、中国声学学会名誉理事兼医学超声分会名誉主委、中国仪器仪表学会名誉理事、中国生物医学工程学会理事、上海市突出贡献专家协会副会长、《中国医疗器械杂志》编委会主任、《仪器仪表学报》副主编及其他 10 余种学术刊物编委、上海理工大学医疗器械学院名誉院长、上海健康医学院学术委员会主任、上海中医药大学名誉教授。

◆ 图 7-3-16 王威琪在做报告

他在医学超声与医学电子学的理论、技术和应用方面取得多项首创或优秀的成果。他的主要成果是发明了两种超声定量测量血流速度的方法;综合心电、超声,研制无损伤诊断的方法和系统;把理工方法转移到医学诊断中(例如,将分形、数学形态学、数量化理论、极点轨迹等首先引入医学研究,找出新的敏感参数,形成独特的方法);在基础研究上也取得不少成果(例如,指出传统医学超声多普勒公式的不足,建立了声源、血浆、血细胞三者相对运动时的新公式;导出医学超声多普勒系统中噪声的主要来源,分析假频移来源

◆ 图 7-3-17 王威琪与他的研究生

◆ 图 7-3-18 王威琪的荣誉证书

和信号保真的解调方法；对血流窄带信号进行时域、频域和模型特征的全面分析)。

他曾荣获世界医学生物超声联合会(WFUMB)的先锋(Pioneer)奖、国家发明二等奖、光华科技基金二等奖、上海市科技进步二等奖5次，省部级奖10多项。在国内外学术刊物发表论文320余篇。应邀担任东京工业大学等日本4所国立大学的客座教授和《世界医学生物超声联合会学报》(UMB)荣誉编委。

聪明在于积累　天才在于勤奋

物理楼，复旦大学医学电子学学科的发祥地。王威琪教授在这所历史悠久的楼里学习、工作了50多年。

1961年，从复旦大学毕业后，王威琪教授就开始了在医学电子学领域的科学研究与探索。1975年，在带教工农兵学员做毕业设计时，他就研制成功了我国第一台"电磁血液流量计"，被中山医院等单位广泛应用。80年代，王威琪教授的科研团队运用物理学和数学知识，提出采用独立的双超声束多普勒效应定量测定血流速度，提高了血流测量的准确性。这个项目于1985年荣获国家发明二等奖。

在治学道路上，作为复旦大学首席教授的他有着自己独特的座右铭：无穷小量的无限相加等于无穷大量。他的医学电子实验室从1975年开始，也是这样一点一滴、脚踏实地地积累发展起来的，他一直牢记，"聪明在于积累，天才在于勤奋"。

王威琪教授说："要成功，就一定要发挥团队的精神，个人只是一颗螺丝钉；没有什么不经过自己的努力、不经过团队的拼搏而容易得到的事情。"工作中的他，不仅是一位站在医生背后的学者，也是一位关注学科建设的带头人。在他的学生中，有白发染鬓的教授，也有踌躇满志的生力军，他们组成了一个和谐融洽的集体。

(资料来源：《科学巨擘——院士风采录》一书)

◆ 图7-3-19　闻玉梅

闻玉梅，1934年出生于北京。1956年毕业于上海第一医学院医疗系，1956—1957年在上海第二医学院微生物与免疫学系攻读副博士研究生(导师余㵑)。此后在上海医科大学微生物学教研室任助教、讲师、副教授、教授；1962—1963年在中国医学科学院免疫学系进修(导师谢少文)。1980—1982年分别赴伦敦大学卫生与热带病研究所及美国国立卫生研究院进修肝炎病毒。她是复旦大学上海医学院教育部/卫健委医学分子病毒学实验室及医学微生物学研究所创始人。

闻玉梅教授的主要研究领域为乙型肝炎病毒分子生物学、免疫学及微生物基因组结构与功能。她基于乙肝致病机理，研究干预乙肝的免疫策略；研发的乙肝治疗性疫苗取得从基础到临床的系统性成果，被国内外认为是研制治疗性疫苗的开拓者之一。

◆ 图7-3-20 闻玉梅的著作　　　　　　　◆ 图7-3-21 闻玉梅与她的研究生

她在国内外已发表学术论文300余篇,共同主编的《现代医学微生物学》获第十届全国优秀科技图书一等奖,至今还有参考价值。她始终坚持高标准、先进水平的教育理念与实践,培养出多名优秀微生物及免疫学专家与科技领军人才。她曾获国内外多项奖励,包括国家自然科学奖、国家科技进步奖、何梁何利科技进步奖、全国首届"新世纪巾帼发明家"、抗击非典全国优秀共产党员、上海市教书育人楷模、上海市教育功臣等。被授予亚太病毒学会突出贡献奖、国际疫苗学会高级会员、德国杜伊斯堡-埃森大学名誉博士。1999年当选为中国工程院院士。

用心做人　用心育人　勤奋耕耘60载

闻玉梅教授在医药卫生教育第一线已工作60余载。她毕生致力于提高学生的整体能力,包括思维、表达、沟通及解决问题的能力。改革开放后,她利用出国进修期间,在科研之余,力求补上10年动乱失去的时间,全程参加国外医学分子病毒学课程并参加考试,在国外着手编写医学分子病毒学教材,最早回国开设该研究生课程。她还旁听并收集国外著名医科大学的医学微生物讲课提纲及考试题,加入我国有关学者的研究内容后,首先在校内开设外语教学,获得学生及国外学者的好评。在研究中,她数十年如一日,以研究乙型肝炎病毒致病机理与治疗对策为核心,有较高造诣。她始终坚持"科研目的为人民"的理念,时刻以国家需求和人民需要为导向,积极投身并引导学生参与国家重大需求。她时刻提醒自己的学生:"从事科研工作,要顶天立地。既要紧跟国际先进水平、时代前沿,又不能忘记解决国计民生的根本。"面对银发浪潮的冲击,近期由她牵头中国工程院的健康老龄化咨询项目为国家老年事业献策,受到各级领导的认可与重视。她先后获上海市、国家部委及国家级奖励50余项,但最让她自豪的是各级各类的教书育人奖、劳动模范和优秀共产党员等荣誉称号。她处处以自己的言行影响学生,全方位地引导和培养学生。

治学严谨,钻研教学,不断创新。对待教学她一丝不苟,指导团队获得2013年国家和上海市来华优秀示范课程。她还编写多部经典教材。积极投身教改,领衔开设"基础医学导论",引导学生投身医学事业。2014年,已80岁高龄的闻教授面对医学人文教育的缺失,勇挑重担,开设"人文与医学"课程,注重未来医生的德育教育。自2015年将此课程通过网络课堂与见面会结合的形式,使全国160余所高校8万多名学子接受人文医学的教育。

言传身教,培养德才兼备人才,桃李满天下。她坚持素质培养,以"点燃学生心中的火种"为己任,全面引导青年成才。她与丈夫共同设立"一体化健康"基金,鼓励中青年教师、研究生、本科生全面理解并投身卫生与健康事业。作为导师,她培养的学生曾获全国优秀博士论文及各类优秀论文奖,在各岗位上崭露头角。她本人多次被选为学生心目中的好导师、好老师。

急社会所需,主动担当社会责任。2013年起,她承担中国工程院重点咨询项目,为医药卫生事业人才建设和培养谋划布局。2017年10月,中央电视台"家国栋梁"节目以"为了人民的期望"为题,对她进行了专题报道。

这就是闻教授教育事业的写照。

(供稿人:王兰翠;资料来源:医学分子病毒重点实验室)

◆ 图7-3-22　姜庆五在做报告

>> **姜庆五**,1954年4月出生于上海。1970年中学毕业后去云南做知青,1972年被推荐至上海第一医学院卫生系读书,1975年毕业后在上海市卫生局后方卫生工作处工作,1982年2月考入上海医科大学公共卫生学院流行病学专业硕士研究生,1985年2月获硕士学位。1995年受世界卫生组织资助,于泰国朱拉隆功大学经济学院学习,获经济学科学硕士。曾作为访问学者,先后在美国哈佛大学、美国伯克利大学、英国萨塞克斯大学学习。1994年担任上海医科大学公共卫生学院副院长,1997年担任公共卫生学院院长。2000年被聘为复旦大学特聘教授。2004年起担任复旦大学公共卫生教育部重点实验室主任。

姜庆五教授主要从事传染病流行病学与控制的研究,长期从事血吸虫病流行病学研究,并参与全国血吸虫病防治规划、参与2013年SARS的控制与研究、2019年新型流感的控制与研究。主持制定全国血吸虫病控制标准,曾被聘为上海市政府防治SARS专家组、上海市政府防治新型流感专家组成员。多次参与国家与地区的公共卫生事件调查。

他在血吸虫病等传染病流行病学和流行病学方法等方面做了大量开拓性的研究工作,在国内外学术刊物发表论文200余篇,主编教育

◆ 图7-3-23　姜庆五与他的研究生

部普通高等教育"十五"国家规划教材《流行病学》，出版《流行病学方法与模型》等专著6部。现任欧亚国际科学院院士、中华预防医学会流行病学专委会顾问，中国农村卫生协会副会长、中国健康促进与教育协会会长、国家社科基金重大项目首席专家等职。

踏遍重疫区　注重理论与实践结合

姜庆五教授主要的研究方向是传染病流行病学与控制，他重视理论、知识与技能的结合，强调现场调查的能力。为了血吸虫病的研究，他走遍了我国血吸虫病的重疫区，在安徽的长江段、鄱阳湖与洞庭湖、云南与四川等大山区从事过血吸虫病的现场调查与控制研究，同时，他还主持参与碘与健康的研究、鼠疫的调查、包虫病的调查、湄公河血吸虫病的调查、肠病毒脑炎的爆发等。他的调研和研究积极推动了学科开展艾滋病的流行病学与控制研究、结核病的流行病学与控制研究、流感的流行病学与传播等方面的研究。姜庆五教授严谨的科学精神、忘我工作的态度、独立思考的学术精神得到同行的赞许。

姜庆五教授是我国公共卫生硕士学位教育的倡导人和践行者之一，他在公共卫生硕士研究生的招生和培养工作得到了充分肯定。他要求研究生的培养要重视理论与实际的结合、现场与实验室的结合，强调研究生的培养过程比研究结果更为重要，要求研究生的学位论文要有现场工作的内容，包括现场调查的设计、现场组织、调查的实施及结果的评价与分析。他的学生周艺彪关注钉螺的种类与血吸虫病的流行研究，在研究生学习期间发表了10余篇文章，博士论文被评为上海市优秀博士论文；学生张志杰利用团队研究的基础资料，重新整理建立的血吸虫病传播的时空模型，被评为"全国百篇优秀博士学位论文"。2007年，姜庆五教授的"公共卫生硕士培养模式的实践与探索"获复旦大学研究生教学成果一等奖、上海市教学成果二等奖；2010年，姜庆五教授任站长的复旦大学公共卫生与预防医学博士后科研流动站获"全国优秀博士后科研流动站"；2010年，姜庆五教授获"全国优秀博士学位论文指导教师"称号。

（资料来源：复旦大学公共卫生学院）

》**汤钊猷**，1930年生，广东新会人。1949年考取上海第一医学院（今复旦大学上海医学院），1954年毕业后于中山医院从事外科工作。1957年起师从崔之义、冯友贤教授，从事血管外科研究。1968年起领导肝癌研究。1988—1994年任上海医科大学校长。1994年入选中国工程院医药卫生工程学部首批院士，2005年当选为美国外科协会名誉院士，2007年当选为日本外科学会名誉院士。

他从事肝癌研究50余年，在攻克肝癌早诊

图7-3-24　汤钊猷毕业于上海第一医学院

早治和转移复发研究中,做出了举世瞩目的贡献。实践中最早解决肝癌早诊早治的关键,提出"亚临床肝癌"概念,大幅度提高肝癌疗效;也最早建成了"高转移人肝癌模型系统",在全球推广,筛选了转移防治药物,使患者受益。他的工作以及他培养和带领的团队工作使我国肝癌诊治和研究处于世界领先水平,极大提高了我国医学界的国际地位。汤钊猷教授以第一作者获国家科技进步一等奖和三等奖各2项,曾获美国金牌奖,以及陈嘉庚生命科学奖、白求恩奖章、上海市科技功臣和上海市教育功臣等荣誉。

◆ 图7-3-25　汤钊猷与他的研究生

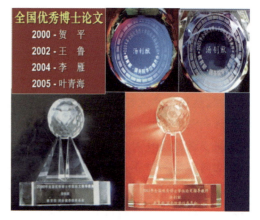

◆ 图7-3-26　汤钊猷的4位博士生毕业论文获评全国优秀博士学位论文

1984年,汤钊猷教授被批准为博士生导师,至今为止共培养研究生72人,其中,4位博士生的毕业论文被评为全国优秀博士学位论文。学生中多人成为国际或国内著名医院的教授、院长和学科带头人、长江学者、国家杰出青年基金获得者、"973"首席科学家、学会主任委员、国家级奖项领衔获得者。

严格要求　大胆放手　鼓励创新

在汤钊猷教授看来,培养博士生,对国家来说,是振兴中华的战略力量,是我国在国际上占有一席之地的重要来源;对一所重点大学来说,博士生是高层次师资的重要来源,是出科技成果的重要力量,是促进学科建设的重要关键。因此,博士研究生教育是建设一流大学的重要内涵,国内外著名大学无不将博士生培养放于重要位置。他认为,人一生中如有重大科技创新,通常也就是1~2项,而获得重大创新多发生在30岁前后。例如,沃森(Watson)发现DNA双螺旋时,年仅25岁。博士生正处于这个年龄段,是一个最有创新基础的群体,他们很少思想保守,具有扎实的基本功,博士生毕业往往是他们有重大发现的前夕。因此,他对博士生的培养要求严格,大胆放手,鼓励创新。

抓严谨学风,汤教授堪称表率。已年过七旬的他,临床、科研、外事及社会活动任务繁忙,但仍挤出时间,投入大量精力为研究生修改论文。这是他为一位博士生修改论文的一段摘录:"我在2004年11月21日所提的修改意见,很多都没有改进去(接着列举了多处未修改的内容——笔者注,这里从略),这些在修改稿中还是没有看到。另外,图表在文中的位置要注明,这些都是属于基本功的问题。此稿也没有加……我可是开夜车帮你改的。你不认真,我又何必认真呢?汤2004年12月4日深夜。"该生拿到汤教授的意见,受到震动,再次修改论文。汤教授很快又对全文进行修改,提出了如下书面意见:"总的不错,资料丰富,但最好再改一下。①博士论文是科学与艺术结合的作品,是人的一生中最重要的作品之一。首先是科学性,但也要重视艺术性。最后是逻辑性……文字要精炼,文章要引人入胜,用词过头也容易引起反感。②题目是最重要的,要画龙点睛。我加了副题是希望更突出新发现……③摘要是最重要的部分,摘要中的结论尤其重要,要反复推敲、修改……"经导师多次修改,该学生的博士论文发表于影响因子为5.5的 Proteomics 上。2005年获全国优秀博士论文的题目汤教授改过3次,全文修改7~8次,论文完成后又要求学生补做裸鼠实验。汤教授对每位学生的论文都精心修改,大到论文的整体思想、题目、摘要、结构,小到标点符号、错别字、格式等,常修改6~7遍之多,使学生受益匪浅。他对学生的严格要求还体现在细微小事上。就拿开会来说,尽管他事务繁忙,但无论是主持会议还是参加会议,他总是准时到达,他的学生也因此养成了"守时"的好习惯。

抓研究方向。汤教授要求博士生在广泛阅读文献的基础上,在导师的研究领域内由博士生自行思考选定研究方向,经开题报告后确定研究课题。汤教授认为,研究方向要考虑连续性,复旦大学肝癌研究所每10年一个研究方向,由多名博士生分阶段连续完成,形成特色,能带动全局,又能出大的成果。为此,他在与学生讨论定题时,除要求研究结果有较大应用前景外,特别强调创新,题目不宜选得太大,但要在某一点深入研究,兼顾高、精、尖技术的应用。他指导的4篇全国优秀博士学位论文,都是经精心选定的课题,来自临床实际需要,又紧跟国际前沿信息,研究结果都具有潜在临床价值。

抓原始创新。博士论文的原始创新并不容易,汤教授认为,首先要有创新意识,不能只满足于紧跟和填补空白,那只能是跟着别人走。其次要有辩证思维,鼓励学生敢于怀疑、修正过去的常规、定律。再次是要有魄力和毅力,导师和学生都要敢于冒风险,遇到困难能顶得住,持之以恒。四平八稳的课题、急功近利的思想,决不能做出原始创新。汤教授认为临床科研的原始创新,必须有明确的目标,那就是提高临床诊疗水平,创建我国的特色医学。博士生王鲁的博士论文"α干扰素及其他制剂干预肝癌转移复发和肿瘤生长的实验研究",在国际上首次发现干扰素有减少肝癌转移的作用,2000年发表在影响因子为9.5的国外期刊,2002年获全国优秀博士学位论文。博士生叶青海的论文"肝细胞转移预测模型的建立及其转移相关基因的筛选——cDNA微阵列技术分析",应用肝癌基因表达谱,预测乙肝病毒阳性肝癌转移,获得了一些新发现,2003年发表在权威期刊 Nature Med,影响因子为31.2,被他人引用36次,2005年评为全国优秀博士学位论文。汤教授指导的另两位博士生贺平(2000年获全国优秀博士学位论文)和李雁(2004年获全国优秀博士学位论文)的博士论文都有较大创新,多刊于较高影响因子的SCI期刊上。

抓国际比武。根据教育要"面向世界,面向未来"的精神,汤教授主张将博士研究生推向国际学术舞台,让他们经风雨、见世面。一是要求博士生向国际期刊投稿。二是鼓励和组织博士生参加国际学术会议并作发言,与国际上的同行进行学术交流。他在上海主持的几次国际学术会议,几乎所有在校研究生都参与了会议的接待和秘书工作。三是积极选送博士生与国外联合培养,经他积极联系与推荐,肝癌研究所与美国、德国、意大利、日本等诸多研究机构建立了合作关系。

汤教授具有让学生超过自己的胸怀,他期盼学生"青出于蓝而胜于蓝",他不仅要求学生要有好的品质、好的学问,还注意培养他们的组织管理能力,他希望学生超过自己,成为全面发展的人才。有人不解地问汤教授,这样培养研究生,不是要花去你太多的心血吗?他却说:"我一方面培养学生,一方面促使我进步,从他们身上学到的许多新东西比我给他们的还多。"这就是汤教授严谨的作风、谦虚的为人!

(作者:刁承湘;资料来源:复旦大学新闻文化网)

第四节 研究生心目中的好导师

复旦大学从 2004 年启动"研究生心目中的好导师"评选活动,每两年评选一次,至今已开展 8 届。该活动旨在通过研究生民主推荐、自主评选,树立表彰研究生导师教书育人工作的先进典型,集中展现研究生导师为人师表、爱岗敬业的良好风尚,营造尊师重教氛围,同时深化导师教书育人理念,激励广大导师更深入地参与研究生德育工作,以学术造诣和人格风范引领研究生成长成才。

表 7-4-1 复旦大学历届研究生心目中的好导师名单

届次	院系名称	导师姓名
第一届 (2004 年)	法学院	陈浩然
	中国语言文学系	陈思和
	中山医院	高 鑫
	经济学院	石 磊
	上海医学院	闻玉梅
	高分子科学系	杨玉良
	哲学学院	俞吾金
	中国古代文学研究中心	章培恒
	化学系	赵东元
	历史学系	周振鹤
第二届 (2006 年)	数学科学学院	李大潜
	中国历史地理研究所	葛剑雄
	上海医学院	闻玉梅

(续表)

届次	院系名称	导师姓名
	外国语言文学学院	何刚强
	儿科医院	桂永浩
	现代物理研究所	潘正瑛
	化学系	范康年
	哲学学院	王德峰
	信息科学与工程学院	李炳宗
	新闻学院	李良荣
第三届（2008年）	外国语言文学学院	陆谷孙
	国际关系与公共事务学院	倪世雄
	高分子科学系	江 明
	上海医学院	马 兰
	物理学系	苏汝铿
	数学科学学院	陈恕行
	历史学系	邹振环
	中国语言文学系	裘锡圭
	法学院	段 匡
	华山医院	耿道颖
第四届（2010年）	生命科学学院	金 力
	哲学学院	张汝伦
	中国历史地理研究所	姚大力
	儿科医院	黄国英
	上海医学院	瞿 涤
	数学科学学院	洪家兴
	新闻学院	黄 旦
	妇产科医院	李大金
	生物医学研究院	杨芃原
	物理学系	周 磊
第五届（2012年）	国际关系与公共事务学院	陈明明
	生命科学学院	马 红
	中国语言文学系	朱立元
	基础医学院	程训佳

（续表）

届次	院系名称	导师姓名
	新闻学院	童 兵
	华山医院	张文宏
	第五人民医院	顾 勇
	法学院	郭 建
	先进材料实验室	郑耿峰
	中山医院	葛均波
第六届 （2014年）	中国语言文学系	王水照
	哲学学院	吴晓明
	经济学院	丁 纯
	国际关系与公共事务学院	竺乾威
	数学科学学院	郭坤宇
	生命科学学院	钟 扬
	高分子科学系	彭慧胜
	力学系	艾剑良
	妇产科医院	华克勤
	生物医学研究院	Alastair Murchie
第七届 （2016年）	中国语言文学系	陈尚君
	文史研究院	葛兆光
	哲学学院	刘放桐
	国际关系与公共事务学院	徐以骅
	数学科学学院	陈文斌
	信息科学与工程学院	陈良尧
	生命科学学院	李 辉
	基础医学院	汤其群
	妇产科医院	徐丛剑
	生物医学研究院	陆豪杰
第八届 （2018年）	经济学院	张 军
	国际关系与公共事务学院	臧志军
	物理学系	沈 健
	数学科学学院	薛军工
	生命科学学院	卢宝荣

(续表)

届次	院系名称	导师姓名
	高分子科学系	汪长春
	文物与博物馆学系	陆建松
	基础医学院	袁正宏
	儿科医院	周文浩
	妇产科医院	王红艳

注：资料由复旦大学党委研究生工作部提供。

第五节 优秀导学团队

导师和研究生所组成的导学团队在研究生培养和科研创新中具有关键作用，好的导学团队，不仅有利于学术研究和创新实践，更能充分发挥立德树人的作用，促进学生全面发展，达到"教学相长"的良好局面。为发挥导学团队的育人功能，促进导学关系和谐，培养良好的学风，自2017年起，复旦大学研究生院和党委研究生工作部联合组织开展了两届十佳"三好"研究生导学团队展评活动。

十佳"三好"研究生导学团队展评活动是学校推动良好的研究生导学关系建设的一项举措，通过前期宣传、现场展示评审和后期优秀风采展示等系列环节，挖掘和展示"学术研究好"、"人才培养好"和"文化建设好"的"三好"研究生导学团队，通过评选活动，助力营造优良的校风学风，促进优秀导学团队间的经验交流，引导导学关系的健康发展，为全校研究生导学团队建设带来有益的启示。

第一届十佳"三好"研究生导学团队介绍

1. 数学科学学院：应用偏微分方程导学团队

团队由李大潜院士领衔，成立于20世纪80年代。这是一支致力于人才培养及学术研究的导学队伍。

团队现已经出版的中英文专著、教材超过30本，科研论文达300篇，并搭建了中法两国第一个国际联合实验室LIASFMA。团队最重要的成果是科研人才的输出。团队培养的研究生超过120人、博士后超过20人。现有导师团队学术实力雄厚，包括中科院院士1人、杰青及长江学者1人、中科院百人计划1人、优青及青年长江学者1人、浦江人才计划1人。

团队的目标是：为一切有志的青年人提供一条成才之路！导学关系突破了"师傅带徒弟"的局限，采用"多对多"、国内外交互指导的模式，教学与科研并重。为夯实数学基础，院系开设了将近40门与偏微分方程（PDE）相关的研究生课程。数学科学学院科研的主要形式是讨论班和做报告,形式很简单——黑板、粉笔、思考和表达!学生在小讨论班上得到导师针对性的指导。而全组的大讨论班定在每周五早晨,最新的成果通过 1 小时报告得以分享。团队重视国际交流,每年开设暑期学校与讲习班(Summer & Autumn School and Workshop),还输送学生赴法、美交流。

在文化上,这个团队严肃,有着对学术、对讲台的敬畏感——开学第一课,导师们不指名道姓却一针见血地点出学生在做人、做事中出现的问题,学生论文经导师细致修改;同时,这个团队温暖——每年的年夜饭,大家带着孩子、爱人回到这里,游戏、表演、互赠礼物,所以,团队培养的师生深知科研不易,却依旧愿意为之付出一辈子。

2. 物理学系:低维复杂物理体系研究组

低维复杂物理体系研究组是由复旦"浩清"特聘教授、物理学系系主任沈健教授领导的高水平科研队伍。课题组现有教授 2 人、副教授 2 人、科研助理 2 人、博士后 2 人、博士研究生 14 人、本科生 4 人。课题组在沈健教授提出的"working hard but do have fun"的人生信条指导下,务实创新,全面发展。目前课题组承担复旦大学首个国家重大科研仪器研制项目——电子自旋和自旋极化电流的时空演化成像系统,以及"量子调控与量子信息"国家重大研发计划——关联电子材料的自旋态限域调控与自旋电子器件应用。完成复杂电子体系的超敏量子调控的国家"973"计划以及国家基金委"单量子态调控"重大计划。

自 2010 年沈健教授担任复旦大学物理学系导师以来,言传身教,致力于培养全面人才。课题组每周召开的组会和读书会既总结了一周工作,又了解了国际发展前沿,同时注重国际视野培养,每年都会有成员出国交流和参加国际会议。课题组成立以来,发表高水平论文 10 余篇,毕业学生 9 人,多人获上海市和复旦大学优秀毕业生,出站博士后 5 人。在学术研究之余,课题组也会定期组织团队建设,如长跑活动、飞盘活动、出游活动等,让大家在繁重的科研之余强身健体、净化心灵,也让大家有更宽广的眼界,爱科研,爱祖国大好河山。

3. 化学系:李富友教授课题组

李富友教授长期立足国内,带领整个团队主要从事发光材料及其生物应用研究。利用交叉学科的平台优势,通过材料优化、成像系统开发和生物应用的拓展,系统地开展了上转换发光材料及其生物成像应用研究,提出上转换发光激光扫描显微成像方法,建立并发展了上转换发光活体成像、检测等生物应用方法,推动了上转换发光生物成像研究领域的快速发展。团队成员在国际高水平期刊已发表论文 100 余篇,已授权中国发明专利 10 余项,斩获多项国家级及省部级奖励。

在李富友教授看来,他将自己定位为一名"舵手",带领着一支近 20 人的学术船队扬帆远航,目标是将荧光生物成像技术运用于手术导航。李富友教授以身作则,辛勤工作,带动整个课题组建立良好的科研环境和生活氛围。在科研上,课题组注重培养学生的动手能力和不畏困难的科研素养,强调自主研发和创新意识,尤其注重彼此的合作互助,严格实施有效的实验室安全管理制度和学术诚信管理规范;在生活方面,有羽毛球混战、乒乓球比拼、扑克牌大战、周末聚餐等丰富的课外集体活动。既要敢于仰望星空,又必须脚踏实地。从科研取得成果到成果转化,这注定是一个漫长的过程。李富友教授将带领他的科研团队,力克重重困难,创造更多成果。

4. 生命科学学院:董爱武教授、沈文辉教授课题组

复旦大学生命科学学院董爱武教授、沈文辉教授团队组建于2007年,由两位导师主导的中法国际联合实验室是一支锐意进取、蓬勃发展的科研队伍。该团队目前包括2位教授、3位副教授、2位科研助理、4位博士后、9名博士研究生以及4名硕士研究生,共24人。团队主要以模式植物拟南芥和粮食作物水稻为材料,以国家重大需求为导向,长期致力于表观遗传调控的分子机制研究。近10年来可谓硕果累累,在国际权威期刊发表学术论文60余篇。

团队的两位导师注重团队的全面发展和成员综合素质的培养:①在科研方面,坚持每周例会,培养学生阅读、写作与演讲能力,并鼓励独立思考和创新思想,强调科研诚信、求真务实的科研态度。②在学术交流方面,资助学生参加国际、国内重要学术会议,并提供国际交流机会。③在团队文化建设方面,注重健全人格的培养,导师定期与学生谈心,为团队营造相互尊重、团结友爱的氛围;无签到等考勤制度,提供无压力的学习和工作环境,督促学生们养成自律的习惯;组织各种体育活动以提高身体素质,实验室一直保持每年两次大型户外活动的传统,以增进同学情与师生情。诚然,用科学改变生活任重而道远,他们依旧会目向星辰,脚踏实地,用一个真实的现在去开垦无数个美丽的未来!

5. 航空航天系:自主飞行与控制团队

航空航天系自主飞行与控制团队成立于2004年,目前有研究生12名,其中博士生7名、硕士生5名,有共产党员5名,2人担任兼职本科生辅导员。

课题组在自动空中加油控制系统设计、容冰控制系统设计、无人机自主空战、民用飞机双侧杆逻辑设计、声音识别与无人机控制、无人机编队设计与控制、高超音速飞行器控制系统设计、飞机气动参数识别、飞机总体效能评估等领域取得了丰硕的研究成果,为国产军民机的研制做出了重要贡献,在 *Journal of Aircraft*、*Aerospace Science and Technology*、*Journal of Control Science and Engineering* 等航空航天领域权威期刊发表多篇论文,近几年来,在美国航空航天学会(AIAA)组织的各类相关高水平学术会议、国际航空科学大会上连续宣读学术论文,扩大了研究团队在国际的影响力。

自课题组成立以来,已经培养了8名博士研究生、10名硕士研究生,组内航空报国氛围浓厚,多数研究生在毕业后进入国家重点单位从事航空航天事业,如中国商用飞机有限责任公司、中航工业成都飞机制造工业集团公司、中航发商用发动机有限责任公司、中国航空无线电电子研究所、上海航天局上海空间电源研究所等,多名毕业生获得上海市及校级优秀毕业生称号。

6. 高分子科学系：彭慧胜课题组

彭慧胜课题组致力于做一流的学术研究。团队在新能源领域做出了系统的原创性成果，发展出新型纤维状的能量转换与存储器件，提出并推进了智能纤维的研制，共发表学术论文180多篇（其中影响因子为10以上的有91篇），包括 Nature 子刊5篇、Adv. Mater. 37篇、Angew. Chem. Inter. Ed. 30篇、J. Am. Chem. Soc 6篇和 Phys. Rev. Lett. 1篇；获得国际、国内发明专利83项，其中有33项成功实现了技术转让。

彭慧胜课题组致力于培养有情怀的科学家，鼓励学生不但要有科学精神，更要有人文情怀；要做原创性的研究，成为某个领域的开创者。学生不仅有机会参加各类学术会议，还可与企业公司、政府部门交流，谋求成果转化的落脚点。导师经常性地指导学生的课题，也讨论学生的职业规划，从有利学生的角度提供建议和帮助。培养的学生中有1人获得国际纯粹与应用化学联合会青年化学家奖，4人获得美国材料研究学会优秀博士生奖。

彭慧胜课题组致力于弘扬创新的实验室理念，提出"勇于天真，敢于求实，严谨勤奋，追求卓越"的实验室文化。团队努力打造安全、快乐、互助的实验室氛围，从制度、理论、实践三方位强化安全；组织娱乐活动和集体出游放松身心；倡导老师与学生相互支持，与人合作不怕吃亏。

在彭慧胜老师的带领下，在孙雪梅、张波、王兵杰老师的联合指导下，彭慧胜课题组不断发展壮大，目前在读研究生有20多人。

7. 先进材料实验室：郑耿锋教授课题组

复旦大学先进材料实验室郑耿锋教授领衔的导学团队，经过6年多的发展建设，已成为一支学术研究精湛、人才培养突出、学风建设优秀的教学科研队伍，已培养博士7人、硕士9人。

郑耿锋教授团队非常注重学术科研建设，深厚的学术底蕴和高度的国际化是该团队的突出特点。团队成员已在国际著名学术期刊发表论文120余篇（包括 Nature 子刊4篇、J. Am. Chem. Soc. 8篇、Angew. Chem. Int. Ed. 6篇、Adv. Mater 5篇、Adv. Energy Mater. 9篇、ACS Nano 3篇、Nano Lett. 8篇、Adv. Funct. Mater. 1篇、J. Mater. Chem. A 12篇等），邀请出版专著4部，论文的总他引次数为8 000多次（h-index 40），其中，单篇引用在100次以上的有20篇，申请/授权国际专利7项，并有2项成果成功转让。

郑耿锋教授鼓励团队成员之间多沟通、多交流、多协作，团队养成了"传帮带"的优良传统。高年级的师兄、师姐总是乐意把自己的知识技能、实验经验等毫无保留地传授给低年级的师弟、师妹，帮助他们快速地适应科研工作。团队里同学间的相互帮扶、相互关照，使团队处处洋溢着温馨与快乐。团队每年都会举行素质拓展训练和新年晚会，郑老师带领团队师生走出实验室，拥抱大自然。大家在活动中进一步加深师生感情，增进同学友谊，团队的凝聚力和集体荣誉感也得到进一步加强。

6年的鞭挞磨砺，6年的实干创业，6年的厚积薄发，郑耿锋教授的团队已成长为一个众志成城、团结向上的课题组，一个勇于开拓、敢于挑战的大家庭。相信团队成员们会迎着朝阳，伴着晨风，积极进取，在祖国教育科研的事业上更进一层楼！

8. 基础医学院：脂代谢与代谢性疾病研究团队

脂代谢与代谢性疾病研究团队是一个由24人组成的大课题组，由汤其群教授领衔，包括副教授3名、博士后2名、博士研究生9名、硕士研究生10名。至今为止，已毕业研究生24人，先后获得国家奖学金11人次、上海市优秀毕业生2人。

课题组着眼"判代谢之美"，研究如何调控脂肪细胞的发育和代谢、诱导"健康脂肪"的产生，筛选出青蒿素等药物具有抵抗肥胖、改善代谢的作用并找到分子靶点。近年来，课题组陆续承担了大量国家重点和重大科学研究，研究成果在 *Cell research*、*PNAS*、*Diabetes*、*MCB* 等主流学术期刊发表，并于2015年获教育部自然科学奖二等奖。

在科学研究中，课题组邀请海内外的高级访问学者等科研人员，与同学们分享最前沿的科研进展，实验讲求上医"严格要求、严密组织、严谨态度"的"三严精神"，锻就良好的科研习惯，不断提高同学们的科研能力。在课余，汤其群教授鼓励学生全面发展自身能力，参与校内外公益志愿活动，让"使命感"和"责任感"成为植入基因的品质。

长期以来，在汤其群教授的带领下，课题组基本形成了"教学相长、精诚笃行、心系社会、相善其群"的良好氛围，成为了一支精诚团结、协作默契的导学团队。

9. 儿科医院：郑珊教授课题组

在复旦大学附属儿科医院，有这样一群年轻人，他们朝气蓬勃、心系患儿，在郑珊教授的悉心指导和带领下，为无数新生婴儿带来了第二次生命，使他们健康活泼地成长。郑珊教授导学团队主要从事胆道闭锁和先天性重大出生缺陷疾病的研究，迄今已培养硕士和博士各10余名，其中包括上海市优秀毕业生和复旦大学学术之星，目前在读4名博士和2名硕士研究生。课题组从基础和临床两大方向，对胆道闭锁的发病、进展、诊断和治疗等方面进行研究。2014年以来申请获得国家自然科学基金6项、上海市项目22项，经费共计606万元；发表论文100余篇，其中，40余篇被SCI收录，30余篇在国内外重要学术大会上发言；主编专著5部，副主编专著3部，主译专著1部；多次获得上海医学会科技进步奖。在国内首次制定符合我国国情的早期诊断标准、围术期规范化综合治疗方案，率先开展胆道闭锁终末期患儿肝移植治疗，研发大便探查APP，建立上海市胆道闭锁注册网络；成立小金人俱乐部（胆道闭锁病友会），为患儿和家庭带来温暖。在先天性畸形的诊治方面，郑珊教授带领团队创下国内微创技术年龄最小记录等多项"之最"，科研成果为临床工作提供了经济实用的新观点，并成功分离多对连体婴儿。工作之余，团队成员还在学校和医院内外的各项文化活动中脱颖而出，成为骨干力量。承载患儿眼中的天真和希望，郑珊教授带领团队的年轻人，把医术变成造福他人的仁爱之术。在医学的道路上，他们还将一如既往地走下去，因为他们坚信，这条路是对的，无论多远都不怕。

10. 妇产科医院：李大金教授课题组

"大金团队"由复旦大学附属妇产科医院副院长、国家重大研究计划首席科学家、博士生导师李大金教授领衔，陆续加入团队指导小组的老师包括杜美蓉研究员、朱晓勇主任医师、姚晓英主任医师、王凌研究员、李明清副研究员,已先后培养硕士、博士50余人。李大金教授于2015年获得美洲生殖免疫学会授予的被誉为世界生殖免疫学领域"奥斯卡"金像奖的生殖免疫学研究杰出成就奖,同时,团队争取到中国生殖免疫学会与美洲生殖免疫学会在上海联合组办2018年会议的资格,这也是美洲生殖免疫学会议第一次走出美洲、走进亚洲,为促进国际间交流、提升中国生殖免疫学国际学术地位做出了巨大贡献。

"从临床到基础,再从基础到临床"是大金团队的研究模式。团队致力于生殖内分泌-免疫调节、母胎免疫调节及生育免疫调节及临床诊治等方面的研究。研究成果得到国际学术界广泛认可,研究成果和学术论文多次发表在国际顶尖生殖生物学学术期刊,填补了国内一项又一项空白,并跻身国际生殖免疫学界前列。团队通过推广科研成果并将其应用于临床,在国内外率先开展了对免疫性不孕、子宫内膜异位、更年期综合征及反复自然流产等的临床工作,积累了丰富的临床诊治经验,破解了众多生殖免疫学难题,不但治疗效果立竿见影,其中,反复自然流产治疗的成功率已达90%,吸引了从全国各地乃至海外慕名而来的众多患者。

◆ 图7-5-1 第一届复旦大学十佳"三好"研究生导学团队

第二届十佳"三好"研究生导学团队介绍

1. 公共卫生学院:空气污染与健康研究团队

阚海东教授团队来自复旦大学公共卫生学院环境卫生教研室,包括教授1名、副教授2名、技术员1名、研究生14名。团队研究方向紧扣空气污染这一热点社会问题,学术研究成果丰硕,在学术界和媒体中形成较大影响,在公共卫生领域具有重大意义。

团队研究生具有较高的政治觉悟、道德品质和文化素养，14名学生中有9人为中共党员。学生们普遍成绩优良，科研成果优异，曾多次获得复旦大学国家奖学金、上海市优秀毕业生、复旦大学"学术之星"等荣誉。在学生面临升学、就业时，阚海东教授都会大力支持学生的想法并给予指导和帮助。

课题组氛围和谐友爱，常组织文体团建活动，促进团队凝聚力。在老师和历届同学的一致努力下，课题组文化得到了很好的传承与发展。

2. 信息科学与工程学院：智慧医疗超声创新团队

他得安教授领衔的智慧医疗超声创新团队现有师生共26人。近年来，在国家重大科研仪器研制等近30个项目资助下，在IEEE UFFC及UMB等领域权威期刊发表论文200多篇，申报专利17项。团队曾获世界医学生物超声联合会授予的"医学超声先驱者"奖及国家发明二等奖等30多项奖励。

导师们在引领学生科研的同时，十分关注学生身心健康与个人发展，定期举办愉悦身心的趣味运动会以及乒乓球、羽毛球等比赛项目，师生同场竞技其乐融融。他得安教授时常帮助学生排解生活中的困难，并邀请学生到家中做客，围坐在一起畅聊学术道路与人生规划。

团队的创新精神薪火相传，团队成员在全国性创新设计竞赛中屡创佳绩。研制的骨超声诊疗仪在2019年日内瓦国际发明展获得金奖，展现了团队全体师生勇于拼搏、敢于创新的科创精神。

3. 计算机科学技术学院：杨珉教授课题组

（1）科研能力强。国际权威的计算机学科评价指标（CS Rankings）显示，复旦大学计算机安全学科已跃居国内第一，团队对此贡献度排名第一。在信息安全领域发表国际顶尖会议论文数名列国内前茅，并承担多个国家重大项目，还与百度、华为、支付宝等知名企业紧密合作，科研经费超过3 000万。

（2）业界评价高。实验室打造的安全战队屡获各级夺旗（CTF）竞赛一等奖，多次受邀参加行业安全大会及颁奖典礼，其中包括百度、支付宝、360、小米等行业内认可度高的企业与安全社区。

（3）导学关系佳。科研的严肃认真并不能阻碍形成活泼轻松的导学氛围，导师们亦师亦友的支持是同学们科研道路上的不竭动力，团队成员间的鼓励为枯燥的学术生活注入了能量。他们因兴趣而相遇，因相遇而幸运。

4. 数学科学学院：动力系统导学团队

袁小平教授领衔的动力系统导学团队成型于21世纪初，严军教授、沈维孝教授、张国华教授、田学廷教授、梁振国副教授共同担任团队指导老师。团队在基础数学领域"甘坐冷板凳"，在动力系统框架下几乎所有分支都积极开展前沿学术研究，取得了国际认可的一流成果。

团队中包括长江学者2人、优青基金获得者1人,培养的研究生、博士后近50人,其中,多人已在清华大学、四川大学、上海交通大学、华东师范大学等知名大学担任教授或副教授。

动力系统团队不仅学术研究成果突出,人才培养效果良好,组内也充满温暖的人文气息。老师平时会与学生散步聊天、纾解压力,也会组织在校生和毕业生一起新年聚餐、增进交流。在这样的循环生息中,团队一直为中国和国际数学界输送杰出人才。

5. 脑科学研究院:痛觉实验室

脑科学研究院痛觉实验室主要关注临床上困扰广大患者的神经病理性疼痛和癌性疼痛的分子细胞机制及其与疼痛密切相关的情绪和情感记忆。课题组长由张玉秋教授担任,成员包括吕宁副研究员、曹红副研究员和王佩芬实验师。实验室现有博士后1位、硕士和博士研究生13位。脑科学近年已成为世界科学研究领域的前沿科学,"脑科学与类脑科学研究"作为重大科技项目被列入国家"十三五"规划。痛觉实验室所在的"脑科学前沿科学中心"获得教育部批准,成为国家"珠峰计划"首个前沿科学中心。实验室所在的脑科学研究院是"985"重点建设平台,医学神经生物学是国家重点实验室。实验室所关注的疼痛机制及镇痛领域是脑科学(神经科学)的重要研究方向。

实验室在科研上硕果累累。目前,主持在研国家自然科学基金委重点国际合作项目1项、面上项目4项、上海市领军人才项目1项和复旦大学先导项目1项,还以学术骨干身份参与国家重点研发计划项目课题1项。近5年,实验室在 Nature Neuroscience、Cereb Cortex、Journal of Neuroscience、Pain 等期刊发表论文32篇,其中,复旦大学为第一单位的有22篇、合作文章有10篇,上述文章多以实验室研究生作为第一作者。实验室导师参与完成两部学术著作,并担任多个学术期刊的副主编和编委工作。

6. 物理学系:计算物质科学教育部重点实验室

计算物质科学教育部重点实验室是一支由中国科学院院士龚新高教授所带领的高水平科研队伍。课题组现有博士后4人、博士研究生14人、硕士研究生4人。

自实验室团队组建以来,团队各位导师已指导组内学生发表高水平学术论文百余篇,并于2012年获国家自然科学奖二等奖。

导师们秉承严谨细致、创新求实的学术要求,常用"日成一事,方可有为"勉励课题组成员在科研工作中点滴积累、稳步前行。实验室团队对学生的培养突出"走出去"与"引进来"相结合,鼓励学生走向国际舞台,创造与学术名师交流合作的宝贵机会,全方位拓展组内学生的国际学术视野。

实验室团队组建至今,已有40余名博士生从团队中顺利毕业,其中,10余人在国内多所研究型大学中担任教授或副教授,成为国家学术创新研究的新生力量,使团队精神能够继续传承。

7. 华山医院：陈世益教授课题组

聚焦前沿，勇于创新，学术成果丰富。2018年度发表论文30余篇，其中有SCI论文23篇，累计影响因子为83.8。作为国际领先的"人工韧带"研究团队，正不断推进相关基础与临床研究，同时开展"Chinese-way"等具有团队特色并引起国际关注的特色研究。注重人才培养，鼓励多学科合作；积极搭建国际交流平台，资助学生参加学术大会；引导学生参加体育赛事保障，在实践中锻炼成长；培养学生全面发展，多名学生担任学生干部；发扬学科特色，多名学生在田径、健美、篮球、足球等体育赛事中取得佳绩。仅2018年团队中有2人获国家奖学金，3人获上海市优秀毕业生，3人获复旦大学优秀学生\学生干部\党员标兵称号，一半以上学生获得校级以上荣誉，成功包揽2019APKASS国际学会最佳论文一、二、三等奖。

8. 国际关系与公共事务学院：徐以骅教授课题组

徐以骅教授是国内宗教与国际关系研究的开拓者。多年来，徐教授率领的团队在以下领域取得了优异成绩：在科研领域，该团队创办了4种学术期刊，共出版学术专著、编著图书70余种，包括关于"一带一路"倡议的国内第一本学术专著，获得10余种重要学术奖项；在教书育人领域，在国内率先开设了宗教与国际关系的本科和研究生课程，培养了近百名硕士、博士研究生和博士后人员；在政策咨询领域，该团队成果突出，锻炼了一批青年智库人才，有效发挥了高校智库的功能，获得有关部门的充分肯定；在对外交流领域，注重扩宽学生全球视野，近3年来团队成员共30余人次赴海外学习交流、参与国际组织活动等，并邀请国外名家来校交流，发挥了团队在国际学术交流中的作用。

9. 公共卫生学院：新（再）发传染病和疫苗流行病学课题组

余宏杰教授领衔的新（再）发传染病和疫苗流行病学课题组，围绕严重威胁全球公共卫生安全和我国人民健康的新发传染病和疫苗可预防性传染病，运用多学科交叉技术，深入研究其传播动力学、流行病学参数、疫苗效力和成本效果等。团队实验室管理规范，获2018年复旦大学"标杆实验室"称号；重视学生科研能力培养，每周进行课题英文汇报；鼓励参加国内外学术会议，开拓视野；定期组织文体活动，形成健康、团结、紧张和创新的研究及生活氛围。自2017年余宏杰教授全职引进到复旦大学以来，团队以第一或通讯作者（含并列）发表SCI论文32篇，IF计216篇，包括 *Lancet Infectious Diseases* 2篇、*Nature Communications* 1篇。发表在 *Lancet Infectious Diseases* 的关于禽流感H7N9大流行风险评估的论文是ESI高被引论文，期刊同期还配发了专家述评。

10. 高分子科学系：丁建东教授课题组

丁建东教授的导学团队在生物医用高分子领域做出了系统的原创性成果，经过20余年的潜心积累，发展了热致水凝胶面向医学应用的新策略，为其技术成果转化解决了若干个重大科学难题；积极响应了国家推进科技创新创业和鼓励产学研相结合的号召，为高分子学科发展带来了新的路径,培养了学生的学术前瞻性与多样性,增强了团队的学术影响力。导学团队潜心培育交叉学科人才,丁建东导师不仅向学生们传授严谨务实的科研理念和科学素养,培养学生们扎实的科研技能与学术功底,还为学生们树立了积极的科研生活态度。导学团队用爱凝造了"叮叮咚咚大家庭",着力打造互信互助和团结友爱的实验室氛围,让团队中的每一个人都感受到"家"的融洽和力量。

◆ 图7-5-2　第二届复旦大学十佳"三好"研究生导学团队

第八章

研究生招生

第一节 持续扩大招生规模

复旦大学研究生招生始于1923年。据统计,新中国成立后1949—1965年全校文理科共招收培养研究生651人;原上海医科大学研究生教育始于1947年,1947—1966年共招收培养研究生227人。在1978—2018年的40年里,复旦大学累计招收学历教育研究生10.69万人,其中博士生为2.72万人,硕士生为7.97万人(含研究生班研究生479人)[①]。按照不同的时代背景及阶段特色,1978年后的复旦大学研究生招生工作发展可划分为4个重要时期。

一、初创试点发展时期(1978—1988年)

1978年是中国改革开放和恢复研究生教育的第一年,也是复旦研究生教育里程碑式的起点。连同1977年所招收的15名研究生,1978年共计招收203名研究生。1981年中国正式实施学位制度,复旦大学首批招收22名博士生。1984年,国务院首次批准包括复旦大学、原上海医科大学在内的22所高等学校试办研究生院,标志着复旦大学的研究生教育步入更加重要、更加全面的发展阶段。至1988年,复旦大学共招收研究生4058人,其中博士生为375人,所占比例为9.24%。

二、积极建设发展时期(1989—1998年)

1989—1998年是积极探索改革与发展的10年。为适应由计划经济向市场经济的转变,复旦大学开始注重培养经济建设和社会发展需要的各类高层次应用人才,大力发展专

---

① 详见附录6:《1978—2018年复旦大学学历教育研究生招生数统计表》(含2000年前原上海医科大学)。

表 8-1-1　1978—1988 年招收学历教育研究生情况统计表　　　　（单位：人）

年度/类别	硕士生（含研究生班）	博士生
1978	203	0
1979	164	0
1980	52	0
1981	154	22
1982	166	14
1983	250	3
1984	444	53
1985	630	34
1986	562	65
1987	527	90
1988	531	94
合计	3 683	375

注：数据来源于《复旦大学百年志》(1905—2005 年)第 806、808 页，未含合并前的上海医科大学招生数据。

业学位研究生教育。1991 年，经国家教育委员会批准，复旦大学招收第一批学历教育工商管理硕士学位研究生(MBA)。1995 年，国家教委首次对全国 33 所研究生院进行评估，复旦大学被首批批准为 10 所正式建立研究生院的单位之一。1998 年，经过 20 年的努力与实践，复旦大学的研究生招生规模又上新高，年招收研究生达到 1 371 人，其中博士生为 358 人。此 10 年中复旦大学共招收研究生 8 637 人，其中博士生为 1 858 人，所占比例上升至 21.51%。

表 8-1-2　1989—1998 年招收学历教育研究生情况统计表　　　　（单位：人）

年度/类别	硕士生（含研究生班）	博士生
1989	407	63
1990	445	64
1991	436	89
1992	485	127
1993	683	143
1994	901	163
1995	632	266
1996	838	296
1997	939	289

（续表）

年度/类别	硕士生（含研究生班）	博士生
1998	1 013	358
合计	**6 779**	**1 858**

注：数据来源于《复旦大学百年志》(1905—2005年)第806—808页，未含合并前的上海医科大学招生数据。

三、创新与持续发展时期（1999—2008年）

自1999年开始，专业学位的发展更加迅速，复旦大学先后在法律硕士、公共管理硕士、工程硕士、公共卫生硕士等学科专业招收学历教育或非学历教育的专业学位研究生。2000年，两校合并后的复旦大学通过学科交叉与联合，实现了优势互补、资源共享，提高了办学效率，为研究生教育提供了新的发展机遇，研究生教育规模步入改革创新与持续发展阶段。在连续4年的高增长率后，2003年后招生规模进入稳步发展阶段，并开始着重进行内部结构性调整和过渡。此10年中复旦大学共招收学历教育研究生34 026人，其中博士生为10 039人，所占比例上升至29.5%。

表8-1-3　1999—2008年招收学历教育研究生情况统计表　　（单位：人）

年度/类别	硕士生	博士生
1999	1 209	452
2000*	1 852	804
2001	2 320	946
2002	2 435	1 039
2003	2 528	1 063
2004	2 665	1 154
2005	2 632	1 119
2006	2 680	1 141
2007	2 733	1 144
2008	2 933	1 177
合计	**23 987**	**10 039**

注：① 自2000年起表中的数据为复旦大学、上海医科大学合并成立新复旦大学的数字。
② 1999—2004年数据来源于《复旦大学百年志》(1905—2005年)，第807、808、813页。2005—2008年数据来源于《复旦大学年鉴》(2006—2009年)。

四、突破与高速发展时期（2009—2018年）

此10年中招生方式的突破与创新，令复旦大学招生工作迈上一个新的台阶。2009年，《教育部关于做好2009年全日制专业学位硕士研究生招生计划安排工作的通知》(教发〔2009〕6号），明确"2009年在已下达的研究生招生计划基础上，增加全日制专业学位硕士研究生招生5万名"，标志着2009年开始全类别启动全日制专业学位硕士研究生招生工作，当年学校上报增招计划700人，实际完成增招471人。2009年以后，随着"申请-考核制"的推广与发展，"长学制"与"推免生"学生数量增加，复旦大学研究生的生源质量有了更高的提升。自2017年开始，非全日制研究生招生实行单双证并轨，学历研究生招生数量又有了一个新的飞跃。2018年，国务院学位委员会办公室《关于转发〈工程类博士专业学位研究生培养模式改革方案〉及说明的通知》（学位办〔2018〕15号），明确"将工程专业学位类别调整为电子信息等8个专业学位类别"，标志着2018年开始所有工程类启动全日制专业学位博士研究生招生工作，当年学校招收工程博士141人。在这些改革措施的共同推动下，复旦大学研究生招生数量实现了高速突破与发展。2018年，复旦大学共计招收中国内地学历教育硕士研究生6 022人，其中全日制研究生为4 191人，非全日制研究生为1 831人；招收学历博士生2 123人，其中全日制研究生为2 074人，非全日制研究生为49人。除上述中国内地研究生外，共招录港澳台地区硕士研究生94人、博士研究生6人，合计100人；招录外国籍硕士研究生384人、博士研究生64人，合计448人，招生规模在中国高校中排名前列。这10年中共招收学历教育研究生60 221人，其中博士生为14 955人，占24.83%，期间招收和培养的研究生数量已经超过了1978—2018年40年总数的一半。

综上，40年来，复旦大学研究生招生从恢复到快速发展，在时代发展的浪潮中，充分发挥了自身优势与特色，将研究生招生数量与质量都推上了一个新的高度。

表8-1-4 2009—2018年招收学历教育研究生情况统计表　　　　　（单位：人）

年度/类别	硕士生	博士生
2009	3 597	1 200
2010	3 836	1 223
2011	4 046	1 236
2012	4 008	1 364
2013	4 155	1 508
2014	4 191	1 384
2015	4 386	1 405
2016	4 433	1 631
2017	6 114*	1 811
2018	6 500	2 193
合计	**45 266**	**14 955**

注：① 2017年，非全日制研究生招生实行单双证并轨，招生总数增幅显著，当年硕士招生人数中包括非全日制硕士生1 607人（全部为专业学位）。

② 2009—2014年数据来源于《复旦大学年鉴》（2010—2015年），2015—2018年数据来源于《复旦大学年鉴》（2016—2019年）（送校办稿）。

五、2000年前原上海医科大学研究生招生情况

2000年以前,并校前的原上海医科大学研究生招生也经历了迅速的恢复与发展。1978年招收硕士研究生146人,1981年招收了首届博士研究生。1978—1999年共计招收研究生5 049人,其中博士研究生为1 463人,占28.98%。

表8-1-5 上医1978—1999年招收学历教育研究生情况统计表 （单位：人）

年度/类别	硕士（含研究生班）	博士
1978	146	0
1979	122	0
1980	50	0
1981	62	8
1982	81	3
1983	82	6
1984	122	20
1985	216	35
1986	199	55
1987	200	54
1988	161	66
1989	159	53
1990	167	52
1991	156	73
1992	162	93
1993	198	88
1994	204	106
1995	205	128
1996	230	153
1997	205	142
1998	226	159
1999	233	169
合计	3 586	1 463

注：1978—1993年数据来源于《上海医科大学研究生教育概览》(1994年)，1994—1998年数据来源于《上海医科大学年鉴》(1998年)，1999年数据来源于《上海医科大学年鉴》(1999年)。

第二节　优化调整招生结构

40年来除了招生数量与规模的突飞猛进,复旦大学招生结构始终在不断地调整与优化中。

一、调整招生结构,增加专业学位研究生招生数

根据教育部统一部署,2009年复旦大学在法律硕士、工程硕士、临床医学硕士、口腔医学硕士、会计硕士、汉语国际教育硕士、翻译硕士7个专业学位增招全日制专业学位硕士研究生471人,由此2009年专业学位硕士研究生(学历生)招生总量首次超越千人,达到1 145人,占全校3 597名硕士研究生(学历生)的31.83%,较2008年增加了11.69%;2010年获批12种专业学位招生类别;2011年新增金融、国际商务、新闻与传播、文物与博物馆、护理、药学、旅游管理7种硕士专业学位招生类型;2012年又新增税务、保险、学科教学、出版4种硕士专业学位招生类型,至2012年大陆地区学历硕士生中含学术学位招生人数为1 756人、专业学位招生人数为1 913人,专业学位招生人数首次超过学术学位招生人数,研究生招生结构得到进一步调整。至2018年,学校已在27个硕士专业学位领域开展招生工作,目前在国家批准学校的专业学位中,所有专业均已招生。

二、大力推进工程博士招生改革发展

根据国务院学位委员会《关于下达工程博士专业学位授予单位名单的通知》(学位〔2011〕72号),复旦大学获准自2012年起在电子与信息、生物与医药2个领域开展工程博士招生工作。2012年,学校首次面向全国招收工程博士生11人。工程博士招生为进一步调整与完善专业学位招生结构迈出了一大步。2018年,复旦积极响应国务院学位委员会办公室《工程类博士专业学位研究生培养模式改革方案》(学位办〔2018〕15号),大力推动工程类博士专业学位研究生教育改革发展,在工程博士招生规模与招生方式上做出重大突破,招生人数达到141人。

表8-2-1　工程博士招生数量统计表　　　　　　(单位:人)

年度	招生数量
2012	11
2013	16
2014	12
2015	7
2016	12
2017	9
2018	141

注:数据由复旦大学研究生院招生办公室提供。

三、统一组织实施全日制和非全日制硕士研究生招生录取

根据《教育部办公厅关于统筹全日制和非全日制研究生管理工作的通知》精神,复旦大学全日制和非全日制研究生考试招生依据国家统一要求,执行相同的政策和标准。学校在2017年研究生招生简章中明确了学习方式、修业年限、收费标准等内容,考生根据国家招生政策和学校招生简章自主报考全日制或非全日制研究生。2017年共计录取非全日制研究生1607人,全部为专业学位硕士研究生。

第三节　多样化的招生方式与宣传活动

一、多样化的招生方式

在招生方式的探索上,复旦大学始终秉承客观实际的态度,以发掘优秀人才为最高宗旨,根据时代特色,不断探索创新、合理的招生方式。积极推进一系列招生方式改革,如进一步深化复试工作改革;努力构建类型及层次结构分明、规模结构合理、学缘结构协调的研究生生源结构;进行博士生招生选拔办法改革等。

◆ 图8-3-1　2009年6月研究生招生改革研讨会

(一)施行两院院士与杰出教授自主招生

1999年底,学校根据部分院士的提议,拟定《复旦大学两院院士与杰出教授自主选拔和招收博士研究生试行方案》,经教育部批准于2000年开始实施。根据该方案,复旦大学的两院院士和杰出教授等可以自定考试方式及考试内容来选拔招收博士生。这样的自主招生模式极大地调动了两院院士与杰出教授的招生热情,也最大限度地保障了优秀生源进入复旦大学就读。

表8-3-1 自主招生录取博士生情况统计表　　　　　　（单位：人）

年度	招生数量	年度	招生数量
2002	11	2011	10
2003	12	2012	15
2004	23	2013	9
2005	43	2014	12
2006	40	2015	9
2007	28	2016	14
2008	37	2017	18
2009	21	2018	9
2010	26	合计	**337**

注：数据由复旦大学研究生院招生办公室提供。

（二）"申请-考核制"的推进与完善

在国内高校中，复旦大学率先通过"申请-考核制"选拔办法优选博士研究生。自2007年1月起，学校在上海医学院试行博士生招生的"申请-考核"制度：首先，将以往"以上海医学院和医院等单位招生"改为"以上海医学院各学科或系为单位招生"；其次，将医学博士生入学方式由过去的全校统考改为考生本人申请、院系组织专家组针对性复试考核的选拔方式；2008年，博士生招生的"申请-考核制"改革继续在上海医学院试点；2009年将试点范围扩大到数、理、化、生、药、卫生等基础学科及平台，具体操作方案因学科而异，不

◆ 图8-3-2　2008年5月复旦大学博士生招生改革研讨会

求一刀切,重点在于强化对考生综合素质和科研能力的考查;2010年博士生招生的"申请-考核制"改革试点工作推广到所有理、工、医学科。

此项选拔方式改革,进一步完善了医学学科研究生培养体系,增强了院系的招生自主性,令博士生招生考试由注重书面考试向强调科研能力和综合素质考查转向,符合博士生培养规律,同时,强化专家的学术管理职能,提高导师的带教积极性,对提高研究生生源质量有积极促进作用。通过改革,博士研究生生源质量稳步提高,从2006年到2010年,录取考生中来自"985"高校的生源比例从59.83%提高到68.91%,提高了近10个百分点。

经过数年的努力与探索,"申请-考核制"招生人数也取得了极大的量的突破。2018年,以"申请-考核制"(包括直接攻博、硕博连读和普通招考的"申请-考核制")入学的学生已超过录取总数的87.94%,以传统考试制方式入学的学生比例在13%以下。今后"申请-考核制"的应用范围将进一步扩大,预计到2020年,复旦将在博士生招生中全面实现"申请-考核制"。通过推广"申请-考核制"、"长学制"、硕博连读、直博生经验,强化了对科研创新能力和专业学术潜质的考查,让导师真正招到对科研具有浓厚兴趣与培养潜力的学生。

此后,为进一步完善该评审体系,复旦大学也做了大量的尝试与改进措施。2017年,医学学位与研究生教育管理办公室确定新的医学博士生招生材料评审体系,开展博士评审系统网络终端更新,并在2017年度博士生招生过程中使用。新体系评分标准更加合理完善,更加有助于公正、公平地选拔出优秀的博士研究生。

表8-3-2 2016—2018年"申请-考核制"招收博士生人数统计表(中国内地学生)

(单位:人)

年份/类别	所有"申请-考核制"招收博士生人数(包括直接攻博、硕博连读、普通招考的"申请-考核制")	当年招收博士生总数	"申请-考核制"招收博士生所占比例
2016	1 312	1 559	84.16%
2017	1 474	1 713	86.05%
2018	1 867	2 123	87.94%

注:数据由复旦大学研究生院招生办公室提供。

(三)"长学制"的推出与探索

2011年,复旦大学在巩固和完善"申请-考核制"博士生招生制度基础上,进一步推出"长学制"招生改革举措,在数学科学学院和物理学系试点"长学制"招生改革。"长学制"招生改革的目的在于真正建立起研究生教育的分流、淘汰机制,落实5年一贯制研究生培养模式,在已有基础上提出本—硕—博贯通式研究生招生培养改革计划。2011年录取直博生252人,较2010年的135人增长了86.7%,直博生比重的大幅提高主要就是源于数学、物理两个学科的"长学制"招生改革。2012年,进一步落实"长学制"招生改革举措,在数学科学学院和物理学系试点"长学制"招生改革的基础上,增加脑科学研究院为改革试点单位。2013年学校在数学科学学院和物理学系继续试点"长学制"博士生招生改革。此后,通过数年的"长学制"试点与探索,直博生的比重得到了明显提高,生源质量得到了显著增强。

(四)联合招生的全新尝试

为了积极推进博士研究生招生改革,复旦大学始终不懈地寻求与探索全新的招生模式。根据教育部印发《高等学校和科研机构开展联合培养博士研究生工作暂行办法》的通知,2012年与中国医药工业研究总院(原上海医药工业研究院)联合培养博士生5人,2013年起每年联合培养博士生12人;2014年起每年与中国工程物理研究院联合培养博士生10人。

2017年,复旦大学和浙江西湖高等研究院跨学科联合培养博士研究生项目在数学(0701)、物理学(0702)、生物学(0710)、计算机科学与技术(0812)、基础医学(1001)等5个一级学科开始招生,共计录取博士研究生19人。根据《教育部办公厅关于同意复旦大学和浙江西湖高等研究院跨学科联合培养博士研究生项目招生方式的批复》(教学厅函〔2017〕23号),应届本科和硕士毕业生以及学士、硕士学位获得者,均可报考复旦大学和浙江西湖高等研究院跨学科联合培养博士研究生项目。这是一次大胆的招生改革创举,为吸引优秀人才提供了开放的招生平台与报考可能,全新的招生方式与培养模式令此项目引发了强烈社会关注。2018年,复旦大学-西湖大学联合培养博士生项目继续推进,共招收博士研究生47名。

(五)不拘一格、敢为人先的招生举措

复旦大学研究生招收工作拥有海纳百川的气魄。从2013年开始,复旦大学承担了3届喀什地区第二人民医院的人才培养任务,共招录定向培养研究生51人,为该院学科建设、医疗水平、民族团结提供了支撑和促进;从2018年起,复旦大学开始承担定向西藏公共管理人才培养任务,每年培养西藏定向研究生40名;近10年来留学生招生数量稳固增长,且与许多国际知名高校紧密合作,致力于打造高规格留学生专项招生计划,来自国际顶尖高校的留学生比例显著提高。复旦大学扎根中国大地,为上海、为中国、为世界的研究生教育培养、为人才强国事业释放自己的热情与能量。

2009年6月,复旦大学出土文献与古文字研究中心录取了38岁的高中学历的辽宁锦州工人蔡伟为博士研究生,成为当时社会广泛关注的热点。这显示了复旦大学博士生招生改革的成效,体现了学校"不拘一格"选拔和培养高水平人才的育人理念。其实早在1978年9月24日的《解放日报》上,就刊登了一则名为"为了早出人才、快出人才,复旦大学破格录取研究生"的新闻,其中写道:"复旦大学今年招收研究生,贯彻早出人才、快出人才的精神,打破常规,经过严格考试,录取物理系一年级学生钱国新为理论物理专业研究生、中文系二年级学生陈尚君为中国文学史专业研究生、历史系二年级学生汤奇学为中国思想史专业研究生。"复旦大学研究生破格录取传统由来已久,正体现出复旦对于优秀人才的渴求与尊重,以及对于选拔人才的魄力与远见。

二、各具特色的招生复试方式

硕士研究生招生考试过程主要分为初试和复试,初试一般采取传统考试制度,包括全国统考、联考、单独考试等。复试工作是研究生考试招生的重要组成部分,是保证选拔质量的重要环节,更能体现学校的人才选拔理念和特点。学校实行多样化的复试形式,根据不同的专业特色及考生类别,有面试、笔试、面试加笔试或加实验操作(临床能力考核)等。复试方式各具针对性和侧重点,才能更为科学、公平、合理地选拔出优秀的人才。

此外,学校鼓励有条件的院系实行"双盲"面试、"结构化面试"。例如,经济学院自2012年起,在硕士研究生招生复试中试行"双盲复试"机制:考官与考生在复试当天通过现场抽签,随机确定面试地点,并在下午复试开始前,对参加全天复试的考官进行随机换组。"双盲复试"进一步完善了学院研究生招生复试工作制度,加强了复试工作的规范管理,有效地保证了复试结果的公平公正。

(一)文学类专业:面试加笔试的传统组合

专家小组面试是复试的主要方式,但部分院系也会根据不同的考察需求,在复试中加入笔试。例如,国际文化交流学院自设立汉语国际教育硕士点以来,在复试形式上始终采用"笔试+面试"的方式。初试和复试均有笔试,但侧重点有所不同,在考察目标上形成互补。初试阶段的笔试,主要考查考生对于本专业领域的基础知识和基本技能,复试阶段的笔试,主要考查考生在所给材料和案例基础上发现问题、分析问题、解决问题的能力。复试阶段的笔试和口试(面试)在考查目标上也形成互补,笔试部分考查的是考生对一个问题比较系统、全面的分析能力,口试(面试)部分考查的是考生的思维敏捷性、创新思维能力、对于本专业的情感态度,以及考生的综合素养和人际沟通能力。之所以采用这样的复试方式,是考虑到考生对一个问题比较系统、全面的分析,需要基于一定的材料和一定的准备时间,仅仅口头问答的话会有局限性,所以,在复试中不得不再次采用书面答题的形式。10多年来的经验证明,这一做法有利于更加准确、全面地判断学生的水平,也有利于避免面试中主观因素所带来的负面影响。

◆ 图8-3-3 国际文化交流学院复试笔试现场

◆ 图8-3-4 国际文化交流学院复试面试现场

(二)理工医类专业:注重实践技能操作

理工科的专业内容更新换代非常迅速,并且具有较强的实践性,因而在这些专业的复试过程中,往往会加入对考生实践技能操作的考查。例如,计算机科学与技术学院针对计算机学科的特点,自 2009 年起,在硕士复试过程中就采用了上机考试的方式,考试内容主要为程序设计、数据结构和算法。这种方式可以有效地对学生的编程动手能力进行考核,弥补笔试环节考核方式的不足,实现对学生的理论水平和基础技能的全面考核。实践性也是医学类专业的特色,因此,在复试过程中有不少院系专业都要加试实践能力。例如,基础医学院要进行实验操作技能考核,护理学院要进行基础护理操作技能考核,临床医学院要进行临床能力考核,等等。对应届毕业的考生,着重考核其应用专业知识分析和解决实际问题的能力或实验技能等;对在职报考的考生,着重考核其专业基础是否扎实,以及了解其工作中的成果等。这样的考核方式,更有助于全面了解考生的实际能力与资质。

◆ 图 8-3-5　计算机科学与技术学院复试上机考试现场

(三) 管理类专业:实行预审制度

　　管理类专业的复试方式与其他文理医工学科有所不同,并非在初试完成后再挑选考生进入复试,而是在初试之前就对报名考生进行预审,先行对考生的报考资格条件和背景进行考查,从而判断申请者与报名项目的匹配度。自 2009 年起,复旦大学管理学院工商管理专业学位硕士(MBA)项目在国内率先推出全面提前预审政策,对所有申请者实行材料预先审核。这一改革措施被中国 MBA 院校纷纷效仿。复旦大学的研究生招生预审方案规定:申请复旦 MBA 项目的考生在联考之前参加预审,预审背景评估结果良好和优秀的考生可参加小组和个人面试,面试结果分为优秀、良好和一般 3 种结果。面试中个人面试及小组面试考查学生是否具有良好的专业素质、职业素养、心理素质和团队意识,以此评估学生是否能在未来的学习中充分投入。项目将综合考生的背景评估、小组面试和个人面试的结果给予 A\B\C 3 条不同录取分数线,并据此设定相应的初试联考分数线。项目在国内还针对上海以外的申请人和国际申请人进行网络视频面试,极大地方便了申请人报考。为方便学生及时申请MBA项目和及时评估,项目全年共举行4轮预审面试。除MBA外,学校实行预审制的专业还包括专业会计硕士(MPAcc)、旅游管理专业硕士(MTA)等。

◆ 图8-3-6 管理学院MBA预审等候现场

◆ 图8-3-7 管理学院MBA预审候考室

（四）专项特色复试

复旦大学研究生招生工作积极承担社会责任,促进教育公平,响应国家号召,落实国家支援西部地区和少数民族教育要求。从2018年起,复旦大学被教育部指定为全国首批培养新疆、西藏公共管理人才的8所高校之一,承担定向西藏公共管理人才培养任务,每年培养公共管理硕士(MPA)西藏定向研究生40名。学校对此高度重视,为了更好地选拔和培养人才,降低西藏考生面试的交通和时间成本,2018年4月,专门派遣研究生院以及国际关系与公共事务学院教师赴西藏拉萨进行笔试、面试以及考生资格审查工作。所有复试程序严格参照《2018复旦大学公共管理专业学位硕士研究生复试实施细则》,并与复旦大学本部MPA考生的复试程序和要求保持一致。

◆ 图8-3-8 复旦大学复试小组教师在拉萨

◆ 图8-3-9 拉萨复试现场

三、丰富多彩的招生宣传活动

宣传工作是推进招生工作的一面旗帜,也是招生工作的重要环节,是吸引和发现优秀生源、持续提高生源质量的重要手段。复旦大学一直非常重视招生宣传,从2013年起,将过去于9月展开的各线招生宣传工作全线前移至6月展开,时间差的推进更有利于带来先声夺人的有效能动性。每一年度的招生宣传活动都通过学校、院系和研究生导师等多个层面积极开展。首先,研究生院组织集中宣传,主要面向重点高校在校生开展宣讲活动,宣传学校研究生教育现状,推广学校研究生教育品牌。其次,鼓励院系组织集中宣传,以各院系优质生源集中的地区、高校和科研院所为重点对象,有计划地组织实施,研究生院给予一定的宣传经费支持。第三,院系可分批次选派研究生导师独立开展招生宣传,鼓励导师利用科研会议等机会开展招生宣传,研究生院根据院系和导师需要协助参与相关工作。

此外,积极利用现代网络宣传技术,全方位、多渠道开通宣传途径:2011年开通"复旦大学研究生招生"官方微博,截至2018年底,关注人数已近47 000人;2016年开通"复旦大学研究生招生"官方公众微信号,并于2017年更名为"复旦大学研究生教育",积极推广招生及其他研究生教育信息,截至2018年底,关注人数已近38 000人;2018年10月,全新的"复旦大学研究生招生网"上线发布,拥有了更优美的显示界面与更快捷的操作平台。这些现代化的宣传方式,都令研究生招生宣传工作更贴近当代高校学生,获得了良好的宣传效果。

◆ 图8-3-10 2019年度研究生招生宣传活动

◆ 图 8-3-11 2019 年度研究生招生宣讲会

第四节 健全和规范招生管理制度

复旦大学一直积极致力于提高招生管理与信息考务工作的效率与水平。现代科学技术的日新月异,尤其是计算机与网络技术的高速发展,给研究生招生工作的规范化与精细化提供了可能。

一、招生管理信息系统的建成与完善

招生管理信息系统的建成与完善,是提高招生工作效率的坚实保障。自 2000 年开始,复旦大学就采用计算机信息化的手段采集考生的报考信息,与此同时,应用网络技术为招生服务,开发与建设研究生院管理信息系统中的"招生部分";2003 年,在博士生招生方面开始网上报名、网上查询等尝试;2009 年,进一步完善博士生网报系统,并新建了硕士推免生系统;2010 年,构建了新的博士生网报收费平台;2012 年,复旦大学报名点在招生考研报名中首次将"现场确认"改为"网上确认"。2013 年 12 月,"研究生报考服务系统"和"研究生招生管理系统"的验收通过,标志着学校研究生招生管理信息系统基本建成。这些改革都有利于方便考生进行报考与确认信息,也极大提高了招生工作端的工作效率。此后,复旦大学不断地根据新的技术发展,对系统进行维护、更新与功能拓展。2018 年,全新的研究生招生管理系统模块上线使用,为考生和工作人员都带来更方便快捷的使用体验。

二、考务工作的标准化与现代化

早在 20 世纪 80 年代,复旦大学就把电脑技术引入招生考务工作,并逐步在报名、考务、试卷管理、录取审核、统计报名等招生环节,不断加强计算机的辅助管理功能。随着现

代化技术的发展,传统考务工作也逐步发展为现代化的考务工作模式。2013年,学校标准化考点五大系统(网上巡查系统、视频指挥系统、考生身份识别系统、作弊防控系统、综合业务系统)全部建成并投入使用,同时建成使用考场指令播放系统,实现了考务工作标准化重要的一步。

技术手段的提升也给传统监考模式带来了调整。为应对严峻的研究生考研形势,促进考试公平,从2014年开始,对考务人员的培训工作变得更加专业化、精细化。研究生招生办公室组织多场考务人员考前培训会,印发《2015年全国研究生入学考试复旦大学监考负责人及巡考人员培训会材料汇编》、《考场实施程序》、《监考员职责要求》等书面材料,播放监考培训专题录像片;协同纪委监察处,共同强调"复旦大学考试工作纪律",并首次组织监考人员业务知识考试,切实提高考试考务工作效率和管理水平。此后,考务培训更为严格、规范,为复旦大学考点始终守正笃实的考场正气奠定了良好基础。

三、规范程序,健全监督机制

2000年复旦大学开始实行研究生教育两级管理;2001年修订《复旦大学研究生招生工作暂行规定》,明确研究生招生两级管理中校、院系各级的权责,规范招生程序,强调破格复试、破格录取等重大事项必须由院系招生领导小组提交校纪委、监察处、研究生院院长联合办公会议讨论决定;2002年,成立由校党委、行政、纪委、监察处和研究生院多方参与组成的校研究生领导小组;2016年,修订《复旦大学研究生招生工作领导小组议事规则》,重大事项由领导小组集体研究或审议决定;2017年,加强招生工作文件修订,制定并通过《复旦大学试行自主选拔招收博士研究生工作实施办法》,进一步规范博士研究生自主招生工作,制定《复旦大学研究生招生考试自命题工作管理办法(试行)》,进一步规范自命题工作。复旦大学始终严格遵守教育部、上海市相关规定,加强和改进招生工作各环节的管理与监督,持续推进招生工作规范化建设。

四、推进医学招生管理及医学学术学位分类考试改革

为提高复旦大学医学研究生招生的针对性、强化医学招生管理工作,从2013年开始,在编制招生计划时,落实医学招生相对独立原则,招生计划配置和复试名单审核等由上海医学院相对独立运作,并增加了上海市影像医学研究所为独立招生单位。

此外,根据教育部《关于推进临床医学、口腔医学及中医专业学位硕士研究生考试招生改革的实施意见》及《全国临床医学类专业学位硕士研究生考试招生改革工作培训会上的讲话》精神,自2017年起,医学学术学位研究生招生考试科目由招生单位自主命题。医学学位与研究生教育管理办公室组织医学学术学位分类考试工作,围绕考查医学专业素养和科研创新潜质落实要求,促进科学选才,完成医学学术学位研究生考试的自命题工作。

恢复研究生教育40年以来,复旦大学的招生工作逐步发展,不断改革,建立和形成了具有复旦特点的研究生招生工作特色。今后,复旦大学将坚持走内涵发展的道路,以提高服务社会和国家重大战略需求的能力为目标,以培养机制改革为抓手,不断深化研究生教育改革,助力复旦大学创建"双一流"高校,为国家招收、培养更多高素质创新型人才。

第九章 研究生培养

复旦大学始终紧盯学科专业发展趋势,主动适应社会经济发展需要,不断探索、锐意改革,创新研究生培养体制机制,构建形成多层次、多类型的人才培养体系。近年来,学校根据"双一流"建设目标,致力于打造"中国特色、世界一流"的研究生人才培养新体系,努力培养更多具有国际竞争力的高层次学术创新型人才和具有职业素养及创业精神的高层次专业型人才。

第一节 培养方案与分类培养

一、紧跟时代变迁,及时修订研究生培养方案

解放之初,国家恢复研究生教育,百废待兴。1953年11月,教育部印发《高等学校培养研究生暂行办法(草案)》,其明确的培养要求是"研究生毕业后能讲授本专业一两门课程和有一定的科学研究能力"。1963年1月,《高等学校培养研究生暂行工作条例(草案)》对研究生的培养目标进一步细化,要求"更深入地掌握本专业的基础理论、专门知识和基本技能,熟悉本专业主要的学科发展趋势;掌握两门外国语;具有独立地进行科学研究工作和相应的教学工作的能力"。复旦大学在国家《关于制订研究生专业培养方案的几点意见》的指导下,开始修订、调整并形成较为稳定的培养方案框架体系。历年来,学校结合研究生教育实际,分别于1978年、1983年、1988年、1993年、1998年、2006年、2016年、2018年多次开展研究生培养方案的制订和修订工作。

1978年,正逢恢复研究生教育的重大历史机遇,学校组织有研究生招生权限的学科专业,于当年2月至6月间陆续制订出研究生培养方案,研究生教育得以"纲举目张",学校确立按二级学科(专业)培养研究生的基本框架,形成了稳定的硕博两个层次、以硕士生为主的研究生培养层级,确立了课程学习与科研训练并重的培养模式。

此后,学校基本上每隔 5 年进行一次研究生培养方案的系统修订,紧贴时代需求,完善培养体系。例如,1988 年的培养方案修订,在按二级学科培养研究生的基本框架基础上,要求各学科专业进一步按研究方向制订研究生的培养计划,加大了研究生实践能力的培养要求。1998 年的培养方案修订,对培养方案中的课程设置,尤其是课程类别设置作出了具体要求,充分体现了重基础、宽口径、系统化的特点。2006 年的培养方案修订,加入了

(a) 20 世纪 80 年代的培养方案

(b) 1998 年的培养方案

(c) 2006 年的培养方案

(d) 2016 年的培养方案

(e) 2018 年"长学制"培养方案

◆ 图 9-1-1　历年研究生培养方案展示(部分)

专业学位研究生的培养方案制订和修订,专业学位研究生培养方案单独成册。2016年,全校完成新一轮研究生培养方案修订,实现了按学位类型乃至针对不同培养对象个性化定制的培养方案。专业学位研究生和学术学位研究生的分类培养特点已十分明显:学术学位研究生的培养方案修订,要求进一步突出科研训练和学术规范教育;专业学位研究生的培养方案修订,要求突出职业伦理和职业规范教育。2018年的培养方案修订,进一步强化了对学术学位研究生的科研训练,强制要求开题、资格考试、中期考核等培养环节列为必修环节。2018年11月,又进一步推进"长学制"研究生培养模式改革,并强化分流淘汰机制建设。同时,通过实施上海科创中心拔尖人才培养计划,全面对接上海科创中心建设,积极探索构建科教融合、协同育人机制,进一步推动研究生整体创新能力和水平提升。

二、突出分类培养,落实差异化培养目标

在《复旦大学"十三五"发展规划》(2016年6月)中,复旦大学明确提出了"以原始创新能力培养为核心、系统性提升博士研究生培养质量,以实践创新能力培养为核心、培养行业领袖人才",确定了专业学位、学术学位分类培养的差异化发展目标。

(一)博士研究生的"长学制"培养

博士生教育是高等教育的最高层次,博士生的培养质量也是衡量一个国家高等教育质量及科研潜力的一个重要标志。随着博士生教育的发展,提前攻博、硕博连读、本科直博等硕博贯通式的"长学制"培养模式逐渐出现。复旦大学历来重视博士研究生的培养,于1984年开始提前攻博模式的培养,1993年开始硕博连读模式的培养,2002年开始招收本科直博生。2010年后,教育部将提前攻博模式归并为硕博连读。硕博连读生的基本学习年限一般为硕士生阶段2学年、博士生阶段3学年,直博生的基本学习年限一般为5学年。根据2017年复旦大学博士研究生教育综合改革试点任务和规划,建议学术学位博士生教育普遍实行"长学制"培养模式。《复旦大学关于推行硕博连读研究生培养工作的规定》、《复旦大学关于博士生资格考试的暂行规定》、《复旦大学学术学位研究生培养工作规定(试行)》、《复旦大学推进"长学制"研究生培养工作实施办法》(2018年5月)等文件,为"长学制"培养方案和课程体系的建设、分流退出机制等提出了指导性意见,进一步推动了博士生"长学制"培养模式的发展进程。

博士生"长学制"培养模式能够优化培养过程,提高博士生的培养质量和培养效率。学校率先推行"长学制"培养的院系,在博士生培养方面已取得了一定的成果。

案例9-1-1

管理学院"长学制"培养:10年硕果,朝阳映光

复旦大学管理学院从2008年起在中国大陆率先实施全面硕博连读项目。从2012年开始,统一按照管理科学与工程、工商管理、应用经济学、统计学4个一级学科,以及概率论与数理统计、运筹学与控制论两个专业开展招生和培养。

10年来,作为国内首个全面实施的硕博连读项目,该项目取得了长足的发展,并形成

了鲜明的项目特色。

1. 国内率先,实行北美主流商学院博士培养模式

硕博连读项目与国际主流商学院博士培养模式无缝对接,致力于将学生培养成为既有国际视野、对中国制度有深刻理解与思考又有国际竞争力的学者,项目学生在完成博士学习后,要成为中国优秀高校中富有潜力且占据国内领先地位的研究型学者,成为重要学术研究机构以及政府决策咨询机构研究团队的骨干,或成为行业顶尖企业附属研究机构的高级专家。

该项目基本学习年限为5年。前3个学期为学位基础课程学习阶段,以学习基础课程知识为主,夯实基础理论和研究方法底基;凡是通过第四学期初的资格考试取得博士生身份者,进入科研阶段,在进一步学习专业知识的基础上,以科学研究和撰写博士学位论文为主,享受博士生待遇,由博士生导师及指导小组负责指导。如当届资格考试未通过者,须重修相关学位基础课和学位专业课后,与下一级学生一起参加下一年度的资格考试,通过者方可转入攻博阶段。对于再次参加资格考试仍未通过、但尚可作为硕士生培养的学生,进行分流处理。分流硕士的总学制为4年。

2. 无缝接轨,每年聘请海内外杰出教授定期授课

所有课程体系完全按照国际主流商学院模式构建,以国际水准为标杆,由具有国际化水平的教师队伍授课,并邀请部分海外知名学者参与教学。管理学院现有教师145人,其中教授为59人、副教授为64人。95%的教师具有博士学位,其中取得境外博士学位的占39%。45位教授担任中国各类重要学术组织和政府机构的理事或委员会成员。此外,学院还聘请了90名国内外著名的经济学家、管理学家和企业家为名誉教授、特聘教授或访问学者,参与项目的教学工作,并与青年教师开展合作科研。

3. 精英云集,生源质量稳步提高

高水平、国际化的培养模式吸引了全国各重点高校的优秀学生,其中推荐免试生在项目中占80%;项目创新性改革招生模式,通过邀请各系教授全国高校路演、夏令营全方位考核等方式,秉承厚基础、宽口径、重能力、求创新,鼓励学生对学术前沿问题的交叉研究,生源质量近年来稳步提高,其中"985"高校生源在2016年的占比为83.67%,在2017年的占比为93.18%,在2018年的占比为93.75%。

4. 全额支持,资助博士生6~12个月赴海外名校交流学习

该项目将为学生提供大量学术实践参与机会,博士生科研课题参与度达到100%,每一位学生都可以根据自己的兴趣和职业发展规划,参与导师的课题,在完成学业的同时,又能够充分参与社会实践,从而得到全面提升。同时,"零门槛"为硕博连读生提供海外交流机会,全额资助学生在第三、第四年期间赴海外院校进行为期半年至一年的联合培养和学术交流。此举在国内高校为首创,平均资助金额高于国家留学基金委30%。2008—2018年的10年间共资助160名博士生赴海外名校联合培养,约占学生总数的55%。近3年前往交流的学校有哈佛大学、麻省理工学院、剑桥大学、哥伦比亚大学、普林斯顿大学、耶鲁大学等世界顶尖高校。

5. 高额奖助，确保高品质学习生活

该项目拥有亚洲一流的学院图书馆及先进的数据库信息资源，学生在攻博期间将享有专门的工作站空间。学院各研究中心和实验室为学生提供专业的软硬件资源。同时，为保障同学们全身心投入学习，学院为硕博连读学生提供多达25种生活补助及奖助学金，鼓励学生潜心学习、勇攀学术高峰。

6. 校友丰富，60%的博士国内外高校就职率

10年来，管理学院硕博连读项目的人才培养取得了丰硕成果，培养出155名博士。毕业生中既有杰出学者，在剑桥大学、马里兰大学、西密歇根大学、多伦多大学、复旦大学、浙江大学、南京大学、北京航空航天大学等国内外著名高校担任教职，有些已成为"973"首席科学家、国家杰青或担任学院院长、系主任等职务，成为国内外高校或科研机构的科研领军人物；也有在摩根斯坦利、麦肯锡、腾讯、阿里巴巴、中国人民银行等中外企业担任重要职务的管理实践者。

7. 朝阳映光，建立支教实践基地

自2014年起，管理学院陆续与国家级贫困县——安徽省霍邱县的临淮岗中心学校、临淮初中、莫店小学、双门小学、大兴小学、后楼小学6所中小学携手合作，建立起教育实践基地，开展以"结对子"为核心的支教帮扶计划。截至2018年，"朝阳行动"进入第五年，累计482位本科生、131位硕博研究生、38位行政人员和20位志愿者参与了活动，同时每年还有15位教授担任实践导师，6所中小学超过2 400名学生因此受益。如此大规模的支教行动，在国内高校属首创，目前也是唯一。

"朝阳行动"的关注内容以当地教育状况为主，兼顾农村经济发展、留守儿童情感生活与幸福感等。实践内容以课堂教学互动为主、辅以"结对子"、企业参访、学生家访、实地调研等其他环节。

为了保障"朝阳行动"的顺利开展和长期进行，为了培养本硕博学生的社会责任感，为了建立起"老带新"的传承机制，管理学院坚持将这一扶贫支教活动加入本硕博学生的培养方案里，纳入学业考核体系中。这个决定使"朝阳行动"不仅是一次传递爱心的扶贫支教活动，也是本硕博学生必修的学分要求，让学生能够更多地了解社会、认知自我，使课堂内外的教学活动真正服务于培养目标，实现学生综合素质、社会责任感的全面提高。这是管理学院教育改革进程中一项具有创新性的重大举措。

（资料来源：复旦大学管理学院）

（二）专业学位研究生的培养

恢复研究生教育之初，国家希望学校举办研究生教育的主要目的是"培养高校师资和科研人才"。进入20世纪90年代，随着社会经济的发展，社会对高层次应用型人才培养的需求日益迫切。1991年，学校获批成为全国首批试办工商管理硕士单位，由此启动了高层次应用型专门人才的培养。"十一五"末期，中国各行各业的均衡发展对于高层次应用型人才的需求更为突出，加大专业学位研究生培养成为新的热点。此后，学校陆续获批法律硕士、临床医学硕士/博士、公共管理硕士等专业学位授权点，开始更大范围培养专业学位研究生。2009年,教育部下达了《关于做好全日制硕士专业学位研究生培养工作的若干意见》,学校开始招收全日制专业学位研究生。2010年,学校获批12个专业学位授权点,专业学位研究生教育取得了跨越式的发展。截至2018年11月,学校共有博士专业学位授权点2个、硕士专业学位授权点27个(含硕士专业学位授权学科领域61个)。

1. 案例教学

高层次应用型人才既需要掌握扎实的基础理论知识,又需要具备较强的专业实践能力。学校近年来不断改革专业学位课程体系设置,在注重基础理论传授的同时,加大实践课程的开发力度,注重案例教学。案例教学能够以学生为中心,以案例为基础,通过呈现案例情境,将理论与实践紧密结合,促进教学与实践有机融合。

案例9-1-2

复旦大学公共管理案例教学情况

复旦大学公共管理硕士(以下简称"MPA")项目自2001年成立以来,不断推进MPA培养模式改革,注重课堂教学质量和学生能力的提升,率先在国内的MPA教育中推行案例教学与研究,得到了师生的高度认可和全国公共管理专业学位研究生教育指导委员会(以下简称"全国MPA教指委")的高度评价。一方面,复旦大学MPA教育中心积极鼓励任课教师撰写教学案例,并在教学过程逐步采用案例教学;另一方面,通过在MPA的培养方案中强调在"电子政务"、"行政法学"、"公共管理"、"公共政策"、"公共危机管理"等课程的教学中要求使用案例,并通过鼓励师生联合撰写案例、积极参加全国案例大赛等多种措施并举,提升学生社会调查、案例撰写和案例分析的能力,更好地将理论教学与实践研究相结合。此外,为了提升案例教学的质量,学校还积极支持"全国公共管理案例库"建设,并支持建设了两个国内一流的电子政务案例实验室以及政策研究案例实验室,推进和优化了案例教学的品质,为MPA案例教学树立了良好的典范。

1. 复旦大学MPA案例教学的发展历程

第一阶段:储备案例教学的教材与案例库建设。

复旦大学是较早一批开展MPA案例教学的学校之一。自2001年第一届MPA招生开始以来,学校就积极鼓励教师开展案例教学工作,并组织一批公共行政学系的教师专门负责公共管理教学案例的收集与整理工作,并于2003年整理出公共管理案例3卷本。此外,公共行政系的系主任竺乾威教授亲自遴选出近百篇公共管理经典案例,收集在《公共行政学经典文选》和《行政道德文选》案例集中,并由复旦大学出版社负责出版发行。2005年前后,樊勇明老师编著并出版了《公共经济学导引与案例》等书。这些案例合集的出版,为学校甚至全国的案例教学提供了参考与支撑。

第二阶段:案例教学的推进与发展。

为了推动MPA案例教学的发展,学校还多次组织案例教学比赛及案例教学观摩与交流活动。国际关系与公共事务学院的年轻老师刘晔博士曾经以MPA案例教学模式在全国MPA教指委组织的第一轮合格评估中为MPA学生上公开课,获得了在场的全国MPA教指委专家们的一致好评。学校还多次组织学院教师互听课程,交流学习案例教学的经验,并运用到MPA教学实践中,获得了师生们的高度认可。复旦大学案例教学的经验多次在全国MPA案例教学中得到推广。

自案例教学作为一种重要的教学模式在MPA教育中推广以来,MPA教育质量得到了明显提升。这种教学经验和教学模式获得了全国兄弟院校和上海兄弟院校的高度认可与好评。学校多次组织教师去中国人民大学、中山大学以及中国浦东干部学院学习案例教学的经验,在全国MPA教指委的案例教学培训中积极参与并毫无保留地推广复旦经验,取人之长,补己之短。同时,在日常的案例教学工作中,鼓励MPA师生合作参与创作案例,并运用到教学中,为案例教学提供了更多的储备资源。

第三阶段:MPA案例教学实验室建设。

在MPA案例教学方面,最引以为豪的是复旦大学建成了3个案例教学实验室,分别位于文科楼806(谈判实验室)、新闻学院(公共政策、公共管理案例实验室)和智库大楼(电子政务案例实验室)。其中,由MPA教育中心郑磊老师亲自负责并参与设计、于2016年竣工的电子政务案例教学实验室(智库大楼404室)代表了目前全国MPA案例教学实验室的最高标准,并已经应用到公共管理的案例教学与实践中,获得国内外同行专家的高度认可与好评。这为复旦大学的MPA项目建设增添了新的亮点,也为复旦大学MPA项目的案例教学建设做出了巨大的贡献。

2. 复旦大学参加"中国研究生公共管理案例大赛"情况

案例教学模式的推动也带来了意想不到的收获:学校连续3年在中国研究生公共管理案例大赛中取得优异成绩。在2017年第一届公共管理案例大赛上,学校有4支队伍进入100强,其中一支队伍获得大赛一等奖。在2018年第二届公共管理案例大赛上,学校共有5支队伍进入100强,其中一支队伍获得大赛冠军。在2019年的案例大赛中,学校再次有两支队伍进入百强,其中一支队伍入围32强,也取得了不俗的成绩。学校在案例大赛上取得的优秀成绩体现了MPA师生在案例教学、案例撰写、案例分析上取得的进步,这也为学校进一步深化案例教学夯实了基础。

3. 复旦大学参与"全国公共管理案例库"建设工作情况

复旦大学MPA教育中心是上海MPA教指委秘书处单位,在上海市教委的大力支持下,也致力于推进上海各MPA培养院校的MPA教学模式改革。

经过专家论证、案例评审标准制定及案例撰写培训等一系列案例培育准备工作,上海MPA教指委在2016年启动第一期上海MPA案例库建设项目,共收集到来自11所上海MPA培养院校的案例共32篇,从中评审出24篇入选上海MPA教指委案例库,其中6篇还被评为优秀案例。截止到2018年6月,已有50篇上海MPA案例被中国专业学位教学案例中心收录,约占全国总体的6%。来自上海高校的案例数量总体也呈上升趋势,已从2014收录的17篇上升到2017年的33篇。同时,学校共有6篇MPA优秀教学案例入选中国专业学位教学案例中心"全国公共管理案例库"(详见表9-1-1)。相信作为拥有13所MPA培养院校、教育质量和师资水平较高的上海地区,未来将会为MPA案例教学提供更多优质的公共管理案例,并在案例库建设方面有更高的参与度。

复旦大学MPA案例教学的一系列成功经验,更好地证明了教学相长的道理,也更好地诠释了公共管理专业学位教育的发展必须要理论与实践相结合,才能取得更好的社会成效,更有利地服务于社会发展与政府治理。

表9-1-1 中国专业学位教学案例中心收录复旦大学案例教学的情况

学校	案例名称	作者	发布日期
复旦大学	达芬奇家具造假风波所引发的"国货复进口"问题之思考	顾丽梅	2014.09.30
复旦大学	"制度加科技":上海工商系统廉政风险管理模式	李春成	2015.01.19
复旦大学	"撤街并居"背景下城市基层治理体制创新研究——基于安徽省铜陵市的个案分析	唐亚林	2014.10.10
复旦大学	一场手机打车软件引发的公案:市场之手,还是政府之手?	郑 磊	2014.09.30
复旦大学	撤县设区 VS 撤县设市:快速城市化进程中浙江省湖州市长兴县行政区划调整方案之争	唐亚林	2014.10.10
复旦大学	南航急救事件:真假急救中心	张 平	2017.06.08

(资料来源:复旦大学 MPA 教育中心)

2. 专业学位研究生实践基地

根据《上海市人民政府办公厅转发市教委等十六部门关于加强校企合作提高高等教育、职业教育质量意见的通知》(沪府办发〔2012〕56号)和上海市教委《上海市专业学位研究生实践基地建设实施办法(试行)》的文件精神,为贯彻落实国家和上海市中长期教育改革和发展规划纲要,着力建设专业学位实践基地,学校与行业、企业、社会组织等(以下简称"合作单位")共同建立人才培养平台,强化实践能力培养,实现理论知识和应用能力的共同提升。自2013年以来,学校建设了53个专业学位研究生实践基地①,专门用于支持全日制专业学位研究生开展专业实践。

表9-1-2 各院系专业学位研究生实践基地建设数

院系名称	2012	2013	2014	2015	2016	2017	2018	合计
中国语言文学系	2		1					3
外国语言文学学院			1					1
新闻学院	2							2
数学科学学院								1
化学系	1	1						2
计算机科学技术学院						2		2

---

① 详见附录7:《复旦大学专业学位研究生实践基地列表》。

（续表）

院系名称	2012	2013	2014	2015	2016	2017	2018	合计
法学院			1					1
材料科学系					1			1
高分子科学系						1		1
高等教育研究所	2							2
旅游学系	1	1						2
文物与博物馆学系		1						1
经济学院	2		3				3	8
管理学院	1	1						2
生命科学学院	2	1				1		4
信息科学与工程学院	1							1
社会发展与公共政策学院	3		1					4
环境科学与工程系	2		1					3
国际文化交流学院			1					1
文献信息中心				1				1
基础医学院			1					1
公共卫生学院	2	2						4
药学院	1	1						2
临床医学院		3						3
总计	**22**	**11**	**10**	**2**	**1**	**4**	**3**	**53**

注：资料由复旦大学研究生院培养办公室提供（数据截至 2018 年 11 月）。

◆ 图 9-1-2 首批专业学位研究生实践基地授牌（2013 年）

案例 9-1-3

新闻学院专业学位研究生实践基地建设案例

2012年,复旦大学与上海广播电视台签约合作建设的"复旦大学-上海广播电视台新闻与传播硕士研究生实践基地"(以下简称"实践基地"),双方将各自在新闻专业领域的高端优势和资源整合起来。上海广播电视台作为我国目前产业门类最多、产业规模最大的省级新型主流媒体及综合文化产业集团,旗下频道众多,传播形态丰富,为复旦大学新闻学院学生实习、课题攻关、联合教学、媒介融合实践等提供了良好的资源平台和师资基础。

实践基地是复旦大学与上海市委宣传部"部校共建"培养模式的深化和拓展,引领探索新闻传播领域专业硕士培养模式,以提升专业学位硕士核心能力为宗旨,立足本学科现有的基础和条件,应对人类交往革命与新媒体、新技术变化的行业变革趋势,瞄准世界新闻传播学科的前沿领域,回应国家战略和上海的发展需求,推进产学研结合,致力于培养专业性强、实践性强、国际化程度高的全媒介传播高级专业学位硕士人才。

近些年来,该实践基地在项目建设方面措施如下。

措施1:实践基地定位明确,专业特色突出

通过近7年的基地建设与运行,实践基地正在成为一个契合新闻与传播人才培养、符合不同方向新闻传播人才定位、充分发挥实践基地业界资源与优势、产学研高度结合、监督管理机制完善、具有模范推广作用的示范级专业学位研究生实践基地。

(1) 适应社会需求和时代发展潮流,细化专业方向,明确目标定位,培养专门化人才。在互联网迅猛发展与媒介融合逐步深入的行业背景下,要培养高级应用型新闻与传播专业硕士人才,需要对时代趋势和行业需求有正确把握。新闻学院目前开设了新闻与传播综合方向、财经新闻方向、国际新闻传播方向、新媒体传播方向、全球媒介与传播(国际双学位)方向,强调培育复合型人才、财经新闻人才、国际新闻人才、新媒体创新型人才与国际化人才,既符合时代特征,又符合上海作为中国财经第一高地的区位特征,同时,也顺应了新闻传播行业变革趋势。

(2) 加大资源整合力度,激活业界、学界融合,打破传统的教学、研究与产业隔离的藩篱,推进产学研一体化。实践基地整合平台优势,实现业界前沿知识分享;强调实战,与业界联手开展课题与项目研究;通过与SMG下属的实践基地共同设置研究议题或方向,围绕实践中遇到的困惑或瓶颈,与业界一起进行深入的分析与研究,一方面突破业界面临的困境,另一方面也帮助学生完成其毕业设计,一举两得,通过产学研合作,探寻出真正的产品落地模式。

(3) 与国际一流高校合作办学,为每位新闻与传播专业硕士研究生提供海外交流的机会,提升国际化能力。实践基地不仅专门聘请前路透社资深记者等海外专业师资开设全英文专业教学,同时,也设计了相应的国际交流和合作办学方案,与英国伦敦政治经济学院、法国巴黎政治学院、澳大利亚墨尔本大学等世界名校开设国际双学位项目,目前正在推进与美国哥伦比亚大学、宾夕法尼亚大学、纽约城市大学的项目合作,持续扩大国际办学规模,不断优化现有国际合作办学机制,引入国际质量评估体系,提升国际办学质量,以适应当前我国日益国际化的人才需求趋势。

措施2：理论实践无缝对接，实践体系完备

针对新闻与传播专业硕士研究生应用型、复合型的教育特点，实践基地双方目标一致，齐心协力、立足理论、强化实践，展现出不少特色及亮点。

（1）优化课程体系，重视实践与理论的无缝对接。针对新闻与传播专业硕士研究生高层次、应用型的人才培养目标，新闻学院借助实践基地业界资源，为专业学位硕士开设"新闻实务"、"融合报道基础"等偏重实践操练、案例研究的专业课程，使理论基础与实践技能有效融合。

（2）打造实践体系，有效整合多元实践环节，探索出链条式的实践机制。为加强专业硕士实践技能，保证实践的连续性和有效性，依托实践基地平台，打造出孵化（一周）、小实习（1个月）、大实习（4个月）链条式的实践机制，健全实践配套管理制度，切实完善高层次应用型的人才培养机制。

◆ 图9-1-3 链条式实践机制

◆ 图9-1-4 新闻与传播专业学位硕士生实践操作基地

措施3：组建校外导师团队，实现业界精英领航指导

专业学位硕士实行"校内-校外"双导师原则，新闻学院从SMG聘请了众多业界翘楚加入校外导师团队，占比约1/5，定期为专业学位硕士提供论文及实习就业方面的指导，切实参与专业学位硕士培养的全过程。

措施4：优化课程体系框架，创新教学方式

实践基地双方紧密围绕培养目标，立足新闻与传播专业硕士研究生培养方案，优化课程体系框架,优选教学内容,突出课程的实用性和综合性,增强理论与实际的联系,选派SMG内部优秀师资为专业学位硕士开设实践性强的专业课程。

(1) 借助实践基地资源,积极探索创新教学方式。实践基地为新闻学院专业学位硕士实践类课程提供全面支持,选派资深从业者参与课程的讲授,授课方式丰富多样,如"新媒体传播前沿讲座"、"新闻传播专题"、"财经报道采访"、"财经报道写作"、"金融与商业"、"融合报道基础"、"新闻传播专题"等。注重运用现场教学、案例分析等方式提升学生的实践应用能力,教学效果良好。

◆ 图 9-1-5 新媒体 VR 内容创新工作坊

(2) 转向互联网思维,搭建全新的培养环境。目前,实践基地正以复旦大学上海新媒体研究中心的数据库系统建设为依托,以各学科方向的实际需求为导向,逐年生产一批能够服务教学与研究、为国家及上海市的战略发展提供资政讯息的数据库和案例库。其中,案例库包括情景教学案例库、政治系统突发事件案例库、新旧媒体企事业单位案例库、典型媒体企事业单位案例库等,数据库包括音像数据库、舆情监测数据库、新媒体传播文献数据库、新媒体教学视频及科研成果数据库等。科学生产和管理的数据库与案例库,能够使专业学位硕士的教学方式、教学手段更加符合时代要求,更加适应互联网思维的转变。

小结:秉承传统开放创新,建设成果显著

实践基地自 2011 年共建以来,秉承既定的培养定位和培养目标,打造具有复旦特色的培养模式和创新机制,培养效果在国内得到了学界和业界的双重认可,在多次教指委会议中被树为典型,2017 年获评上海市级示范专业学位研究生实践基地,打造出新闻与传播专业硕士培养的复旦模式。

借助实践基地平台资源,历经 8 年倾心打造,复旦大学新闻与传播专业硕士培养成效显著,深受业界好评。除了在传统媒体取得的丰硕成果,新闻学院新闻与传播专业学位硕士还创建了新媒体微信公众号、新媒体 APP、复新传媒、专业学位硕士网站等,并在国际、国内多次荣获奖项。

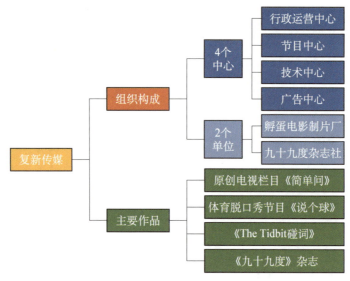

◆ 图9-1-6 学生自创自运营的复新传媒

新闻与传播专业硕士研究生至今已有6届毕业生,因理论功底扎实、知识面广、实践经验丰富、应用性强而受到用人单位的欢迎与普遍好评,6届毕业生就业率均达到100%,就业单位包括:人民日报、上海报业集团、中央电视台、SMG、南方报业集团、新华社等国家级或省级报业单位;凤凰网、第一财经、财新传媒、上海东方传媒集团等媒体单位;腾讯、网易、百度、携程等新媒体企业;上海海关、上海检察院等机关事业单位。

复旦大学-上海广播电视台新闻与传播硕士实践基地,在复旦大学和上海市委宣传部共建机制的大力支持下,在校内外合作办学力量的努力下,经过短短的几年时间,取得了显著的成绩。今后,复旦大学新闻学院将继续本着全面提升专业学位硕士核心竞争力的宗旨,努力克服发展中出现的各种问题,打造新闻传播专业研究生培养的复旦模式,培养出更多顺应时代潮流的专业性强、实践性强、国际化程度高的复合型专业学位硕士人才。

(资料来源:复旦大学新闻学院)

案例9-1-4

信息科学与工程学院专业学位研究生实践基地建设案例

2012年复旦大学信息科学与工程学院和上海科学院向上海市教委提交了《上海市专业学位研究生实践基地建设项目申请书》,并得到了批准。合作双方借助此平台,规划和实践了人才联合培养模式和机制,创新试点了联合培养方式,取得了阶段性的成果。

1. 共建背景

工程硕士的培养侧重于应用,主要培养高层次的工程技术和工程管理人才。既掌握本领域的基础理论、先进技术,又能够在本领域的某一方向具有独立从事工程设计、实施、研究、开发和管理能力。

合作双方在此培养目标的基础上,整合优质资源,通过共同组建联合工作小组、双方导师"1+1"的研究生培养模式,建立和完善联合培养管理规章制度,形成管理文件汇编,开发专业实践课程等多元化的实施手段,依托国家重大人才计划以及重大科研、工程、产业攻关、国际科技合作等项目,充分发挥以复旦大学、上海科学院系统科研院所为主体,以市场为导向,开展专业学位教育,实施研究生教育创新计划,在实践中集聚和培养创新人才。

2. 实施措施

(1) 共建联合小组。

专业的管理队伍是基地正常运转的保证。实践基地由复旦大学和上海科学院共建,双方共同管理、相互配合。同时,通过双方选派专职管理人员,组建基地管理中心,实现对基地的有效管理,并在具体的运作中科学分工、各司其职、明确责任。

上海科学院研究生联合培养基地管理中心作为基地的管理部门,负责基地的日常运作,并负责学生在基地实践过程中的学习、实践和生活等内容。同时,作为双方沟通的桥梁,定期举行工作会议和研讨会议,研究和探讨基地运行过程中遇到的相关问题,并通过反馈和协商,完善基地的管理,真正做到管理与服务相结合、人才培养与科研需求相结合。

复旦大学研究生院作为学校的职能部门,是基地的主管部门。信息科学与工程学院是具体的执行部门,主要对全日制工程硕士进行全过程的管理,包括报名考试、报到注册、教学培养、学位申请等。同时,对于全日制工程硕士在学校的相关思想政治生活以及评奖、评优工作,也配备学生工作专职辅导员进行管理与服务。

在上海科学院,人事处作为业务指导部门,也是基地的主管部门。上海华东电脑进修学院是具体的执行部门,主要负责配合复旦大学进行管理。配备了专职教务员负责课程设置、教学计划安排等教务管理,并协助信息科学与工程学院进行学籍管理工作。同时,重点是负责建设实践课程,注重基础性教学和工程性应用相结合。

(2) 完善规章制度。

规章制度是基地正常发展的保证。首先,基地管理中心召开了复旦大学与上海科学院相关科研院所专家座谈会,在会议上充分了解各方需求。其次,结合学校和相关院所的管理制度,针对实践基地的培养体制特点,草拟了相关的规章制度,内容涵盖了课程成绩、实践考核、论文要求等学生在校期间全过程的管理。最后,通过与学生的调研访谈,结合实际实施效果,形成一整套规章制度汇编,并每年进行修订。

(3) 确立选拔流程。

考生通过全国硕士研究生招生入学考试的初试、复试环节后成为基地的学生,为保证选拔流程的公平和科学,基地管理中心作了大量的调研工作和沟通工作。复试前,校方向科研院所提供培养方案,科研院所根据培养内容,结合企业实际情况,与上海科学院人事部门共同制订《实践岗位需求表》,明确实践要求、项目内容、企业导师等信息。复试时,基地管理中心邀请来自学校与组织项目实践单位的教授专家共同组成面试小组,再次从实践岗位的要求出发,考查学生的专业综合知识与技能、实验操作、创新能力、心理素质、思维表达、外语能力等。复试后,基地管理中心定期与拟录取学生沟通,为实践进行准备。

(4) 创新培养体系。

基地学生培养学制为2年：第一年在学校进行课程学习；第二年进入科研院所进行项目实践，并结合实践内容撰写学位论文。课程学习和项目实践，都是培养体系的重要组成部分。前期的课程和后期的实践，在培养方案中都经过充分考虑和设计，是共建双方的教授专家根据培养目标协商制定的，是有密切关联的。

基地的课程突破了原有的学术学位研究生教学框架，进行了内容的更新。基地管理中心首先进行了两个比较：将现有课程的授课内容与实践的实际需求进行比较，将学术学位硕士的课程与专业学位硕士的课程实行比较。同时，基地管理中心召开了两个座谈会，一是面向学校的教师和学生，另一个是面向相关科研院所的专家。在此基础上，基地管理中心首先挑选了4门课程进行内容的更新，分别是"信息类专业硕士通用基础教程"、"光纤通信"、"嵌入式系统"和"数字通信"。根据教材编写体例要求，必须由1位校内相关领域教授和科研院所专家共同完成编纂，教材内容主要体现实际应用性，增强学生解决工程问题的能力。基地学生要根据基地实践岗位的具体要求，进行针对性的学习，结合案例培养运用理论知识分析实际问题的意识。

在实践中，基地管理中心充分利用上海科学院的丰富资源，为工程硕士提供了实践的课题和项目，提供了深入一线参加研发的实践机会，培养和提高学生的综合素质和创新能力。基地为学生提供国家或省部级的项目，让学生进行实际的项目研发。为学生配备高水平的企业导师(正高职称)，对学生进行全面的指导。为学生提供良好的工作环境，配备专属的工作平台和实践过程所需要的设备仪器。为学生提供完善的后勤保障，由专门部门和专人负责实践过程中的统筹协调，并提供一定的住宿条件和实践津贴。经过两年的学习实践，进入基地学习的工程硕士通过进行实际的项目开发，增强了实际的动手能力，培养了一定的创新意识。

(5) 严控论文质量。

基地管理中心制定了明确的论文要求：实践的内容，是来自实际的工程项目，也是学位论文选题的来源。论文的研究内容要有实际应用价值，解决的问题要有一定的技术难度和工作量，论文要具有一定的理论深度和先进性。论文应以解决生产或工程实际问题为重点，设计方案正确，布局及设计结构合理，数据准确，设计符合行业标准，技术文档齐全，设计结果投入了实施或通过了相关业务部门的评估。

每位学生的论文必须通过双向选择由两位导师共同指导，一位来自学校，另一位来自实践项目所在的单位。基地管理中心要求学生定期与导师沟通，汇报学位论文的撰写进度。期间，基地管理中心组织学校和科研院所的专家对开题报告进行现场审核、中期考核、论文预审预答辩等。在学位论文评审的过程中，不仅要参加上海市的双盲评审，基地管理中心也单独组织了先期内部盲审抽查。在最终的答辩过程中，由来自相关领域的专家和校内教授共同组成答辩委员会。

(6) 提高信息化程度。

信息化是国家和社会发展的趋势。基地管理中心进行了两个内容的开发：一是基地的网站，将所有相关内容在网站上进行公布，起到良好的宣传效果；二是基地的管理系统，能够进行数据库的管理、学生信息的管理,并进行一定的统计,可以使基地随时从大数据的角度定期进行分析,完善基地的工作。

3. 成效成果

(1) 培养了一批高层次应用型的创新工程技术人才和工程管理人才。

(2) 通过探索和对基地的实际运行,制订了一系列管理制度,为基地的可持续发展提供了坚强的制度保证。同时,建立了信息系统和网站。

(3) 确立了科学的入学选拔流程,做到了公平、公正和公开。在复试前、复试时和复试后都做好一定的工作。

(4) 将课程内容和实践内容相结合,进行了课程体系的改革,对于部分课程内容进行了更新,同时让学生进入实际的项目实践。

(5) 确立了双导师制,提高了论文各个环节的质量。为实践基地的学生分别在复旦大学和上海科学院系统选择了相应导师,保证了学生在两地学习时都有充分的与导师的接触机会,同时保证了导师对学生指导的有效性。

(6) 经过基地多年运行,复旦大学研究生培养质量获得上海科学院系统各研究所的认可和赞扬,基地全日制学生毕业后能顺利进入相关院所工作,连续多年都有优秀的上海科学院系统的中青年骨干考入信息科学与工程学院,进行非全日制专业学位各领域学习。

(资料来源:复旦大学信息科学与工程学院)

案例9-1-5

公共卫生学院专业学位研究生实践基地建设案例

公共卫生硕士(以下简称"MPH")是教育部批准的专业学位教育,与科研型硕士相比,更强调其社会实践能力的培养。社会实践是MPH培养过程中的关键培养环节,涉及社会实践基地的筛选和建设。因此,在全日制MPH培养方案中特别列出,要求到疾病预防控制中心或类似机构实习半年。

闵行区疾病预防控制中心与复旦大学公共卫生学院共建专业学位研究生实践基地,旨在构建一种合作双赢的发展机制。此次合作将充分利用复旦大学公共卫生学院拥有的高水平专家队伍,为我国培养更多适应公共卫生各个学科发展的较高层次应用型人才。

1. 项目的主要内容

2010年国家设立全日制MPH专业学位,复旦大学作为全国MPH专业学位秘书长单位,近年来承担了多项MPH专业学位相关课题、制定完成了MPH专业学位相关培养方案、评估方案,对指导全国MPH专业学位教育起到模范先锋示范作用。复旦大学的MPH专业学位教育是较为成熟、全国领先的,打造了复旦MPH教育特色与品牌。

闵行区是上海的人口大区,具有城乡结合特点,是公共卫生与疾病预防控制的典型代表。闵行区疾病预防控制中心作为上海市区县一级基层疾控单位,站在了公共卫生的最前沿,覆盖了上海市仅次于浦东新区的第二大人口范围,区内公共卫生状况涵盖公共卫生各领域,完全符合MPH专业学位研究生实践的全部要求,是MPH专业学位研究生实践基地的理想选址。2012年复旦大学-闵行区疾病预防控制中心MPH专业学位研究生实践基地成为上海市首批专业学位研究生实践基地建设单位。闵行区疾病预防控制中心具备良好的教学条件,教学资源优异,有独立教学教室、学生办公室和多个重点实验室,基地师资队伍成熟,多名学科带头人和技术骨干已被聘为本校兼职导师。近年来,闵行区疾病预防控制中心致力于疾控业务信息数据化开发。闵行区疾病预防控制中心的数据化建设是全上海信息开发最早的,且达到全人群、全方位覆盖,是上海疾控业务数据化的排头兵,特别是慢性病信息的开发已较为全面和成熟,为闵行区公共卫生提供了大量数据基础。该数据平台能为MPH专业学位研究生实践所必需的数据资料提供最佳保障。

2. 建设目标和建设内容

(1) 建设目标。

通过基地的建设与投入,总体目标是实现复旦大学公共卫生学院及闵行区疾病预防控制中心的教育培养功能进一步整合一体化,硬件设备更加完善,基地容纳能力提升,符合专业学位研究生实践之需求。基地的高级职称人员指导研究生教学的能力得到加强。学院与基地的导师合作更加紧密。基地内部负责实践教学的管理机构稳定、结构合理,适应于专业学位管理的需求。

社会实践的目标是给学生提供实践平台和机会,进行体验式的互动学习,化知识为能力,切实提高解决实际公共卫生问题的能力,加强公共卫生从业职业技能,培养高层次应用型公共卫生人才。社会实践的教学内容强调理论与应用的有机结合,以解决实际公共卫生问题为导向,以学生个人职业需求为目标,以综合知识和应用技能的提高为核心,注重锻炼学生实践的意识和能力,增长实际工作经验,提高公共卫生从业素养。通过社会实践,学生要了解公共卫生领域,掌握基本从业技能,规划个人职业道路。

专业学位实践与公共卫生用人单位实际需求紧密联系、与公共卫生突出问题紧密相连、与实验操作能力紧密相关。通过社会实践,学生亲临公共卫生一线,以问题为导向,进行应用性的公共卫生课题研究。预期力争打造成有社会影响力的复旦MPH教育品牌。

(2) 建设内容。

A. 构建两个核心竞争力。

利用基地的资源优势,为MPH专业学位研究生提供教学实践平台,促进相关学科相互融合,培养专业学位研究生的团队意识、应用思维和动手能力,全面提高MPH专业学位研究生的核心竞争力。进一步提高研究生综合能力,促进专业学位研究生成为高层次、复合型的应用型公共卫生人才,增强闵行区公共卫生后备人才的科研能力、创新能力和综合竞争实力。

通过区校共建研究生实践基地,使基地成为闵行区公共卫生学科建设、人才培养、科研发展新的阵地,全面提升闵行区疾病预防控制中心在全市疾控系统的核心竞争力。

B. 资源共享、优势互补。

在专业学位研究生培养、学科建设、人才培养等方面,充分发挥复旦大学公共卫生学院、闵行区疾病预防控制中心在公共卫生信息资源、实验设备、现场和科研经费等方面的综合优势,实现资源共享,培养出公共卫生所需要的高层次应用型人才。

C. 形式多样、注重实效。

根据复旦大学公共卫生学院和闵行区疾病预防控制中心不同领域的特点,开展多种形式的联合与合作,形成富有创意、成效显著的联合培养研究生的科学运行机制。

3. 取得的成效和成果

(1) 专业学位研究生实践培养。

截至2018年,已有6届全日制MPH专业学位研究生在闵行区疾病预防控制中心进行了社会实践教学环节,在基地实习的MPH研究生均对基地实践教学反馈评价优良。

(2) 人力资源建设。

基地充分实践专业学位研究生社会实践教育与就业相结合。闵行区疾病预防控制中心通过几届全日制MPH专业学位研究生社会实践活动,以此为契机,在为期半年的社会实践中,考察后备公共卫生人才。在这几年的基地实践过程中,绝大部分专业学位研究生均能被闵行区疾病预防控制中心录用为正式职工。这部分学生在闵行区疾病预防控制中心的继续指导下,其职业生涯规划和个人成就取得长足发展。闵行区疾病预防控制中心通过基地建设工作,自身人才储备、学科发展、科研能力、教学水平也取得长足进步,近年来一直名列上海市疾控系统考核优秀之列。

(3) 实践教学建设。

闵行区疾病预防控制中心通过基地建设工作,勇于尝试和探索MPH专业学位研究生实践教育,已形成完备的实践教学体系,包括实践课程设置、实践教案撰写、实践教学评估指标及考核方式、实践教学管理体制等。基地已开设6门由基地导师主讲的实践课程,涵盖公共卫生各个领域。基地结合闵行区域公共卫生特点与教学基地需要,已编写12个涵盖传染病、慢性病、应急、职业卫生、营养卫生、微生物、理化检验等多学科教学案例与禽流感、一氧化碳中毒、传染病暴发、应急处置等5个具有一定公共卫生代表性案例,供来中心实践的全日制公共卫生硕士学习。闵行区疾病预防控制中心积极调动基地的资源,基地备有专职人员负责专业学位实习事宜,并有较成熟完备的管理制度。定期召开基地负责人、管理人员工作会议,及时沟通情况,协同合作。

(资料来源:复旦大学上海医学院)

第二节 课程建设与教学成果

一、课程建设

课程学习是保障研究生培养质量的必由环节,在研究生成长成才中具有全面、综合和基础性作用。学校研究生课程体系长期秉承重基础、宽口径、系统化的建设思路,紧跟社会发展和研究生学习需求,及时调整、更新课程体系,为研究生提供模块丰富、数量充分、教学效果良好的课程。经过长期的积累和发展,学校已经形成了一套由学位公共课、学位基础课、学位专业课和专业选修课构成的完备研究生课程体系。在此基础上,为进一步将研究生带入课程学习的前沿,近年来学校重点建设了一批一级学科"新视野系列课程"和公共选修课程,并于2013年设立了以师资高端、内容前沿、方法创新、梯队授课为特点的研究生FIST课程建设项目。经过近6年实践,迄今共建设FIST课程392门,使之成为复旦大学既有研究生课程体系的重要补充。此外,学校还编写出版了"21世纪复旦大学研究生教学用书"系列教材、全国首套成体系的金融专业学位案例型主干课程教材等。为了进一步拓宽学生的研究视野,培养和锻炼学生跨专业研究思想和研究方法,近期学校又在理工科博士生中试点开展以"基本研究思想"和"基本研究方法"为主的"双基训练"课程。当前,学校正在推动试行全程进阶式研究生课程改革,通过设立与国际接轨的课程修读标准、贯通本硕博课程设置等举措,进一步完善研究生课程体系。

◆ 图9-2-1 生命科学学院的"双基训练"课程课堂

在2017—2018学年,全校共开设学术学位研究生课程2564门次(其中,博士生层次684门次、硕士生层次1880门次)、专业学位研究生课程317门次。

(一)紧跟学术前沿,系统梳理研究生课程体系

2015年,为落实《教育部关于改进和加强研究生课程建设的意见》《教育部关于加强专业学位研究生案例和联合培养基地建设的意见》等文件要求,加强学校研究生课程建设,提高研究生课程教学质量,研究生院组织全校各培养单位对标世界一流顶尖大学,系统梳理研究生课程体系,并重点建设了一批特色课程。经过两年的努力,全校18个研究生培养单位完成了13个一级学科或专业学位类别的课程体系梳理,并围绕"学术规范和职业伦理"、"学科理论与方法"、"专业学位实践"3个主题,重点建设了20门研究生特色课程。

表 9-2-1 研究生课程体系梳理项目一览表(2015—2016 年)①

序号	院系名称	课程体系		特色课程			合计
		一级学科体系	专业学位体系	学术规范与职业伦理	学科理论与方法	专业学位实践	
1	马克思主义学院			1	1		2
2	中国语言文学系			1	1		2
3	外国语言文学学院				1	1	2
4	新闻学院		1				1
5	哲学学院	1					1
6	数学科学学院	1					1
7	计算机科学技术学院	1					1
8	法学院				1		1
9	材料科学系	1					1
10	旅游学系		1				1
11	经济学院	1			1		2
12	管理学院		2			2	4
13	生命科学学院	1		1		1	3
14	信息科学与工程学院			1			1
15	社会发展与公共政策学院	1	1	1	1		4
16	环境科学与工程系	1		1			2
17	历史地理研究中心				1		1
18	文献信息中心			2		1	3
汇总	小计	8	5	8	7	5	33
	总计	13		20			33

注:资料由复旦大学研究生院培养办公室提供。

案例 9-2-1

复旦大学政治学一级学科研究生课程体系建设案例

复旦大学政治学一级学科研究生课程体系建设,坚持全面贯彻党的教育方针,以提高民族素质为根本宗旨,以培养学生的创新精神和实践能力为重点,造就"有理想、有道德、有文化、有纪律"的、德智体美劳全面发展的社会主义事业建设者和接班人的培养目标,构建适合中国政治学学科未来一定时期发展的研究生培养课程体系,这在全国政治科学研

---

① 详见附录 8:《2015—2016 年研究生课程体系及重点建设特色课程项目列表》。

究生课程建设方面走在了前列,发挥了标杆性影响力。

1. 强化研究生方法论系列课程建设

社会科学研究方法是学术研究的基本技能,也是开展学术对话的重要途径。方法论课程是国际知名高校研究生教育的必修课,而且所占学时比重很高。例如,在香港中文大学,硕士研究生共16学分,其中9学分为方法论必修课。复旦大学政治学一级学科从2016年9月新入学的硕士、博士研究生开始,必须修读方法论课程,新开设了"社会科学方法论"课程(必修课,3学分),分为定性研究、定量研究。方法论课程是"授人以渔"的训练,通过该系列课程的建设,学生一方面可以自己"捕鱼",更重要的是在国际学术交流与对话中有了更加扎实的基础。方法论课程分为两个系列:一是通选类必修课,主要是定量研究方法,包括基础与高阶两个层级,以及定性研究方法。二是专业选修课,政治学、国际政治等专业也结合各自专业的具体研究方向和特色,开设一些与专业研究、与毕业论文设计密切联系的选修课,供学生深化方法论的学习与实践应用。同时,还专题召开方法论课程工作坊,加强方法论课程授课者、研究者之间的相互学习,追踪国家学术界方法论课程发展的最新动态,并通过工作坊直接征询学生对方法论课程教学的意见与建议。为了进一步推进方法论课程建设,2016年开始筹备方法论课程网站建设,2017年9月中旬上线试运行。这样既可以实现课程教学资源的互联互通,更重要的是推进我国政治科学方法论教学与课程体系的相互借鉴和资源共享,促进全国政治学方法论课程教学质量的整体提升。

2. 增强研究生的学术素养与伦理规范,开设"学术伦理与规范"必修课

为了提高研究生的学术研究责任意识、学术伦理与规范自觉性,根据教育部的工作部署,复旦大学政治学一级学科在全国率先专门开设了"学术伦理与规范"必修课,由资深教授组团进行授课,旨在增强研究生学术伦理与责任意识,并逐渐探索中国政治科学学术伦理与规范的体系建设和具体规范要求,经过3~5年的课程教学与研究,初步建立了适合中国政治科学发展、具有国际对接路径的学术伦理价值观念与具体规则。

3. 全英文研究生课程体系基本建立

复旦大学政治学一级学科研究生全英文项目及课程建设依托国际关系与公共事务学院,已经走在全国前列。学院设立了英文项目建设指导小组,是规划全英文项目课程的学术机构。目前已经建成5个全英文硕士项目、1个全英文博士项目。累计开设全英文课程36门以上。政治学研究生全英文课程已经有两门被评为上海市示范课程,一门被评为教育部示范课程。在此基础上继续开设博士系列课程,通过与国外知名院校合作开设双方、三方课程,聘请海外专家联合开设相关英文课程。

4. 加强中国研究的研究生课程建设,推动中国学研究的国际化

中国研究已经在国际社会学术界成为一个重要焦点,而我国自身中国研究课程系统化建设没有明确规划,尤其是中国研究课程的国际化仍显滞后。因此,计划通过组织专家,开设若干门有国际影响力的中国学研究生课程,推动关于中国研究在国际学术界的知名度和辐射力。

5. 根据政治学科发展的重点方向,开设相应的研讨型课程

围绕"国家急需、世界一流"的要求,复旦大学政治学继承原有的学科重点方向基础,确立了6个学科重点方向：政治理论与中国政治、国家治理与政府创新、大国关系与周边外交、中国外交理论与战略、比较政治与世界政党、全球治理与国际秩序。尤其是根据后两个新的学科发展方向，开设相关的研讨型课程。

6. 加强研究生课程教材建设和课程网站及慕课建设

结合政治学学科的发展规划，增强政治学学科核心课程的教材建设，或者通过引进境外教材，拓展研究生课程教材的选用范围。与此同时，加强研究生课程网站建设，形成课程教学网络化、信息化，充分利用网络信息技术，增强研究生课程的吸引力和课程资料库的建设。目前已经创建了"如何阅读修昔底德"这门课第一讲的微信平台推送，可搜索"理论与历史"微信公众号收看。

（资料来源：复旦大学国际关系与公共事务学院）

案例9-2-2

复旦大学公共卫生与预防医学一级学科研究生课程建设案例

公共卫生与预防医学一级学科下设5个二级学科点及1个自设学科点，其中流行病与卫生统计学为国家重点学科。

为顺应公共卫生学科发展的全球化趋势，适应健康中国的发展需求，培养未来公共卫生领域的领军人才，根据学校"建设国内一流、国际知名的研究型综合大学"的目标，结合本一级学科点研究生已修读相关知识背景，课程设置在重视课程内容的研究性与前沿性的同时，处理好课程中学科的系统性与专业要求的实用性、基础性与拓宽知识面、专业性与学科交叉之间的关系，旨在建立一个系统的公共卫生与预防医学研究生课程体系。随着公共卫生学科与其他学科的交叉融合日益深入，新的领域不断涌现，对于研究生课程需极大提高跨一级学科的比重，以针对学生的不同基础和需求，将内容相关的课程组成课程群，提供不同的课程组合方案。有鉴于此，课程面向公共卫生与预防医学一级学科研究生设置为四大模块。利用学院平台优势，通过建立基础教学平台课，打通各专业的主要基础课，进而构建各专业的核心课，即重点建设1~2门核心课程，着力进行3门主干课程建设（涉及"流行病与卫生统计"、"劳动卫生与环境卫生"（含"营养与食品卫生"、"卫生毒理学"）各1门）。

完善、拔尖、创新是公共卫生与预防医学一级学科研究生课程体系建设目标，力争在教学上取得较好成果。

1. 确立四大课程模块

通过学院教学指导委员会与学位分委会审议，明确建立本一级学科研究生课程四大模块，分别是学位基础课、学位专业课、专业选修课和跨一级学科课程。其中，学位基础课按一级学科方向设置；学位专业课按二级学科方向设置；专业选修课按研究方向设置；跨一级学科课程依托复旦大学全部研究生课程来设置。

2. 核心课程与主干课程

已根据计划建设一门医学统计学核心课程，并着手建设流行病与卫生统计学专业2门主干课程，流行病团队混合式教学改革项目也已通过学校验收，这些工作为进一步教学改革打下了基础。劳动卫生与环境卫生学专业(含营养与食品卫生学、卫生毒理学)设置1门主干课程。

3. 双语、全英文课程建设与教学

新建了3门双语或全英文课程。推进国际化教学,进一步推进吸引和招收国际留学生,以提升学科在全球的影响力。其中已有2门全英文课程于2017年9月开放研究生选课。已实施外国留学生培养方案,硕士和博士研究生已顺利毕业。

4. 探索创新教学模式

稳步推进慕课(MOOC课)、翻转课堂建设。与创新型人才培养方案相适应,对教学方法与手段进行相应的改革。引入国际上通行的、能促进学生创新能力和批判思维的以案例为中心的教学、以问题为中心的教学、小组讨论等教学方法与手段。加强问题式教学(PBL教学)、研讨型教学方法。初步建立课程网站,并逐步上线运行。加强课程的整合,实现国际公共卫生教育中目前取得共识的多学科整合。在教学内容上增加循证医学、沟通交流、社会服务等方面的内容。设计科学合理的实践教学内容与体系,坚持理论教学和实践紧密结合,注重培养学生的创新精神与实践能力。

(资料来源:复旦大学上海医学院)

(二) 注重课程特色,分模块开设研究生专题课程

复旦大学在学科专业培养目标的指导下,以所在学科专业的基础理论和专门知识为基础,科学设置研究生课程体系。40年来,研究生课程体系不断完善并推陈出新。学校参照国际同行先进模式,吸收国际一流大学课程建设经验,分模块开设研究生专题课程。尤其是近10年来,研究生院始终将课程建设作为研究生培养的重要抓手,持续开展研究生课程建设工作,并推动院系建设了一批受欢迎的课程。利用"985"建设经费,2010—2012年学校累计建设了67门研究生课程;2017年,研究生院组织各培养单位围绕"国家安全与法制"、"中华文化传承"、"品德与素养"三大主题,资助建设了8门研究生公共选修课,进一步拓展了研究生选课范围;2018年,推动研究生培养单位加强对"长学制"博士研究生的基本研究思想、基本研究方法训练,率先在理工科本科直博生中试点"双基训练"课程建设,首批建设课程共7门。此外,为适应研究生教育的对外开放需要,各培养单位依托全英文学位项目全面开展全英文课程建设,2015年以来累计19门课程获得"上海市高校外国留学生英语授课示范性课程"荣誉称号[①]。

案例 9-2-3

上海市高校外国留学生英语授课示范性课程——"文化人类学研究方法"

1. 课程概况

社会发展与公共政策学院开设的"文化人类学研究方法"课程是以田野民族志

---

① 详见附录9:《分模块研究生课程列表》。

(ethnographic fieldwork)为核心内容的文化人类学研究方法课程。人类学研究方法是社科质性研究最具生命力和持久力的组成部分。该课程所讲授的以田野研究为核心的人类学研究方法,与众多人文社会学科有关联,如社会学、经济学、政治学、哲学、历史学和文学等。在国际学界,人类学研究方法和视角对于医学人文和医学人类学的迅猛发展起到了促进作用,应用人类学者因其在质性研究方法方面所具有的技能在国际组织(如世界银行)以及500强企业等发挥重要作用。在世界一流院校,(医学)人类学研究方法是医学院的医学人文教学和医学预科教学的支柱之一。与此同时,商业民族志(business ethnography)也被欧美商学院作为研究方法教学的重要内容。教研团队于2014年、2015年、2016年、2017年和2018年秋季学期分别开设了该课程。该课程于2018年获"上海市高校外国留学生英语授课示范性课程"称号。

2. 教学团队

(1) 本团队主讲潘天舒老师作为课程教学团队负责人,1996—2006年曾经在哈佛大学教育学院和哈佛大学文理研究生院、乔治城大学、霍普金斯高级国际问题研究院从教。团队中还包含一名副教授和两名青年副研究员,均在国际一流研究型高校(如哈佛大学文理研究生院、哈佛大学教育学院和明尼苏达大学)获得人类学博士学位,并在英美一流高校主讲过人类学本科和研究生课程,积累了宝贵的教学经验。两位青年副研究员也分别在哈佛大学教育学院和新西兰奥塔古大学获得教育学和人类学博士学位。

(2) 授课团队成员专长各异且高度互补,具有从城市社区到农村乡镇以及多民族聚居区进行长时间田野研究的履历,为人类学方法课程教学带来独特的前瞻性视野。

(3) 本团队所有教师知识更新程度高,均活跃于国内外一流的学术会议(如美国人类学年会和亚洲学会年会),每年赴欧美研究性高校进行学术访问与研究交流。

3. 学生来源

在修课学生中,华盛顿大学圣路易斯医学预科生有80人左右,国际研究生有20人左右,人类学、历史地理、社会学、公共卫生及复旦大学其他社科和人文专业研究生(中国籍)有25人。留学生比例占80%以上,主要来自美国、加拿大、德国、奥地利、意大利、英国、希腊、巴西、比利时、北欧7国以及老挝、菲律宾、蒙古等国。总体而言,修课学生具有多源(不同国家和地区)和多元(不同文化和学科归属)两大特征。

4. 教学过程

"因材施教",打造复旦特色。在实际教学中,每位教师都配备一两名硕士、博士研究生作为助教,协助进行教学管理。通过课后约见(office hours)、小组讨论、网络互动(微信和电子邮件问答)和课堂辩论与答疑等方式加强教师与学生的沟通。针对每年修课学生的多元特征,授课人员在课程教研实践过程中,持续地对教学大纲进行系统性的完善,更新教材,并组织有针对性的田野实地考察,利用复旦应用人类学教学基地(田子坊故事吧)开展校外教学活动,并按修课学生的专业需求有选择性地进行田野民族志案例阅读(以当代民族志案例为主)。多年来,教研团队逐步完善了教学内容和教学方法,力图在跨学科全英文研究生教学方面走出具有复旦特色的新路。

5. 教学成果

在课程理念和内容方面的创新,多学科教学手段的综合实验,使得本课程具有前瞻性和植根性,充分体现了当代人类学研究方法的核心特征。在2018年结束的复旦大学研究生院暑期学校,该课程的成功经验和教学模式得到了肯定。在此基础上授课团队将与哈佛大学工程学院、复旦大学创新学院、江苏产业技术研究院、清华大学和南京大学等院校继续探索以人类学视角和研究方法为主题的跨界工作坊。

(资料来源:复旦大学社会发展与公共政策学院,潘天舒、朱剑峰)

(a) 获奖奖碑　　　　　　　　　　　(b) 获奖现场

◆ 图9-2-2　2017年12月25日,上海市教育委员会授予复旦大学上海市高校外国留学生英语授课课程建设"优秀组织奖"

(三)创新课程形式,持续开展FIST课程教学

为扩大研究生教学优质资源共享,引进海内外智力资源,为研究生搭建高端学习平台,学校自2013年开始设立"集中授课、计算学分、对外开放"的研究生FIST课程项目,依托学校丰富的国际合作资源,广邀海内外名师来校集中开展1~2周的短期授课,课程面向全校研究生、本科生以及社会公众开放。2013年6月至2018年10月,学校累计立项407门次,累计开课393门次。

表9-2-2　复旦大学FIST课程开课门次一览表(2013—2018年)[①]

单位	2013	2014	2015	2016	2017	2018	合计
马克思主义学院	2	3	3	5	5	4	**22**
古籍整理研究所	1	1	2				**4**

---

① 详见附录10:《复旦大学FIST课程项目开课课程汇总清单(2013—2018年)》。

（续表）

单位	2013	2014	2015	2016	2017	2018	合计
中国语言文学系	5	3	3	3	3	5	22
外国语言文学学院	2	3	1	1	4	2	13
新闻学院	4	4	4	6	7	4	29
历史学系	2	3	1	2	2		10
哲学学院		1	1	5	4	4	15
国际关系与公共事务学院	1						1
数学科学学院	1	2					3
物理学系	3		2	2		1	8
现代物理研究所	1		1		1	1	4
化学系	3		1				4
计算机科学技术学院	1	4	3	2	4	4	18
法学院	3	2	2	1	1	2	11
航空航天系	3	2	2		3		10
材料科学系			1		1	1	3
高分子科学系				1	1		2
高等教育研究所	2	1	1			1	5
文物与博物馆学系						1	1
经济学院	5	3	11	13	7	6	45
生命科学学院	5	7	11	5	2	3	33
信息科学与工程学院			1		2	1	4
社会发展与公共政策学院		1	3	2	1	5	12
环境科学与工程系		1	2	2	3	1	9
历史地理研究中心					1		1
国际文化交流学院			1	2	1	1	5
文献信息中心					1		1
软件学院				1			1
微电子学院		1			2	1	4
大气与海洋科学系						1	1
艺术教育中心				1	1	1	3
研究生院				1	1		2

（续表）

单位	2013	2014	2015	2016	2017	2018	合计
医学研究生学位与教育管理办公室	11	12	19	17	13	15	86
总计	**55**	**53**	**77**	**72**	**68**	**67**	**392**

注：资料由复旦大学研究生院培养办公室提供。

◆ 图9-2-3　2013年6月25日，菲尔兹奖获得者Vaughn Jones教授在讲授FIST课程"非交换几何"

案例9-2-4

"国际专业期刊科技论文写作与发表"课程简介

"国际专业期刊科技论文写作与发表"（Writing Scientific Research Articles for International Submission）是外国语言文学学院开设的一门跨学科课程。针对理工医等学科的研究生，为他们能在自己学科的专业国际期刊上发表论文所开设，2016年国家提出"双一流"建设，在国家一流大学与一流学科建设的背景下，如何提高研究生在专业领域内的国际交流能力，尤其是在SCI国际科技期刊上发表论文的能力需求非常迫切。

2015年Nature对中国科技人员的论文发表进行调查，发现"撰写论文和交流研究成果"并"在高影响力的期刊上发表论文"，已构成中国科研人员最大的挑战。Nature建议，为了提高写作技巧，中国高校应考虑为未来的科研人员（即在校大学生和研究生）提供更多的英语写作和科学论文写作的培训。同样，在对复旦大学研究生的调查中，他们迫切希望能够帮助他们把科研成果和科研思想发表到国际顶尖专业期刊上，这种需求在理工科和医科研究生中表现更为强烈。为了满足这种需求，从2017年1月起，外文学院在研究生院支持下开设"国际专业期刊科技论文写作与发表"课程，已连续开设3期。

邀请的校外专家主要包括：①Margaret Cargill，澳大利亚阿德莱德大学教授，长期从事科技论文写作和发表的研究。最近几年在中国科学院、兰州大学、西北农林大学和上海交通大学等地为培训学科专业教师和研究生在国际期刊上写作和发表论文开设科技论文写作工作坊。②李咏燕，香港大学教育学院院长，副教授，博士生导师。她在国际著名期刊(如《学术英语研究》)担任编委，长期关注中国研究生的国际期刊论文发表。③姜峰，吉林大学匡亚明特聘教授，香港大学博士，师从国际著名应用语言学家、学术写作世界领军人物 Ken Hyland 教授，研究方向为学术英语写作和体裁研究。校内授课教师蔡基刚是复旦大学外国语言文学学院教授、博士生导师，自 2010 年来他一直为本科生开设"学术英语(科技)"课程，是中国学术英语教学研究会会长。

该课程与专家教师开设的相关课程不同，在 32 学时、2 个学分里，主要帮助学生提高科技论文的写作能力和发表能力，从语言的角度传授科技论文的基本结构和要求(IMRD 写法)，具体包括如何进行文献回顾、研究方法介绍、语料库建设、数据结果统计、论文意义挖掘和提升、同行审议策略、科技论文语体、修辞和元话语手段、规范引用文献等。

这门课程在国内开设比较早。课程不仅吸引复旦大学研究生尤其是博士注册学习，还有不少周边学校(如同济大学、上海交通大学)和全国其他高校(如香港大学、中国科学院大学和西湖大学)的研究生旁听。从学生的课程反馈分析，学生对本课程给予了很高的评价："此课程对自己专业科研能力的提高帮助很大"，"课程有利于提高自己科研论文写作能力"，"无论是独立的科研能力还是团队合作能力都有较大提高"，"学到很多东西，感到每天都在接受新知识，每天都有进步"，"在国际期刊上发表论文再也不是遥不可及的了，提高了我投稿的勇气和信心"。我们匿名问卷对这门课程的各项内容进行 5 分制打分，平均分达到 4.6 分。对于科研论文写作和发表信心，课前调查为 2.95 分，课后提高到 4.65 分。我们将追踪这些学生的后续论文发表情况。

课程还吸引了全国研究生教师的旁听。在前 3 次开班时，每次有 20 多个学校的老师全程观摩 4 天的密集课程。清华大学和中国科学院大学每个学校有 7~8 人的博士生教师组团前来，他们对复旦大学这门"国际专业期刊科技论文写作与发表"给予很高的评价，并都搬回去学习和开设，从而为推进全国研究生课程的建设做出贡献。课程主要负责人蔡基刚把这门课程的教学和研究成果写成论文"国际期刊论文写作与发表：中国研究生必修的一门课程"，发表在《学位与研究生教育》2018 年第 2 期。

(资料来源：复旦大学外国语言文学学院)

案例 9-2-5

"非交换几何"课程简介

非交换几何是近 30 年来国际上基础数学研究的一个热点。本课程是第一次在国内作为正式的研究生学位课程开设，通过全面讲授非交换几何的基础知识，并结合选课学生与该领域的一流专家面对面地交流、对话的方式进行授课。课程开设目的是让已经完成了研究生基础课学习的学生能够了解非交换几何的基本框架和知识，提升阅读综合性报告的能力和水平,达到能够阅读一些综述性报告的程度。

(1) 专家情况。"非交换几何"暑期课程由美国范德堡大学 Vaughan Jones 讲席教授、美国德州农工大学 Ron Douglas 教授、美国宾州州立大学 Paul Baum 教授、法国巴黎第七大学 Andrezj Zuk 教授和复旦大学数学科学学院郁国樑教授组成的团队共同讲授。教学团队的几位教师都是此领域的第一流专家:①Vaughan Jones 教授是数学界最高荣誉菲尔兹奖得主(1990年),他是美国国家科学院、美国艺术与科学学院院士,还是澳大利亚、挪威等国科学院外籍院士,在算子代数领域是世界级的权威。在"非交换几何"课程中,他从 von Neumann 代数的基本概念讲起,深入浅出地讲述过去30多年这方面的主流进展,包括他得到菲尔兹奖的工作。他不仅让学生看到这个领域的整体情况,对于重要的命题还详细地证明,让大家可以看到其中思想方法的具体应用,令听课的人获益匪浅。②Ron Douglas 教授在半个世纪来一直是泛函分析、算子理论研究的领军人物。③Paul Baum 教授是著名的 Baum-Connes 猜想的提出人之一。

(2) 课程内容。课程涵盖了这一领域的基本知识,包括算子代数理论初步、算子代数的 K-理论初步、KK-理论初步,以及循环上同调理论等。本课程选用的参考书目为菲尔兹奖获得者 Alain Connes 的 *Noncommutative Geometry* 一书。在两周的教学时间(7月15—26日)内,除了从基础到前沿课程以外,还安排了答疑等师生互动环节。同时,为了开阔学生的眼界,每天下午还安排了一些前沿工作学术报告。

(3) 学员情况。学员主要包括本校和外校高年级本科生、研究生、青年教师等。

(4) 学习效果。对于本科生来说,Vaughan Jones 教授讲解的内容,是他们第一次有机会接触这一现代数学的重要领域,极大地引起了学生们的兴趣;对于已经学习过一些相关领域知识的研究生来说,这样高屋建瓴式的讲授方式在国内还不多见,更觉得受益良多。华东理工大学数学系主任李建奎教授也来听课,他在课后表示这门课的讲法非常有意思,非常值得国内同行参考借鉴。从回收上来的调查表来看,任课教师普遍反映学生们有很高的积极性,教师们能够按照自己的预想把有趣的课题讲授出来。

(资料来源:复旦大学数学科学学院,姚一隽)

案例 9-2-6

"复旦大学-巴黎高师人文硕士班"FIST 课程简介

"复旦大学-巴黎高师人文硕士班"是复旦大学与巴黎高等师范学院在人文领域合作的重要项目,由中华文明国际研究中心牵头,研究生院与外事处支持实施。项目旨在通过3年的语言学习与学术训练,培养出人文学科领域中具有国际学术视野、掌握跨文化学术对话能力的高水平硕士人才,其中最优秀者赴法进行博士深造。在该项目的框架内,每年有法国学者前来复旦大学授课。自2014年该项目启动以来,复旦大学研究生院给予该项目以充分支持:一方面实行了项目班课程的学分认可制度;另一方面,以 FIST 项目邀请巴黎高师项目的学者授课,每年至少提供一门"高师"课程的邀请资助,是对巴黎高师项目必不可少的支持与配合。

(1) 专家情况。在"复旦大学-巴黎高师人文硕士班"框架内,前来复旦大学授课的法国学者由巴黎高师文化迁变与传播研究中心派出,该中心属于国家优秀研究中心,具有很强的跨学科特征与学术前沿性,能够从方法论的角度为学生提供新的研究视角。前来授课的学者往往有丰富的教学经验,每门课程在介绍专业领域的研究方法与研究成果时,也能很好地兼顾基础性学科内容的介绍。近年来,该中心先后派出了 Charles Ramond 教授、Dominique Combe 教授、Michel Murat 教授和巴黎高师图书馆馆长 Emmanuelle Sordet 女士等优秀学者来复旦大学授课,在师生中引起热烈反响。

(2) 课程内容。以 2018 年 11 月的 FIST 课程"法国文学批评与研究"为例,该课程由 Michel Murat 教授讲授,主题为"19 世纪与 20 世纪初法国诗歌中的抒情性问题"。Murat 教授首先讲授了西方文学源于希腊的抒情传统、其在法国诗歌史中的发展、19 世纪法国抒情诗的思想史与文学史土壤、抒情诗的语言特征。在做了这些理论与框架梳理之后,Murat 教授深入作家与作品,依次分析了波德莱尔、马拉美、超现实主义诗人等作品中的抒情或反抒情特征。这些诗人都是 Murat 教授常年精入研究的对象,为学生们提供了很好的诗歌分析的范例。其中超现实主义部分有大量的视觉艺术的材料,与语言艺术的探索相辅相成。

(3) 学员情况与学习效果。"复旦大学-巴黎高师人文硕士班"的学生大部分选拔自复旦大学的中文系、历史系、哲学学院与外语学院,其中一半左右的学生有志于毕业后赴法国攻读博士。FIST 课程为学生提供了接触法国学界动向的最佳机会。上课时学生提问十分踊跃,这给每一位授课学者都留下了深刻的印象。有些学生受课程的影响而选择了博士阶段的研究方向。例如,2014 级历史系研究生陈雅雯因在 FIST 课程中对 Colette Camelin 教授关于法国近代历史人物饶勒斯的介绍而萌生了做饶勒斯研究的想法并付诸实现。2013 级的法文系研究生马洁宁与中文系研究生秦振耀、2014 级的中文系研究生胡玥与许烨,都是在 FIST 课程中结识了他们各自研究领域的学者,这些学者日后成为他们在法的博士生导师。

同时,FIST 课程也面向巴黎高师项目班以外的学生,受益者为数众多。每次授课之后,听课学生普遍反映收获很大。

此外,FIST 课程邀请国外优秀学者前来复旦大学授课,积极促进了复旦大学学者与国外同领域学者的交流。例如,2017 年前来授课的 Dominique Combe 教授与巴黎高师图书馆馆长 Emmanuelle Sordet 女士、2018 年授课的 Michel Murat 教授,均与复旦大学从事法国文学研究的教师有深入的文学问题的探讨。其中,Emmanuelle Sordet 女士因此次访学而建立起与复旦大学图书馆的合作关系,2018 年巴黎高师图书馆向复旦大学图书馆赠送法文书籍 4 000 余册。2015 年前来复旦大学的哲学教授 Charles Ramond 在 FIST 课程授课的同时,因其对法国哲学家德里达和吉拉尔的精深研究,参加了复旦大学中文系举办的"法国理论国际研讨会"并作精彩发言。

(资料来源:复旦大学中华文明国际研究中心)

二、教学成果

复旦大学研究生教学成果丰硕,其中包括教材和教学成果奖等内容。

(一)教材

历年来,复旦大学成体系地出版研究生课程专用教材。第一至第六批全国优秀研究生教学用书复旦大学入选17本,编写出版"21世纪复旦大学研究生教学用书"系列教材,编写出版"研究生学术入门手册"10余本,出版公共卫生硕士、公共管理硕士、工商管理等专业学位研究生系列教材30多册①,出版全国首套成体系的金融硕士专业学位案例型主干课程教材等。

表9-2-3 复旦大学研究生教材系列统计表(2002—2018年)

教材系列名称	数量
21世纪复旦大学研究生教学用书	26
复旦博学·21世纪经济管理类研究生教材	8
复旦博学·21世纪研究生英语系列	2
复旦博学·21世纪研究生英语系列教材	19
复旦博学·21世纪研究生英语选修课系列	2
复旦博学·Fudan Series in Graduate Textbooks(研究生系列教程)	7
复旦博学·MBA前沿系列	3
复旦博学·公共管理硕士(MPA)系列	19
复旦博学·公共卫生硕士(MPH)系列	12
复旦博学·新闻传播学研究生核心课程	2
工商管理(MBA)教学案例精选	2
工商管理(MBA)系列教材	11
金融硕士专业学位案例型主干课程系列	5
经管类专业学位硕士核心课程系列教材	5

注:资料由复旦大学出版社提供。

表9-2-4 复旦大学入选全国优秀研究生教学用书一览表

书　名	作者	出版社
西方马克思主义	陈学明	高等教育出版社
当代西方国际关系理论	倪世雄	复旦大学出版社
经济社会学	朱国宏	复旦大学出版社
当代西方新闻媒体	李良荣	复旦大学出版社

---

① 详见附录11:《复旦大学研究生教材列表(2002—2018年)》。

（续表）

书　名	作者	出版社
中国经学史十讲	朱维铮	复旦大学出版社
物理学与偏微分方程	李大潜、秦铁虎	高等教育出版社
高等量子力学	倪光炯、陈苏卿	复旦大学出版社
同步辐射应用概论	马礼敦、杨福家	复旦大学出版社
群论及其在分子和固体物理中的应用	陶瑞宝	高等教育出版社
生物大分子的结构与功能	陈惠黎	上海医科大学出版社
神经解剖学	蒋文华、刘才栋	复旦大学出版社
精神医学新概念	江开达	上海医科大学出版社
显微外科基本理论与操作	顾玉东	上海医科大学出版社
肿瘤学新理论与新技术	曹世龙	上海科技教育出版社
SPSS11统计分析教程（基础篇）	张文彤	北京希望电子出版社
现场调查技术	詹绍康、龚幼龙	复旦大学出版社
流行病学原理与方法	沈福民	复旦大学出版社、上海医科大学出版社

注：资料来源于《复旦大学百年志》(1905—2005年)，第831页。

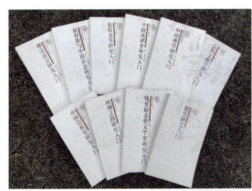

◆ 图9-2-4

◆ 图9-2-4 历年教材建设成果

(二) 教学成果奖

除教材建设成果外,研究生教育也积累了一批教学成果奖。进入21世纪以来,学校组织了多次教学成果奖评审,2001年以来已有90项研究生层次项目获得校级、上海市级、国家级教学成果奖[①]。2014年,由公共卫生学院汪玲教授领衔的"我国临床医学教育综合改革的探索和创新——'5+3'模式的构建与实践"项目获得国家级教学成果特等奖。

表9-2-5 历年获上海市研究生教学成果奖统计表

年度	特等奖	一等奖	二等奖	三等奖	合计
2005	/	3	2	1	6
2009	/	2	2	2	6
2013	1	3	6	/	10
2017	1	7	4	/	12
总计	2	15	14	3	34

案例9-2-7

我国临床医学教育综合改革的探索和创新——"5+3"模式的构建与实践(教学成果特等奖)

为贯彻落实《国家中长期教育改革和发展规划纲要(2010—2020年)》,根据《教育部关于开展研究生专业学位教育综合改革试点工作的通知》(教研函〔2010〕1号)精神,上海市于2010年10月正式启动教育部批准实施的23项教育体制综合改革项目之一的"临床医学硕士专业学位研究生教育综合改革试点"。该项试点的核心是将临床医学硕士专业学位教育与住院医师规范化培训紧密结合("5+3"培养模式),以培养高层次应用型临床医学专业人才。

---

① 详见附录12:《复旦大学研究生教学成果奖列表(2005—2017年)》。

2010—2012年,以复旦大学为代表的上海市试点高校积极探索,着力于医学教育发展与医药卫生事业发展的紧密结合,着力于人才培养模式和体制机制改革的重点突破,着力于医学生职业道德和临床实践能力的显著提升,着力于医学教育质量保障体系的明显加强,通过实践,在专业学位研究生培养模式、课程体系、培养方式和管理体制机制等方面,逐步形成一系列具有创新性、实践性和示范性的成功经验。

通过"5+3"培养模式,构建了以临床实践能力为核心的人才培养体系,实现了临床医学人才培养模式的创新,即5年临床医学本科教育加3年住院医师规范化培养,在国内首次构建了将医学院校教育、毕业后教育和继续教育有机衔接的临床医学人才培养体系。

通过界定"双重身份",明确临床医学专业学位硕士为定向住院医师,体现了观念创新。在改革试点中,参加全国统考被高校录取的临床医学硕士专业学位研究生(住院医师),在被招录为住院医师的同时,以定向身份获得研究生学籍,即获得了"住院医师"和"研究生"的"双重身份",突破了本科医学毕业生在"就业(住院医师)"和"在读(研究生)"之间只能具备"非此即彼"一种身份的传统模式。

通过"三个结合"实现了培养培训全过程的有机衔接,形成了机制创新。由复旦大学上海医学院牵头完成"上海临床医学硕士专业学位综合改革试点方案",具体制定《上海市住院医师规范化培训与临床医学硕士专业学位教育衔接改革实施办法》等规章制度,实现了研究生招生和住院医师招录相结合、研究生培养过程和住院医师规范化培训相结合、专业学位授予标准与临床医师准入制度相结合。

通过"四证合一"解决了专业学位与执业医师资格之间的矛盾,实现了制度创新,即:通过《执业医师资格证》、《上海市住院医师规范化培训合格证书》、《硕士研究生学历证书》和《临床医学硕士专业学位证书》"四证合一"的制度创新,实现了在医师培养过程中的医学教育和卫生行业培训两证的紧密结合,培训医院将组织该项目临床医学专业学位硕士在培养期间参加执业医师资格考试,有效解决了临床医学专业学位研究生进行临床能力训练和培养所面临的违法行医风险。

该培养模式的突出作用体现在:一是临床医学专业学位教育和住院医师规范化培训有机结合,避免了临床重复培训,减少了医生培养成本,规范了医学生临床技能训练;二是医学院教育和毕业后教育有效衔接,从根本上解决了医学临床实践与职业医师之间的制度矛盾;三是"政府、行业、高校、医院"协同创新,大大促进了我国住院医师规范化培训制度的建立和健全。

该培养模式受到社会各界的高度重视和好评。2011年7月《国务院关于建立全科医生制度的指导意见》提出将全科医生培养逐步规范为"5+3"模式。2012年5月7日教育部、卫生部联合下发《关于实施临床医学教育综合改革的若干意见》,明确全国临床医学教育改革重点之一是"构建'5+3'为主体的临床医学人才培养体系"。2013年5月6日,教育部、国家卫生和计划生育委员会联合颁发《关于批准第一批临床医学硕士专业学位研究生培养模式改革试点高校的通知》,要求北京大学等64所试点高校,根据临床医学教育综合改革目标和临床医学硕士专业学位研究生培养规律,制定试点改革实施方案,做好试点改革实施工作,注重落实地方卫生行政部门的支持政策和具体措施。

2014年9月,复旦大学牵头的"我国临床医学教育综合改革的探索和创新——'5+3'模式的构建与实践"项目,荣获第七届高等教育国家级教学成果特等奖,实现了上海市高等教育在国家级教学成果特等奖方面"零的突破",该成果的意义在于通过培养体系、教育制度、协同机制和实践教学创新,探索了我国研究生临床技能水平提高的根本途径,促进了我国支援医师规范化培训制度的建立健全,明确了我国医学教育结构优化和学制学位调整的方向,也引领了我国其他领域专业学位教育模式改革。

从2015年起,我国医学院校全面实施临床医学"5+3"模式,所有新招收的临床医学硕士专业学位研究生,同时也是参加住院医师规范化培训的住院医师,其临床培养按照国家统一制定的住院医师规范化培训要求进行。

(资料来源:复旦大学上海医学院)

第三节 中期考核与质量检查

一、培养环节考核

学校重视对研究生各个培养环节的管理,这是保证和提高研究生培养质量和学位授予质量的前提。从1987年开始,学校在硕士生中试行中期考核分流制度,每届硕士生入学后的第四学期进行一次思想政治和业务学习的全面总结与考核。制定《复旦大学关于在硕士生中实行中期考核及筛选的办法》、《复旦大学关于博士研究生资格考试的暂行规定》、《复旦大学研究生课程教学管理规定》等相关管理文件。2013年,《关于深化研究生教育改革的意见》出台,"加强培养过程管理和学业考核,实行严格的中期考核和论文审核制度,畅通分流渠道,加大淘汰力度",分流淘汰的培养模式得到继续强化。从2014年开始,研究生院实行中期考核备案和抽检制度,进一步抓细、抓实中期考核环节,要求院系结合学科专业特点和本单位实际制定中期考核实施细则,对考核领导小组成员构成、考核时间、考核内容、考核形式和步骤、成绩评定规则等方面作出具体规定,并在院系范围内予以公布。中期考核实施细则、考核日程安排、考核结果等均需提交研究生院备案。对学术学位研究生、特别是博士生的中期考核实施情况,由研究生院组织抽检。同时,从学校层面明确考核结果可作为研究生奖助学金评定和发放的重要依据,具体办法由院系参照研究生院、研工部相关规定制订和实施,以激励研究生专心学业和树立良好学风、发挥中期考核的奖优与甄别作用。2017年,《学位与研究生教育发展"十三五"规划》提出:"进一步完善研究生学籍管理办法,加强研究生课程学习、中期考核、资格考试、论文开题、答辩等环节的过程管理和考核,畅通博士研究生向硕士层次分流渠道,加大分流退出力度。"同年,《博士研究生教育综合改革试点任务指南》指出:"探索博士研究生培养中期分流机制,畅通分流渠道;加强过程管理和学业考核,实行严格的中期考核和论文审核制度,加大分流力度。"2017年修订、调整形成《复旦大学学术学位研究生培养工作规定(试行)》、《复旦大学专业学位研究生培养工作规定(试行)》《复旦大学研究生课程和教学管理规定》等新的管理文件,以规章形式将中期考核明确为研究生、特别是博士生的必修培养环节,同时进一步明确了中期考核的分流淘汰原则。以上举措的实施,规范了中期考核环节,强化了其作为研究生培养质量关键质控点的作用。

案例9-3-1

航空航天系研究生中期考核实施情况

研究生中期考核是研究生培养过程中的重要环节,是保证研究生培养质量的关键质控点。航空航天系历来重视研究生培养过程中的各个环节,尤其是研究生中期考核。为保证研究生中期考核工作规范、有效开展,切实发挥其在培养过程中的把关作用,航空航天系根据《复旦大学学术学位研究生培养工作规定(试行)》《复旦大学专业学位研究生培养工作规定(试行)》《复旦大学研究生学籍管理实施细则》等规定,制定了《航空航天系研究生中期考核实施细则》。

(1) 组织形式。航空航天系研究生中期考核由系分管研究生教学的系主任统筹安排,系研究生秘书负责具体协调和实施,系研究生教学指导委员会担任中期考核领导小组,系教务员、研工组、各研究生导师、各教研室协助实施。

(2) 对象及考核时间。所有学术学位研究生均应按时进行中期考核,中期考核按照学科专业培养方案中确定的时间和要求进行。航空航天系一般统一在春季学期安排硕士生的中期考核(第四个学期),在秋季学期安排博士生的中期考核(三年制博士生第三个学期、直博生第五个学期、硕博连读生自硕士研究生入学起第七个学期、专业学位工程博士生第三个学期)。学位论文还没有开题的研究生在进行中期考核以前需先完成开题报告。

◆ 图9-3-1 航空航天系博士生中期考核答辩

航空航天系研究生秘书会在每学期开学初整理当学期要进行中期考核的研究生名单,拟定中期考核的日程安排,并通过邮件的形式通知到相关研究生及全系教师,请导师督促研究生完成中期考核相关手续。如有学生因出国交流、生病休学等特殊原因,不能在安排的学期进行中期考核,需提出书面请假,征得导师、系分管研究生教学的系主任同意,在回国或复学后的第一个学期参加院系统一安排的中期考核。

(3) 考核的具体内容。研究生中期考核的主要内容是对研究生在校期间,按照本专业培养方案所完成的学业,从德智体各方面进行全面的总结、检查和考核,考核其在课程学习、论文进展、思想政治表现、道德品质等方面的状况。研究生中期考核的形式和步骤一般包括:研究生个人总结;院系教务员根据相关专业培养方案对应修的课程及其他学业环节进行检查;院系研究生辅导员对思想品德和学术规范遵守情况进行考评;导师组织专家组对学位论文进展进行考核,并就研究生的全面表现发表意见,侧重对入学以来该同学所取得的科研成果作鉴定;教研室主任或学科组长对研究生提交的材料进行审查;在此基础上,研究生在院系范围内进行汇报,系研究生教学指导委员会听取研究生汇报并给予评分,重点考察其自学位论文开题以来在相关科研、论文撰写方面的进展情况,并就其学位论文的后续工作提出意见、建议和要求;院系综合以上情况,对研究生的中期考核作出结论。

(4) 考核评定。中期考核的评定等级分为合格(P)、不合格(NP)。合格包括A等(优秀)、B等(合格,继续攻读学位)、C等(警告,限期改正);不合格为D等,根据不同原因,将作退学处理或在3个月后申请中期考核补考。出现以下情况之一的,记为不合格:学位课程成绩未达到毕业要求;开题后学位论文无明显进展;思想品德、科学道德和学术品行不符合学校培养要求。因第一项导致中期考核不合格的研究生,按照《复旦大学研究生学籍管理实施细则》第二十九条的规定,予以退学处理。因第二项、第三项导致中期考核不合格的研究生,可在至少间隔3个月后申请一次中期考核补考;补考后仍不合格的,按照《复旦大学研究生学籍管理实施细则》第十七条、第十八条的规定,予以退学处理或转为攻读硕士学位。

◆ 图9-3-2 航空航天系博士生中期考核(2014年12月)

(5) 实施成效。航空航天系通过系主任、研究生教学指导委员会、研究生导师、研究生秘书、教务员、研工组等多方协调实施,对研究生培养进行过程管理,严把中期考核关,力求提升研究生培养质量。近5年来,研究生学位论文质量有明显提高,未出现博士生学位论文盲审异议情况。

(资料来源:复旦大学航空航天系)

二、培养质量检查

自2014年开始,研究生院在全校所有院系开展"问题驱动型"研究生培养质量检查,通过强化外部监督倒逼内部改革。检查以问卷调查和专家访谈为主要方式,通过校外专家与研究生"一对一"谈话,着重考察和诊断研究生的"在学状态",查找学校研究生教育中的"特有问题",并提出相应解决建议,有效助力研究生教育质量的提升。

(一) 实施概况

2014年,复旦大学从学校部分院系开始试点,实施研究生培养质量大检查。2015年,在之前试点基础之上,向全校所有院系专业推广实施。质量检查的主要做法如下:以匿名方式,随机抽检全校所有院系的在读二年级研究生、一年级研究生,通过专家与研究生"一对一"面谈和问卷调查等形式,重点检查研究生的"在学状态"和相关培养环节的质量情况。

2014年,质量大检查试点涉及全校约20个院系、近千余名研究生,邀请校外专家近30人;2015年,质量大检查对全校58个研究生培养单位(院系、所)做到了全覆盖,得到包括两院院士、长江学者、"973"首席专家等学科专家,以及校长、院长、教育管理部门领导等管理和德育专家在内的校外专家86人的大力支持,访谈调研研究生1 500人次(学术学位硕士生、博士生1 200人次,专业学位硕士生300人次);2016年,质量大检查主要针对全校各学历教育专业学位研究生展开,被检查研究生达到1 953人,其中,专家"一对一"面谈1 027人,问卷调查1 079人,共邀请校内外专家52名,其中,37名为各专业学位全国教育指导委员会委员,48名为校外专家;2017年,质量大检查将对象范围聚焦于2016级学历教育学术学位博士生(本科直博生除外)、2015级本科直博生,共检查博士生1 300余人,其中,专家"一对一"面谈859人,参与问卷调查400余人,邀请校外专家40余人。

表9-3-1 2014—2017年复旦大学研究生培养质量大检查情况表

时间	调研范围	参与专家数(人)	调研学生数(人)
2014	约20个院系	约30	约1 000
2015	58个院系	86	1 500
2016	各学历教育专业	52	1 935
2017	学术学位博士生、本科直博生	约40	约1 300

注:资料由复旦大学研究生院培养办公室提供。

(二)主要做法

学校研究生培养质量大检查,主要采取问卷调研和专家访谈相结合的方式。其中,问卷调研主要聚焦研究生入学前后的能力与提升、在学精神状态、学习环境及改善等方面,并设计了针对性问卷。每年由学校规定检查对象范围,凡是在检查范围内的研究生均需参加问卷调研。调研问卷围绕检查内容进行设计,由检查对象匿名填答,完成问卷的时间为20分钟左右。为确保问卷回收数量,问卷调研以纸质问卷的形式开展,由所在院系回收汇总后统一提交至研究生院。

在访谈环节,由校方聘请的校外学科专家、管理专家和德育专家随机抽选研究生,与他们做"一对一"谈话(如专家认为必要,也可与导师和辅导员谈话),着重考察研究生的"在学状态",查找学校研究生教育领域的"特有问题",包括:研究生精神面貌和"在学状态"方面的主要问题;导师指导过程和师生关系方面的主要问题;研究生培养模式、培养方

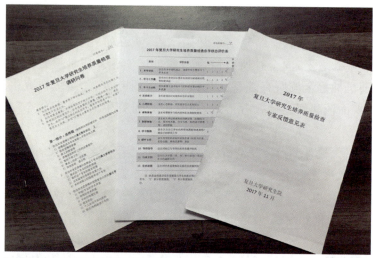

◆ 图 9-3-3 复旦大学学位与研究生教育质量年度报告(2013—2014 学年)

◆ 图9-3-4　复旦大学学位与研究生教育质量年度报告（2017—2018学年）

案和课程体系方面的主要问题；研究生培养过程管理方面的主要问题；研究生德育方面的主要问题；在访谈中印象特别深刻的学生个案（正反面均可）等。同时，还包括"专家建议"环节，邀请专家在30分钟左右的面谈时间中直接为学校学子提供指导意见和建议。面谈结束后，检查评估专家就检查内容进行考察并提交检查报告。检查结果最后反馈到院系，由院系针对检查发现的各个问题，逐一采取具体措施进行整改。

第四节　科研训练与实施成效

我国对中国研究生人才培养，特别是对博士生的培养，强调科教融合、科研为先。1979年，《关于制定一九七九年招收研究生计划的通知》明确指出："争取时间培养出大批基础比较坚实、能够独立进行研究工作的科学技术人才。"1981年，《中华人民共和国学位条例》规定："高等学校和科学研究机构的研究生授予博士学位要具有独立从事科学研究工作的能力；在科学或专门技术上做出创造性的成果。"2009年，《关于进一步做好研究生培养机制改革试点工作的通知》指出："研究生的培养必须强化科研导向，促进研究生培养与科学研究工作紧密结合，保证研究生能够在科学研究中学习，在科学研究中创新。"复旦大学的研究生培养历来重视科研训练，并设立各类科研资助项目，用来鼓励研究生静心科研，为科研创新能力的培养提供物质支持。多年来，复旦大学积极探索研究生创新意识、创新精神、创新能力培养的新模式，切实加强和开拓在校博士生培养，特别是拔尖创新高层次人才的培养路径，力争为国家经济建设和社会发展做出新的贡献。

一、研究生创新基金

研究生院于2001年设立复旦大学研究生创新基金，支持优秀博士学位论文的前期孕育。该基金由上海复旦创业投资有限公司(当时设于复旦产业化与校产管理办公室)和复旦大学研究生院设立。设立复旦大学研究生创新基金的目的是加强研究生科研创新意识和创新能力的培养,鼓励在校研究生积极参加各种创新和创业活动,引导研究生选择创新性强及富有挑战性的基础研究和应用研究课题。基金主要用于资助优秀博士学位论文培育资助项目和研究生创业种子资助项目以及其他经双方协商同意资助的项目。截至2013年,复旦大学研究生创新基金启动13批,共计856个资助项目,累计资助金额1 142.8万元,其中,优秀博士学位论文资助项目587项,创业种子资助项目110项,博士学位论文风险选题8项,后续资助项目1项。

表9-4-1 历届复旦大学研究生创新基金资助项目统计表

年份	批次	资助项数						资助金额(万元)
		小计	优博	种子	风险	后续	优硕	
2001	第一批	31	31	/	/	/	/	38.3
2002	第二批	27	/	27	/	/	/	36.5
2003	第三批	73	53	20	/	/	/	99.5
2004	第四批	73	55	13	5	/	/	102.0
2005	第五批	70	47	20	2	1	/	97.0
2006	第六批	75	58	16	1	/	/	100.5
2007	第七批	77	67	10	/	/	/	101.5
2008	第八批	79	75	4	/	/	/	105.0
2009	第九批	79	73	/	/	/	6	106.0
2010	第十批	42	25	/	/	/	17	54.0
	第十批(补)	38	18	/	/	/	20	52.0
2011	第十一批	34	12	/	/	/	22	45.0
	第十一批(补)	40	16	/	/	/	24	53.5
2012	第十二批	75	38	/	/	/	37	99.0
2013	第十三批	43	19	/	/	/	24	53.0
	合计	856	587	110	8	1	150	1 142.8

案例9-4-1

高分子系涂鹏的课题"纳米级绿色环保型纸制品防水剂"

大多数纸制品在生产过程中需要添加防水剂,其应用领域之大、需求量之多,为纸制品防水剂带来广阔的市场前景。该项目从获得基金资助起,徐鹏同学对此项目完成了组队、市场分析、商业计划编写、评比、申请创业资助等一系列工作。先后参加了复旦大学、上海市以及全国的商业创业计划大赛,取得了复旦大学商业计划评比第一名、"张江高科杯"第二届上海市大学生创业计划大赛银奖,并代表上海市入选"天堂硅谷"全国大学生创业计划大赛,最终获得全国银奖。

案例 9-4-2

<h3 style="text-align:center">化学系李文荣等的课题"超薄打印电池"</h3>

该项目为第三批基金资助项目,以此项目为依托又承担了"挑战杯""计算机打印技术制备超薄电池"课题组,由化学系李文荣、程岩、徐帆 3 位研究生共同完成。该项目凭借其新颖奇特的创意、简单易得的设备、快速便捷的操作工艺一举夺得第八届"挑战杯"特等奖。3 位学生充分发挥团队合作精神,经过反复试验,克服种种困难,前后历时一年多时间,终于把"用打印机打出超薄电池"的创意变为可行性成果。这种打印出的超薄电池厚度只有十几微米,还可以随意设计形状、大小及打印位置。有了这种超薄打印电池,超薄计算器、超薄手机、超薄数码相机、超薄掌上电脑,甚至使用超薄燃料电池的电动车都不再只是梦想。

案例 9-4-3

<h3 style="text-align:center">生命科学学院郭金虎的课题"人类 17 种器官的
基因表达的生物信息学研究"</h3>

该课题通过对 760 个非重复序列基因(Unigene)在人类 17 个组织中的表达数据的分析,揭示出人的脑与睾丸存在着最为相似的基因表达谱,该研究结果对于人类的物种形成与进化研究可能具有重大的理论意义。郭金虎还利用该课题的资助,独立构思,鉴定出一个含有 7 个保守半胱氨酸的蛋白质结构域(MANSC),该结构域存在于多细胞动物的细胞膜和细胞外一些蛋白家族中。该结构域的鉴定对于相关蛋白质的功能研究以及老年痴呆、肿瘤等相关研究都具有非常重要的意义。该实验分析结果发表在国际生物化学与分子生物学会的权威期刊《生物化学的趋势》(Trends in Biochemical Sciences)上,影响因子为 14.398,是复旦大学生命科学学院迄今以第一单位署名发表的第二篇影响因子超过 10 的论文。有关 MANSC 结构域的研究结果已被《科技日报》于 2004 年 5 月 17 日在头版报道,并被多家媒体转载。

(资料来源:复旦大学研究生创新基金总结报告,由复旦大学研究生院培养办公室整理)

二、重点学科优秀博士生科研资助计划

为了充分发挥重点学科作为知识创新、技术创新、理论创新重要基地的作用,提升复

旦大学重点学科博士生的科研能力和水平,鼓励研究生从事高水平科学研究,学校于2009年启动了重点学科优秀博士生科研资助计划,该计划是"211工程"三期创新人才培养资助六大计划之一。对象为已开题且开题优秀者,重点是以硕博连读和提前攻博方式入学的博士生以及本科直接攻博生,学习成绩优良,已在本学科领域取得一定的科研成果,或已显示出很好的科研潜质。资助额度如下:人文社科类每项为3万元,理工医科类每项为5万元。该计划共计资助232个重点博士生科研学科资助计划,迄今共结题45项,发表科研论文共计98篇,其中,SCI检索论文30篇,申请并获审批专利3项,为充分发挥重点学科作为知识创新、技术创新、理论创新重要基地的作用提供支持。

案例9-4-4

中国古代文学中心姚尧的"《春秋公羊传》词汇、语法专题研究"

姚尧按照预定计划完成了对《春秋公羊传》语言现象的基本调查,撰写了《〈春秋公羊传〉词汇、语法专题研究》一文,按时完成了项目,并发表了多篇学术论文。《〈春秋公羊传〉词汇、语法专题研究》一文,取上古晚期儒家重要经典《春秋公羊传》作专书语言专题研究,就词汇学、语法学的8个专题作穷尽研究,立足于原典实词和语法词,运用现代语义场、功能语法理论,作宏观把握和内在微观考察,在有条理地全面描写《春秋公羊传》词语现象的基础上,细致辨析各种语言现象的异同,深入剖析异同产生的内在根源,对照前修时贤已有的各种观点与论述,反复推阐,下以己意,提出了许多新的见解,且能指正前人研究中的失误,大多能自圆其说,不但对于《春秋公羊传》的语言解释有很大的价值,对汉语词汇史、语法史的构建有积极的意义,也有助于今后的经学研究和古籍整理。

案例9-4-5

数学学院杜恺的"倒向随机偏微分方程的分析与应用"

该课题综合了随机分析与偏微分方程的方法与技巧,系统研究了抛物型倒向随机偏微分方程的Dirichlet问题和Cauchy问题的解的存在唯一性和正则性,获得了4个主要结果。关于倒向随机偏微分方程的Dirichlet问题的研究总结了前人的工作,获得了第一个具有一般性的结果,取得该问题研究方面最好的成果;对于退化抛物型倒向随机偏微分方程的研究,完全解决了周迅宇(SICON,1993)在1993年提出的公开问题,并第一次给出了解的$\hat{W}\{m,p\}$估计;另外,该课题首次研究了二次增长型的倒向随机偏微分方程,研究结果在随机控制理论、非Markov过程理论以及数学金融学中有诸多应用。由于获得基金的支持,杜恺有更充足的精力用于研究工作。这项资助为作者提供了许多硬件方面的支持,提供了参加各类学术活动的资金支持,尤其是2010年9月杜恺能够赴日本参加SPA国际学术会议。课题较为圆满地完成了预定计划,共完成学术论文6篇(均为第一作者),已在国际期刊SPA、PTRF和AMO上发表。

案例 9-4-6

中山医院周健的"MSCs 和其诱导 Ecs 联合种植于丝素蛋白/TCP 支架构建组织工程人工骨修复兔大段皮质骨缺损"

该课题主要研究骨髓间充质干细胞与其诱导的内皮细胞联合培养,种植于丝素蛋白/TCP 复合支架中,制备新型血管化人工骨修复大段骨缺损。该研究可以促进组织工程人工骨的血管化,提高其成骨效率,为临床治疗大段骨缺损提供了宝贵经验;同时,为更好地解决再生医学研究普遍存在的瓶颈——血管化问题提供新方法和思路,对其他组织、器官的再生医学研究提供借鉴。周健已按计划完成预期实验方案,并发表多篇高水平论文。

(资料来源:复旦大学"211 工程"三期创新人才培养资助计划验收总结报告,由复旦大学研究生院培养办公室整理)

三、交叉学科优秀博士生科研资助计划

学科交叉已经成为当代科学发展的时代特征,由此发展而来的交叉学科也已经成为培养具备综合学科实力的拔尖创新人才的主渠道。为促进交叉学科领域内博士生对各种新知识、新技术的创新性开拓及应用,特设立复旦大学交叉学科优秀博士生科研资助计划。该计划是"211 工程"三期创新人才培养资助六大计划之一,针对在复旦大学"985"科技创新平台和人文社科创新基地上进行学习和科研活动的博士生组成的项目组或研究团队,或在两名以上不同学科导师指导下从事交叉研究的博士生。资助额度如下:文科类每项为 3~6 万元,理医工科类为每项 5~10 万元。该计划共资助了 16 个交叉学科博士生科研项目,发表科研论文 14 篇,其中,SCI 检索论文 5 篇,申请并获得专利 1 项,参与国际学术交流 7 次。

案例 9-4-7

生物医学平台傅窈窈的"先天性中外耳畸形相关生物力学分析与计算机辅助手术设计"

该项目为交叉学科第一批资助项目,是多学科交叉领域的前沿课题,应用计算机学、力学的方法解决临床问题,通过形态学与微观生物力学相结合,探讨更为合理的先天性中外耳畸形的术前评估系统与虚拟手术方式,对筛选适合手术的患者、指导手术及完善对该疾病规律的认识,具有重要的理论意义与应用价值。该课题完成了临床资料收集、数字化分析与测量、畸形中耳传声的形态建模及虚拟手术的实现等 4 个部分的重要内容,并提出了若干观点。

(1) 通过对先天性外中耳畸形患者影像资料的测量分析,发现在畸形耳中面神经乳突段较正常耳有明显的前移,且畸形耳面神经骨管长度明显短于正常耳。同时,结合三维重建技术,发现了耳畸形伴发的 4 种颧弓或下颌骨畸形。

（2）在测量畸形耳砧镫关节角度并总结畸形听骨链形态特征的基础上，建立了包含人造鼓膜、畸形听骨链、听骨肌与听韧带较为精确完整的畸形听骨链系统有限元模型，应用有限元方法揭示了畸形听骨链系统的传音特性。

（3）基于计算机编程技术，根据手术要求和空间解析几何原理及相应的计算方程，自行研制了EarCanalDriller计算软件，实现了先天性外中耳畸形患者听力重建手术可行性的自动判断和个体化的耳道自动定位，为临床医生手术提供参考。

该课题创新点明确，成果明显。课题承担人发表了核心期刊论文，参与了多次国内会议交流，并受邀做国际会议发言。

（资料来源：复旦大学"211工程"三期创新人才培养资助计划验收总结报告，由复旦大学研究生院培养办公室整理）

以上3个基金项目，起到鼓励研究生从事高水平科学研究、提升在校博士生科研能力和水平的作用。实践证明，这种立项的科研资助做法对提高博士生创新能力的培养有着十分重要的现实意义。表9-4-2所示为获得复旦大学研究生创新基金（2001—2013年）、复旦大学优秀博士生科研资助计划（2009—2013年）、教育部"博士研究生学术新人奖"（2010—2012年）资助的学生在入选国家、市级和校级优秀博士学位论文情况。

表9-4-2 获复旦大学研究生创新基金等项目资助的研究生入选优秀学位论文统计表

年份	入选全国优秀博士学位论文（设立于1999年）		入选全国优秀博士学位论文提名奖（设立于2003年）		入选上海市研究生优秀成果（学位论文）（设立于2000年）		入选复旦大学优秀学位论文（设立于2004年）	
	获基金资助人数	入选总人数	获基金资助人数	入选总人数	获基金资助人数	入选总人数	获基金资助人数	入选总人数
1999		6						
2000		5				25		
2001		8				25		
2002		3				19		
2003		5		6	1	21		
2004		6	1	5	3	36	11	50
2005			0	5	6	31	6	30
2006		5	1	2	6	28	14	68
2007	3	4	1	5	6	26		
2008		1		6	6	29	13	72
2009	0	1	6	12	10	49	14	79
2010	1	3	5	12	11	54	13	76
2011	1	3	5	6	18	62	20	76

(续表)

年份	入选全国优秀博士学位论文(设立于1999年)		入选全国优秀博士学位论文提名奖(设立于2003年)		入选上海市研究生优秀成果(学位论文)(设立于2000年)		入选复旦大学优秀学位论文(设立于2004年)	
	获基金资助人数	入选总人数	获基金资助人数	入选总人数	获基金资助人数	入选总人数	获基金资助人数	入选总人数
2012	1	1	6	11	11	54	19	78
2013	1	3	5	8	18	50	/	/
2014	/	/			17	66	/	/
2015	/	/			18	72	/	/
合计	**8**	**58**	**33**	**78**	**131**	**647**	**110**	**529**

注：① 基金是指复旦大学研究生创新基金(2001—2013年)、复旦大学优秀博士生科研资助计划(2009—2013年)、教育部"博士研究生学术新人奖"(2010—2012年)。
② 数据来源于复旦大学研究生院培养办公室。

四、推免生暑期科研训练资助计划

复旦大学推免生暑期科研训练资助计划是针对已经以推荐免试方式被复旦大学录取的研究生，资助其在进入研究生学习阶段之前进行科研训练的项目，侧重于实验性学科。该项目旨在鼓励推免生提前参与科研创新工作，引导推免生积极投身富有挑战性、创新性的科研课题。复旦大学每年资助一定数量的推免生参与暑期科研训练项目，拟为每位学生提供3 000～5 000元的经费资助，主要用作学生的交通、食宿补贴。项目实施以来，累计资助1 470名学生提前进入复旦大学32个院系接受了科研训练。

该项目的成效在于：①早介入，早训练，缩短人才培养的周期。通过此项目使推免生提前进入实验室，接受实验室较为全面的培训，使得他们在实验操作、科研习惯及思维方式等方面都得到很好的锻炼和培养，更容易进入科研状态，为研究生阶段的学习研究打下良好的基础。②在本科阶段和研究生阶段中间起到承上启下的衔接、过渡作用。通过该项目可以进一步巩固本科阶段所学，以夯实基础知识，搞清本科阶段感到困惑的部分问题，同时，通过提前进入课题组学习，预习研究生阶段的相关课程，对课题组的研究方向、研究现状和研究思路等有一定的了解，对课题研究方向形成一定深度的认识，能自主设计实验、观察实验现象并能阐述相关理论和形成一定的科研方法。对实验过程中遇到的一些困难的思考，也锻炼了分析问题、解决问题的能力。③有助于师生之间相互沟通和了解。推免生暑期科研训练时间比较集中，有助于师生之间相互沟通和了解，使学生提前了解导师的课题情况，同时，在与导师以及课题组成员的磨合中，培养团队协作意识和合作精神，既熟悉各自的研究方向，又建立融洽的人际关系，为将来的科学研究奠定基础。④大多数参与此项目的学生完成了预期的工作量，并取得了研究生阶段科研工作的阶段性成果。例如，计算机学院曹零同学的相关评测论文投稿于全国信息检索学术会议

(CCIR)并获录用,谢奕同学的文章被 NASAC 2011 选为短文,赵嘉亿、曾劲、张萌等同学完成了相关软件系统的开发。在 2009 年第一批受资助的推免生中,已有一半学生于 2011 年通过硕博连读转为博士生,继续在各自的领域从事科学研究。

案例 9-4-8

生物医学研究院王平受推免生暑期科研训练资助计划支持案例

王平,2009 年由上海交通大学生命科学技术学院生物工程专业推荐免试进入复旦大学生物医学研究院攻读硕士学位,2009 年夏受推免生暑期科研训练资助计划支持,已于 2011 年 3 月通过复旦大学硕转博考核,后于复旦大学生物医学研究院徐彦辉研究员课题组攻读博士学位。王平一直在徐彦辉研究员课题组从事结构生物学的研究,主要是利用结构生物学、生物物理以及生物化学等手段研究生物大分子发挥功能的分子机制和结构基础。主要研究课题是活跃链霉菌中耐抗生素的 rRNA 甲基转移酶 NSR 的表达、纯化与结构研究,该课题获得了复旦大学第十期研究生创新基金资助并顺利结题,研究成果已在 *Crystallogr Sect F* 以及 *Biochemistry* 上发表,并于 2011 年获得复旦大学"相辉"奖学金。

(资料来源:复旦大学"211 工程"三期创新人才培养资助计划验收总结报告,由复旦大学研究生院培养办公室整理)

五、各院系团队科研训练资助计划

复旦大学十分重视研究生的团队科研训练,对一些成效显著的团队科研给予长久的经费资助。通过团队科研训练,可以培养研究生的团队意识和合作精神,激发团队力量和群体创新能力,提高综合实力以及诚信品格。

案例 9-4-9

经济学院"教育部金融创新研究生开放实验室"科研团队案例

复旦大学"教育部金融创新研究生开放实验室"是教育部启动研究生教育创新计划后于 2002 年 12 月首届获批的建设项目(教研办〔2002〕18 号文),是目前国内唯一一所金融领域的文理交叉实验室,主要用于校内外研究生的金融创新实验和自主金融创新研究,为培养高层次的金融人才服务,由复旦大学经济学院张金清教授担任实验室主任,到目前为止实验室已运行 16 年。

复旦大学"教育部金融创新研究生开放实验室"是 2002 年学校研究生院和当时主管研究生工作的副校长周鲁卫教授根据教育部文件,建议由金融研究院牵头向教育部申报而建立的,也是全国第一批由教育部批准建设的 3 个研究生创新开放实验室之一。目前是由金融研究院常务副院长、经济学院副院长、国家社科基金重大项目首席专家张金清教授负责,由复旦大学经济学院的专家、学者指导的研究生创新教育平台。从创立开始,实验室每年都面向全国高校选拔优秀研究生、博士后和中青年教师,到实验室进行学术交流、学术研究和金融创新活动。

根据教育部关于研究生教育创新计划的指导精神,实验室施行研究生轮流值班、轮流管理的自主管理和自主创新模式,每天从早上8:00一直开放到晚上22:30,就连周六、周日甚至也坚持开放。同时,建议参与创新活动的研究生除了正常的上课等活动之外,每天应以职业工作的心态和方式到实验室学习、工作。

为提高研究生的金融创新能力,实验室每年设立资助研究生创新项目,以及根据金融发展动态及实务部门需要设立金融招标项目,在教师指导下,支持研究生自主开展科学研究。为配合创新活动和科研需求,实验室还组织以下常规活动:一是实验室每个学期一般都设立两个以上研究生读书班,选取国际上被广泛认可的高质量教材作为读书班的学习内容,每次讲课通过随机抽签的方式确定讲课者,由中签者脱稿讲课,教师只起指导和督促作用。二是实验室每周定期举行微观金融结构论文研读讨论班,在张金清教授坚持不懈的指导下,让研究生选取经典、前沿文献或当前热点问题轮流进行报告和讨论。三是针对研究生的学习、生活及适应社会等过程中出现的问题,增进相互了解与友谊,每周或每两周定期举办研究生综合素养与能力提升讨论周会,及时排解大家的疑惑、困扰。四是经常邀请国内外专家来实验室讲学、报告、座谈。五是积极申报国家、上海等政府部门给予资助的暑期学校、研究生学术会议等,提供条件和平台扩大国内外研究生的交流、沟通,目前共举办8届全国性的研究生学术论坛或暑期学校活动。六是鼓励、支持创新研究生走出去,参加各种学术会议和实践活动。七是为配合研究生的创新实践活动,陶冶学生情操,实验室经常有计划、有目的地组织研究生开展一些谈话、文体、参观、游览等活动。八是实验室特别注重实验室创新文化的建设和塑造,在提高创新研究生学术硬实力的同时,也非常注重研究生在人品、思想、素养、文化、价值观等方面软实力的形成和提高。实验室的研究生培养模式已经形成了一个新的交叉学科培养模式,得到了兄弟院校的广泛认可,并分别于2008年、2009年获得复旦大学教学成果一等奖和上海市教学成果一等奖。

实验室取得了以下7项主要成果:一是研究生金融创新项目成果。实验室面向全国高校研究生,已经资助研究生金融创新项目共计108项,直接参与创新项目的校内外研究生达到400多人。二是实验室读书班成果。实验室至今已开设研究生读书班50多门次。三是微观金融结构论文研读报告成果。到目前为止,实验室共开展590余次研读,关于微观金融结构经典文献数据库已有经济金融文献800余篇,研究生论文研读报告及导师指导意见报告各590余篇。四是关于研究生综合素养与能力提升讨论周会的成果。实验室共开展121期讨论,主题涵盖了人生态度、人格品质、礼仪文化、团队合作、师生关系、学习效率和方法、情绪管理、实习工作等众多方面。五是实验室举办的学术会议成果。实验室开展8届由教育部、上海市、复旦大学获批资助的全国研究生学术论坛及暑期学校活动,并获得参会代表、上海市教委领导的一致好评。六是实验室开展的学术讲座及合作交流成果。实验室每年接待和邀请众多国内外知名院校和机构的专家、学者来参观、访问和交流,实验室自成立以来,共组织和开展学术讲座200余场。此外,实验室每年还接受一批慕名而来的访问学者和博士后到实验室工作。七是以实验室为平台张金清教授等人获得教学成果奖及优秀研究生导师等10多项奖励。

（资料来源：复旦大学经济学院）

案例 9-4-10

历史地理研究中心"历史地理学综合实习"科研团队案例

1. 缘起：读万卷书，行万里路

历史地理学是一门研究历史时期地理环境变化的学科。所谓历史时期，是指新石器时代至当代的人类活动时期，时间为一万年左右。这一万年中最重要的事件是人类活动并创制文字，用文字记载自己的历史。但是，历史记载受制于书写者的见识和立场，且文献在历史长河中免不了流失散佚、鲁鱼亥豕，而田野考察正可弥补文献之不足，提示研究者对文献开展批判性的解读。所以，历史地理研究十分注重文献分析与田野考察的双轮驱动。与之相应，历史地理研究中心（以下简称"中心"）在研究生培养方案中专门安排了"历史地理学综合实习"课程，作为硕士生学位基础课、博士生专业选修课，由杨伟兵教授、邹怡副教授、孙涛工程师（历史地理信息系统方向）联合组成教学团队，兼顾历史自然地理、历史人文地理和地图学，培养历史地理研究生的田野考察能力。每年修读该课程、参加综合实习的博士生约10人，硕士生约18人。

2. "历史地理学综合实习"教学包括行前准备、田野现场和后期案头3个环节

在行前准备阶段，任课教师介绍田野点概况，并配合学位基础课"中国历史地理概论"，指导学生阅读与田野点观察内容相关的史志材料和前人考论，令研究生对田野点的自然和人文背景、该地点的历史地理观察内容，以及前人对此内容的认识程度形成基本的了解。这是历史地理考察区别于观光游览的重要一步。若在行前没有翻阅史志材料、前人研究和古今地图，直接进入田野现场，便难以穿透当代景观区分历史与现实、体察过去至今日之变迁，当然也就无法对目前当地为何呈现这样的自然、人文景观做出历史地理的解释。

在田野现场阶段，由任课教师带领学生进入考察点，进行现场实勘和地图识读，并在现场对照文献所得，批判性地回顾史料所载及前人认识，对比历史与现状的差异，分析其变化原因，同时尽力在现场探寻常规史料未载的历史遗迹细节，在新发现的催动下形成新的问题意识。考察点由任课教师选择，兼顾自然与人文地理景观。在线路设计上，一方面选择交通最顺便而考察点最多的路线，以降低考察成本；另一方面，既保证每一个点都有确定的观察内容，又确保若干田野点的考察内容存在相关，令研究生在考察一系列田野点后能观察到某专题景观的具体变化，并形成关于特定地域的全局观。自1999年以来，经过多年教学积累，镇江、扬州和南京一线已成为中心"历史地理学综合实习"的一条经典路线。该路线包括河道变迁、火山地貌、交通水利和城市发展等历史自然与人文地理景观，教学内容集中，研究积累深厚。从2018年起，中心又新辟了江苏淮安田野点。该地曾为黄河、运河、淮河、泗水交汇点，是明清两代河道总督、漕运总督驻地，近千年中当地自然、人文景观发生了沧海桑田式的巨变。经过教学考察,中心师生加深了对历史时期黄、淮、运关系变迁的理解,并追随实地所见遗迹细节,重新思考文献记载,形成了不少仅靠文献无法萌生的学术问题。此外,根据教师的专题研究积累,中心教师还开辟了上海近代城市营建、上海成陆田身遗址、皖南徽州乡村聚落、宁波舟山佛教地理等教学路线。

在后期案头环节,由教师指导学生完善考察日志,写作专题报告。考察日志为考察行程的忠实记录,教师亦鼓励学生在日志中记下非预设考察对象的沿途所见,作为环境状况、社会风貌的时代记录。专题报告则聚焦实地考察所促发的学术问题,在考察返归后围绕该问题重新研读相关文献,以求在前人研究基础上形成新的认识。有的学生在专题报告撰写过程中又萌生新的问题意识,自费重返田野点再做细部观察,形成了田野、文献双轮驱动的良性循环。

3. 实施成效

相比一般课堂教学,"历史地理学综合实习"是一门教学成本较高的课程。中心在每年的课程建设经费中都安排了对应该课程的专门预算。历年建设积累的多条考察路线,也便利了中心灵活应对经费的年际波动。在院系教学经费相对紧张的年份,研究生院亦多次给予专项经费托底,以支持该课程的教学工作。

通过该课程的教学,中心的研究生掌握了历史地理实地考察的基本技能,形成了田野、文献双轮驱动的方法。为鼓励研究生在学位论文写作中重视调查、走向田野,从2011年起,中心每年还拨付专门经费,资助学生根据研究需要自主实施田野考察,将田野成果融入学位论文。每年的"历史地理学综合实习"作为教学考察,相当部分实地考察以验证文献为主,但仍不时有意外发现之喜。考察师生曾在镇江、扬州、南京发现以往未受学界关注的碑刻,在后期案头环节进行细致的释读分析,所得成果发表于《田野与文献:华南研究资料中心通讯》等学术期刊。中心历年积累的研究生考察日志现在读来也已成为生动、细腻的时代变迁史料。历史地理考察的魅力,正在于此。

(资料来源:复旦大学历史地理研究中心,邹怡)

六、研究生科研论文成果

通过扎实的课程学习和导师提供的良好科研训练,研究生的科研能力逐步提高,科研论文成果斐然。从复旦大学2008—2018年在5种国际顶尖理工医科期刊和17种国内顶级人文社科期刊上发表论文的情况看,在全校1 027篇发表的高水平论文中,研究生发表论文269篇,占全校发表论文总数的26.2%,其中,研究生作为第一作者/通讯作者(或研究生作为第二作者,其导师为第一作者/通讯作者)发表的论文共计190篇,说明部分研究生已具备主导发表论文的能力。从近年复旦大学主导发表的SCI、SSCI、AHCI、EI论文看,2017年,研究生参与发表论文数量占70%,研究生主导发表论文数量占56%;2018年,研究生主导发表论文数量占比提升到58.8%,研究生已成为学校科研成果的生力军。

表9-4-3 2018年复旦大学研究生国际发文情况（WOS与EI数据库收录论文）一览表

所属数据库	研究生主导论文总数（篇）	复旦主导论文总数（篇）	复旦论文总数（篇）	研究生主导论文/复旦主导论文（%）
EI	1 445	2 119	3 098	68.2
WOS（SCI/SSCI/AHCI）	3 518	6 215	8 578	56.6
合并去重后总计	4 098	6 968	9 780	58.8

注："研究生主导论文"表示以复旦大学研究生作为第一作者/通讯作者（或研究生作为第二作者、其导师为第一作者/通讯作者）的论文。

"复旦主导论文"表示论文中来自复旦大学的作者作为第一作者/通讯作者的论文。

"复旦论文"表示论文的署名机构含有复旦大学，可以是复旦主导论文，也可以是参与合作。

"合并去重"表示有些论文同时被两个数据库收录，统计论文总数时要避免重复计数。

表9-4-4 2008—2018年研究生以第一/第二作者在知名期刊发表论文情况一览表

期刊名	复旦论文（篇）	研究生论文（篇）	研究生主导论文（篇）
Lancet	106	22	12
Nature	55	21	7
Science	41	18	8
New England Journal of Medicine	37	11	5
Cell	27	8	4
理工医科国际知名期刊发表论文合计	266	80	36
世界经济与政治	114	34	31
管理世界	109	47	37
经济研究	107	44	28
哲学研究	101	6	6
中国社会科学	62	7	6
新闻与传播研究	59	16	13
历史研究	43	7	6
文学评论	41	4	4
文艺研究	41	10	10
人口研究	29	8	8
中国语文	19	3	2
民族研究	6	2	2

(续表)

期刊名	复旦论文(篇)	研究生论文(篇)	研究生主导论文(篇)
考古	5	1	1
人文社科国内顶级期刊发表论文合计	736	189	154

注：根据2008—2018年复旦大学研究生学位申请时填报的数据，经复旦大学图书馆统计提供。

第五节　研究生国际化培养

现代高等教育的历史也是开放办学的历史，世界上的高水平大学无不走开放办学之路。复旦大学很早就深刻地认识到这条现代大学办学规律，因此，改革开放伊始，便在国内高校中率先开启了与世界各国高等教育机构的广泛交流与合作。1978年，谢希德教授带队参加在西德召开的国际核靶发展学会第七届国际会议，拉开了"文革"后复旦大学与国际高等学校及学术界交流的帷幕。20世纪80年代初，复旦大学成为"中美联合招考物理研究生计划"和"中美化学研究生计划"最早的支持者和参与者。在1978—1988年这10年中，复旦大学派遣出国留学人员达848人，原上海医科大学派出留学人员近800名。受益于对外开放合作办学，学校的国际知名度和影响力与日俱增，迄今已先后与40多个国家和地区的270多所大学和机构签订了合作协议。进入21世纪后，随着学校逐步推进世界一流高校的建设步伐，学校更加重视在国际环境中发展自己，把建设全球科教中心列为长远目标。通过建立各类全英文培养项目和国际交流合作项目，扎根中国，面向世界，培养具备全球视野的专业人才。近年来，学校通过建立国际智库中心、美国圣地亚哥中国研究中心、全球公共政策研究院等智库和人文交流平台，以及"复旦大学-汉堡大学-麦考瑞大学三校联合博士学位项目"等400余个中外研究生交流合作项目，有力促进了高层次国际交流，为复旦大学研究生人才培养提供了更广阔的空间和舞台。

一、设置多样化的研究生培养项目

恢复研究生教育之后不久，复旦大学就开始与国内外同行建立学术交流和合作关系。近年来学校拓展了全英文研究生学位项目、国际合作双学位项目等面向留学生的研究生学位项目。自2005年设立首批全英文研究生学位项目以来，学校研究生层次的国际学位项目数量不断增加，2012年学科范围从人文社会学科逐步拓展到理工医学科。截至2018年10月，学校已设置48个全英文研究生学位项目[①]（含30个国际合作双学位项目），首个海外办学点于2018年10月在匈牙利的考文纽斯大学成立。学校攻读研究生学位的国际留学生人数已达1190人。

---

① 详见附录13：《复旦大学研究生培养项目（含全英文研究生学位项目）列表》。

复旦大学与法国里昂商学院签署双学位项目合作协议

新闻学院双学位项目学生参加2013级研究生开学典礼

国务学院全英文研究生学位项目的外国留学生

◆ 图9-5-1 复旦大学国际合作研究生学位项目部分图片

◆ 图9-5-2 信息学院全英文研究生学位项目教学情景

◆ 图9-5-3 复旦大学在匈牙利考文纽斯大学设立首个海外办学点

案例 9-5-1

提高文化软实力,推动中国哲学全球化
——复旦大学中国哲学英文硕士项目案例

提高文化软实力,需要讲好中国故事,让外国人理解、接受乃至欢迎中国崛起;坚定文化自信,要深入发掘中国智慧,传播中国文化。这一努力中最根本的一环,是在全球范围内传播体现一国精神内核的哲学,让中国哲学在世界上真正成为构建人类命运共同体的重要思想资源。

基于这一目标,复旦大学哲学学院于2011年初,创办了中国大陆第一个英语授课的"中国哲学与文化"硕士与访问学生项目,吸引和培养倾听中国声音的外国人才与研究者,打造一个掌握国际话语与中国思想的教师与专家队伍,为中国哲学走向世界探索一条成功的道路。

向世界传播中国哲学,不仅要克服语言上的障碍,更要克服文化与教育方式上的障碍。中国教师常常无法通过外国学生熟悉的理论或生活经验来帮助他们理解中国哲学中的概念,尤其是如何让外国学生能够循序渐进地深入理解中国思想更为困难。国内类似的项目常因无法克服文化认知与教育方式两方面的障碍,造成有"深度"的课程因过于中国化的表达而难于真正引起外国学生共鸣,加之任课教师自身局限,因而只能开设较为浅显的介绍性课程,而这显然无法满足外国学生深入学习中国哲学与文化的实际需求。

为了积极解决这些问题,该项目团队通过多年来的教学实践,总结出以下4点具体举措。

第一,从人类共同问题出发,围绕中国经典,发掘中国智慧,建立真正的跨文化对话的教学模式。 具体来说,是以人类共通问题、共同经验克服文化障碍,以中国经典展现中国智慧。针对传播中国哲学的文化障碍,课程努力寻找那些不分时间、地域、族群,人类都要面对的根本问题,以此"同"克服跨文化交流之障碍。同时,文化交流亦需展现文化之"异",即中国经典对人类共同问题的独特解决。也正因此"同"与"异",通过我们的教学培养,让外国学生了解中国思想传统,并对照本国传统进行比较,展开真正的跨文化对话。

第二,建立起能够熟练运用国际话语体系来精准解读中国哲学的核心教学团队。 为实践该项目的教学目标,要求我们采取高标准选择教学团队成员:他们有在中国以及在海外长期受教、授课的经验,同时活跃在汉语和英语世界的中国哲学研究领域。在不断经历中西文化与教育理念的碰撞过程中,团队成员既掌握国际化语言,又发展出中国特色,能够用外国学生熟悉的语言、熟悉的案例来讲述他们不熟悉的中国哲学。此外,我们还邀请大量海内外相关领域专家参与教学和指导,打造真正高质量的国际化教学团队。

第三,根据中国哲学的内在逻辑,结合外国人思维方式,构建完整的课程体系。 这一课程体系力图做到全面与深入结合,涵盖从先秦到近现代中国各时期的中国哲学思想,由基础到进阶分层递进开展教学。根据课程的实际需要,以高标准"因课寻人,而非因人设课"组建教学团队。此外,学好中国哲学,必须学习文言文。考虑到外国学生中文水平参差不齐,在中文必修课之外,通过一名中国籍研究生教授两名留学生古文的方式因材施教;同时,组织多元文化活动,让留学生全面地了解中国、理解中国。

第四，建立行之有效的、与国际接轨的招生网络与毕业指导模式。 项目团队建立起由在欧美从事中国哲学与文化研究的骨干人员组成的300人以上的招生网络,通过这一网络开展同行推荐及其他与国际接轨的招生方式,对申请人严格挑选,保证质量。通过良好的教学成效,使项目学生获益众多,建立起良好的项目声誉,最终形成申请人数量、质量、项目口碑的良性循环。

通过上述4点举措可知,该项目的核心目标始终围绕如何"提高文化软实力,推动中国哲学全球化,讲好中国故事和中国智慧"这一主题展开,在这一探索过程中该项目团队同仁坚持探索符合中国国情及中国哲学教学需要、兼顾中西结合与培养质量的留学生教学培养新模式,而这一模式也帮助我们在提高人才培养质量、扩大中国哲学国际影响、推广创新教学模式等方面取得丰硕成果。

回顾多年的教学实践,应该说在大中华地区文史哲专业类似的英文授课项目里,该项目无论在生源数量和质量,还是在教学培养口碑,均名列前茅。项目设立至今8年(截至2018年度招生季),累计招收各国留学生82名,其中,70名为硕士学位项目生,12名为一年访问生,这些学生来自全世界近30个国家和地区,绝大多数来自欧美发达国家(占生源总数的80%以上),不少来自世界顶尖高校(包括美国哥伦比亚大学、芝加哥大学,加拿大多伦多大学,英国牛津大学,德国洪堡大学,法国巴黎四大,意大利威尼斯大学,以色列特拉维夫等大学)。也正因此,项目培养了一批高质量的毕业生,为增强中国的软实力与在西方传播中国故事做出了重要贡献。例如,2015届毕业生唐宵芳(Gabriella Stanchina)在其祖国意大利原已获得西方哲学博士学位,出于自身对中西哲学比较研究的学术兴趣,通过该项目于2013年入学,开始学习中文及中国哲学。经过项目教学团队的培养及其自身努力,在毕业时由最初汉语零基础成功达到申请汉语授课博士项目的基本要求。而今又通过4年博士阶段的学习,已于2019年6月通过答辩,并被授予中国哲学博士学位,真正实践着中西哲学汇通之研究道路。从项目毕业生的职业发展来看,不少学生选择在中国以及世界著名高校继续深造,或者加入各种国际组织或商业机构,并取得佳绩。此外,在校内选修我们课程的其他专业留学生达数百人,也让中国哲学在他们的心中播下星星之火。

该项目的另一重要成果在于助力提升中国哲学的世界地位。在重视学科国际影响的英国QS大学排名中,复旦大学哲学学院在过去5年内两次名列亚洲第一,并进入过世界前20名,这是中国哲学国际地位提高的佐证。该项目为复旦大学与世界著名高校(柏林自由大学、巴黎第一大学、伦敦国王学院、汉堡大学等)设立各种交换项目提供了基础,在为中国学生和学者提供机会的同时,也吸引了更多的外国学生和学者来研习中国哲学。项目团队的教师也借助这一平台活跃在国际舞台上,通过包括上述高校以及联合国教科文组织的"哲学之夜"等学术与公众渠道,向累计千人以上的外国学者、学生、一般公众更广泛地传播中国故事。团队成员还在国际会议、英文期刊发表多篇学术论文,白彤东教授的中国传统政治哲学导论著作 *China: The Political Philosophy of the Middle Kingdom* 于2012年出版,该书已被列入国外相关课程的参考书目,正在推动中国哲学教育走向世界。可以说项目的成功让中国学者真正走出去,建立了扩大中国哲学世界影响的新模式。

此外，该项目的教学理念和培养模式还为国内类似项目的教学培养提供参照样板。在该项目的成功带动下，中国人民大学哲学学院、北京师范大学哲学学院、武汉大学哲学学院、华东师范大学哲学系、上海交通大学哲学系相关项目团队成员都前来调研学习我们的成功经验，创办和发展了类似项目；哲学学院在此基础上于2015年新设立"中国宗教"英文授课硕士项目，并在2016年迎来首届学生。上述项目的陆续设立和发展，扩大了海外学生前来中国学习地道中国哲学的总体规模，并且在实践中切实推动传播中国哲学、讲好中国故事之团队的壮大。

也正因为项目所获得的上述成就，该项目于2018年获评"2017年高等教育上海市级教学成果奖一等奖"及"复旦大学教学成果奖特等奖"。未来该项目还将致力于传播和推广中国哲学、中国文化，努力讲好中国故事，展现中华文明的悠久传统和勃勃生机。

（资料来源：复旦大学哲学学院，孙向晨、白彤东、于明志）

二、研究生参加国际国内学术活动及对外交流情况

（一）着眼长远，积极参加各类国际大学组织

复旦大学作为21世纪大学协会（U21）、环太平洋大学联盟（APRU）和东亚研究型大学协会（AEARU）大学组织的创始成员，为研究生的国际交流提供了高层次的国际交流平台。五大海外中国研究中心（美国圣地亚哥中国研究中心、丹麦哥本哈根中国研究中心、墨西哥瓜达拉哈拉中国研究中心、哈萨克斯坦阿斯塔纳中国研究中心、奥克兰中国研究中心）的建立，有利促进了研究生的国际化培养。

（二）积极组织，推动研究生积极申报国家留学基金管理委员会出国资助

2008—2018年，国家留学基金资助复旦大学1 350名研究生出国留学，其中，硕士生有144名，博士生有1 206名（含攻读博士351名、联合培养博士855名）。

表9-5-1　历年复旦大学国家留学基金资助出国留学人员（研究生项目）统计表

年份	博士研究生（人）	联合培养博士研究生（人）	联合培养硕士研究生（人）	硕士研究生（人）	合计（人）
2008	11	83		4	**98**
2009	31	70	1	9	**111**
2010	26	39		4	**69**
2011	42	44		2	**88**
2012	25	49	1	5	**80**
2013	32	57		5	**94**
2014	46	77	4	5	**132**
2015	35	100	6	4	**145**

(续表)

年份	博士研究生(人)	联合培养博士研究生(人)	联合培养硕士研究生(人)	硕士研究生(人)	合计(人)
2016	38	114	24	13	**189**
2017	40	131	26	16	**213**
2018	25	91	9	6	**131**
总计	**351**	**855**	**71**	**73**	**1 350**

注：资料由复旦大学研究生院培养办公室提供。

表9-5-2 2008—2018年复旦大学国家留学基金资助出国留学人员录取人数统计（按留学国别）

留学国别	2008	2009	2010	2011	2012	2013	2014	2015	2016	2017	2018	小计
美国	59	56	37	42	41	48	54	74	90	106	70	**677**
德国	5	6	5	6		6	22	10	21	24	8	**113**
英国	6	8	6	8	7	8	12	14	19	8	17	**113**
法国	11	14	5	9	9	9	12	9	9	20	5	**112**
日本	2	3	6	3	8	10	5	9	16	10	8	**80**
加拿大	5	6	1	6	5	4	5	6	7	9	4	**58**
荷兰	1	3	1	1	2	2	4	8	8	11	6	**47**
澳大利亚	3	1	3	6	2	2	7	2	3	3	5	**37**
瑞典	2	6		1	3	1	1	4	1	2	1	**22**
比利时	1	2			1	4	1	4	6	2		**21**
芬兰						1		5	5			**11**
瑞士	1		1	1	1				3	2		**10**
新加坡	1			1		1	1	2		3		**9**
爱尔兰	1	2	2	1	1		1					**8**
丹麦			2				1		2		1	**6**
俄罗斯							2	1		3		**6**
西班牙				1		2	1			1		**5**
奥地利					1			1		1		**3**
意大利		1		1						1		**3**
哈萨克斯坦		2										**2**
韩国								1	1			**2**
挪威					1					1		**2**
捷克							1					**1**

（续表）

留学国别	年度											小计
	2008	2009	2010	2011	2012	2013	2014	2015	2016	2017	2018	
南非							1					1
新西兰										1		1
总计	98	111	69	88	80	94	132	145	189	213	131	1 350

注：资料由复旦大学研究生院培养办公室提供。

（三）筹措资源，支持博士研究生出国进行短期访问交流

2009年复旦大学启动创新人才培养资助计划，其子项目博士生短期访学资助计划项目旨在选派学校在读优秀博士生赴境外知名大学、科研院所的相关学科专业进行为期3～4个月的学术交流与科研合作。10年间，累计资助人数350人，累计资助金额超过1 000万元。

表9-5-3 2009—2018年由研究生院资助博士生赴国外开展短期访学情况简表

年度	资助人数	年度	资助人数
2009	33	2015	35
2010	42	2016	26
2011	41	2017	25
2012	71	2018	27
2013	34	总计	**350**
2014	16		

注：资料由复旦大学研究生院培养办公室提供（截至2018年11月）。

（四）博士研究生参加高水平国际学术会议

从2006年起，"复旦大学资助博士研究生参加国际学术会议"项目启动，该项目的组织和管理工作由研究生院培养办公室具体实施，包括资助项目的审批、经费资助额度的发放等，并于2009年系统制定了《复旦大学资助博士研究生参加国际学术会议的实施办法》。该项目鼓励和支持本校优秀的博士研究生出国参加高水平国际学术会议、交流与合作访学，目的在于拓宽博士生的国际学术视野，同时扩大研究成果的国际影响，对进一步提升博士生的培养质量和国际竞争力具有重要意义。2006—2018年学校累计资助428名博士生到41个国家和地区参加国际学术会议与交流。

表9-5-4 2006—2018年由研究生院资助博士生参加国际学术会议情况简表

年度	资助人数	年度	资助人数
2006	11	2009	58
2007	20	2010	76
2008	20	2011	54

(续表)

年度	资助人数	年度	资助人数
2012	39	2016	15
2013	43	2017	24
2014	19	2018	19
2015	30	总计	**428**

注：资料由复旦大学研究生院培养办公室提供。

◆ 图9-5-4　博士生参加国际会议

国际会议促进博士生走向国际学术舞台，拓宽国际视野；直接与所在领域的国际学者面对面交流学术，开阔学术视野，加深对国际前沿动态的了解，激发从事科学研究的强烈欲望；更好地把握自己的研究课题在学科领域中所处的位置，看到差距和不足，但也对自身优势增强信心。同时，通过口头报告和回答提问，锻炼了博士生的英文口头表达和沟通能力。

案例9-5-2

参加国际会议的博士生们的交流心声

1. 表达能力与语言能力

此次学术活动对我产生的一个最直接的冲击，就是语言能力与学术研究之间的密切关联，特别是在当前学术交流日益全球化的背景下，英语交流能力在个人学术成长生涯中扮演着十分重要的作用。

（郑春风，新闻学院，2018 Summer School + Conference Social Technologies, User Communities and Cultural Knowledge in China and Australia）

在国际会议上使用英文做报告也是我的一次重大考验和历练。……所以，在做报告之前，……我进行一遍又一遍的模拟练习。到正式做报告的时候，我发现自己对整个报告的把控能力已经非常完美。做报告后，有很多教授都来向我表示祝贺，让我瞬间得到很大的鼓励,我也坚信自己只要努力,就一定能把事情做好。

(王占雨,信息科学与工程学院,
Progress in Electromagnetics Research Symposium 2017 in St Petersburg)

2. 学术视野与专业研究

通过参加美国MRS秋季会议,我短时间内从相关领域不同研究方向的世界知名科学家和优秀博士后、研究生等研究学者那里获得宝贵的研究经验和科研灵感。同时,通过与他们的面对面交流,看到了我的研究和他们的不同之处,也给我带来了很多有益的启发。MRS会议给了我开拓科研视野、与科研同行近距离交流以及激发科研灵感和热情的宝贵机会。通过本次会议,我对科学研究产生了更新、更深刻的认识,对今后的科研道路起到了很好的激励作用。

(李同涛,化学系,2017美国材料研究协会秋季会议)

随着中国经济的高速发展,中国一流商学院和美国一流商学院的差距越来越小,但是在学术方面的差距还是很明显……随着中国学者与国外学者学术合作的日益频繁,相互学习、平等对话的模式让中国学者真正走向国际舞台。而相互学习、平等对话的前提是中国学者拥有和国际一流商学院学者一样的学术水平和学术操守。我更好地理解我们这一代会计学博士在中国商学院发展过程中肩负的使命,……更好地理解商学院学者的立身之本;我更加清楚地了解自己,对未来的道路有了一些想法。

(丁慧,管理学院,2018 American Accounting Association Annual Meeting)

3. 国际交流与合作

国际合作、学科交叉是一种发展趋势,不论是国内交流、国际会议、联合培养、博士后研究还是攻读学位,尝试与接受不同学科训练、不同家庭成长经历、不同国别或族群文化背景的人交流,学习从不同的角度思考问题,可以让我们更理性、更全面地看待所研究的事物,也可以让我们更加从容地面对这个时代。

(栾静韵,药学院,第16回日本临床肿瘤学会学术会议)

国际商务学年会还是一个绝佳的交友平台。由于国际商务领域研究话题的相对统一以及该统一下的多元性,国际商务学年会每年都会吸引其他管理领域的学者前来参加。对于新学者来说,我们不仅可以结识国际商务领域的学术前辈和同侪,还可以与其他管理领域学者进行交流,在拓宽学术视野的同时,还能结交成为好朋友,为未来的合作增添可能性。

(万倩雯,管理学院,国际商务学年会)
(资料由复旦大学研究生院培养办公室整理)

第六节 优秀研究生案例

40年来,复旦大学在研究生教育领域深化改革,通过在培养机制、课程教学、写作训练、科研训练、专业实践、学位授予等方面实施多项改革举措,为国家建设和社会经济发展输送了大批优秀人才。

一、田博之：尊重个性需求，硕士生破格获得博士学位

田博之，男，汉族，1980年出生，陕西西安人，于1998年9月保送为复旦大学化学系本科生，大学三年级时凭优异成绩和优秀表现经推荐免试就读硕士生，2004年6月，学校破格授予这位硕士毕业生以博士学位。现任教于美国芝加哥大学化学系，活跃在国际科学研究相关领域创新前沿。

(a) 日常学习生活

(b) 授予学位

◆ 图9-6-1 田博之

1998年9月,田博之以全国化学奥赛一等奖得主身份保送复旦大学化学系。2001年,"3+3"免试直升为复旦大学化学系硕士研究生,师从赵东元院士。在攻读硕士学位期间,田博之的研究课题为"新型纳米孔材料的设计合成及低维纳米结构材料的合成与表征",发表(包括合作完成)国际学术论文20余篇,其中,以第一作者身份发表8篇,并获得了7项第一发明人专利。就读期间,田博之结合无机化学中非水溶胶——凝胶化学原理,大胆地提出了"混合无机前驱物"这一全新的实验思路,高效地合成出有序度高的氧化钛纳米孔材料,该工作成果发表在国际材料学权威期刊 Nature Materials 上,获得国际学术界的肯定。2004年硕士学位论文答辩时,鉴于田博之的突出表现,学校破格授予其博士学位,其学位论文也于2007年获得"全国优秀博士学位论文"称号。

从复旦大学毕业后,田博之获得哈佛大学全额奖学金,师从全美十大最有影响力的科学家、美国科学院院士查里·李博(Charle Lieber)继续进行研究,从事新型纳米线材料合成以及在细胞和组织中的应用等方面研究。2010—2012年,在麻省理工学院进行组织工程和再生医学的博士后工作。自2012年起任教于美国芝加哥大学化学系,2018年任副教授,同时担任学术期刊 Physical Biology 执行编辑,以及 Nanotechnology、Nano Futures、Bioelectronics in Medicine 等学术期刊编委。多篇学术成果发表在 Nature、Science 等顶尖学术期刊上。

田博之在科学研究领域表现出非凡的能力,先后获得了美国2012年度35位"世界顶尖青年创新家"荣誉称号(由麻省理工学院 Technology Review 评选)、美国国家科学基金会杰出青年教授、瑟尔学人、科维理前沿科学家、艾尔弗雷德·斯隆奖学金、美国国立卫生研究院杰出青年等奖项或荣誉称号,2016年获得了美国总统奥巴马授予的"美国青年科学家与工程师总统奖"("Presidential Early Career Awards for Scientists and Engineers"),2017年获评首届苏黎世联邦理工学院材料科学杰出青年。

二、郑璇:关注社会福祉,培养社会紧缺人才

郑璇,女,汉族,1981年出生,湖北武汉人,中共党员,于2005年考入复旦大学,师从我国手语语言学先驱龚群虎教授,是第一位我国自主培养的聋人博士。2009年6月,郑璇按期完成学业,获得文学博士学位。毕业后她放弃沿海高薪工作机会,投身西部地区聋人高等教育事业,现任重庆师范大学教育科学学院特殊教育系副教授、研究生导师、聋教育学科带头人、手语与聋教育中心负责人。

目前,郑璇以"攻克制约聋教育有效性提高的瓶颈——聋人语言问题"为目标,主要承担"大学语文"(聋生)、"人际沟通"(聋生)、"手语"、"语言学概论"、"听障儿童心理与教育"等课程的教学工作,在国内高校中率先建构"汉语——手语——沟通技能"的聋生沟通能力培养三位一体课程体系,聋教育教学经验丰富,深受学生好评。自2015年起,连续4年被重庆师范大学评为"最受毕业生欢迎的教师",2018年被中央电视台评为"2018年度全国最美教师"。

(a)与导师龚群虎教授在一起

(b)手语

(c)接受美国华文媒体采访

◆ 图9-6-2 郑璇

郑璇自幼失聪,但能说一口标准的普通话,同时精通汉语、英语、中国手语、美国手语等4门语言,治学态度严谨,独立研究能力强。近10年来,郑璇先后主持了"语言接触对聋人手语发展演变的影响研究"等国家社科基金青年项目2项、国家社会科学基金重大项目子项目1项,出版教材2部、译著5本、专著1本,在《中国特殊教育》等学术期刊发表论文15篇,许多研究成果填补了目前国内聋人手语领域的空白。2015年9月由华东师范大学出版社出版的《手语基础教程》系该社"教师教育精品教材"中特殊教育专业系列代表书目,是"十二五"国家重点图书、"十三五"国家重点图书出版规划项目,被全国20余所高等院校特殊教育专业、手语翻译专业选为指定教材或参考书。2016年10月,郑璇作为我国首位公派出国工作的听障教师,赴美国明苏里达州孔子学院下属的一所聋校任教。

三、仰志斌:营造学术氛围,助力研究生自我成长

仰志斌,男,汉族,1986年出生,浙江湖州人,中共党员。2009年,从华东理工大学考入复旦大学攻读硕士学位,师从彭慧胜教授。2012年,他由硕博连读转入攻博,并于2014年提前一年完成学业,获得博士学位。

图9-6-3 仰志斌

2009年,仰志斌从华东理工大学物理学系毕业,跨专业进入复旦大学攻读高分子材料硕士生。他从大量补新专业基础知识、海量阅读国内外经典文献开始,在导师的带领下逐步进入高分子材料领域。2011年7月,仰志斌完成了在研究生阶段的第一篇论文《热处理对碳纳米管结构和性能的影响》,并发表在学术期刊 *Journal of Materials Chemistry* 上。成功的体验让他树立起信心,也更加坚定了自己的科研之路。2012年,仰志斌在导师彭慧胜教授的鼓励和引导下开始攻读博士学位,用专注与执着克服了科研成长道路上的一个个困难。

迄今为止,仰志斌发表了SCI学术论文70余篇,其中,以第一作者发表论文22篇,包括在材料领域国际权威期刊 *Advanced Materials* 上发表7篇、在化学领域国际权威期刊 *Angewandte Chemie International Edition* 上发表3篇、在化学领域顶级综述期刊 *Chemical Reviews* 上发表综述1篇等。论文总被引4600余次,h-index为37,已获批11项中国发明专利并全部实现技术转让。历年获得的荣誉和奖项包括2015年国际青年化学家奖(IUPAC-SOLVAY International Award for Young Chemists)、2013年美国材料学会杰出研究生银奖(MRS Graduate Student Silver Award)、华盛顿研究基金会创新学者(Washington Research Foundation Innovation Fellows)、2014年光华自立奖一等奖、2013年中国大学生年度人物、2013年巴斯夫-先进材料院士奖、2012年教育部"博士研究生学术新人奖"、2012年复旦大学"学术之星"等。

四、吕莎莎：立足本土培养，融入世界竞争

吕莎莎，女，出生于1987年，河南周口人。2008年9月，经推荐免试，由华中科技大学进入复旦大学管理学院入读首期硕博连读项目，2010年顺利转入博士生阶段，师从陆雄文教授。2015年6月，吕莎莎顺利获得学校博士学位，并于同年获得剑桥大学教职（Tenure Track），成为全国屈指可数的怀揣本土高校文凭走上国际顶尖名校讲台的毕业生代表。

针对"本土博士无用论"和优秀人才外流的现状，为培养国际接轨、国内领先的研究型学者，管理学院于2007年推出了全新的硕博连读项目，通过激烈的竞争选拔出真正有兴趣潜心科研的学生，加入这一项目进行为期5年的"长学制"学术训练。并根据项目安排，赴美国研修一年多，由管理学院特聘教授丁敏亲自指导。同时，该项目每年邀请百余位外籍专家学者来学院进行学术交流和短期访学，聘请约90名海外学者、企业领导人任学院的特聘教授、兼职教师，让学生在家门口零距离对话国际"大牛"，了解各个领域的研究前沿，开阔学术视野。吕莎莎正是这一项目班的首批学生之一。

◆ 图9-6-4　吕莎莎

五、叶钊：响应国家号召，培养社会急需的应用型人才

叶钊，男，汉族，1987年出生，浙江温州人，中共党员，于2011年考入复旦大学临床医学专业学位硕士研究生，是学校住院医师规范化培训的学员。2014年，他顺利完成学业，成为学校首批同时获得执业医师资格证书、住院医师规范化培训合格证书、研究生毕业证书和硕士学位证书4个证书的临床医学专业学位毕业生。毕业后，他继续在华山医院神经外科攻读博士学位，现留任华山医院。

从温州医学院本科毕业后，叶钊来到复旦大学攻读临床医学专业学位硕士研究生，开始接受住院医师规范化培训。和以往研究生不同的是，叶钊自入学以后就开始在不同的科室之间轮转，3年硕士生学业期间，差不多每3个月完成一个科室的轮转，在学期间一共在普外科、神经外科、胸外科、骨科、麻醉科、胰腺外科、急诊等7个科室完成了轮转。"四证

(a) 获奖

(b) 日常学习生活

◆ 图9-6-5 叶钶

合一"的教育体系设计也使他有机会在学习期间就能参与临床一线的实际工作。这些经历使他更全面、更系统地了解垂体瘤疾病，并顺利成长为一名华山医院神经外科医师。

毕业后，叶钶继续在华山医院攻读博士学位，成为学校"5+3+X"的学员，主要从事垂体瘤的遗传易感基因研究。博士期间，叶钶共发表SCI论文3篇，代表性论文为"Common variants at 10p12.31, 10q21.1 and 13q12.13 are associated with sporadic pituitary adenoma"，发表于国际顶级学术期刊 *Nature Genetics*（影响因子为31.6，第一作者）。该论文被 *Nature Reviews Endocrinology* 和 *Faculty of 1000* 作为亮点论文推荐，所发现的3个垂体瘤易感基因区域也被美国国立卫生研究院的国家人类基因组研究所的数据库（GWAS Catalog）收录，《遗传》杂志评价其为"2015年中国医学遗传学研究领域若干重要进展"之一。

第七节 就业竞争力分析

通过创新研究生教育体制机制，促进了优秀人才成长成才，使得复旦大学的高层次创新人才培养工作不断取得新的突破,高素质的毕业研究生也赢得了就业市场的肯定,复旦大学毕业研究生以其深厚的知识素养、出色的实践能力和积极的创新精神,受到用人单位的广泛赞誉。2015年对用人单位的调查显示,毕业研究生受到欢迎的因素主要是专业素质、思想品德、工作责任心、主动学习能力等方面。

2014年《国际纽约时报》(International New York Times)发布的"全球大学就业能力排行榜150强",复旦大学位列中国第2名、世界第36名。

据2018年9月最新发布的"2019年QS世界大学就业竞争力排名",复旦大学毕业生就业竞争力位列全球第26名,位列大陆高校第3名、亚洲第6名,已连续多年位列全球前30名。

一、积极投身成为各行各业的中坚力量

近年来,培养经济社会发展亟需的优秀人才是硕士阶段教育培养的目标之一,硕士研究生是复旦大学就业的主要群体。2017届硕士毕业生广泛进入各行业领域,其中,位于前3位的行业依次是金融、计算机/通信/电子/信息/互联网和医疗卫生,比例达58.55%。

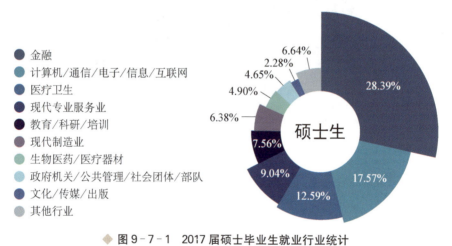

◆ 图9-7-1 2017届硕士毕业生就业行业统计
注:数据来源于复旦大学就业指导中心《2017年度就业质量报告》。

就业市场对研究生,特别是博士研究生的科研能力有着较高的要求,医疗卫生、教育科研、生物医药等行业尤其需要研究生有过硬的研发能力。2017届博士毕业生凭借出色的科研能力及专业素养,成为各行业科研技术类岗位的中坚力量,就业主要集中在医疗卫生、教育/科研/培训、计算机/通信/电子/信息/互联网、生物医药/医疗器械等专业性较强的行业,比例达82.51%。

复旦毕业研究生胸怀国家责任和意识,积极投身国家战略性新兴产业。在2015届企业就职的毕业研究生中,进入节能环保、新一代信息技术、生物、高端装备制造、新能源、新材料、新能源汽车等战略性新兴产业的博士毕业生比例达到61.34%,硕士毕业生比例达到25.25%。

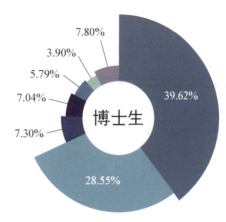

- 医疗卫生
- 教育/科研/培训
- 生物医药/医疗器材
- 金融
- 计算机/通信/电子/信息/互联网
- 现代制造业
- 其他行业

◆ 图9-7-2 2017届博士毕业生就业行业统计

注：数据来源于复旦大学就业指导中心《2017年度就业质量报告》。

二、紧密对接国家重大战略需求行业

复旦大学积极引导学生服务国家，鼓励学生到西部、基层、国家重点单位就业。持续实施就业质量提升工程，重点服务"一带一路"建设、京津冀协同发展、长江经济带发展等国家重大战略需求行业，精准施策、精准着力、精准引导，鼓励毕业生到重点地区、重要行业、关键领域以及新兴领域就业。

表9-7-1 2017届毕业研究生就业地区分布

就业地区	硕士毕业生（人）	博士毕业生（人）	就业人数（人）	比例（%）
东部地区	2 233	701	2 934	92.79
中部地区	67	59	126	3.98
西部地区	63	39	102	3.23

注：数据来源于复旦大学就业指导中心《2017年度就业质量报告》。

◆ 图9-7-3 复旦大学2018届赴基层就业毕业生合影

第十章 研究生学位授予与质量保障

第一节 学位委员会组织职能及成员

一、国务院学位委员会、学科评议组职能及复旦大学入选成员

为组织实施学位条例,1980年2月1日,国务院批准建立国务院学位委员会,同年12月1日,国务院批准成立国务院学位委员会第一届委员会,至今已成立8届委员会。其工作任务是:负责贯彻实施《中华人民共和国学位条例》,领导全国的学位工作,贯彻国务院关于学位工作的重大方针和政策,统筹规划学位工作的发展和改革,指导、组织和协调各部门、省市的有关学位工作。

表 10-1-1 复旦大学入选国务院学位委员会成员

届别	成员名单
第一届(1980年12月1日)	苏步青 石美鑫
第二届(1988年10月10日)	谢希德 石美鑫
第三届(1995年12月1日)	杨福家 陈中伟
第四届(1999年1月27日)	杨福家 顾玉东
第五届(2003年5月12日)	顾玉东 洪家兴
第六届(2008年5月12日)	顾玉东 金 力 杨玉良
第七届(2013年5月30日)	杨玉良 桂永浩
第八届(2018年9月7日)	许宁生

注:资料由复旦大学研究生院学位办公室提供。

国务院学位委员会学科评议组是中华人民共和国国务院学位委员会领导下的学术性工作组织。由国务院学位委员会聘任,任期3年,可连续聘任。成员由国务院学位委员会委员、学术水平较高的博士生指导教师和一定数量的中年学者、专家组成。根据国务院学位委员会规定的学科门类,按一级学科或几个相近一级学科分别设立,根据工作需要,可以临时组织跨学科的学科评议组。主要任务是:评议、审核有权授予硕士学位和博士学位的单位及其学科、专业和博士生导师;提出修订各学科门类授予学位的学科、专业目录的建议,协助制定贯彻实施《中华人民共和国学位条例》的规章、办法。

表10-1-2 复旦大学入选国务院学位委员会学科评议组成员

届别	学科	成员名单
第一届(14人) 1981年6月12日	文学	王 中 朱东润
	历史学	谭其骧
	理学	苏步青★ 谷超豪 华中一 谢希德 谈家桢
	医学	石美鑫★ 郭秉宽 杨藻宸 顾天爵 苏德隆 曹小定
第二届(20人) 1985年2月26日	经济学	蒋学模
	法学	郑北渭
	文学	章培恒 蒋孔阳
	理学	谷超豪 夏道行 谢希德★ 华中一 杨福家 苏德明 盛祖嘉
	医学	谷华运 顾天爵 杨藻宸 邱传禄 陈灏珠 陈中伟 俞顺章 沈自尹 曹小定
第三届(21人) 1991年12月17日	哲学	刘放桐
	经济学	苏东水
	中国语言文学	章培恒
	外国语言文学	徐烈炯
	历史学	邹逸麟
	数学	李大潜 严绍宗
	物理学	杨福家★ 华中一
	生物学	苏德明 赵寿元
	管理科学与工程	郑绍濂
	基础医学(Ⅰ)	闻玉梅
	基础医学(Ⅱ)	姚 泰 顾天爵
	临床医学(Ⅰ)	陈灏珠 宁寿葆 林祥通
	临床医学(Ⅱ)	陈中伟★

（续表）

届别	学科	成员名单
	公共卫生与预防医学	俞顺章
	中西医结合	曹小定
第四届（20人） 1997年1月27日	哲学	刘放桐
	应用经济学	苏东水
	中国语言文学	章培恒
	外国语言文学	陆国强
	新闻传播学	丁淦林
	历史学	邹逸麟
	数学	李大潜*
	物理学、天文学	杨福家*★　陶瑞宝
	化学	杨玉良
	生物学（Ⅰ）	毛裕民
	生物学（Ⅲ）	姚　泰*
	基础医学	闻玉梅*
	临床医学（Ⅰ）	杨秉辉*　宁寿葆
	临床医学（Ⅱ）	顾玉东*★　陈中伟
	公共卫生与预防医学	俞顺章
	中西医结合	吴根诚
	管理科学与工程	郑绍濂*
第五届（20人） 2003年6月3日	哲学	俞吾金
	应用经济学	姜波克
	中国语言文学	朱立元
	外国语言文学	朱永生
	新闻传播学	童　兵*
	历史学	吴景平
	数学	李大潜*　洪家兴★
	物理学、天文学	杨福家*
	化学	杨玉良
	生物学（Ⅰ）	毛裕民
	生物学（Ⅲ）	姚　泰*
	基础医学	张锦生

(续表)

届别	学科	成员名单
	临床医学（Ⅰ）	杨秉辉*
	临床医学（Ⅱ）	顾玉东*★ 周 梁
	公共卫生与预防医学	姜庆五
	中西医结合	吴根诚*
	管理科学与工程	朱道立
	公共管理	郝 模
第六届（24人） 2009年1月9日	哲学	俞吾金
	理论经济学	袁志刚
	应用经济学	姜波克
	政治学	林尚立
	马克思主义理论	顾钰民
	中国语言文学	朱立元
	外国语言文学	褚孝泉
	新闻传播学	黄 旦
	历史学	吴景平
	数学	吴宗敏
	物理学、天文学	金晓峰
	化学	杨玉良★ 贺鹤勇
	生物学	金 力★ 卢宝荣
	基础医学	熊思东
	临床医学（Ⅰ）	葛均波
	临床医学（Ⅱ）	顾玉东★ 周 梁 樊 嘉
	公共卫生与预防医学	姜庆五
	中西医结合	吴根诚
	管理科学与工程	黄丽华
	公共管理	郝 模
第七届（30人） 2014年11月5日	哲学	吴晓明
	理论经济学	袁志刚
	应用经济学	孙立坚
	法学	王志强
	政治学	林尚立
	马克思主义理论	邹诗鹏
	中国语言文学	陈引驰

(续表)

届别	学科	成员名单
	外国语言文学	褚孝泉
	新闻传播学	黄　旦*
	中国史	章　清
	世界史	李剑鸣
	数学	吴宗敏
	物理学	许宁生　金晓峰
	化学	杨玉良*★　贺鹤勇
	大气科学	穆　穆*
	生物学	金　力*
	生态学	卢宝荣
	电子科学与技术	郑立荣
	计算机科学与技术	王晓阳
	基础医学	袁正宏
	临床医学	桂永浩★　葛均波*　樊　嘉
	公共卫生与预防医学	何　纳
	中西医结合	王彦青
	护理学	夏海鸥
	管理科学与工程	黄丽华
	公共管理	陈　文

注：① "*"为学科评议组召集人，"★"为国务院学位委员会委员。
② 资料由复旦大学研究生院学位办公室提供。

二、校学位评定委员会职能及成员

根据《中华人民共和国学位条例》和《中华人民共和国学位条例暂行实施办法》的有关规定和要求，复旦大学于1981年下半年开始筹建首届校学位评定委员会。1982年2月正式宣布成立，经教育部批准，3月12日第一次校学位评定委员会会议召开，苏步青任主席，谢希德、蔡尚思、谈家桢任副主席。与此同时，设立校学位评定委员会办公室，具体负责全校日常的学位授予和管理工作，会议审议并通过《复旦大学硕士学位和博士学位授予工作细则》（试行草案）和《复旦大学关于做好第一批硕士学位授予工作的几点意见》。1981年12月，经卫生部批准并报国务院学位委员会办公室备案，原上海医科大学第一届校学位评定委员会成立，截至2000年两校合并，原上海医科大学共成立6届校学位评定委员会。包括换届、改选，截至2018年底，复旦大学共成立11届校学位评定委员会，召开了97次校学位评定委员会会议①。自2015年起，校学位评定委员会召开次数由每年两次变更为每年3

---

① 详见附录14：《复旦大学学位评定委员会会议主要内容》。

次,时间分别是1月、6月和10月。2018年成立的第十一届校学位评定委员会设立6个学部,分别是人文学部、社会科学与管理学部、理学部、工程技术学部、医学部、交叉学部,协助校学位评定委员会更好地开展各项工作。校学位评定委员会对学位授予、学科调整和导师队伍建设等相关工作负有评定、审议、评估和指导等职责。

复旦大学学位评定委员会委员名单(1982—2001年)

第一届(1982年2月8日—1984年10月24日)

主　　席	苏步青						
副主席	谢希德	蔡尚思	谈家桢				
委　　员	蒋学模	陈观烈	华中一	杨福家	谷超豪	夏道行	郑北渭	朱东润
	王云熙	吴浩青	于同隐	谭其骧	王鸣岐			

第二届(1984年10月25日—1988年6月26日)

主　　席	谢希德						
副主席	谷超豪						
委　　员	胡曲园	苏步青	许永华	凌燮亭	王兆永	蒋学模	陈观烈	徐宗士
	华中一	杨福家	叶孝信	于同隐	高　滋	王　中	章培恒	董亚芬
	蔡尚思	杨　宽	刘祖洞	苏德明	吴立德	郑绍濂	谈家桢	

第三届(1988年6月27日—1992年2月23日)

主　　席	谢希德						
副主席	杨福家						
委　　员	潘富恩	谷超豪	李大潜	李立康	蒋学模	洪文达	华中一	陶瑞宝
	凌燮亭	叶孝信	于同隐	高　滋	刘星汉	谈家桢	苏德明	宁树藩
	马文华	王运熙	吴立德	程雨民	郑绍濂	金重远	庄锡昌	

第四届(1992年2月24日—1995年7月26日)

主　　席	华中一						
副主席	杨福家	李大潜					
委　　员	潘富恩	谷超豪	蒋尔雄	洪文达	洪远朋	谢希德	陶瑞宝	袁　榘
	叶孝信	高　滋	刘星汉	苏德明	赵寿元	丁淦林	柳兆荣	王运熙
	徐烈炯	庄锡昌	黄美真	邹逸麟	吴立德	郑绍濂		

第五届(1995年7月27日—1999年6月3日)

主　　席	杨福家						
副主席	李大潜						
委　　员	刘放桐	俞吾金	谷超豪	严绍宗	洪远朋	陶瑞宝	苏东水	高　滋
	黄仲贤	程天权	苏德明	赵寿元	彭希哲	柳兆荣	章培恒	华中一
	严　修	陆国强	吴立德	丁淦林	郑绍濂	庄锡昌	邹逸麟	

第六届（1999年6月4日—2001年1月1日）

主　　席　王生洪
副主席　　李大潜
委　　员　刘放桐　谷超豪　俞吾金　洪远朋　陶瑞宝　苏东水　杨玉良　范康年
　　　　　秦绍德　毛裕民　寿天德　彭希哲　徐有恒　章培恒　吴中杰　陆国强
　　　　　朱永生　华中一　王威琪　丁淦林　吴立德　邹逸麟　姜义华　郑绍濂
　　　　　杨福家

原上海医科大学学位评定委员会委员名单（1981—2001年）

第一届（1981年12月—1985年8月11日）

主　　席　石美鑫
委　　员　朱益栋　杨藻宸　王　朱　王籨兰　许世瑾　朱淬砺　刘湘云　李金钟
　　　　　应越英　苏德隆　杨铭鼎　荣独山　郑思竞　徐丰彦　顾天爵　顾学箕
　　　　　徐苏恩　曹小定　黄　沁　郭秉宽　奚念朱　熊汝成　潘德济　戴自英

第二届（1985年8月12日—1989年4月2日）

主　　席　张镜如
委　　员　石美鑫　萧　俊　李金钟　曹小定　杨藻宸　顾天爵　谷华运　俞顺章
　　　　　顾学箕　顾杏元　奚念朱　周智善　王承棓　陈灏珠　陈中伟　陈公白
　　　　　邱传禄　沈自尹　嵇训传　王正敏　刘湘云　金汉珍　郑怀美　许良中
　　　　　戴自英

注：1987年10月28日，校学位评定委员会第十四次会议对部分委员作了调整，增补陈星荣、曹世龙、谢桐为校第二届学位委员会委员，免去陈公白、许良中校第二届学位评定委员会委员。

第三届（1989年4月3日—1992年7月12日）

主　　席　汤钊猷
副主席　　萧　俊　姚　泰
委　　员　王正敏　王承棓　朱世能　朱关珍　刘湘云　谷华运　沈自尹　陈中伟
　　　　　陈星荣　陈灏珠　李金钟　林　贵　林祥通　金汉珍　张镜如　俞顺章
　　　　　奚念朱　曹小定　曹世龙　顾天爵　顾杏元　殷汝桂　戴华娟　谢　桐
特邀委员　石美鑫　邱传禄　戴自英

第四届（1992年7月13日—1994年10月5日）

主　　席　汤钊猷
副主席　　萧　俊　姚　泰
委　　员　左焕琛　曹小定　闻玉梅　顾天爵　朱世能　张镜如　俞顺章　詹绍康

王永铭	奚念朱	宁寿葆	马伴吟	谢 桐	石美鑫	杨秉辉	陈中伟
陈灏珠	顾玉东	陈星荣	林祥通	沈自尹	王正敏	邱孝芝	庄依亮
朱雄增	金锡鹏						

第五届（1994年10月6日—1999年11月28日）

主　席　姚　泰
副主席　曹世龙　彭裕文
委　员　石美鑫　陈　洁　左焕琛　陈惠黎　闻玉梅　曹小定　裴元英　王永铭
　　　　俞顺章　詹绍康　杨秉辉　陈灏珠　汤钊猷　陈中伟　钮善福　陈星荣
　　　　沈自尹　张永信　林祥通　刘邦令　刘豫阳　邱孝芝　王正敏　宁寿葆
　　　　王卫平　谢　桐　刁承湘

第六届（1999年11月29日—2001年1月1日）

主　席　姚　泰
副主席　彭裕文　王卫平
委　员　闻玉梅　杨秉辉　宁寿葆　顾玉东　陈中伟　俞顺章　吴根诚　陈灏珠
　　　　汤钊猷　沈自尹　郭慕依　姜庆五　吴满平　张元芳　刘邦令　刘豫阳
　　　　张重华　朱启镕　柳秉乾　刁承湘　林祥通　秦新裕　宋后燕　陈道峰
　　　　徐　忠　熊思东

复旦大学学位评定委员会委员名单（2001—2018年）

第七届（2001年1月2日—2003年12月18日）

主　席　王生洪
副主席　李大潜　闻玉梅
委　员　俞吾金　郑祖康　姜波克　杨福家　周鲁卫　侯晓远　彭希哲　范康年
　　　　陈思和　毛裕民　朱永生　张　文　李良荣　姜义华　朱传琪　姜庆五
　　　　王威琪　彭裕文　顾玉东　刘豫阳　王吉耀　吴满平

第八届（2003年12月19日—2008年1月6日）

主　席　王生洪
副主席　姜义华　李大潜　顾玉东
委　员　闻玉梅　杨秉辉　姜庆五　吴满平　冯晓源　彭裕文　杨福家　周鲁卫
　　　　俞吾金　姜波克　彭希哲　陈思和　褚孝泉　李良荣　洪家兴　张新夷
　　　　范康年　陈家宽　张　文　王威琪　芮明杰

第九届（2008年1月7日—2012年12月30日）

主　席　王生洪
副主席　李大潜　金　力　俞吾金　顾玉东

委　员	王卫平	王威琪	冯晓源	孙南申	朱依谆	张　文	李良荣	杨福家
	芮明杰	邵志敏	闵　昊	陈思和	陈家宽	林尚立	范康年	侯晓远
	姜庆五	姜波克	查锡良	洪家兴	贺　林	赵东元	闻玉梅	彭希哲
	褚孝泉	葛兆光	樊　嘉	戴鞍钢	顾云深			

注：第九届校学位评定委员会于2008年1月起换届，其中有几次个别人员的增补和调整，2009年3月杨玉良接替王生洪为主席，同时增补计算机科学与技术分委员会主席臧斌宇，2010年4月李良荣调整为刘海贵，2010年11月张文调整为武利民等。

第十届（2012年12月31日—2018年5月8日）

主　席	杨玉良							
副主席	俞吾金	李大潜	桂永浩	陆　昉				
委　员	陈思和	陈志敏	褚孝泉	戴鞍钢	樊　嘉	葛均波	葛兆光	顾玉东
	顾云深	贺鹤勇	洪家兴	侯晓远	姜庆五	金　力	刘海贵	卢宝荣
	芮明杰	邵志敏	孙南申	汤其群	汪　玲	王桂新	王威琪	王晓阳
	闻玉梅	武利民	杨　新	杨福家	杨芃原	袁正宏	袁志刚	赵东元
	朱依谆	钟　扬						

注：第十届校学位评定委员会于2012年12月起换届，其中有几次个别人员的增补和调整，2013年9月法学院孙南申调整为孙笑侠，2014年11月许宁生接替杨玉良为主席，杨玉良作为国务院学位委员会委员进入委员会，2014年12月哲学学院孙向晨接替俞吾金，2015年6月历史学系戴鞍钢调整为向荣，2015年6月上海医学院闻玉梅辞职，马兰接替进入医学部及委员会，朱依谆离职，陈道峰接替进入医学部及委员会，2015年9月包信和接替陆昉为副主席，陆昉接替侯晓远作为物理学学位评定分委员会主席进入委员会。

第十一届（2018年5月9日—至今）

主　席	许宁生							
副主席	孙向晨	张　军	穆　穆	汪源源	桂永浩	金　力		
委　员	陈芬儿	陈　猛	陈尚君	陈引驰	樊　嘉	葛均波	郭　建	何　纳
	贺鹤勇	胡　雁	刘海贵	卢宝荣	卢丽安	陆　昉	吕长江	麻生明
	马　兰	毛　颖	苏长和	汤其群	汪　玲	王桂新	王明伟	王晓阳
	武利民	向　荣	徐国良	杨　新	杨玉良	应志良	袁正宏	张人禾

注：资料由复旦大学研究生院学位办公室提供。

第二节　博士、硕士学位授予

新中国成立后至1965年12月，复旦大学共培养研究生651人，"文革"中研究生招生中断，1977年10月恢复招生。学校于1981年起对研究生进行学位课程考试、评阅论文、组织论文答辩、开展学位评定和学位授予工作，当年即授予硕士学位150人；1982年学校根据国务院学位委员会《关于进行博士学位授予工作问题的复文》精神，经批准率先在全国开展授予博士学位试点工作,当年授予博士学位4人,授予硕士学位150人。1982—2000年,复旦大学共授予博士学位1 527人,授予硕士学位8 510人,原上海医科大学共授予博士学位977人,授予硕士学位2 517人。2000年两校合并后,学校授学位人数大幅增加,截至2018年底,学校共授予博士学位19 488人,授予硕士学位81 274人。

表10-2-1　复旦大学历年授予博士、硕士学位人数统计表①

授予博士学位人数			授予硕士学位人数		
年份	时间/校区	学期合计(人)	年份	时间/校区	学期合计(人)
1982	1982 邯郸	4	1981	1981 邯郸	150
1983	1983 邯郸	2	1982	1982 邯郸	149
1984	1984 邯郸	13		1982 枫林	220
1985	1985 邯郸	15	1983	1983 邯郸	62
	1985 枫林	5		1983 枫林	0
1986	1986 邯郸	6	1984	1984 邯郸	140
	1986 枫林	6		1984 枫林	73
1987	1987 邯郸	40(1)	1985	1985 邯郸	187
	1987 枫林	6		1985 枫林	55
1988	1988 邯郸	23	1986	1986 邯郸	230
	1988 枫林	18(2)		1986 枫林	94
1989	1989 邯郸	45	1987	1987 邯郸	280(19)
	1989 枫林	32		1987 枫林	77
1990	1990 邯郸	44(1)	1988	1988 邯郸	449(73)
	1990 枫林	22		1988 枫林	171(13)
1991	1991 邯郸	59(1)	1989	1989 邯郸	448(50)
	1991 枫林	59(1)		1989 枫林	141(8)
1992	1992 邯郸	64	1990	1990 邯郸	409(24)
	1992 枫林	41(1)		1990 枫林	142(7)
1993	1993 邯郸	54	1991	1991 邯郸	359(22)
	1993 枫林	68(2)		1991 枫林	132(4)
1994	1994 邯郸	54	1992	1992 邯郸	339(24)
	1994 枫林	67(3)		1992 枫林	113(4)

① 详见附录15:《复旦大学历年授予博士和硕士学位按门类、类别人数统计表(含2000年前原上海医科大学)》。

(续表)

授予博士学位人数			授予硕士学位人数		
年份	时间/校区	学期合计（人）	年份	时间/校区	学期合计（人）
1995	1995 邯郸	100(3)	1993	1993 邯郸	473(80)
	1995 枫林	94(1)		1993 枫林	115(8)
1996	1996 邯郸	114(3)	1994	1994 邯郸	367(19)
	1996 枫林	89(2)		1994 枫林	147(7)
1997	1997 邯郸	166(1)	1995	1995 邯郸	427(24)
	1997 枫林	96(1)		1995 枫林	129(5)
1998	1998 邯郸	217(3)	1996	1996 邯郸	634(81)
	1998 枫林	116(6)		1996 枫林	201(6)
1999	1999 邯郸	252(12)	1997	1997 邯郸	853(113)
	1999 枫林	143(10)		1997 枫林	158(7)
2000	2000 邯郸	255	1998	1998 邯郸	666(75)
	2000 枫林	115(10)		1998 枫林	168(13)
2001	2001(1月)	496(21)	1999	1999 邯郸	858(143)
	2001(7月)			1999 枫林	189(25)
2002	2002(1月)	561(15)	2000	2000 邯郸	1 030(175)
	2002(7月)			2000 枫林	192(37)
2003	2003(1月)	676(17)	2001	2001(1月)	1 327(183)
	2003(7月)			2001(7月)	
	2003(11月)"非典"		2002	2002(1月)	1 556(288)
2004	2004(1月)	771(15)		2002(7月)	
	2004(7月)		2003	2003(1月)	1 915(302)
2005	2005(1月)	805(8)		2003(7月)	
	2005(6月)			2003(11月)"非典"	
2006	2006(1月)	852(10)	2004	2004(1月)	2 649(727)
	2006(6月)			2004(7月)	
2007	2007(1月)	891(16)	2005	2005(1月)	3 109(991)
	2007(6月)			2005(6月)	
2008	2008(1月)	921(12)	2006	2006(1月)	3 625(1 491)
	2008(6月)			2006(6月)	

（续表）

授予博士学位人数			授予硕士学位人数		
年份	时间/校区	学期合计（人）	年份	时间/校区	学期合计（人）
2009	2009（1月）	924（14）	2007	2007（1月）	4 148（1 784）
	2009（6月）			2007（6月）	
2010	2010（1月）	892（2）	2008	2008（1月）	4 074（1 629）
	2010（6月）			2008（6月）	
2011	2011（1月）	902（8）	2009	2009（1月）	4 418（1 916）
	2011（6月）			2009（6月）	
2012	2012（1月）	1 066（4）	2010	2010（1月）	4 347（1 866）
	2012（6月）			2010（6月）	
	2012（12月）	1 164（14）	2011	2011（1月）	4 499（1 833）
2013	2013（6月）			2011（6月）	
2014	2014（1月）	1 082（11）	2012	2012（1月）	4 889（1 798）
	2014（6月）			2012（6月）	
2015	2015（1月）	1 212（13）		2012（12月）	4 978（1 583）
	2015（6月）		2013	2013（6月）	
	2015（10月）		2014	2014（1月）	4 920（1 370）
2016	2016（1月）	1 152（23）		2014（6月）	
	2016（6月）		2015	2015（1月）	4 989（1 370）
	2016（10月）			2015（6月）	
2017	2017（1月）	1 278（24）		2015（10月）	
	2017（6月）		2016	2016（1月）	4 778（1 171）
	2017（10月）			2016（6月）	
2018	2018（1月）	1 339（19）		2016（10月）	
	2018（6月）		2017	2017（1月）	4 960（1 087）
	2018（10月）			2017（6月）	
合计（人）		**19 488（310）**		2017（10月）	
			2018	2018（1月）	5 066（1 291）
				2018（6月）	
				2018（10月）	
			合计（人）		**81 274（23 746）**

注：人数后面"（）"中的数字为其中所包含的非学历生人数。

第三节　学位审核质量保障制度

学位授予工作是一项严肃的评审工作,复旦大学历来在学位授予工作方面注意"坚持标准、严格审核、层层把关、保证质量"的原则。2017年,为提升学位授予质量,学校确立了"以健全学位论文质量内控机制为核心,坚持正面导向,重心下移,关口前移,通过制度设计来形成研究生院、院系、导师、研究生的多方合力,通过信息化手段来强化规章制度落实"的学位审核改革思路,并根据实施情况修订了《复旦大学博士、硕士学位论文预审办法》《复旦大学博士、硕士学位论文相似度检测工作的实施办法》《复旦大学博士、硕士学位论文盲审办法》《复旦大学博士、硕士学位论文答辩要求及程序》《复旦大学博士、硕士学位申请流程图》等规章制度。具体举措包括:

第一,学位论文质量内控关口前移、做实预审环节。学位论文的预审是由院系组织专家组对研究生论文完成情况进行检查,从过去实践来看某些院系的这一工作形同虚设。为真正发挥学位论文预审作用,自2017年起,从学位申请流程进行设计,要求提交的学位论文通过预审的书面文件后才能进入后续环节,避免少数研究生学位论文提交过迟、极少数导师审核不严等问题。

第二,严格学位论文相似度检测环节。相似度检测工作对于防范学位论文抄袭等学术不端行为具有重要意义,在部分院系试点论文送审前需进行相似度检测工作基础上,自2016年上半年起,在全校范围内对所有申请博士、硕士学位的论文在论文送审前开展相似度检测工作。2017年,研究生院在两个方面采取了新的措施。首先,引入学位论文网上提交与审核机制,明确要求导师需通过网上论文审核系统,对学生网上提交的学位论文作进一步的审核和确认。其次,加强研究生院对检测工作的监测与审核。针对检测值超过学校规定的10%控制线、但经院系鉴定后认为不存在学术不端问题提出可予通过的学位论文,研究生院进行严格审核;对检测值介于10%至20%之间的学位论文,要求研究生继续进行修改,并将这些论文全部列入盲审名单;对于超过20%的学位论文,研究生院进行逐一比对核实,对于理由不够充足的学位论文,认定存在学术不端隐患而不予送审。

第三,改进学位论文盲审环节。2002年学校开始试点博士学位论文"双盲"评审,自2004年起,对所有博士学位论文都实行"双盲"评审。2017年,对盲审环节进行了一系列的制度优化。首先,改进论文送审方式,首次依托教育部学位中心的公共送审平台对博士学位论文、学术学位硕士学位论文进行盲审,并通过上海市教育评估院组织专业学位硕士学位论文的校内盲审,进一步体现盲审的公平、公正。为了保证盲审工作的质量,研究生院与教育部学位中心进行沟通,将承担盲审任务的外校专家限定在"985"院校中。其次,明确校内硕士论文抽检的规则。学校对硕士论文盲审进行抽检,抽检比例超过20%,确定硕士论文盲审采取随机抽检与重点抽检相结合的原则,对在职研究生的学位论文、相似度检测复制比偏高的学位论文、曾经在各类学位论文抽检中出现严重异议情况的导师所指导的研究生学位论文等作重点抽检,以充分发挥盲审的导向作用。再次,进一步完善了盲审异议申诉规则。针对之前对送审论文把关不严及滥用申诉权利等现象,将博士论文与硕士论文的盲审份数统一为两份,根据"孤证不立"的原则来设计规则,强调盲审送审及异议申诉的条件及成本:若两份意见均存在异议,则不得申诉并且同时直接扣减所在院系招生名额,从而督促导师及院系对质量未达到要求的学位论文进行自我把关;若一份意见存在异议,则要求导师及院系认真审核而慎用申诉权利,提出申诉后将另外送两位专家进行复审,若有1份意见依然存在异议,则同样扣减所在院系下一年度相应的招生名额。这样既保证了学生的申诉权利,又纠正了以往滥用申诉权利的不良风气,不仅使导师有章可循,也督促院系发挥学位论文质量的把关作用,鼓励院系在论文盲审异议处理中采用更为严格的标准,由此形成研究生院、院系和导师的多方合力。

第四,规范学位论文答辩环节。学位论文答辩既是对学位论文质量的最终检验,也是对学位申请人的一次重要学术训练。2017年,首次推出了学位论文答辩巡视督导制度,研究生院成立了学位论文答辩巡视工作组,基本上对所有学位授予单位的学位论文答辩现场都进行巡视检查。同时,建立学位论文答辩公开机制,要求答辩前后向校内师生公开学位论文,发挥广大师生对学术不端问题的监督。

第五,严把学位论文出口关,规定学生在论文答辩结束3天之内必须根据答辩委员会的要求对学位论文做好最后修改,3天之后研究生院组织督导组进入院系进行抽查或全部审查,对上海市、国家学位论文抽检有问题的院系进行重点审查,保证每篇学位论文的规范性等错误降到最低。最后,推出学位论文质量与招生资源配置挂钩的联动机制,对于在盲审中存在严重问题的论文,以及对在全国或上海市论文抽检中存在问题的论文,制订减扣院系招生名额、导师停招及约谈整改制度。

◆ 图10-3-1 秦绍德书记给研究生拨穗、授予学位证书

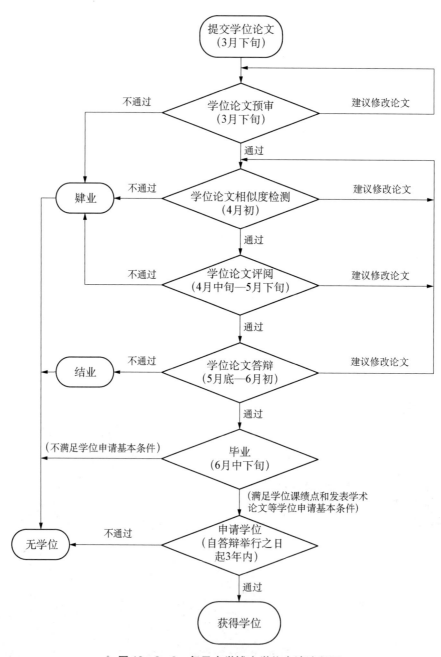

◆ 图 10-3-2 复旦大学博士学位申请流程图

（以 6 月毕业博士研究生为例）

注：资料由复旦大学研究生院学位办公室提供。

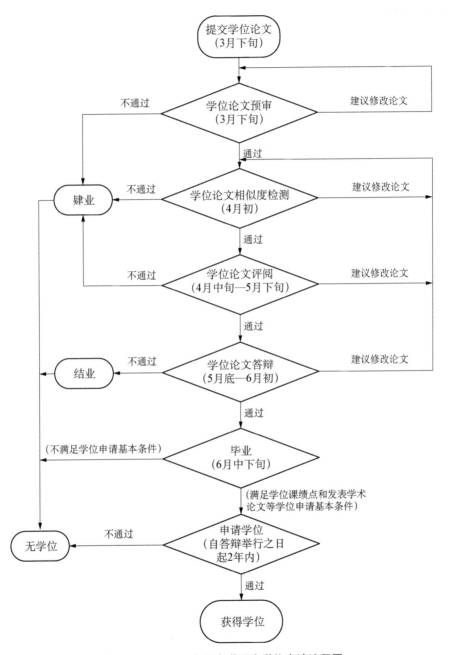

◆ 图 10-3-3 复旦大学硕士学位申请流程图
(以 6 月毕业硕士研究生为例)
注：资料由复旦大学研究生院学位办公室提供。

第四节　全国优秀博士学位论文评选

全国优秀博士学位论文评选是由教育部和国务院学位委员会组织的，旨在加强高层次创造性人才培养、鼓励创新精神、提高我国研究生教育特别是博士生教育质量的一项工作。该评选自1999年开始，每年在全国范围内评选不超过100篇的优秀博士学位论文，它是我国研究生教育与学位工作改革的一项重要举措，至2013年以后不再开展。15年间共评选出1 469篇全国优秀博士学位论文。

为选拔真正优秀的论文，复旦大学通过强化在校研究生的科研训练，设立研究生创新基金，制定《复旦大学优秀学位论文评选和奖励办法》，建立学位论文的院系、校级、市级和全国四级评优、奖励制度，并持续稳妥地开展创新培养工作，完善研究生创新基金制度等举措，积极培育和推动优秀博士学位论文。截至2013年12月，学校共获得全国优秀博士学位论文58篇，在全国各高校中仅次于清华大学和北京大学，位列第三，且累计获得全国优秀博士学位论文提名奖78篇，获得上海市优秀博士学位论文392篇，获得上海市优秀硕士学位论文230篇[①]。在2001年复旦大学与原上海医科大学合并第二年时，学校获得全国优秀博士学位论文总数与北京大学并列全国第一。研究生优秀论文的涌现，与学校长期重视研究生教育质量密不可分。

表10-4-1　复旦大学历届全国优秀博士学位论文入选情况

入选第一届(1999年)全国优秀博士学位论文名单(全国共100篇)			
序号	作者姓名	专业	论文题目	导师姓名
1	黎镇琦	基础数学	复 Grassmann 流形的极小曲面	胡和生 忻元龙
2	乔志军	基础数学	可积系统的广义 Lax 代数、r-矩阵及代数几何解	谷超豪 胡和生
3	于志刚	理论物理	高聚物、MX 链及富勒烯中的电子相互作用	孙　鑫
4	卢大儒	遗传学	血友病 B 基因治疗研究-载体构建、离体表达、动物实验、安全性研究和临床实验	谈家桢
5	宋　健	劳动卫生与环境卫生学	不同粒径的柴油机排除颗粒物的潜在致癌性及其机制的研究	叶舜华
6	晏义平	中西医结合基础	谷氨酸载体在脑缺血及针刺抗脑缺血中的作用	张安中

---

① 详见附录16:《复旦大学历届全国优秀博士学位论文提名奖、上海市优秀博士学位论文、上海市优秀硕士学位论文入选情况》。

(续表)

入选第二届(2000年)全国优秀博士学位论文名单(全国共100篇)				
序号	作者姓名	专业	论文题目	导师姓名
1	戴鞍钢	历史地理学	港口、城市、腹地——上海与长江流域经济关系的历史考察(1843—1913年)	邹逸麟
2	周汝光	基础数学	与孤立子方程相关的有限维可积系统	谷超豪
3	任忠民	光学	载能束合成材料及其表征	李富铭
4	邱枫	高分子化学	剪切流场中聚合物共混物的相分离	杨玉良
5	贺平	外科学	肝癌细胞因子基因治疗的研究	汤钊猷
入选第三届(2001年)全国优秀博士学位论文名单(全国共100篇)				
序号	作者姓名	专业	论文题目	导师姓名
1	邹振环	历史地理学	晚清西方地理学在中国的传播与影响	周振鹤
2	张旭	运筹学与控制论	半线性分布参数系统的精确能控性及其某些相关问题	雍炯敏
3	张胜坤	凝聚态物理	用空间电荷谱研究GeSi半导体低维量子结构的电学特性	王迅
4	张红东	高分子化学与物理	高分子分相动力学的理论和模拟	杨玉良
5	张克忠	动物学	人凝血因子IX乳腺生物反应器研究	薛京伦
6	陈亮	外科学	臂丛神经根机能解剖的实验研究	顾玉东
7	蔡琳	流行病与卫生统计学	福建省胃癌高发现场分子流行病学研究	俞顺章
8	赵鹏	中西医结合基础	针刺的抗脑缺血作用与氨基酸类递质及一氧化氮的关系	程介士
入选第四届(2002年)全国优秀博士学位论文名单(全国共97篇)				
序号	作者姓名	专业	论文题目	导师姓名
1	陈启宏	运筹学与控制论	变分不等式的间接障碍最优控制问题	李训经
2	郭骏	神经生物学	G蛋白偶联受体激酶介导的δ阿片受体磷酸化及脱敏的研究	马兰
3	王鲁	外科学(普外)	α干扰素及其他制剂干预肝癌转移复发和肿瘤生长的实验研究	汤钊猷
入选第五届(2003年)全国优秀博士学位论文名单(全国共97篇)				
序号	作者姓名	专业	论文题目	导师姓名
1	杨光辉	中国古代文学	萨都剌生平及著作实证研究	章培恒
2	陈伯勇	基础数学	关于Bergman核的一些研究	张锦豪
3	何军坡	高分子化学与物理	活性自由基聚合的Monte Carlo模拟及动力学改进	杨玉良

(续表)

\multicolumn{5}{c}{入选第五届(2003年)全国优秀博士学位论文名单(全国共97篇)}
序号	作者姓名	专业	论文题目	导师姓名
4	柯越海	遗传学	中国人群的进化与多基因病研究(Ⅰ,Ⅱ,Ⅲ)	金 力
5	林 旭	病原生物学	乙型肝炎病毒复制性增强的机理研究	闻玉梅
\multicolumn{5}{c}{入选第六届(2004年)全国优秀博士学位论文名单(全国共97篇)}
序号	作者姓名	专业	论文题目	导师姓名
1	陆 铭	西方经济学	工资、就业的议价对经济效率的影响	袁志刚
2	陈周旺	政治学理论	正义之善——论乌托邦的政治意义	林尚立
3	王 勤	基础数学	粗几何上的指标问题的局部化方法	陈晓漫
4	欧阳晓平	粒子物理与原子核物理	低强度脉冲裂变中子探测技术研究	霍裕昆
5	余承忠	无机化学	嵌段共聚物导向下新型介孔分子筛材料的合成与表征	赵东元
6	李 雁	外科学	转移性人肝癌细胞模型的优化及转移机理探讨	汤钊猷
\multicolumn{5}{c}{入选第七届(2005年)全国优秀博士学位论文名单(全国共96篇)}
序号	作者姓名	专业	论文题目	导师姓名
1	高蒙河	历史地理学	长江下游考古时代的环境研究——文明化进程中的生态系统与人地关系	葛剑雄
2	楼红卫	运筹学与控制论	偏微分方程最优控制问题解的正则性	雍炯敏
3	叶青海	外科学	肝细胞癌转移预测模型的建立及其转移相关基因的筛选——cDNA微阵列技术分析	汤钊猷
\multicolumn{5}{c}{入选第八届(2006年)全国优秀博士学位论文名单(全国共99篇)}
序号	作者姓名	专业	论文题目	导师姓名
1	徐英瑾	外国哲学	维特根斯坦哲学转型中的"现象学"之谜	俞吾金
2	李玉尚	历史地理学	环境与人:江南传染病史研究(1820—1953年)	葛剑雄
3	钱 冬	凝聚态物理	3d金属超薄膜的结构和磁性研究	金晓峰
4	范 杰	无机化学	介孔材料结构和孔道的模板合成及其在生物和电池中的应用	赵东元
5	文 波	遗传学	Y染色体、mtDNA多态性与东亚人群的遗传结构	金 力
\multicolumn{5}{c}{入选第九届(2007年)全国优秀博士学位论文名单(全国共98篇)}
序号	作者姓名	专业	论文题目	导师姓名
1	卢文联	应用数学	动力系统与复杂网络:理论与应用	陈天平

(续表)

入选第九届(2007年)全国优秀博士学位论文名单(全国共98篇)				
序号	作者姓名	专业	论文题目	导师姓名
2	田博之	无机化学	新型介观结构材料的合成:从无定形到晶态	赵东元
3	董志强	中西医结合基础	胶质细胞源性神经营养因子在大鼠神经痛及电针镇痛中的作用及其机制研究	吴根诚
4	陆伟	药剂学	阳离子白蛋白结合聚乙二醇-聚乳酸纳米粒的脑内递药研究	蒋新国
入选第十届(2008年)全国优秀博士学位论文名单(全国共100篇)				
序号	作者姓名	专业	论文题目	导师姓名
1	雷震	应用数学	粘弹性流体力学方程组的整体经典解和不可压缩极限	周忆
2	陈敏	材料物理与化学	聚合物/SiO_2有机-无机纳米复合微球的制备与表征	武利民
入选第十一届(2009年)全国优秀博士学位论文名单(全国共98篇)				
序号	作者姓名	专业	论文题目	导师姓名
1	丁昇	发育生物学	piggyBac转座系统——哺乳动物遗传分析的新工具	许田
入选第十二届(2010年)全国优秀博士学位论文名单(全国共100篇)				
序号	作者姓名	专业	论文题目	导师姓名
1	杨煜达	历史地理学	清代云南(1711—1911年)的季风气候与天气灾害	邹逸麟
2	高强	外科学	免疫微环境与肝细胞癌复发转移及"免疫微环境分子预测模型"的建立与验证	樊嘉
3	张志杰	流行病与卫生统计学	湖沼地区血吸虫病高风险区域的空间分析及重点钉螺孳生地的探测	姜庆五
入选第十三届(2011年)全国优秀博士学位论文名单(全国共97篇)				
序号	作者姓名	专业	论文题目	导师姓名
1	沈大伟	凝聚态物理	2H结构过渡族金属二硫属化物电子结构的高分辨角分辨光电子能谱研究	封东来
2	徐书华	遗传学	高密度常染色体SNPs揭示的现代人群遗传结构	金力
3	陈海波	计算机系统结构	云计算平台可信性增强技术的研究	臧斌宇
入选第十四届(2012年)全国优秀博士学位论文名单(全国共90篇)				
序号	作者姓名	专业	论文题目	导师姓名
1	占昌友	药剂学	多肽介导的神经胶质瘤靶向给药系统研究	陆伟跃

入选第十五届(2013年)全国优秀博士学位论文名单(全国共100篇)					(续表)
序号	作者姓名	专业	论文题目	导师姓名
1	马孟龙	历史地理学	西汉侯国地理	葛剑雄
2	王启军	微生物学	Salmonella enterica 中心代谢关键酶的赖氨酸可逆乙酰化修饰研究	赵国屏
3	李翀	药剂学	抑制p53与MDM2结合的抗肿瘤多肽设计与靶向递送	陆伟跃

注：资料由复旦大学研究生院学位办公室提供。

第五节　名誉博士

名誉博士学位是经国务院学位委员会批准、由博士学位授予单位授予的一种荣誉称号，主要授予国内外卓越的学者、科学家和著名的政治家、社会活动家，以表彰他们在学术、教育、科学、文化以及社会、人类进步等方面所做出的贡献。1983—2013年，经国务院学位委员会批准，复旦大学共授予15人名誉博士学位。

表10-5-1　复旦大学授予名誉博士学位人员名单表

序号	姓名	性别	国籍/地区	学科	批准时间
1	茅诚司	男	日本	理学	1983年
2	杨振宁	男	美国	理学	1984年
3	约翰·托尔	男	美国	理学	1987年
4	谢国民	男	泰国	管理学	1993年
5	琼斯·林哈德	男	丹麦	理学	1997年
6	加米尔·依德里斯	男	苏丹	法学	1999年
7	内斯托尔·卡洛斯·基什内尔	男	阿根廷	法学	2004年
8	李光耀	男	新加坡	法学	2005年
9	雅克·桑特	男	卢森堡	法学	2005年
10	李兆基	男	中国香港	管理学	2007年
11	Mark Stephen Wrighton	男	美国	理学	2010年
12	李达三	男	新加坡	管理学	2010年
13	刘遵义	男	美国	经济学	2011年
14	陈曾焘	男	中国香港	管理学	2012年
15	徐立之	男	加拿大	理学	2013年

注：资料由复旦大学研究生院学位办公室提供。

(a) 1983年10月19日茅诚司名誉博士授证仪式

(b) 1984年12月19日杨振宁名誉博士授证仪式

(c) 1997年6月26日琼斯·林哈德名誉博士授证仪式

◆ 图10-5-1

(d) 2005年5月17日李光耀名誉博士授证仪式

(e) 2006年10月16日雅克·桑特名誉博士授证仪式

(f) 2013年5月17日徐立之名誉博士授证仪式

◆ 图10-5-1 名誉博士授证

第三篇
育人实践与探索

第十一章 科学道德和学风建设

加强科学道德和学风建设是提升高等学校人才培养质量和科学研究水平的重要保障。近年来,复旦大学通过不断完善制度建设,努力创新宣讲教育途径和方法,积极探索案例库建设和案例教学,并不断加强相关课程体系和系列教材建设,将集中宣讲和多种形式教育相结合,构建起科学道德和学风建设宣讲教育长效机制。

第一节 科学道德和学风建设概况

一、历史背景

为加强学术规范和学术道德管理,教育部于2006年5月成立了学风建设委员会。同时,为加强对高校学风建设的领导,有效遏制学术不端行为,教育部于2009年成立了学风建设协调小组,下设社科类学风建设办公室和科技类学风建设办公室。2011年9月23日,中国科协、教育部印发《关于开展科学道德和学风建设宣讲教育活动的通知》,启动全国范围科学道德和学风建设工作,每年举办科学道德和学风建设宣讲教育专题研究班。

党的十八大报告指出,要把立德树人作为教育的根本任务,不断提高创新人才培养水平;《国家中长期教育改革和发展规划纲要(2010—2020年)》(《人民教育》2010年第17期)指出要注意:"采取综合措施,建立长效机制,形成良好学术道德和学术风气,克服学术浮躁,查处学术不端行为。"2015年11月,中国科协、教育部等七部门联合印发《发表学术论文"五不准"》通知,重申和明确了科技工作者在发表学术论文过程中的科学道德行为规范。2016年,教育部首次以部门规章的形式印发《高等学校预防与处理学术不端行为办法》(中华人民共和国教育令第40号),对高等学校预防与处理学术不端行为做出规定,坚持对学术不端行为采取"零容忍"的态度。2017年6月16日,为进一步深入贯彻执行中国科协等七部门联合印发的《发表学术论文"五不准"》相关要求,上海市教委、上海市科学技术协会、上海市卫生和计划生育委员会及上海市科学技术委员会等四部门印发《关于进一步加强科学道德和学风建设、抵制学术不端行为的通知》,要求各市属高校要依据《高等学校预防与处理学术不端行为办法》要求,建设集教育、预防、监督、惩治于一体的学术诚信体系。2018年5月,中共中央办公厅、国务院办公厅印发《关于深化项目评审、人才评价、机构评估改革的意见》明确要"加强科研诚信建设",对科研不端行为"零容忍",完善调查核实、公开公示、惩戒处理等制度。这些举措从政策制度层面对学术不端行为加强监管,取得了积极效果。

2014年4月,经复旦大学校长办公会审核,正式成立学校学风建设领导小组,由分管学生工作的副书记和分管教学工作的副校长共同担任组长,学校宣传、人事和科研管理、人才培养等15个部门的主要负责同志进入领导小组。小组下设学风建设办公室,挂靠研究生院,由院长任办公室主任,负责全校学风建设的协调工作。2017年5月,校党委通过并向全校各部门下发《复旦大学2017年作风建设年活动总体方案》,决定将2017年作为全校作风建设年。根据方案要求,分别在校内教师队伍、医务人员、学生群体、机关干部中开展师德师风、医德医风、校风学风、机关作风建设专题教育。2017年9月,校党委进一步制定并通过了《关于委托各民主党派组织对作风建设开展专项监督的实施方案》,决定由校内各民主党派党员教师组成专门督导小组,对各部门贯彻落实作风建设的情况展开督促检查。各督导小组通过听取工作汇报、查阅材料、召开师生座谈会、问卷调查、明察暗访等形式,对学校作风建设进行深入、全面检查监督,并提出意见建议。2017年,在学校"四风建设"的号召下,根据全校统一部署,全体本科生、研究生持续开展了"大讨论、大实践、大建设"的专题教育活动。为巩固大讨论的长期成果、扩大大实践的群众基础、探索大建设的长效机制,校学生会、研究生会在有关部门的指导下,充分发挥学生的主体作用,经过"集思广益四步走"的设计,形成了《复旦大学校风学风建设倡议书》。

第一步:集。在学校有关部门的指导下,发动学生开展校风学风大讨论,并广泛收集讨论成果、分析调研意见,汇总校风学风建设意见340余条,形成6套备选方案。

第二步:思。从学生个体视角出发,联系自身学习生活实际,围绕"学习观"这一中心议题,兼顾高线、底线,凝练了"五为"(学习目标)、"四守"(学习态度)、"九不要"(学习规范)的3层内容,形成倡议书初稿。

第三步:广。校学生会、研究生会紧急动员各院系,联系文、理、医、工各学科的学生,广泛征求关于初稿的意见,共收集归纳131条修改意见,反映同学们的心声。

第四步:益。逐条逐句分析综合反馈意见,征求相关部门和各院系教学、学工负责同志建议,共做了23处修改后定稿。

最终形成的《复旦大学校风学风建设倡议书》,于2017年12月12日在全校奖学金颁奖典礼上,由学生代表向全校宣读并发起倡议,大力推动复旦大学校风学风建设的热潮;号召全校师生树立正确的学习观,从自己做起,从身边的小事做起,设立正确的学习目标,端正学习态度,掌握科学的学习方法,严格遵守学习规范,切实推动校风学风大建设往深走、往实走、往细走,为营造和维护复旦大学良好的学习环境、恢廓复旦学风,贡献自己的力量。

《复旦大学校风学风建设倡议书》

复旦人的学习观（"五为四守"）：

为民族复兴而学习，为探究真理而学习，为人类福祉而学习，为认识自己而学习，为热爱生活而学习；坚守科学精神，恪守学术道德，严守治学规范，笃守研究兴趣。

复旦人的学习守约（"九不要"）：

①学习不要惟应试、惟绩点、惟文凭，不急功近利、浅尝辄止；②上课（或参加学术活动）不要迟到、早退、无故缺席，不忽视课堂礼仪、学术礼仪；③上课不要喧哗、睡觉、吃东西、玩手机，不扰乱课堂秩序，不做与课堂无关的事；④作业不要抄袭、敷衍、拖延；⑤考试不要作弊、违反考场纪律；⑥研究不要抄袭、剽窃、侵吞、篡改他人学术成果；⑦研究不要伪造或篡改数据、图片、文献，不捏造事实，不虚报科研成果、伪造学术经历；⑧研究（论文或成果等）不要一稿多投、违反署名规范，不利用科研活动谋取不正当利益；⑨研究不要危害国家安全、公共安全、生态安全、生命安全，不违反法律法规、违背伦理道德。

二、实施情况

为贯彻落实中国科协、教育部和上海市加强科学道德和学风建设宣讲教育工作的要求，复旦大学坚持"全覆盖、制度化、重实效"不松懈，突出"健全制度、形成机制"，将集中宣讲和多种形式教育相结合，努力构建科学道德和学风建设宣讲教育长效机制，增强宣讲教育工作实效。学校积极支持和参与上海市科协和上海市教委组织的各类宣讲教育活动。在研究生院的总体安排和协调下，每年都会认真承办和举办各类市级、校级宣讲教育专题报告会、专题学习活动，积极开展相关案例库和课程建设、校园文化活动等。截至2018年底，全校基本实现研究生和本科生群体全覆盖。

（一）高度重视，加强组织领导

在校党委和学风建设领导小组的指导下，研究生院主动承担起学风建设的职责，每年开学之初按计划安排部署具体工作，年末制定下一年度全校科学道德和学风建设工作计划，并对上一年度工作进行总结分析。

学校自2011年9月开始，利用新生入学教育报告会之机，邀请王迅院士等著名专家为广大新生做学术诚信和学术道德讲座，并做了分校区的视频直播。随后，每年新生开学之际，都会由研究生院牵头，按照分学科大类组织学校层面宣讲，此项活动已经形成复旦大学科学道德和学风建设的一项固定工作和传统。

2017年，教育工作将教授报告、学生分享、考核测试、课程建设等多种形式进行有机结合。9月开学伊始，研究生院、医学学位与研究生教育管理办公室、党委研究生工作部联合制定了新学期科学道德与学风建设宣讲教育工作方案，同时，向校内各研究生培养单位下发通知，要求结合学校研究生教育实际情况，重点针对2017级研究生新生，涵盖全体在校研究生，开展"学术诚信月"宣讲教育工作。针对在校老生，研究生院明文要求导师必须在每学期开学之初和学生进行"一对一"的学风谈话，通过这种机制，实现学风教育的全员全覆盖。

(二) 分类指导,做好面上宣讲

通过承办和组织科学道德和学风建设宣讲教育活动,营造氛围,推进复旦大学和上海市科学道德和学风建设工作。2013年9月12日,由上海市科协和上海市教委联合主办,复旦大学负责承办和具体组织的上海市科学道德和学风建设宣讲教育报告会成功举行,活动邀请金东寒、金亚秋、陈凯先3位院士为上海十几所高校数千名研究生做专题报告,全校900余名研究生参加聆听;2014年10月21日,由上海市科协和上海市教委主办、复旦大学承办的"优秀学位论文作者和导师代表专题交流会"成功举行,活动邀请复旦大学陆伟跃、杨煜达,同济大学李博峰,上海理工大学杨会杰,上海财经大学戴国强等多位教授与上海市近10所高校400余名研究生座谈治学精神和学术规范问题;2016年10月25日,为贯彻落实全国科学道德和学风建设宣讲教育工作会议精神,由上海市科协和上海市教委联合主办的"2016年上海市科学道德和学风建设宣讲教育报告会"在上海科学会堂举行,杨浦、奉贤、闵行、临港、松江等5个区域分会场同时进行直播。复旦大学负责承办此次报告会的杨浦大学园区分会场活动。来自同济大学、上海财经大学、上海理工大学、上海电力学院及复旦大学等上海东北片5所大学的400多名研究生代表来到复旦大学美国研究中心谢希德报告厅观看了此次分会场的视频直播。2017年11月14日,根据中国科协、教育部、上海市教委和上海市科协要求,认真落实"学习贯彻党的十九大精神——2017年全国科学道德和学风建设宣讲教育报告会"复旦大学分会场的组织工作,全校师生1 000余人同步观看了报告会直播。

学校将投身学术科研一线的研究生作为宣讲教育的重点对象,每年抓住新生入学契机,开展为期一个月的主题教育活动,将学风建设作为主要内容之一。2017年9—10月,以"弘扬学术诚信,践行学术道德"为主题,研究生院联合医学学位与研究生教育管理办公室、党委研究生工作部,先后在全校层面组织多场文、理、医3类学科学术规范、学术诚信系列专题报告会,取得良好效果。9月27日,"研究生科学道德和学术规范文科专题报告会"在邯郸校区美国研究中心谢希德报告厅举行,正式拉开全校新学期科学道德和学风建设宣讲教育系列活动的帷幕。报告会邀请复旦大学特聘资深教授,中文系教授、博士生导师,校学术规范委员会主任陈尚君以"学术规范的制订与执行"为题主讲,研究生院副院长杨长江教授主持,全校10多个文科院系近400余名研究生新生现场聆听报告;10月10日,科学道德和学风建设宣讲教育系列活动第二场——"研究生科学道德和学术规范理科专题报告会"在邯郸校区美国研究中心谢希德报告厅举行。报告会由物理系教授、博士生导师,第二届校学术规范委员会主任周鲁卫以"学术规范是制度,更是思维模式"为题主讲,研究生院副院长吴宏翔主持,全校10多个理科院系近400余名研究生新生现场聆听报告;10月18日,科学道德和学风建设宣讲教育系列活动第三场——"研究生科学道德和学术规范医科专题报告会",在枫林校区明道楼一楼报告厅举行。报告会由上海医学院副院长汪玲以"科学道德与学风建设"为题主讲,医科院系近200余名研究生新生现场聆听报告。

此外,学校针对新教工、新晋导师、博士后以及本科生群体等,每年也会组织有关学术道德和学术规范问题的专门培训和宣讲。学校十分重视青年教师岗前培训这一开展学术道德教育的重要活动。2012年至今,学校每年针对新进教师组织与师德师风有关的宣讲活动,包括:邀请校学术规范委员会的委员,作学术道德与学术规范的宣讲;邀请教学名师、优秀青年教师代表与新教师交流,分享教书育人的心得与经验;邀请校领导与青年教师互动交流,对青年教师提出要求和希望等。学校为全校每位教师印发了《教师职业道德规范》和《科学道德与学风建设宣讲参考大纲》,要求全体教师学习。此外,研究生院通过组织开展导师培训会和导师沙龙活动,加强研究生导师队伍的岗前培训和学术道德、师德师风教育,帮助新增导师了解学校学术规范和学风建设的工作要求。

◆ 图11-1-1　2017年9月22日科学道德和学风建设宣讲教育系列报告会现场

(三) 加强制度建设,用制度力量规范科研行为

在做好常规工作的同时,近年来,研究生院还推出了一系列改革措施来不断加强学风建设工作,包括:针对研究生新生举行研究生入学教育考试、签署《复旦大学研究生遵守管理规定与学术规范承诺书》(中、英文版)等。学校将中国科协和教育部等国家部委和学校的相关文件资料汇编成册,编印了《复旦大学科学道德和学风建设宣讲教育学习资料选编》一书,供2016级、2017级研究生新生学习参考,并以此为依据,组织了研究生新生入学教育考试。根据规定,研究生新生必须通过上述考试并签署承诺书,才能学籍注册。

2017—2018年,通过相关制度的制定和实施,加大学术不端行为的调查和惩处力度,提高违规成本。在新修订施行的《复旦大学研究生学籍管理实施细则(试行)》、《复旦大学研究生课程和教学管理规定》、《复旦大学学术学位研究生培养工作规定(试行)》、《复旦大学专业学位研究生培养工作规定(试行)》等文件中,都进一步增加和明确学风方面的内容和要求;要求广大研究生认真学习新修订的《复旦大学学术规范》、《复旦大学学术规范实施条例》等文件。同时,严把学位论文审核关。新制订《复旦大学博士、硕士学位论文预审办法》,确立论文预审制度,并将此作为学位申请阶段的首个环节,在制度上明确了将预审(预答辩)工作由培养环节划入学位环节管理,并且在目前对预答辩的含义存在不同理解的情况下,将原有的预审(预答辩)环节经过重新界定规范后改称为"预审环节";新修订《复旦大学博士、硕士学位相似度检测工作的实施办法》,对研究生学位论文相似度检测进行更为严格的要求;对学位论文盲审环节进行一系列的制度优化。首次依托教育部学位中心的公共送审平台对博士学位论文、学术硕士学位论文进行盲审,并通过上海市教育评估院来组织专业硕士学位论文的校内盲审工作,以进一步体现盲审的公平、公正原则。制订《复旦大学博士、硕士学位论文"双盲"评审办法》,并将进一步完善与落实学位论文质量与招生资源配置的联动机制,鼓励院系采取各种形式开展对本院系论文的抽检,从而充分发挥盲审在学位论文质控方面的积极作用;在规范答辩工作的基础上,研究生院制定《复旦大学博士、硕士学位论文答辩组织办法》,进一步加强院系的协调组织作用,完善巡视督导工作,从而推动论文答辩成为学位论文质量控制的关键性环节之一。

(四)创新宣讲教育方式,积极开展案例库建设和案例教学

2015年5月,复旦大学被中国科协、教育部遴选为实施科学道德和学风建设宣讲教育案例教学试点院校。受中国科协发展研究中心委托,2015年底,研究生院承担了"案例教学试点工作"项目建设任务。为扎实做好试点工作,研究生院认真制定了《复旦大学科学道德和学风建设宣讲教育案例教学试点工作方案》,从以下6个方面积极开展工作:①试点工作由复旦大学学风建设领导小组指导,领导小组办公室(研究生院)具体负责,各相关部门协助实施,面向全校研究生开展。②从2015学年起,各院系在制(修)订研究生培养方案时,将学术规范和职业伦理教育分别纳入学术学位和专业学位研究生的必修环节,在教育过程中突出案例教学。③组织校内外专家以集中授课(FIST)形式开设"研究生学术研究指导与规范"案例教学示范课程,作为全校研究生公共选修课。④将"学术规范与职业伦理类"课程列入2015—2016年度研究生课程建设特色项目,在经费和绩效考核方面予以支持,鼓励院系组织建设此类课程。⑤组织案例教学研讨会,对相关课程任课教师进行培训。⑥通过上述工作,用1年左右时间建设15门左右的"学术规范与职业伦理类"课程,编写一批教学案例,在全校研究生教育中进一步深化对于科学道德和学风建设的认识。

为了完成好该任务,同时更好地推进学校科学道德和学风建设,由研究生院牵头组织了校内外6位专家学者,完成了47个科研道德和学风类案例的编写、整理工作,并将相关案例编写成《研究生学术道德案例教育读本》一书。这项工作的主要目的是希望研究生能从所列负面案例中获得警示,从正面案例中获得激励,养成严谨治学、潜心钻研的学术习惯,迈好学术生涯的第一步。2016年9月,该书由复旦大学出版社正式出版,并在2016年、2017年秋季开学之际,发放给全校研究生新生及其导师,供其阅读学习和参考。依托上述试点工作和案例库建设,研究生院积极尝试推动院系开展科学道德和学风建设案例教学。同时,上海市科协和上海市教委还将该书作为全市高校开展科学道德和学风宣讲教育的参考资料,推荐给兄弟高校使用,取得良好成效。

在上述《研究生学术道德案例教育读本》编写出版的基础上,2016年,学校研究生院申

报的"科学道德与学术规范课程及案例库建设"课题被上海市研究生教育项目立项。依托该项目,研究生院组织专家精心编写了《研究生学术道德案例教育百例》,并于2018年8月顺利结项。由于案例教育具有生动、形象、具体化的特征,教学效果良好,深受学生欢迎。

(五)构建长效机制,将科学道德和学风教育纳入课堂体系

深入构建科学道德和学风建设的长效机制,在学校层面按照学科大类,分别建设一门研究生科研行为规范与方法指导类课程。研究生院下发通知,要求有条件的培养单位,以本学科学术道德、学术伦理、学术规范、科研方法为主要内容,建设一门研究生课程,在通知中明确鼓励引入案例教学。为全方位开展科学道德和学风建设宣讲教育,深入课堂之中,在研究生院的推动和资助下,至2018年底,开设了10多门"学术规范与职业伦理类"课程,听课研究生已达数千人,投入经费共计约20余万元。

表11-1-1 研究生"学术规范与职业伦理类"课程

依托院系	课程类别	课程名称
环境科学与工程系	规范与伦理课	科研生存技能和学术规范
马克思主义学院	规范与伦理课	医学科研道德概论
社会发展与公共政策学院	规范与伦理课	社会工作伦理
生命科学学院	规范与伦理课	科研伦理及规范
文献信息中心	规范与伦理课	图书情报学术规范方法论与论文写作
公共卫生学院	学科理论与方法类课程	医学研究生学术规范和职业伦理
信息科学与工程学院	规范与伦理课	信息科学学术规范和职业伦理
马克思主义学院	FIST课程	生物医学研究伦理学
生命科学学院	FIST课程	科学研究方法与论文写作
哲学学院	FIST课程	研究生学术研究指导与规范
材料科学系	规范与伦理课	材料科学基础研究素养
经济学院	规范与伦理课	经管类研究生学术论文规范及科学道德
国际关系与公共事务学院	规范与伦理课	学术伦理与规范

注:数据来源于复旦大学研究生院培养办公室。

同时,部分院系结合学科特点,深入扎实地将教育内容纳入第一课堂主渠道。从2012年起,生命科学学院开设了两门关于科学道德和科研规范的研究生必修课程"生命科学研究方法与规范"与"科学伦理与规范",一门全校公选课程"研究生科学研究发展战略";高分子科学系新开设课程"科学研究导论",课程有部分章节专门讲述学术规范与科学道德的相关内容,作为研究生必修课。

(六)营造浓郁氛围,将科学道德和学风教育融入科创活动之中

研究生具有较强的"自我教育、自我管理、自我服务"能力。在科学道德和学风建设宣讲教育过程中,研究生院积极探索研究生自我教育的机制,取得了良好成效。研究生院积

极引导广大研究生参加各类创新创业赛事,并将科学道德和学风教育贯穿于活动全程。同时,每年都认真做好"中国研究生创新实践系列大赛"、上海市"研究生创新创业能力培养专项"、国际水中机器人大赛、上海市"科创杯"等赛事的校内报名和参赛组织工作,赛事组织严格遵守学术规范,取得较为丰硕的成果。研究生通过参加上述各类科创比赛,不仅学术能力、实践能力、组织能力得到全面锻炼,科学精神、科学道德、科学伦理、科学规范的要求也内化到他们的思想与意识深处。研究生院及时选取优秀获奖典型,通过各种形式积极宣传,在学生中树立正面榜样,营造出良好的学术氛围。

与此同时,学校还通过多类特色学术活动引入学风教育,努力营造浓郁氛围:其一是"研究生心目中的好导师"的评选工作。学校从 2004 年开始"研究生心目中的好导师"评选工作,两年一届,每届 10 人。已出版了两本相关图书,并被评为上海市师德师风建设的优秀项目。其二是"研究生学术之星"的评选工作。这项评选工作从 2010 年开始,每年一届,每届约 30 人。至 2018 年底已进行了 9 届,评选并表彰了 270 名具备优秀科研创新能力的研究生。其三是"博士生学术论坛"。该论坛全部由学生自己筹备、主办,邀请全国各地本学科比较知名的高校、学术水平比较高的学校的博士生、硕士生来参加这个论坛。论坛按照非常规范的方式操作,例如,在组委会收到参评论文后邀请专家进行盲审。同时,还组织"研究生心目中的好导师"表彰座谈会、"研究生学术之星"表彰座谈会等,其中,"研究生学术之星"表彰座谈会已经成为学校每年 5 月校庆学术文化周的一个重要活动。

在院系层面,积极打造新颖、易被研究生接受的活动形式。例如,信息科学与工程学院、数学科学学院、附属中山医院先后创设"走近长江学者"、"院士讲坛"、"中山大讲堂"等品牌活动,广邀名师谈学术、谈诚信;历史系组织以科学道德与学风建设为主题的知识竞赛;物理学系、护理学院开展科学道德与学术规范案例征集活动;高分子科学系制作"科学道德与学风建设工作回顾展板",在教学楼大厅进行展示等。研究生通过参加上述各类科创比赛和学校举办的各类活动,不仅学术能力、实践能力、组织能力得到全面锻炼,科学精神、科学道德、科学伦理、科学规范的要求也内化到他们的思想与意识深处。

(七)积极利用网络平台,努力拓宽宣讲教育覆盖范围

2014 年,学校就已开发建设了"复旦大学学风建设网"平台,注重利用网络媒介来进行科学道德和学风建设的宣传和教育工作。研究生院通过学风建设网及时发布科学道德和学风建设活动的各种信息,在做好该平台的日常更新、维护的同时,努力扩大宣传,增强相关活动在师生中的影响力。同时,在微信平台开设"复旦大学研究生教育"公众号,并开辟相关专栏,及时将与学风建设相关的新闻、通知和活动信息推送给全校广大师生,营造出良好的校园学术氛围。在研究生院网站主页,及时发布国家、上海市和学校的有关学术规范、学风建设的文件和新闻,以及涉及违反学术规范相关案件处理决定。通过对新媒体传播方式的运用,努力将宣讲教育全面覆盖到线上和线下、校园内外。

总体而言,复旦大学认真承办和举办各类市级、校级宣讲教育专题报告会、专题学习活动,积极开展相关案例库和课程建设、校园文化活动等,如主题教育、专家报告、专题学

习等。认真开展新生入学教育:以复旦精神指引研究生求学之路,举办学风教育活动;以崇高品德引领研究生成长,做好毕业离校教育工作;以诚挚关爱送研究生步入社会。从这3个方面主题鲜明、形式多样的思想政治主题教育入手,实现各类师生群体全覆盖。相关活动立足复旦特色,主题丰富、形式多样、紧跟社会热点、受众辐射面广,引导广大师生遵守学术规范、坚守学术诚信、维护学术尊严、摒弃学术不端行为,努力做科研和学习的表率,成为优良学术道德的践行者和良好学术风气的维护者,对全面推进科学道德和学风建设工作起到很好的促进作用。

第二节 科学道德和学风建设特色

复旦大学历来重视研究生科学道德养成和学风建设工作,从内容到形式不断推陈出新,形成了独特的风格与特色。复旦大学研究生科学道德和学风建设的特色之一是创办全国性科学道德和学风建设论坛、出版研究生学术道德教育系列丛书。

一、首届研究生科学道德和学风建设论坛

为深入贯彻落实中办、国办《关于进一步加强科研诚信建设的若干意见》,坚持立德树人,进一步提高人才培养质量,推进研究生群体科学道德和学风建设,为广大研究生搭建一个相互切磋、交流学习的平台,复旦大学计划于2019年举办以"弘扬科学精神,争做新时代优秀研究生"为主题的"首届研究生科学道德和学风建设论坛"。论坛在上海市科学道德和学风建设宣讲教育领导小组办公室、上海市学位委员会办公室支持下举办,并由复旦大学研究生院、复旦大学党委研究生工作部具体承办。[①]

此次论坛的主要议题包括:我心目中的优秀研究生、优秀导师;如何做一名合格的研究生——在研究生学习、科研过程中如何恪守学术道德规范;结合所在专业学科领域,分析科学道德和学风建设与高层次人才培养的关系;结合专业学习和科研经历,谈谈如何加强科研伦理;我国高校研究生教育推进科研诚信制度化建设之我见;他山之石——国外高校研究生科研诚信建设经验借鉴;警钟长鸣——从学术失范案例吸取教训;分析学术规范与学术道德对学术行为引导的作用机制;学术失范的根源、成因、解决对策分析;其他与科学道德和学风建设相关的议题。

二、研究生学术道德教育系列丛书

(一)《研究生学术行为规范读本》

该书由复旦大学研究生院牵头,组织了上海市包括复旦大学、上海交通大学、东华大学、上海大学等多所高校在内的专家学者跨校合作编写,是研究生科学道德和学风建设的

---

① 首届"全国研究生科学道德和学风建设论坛"于2019年9月21日至23日在复旦大学举行,教育部党组成员、副部长翁铁慧同志出席有关活动。

第一本专著,2014年9月由复旦大学出版社出版。

该书旨将社会主义核心价值观教育与研究生学术活动相结合,阐述在读研究生从事学术活动的各个环节及其应关注和遵循的学术规范与道德规范,帮助研究生加强学术道德修养,严守各类规范与道德准则,成为优良学术道德的践行者和良好学术风气的维护者,做一名负责任的研究者。

该书系统阐明了研究生从事学术活动须遵循道德准则的必要性及6项基本准则;分别介绍了人文社会科学、理学、工学、农学、医学等学科的研究生从事学术研究可能涉及的各类学术规范与道德规范问题及其正确处理方式;分析了与研究生写作和发表学术论文、学位论文送审和答辩相关的学术规范;论述了学术不端行为的危害和防范路径,明示了涉嫌学术不端行为的惩处原则和程序;选编了教育部、中国科协发布的有关规范文本,以供研究生学习与遵循。该书可作为高等院校开展科学道德与学风建设宣讲教育的参考材料,适合在读研究生、新上岗的研究生导师、研究生管理人员、青年教师以及高年级本科生阅读。

(二)《研究生学术道德案例教育读本》

该书由复旦大学研究生院编著,于2016年9月由复旦大学出版社出版。《研究生学术道德案例教育读本》分4篇,即人文社科篇、理工学科篇、医科篇与学风篇,共选编了47个典型案例。这些案例均为国内外学术界所发生的真实事件,其中大多数为国外案例,主要取自美国、德国、英国、日本、荷兰、韩国等国的不同学科领域。

该书精心选编了一些涉及不同学科领域的国内外典型案例,并对案例进行了针对性的剖析点评,可读性比较强。该书用先进人物的正面事例引导人,用学术不端的反面案例警示人,有利于形成严谨治学的良好学术环境,让研究生从案例中吸取教训、少走弯路。

(三)《研究生学术道德案例教育百例》

该书由复旦大学研究生院编著,于2018年7月由复旦大学出版社出版。科学道德与学风建设是当前研究生教育中的一项重要内容,《研究生学术道德案例教育百例》充分发挥案例教育的特殊作用,通过对学术行为和学术风气方面典型案例的生动描述,使研究生了解作为学业中重要环节的学术研究可能会面临哪些学术规范与学术道德问题,以及应该如何正确地处理此类问题,进而使自己树立正确的学术价值观,养成良好的学风。通过该书,希望研究生在认知学术研究基本过程、基本知识的基础上,懂得学术行为规范,在学术研究的目的、态度等方面做出正确的价值判断,从而指导自身的学术行为,避免因学术失范而影响自己的学业与未来前程。

该书选编了100个国内外学术界发生的真实案例,分为人文社科案例篇、理科案例篇、工科案例篇、医科案例篇、学风建设案例篇共5个部分。每个案例都附有参考文献和思考题,以帮助研究生从不同的角度更好地分析、思考案例,并从中获得更深入的启迪与教育、汲取经验与教训,懂得学术研究中哪些事该做与不该做,严守自律底线,做一个负责任的研究者。案例中既有正面案例,也有反面案例。正面案例突出表现杰出学者严谨的学术风格与严守学术规范的优秀事迹,为广大研究生树立榜样,养成严谨治学、潜心钻研

◆ 图 11-2-1 研究生学术道德教育系列丛书

的优良作风;反面案例则侧重当事人所犯的学术错误以及受到的相应惩罚,以发挥警示效应,提醒研究生要远离学术不端这一"学术高压线"。

复旦大学、复旦大学研究生院对于该书的出版十分重视,在2018年"上海书展"期间,为该书出版举行了隆重的发布仪式。2018年8月16日,由复旦大学研究生院、上海市科协、复旦大学出版社联合主办的"'书香复旦'上海书展系列活动之五——研究生走向科学殿堂的第一课:研究生学术行为规范和学术道德教育"学术研讨会在上海举行。复旦大学出版社总编辑王卫东向该书的出版表示祝贺,中国科学院院士、复旦大学校长助理、大气科学研究院院长、大气与海洋科学系系主任、研究生院院长张人禾教授致辞,复旦大学哲学学院朱宝荣教授、东华大学人文学院陈敬铨教授、上海大学社科学院杨庆峰教授围绕《研究生学术道德案例教育百例》一书中的案例作了专题报告。上海市科学道德与学风建设宣讲办公室副处长苏祺总结发言。复旦大学研究生院常务副院长吴宏翔主持会议。

在新书发布仪式上,各位专家纷纷为进一步加强研究生科学道德和学风建设建言献策。通过对自己学术研究中亲身经历的讲述,王卫东说明了学术严谨的必要性,认为学生时代的良好习惯会伴随一个人的一生,并再次强调了学术规范的重要性。张人禾指出,加强学术道德和学风建设是弘扬科学精神、繁荣学术创新的必然要求,而研究生学习阶段是从事科学研究的开始,在研究生阶段,要严格遵守学术规范,坚持学术诚信,恪守学术道德。苏祺认为,科学道德和学风建设是创新型国家建设的重要基础,研究生是我国高层次科研人才的后备军,科学道德和学风建设是研究生培养工作的重要内容,也是培养高层次创新人才的重要保证。朱宝荣认为,学术造假、剽窃、抄袭事件的引发多半与研究生的侥幸心理和情绪冲动有关,只要研究生能提高认识水平、强化自律意识,同时切实了解、熟悉与牢记学术研究各环节应遵循的学术规范和学术道德,懂得学术活动中哪些应该做、哪些不该做,碰到困难或者诱惑时,又能凭借自身顽强的意志克服冲动与杂念,才能远离"学术高压线"。陈敬铨认为,科学研究活动要健康运行,必须倡导负责行为,负责行为依靠道德准则来维系,如诚信准则、严谨准则、尊重准则、公开准则、公正准则、责任准则等。还列举了诸多正反面的例证,例如,进化论的发现、居里夫妇的贡献、希拉德发现原子裂变、密立根油滴实验等例子,从正反面强调了遵守学术行为规范和道德的重要性。在追求真理的道路上,有平坦之路和坎坷之路两条道路。杨庆峰表示,坎坷之路,意味着追求真理的过程有付出、有痛苦,更有收获的惊喜;平坦之路,却无法让我们走进真理。为了避免这种痛苦,有些研究者试图走出一条捷径,采取抄袭、造假、欺骗等手法,这些只能成一时之事、获得些小利,然而事发之后却葬送了自己,甚至牵涉到他人。苏祺总结时指出,当前国家上下都对科学道德和学风问题非常重视,切实加强科研诚信教育和宣传迫在眉睫,《研究生学术道德案例教育百例》就是为当下研究生准备的加深科研诚信教育的参考读物。

(资料来源:中国社会科学网,查建国、仝薇)

(四)《研究生学术道德与学术规范百问》

该书选编100个与研究生从事学术研究密切相关的问题,通过问答体形式,来对研究生学术道德和学术科研规范方面的重要问题进行阐释解答。全书从内容结构上共分为五大篇章,即学术研究、学术诚信与学术不端的相关理论及政策,确定研究对象的学术道德与学术规范,获取数据、事实的学术道德与学术规范,形成学术成果的学术道德与学术规范,发表学术成果的学术道德与学术规范。每个问题都从研究生日常从事的科研学术活动出发,提出问题并解答问题,通过对问题的阐述解答,让研究生懂得学术研究中哪些是该做的与不该做的,从而严守自律底线,做一个负责任的研究者。

该书具有两大鲜明特点:一是在编写体例上力求创新,采取问答的形式,目前市面上尚未有同类型著作或教材出版。以这种方式来进行内容组织和撰写,显得十分富有针对性,重点突出,对加强研究生学术道德教育能起到很好的效果。二是在内容上全书以研究生从事学术科研活动的过程为线索,选取每个不同阶段,研究生从事科研活动会遇到的大概率、关键性和疑难性问题,来进行系统阐释解答,在内容上富有新意,并对研究生有非常重要的指导意义。该书全部书稿已交付出版社,计划于2019年正式出版[①]。

(五)《研究生导师学术行为规范读本》

该书以研究生学术研究不同阶段导师的应尽职责为主线,针对当前我国研究生导师队伍存在的问题,以规范研究生和导师学术行为、严明学术纪律、创造良好的学术环境和学术风气为目的,包括研究生导师应该如何指导研究生确定研究方向与研究主题,应该如何帮助研究生了解规范地查阅文献资料与搜集经验事实,导师在研究生的学术成果形成、发表和学位论文评审与答辩等阶段的职责等方面具体内容。据悉,以"研究生导师读本"为主题,且专述学术规范、学术道德的著作,目前国内还没有正式出版的先例。根据先前拟定的计划,该书计划于2020年8月正式出版。

上述5本系列专著的出版将成为复旦大学研究生教育改革的重要组成部分,必将为进一步提高复旦大学研究生培养质量,以及为复旦大学在研究生科学道德和学风建设方面保持全国领先地位做出重要贡献。

---

① 该书于2019年9月由复旦大学出版社正式出版。

第三节 创新研究生思政教育形式

一、"中国道路大讲堂"

"中国道路大讲堂"是复旦大学结合研究生教育特点，加强和改进学生思想政治工作的一项重要举措，是对传统研究生思想政治课在内容和形式上的一种创新尝试。每期"中国道路大讲堂"邀请两院院士、知名学者、政府官员、企业领袖等国内外有声望的嘉宾主讲，围绕中国道路相关议题进行系列报告，帮助研究生深入了解国情世情，深刻把握新时代中国特色社会主义建设，强化国家意识和家国情怀。

"中国道路大讲堂"迄今为止已举办5期，其中，第一期由校长许宁生院士作"'双一流'建设与道路自信——复旦人的初心、使命与实践"的报告，许宁生校长从"新变局：'强国梦'召唤'复旦愿景'、新时代：'世界一流'的建设使命、新力量：青年复旦人的笃志笃学笃行、新征程：在不断登高中掌握未来"4个方面展开报告；第二期由中共中央对外联络部原副部长于洪君作了题为"国际关系新动向与中国外交新举措"的报告，报告从冷战结束以来的国际关系格局讲起，以中美关系、中俄关系、东北亚局势、中东局势、拉美国家发展等为视角展开分析；第三期邀请北京大学新结构经济学研究院院长、世界银行前高级副行长、首席经济学家林毅夫教授作了题为"中国改革开放40年和新结构经济学"的报告，林毅夫表示，经济快速增长的本质是劳动生产力水平的不断提升，即：一靠技术创新，二靠产业升级；第四期邀请了意大利经济部副部长、经济学家米凯莱·杰拉奇教授作主题为"世界经济格局与西方人眼中的'一带一路'"报告，杰拉奇从欧洲经济着眼，对于世界经济格局、贸易政策的制定原则、国际贸易及国际投资封闭与开放的利弊等问题进行了分析；第五期邀请了著名军事专家、海军网络安全和信息化专家咨询委员会主任尹卓少将作主题为"变动中的世界格局与安全"报告，尹卓少将以翔实的数据为支撑，从军事、政治、经济等角度，深入剖析了当今的世界格局，提出了应对世界战略格局变化的对策。

"中国道路大讲堂"的特点主要体现在如下3个方面：一是结合研究生跨学科讲座课程学分要求，提高培养环节质量；二是创新研究生思想政治课的内容形式，用心遴选授课嘉宾，引进优秀讲座资源和思想内容，在时效性、针对性上补充现有课程体系，改进"最后一公里"转化问题；三是引导广大研究生强化国家意识、家国情怀，帮助研究生深入了解国情世情，深刻把握新时代中国特色社会主义建设理论，深切体会"四个正确认识"、"四个自信"，以昂扬向上的正能量和精神感召力，突出对研究生的信念导向、价值引领、精神鼓舞和素养提升。

二、"大师面对面"

为推进校风学风建设，提升科研志趣，复旦大学研究生院、党委研究生工作部举办"大师面对面"系列讲座，邀请校内外多名杰出教师和优秀校友分享学术科研成长经历。中国科学院院士秦大河作为"大师面对面"讲座的第一期主讲嘉宾应邀来到复旦大学,他以"未来地球计划与中国行动"为题,围绕气候变化及其影响进行精彩演讲。秦院士提出了在可持续发展背景下如何开展"未来地球计划"跨学科集成研究、如何推动人类命运共同体建设、如何立足中国国情开展工作等问题。

2018年下半年,为了纪念改革开放40周年,共推出了文、社、理、工、医5场讲座。讲座中嘉宾结合科研经历及行业领域发展,从不同视角探讨改革开放以来社会发生的历史变革以及对科研方向、人生选择等的影响。第一期主讲人为金亚秋院士,他与青年学子畅谈了亲历改革开放40年的感受。金院士鼓励复旦学子永不气馁、执着勤奋、志存高远、勇敢前行,用这些精神为祖国的科学发展做出贡献。第二期主讲人为葛剑雄教授,他风趣幽默地讲述了他与改革开放同行的40年中波澜壮阔的人生。葛教授总结得出,一个人要取得成功,需要具备3个条件:第一个条件是个人的天赋,第二个是际遇、是机会,第三个就是个人努力。第三期主讲人为童兵教授,主题为"改革开放洪流中的新闻学研究——亲历新闻改革40年的回忆点滴"。童教授认为我们国家要发展、要进步,一定要尊重历史发展的规律,尊重中国的国情,也要按照新闻的规律。第四期由中山医院院长樊嘉院士向研究生讲述医学生的责任和使命,应尽所能给患者以希望,厚积薄发,探索创新,永不止步,无畏付出,敢于直面挫折和失败,尊重患者,设身处地为患者着想。第五期的主讲嘉宾李蓬院士通过谈改革开放的"变"与"不变",同大家分享她与改革开放40年的故事。

"大师面对面"系列讲座通过大师们的亲身经历来见证国家富强、民族振兴的历史,回顾改革开放40年来的辉煌历程,中国在经济发展、文化繁荣等方面取得的卓越成就。作为青年学子,更应该树立远大的人生理想,砥砺奋进,争做"有理想、有本领、有担当"的新时代新青年,为实现中华民族伟大复兴的中国梦贡献青春力量。

三、"五四"演讲比赛

从2018年开始,研究生院、党委研究生工作部、医学学位与研究生教育管理办公室每年在"五四"青年节前夕联合主办复旦大学研究生"五四"演讲比赛。活动以演讲比赛的形式庆祝青年节,旨在深入学习贯彻习近平新时代中国特色社会主义思想,继承和发扬"五四"精神,激发广大复旦青年的担当精神和主人翁意识,激励广大研究生不忘初心、追求卓越,展现新时代研究生的风采,从而有效落实学校研究生教育重点改革任务,实现研究生教育内涵式发展,培养更多富有时代创新精神、科学探索精神、逻辑思辨能力和表达沟通能力的优秀研究生。

2018年第一届比赛的主题为"我的新时代"。来自全校14个院系的15名参赛选手依次登台演讲,最终,法学院、国际关系与公共事务学院、社会发展与公共政策学院、物理学系、生命科学学院荣获优秀组织奖;吴迪、严正荣获一等奖;李洁、王鹏翔、胡忠达、孙晋芳、任一杰荣获二等奖;吕粟粟、许镇峰、刘一楠、孙天佩、陆佳婧、金恺迪、葛畅、王修一荣获三等奖。

"五四"演讲比赛让听众跟随着演讲者的故事,领略了研究生生活的方方面面,展示了复旦研究生积极向上的精神风貌和意气风发的精气神儿。在演讲比赛中,广大复旦青年的坚持品格、拼搏意志和远大理想被高度肯定,同时被致以"旦复旦兮、日月光华"最诚挚的期望。

通过比赛营造出有理想、讲信念、敢担当的良好氛围,帮助广大研究生牢固树立理想信念,为国家和学校事业发展进步做出自己应有的贡献。学校将通过每年的演讲比赛,号召研究生争做爱国青年,树立"四个自信";争做立志青年,牢记时代使命;争做求真青年,学会厚积薄发;争做力行青年,勇担社会责任。希望复旦青年不辱使命、不负期望,在时代的召唤中放飞青春梦想,在民族复兴的征程中书写精彩华章。

◆ 图 11-3-1 2018 年 5 月复旦大学研究生"五四"演讲比赛

四、"未来学者计划"

"未来学者计划"是落实科教兴国战略、配合复旦大学"双一流"建设、推进博士研究生教育综合改革试点工作、培养高水平博士人才、从整体上提升学校研究生教育质量的一项重大举措。其主要宗旨在于通过价值引领,激发研究生对科学研究的兴趣和热爱,激发研究生对科学精神的崇尚与追求,引导广大研究生勇攀科学高峰、挑战科学难题,致力于为国家和整个人类科学事业的进步贡献力量;激励和促进研究生开展原创性、高水平科学研究,推动产出一批以博士研究生为主力创造的,具有原创性、基础性、前沿性、高精尖缺的,具备世界一流水准的科学研究成果,造就一批博士拔尖创新人才;推进科教融合协同发展,构建科教协同育人机制,营造科教结合支撑高层次博士人才培养的良好文化氛围。

2019 年将实施"未来学者计划"的第一期,研究生院将在 5 年内,每年在学术学位博士研究生(含直博生、硕博连读生、普通博士生,延期毕业博士生也包含在内)中遴选 10～20 人,作为"未来学者"候选人进行培养和支持。被纳入"未来学者计划"的候选人,经过一段时间的培养,并经专家评审委员会中期评审通过后,可视从事科研课题的实际需要,给予以一定经费资助。计划培养周期届满,经专家评审委员会对候选人所从事的科研课题进行结果评审通过后,由学校正式授予该博士生"复旦大学未来学者"荣誉称号,其中,取得重大学术成就的,将获得每年颁发一次的"复旦大学未来学者成就奖"。奖项严格按照相关标准评选,坚持宁缺毋滥原则。

将通过网络提名等多种方式大力弘扬科学精神,在广大研究生中寻访、树立热爱科学、崇尚科学、潜心科学研究、勇攀科学高峰的优秀学生榜样;通过榜样引领,激发全校研究生对科学研究事业的浓厚兴趣和对科学精神的执着追求,培育研究生献身科学事业的崇高情怀,引导和激励更多研究生投身基础性、前沿性、创新性高水平科学研究活动,在全校研究生群体中营造出学科学、爱科学、勇于追求科学真理、甘为科学研究事业奉献青春热血的浓郁文化氛围,培养造就一批优秀拔尖创新人才。被提名人须具备的条件主要包括:①在校一、二年级学术学位博士生,或拟攻读学术型博士学位的一、二年级硕士生。②执着于学术研究工作,对科学真理的探索充满激情、视如信仰;对科学活动忘我投入、执着追求、无私奉献;具有良好的专业基础和强烈的创新精神,展现出成为一名优秀科学家的巨大潜力。③正在从事基础或前沿科学相关领域的研究活动,并且从大学期间至今,提(产)出过对学术科研领域产生重要启发或影响的创新性观点、论断、思想或发明创造等;或具备可检验和衡量的客观条件,例如,已取得一定的、可体现本人真实科研水平和学术潜力的成绩或成果(包括但不限于引起学术界较强反响的已发表的学术科研论文、相关著作、专利、科技发明、所获学术荣誉或奖项等)。提名候选人活动截止后,将联合组织专家评审,对相关提名材料进行评估、审查和筛选,并在此基础上对提名人、被提名人、导师和相关师生展开巡访。通过访谈、面试答辩、专家组评审等方式,最终确定首批复旦大学研究生"未来学者"人选,并按相关方案实施包含科研资助、国际交流等系列举措的"未来学者"人才培养计划。

第十二章 创新创业与科创实践

第一节 研究生创新创业工作概述

当前,我国正在加快建设创新型国家,培养造就一大批具有国际水平的战略科技人才、科技领军人才、青年科技人才和高水平创新团队具有重要意义,这为深入推进创新创业教育改革进一步指明了方向。近年来,复旦大学始终把研究生创新创业教育放在学校人才培养的重要位置。

一、创新创业教育总体情况

为贯彻落实国务院办公厅印发的《关于深化高等学校创新创业教育改革的实施意见》(国办发〔2015〕36号),复旦大学于2015年12月成立了创新创业学院。学院的任务在于全面整合校内外优势资源,提升创新创业教育水平,培养学生创新精神和创业意识,提高学生创新创业能力。2017年6月,复旦大学入选第二批国家"大众创业 万众创新"示范基地;7月,学校成立双创示范基地领导小组和办公室;8月,双创示范基地工作方案通过专家咨询会议审议,并根据会议要求完善后于9月正式上报国家发展和改革委员会。

复旦大学始终坚持问题导向,充分发挥学校科研工作原始创新强、成果偏高端/前端的特点,针对技术研发能力弱、体制支撑差、资源投入有限等难点,以及与企业对接差、资本投入意愿弱、成果转化难度大等痛点,重点从能力(教师、学生创新创业能力培养,创新成果孵化)、对接(对接国家需求、社会经济发展需求,对接上海全球科创中心建设需求,对接资本、对接企业需求)、保障(机制体制设计,支撑成果转化、创新创业)三大方面规划双创示范基地建设工作。力争通过3年系统推进创新改革试验,建立健全推进创新创业基地建设的长效机制。在创新人才培养、高水平人才引进、科技金融创新、知识产权、构建科技成果转化、开放合作等方面,取得一批重大创新改革成果,形成一批可复制、可推广的创新改革经验,破解高校创新人才培养机制不健全、科技成果产业化机制不顺畅、成果转化收益分配和激励机制不合理等瓶颈问题,持续释放改革红利;推动经济增长动力加快向创新驱动转换,在生物医药、脑与类脑智能、集成电路、大数据等若干国家亟需的科研和关键核心技术领域取得突破,实现转化。

◆ 图12-1-1　2015年12月全国创新创业教育联盟校长会议在复旦大学举行

◆ 图12-1-2　2015年12月在复旦大学创新创业学院揭牌仪式上,时任教育部高等教育司司长张大良与许宁生校长一同揭幕

二、研究生创新创业教育工作总结

（一）构建多元化、灵活的双创制度体系，建立推动研究生创新创业教育工作长效机制

在复旦大学创新创业学院成立后，依据国家发展、上海科创中心建设的需要，构建分工明确的协同合作机制、可进可出的学籍管理机制、开放融合的多元发展机制、灵活变通的导师聘用机制、项目导向的成果孵化机制和自由宽松的学生社团创建机制。编制《复旦大学创业服务手册》，制定《复旦大学"苗圃计划"管理办法》，完善创业支撑体系，落实学生创新创业指导服务机构、人员、场地、经费，规范双创团队入驻管理。制定《复旦-云锋创业基金管理办法》等，引导社会资本参与创业投资，带动社会资本参与创业孵化，规范双创基金的立项、划拨、管理、退出，保障资金安全、高效、良性运行，发挥资金使用效益。此外，通过签订合作备忘录及框架协议等形式，允许社会各界资源以适当的方式参与项目的建设管理与资金的筹集，不断探索双创人才联动培养机制，积极推动"三区融合"和建立校校、校企、校地、校所乃至国际合作的开放办学新格局。2017年9月1日，在最新修订实施的《复旦大学研究生学籍管理实施细则（试行）》、《复旦大学研究生课程与教学管理规定》、《复旦大学学术学位研究生培养工作规定（试行）》、《复旦大学专业学位研究生培养工作规定（试行）》等管理文件中，针对研究生实践基地建设和研究生实习实践明确相关要求，并及时增补鼓励研究生创新创业等相关内容，通过制度规范的完善建立起推动研究生创新创业教育的长效机制。

（二）完善研究生课程体系建设，推动创新创业教育进课堂

系统设计研究生创新创业教育体系，深化研究生创新创业教育改革，搭建研究生创新创业展示平台，落实研究生创业优惠政策，开设研究生创新创业教育专门课程。对于专业学位研究生，要求各院系将创业类课程列入专业选修课；对于学术学位研究生，研究生院在学校层面开设公共选修课。加强研究生创新创业教育或相关活动的组织，鼓励条件成熟的院系将志愿服务、社会公益活动折算成学分，在《复旦大学研究生课程与教学管理规定》中增补"经学位评定分委员会认可的社会实践、社会公益服务、创新创业等活动，可作为实践环节的要求列入研究生的必修环节，并在培养方案中明确其学分设置和考核要求"等内容。以管理学院为主，包括国际关系与公共事务学院、经济学院、生命科学学院、信息科学与工程学院等院系，已开设各类研究生创新创业课程共计171门。

（三）积极推动研究生科研成果转化，做好创新创业项目申报校内组织工作

"上海市研究生创新创业能力培养专项"工作是由上海市学位办指导、上海市大学生科技创业基金会组织实施的专门针对在校研究生的创新创业能力提升项目，2013年首次实施，入选的科创项目有机会获得基金会和天使投资人的投资孵化，转化为真正的创业项目。复旦大学研究生院每年都积极组织学生申报，并取得较好的成绩。其中，2013年，上海市立项96个，复旦大学申报6项，入选4项；2014年，上海市立项125个，复旦大学入选10项，其中9个结项、3个创业并获得"天使"基金资助；2015年，上海市立项111个，复旦大学入选5项；2016年，上海市立项110个，复旦大学入选3项；2017年，上海市立项111

个,复旦大学推荐申报的8个项目全部成功入选。2018年,上海市立项100个,复旦大学入选2项。

(四)积极推动学生自主创新创业实践、交流

设立各类校内创业基金,配合后续的上海市大学生科技创业基金复旦分基金等社会资本,完善各阶段创新创业支持平台,为有意创业的学生及校友提供基金、场地及创业培训、辅导等各类配套服务。2017年应届毕业生中自主创业人数为27人,在2018届毕业生中,直接创业有31人,其中,本科生为16人,硕士生为10人,博士生为5人,创业领域集中在咨询服务、信息技术、生物医药、新媒体、材料技术、设备仪器等多个领域。在入驻复旦大学创新创业学院苗圃孵化项目中,有6个团队获得"天使"投资共计540万元,5个团队拿到杨浦区启动费共计25万元,3个团队拿到开办费6 000元。复旦大学创新创业学院成立以来,2015—2018年共计资助237个项目,资助基金共计1 699.6万元。复旦分基金连续6年获得"上海市大学生科技创新基金会优秀分会"称号。

鼓励学生积极参加科研创新实践,在各类大赛中,包含本校研究生在内的复旦创业团队获得各种奖项:2个团队获得杨浦"创业之星"大赛优胜奖;3个团队获得复旦大学光华自立奖;12个团队分获2017年、2018年"泛海杯"创新创业大赛一、二、三等奖;4个团队获得2018年"互联网+"上海市金奖。2017年在第三届中国"互联网+"大学生创新创业大赛全国总决赛中,复旦学生作为上海的3个项目之一入围总决赛,并最终取得全国赛银奖。2018年,在第四届中国"互联网+"大学生创新创业大赛中,复旦大学承担了上海市赛的组织工作,不仅圆满完成各项任务,复旦大学的参赛总项目数与参赛总人数也达新高,分别有318个项目和1 442人,并最终在总决赛中取得了2金、3银、1铜的优异成绩。复旦大学获得教育部等部委颁发的优秀组织奖。

加强创新创业交流,拓展多维度合作,开展加拿大、英国、美国、北欧等夏令营,并推荐学生创业团队参加国际性比赛;组织并参与多项国际双创赛事,自2007年由复旦大学和联合国开发计划署联合发起青年全球治理创新设计大赛以来,已有93个国家的160余所大学派出420支队伍共计1 550位青年选手参加。

(五)积极举办研究生创业讲座、创新创业训练营等活动,发挥高校示范作用

邀请校外专家举办题为"大学生最重要的能力与完美创业成长之路"等讲座;邀请由全国高校创新创业投资联盟副秘书长、教育部中国"互联网+"大学生创新创业大赛评审专家组成的师资队伍,举办复旦大学研究生创业实践特训营,积极营造良好的创新创业氛围。目前该活动已纳入FIST课程项目,并已连续举办两个学年,受到师生广泛好评。

由创新创业学院牵头,举办创新创业大讲堂。聘请企业界和创新创业领域的杰出人士开设讲座,将学生参与讲座纳入创新创业课程体系。目前已邀请牛津大学崔占峰院士、著名钢琴家孔祥东先生、美国德州大学达拉斯分校原副校长冯达旋教授等来复旦大学授课。2017年以来,已有800余名学生参与"创新创业大讲堂"。

2017年11月由复旦大学党委书记焦扬提议,联动杨浦区、同济大学,举行了"创新创业,跨越发展——首届杨浦创新创业论坛"。旨在推动"三区联动、三城融合",培育一批具

有市场活力的双创支撑平台,突破阻碍双创发展的政策障碍,形成一批可复制、可推广的模式和经验,加快提升创新孵化力、产业集聚力和资源产出力,进一步加强产学对接,推动新一轮高校合作签约项目落地,并着力形成可复制、可推广的双创模式和典型经验。

(六) 加强创新创业孵化平台建设

复旦大学共有校内外孵化场地约 8.3 万平方米,其中,校内场地约 3.4 万平方米,除创新创业学院约 4 000 平方米(2016 年底入驻)外,在新闻学院、计算机科学与技术学院、软件学院、生命科学学院、微电子学院、医学院、信息科学与工程学院、物理系等院系有部分师生共创平台。校外孵化场地在复旦科技园、复旦软件园等 3 个园区有孵化器场地约 4.9 万平方米,其中免费场地约 1 800 平方米。

2017 年 9 月,复旦科技园中心成立"复旦科技园创新中心",涵盖众创空间、校企联合实验室、科技服务平台和基金 MALL 等功能,力争将其建设成功能多样、产业多元的优质创业生态环境圈。正在建设的有杨浦·复旦科技园创新中心、外高桥·复旦科技园创新中心两个载体,帮助创业者落住园区、注册公司,帮助创业者申请杨浦区相关创业政策,如开办费补贴、创业高校资金补贴等。

2018 年 3 月,复旦大学批复同意本科实验大楼改造功能化建设方案,确定将先进材料楼的信息与智能技术实践中心同时作为学校信息化建设的中心枢纽和展示窗口,通过校区和楼宇间的互通互联,打破固有的边界思维,创建校园环境的网络化布局。交叉实践中心建设不断推进。

2018 年 4 月 13 日,由复旦大学、杨浦区、绿地集团共同主办的上海智能产业创新研究院、人类表型组研究院和复旦绿地科创中心启动仪式隆重举行。三大平台的正式启动,将加速推进复旦优势学科发展及相关成果产业化。复旦绿地科创中心依托复旦大学科技、产业优势和绿地集团资本、市场优势,聚焦人工智能、精准医学、大数据、大健康等相关领域,通过专业化、市场化、国际化运作,着力打造"空间载体、科研服务、技术平台、创业孵化、科技金融"为一体的创新创业生态体系,已吸引了飞智科技、复嶂环洲生物科技等一批优秀校友创新创业企业入驻;在孵化平台上,在孵项目近 30 个,一批高科技、高成长性企业正在孕育而生。

对接上海全球科技创新中心建设,复旦大学围绕国家需求和科创中心战略,牵头"一计划两中心"在集成电路、人工智能、生命科学三大领域,重点推进的建设内容包括国际人类表型组、脑与类脑智能两个市级科技重大专项,类脑芯片与片上智能系统、上海大数据试验场两个研发与转化功能型平台,以及国家集成电路制造业创新中心。2017 年 10 月以来,复旦牵头"一计划两中心"在集成电路、人工智能、生命科学三大领域,共承担国家、省部级重大项目 104 项,总项目经费(财政经费)达到 38.07 亿元,项目经费 2 000 万以上的项目达 24 项,项目经费在 1 000 万以上的项目达 41 项。获批国家级科研平台 4 个,省部级科研平台 14 个;组建国家级、省部级国际科技合作基地和创新引智基地 4 项,获批 1 项国际科技创新合作重大计划,2 项政府间国际科技创新合作重点专项;获批市级科技重大专项 2 项,1 位引进人才入选上海市"高峰"人才计划。

（七）研究生创新创业范例

1. **上海悦易网络科技有限公司（爱回收）** 第十批上海市大学生科技创业基金会复旦大学分基金资助项目

创始人：陈雪峰，计算机系2006届硕士研究生。

项目简介：成立于2011年，专业的O2O电子回收平台。目前已经拥有自营门店260家，年交易规模达到40亿元。

荣誉发展：2016年，由复旦大学推荐该公司在"第十届全球创业周中国站"活动中荣获"创业雄鹰"奖。2019年6月，京东旗下二手商品交易平台"拍拍"将与"爱回收"进行战略合并，京东也以"现金+资源"方式领投"爱回收"新一轮超5亿美元的融资，晨兴资本、老虎基金、天图资本、启承资本、清新资本参与跟投。本轮融资后，"爱回收"估值将超过25亿美元。

2. **上海复展智能科技股份有限公司** 第一批上海市大学生科技创业基金会复旦大学分基金资助项目

创始人：孙洪涛，电子工程系2006届硕士研究生。

项目简介：成立于2006年，公司致力于照明领域的专业电路设计，发展目标为智能化、节能环保产品，产品线主要集中在发光二极管（LED）的照明控制和照明用HID电子镇流器等。这是一家以"促进节能和智能化的发展，共建节约型社会"为己任，专业从事智能控制系统的研发、销售以及服务的高新技术企业。

荣誉发展：2014年7月，在"全国中小企业股份转让系统"挂牌，股票代码"830903"（股票名称：复展科技）。

3. **复享光学股份有限公司** 第五批上海市大学生科技创业基金会复旦大学分基金资助项目

创始人：殷海玮，物理系2011届博士研究生。

项目简介：成立于2011年，是一家高科技光谱仪器公司，诞生于高校实验室，专注于光谱仪器研发与创新已经超过8年，在微纳光子学领域拥有创新性的技术。

荣誉发展：目前，该企业已是新三板上市企业，国内有超过5 000个实验室使用复享光学的产品。

4. **上海音明电子股份有限公司** 第十九批上海市大学生科技创业基金会复旦大学分基金资助项目

创始人：林峥，管理学院2015届硕士研究生。

项目简介：公司成立于2014年，是一家专业致力于IT系统、软件外包、移动互联网应用开发及音视频领域数字化集成的高科技企业。

荣誉发展：2017年8月新三板挂牌，股票代码"871819"，2018年收入达2 000万元。由复旦大学推荐在"第十一届全球创业周中国站"活动中荣获"创业雏鹰"奖。

5. **复凌科技（上海）有限公司** 第十五批上海市大学生科技创业基金会复旦大学分基金资助项目

创始人：王伟，环境科学系2013届博士研究生。

项目简介：成立于2006年，主营业务为环境大数据服务，产品包括数据汇聚基础设施、环境大数据平台和专业环境模型库,在水处理运营服务领域得到广泛实施,推出"工业水云管家 CloudWTO",致力于为工业企业及运营商提供安全可信的数据传输通道及深度挖掘分析服务。

荣誉发展:相继获得"第二期华图教育大学生创业基金银图奖(全国 4/476)"、"上海市科技型中小企业技术创新资金"、"杨浦区人才发展专项资金(科技创业人才类)"资助等。已有 42 项知识产权。

第二节 上海市研究生创新创业能力培养计划

一、项目背景

为促进创新创业人才的培养,大力培育适宜科技创新创业的土壤,激发创新创业潜能,推动高校创新成果与技术转化,2013 年,在上海市学位委员会、市教委、共青团上海市委员会指导下,上海市大学生科技创业基金会开始组织实施"上海市研究生创新创业能力培养计划"。"上海市研究生创新创业培养计划"(以下简称"研究生计划")每年都面向高校研究生开展为期 6 个月的创新创业能力培训与创业实践。截至 2017 年 11 月底,"研究生计划"已完成 5 期,累计培养 639 人,其中,获得"天使"基金资助立项 117 个,100 个创业项目获"天使"基金。"研究生计划"从申请与筛选、培养与实践、考评与奖励各个环节都体现了"规范、透明、高效"的工作原则[①]。复旦大学积极申报、参与创新创业能力培养计划,2013—2018 年共计有 31 个研究生项目获得了上海市大学生科技创业基金会的支持。具体情况如表 12‐2‐1 所示。

表 12‐2‐1 2013—2018 年复旦大学获上海市创新创业资助项目

年份	项目名称	项目申请人
2013	红树植物的引种驯化与示范推广	顾卓雅
	智能化柔性制造机器视觉系统	张 琦
	智能记忆英语单词的移动软件研发	王蓓莉
	WeBook	王明良
2014	精准广告投放智能分析系统	查婷婷
	基于 IM2ODE 程序包预言新能源材料	张越宇
	快速反应增效型狂犬疫苗增效剂的开发	刘 蕊
	多种动物基因快速定量鉴别技术及试剂盒研发	张 宇

---

① 毛丽娟,束金龙,廖文武:《终日乾乾 与时偕行——上海恢复研究生教育 40 年(下篇)》,华东师范大学出版社,2019 年,第 31 页。

(续表)

年份	项目名称	项目申请人
	基于智能视频分析的周界安防与视频检索系统	骆颜
	人造人类心肌组织的制备及功能学研究	王青洁
	蛋白药物的新型长效化平台	王子玉
	新型天冬酰胺酶的成药性研究与创业规划	宋平
	新型活性近红外荧光基团的制备	张静烨
	工业机器人配套开发及视觉监测系统	吕槟
	膳略健康养生饮食平台	贺晓强
2015	在云端航空行业培训服务信息交换平台	钱旭
	新型气体信号分子的药物开发与应用	呼庆勋
	实验万事屋——面对临床医生的科研科普	黄钺
	动力锂离子电池 TiO_2 负极材料的开发	陈阳
2016	美容整形术后护理用护肤品项目	赵国庆
	果租租	邹煜
	胎儿发育评估 APP 的开发与应用	窦亚兰
	一种人 PD-L1 蛋白高亲和性分子 PPL-C 在抗瘤治疗中的应用	李雪
	重组人透明质酸酶对甲状腺相关眼病的治疗作用	马睿琦
2017	天然产物 Motuporamine A 的合成	宋子杰
	教学仿真实验室及流-热仿真大数据构建	王铎
	现代航空发动机热端部件流-热强耦合仿真平台及大数据构建	郁汀
	新知·新思睿智少年科学学苑	金燕
	那一健康轻食(高原药用植物的食用方法)	边珍
2018	万高精英少年外教篮球培训项目	谢先琪
	多酶脂质体纳米制剂用于酒精中毒治疗	李祥海

注：数据来源于《终日乾乾 与时偕行——上海恢复研究生教育40年》。

二、案例介绍

红树植物的引种驯化与示范推广

上海市普通高等学校研究生创新创业能力培养专项包括为期半年的商业培训和创业实践。在此过程中,基金会不但为研究生的创业想法提供了资金的支持和知识的培训,更为研究生提供了学习创业、实践创业的平台,让项目申请者在这个过程中通过知识学习和亲身实践,提高了对科研成果转化的理解和敏感性,了解了创业过程,培养了商业能力,这必将对掌握了科技成果的研究生今后的创业有很大的积极影响,并将对科技创新和科技成果转化有很大的促进作用。

2013年,学校"红树植物的引种驯化与示范推广"项目申请了上海市大学生科技创业基金会组织的上海市普通高等学校研究生创新创业能力培养专项。该项目是以红树驯化(及种植)为技术核心的绿化产品,内容包括植树造林、农业作物和盆景种植等。红树植物不仅能够作为海岸生态防护林的第一道屏障,还能加速滩地的淤高和向海伸展,提供生物栖息地和净化系统,形成独特的景观,不但有利于海岸生态系统,也有很大的经济效益。"十二五"规划比以往更加强调建设和恢复湿地生态系统、建设沿海防护林体系。但红树林的自然分布主要在南北回归线之间,因为温度、土壤酸碱性和盐度的限制,在上海没有自然分布。

在申请创新创业项目前,生命科学学院2015级博士生顾卓雅所在的学生团队在已故钟扬教授的指导和上海市科学技术委员会的支持下,进行了3年多的红树树种驯化,已培育出适宜在上海生长的耐寒红树树种,并获得了部分红树植物的组织培养专利。钟扬教授生前有多年红树生理学、分子生物学、种质资源的研究基础,发表了多篇论文,获得过数项基金和国家科技进步奖,在红树植物研究方面处于国内领先地位。

在参与上海市普通高等学校研究生创新创业能力培养专项的过程中,团队主要经历了申请答辩、培训、项目进行、创业计划书撰写、结项答辩等流程。

最初,学生团队在钟扬教授鼓励下进行专项申请。在准备申请书和申请答辩过程中,本校4位团队成员积极准备,对该申请进行了彻夜深入的探讨。钟扬教授也用自己的专业知识和申请经验给予了宝贵的指导,让学生逐渐看到了这项科技成果的潜在应用性和社会价值。虽然顾卓雅所在的学生团队第一次接触科研成果的转化,在申请创业项目方面也缺乏经验,只能根据培养专项的要求准备答辩内容进行展示,还存在诸多不成熟的地方,但这是本校学生团队走向创业之路或者说是参与科技创新创业的第一步。申请答辩的评委包括教育管理专家、行业专家和风险投资人,在申请答辩的过程中,评委导师认可项目的愿景,并对学生团队进行鼓励。同时,他们也用自己的专业知识和经验向学生团队提出许多犀利的问题和实际的建议,让本校学生意识到在商业相关的问题上还有很多可以学习的地方,整个项目有了更加深刻和更加明确的发展方向。

通过项目申请后,学生团队获得相应的项目资助,上海市大学生科技创业基金会还组织了创业能力培养课程。在课程中,上海市大学生科技创业基金会邀请了创业导师和创业前辈,为学生系统地讲解了创业流程、市场调查、商业模式等基本问题和处理办法,分享了他们自身的创业经验,让一直处在实验室进行研究的学生学习了很多创业中的方法,对创业和科研成果的转化有了更多理解。在之后的项目进行过程中,师生团队在进行科学研究、打磨产品的同时,也对培训中学到的知识进行实践。通过在项目的推动过程中不断发现和解决问题,经历了创业的整个过程。

首先,学生团队进行了市场调查,撰写了市场调查报告,对原先种植的红树进行了商品化,并进行了经费的预算和管理。这个过程与平时的科学研究有很大的区别,也有一些共通之处。区别在于在创业项目中,需要更多地关注每件事的实际意义、成本产出,需要经常停下脚步冷静思考、全面分析以调整前进的方向,并更多地要求与同事和其他人的交流与合作。而共通之处在于都可以遵循相应的方法论,并且需要勤勉和坚持。

其次,对于创业计划书撰写,基金会提出了明确而具体的要求。学生在完成创业计划书的过程中,必须根据这些要求,进一步思考项目的主要业务和盈利模式、未来的发展战略和经营目标、研究成果和研发计划、竞争对手分析、技术保密和激励措施、行业状况和市场前景、目标市场和市场壁垒、价格策略和行销策略、主要风险及对策,等等。在进行过程中,学生团队也实践了商业计划书中的分析方法,对项目的方方面面也更加明确。

最后,在结项答辩中,学生团队已经与申请答辩时有了很大的不同。一方面,科技成果的转化方向更为明确。通过市场调查和实践,学生对自己的科技成果在市场应用中的现状和前景更为清晰。另一方面,商业培训给了学生更清晰的分析思路和分析方法,对项目有了更理性的分析,深入地思考了产品的盈利模式、市场情况、行销策略及风险等,并对科技成果产品化、宣传推广,以及资金和人员管理进行了实践。时至今日,学校师生团队培育的红树还在上海临港种植,并得到了学校和政府的支持。

(案例提供:生命科学学院 2015 级博士生,顾卓雅)

第三节　研究生参赛及获奖情况

一、中国研究生创新实践系列大赛(包含 11 项主题赛事)

2013 年,以"服务需求、提高质量"为主线的研究生教育综合改革全面启动,提高研究生的创新实践能力是改革的首要任务。为主动服务研究生教育中心工作,推进研究生教育内涵式发展,教育部学位与研究生教育发展中心与中国科协青少年科技中心,联合举办中国研究生创新实践系列大赛(以下简称"系列大赛")。

系列大赛以国家战略需求和经济社会发展为导向,以提升研究生创新实践能力为核心,以提高研究生培养质量为目标,坚持"以研究生为主体,以国家战略需求为导向,以行业企业参与为支撑"的运行模式,打造政产学研合作创新平台,利用社会资源协同推动研究生教育的改革与发展,促进我国研究生教育发展水平与服务支撑能力的全面提升。

系列大赛创办 6 年来,采用系列主题赛事的方式进行,根据学科、专业或行业的发展趋势和经济社会对人才培养的需求,设置相互独立的主题赛事,依据一定赛制延续举办。通过赛事,为研究生培养单位、企业、行业、政府架起密切合作的桥梁,打造激励研究生创新实践、促进政产学研用协同创新的平台,尝试走出一条利用社会资源推动研究生教育创新和研究生教育服务区域经济、产业发展的多方共赢的新路。系列大赛自举办以来,得到了 500 多家研究生培养单位以及 40 余万在校研究生的积极响应和广泛参与,也得到了地方政府以及企业、行业的广泛参与和大力支持,形成了院系、学校、省级学位管理部门等层层组织参赛,地方政府、企业和行业协会等支持赛事的活跃局面。截至 2018 年底,紧密结合国家发展战略和行业企业需求设置了与智慧城市建设、移动互联网、航空航天、集成电路、专业学位案例建设等相关的 11 项主题赛事,旨在助力国家重点急需领域高层次创新人才培养。系列大赛已成为在校研究生培养创新精神和创新意识、提高实践能力的平台,成为研究生培养单位提高研究生培养质量、营造研究生创新氛围、推动研究生创新创业教育改革的有力抓手。同时,根据不同的主题赛事,分别与全国专业学位研究生教育指导委员会、中国航天基金会、中国电子学会、中国石油学会、中国智慧城市产业创新联盟等 20 余家行业机构协同办赛,北京市、上海市、武汉市、成都市等政府部门向赛事提供政府公共管理大数据平台,华为、中石油、中海油等知名企业参与命题、评审并提供经费赞助,形成了政产学研用多方协同的办赛特色。

研究生群体是新时代创新的主体和生力军,也是未来社会经济创新发展的领军人物,对落实"大众创业、万众创新"和实施国家创新驱动发展战略,有着举足轻重的作用。我国在校研究生超过 200 万,应鼓励他们立于创新潮头,引领时代风尚,把系列大赛办成符合研究生教育规律和特点、在战线和社会有影响力、对实施国家发展战略有贡献力的品牌赛事。

复旦大学引导研究生积极参加各类创新创业赛事,营造创新创业的良好校园氛围,培育了广大研究生的创新创业意识。

在研究生院资助下,复旦大学研究生在全国研究生数学建模竞赛、中国研究生电子设计竞赛、中国研究生创"芯"大赛、中国研究生公共管理案例大赛以及中国研究生未来飞行器创新大赛中,均取得较为优秀的成绩。2017 年举办的第十四届全国研究生数学建模竞赛,复旦大学共有 109 支队伍、327 名研究生报名参赛,最终 2 队 6 人荣获一等奖,9 队 27 人获得二等奖,22 队 66 人获得三等奖,研究生院荣获"优秀组织奖";2016 年举办的第十三届全国研究生数学建模竞赛,复旦大学共有 48 队 144 名研究生报名参赛,最终 1 队 3 人荣获一等奖,23 队 69 人获得二等奖,24 队 72 人获得三等奖,研究生院荣获"优秀组织奖";2015 年举办的第十二届全国研究生数学建模竞赛,复旦大学共组织 42 队、126 名研究生报名参赛,最终 2 队 6 人荣获一等奖,11 队 33 人获得二等奖,9 队 27 人获得三等奖,研究生院荣获"优秀组织奖"。在 2015 年首届中国研究生未来飞行器创新大赛上,由复旦大学飞行器设计队设计并制造的参赛作品——"灵魂出窍:基于意念-手势协同控制与虚拟现实技术的微型飞行器设计"荣获一等奖(全国共 7 个一等奖);在 2017 年首届中国研究生公共管理案例大赛上,复旦大学 4 支代表队进入 100 强,其中,唐贤兴教授指导的"复申坊"代表队(成员:梁金萍、肖卓霞、孙俐、高夏骏)的"'阿大葱油饼'的死与生:政府监管中法与情的博弈与平衡"案例在比赛中赢得一等奖,肖卓霞同学获"最有价值队员奖";陈水生副教授指导的"我们的一小步"代表队(成员:陈悦、吴佳忆、龚思文、徐珊燕、于胜君)、熊易寒副教授指导的"笃学尚行"代表队(成员:魏若楠、吴玲玉、陈宇思、严晓欢、徐阳鸣)、郑磊副教授指导的"切问近思"代表队(成员:杨波、许怡婷、孙弋峰、张楠)共 3 支队伍获优秀奖。

(一)全国研究生数学建模竞赛

全国研究生数学建模竞赛是教育部学位与研究生教育发展中心主办的中国研究生创新实践系列大赛主题赛事之一。该赛事起源于 2003 年东南大学发起并成功主办的"南京及周边地区高校研究生数学建模竞赛",2013年被纳入教育部学位与研究生教育发展中心全国研究生创新实践系列活动。

全国研究生数学建模竞赛是面向全国在读研究生的科技竞赛活动,目的在于激发研究生群体的创新活力和学习兴趣,提高研究生建立数学模型和运用计算机解决实际问题的综合能力,拓宽知识面,培养创新精神和团队合作意识,促进研究生中优秀人才的脱颖而出、迅速成长,推动研究生教育改革,增进各高校之间以及高校、研究所与企业之间的交流与合作。

全国研究生数学建模竞赛举办以来,得到了全国各研究生培养单位的大力支持和各地研究生的热烈响应,参赛单位及参赛队伍的规模越来越大。近年来,复旦大学不断深化研究生教育改革,着力提高广大研究生的科研创新能力和培养质量。研究生院加大研究生创新实践工作力度,出台了一系列激发研究生创新活力的政策,组织到位,措施有力,增加了研究生奖助经费投入,由培养办公室具体实施多个研究生科研创新人才培养和资助计划,在研究生院研究生教育创新计划的推进过程中,研究生在数学建模竞赛中取得比较优异的成绩。近年获奖名单如表12-3-1所示。

表12-3-1 2015—2018年复旦大学在全国研究生数学建模竞赛中的获奖情况

年份	获奖名单			获奖等级
2015	陈 力	万嵩林	徐雪炀	一等奖
	范丽军	严雅雯	吴劲草	
	曾 溦	廖常海	彭富林	二等奖
	叶尔乐	王 赫	智梦微	
	胡江泽	吕碧凯	高王峰	
	韦 笑	吴昊东	潘望白	
	王 琳	沈志强	夏笑女	
	王 飞	刘 畅	吴 双	
	吴海兵	郭 茜	顾怡炜	
	李 顺	李楷楠	李 庆	
	朱虹丽	胡金亮	冀秀敏	
	冯超逸	沈若愚	马洲骏	
	闫旭东	曹文斌	魏少鹏	
	朱伟骅	王奕彦	陈晶晶	三等奖
	黄炳洁	高亚楠	胡天成	
	杜 理	马欣宇	李黎明	
	梁月超	王铭君	李伦娟	
	吉先磊	尹凯弘	禹尔东	

（续表）

年份	获奖名单			获奖等级
2016	沈 益	李 霖	姚凯莉	
	陈 恒	冯相宜	周龙飞	
	宋云帝	宋 戈	吴昌赟	
	王咏笑	张胜男	陈宇佳	
	王梦妍	张志远	徐卓器	一等奖
	万嵩林	潘锦涛	汪凌珂	二等奖
	仇婉约	刘洋泽西	于紫娟	
	朱群喜	徐 莹	孙靓洁	
	马 腾	刘 裴	周 袁	
	浦宇佳	黄梓灿	邓应科	
	黄海林	杜晓娟	黄世箴	
	马骁烊	鲁明捷	张栩晨	
	李艺铮	赵 晨	郭浩森	
	李 浩	董 彬	欧阳叶田	
	刘倩茹	袁嘉坤	段 畅	
	曾文星	胡海林	温沛雨	
	曹艳君	瞿秋阳	汪秉忠	
	温雅静	郭旭波	金臻涛	
	董雨狮	高出重	罗 威	
	吴 丹	徐媛媛	翟金源	
	耿 玮	郭舒雯	郭 昊	
	吴 凡	张 周	宋映龙	
	周 旋	顾莎莎	江曼江楠	
	樊 鑫	丁 辉	刘凯至	
	李艺璇	戴晶晶	林 可	
	苏 东	梁 程	王香梅	
	沈书琪	袁文涛	汪 喆	
	郑 华	翟晨慧	石跃杰	
	朱晨畅	闫成杰	林 杰	三等奖
	孙慧萍	王秋婷	杨佳涛	
	唐 皓	吴玉林	张伊玮	

（续表）

年份	获奖名单			获奖等级
	骆 尚	顾怡炜	蔡传高	
	张轻舟	智通祥	李泽桦	
	陈俊伟	喻 婷	朱顺然	
	孙博文	肖士雄	陆家靖	
	李 涛	陈必发	庞梦非	
	李小岩	乔 羽	宋 昊	
	沈 超	李 栩	刘兴家	
	严亦慈	张鉴塘	罗智文	
	周 李	郭棋林	周 颖	
	余景辉	崔 腾	王婧婧	
	陶鸿飞	江维青	任明霞	
	连西静	张 鹏	马金生	
	张晨迪	宗桐宇	孙鹤洋	
	姜 萌	张大鹏	肖 尧	
	牛召瑞	戴 鑫	肖 垒	
	蔡天慧	王祺尧	罗灵兵	
	王 俊	曹昕然	周攀宇	
	杨曦中	彭 博	严 峰	
	韩潇颖	赵露君	郑小青	
	方惠娟	张云腾	刘 庆	
	刘 楠	冯 杨	房 铎	
2017	苏 婧	臧恺岩	张静如	一等奖
	唐 薇	陈奕鸣	王新晨	
	李 巍	路亚南	殷书宝	二等奖
	陈建兵	张秉异	胡 婷	
	马 衡	王晨阳	余芦芦	
	叶懿磊	姜志成	喻晓言	
	陈 萍	陈旭欣	刘婧婷	
	魏 钰	林楚铭	李敏江	
	丁海洋	邢 璐	杜震坤	
	史文峰	王亦啸	江青宇	

(续表)

年份	获奖名单			获奖等级
	陈晓雪	陈丹忆	陈 泽	三等奖
	王昉旸	杨皓轩	姚 涛	
	潘芳芳	朱群喜	李 瑞	
	李子豪	王 启	刘 盛	
	郝 阳	陈 儒	叶雨城	
	谭 斌	邱 宇	虞嘉禾	
	龙 洋	魏陈佳	匡翔宇	
	李素素	邱 哲	梅振宁	
	王文婧	叶靖雯	姜昕鸣	
	柳 政	赵 彤	洪宇欢	
	孙 樱	王 敏	郭丽强	
	柯方圆	姜友捷	韩 雯	
	程童凯	戴雪媛	陈泽昊	
	蒋雨晴	刘玉洁	张新联	
	方伟琪	钭怀啸	刘乾龙	
	丁岱宗	陈绍祥	李俊楠	
	张 珂	马 婷	郑卓群	
	张 开	王 鹏	蒙 通	
	徐佳新	李鸣超	汤佳丽	
	许一鸣	黄博博	吴子彦	
	邵艺雯	刘 芳	宋橐谊	
	孙东航	陈中演	宋之辰	
	疏 畅	何飞颖	段强文	
2018	李亚峰	吴冰清	谢建波	一等奖
	余潇龙	徐涣霖	王耀辉	
	钱启昕	王露剑	祁颖智	二等奖
	姜熠阳	王佳琳	陈德政	
	任文帅	徐 磊	楼至刚	
	高正祺	任予琛	邱云辉	
	王子昱	楼思佳	俞钧昊	
	李浩跃	胡 珂	吴 婕	

(续表)

年份	获奖名单			获奖等级
	黄茂佳	赵宝彬	刘雨晴	
	余 熠	周 奕	徐 轲	
	刘先宇	叶 瑜	徐 辉	
	苗佳佳	刘雨溪	沙安舒	
	刘玉琦	侯君临	徐际岚	
	袁震宇	田 鑫	朱佳妮	
	杨文彬	武冠杰	梅梦嫒	
	徐佳玮	赵书琪	李 梁	
	潘姿吟	李佳欣	梁怀珏	
	陈薇西	魏静纯	叶文楠	
	成庆荣	王培志	李睿康	
	朱曾颖	陈祎霏	柯方圆	
	孙锡波	顾晨昊	朱浩哲	
	王邵哲	王泽荣	唐天泽	
	狄 笙	胡 凡	闫瀚钊	
	喻 健	吴竞轩	谢 林	
	赵 恒	骆 晗	李昱均	
	徐珍珍	王保举	王欣怡	
	郭良琛	李林蔚	刘履宏	
	朱熠帆	薛宏伟	熊 锐	
	苏 迪	魏 钰	石 煜	
	张 硕	韩相辉	吴 爽	
	韦 宏	王 铎	刘 超	
	张子寒	王子叶	廖智睿	三等奖
	马万里	邹 森	陈旭宇	
	方 舟	江迪弘	黄德璐	
	李相相	程 凌	王悦斌	
	孙 冬	祝震予	杨 奕	
	李 宇	吕 琪	何学思	
	孙赛楠	张 艳	皋 元	
	李欣嘉	祖 尧	刘 晗	

(续表)

年份	获奖名单			获奖等级
	王谟松	程文宣	邵星瑞	
	张觉尹	徐梦宇	林 彦	
	张博宇	王 哲	郑忍成	
	张巧琪	赵麟毅	张适为	
	徐 晟	易 韬	马少鹏	
	丁 灿	荆 奇	程 宇	
	项维佳	梁嘉旺	韩秀一	
	张小建	赵 琦	高 麒	
	黄烨翀	赵桂越	徐佳杭	
	鞠京楠	葛皓月	陆天怡	
	彭 顺	陈胜华	汪 蓓	
	丁明达	龙肖灵	高 升	

注：数据来源于复旦大学研究生院培养办公室。

(二) 中国研究生电子设计竞赛

中国研究生电子设计竞赛是教育部学位与研究生教育发展中心主办的中国研究生创新实践系列大赛主题赛事之一，是面向全国高等院校及科研院所在读研究生的一项团体性电子设计创意实践活动。目的在于推动高等院校及科研院所信息与电子类研究生培养模式改革与创新，培养研究生实践创新意识与基本能力、团队协作的人文精神和理论联系实际的学风，促进研究生工程实践素质的培养，为优秀人才脱颖而出创造条件。

自1996年首届中国研究生电子设计竞赛由清华大学发起并举办以来，始终坚持"激励创新、鼓励创业、提高素质、强化实践"的宗旨。经过20余年的发展，设计竞赛覆盖了全国大部分电子信息类研究生培养高校及科研院所，并吸引了港澳台地区和亚太地区的代表队参赛，在促进青年创新人才成长、遴选优秀人才等方面发挥了积极作用，在广大高校乃至社会上产生了广泛而良好的影响。设计竞赛每两年举办一次，自2014年第九届竞赛开始，改为一年举办一次。2017年复旦大学研究生参赛作品"基于NEON加速的实时多分辨率视频图像边缘检测嵌入式系统"、2018年复旦大学研究生参赛作品"'天弩'仿生无人机系统"分别获得第十三届和第十四届中国研究生电子设计竞赛二等奖。

(三) 中国研究生创"芯"大赛

为服务国家集成电路产业发展战略，切实提高研究生的创新能力和实践能力，促进集成电路领域优秀人才的培养，2018年由教育部学位与研究生教育发展中心和中国科协青少年科技中心共同发起设立中国研究生创"芯"大赛，作为中国研究生创新实践系列大赛主题赛事之一，是应国家战略所需、面向全国高等院校及科研院所在读研究生的一项团体性集成电路设计创意实践活动。大赛每年举办一届,成为研究生展示集成电路设计能力的舞台和进行良好创新实践训练的平台,为参赛学生提供知识交流和实践探索的宝贵机会。

中国研究生创"芯"大赛旨在通过激发研究生创新潜能和创造活力,使更多的学生积极投身芯片产业发展,为"中国芯"而战,突破核心技术,助力"三个转变",即:中国制造向中国创造转变,中国速度向中国质量转变,制造大国向制造强国转变,成为新时代科技强国的"排头兵"。2018年复旦大学研究生积极参赛,最终获得一等奖5个、二等奖10个、三等奖10个、优胜奖14个。

◆ 图12-3-1 微电子学院"宇杰"队获得首届中国研究生创"芯"大赛一等奖

(四)中国研究生公共管理案例大赛

中国研究生创新实践系列大赛于2016年在中国专业学位案例中心提供主要资金与技术支持下,新设立了中国研究生公共管理案例大赛。中国专业学位案例中心是在国务院学位委员会、教育部、财政部的大力支持下,由教育部学位与研究生教育发展中心联合全国相关专业学位教育指导委员会共同建设的有关教学案例交流与使用的平台。中国研究生公共管理案例大赛旨在促进案例教学在我国专业学位教育中的应用和推广,推动专业学位研究生培养模式的改革和创新;旨在引导广大研究生尤其是公共管理硕士专业学位研究生关注我国公共管理实际问题,通过调查研究、案例采编及分析辩论等比赛过程,提高运用公共管理理论和公共政策分析方法解决实际问题的能力;在MPA教育中进一步推广案例教学方法,使MPA教育与公共管理实践、与国家发展大局更加紧密结合。

2017年4月,首届中国研究生公共管理案例大赛在浙江大学举行。2018年4月,第二届大赛由复旦大学承办。复旦大学MPA中心研究生代表队均积极参赛,并取得佳绩。

表12-3-2 2017—2018年复旦大学在中国研究生公共管理案例大赛中的获奖情况

年份	奖项	案例名称	参赛队伍	作者单位
2017	一等奖	"阿大葱油饼"的死与生:政府监管中法与情的博弈与平衡	"复申坊"队	复旦大学
2017	优秀奖	城市社区中的协商民主何以可能:基于A小区治理停车难的案例分析	"我们的一小步"队	复旦大学
2017	优秀奖	共享单车奏响城市慢行交响曲:市场独奏,还是与政府合奏?	"切问近思"队	复旦大学
2017	优秀奖	"疯狂学而思":教育减负政策的非预期后果	"笃学尚行"队	复旦大学
2018	一等奖	从遗弃的"婴儿"到资本市场的"宠儿"——普惠金融下地方政府如何"医治"科创企业融资困局	"五指山"队	复旦大学
2018	优秀奖	"无人面馆"呼唤市场创新与政府监管的协同	"面面俱到"队	复旦大学
2018	优秀奖	"生态线"和"产业链"之间的攻守退避——浙江省湖州市南浔区木业产业整治案例	"求衡"战队	复旦大学
2018	优秀奖	自救,也须他救:实体书店转型发展中的政府角色	"复海通"队	复旦大学
2018	优秀奖	跨域协同治理何以可能?——黄浦"耀江守则"凝聚城市共同体的探索之路	"法耀光华"队	复旦大学

注:数据来源于复旦大学国际关系与公共事务学院。

复旦大学之所以能够连续在中国研究生公共管理案例大赛取得佳绩,得益于学校MPA教育对案例教学的高度重视。国际关系与公共事务学院有一批擅长案例教学的名师,包括竺乾威、朱春奎、顾丽梅、唐贤兴、唐亚林、李春成、李瑞昌、郑磊、赵剑治等。竺乾威、朱春奎两位教授先后担任全国MPA教指委委员和复旦MPA教指委主任,参与MPA案例教学的"国标"指定和案例大赛的筹划工作;李春成、李瑞昌等教授组织编写案例写作的规范和标准;顾丽梅、唐亚林、李春成等教授指导学生用案例研究方法进行毕业论文写作,并获得全国MPA优秀毕业论文;唐贤兴教授、赵剑治副教授将公共管理理论与案例分析融为一体,并善于用辩论思维来提升学生的案例分析能力;郑磊教授的数字与移动治理实验室拥有先进的设备,不仅可用于电子政务教学,也是案例分析与讨论的最佳场所,学生可以同时进行线上和线下的研讨,并通过弹幕进行实时互动,增添了案例教学的科技感和趣味性。

同时,复旦大学高度重视组织工作。首先是进行广泛动员,参赛团队数量在全国位居前列;其次是为每个团队配备一名专业指导教师,为案例写作进行全过程的"质量控制";再次是进行多轮培训,组织李春成、李瑞昌、熊易寒等核心师资对学生进行案例分析的专题辅导;最后是请蒋昌建、陈玉聃、熊浩、厉家鼎等辩论名师为进入决赛的团队进行现场指导,全面提升队员的实战能力。在承办第二届大赛时,得到学校领导和研究生院、研究生工作部的全力支持,张人禾副校长亲赴北京参加大赛启动仪式,国际关系与公共事务学院全体教职工都广泛参与案例大赛的筹备工作,最终大赛获得圆满成功。复旦大学的赛事组织工作也得到全国 MPA 教指委的认可和兄弟院校的好评。

◆ 图 12-3-2　国际关系与公共事务学院"五指山"队获得第二届中国研究生公共管理案例大赛一等奖

（五）中国研究生未来飞行器创新大赛

在第一届中国研究生未来飞行器创新大赛总决赛中,复旦大学在航空航天系艾剑良教授指导下,由 5 名研究生跨专业组成的复旦大学飞行器设计队以作品"灵魂出窍:基于意念-手势协同控制与虚拟现实技术的微型飞行器设计"参加比赛,经过现场演示汇报和专家提问评审,最终以其新颖的设计思路和前卫的制作理念荣获大赛一等奖。复旦大学研究生在第三届、第四届的比赛中均获得较好成绩,如表 12-3-3 所示。

表 12-3-3　2015—2018 年复旦大学在中国研究生未来飞行器创新大赛中的获奖情况

年份	赛事届数	获奖情况
2015	第一届	5 名研究生荣获一等奖
2016	第二届	未参赛
2017	第三届	3 名研究生荣获优秀奖
2018	第四届	2 队 10 名研究生荣获两个总决赛二等奖

注:数据来源于复旦大学研究生院培养办公室。

复旦大学研究生成功研制"意念-手势协同控制"无人机，荣获首届中国研究生未来飞行器创新大赛一等奖

2015年8月23日，首届中国研究生未来飞行器创新大赛在西北工业大学举行。复旦大学学生团队参赛作品"灵魂出窍：基于意念-手势协同控制与虚拟现实技术的微型飞行器设计"在66件入围作品中脱颖而出，荣获一等奖。获奖团队成员傅军、常玉虎、崔雪扬、吴加正、朱家成均为本校研究生，他们在指导老师力学与工程科学系（现航空航天系）系主任艾剑良教授的指导下，力拔头筹，获此殊荣。

第一届中国研究生未来飞行器创新大赛由教育部学位与研究生教育发展中心、中国科协青少年科技中心、国际宇航联合会、中国宇航学会、中国航空学会主办，由欧盟QB50立方星低热层大气探测委员会、中国无线电协会业余无线电管理委员会联合主办，由西北工业大学承办。本次大赛作为2015年中国研究生创新实践系列大赛的六大主题赛事之一，以"创新改变未来"为竞赛宗旨，以微小卫星为主题，围绕未来飞行器技术与创新，致力于提高广大研究生在航空航天领域科研创新的能力、理论联系实际的能力和解决工程实际问题的能力，为业界发掘培养复合型、高素质拔尖创新人才提供优秀平台。

此次大赛初赛报名作品共计210余件，来自全国70多个单位。经专业评审环节，有66件作品入围全国总决赛，涉及研究生培养单位24家。之后再通过现场答辩及实物演示环节，由专家委员会和组委会审定，最终确定22件获奖作品，其中一等奖7项、二等奖15项。

复旦大学此次获奖的无人机作品主要有以下特点："这套飞行装置使得我们只需要带上眼镜想一想或者手一挥，就能像鸟儿一样采用全新的角度去探索一些平常难以看到的

◆ 图12-3-3　第一届中国研究生未来飞行器创新大赛一等奖选手与艾剑良教授合影

地方,同时也可以给不方便活动的残障人士提供一种全新的方式来认识世界。"崔雪扬在项目报告书里描述的这套飞行装置包括一个 MindWave Mobile 脑电耳机、一个 Myo 臂环、一副虚拟现实(VR)眼镜、一架六轴飞行器以及搭载的云台和同步摄像头。操作者穿戴脑电耳机、臂环和虚拟现实眼镜。将同步摄像头安装在飞行器底部,拍摄飞行器视角下的三维立体影像,通过虚拟现实眼镜将三维影像实时投射到眼前,佩戴者即可体验全三维再现环境。同时,用户佩戴非侵入式脑电传感器和可以读取佩戴者前臂肌肉运动的腕带,通过集中精力来控制飞行器的上升、放松状态来控制飞行器的下降,通过手势"左"使飞行器向左飞行、手势"右"使飞行器向右飞行、手势"五指伸开"使飞行器向前飞行、手势"握拳"使飞行器向后飞行。通过头部俯仰和左右转动控制摄像头的倾斜角度。如此,佩戴者仿佛能"灵魂出窍"——人虽站在地面,眼睛却飞上了天空,通过自己的思维活动和手势指挥,"亲眼"看到了无人机在空中的广阔视野。

本次大赛一等奖共7支队伍,除了复旦团队,其余6支都来自工程类或航天类院校,复旦是唯一一所综合类大学。谈及此次获奖的意义,艾剑良教授认为获奖对于增强学生的自信、增强学校的动手氛围都有所帮助。谈起对未来的展望,艾老师表示研究并未到此结束,在无人机的旋翼起降、固定翼平飞、抛飞稳定,甚至人工智能方向上的研究仍然大有可为。团队负责人傅军也表示他们会继续深入开展无人机的研究,争取做到产学研结合,而科技与行业应用的结合才是无人机技术真正能够"展翅翱翔"的领空。

(案例来源:复旦大学新闻文化网,作者:毛安然)

二、中国"互联网+"大学生创新创业大赛

中国"互联网+"大学生创新创业大赛自2015年举办首届大赛起,前后已经举办了4届。大赛已经成为创业教育改革的重要抓手,引导高校主动服务国家战略和区域发展,开展课程体系、教学方法、教师能力、管理制度等方面的综合改革。实际上"互联网+"大赛本身也在不断迭代,针对大赛与教育之间的契合关系,有针对性地进行比赛内容、参赛团队、参赛高校类型等各方面的调整,参赛项目不只限于"互联网+"项目,更鼓励各类创新创业项目参赛,根据行业背景选择相应类型,大赛带有以下3个目的和任务。

(1) 以赛促学,培养创新创业生力军。大赛旨在激发学生的创造力,培养"万众创业、大众创新"生力军;鼓励广大青年扎根中国大地、了解国情民情,在创新创业中增长智慧才干、在艰苦奋斗中锤炼意志品质,把激昂的青春梦融入伟大的中国梦,努力成长为德才兼备的有为人才。

(2) 以赛促教,探索素质育新途径。把大赛作为深化创新创业教育改革的重要抓手,引导各地各高校主动服务国家战略和区域发展,开展课程体系、教学方法、师资师能、管理制度等方面的综合改革。以大赛为牵引,带动职业教育、基础教育,深化教学,全面推进素质教育,切实提高学生的创新精神、创业意识和能力。

(3) 以赛促创,搭建成果转化新平台。推动赛事成果转化和产学研用紧密结合,促进"互联网+"新业态形成,服务经济高质量发展。以创新引领就业,以创业带动就业,努力形成高校毕业生更高质量创业就业的新局面。

在 2018 年中国第四届"互联网+"大学生创新创业大赛中,复旦大学研究生在比赛中充分展现了本校研究生的创新意识和创造力,体现了复旦大学在创新创业教育改革中的成效。获奖情况如表 12-3-4 所示。

表 12-3-4　复旦大学在中国"互联网+"大学生创新创业大赛(研究生部分)中的获奖情况

奖项	名称	负责人
国赛金奖	机器嗅觉芯片——VOCs 纳米智能传感器	朱立远
国赛金奖	千里电池:超高性能硅碳负极的产业化制备方案	张　宇
国赛银奖	实朴检测——以土壤和地下水为特色的第三方检测服务平台	杨　进
国赛银奖	畅心——新型抗凝药物的研究与开发	赵　冰
市赛金奖	以土壤和地下水为特色的第三方检测服务平台	杨　进
市赛金奖	新型凝血酶抑制剂的研究开发	赵　冰
市赛金奖	VOCs 纳米智能传感器芯片	朱立远
市赛金奖	NGS 国产化法医试剂盒开发与应用	吴　巧
市赛银奖	闹客 APP	王大为
市赛银奖	基于垂直腔面半导体激光器的固态激光雷达系统	颜颖颖
市赛银奖	石墨烯散热膜的制备及应用	李梦雄
市赛银奖	智柔储能:面向可穿戴的柔性储能解决方案	解松林
市赛银奖	数眼知识图谱	谢晨昊

注:数据来源于复旦大学团委、研究生院培养办公室。

三、"挑战杯"全国大学生课外学术科技作品竞赛

"挑战杯"全国大学生课外学术科技作品竞赛是由共青团中央、中国科协、教育部和全国学联共同主办的全国性的大学生课外学术实践竞赛。"挑战杯"竞赛共有两个并列项目:一个是"挑战杯"中国大学生创业计划竞赛,另一个是"挑战杯"全国大学生课外学术科技作品竞赛。这两个项目的全国竞赛交叉轮流开展,每个项目每两年举办一届。复旦大学研究生在 2017 年"挑战杯"全国大学生课外学术科技作品竞赛中获得全国二等奖 1 项、全国三等奖 2 项。"创青春"大赛主要聚焦于"挑战杯"当中的大学生创业计划竞赛,自举办以来,在培养复合型、创新型人才,促进青年创新人才成长,深化高校素质教育,推动经济社会发展等方面发挥出越来越积极的作用。获奖情况如表 12-3-5 所示。

表 12-3-5　复旦大学在"创青春"全国大学生创业计划竞赛(研究生部分)中的获奖情况

年份	奖项	名称	负责人
2016	国赛铜奖	工业水云管家	凌焕然
2016	国赛铜奖	柔性钙钛矿太阳能电池	孙启航

(续表)

年份	奖项	名称	负责人
2016	市赛银奖	柔性钙钛矿太阳能电池	孙启航
2016	市赛银奖	工业水云管家	凌焕然
2016	市赛铜奖	服务于社会工作及公益从业者的网络平台开发计划	刘倩倩
2016	市赛铜奖	吃啥	房媛媛
2018	国赛银奖	千里电池：超高性能硅碳负极的产业化制备方案	张　宇
2018	国赛铜奖	无界教育——公益博物馆教育项目	唐慧敏
2018	市赛金奖	千里电池：超高性能硅碳负极的产业化制备方案	张　宇
2018	市赛金奖	基于少数民族地区的联合分布式农业模式建设——以云南省大姚县试点项目为例	李渝方
2018	市赛金奖	无界教育——公益博物馆教育项目	唐慧敏
2018	市赛铜奖	上海复醒网络科技有限公司	黄博同
2018	市赛铜奖	冥睿信息科技有限公司	吕文增

注：数据来源于复旦大学团委、研究生院培养办公室。

四、"汇创青春"——上海大学生文化创意作品展示活动

为深入贯彻党的十八大、十九大、全国高校思想政治工作会议精神和国家"大众创业、万众创新"、"深化高等学校创新创业教育改革"等战略部署，着力推进上海科技创新中心和"设计之都"建设，积极落实中共上海市委、上海市人民政府《关于加快本市文化创意产业创新发展的若干意见》，大力营造全市文化创新和创意产业发展的生态环境，搭建校园创意创新与文化产业园区对接的桥梁，打通"学生作品-孵化产品-商品"的转化链条，从2016年开始，市教卫工作党委、市教委决定开展"汇创青春"——上海大学生文化创意作品展示活动。

"汇创青春"一方面展示出沪上高校的创新创业教育改革成果，以及学校在教学育人、文化育人、实践育人方面的成效；另一方面激发学生创新活力、挖掘学生就业潜力，培养青年大学生的创新创业意识，造就一大批优秀的创新创业人才，以创新带动创业，以创业带动就业，为广大学生搭建更为广阔的创业平台和就业渠道。从赛事已经举办3届及获奖作品情况来看，第一届上海市"汇创青春"共评出744项，其中研究生参与项目108项。第二届共评出894项，其中研究生参与项目169项。第三届共评出1 151项，其中研究生参与项目142项。复旦大学研究生积极参赛，参赛作品《身·影》（戏剧舞蹈类）获得第三届"汇创青春"一等奖，《执笔为家：重拾李白记忆》（"互联网＋"文化创意类）获得第三届"汇创青春"三等奖。

五、国际水中机器人大赛

国际水中机器人大赛是首个由中国人发起创立的一项国际性机器人赛事,由国际水中机器人联盟主办,先后在北京(2008年)、太原(2009年)、济南(2010年)、成都(2011年)、南京(2012年)、宁波(2013年)、潮州(2014年)、兰州(2015年)、北京(2016年)成功举办了9届。经过多年的发展,大赛已经成为一项具有国际影响力的机器人大赛,得到中央电视台、《人民日报》等中央媒体的广泛关注和报道。2013年5月25日,中央电视台"新闻联播"播报了大赛的盛况,26日的"朝闻天下"和"新闻直播间"进一步报道了比赛现场的详细情况。2014年4月19日上午10:00,在国务院新闻办公室召开了2014年潮州"创佳彩电杯"国际水中机器人大赛新闻发布会,目标是为了更好地推广大赛,建立一个海洋特种装备产业与高校相互交流、沟通的平台。2015年7月26日《人民日报》和央视"新闻直播间"对大赛进行了报道。

2016年,大赛首次被世界机器人大会纳入核心竞赛项目。比赛吸引来自清华大学、北京大学、复旦大学、厦门大学、山东大学、西北工业大学、台湾大学、韩国仁德大学等海内外109所学校的531支队伍,报名人数达1 300余人。复旦大学信息学院研究生组成的代表团队经过激烈角逐,获得了第九届国际水中机器人大赛全局视觉组花样游泳项目三等奖、全局视觉组水中角力项目一等奖的佳绩。

六、上海高校学生创造发明"科技创业杯"奖

(一)项目背景

为了贯彻落实"科教兴市"战略,在上海高校学生中弘扬崇尚科学、开拓创新精神,及时发现和培育优秀发明创新成果与人才,在上海市科技创业中心的资助下,于1995年设立上海高校学生创造发明"三枪杯"奖,2006年起更名为"科技创业杯"奖(以下简称"科创杯"奖),以鼓励和培养学生的发明创造能力。"科创杯"奖设有发明创新创业项目奖、发明创新一等奖、二等奖、三等奖、优秀组织者奖,奖项每年评选一次,旨在评选出具有以下特征的发明与科技成果,其特点是:①具有新颖性,成果的主要技术有实质性的发明与自主创新点;②具有先进性,成果的主要技术性能指标优于国内同类项目的技术水平;③具有实用性,成果具有潜在的市场开发应用前景和实施转化的可能性。

(二)获奖情况

研究生是科技创新的生力军,上海高校学生创造发明"科技创业杯"奖的设立为上海市高校学生的科技创新成果搭建了一个展示交流的平台,也是鼓励研究生开展科技创新活动的重要活动载体。在每届的评奖活动中,复旦大学研究生院、团委积极组织,结合"科创杯"奖评选的特点,有针对性地通过各种渠道广为宣传,采取学生申报、导师推荐、院系初审、学校组织专家评审筛选的程序,以保证最优秀的成果脱颖而出。2010年复旦大学荣获该项目的优秀组织奖。复旦大学及原上海医科大学都非常重视"科创杯"竞赛活动,积

极组织研究生竞赛,并取得了良好成绩。有关获奖名单如表 12 - 3 - 6 和表 12 - 3 - 7 所示。

表 12 - 3 - 6 1995—2000 年原上海医科大学研究生"三枪杯"获奖情况

获奖年份	获奖名单
1995	耿道颖　周　彤　谭建明　李延文　陈永良
1996	卜　文　何建文　李世亭　江　明　刘本春
1997	周晓燕　赵晋华　孙婧婧　李自普
1998	赵小松　高　翔　马　骥　付晓颖　毕允力
1999	高　楠　徐文东　武　力　项蕾红
2000	孙　鹏　陈向军　杜　固　王　顺　项建斌

注：数据来源于《上海医科大学志》[①]。

表 12 - 3 - 7 2005—2015 年复旦大学研究生"科创杯"获奖情况

获奖年份	获奖名单	获奖项目
2005	叶　凡　王雪静	应用于以太网物理层的数字均衡电路
	王永刚	新型水系锂离子电池/电容器
	顾培培	一种实现自适应电压调整技术的 DC/DC 控制器
	姜保东	CT 静脉造影在脑内疾病诊断和治疗中的应用
	刘英莉	肾脏局部肾素血管紧张素系统在糖尿病和肾病发生发展中的作用研究
	宋传贵	遗传倾向乳腺癌的易感性研究
	曹　迦	板式电脑
2006	陆　平　陈丹凤	应用于宽带数据通信的环振型频率综合器
	钱　锋	蛋白质多肽与核酸类药物纳米粒给药系统
	赖大坤　宋海浪　许之敏	院外心脏病人远程实时监护系统
	郭平均	马来酸二甲酯加氢制 1,4 - 丁二醇及四氢呋喃催化剂开发
	王金意　黄贝贝　霍胜娟	基于打印技术的金属布线工艺
	徐　丰	POLSAR 遥感图像分析理论与算法
	李会巧	新型电化学电容器及其储能材料
	王劲松	Rab27A 对人乳腺癌细胞生物学特性的影响及其机制的研究

---

① 《上海医科大学志》编纂委员会：《上海医科大学志》(1927—2000)，复旦大学出版社，2005 年，第 440 页。

(续表)

获奖年份	获奖名单	获奖项目
2007	罗加严	水系锂离子电池
	刘 静　马 端　程训佳	抗组织因子人源 Fab 抗体的研制及其在动脉血栓防治中的作用
	郝加明	特异介质电磁波极化调制器
	高歆栋　王希祖	高真空低压探针式激活气体表面处理设备
	孔 明	高频多相数字电压调节模块的研究
	王庆平	GABA 转氨酶抑制剂-氨己烯酸致小鼠视网膜神经元突触改变以及与光毒性的关系
	戴文达　方涛林　周 健	新型成骨诱导因子 FK506 的体内外成骨促进作用
	蔡 丹	可编程逻辑器件快速逻辑块映射算法
2008	胡 欢　许 博　阮晓峰	利用陆生高附加值植物治理城市重度富营养化水体
	廖嘉霖　魏慎金	光辅助磁记录静态及动态测试系统的研制
	梁 晨	融合型网络媒体话机终端
	李 梅	电喷雾解析电离质谱技术应用于大气气溶胶中半挥发性有机化合物的分析研究
	顾 炳	叶酸-PEG-multiDTPA 作为肿瘤淋巴转移药物的研制
	洪佳旭	植入式人工角膜基质及其制备方法
	万 柔	风能式动画显示屏及其应用
2009	陈筱诚	疏水硅沸石吸附分离制备燃料酒精的方法
	熊 非　陈旭翔	(+)-生物素的不对称工业全合成研究
	刘 亮　林 俪	OFDM 超宽带基带信号处理关键 IP 核技术
	叶 凡　程 龙	高速高精度模数和数模转换器的校准技术
	周 东　张 良	大型海藻浒苔水热液化制备液体燃料
	钟新辉	纤维接触角测量仪
	王 雷　吕志刚	实验动物静脉自身给药模型
	周 健　方涛林	新型抗生素可控释放多孔复合骨替代材料
	刘哲斌　邵志敏　侯意枫　胡大利	绿脓杆菌制剂对乳腺癌细胞生物学特性的影响及机制研究
	蒋军健	几丁糖-胶原-得宝松缓释放系统的制备和应用
2010	高 亭	兼容 WiMedia 标准和中国标准的超宽带射频接收器芯片设计
	周 谨	基于多种无线通信模式接收机的 CMOS 频率综合器
	张晓艳	C-N 共掺杂纳米 TiO_2 光催化剂的制备及应用

（续表）

获奖年份	获奖名单	获奖项目
	方雪恩	新一代 LAMP 快速基因诊断芯片
	张小楠	用于预测干扰素治疗慢性乙型肝炎疗效的 miRNA 谱及检测试剂盒
	张 军　王剑虹	四维 CT 血管造影及磁敏感加权成像在脑重大疾病早期诊断中的应用
	胡玉娜　施裕新　冯开颜	肺结节图像过滤软件系统
	张　峰	智能型环咽肌失弛球囊扩张治疗仪
	孙午炯　何　琼　郝加明　周　磊	超薄微波波片
	花永强　刘鲁明　王　鹏　沈晔华	胰腺癌中药治疗优势人群筛选模型的建立
	邵家胜	超声波细胞粉碎机遥控自动升降夹持装置
	孙帮山　曾　旋	一种多层介质膜空芯光波导
2011	余　北　王振宇　陈迟晓　顾薇如	高速、高精度、高能效模数转换器设计
	王明硕　张楷晨　傅海鹏　蔡德鋆	载波体制超宽带无线通信物理层芯片设计关键技术
	杜东书	声、光、电可编程随机刺激器
	秦　罡	基于中文语义与全文索引的电子行业垂直搜索引擎
	韩　亮	新型肿瘤靶向纳米药物递送载体
	刘晓丽	一种穿膜肽修饰的纳米粒及其制备方法
	李　莹	一种双重靶向的 D 构型多肽及其递药系统
	刘　涛	新型天然抗菌药物的研究与开发
2012	徐清华	弥漫大 B 细胞淋巴瘤生物标记物的开发与应用研究
	路俊锋	一种用于唤醒手术脑功能刺激的设备
	徐　静	舟骨骨折内固定瞄准器
	史庭燕	TNF-α 介导炎症凋亡相关基因功能性多态位点在宫颈癌发病风险及预后预测中的作用
	王　瑞	通过实时定量 RT-PCR 在非小细胞肺癌中筛选 ALK 和 RET 融合基因
	王　晶	具有脑肿瘤靶向和肿瘤组织穿透能力的 D 构型多肽及其基因递释系统
	牛杨杨	基于全数字锁相环的宽带可重构 CMOS 频率综合器
	刘炳红　孙洁春	新型拉曼光纤遥测探头

(续表)

获奖年份	获奖名单	获奖项目
2013	路俊锋 吴劲松 毛颖 周良辅	一种用于唤醒手术脑功能刺激的设备
	郑江松 管仲斌 安多朋	抗耐药菌新药的研究与开发
	王晶 陆伟跃 谢操 雷杨	具有脑肿瘤靶向和肿瘤组织穿透能力的D构型多肽及其基因递释系统
	史庭燕 魏庆义	TNF-α介导炎症/凋亡相关基因功能性多态位点在宫颈癌发病风险及预后预测中的作用
	牛杨杨 李巍	基于全数字锁相环的宽带可重构CMOS频率综合器
	徐清华	弥漫大B细胞淋巴瘤生物标记物的开发与应用研究
	王瑞	通过实时定量RT-PCR在非小细胞肺癌中筛选ALK和RET融合基因
	徐静 徐建光 汤锦波 徐雷	舟骨骨折内固定瞄准器
	刘炳红 孙洁春 石艺尉	新型拉曼光纤遥测探头
	罗丹伟 毛赟杰	面向泛在医疗的智能药箱系统设计
2014	余翀 马少春	基于服务机器人和无线传感器网络的监控系统
	王军华	两次折反射式全景镜头
	潘习	老年糖尿病顽固性趾甲足部舒适度评估及其安全修剪的适宜技术
	吴阳 万方 张鹏 杨建军	易塑型折叠悬吊式人工韧带及其制备方法
	王丽莎 沈晓涵	结直肠癌预后相关分子分型的应用
	黄琪程 方晨蕾 邓凝旖 彭博	定骑天下——模拟骑行旅游健身系统
	余翀 马少春	基于形态成分分析的遥感图像处理系统的研究与应用
	蒋力夫	自行车双线变速器
2015	任婧 张晔	面向可穿戴产品的新型纤维状锂离子电池
	胡伟刚	被动呼吸控制系统及其调控方法
	曹磊昌 陈凯绯 郝诗来 李长军	高品质液体生物燃料和生物基化学品的制备
	李锐敏	一种磁性荧光拉曼双编码复合微球的制备及其在涂料/油墨防伪中的应用
	董银英 王志明 崔杰峰	基质硬度研究体外实验平台的建立
	余翀	多媒体数字水印与隐写术系统
	李兰婷	基于MALDI-ToF MS的血液中糖化血红蛋白含量检测方法

(续表)

获奖年份	获奖名单		获奖项目
2016	徐福兴	王 亮	四极质谱关键部件及其技术研发
	马顺利 周光耀	魏 东	用于直肠癌细胞检测的CMOS芯片设计关键技术
2017	王 天 袁方星	徐小东 陈祎霏	脑波意念与骨骼追踪协同控制系统——人马座机器人(myRiobot)
	陈 阳		新型钨基锂离子电池负极材料
	金 明 赵一霖	温陈卿	民国文献脱酸加固新方法
	杨 宸	杜 扬	一种基于肿瘤细胞与肿瘤相关成纤维细胞的3D共培养模型

注：数据来源于复旦大学研究生院培养办公室。

作为一所综合性大学，复旦大学在历年上海高校学生创造发明"科技创新杯"奖评选活动中形成了自己的特色。主要体现在以下4个方面。

（1）通过设立系列创新资助项目，鼓励研究生科技创新。复旦大学研究生创新基金资助项目、复旦大学研究生风险种子基金资助项目、复旦大学推免生暑期科研训练资助计划等项目的设立和实施，激发研究生投身富有挑战、创新性强的科研课题，积极参与科技创新。

（2）充分发挥导师的指导作用。在研究生培养中，育人是根本，创新是灵魂，科学研究主导是核心，导师负责制是基础。"科创杯"作为传统的科创竞赛，不仅形成了一套固定的运作模式，在学生和老师中也产生了深远的影响。导师鼓励有成果的学生积极申报，并对申报材料进行修改把关，使研究生在"科创杯"评选活动中能够取得好的成绩。

（3）通过课程设置，进行针对性、系统性科研能力训练。在评选过程中，针对很多学生有好的科技创新成果，但不会填写申请书、不懂得如何体现自己创新成果的亮点等问题，学校开设"科研论文的撰写"课程，举办了"复旦大学研究生学术研究能力训练暑期学校"，邀请知名专家、院士就科研能力培养，以及科研标书、各种报奖材料的撰写，经费预算，科研论文写作、发表，学术报告的表达等对在校研究生进行系统的讲解。

（4）注重培养学生的创新精神和创业能力。鼓励学生将科技成果进行转化，自主创业，积极进行产学研基地的建设，设置研究生"创新创业英才计划——职业（辅修）课程"项目，鼓励学有余力的理工医科研究生，在主修完成本学科专业课程和学位论文的同时，辅修科技创新与创业方向的职业相关知识，帮助学生开展创新创业。

第十三章

研究生学术活动

　　复旦大学历来支持和鼓励研究生群体踊跃参加和自主开展各类学术活动,目的在于鼓励研究生追踪科学前沿,拓宽知识面,提高自身的学术水平和各方面能力,促进学科的交叉与渗透,活跃学术气氛。

　　自 2004 年起,复旦大学研究生院、党委研究生工作部开始筹办复旦大学博士生学术论坛。举办复旦大学博士生学术论坛的宗旨,在于提供一个学术成果展示的平台,使思想的火星在激辩中燃成熊熊大火,让创新的水滴在涤荡中汇聚成汪洋大海——这是我们希望看到的论坛!

　　自 2009 年起,为鼓励本校各研究生培养单位结合区域经济社会发展需求,依托自身学科优势与特色,拓宽研究生的学术视野,激发研究生的创新热情,共享优质教育资源,面向全国举办各具学科特色的研究生暑期学校。复旦大学研究生暑期学校由研究生院主办、有关研究生培养院系承办。

　　自 2009 年起,为促进我国高校优秀大学生之间的思想交流、加深青年学生对复旦大学学科及科研状况的了解,并有助于选拔优秀大学生来复旦大学深造,复旦大学每年暑期开展优秀大学生夏令营活动。

　　自 2010 年起,为弘扬复旦学术传统和学术精神,展示本校研究生良好的学术风貌,激励广大研究生潜心向学、勇攀科学高峰,研究生院、党委研究生工作部联合举办复旦大学研究生"学术之星"评选活动。

　　通过"学校搭台、学生唱戏",上述学术活动在复旦大学形成了良好的风气和氛围,受到广大研究生包括外校研究生的好评。

第一节 研究生学术论坛

一、全国博士生学术论坛

教育部从 2003 年开始实施研究生教育创新计划,并列入教育部《2003—2007 年教育振兴行动计划》。2005 年 1 月,教育部印发《关于实施研究生教育创新计划,加强研究生创新能力培养,进一步提供培养质量的若干意见》,标志着研究生创新计划正式开始实施[①]。2003—2007 年,教育部立项支持了一批项目,其中一些项目逐渐成为品牌。作为研究生教育创新工程的重要项目及品牌之一,全国博士生学术论坛自 2003 年始,由国务院学位委员会办公室和教育部学位管理与研究生教育司主办,委托有关研究生培养单位分学科领域承办[②]。论坛旨在为全国博士生提供一个高水平的学术交流平台,拓宽博士生的学术视野,活跃学术思想,促进学术争鸣,激励学术创新,提高培养质量。

2003 年,首届全国博士生学术论坛由清华大学承办。2003—2007 年分学科领域共举办了 41 个全国博士生学术论坛,11 300 余名博士生参加了论坛的学术交流活动。通过论坛营造良好的学术氛围,为广大博士生提供一个在各领域深入进行学术交流的良机,激发广大博士生投身学术、进行学术钻研的热情。全国博士生学术论坛受到了主管部门的高度重视,表现出高起点和高学术水平,涉及的学科领域多,参与的培养单位多,影响范围广。复旦大学研究生院积极参与,每年组织学生赴各承办高校参加这一论坛,详情见附表 17[③]。

2005 年是复旦大学建校 100 周年的庆典年。这一年在国务院学位委员会办公室、教育部学位管理与研究生教育司的大力支持和指导下,复旦大学承办了 2005 年全国博士生学术论坛,论坛于 2005 年 10 月 15 日—17 日举办,共设置管理学科、政治学学科、数学学科、物理学学科、化学学科、医学学科、生命科学学科 7 个分论坛,征集论文 965 篇,录用论文 435 篇,来自全国各高校和科研院所的 500 多名博士生就不同学科发展的前沿问题,发表真知灼见,展开交流讨论。睿思砥砺,学术精进,复旦大学结合百年庆典邀请国内外相关领域的知名学者作为嘉宾,为全国博士生打造了一届高水准的学术盛会。详情见附表 18[④]。

二、上海市研究生学术论坛

(一) 项目概况

在积极开展全国研究生教育创新计划项目的基础上,上海市自 2006 年开始实施上海市研究生学术论坛,研究生学术论坛是上海市创新教育项目中最持久的,也是所有项目中

---

① 王战军等:《中国学位与研究生教育 40 年(1978—2018)》,中国科学技术出版社,2018 年,第 127—128 页。
② 教育部学位管理与研究生教育司:《2003—2005 研究生教育创新计划实施报告》,北京理工大学出版社,2006 年,第 15 页。
③ 详见附录 17:《复旦大学博士生参加全国博士生学术论坛情况》。
④ 详见附表 18:《复旦大学承办全国博士生学术论坛情况(2005)》。

覆盖面最广泛、项目数量最多的。教育创新项目设立以来,累计资助了30家单位的566个项目,其中研究生学术论坛325个[①],占项目总数的57.42%。上海市创新教育的开展,尤其是研究生学术论坛的举办,有力支持了上海及各高校开展研究生教育的创新和探索,尤其各高校依托特色和优势学科举办的学术论坛已经形成品牌,并在本学科具有显著的影响力,达到预期目的。为拓宽研究生的学术视野,激发研究生的创新思维,提高研究生的表达能力,10多年来,复旦大学积极举办各类研究生学术论坛,为研究生提供学术交流平台,每年承办1~2个上海市级研究生学术论坛,累计举办上海市级研究生学术论坛20余场,先后树立了金融学博士生论坛、中国护理网研究生论坛等品牌,如表13-1-1所示。

表13-1-1 复旦大学承办上海市级研究生学术论坛列表(2006—2018年)

年份	论坛
2006	团结、自由、创新、发展
2006	新经济、新发展
2007	国际问题
2009	大气化学与城市环境空气质量的持续改善
2010	生物医学转化研究进展前沿与应用研究生学术论坛
2011	生物医学转化研究进展前沿与应用
2012	全国研究生学术论坛——走向世界的国学研究
2012	2012年上海市金融学研究生学术论坛——后危机时代的金融监管:反思、创新与合作
2013	哲学研究生学术论坛
2013	肿瘤基础与临床转化研究学术论坛
2014	2014年上海"生殖与发育医学进展探索"研究生学术论坛
2014	2014年上海"马克思主义理论"研究生学术论坛
2014	2014年上海"经济增长存在下滑风险下的中国金融发展、安全与应对"研究生学术论坛
2014	2014年上海"国学"研究生学术论坛
2015	2015年上海市儿科青年学者学术论坛
2015	2015年上海"现代生物教学"研究生学术论坛
2015	2015年上海"马克思主义理论"研究生学术论坛("登峰计划")
2016	第四届CMB中国护理网研究生学术论坛
2016	上海市全科医学研究生学术论坛

[①] 毛丽娟,束金龙,廖文武:《终日乾乾 与时偕行——上海恢复研究生教育40年(下篇)》,华东师范大学出版社,2019年,第25页。

（续表）

年份	论坛
2016	上海研究生国学论坛
2017	2017年上海"人民币、美元与经济波动"金融学研究生学术论坛
2017	2017年上海"第五届CMB中国护理网"研究生学术论坛
2018	2018年上海"金融工匠与金融创新"研究生学术论坛

注：数据来源于上海市学位委员会办公室统计数据。

◆ 图13-1-1 2018年上海市金融学研究生学术论坛

◆ 图13-1-2 第五届CMB中国护理网研究生学术论坛

（二）案例介绍

案例 13-1-1

金融学博士生学术论坛

复旦大学教育部金融创新研究生开放实验室，是 2002 年 12 月教育部批准、国家唯一一所金融领域的文理交叉实验室（教研办〔2002〕18 号），也是全国第一批 3 个教育部创新实验室之一，主要用于校内外研究生的金融教学实验和自主金融创新研究，为培养高层次的金融人才服务。

截至 2018 年底，以实验室为平台，在实验室负责人张金清教授的领导和主持下，成功组织了 7 届全国性的研究生学术论坛或暑期学校，得到了业界专家、复旦大学校领导以及上海市教委领导的肯定和鼓励，历次活动中实验室志愿者的热情服务以及组织管理水平都获得了参会代表的广泛赞誉。

一、历届论坛的开展情况

在上海市教委、复旦大学研究生院、复旦大学经济学院等部门的大力支持下，在国内外经济金融领域专家、学者和金融业界专家的帮助下，每年的论坛都得到全国各地研究生和青年学者的热情参与（每年的研究生及青年学者报名人数为 200～300 人，入选规模为 80～120 人）。通过举办金融学博士生学术论坛，复旦大学教育部金融创新研究生开放实验室努力为广大研究生搭建交流创新思维、拓宽学术视野、激发创新热情、培养综合素养等的学术平台，论坛目前已经成为具有复旦品牌的全国研究生交流平台。

根据论坛主题，组委会每年都会邀请国内外金融学及相关学科领域的一流专家、学者以及金融实务部门人士到论坛作报告（每年的参与专家人数为 20～30 人），讲授本论坛主题方向的发展动态及前沿，提出对策和建议，并就相关的经济金融热点以及金融人才培养问题与学员展开面对面的互动讨论。同时，通过征集论文的方式挑选出优秀的论文，并开展研究生分论坛报告，为研究生提供与学界、业界专家面对面的交流互动平台，激发研究生的创新思想。

二、活动特色

（1）论坛主题紧扣金融热点与前沿。论坛主题多从当下金融发展的热点问题以及亟需解决的现实问题出发和确定。

（2）注重理论与实务相结合。论坛均邀请国内外经济金融领域的一流学者、专家，同时邀请国内经济金融实务部门的专家和代表，搭建理论与实务相结合的平台，帮助研究生加强实务能力培养，深入推进产学研用一体化。

（3）积极开展研究生职业生涯座谈会。论坛除了主题报告外，还组织研究生与学界、业界专家进行面对面座谈，就人才培养问题进行互动和交流，努力在研究生综合素养与创新能力培养方面进行更深入的探讨，让在校生实现从"重知识、轻素养"到"重知识、重素养"的转变,为未来就业及服务社会做好准备。

三、举办成效

(1) 通过邀请学界和业界专家作专题讲座,让研究生充分了解与论坛主题相关领域的研究前沿,帮助研究生更高效地参与学术研究、获取知识养分,激发研究生的创新思路和创新热情。

(2) 围绕论坛主题开展不同专题的分论坛,实现了研究生与专家学者以及研究生相互之间的充分沟通和交流,帮助研究生深化理论知识、拓宽学术视野、激发学术灵感,同时在此过程中培养团队合作意识。

(3) 承担接待和服务工作的复旦大学教育部金融创新研究生开放实验室的研究生以责任、热情、耐心、细致感染了参会代表,许多参会者对复旦大学教育部金融创新研究生开放实验室的研究生培养模式产生了浓厚兴趣,纷纷表达了参加实验室创新活动、加入实验室的期望,甚至还有不少研究生详细咨询了经济学院和实验室的博士以及博士后培养事宜,期望今后能够有机会到复旦大学、实验室继续深造,感受复旦大学创新型的研究生培养模式和文化。

四、历届金融学研究生学术论坛举办情况

1. 2009年全国金融学博士生学术会议("金融论坛")

本届论坛的主题是"金融风暴与中国经济"。国内经济金融领域20多位顶尖的著名专家、学者,连同来自澳大利亚伍伦贡大学、英国利物浦大学、北京大学、复旦大学、上海交通大学、南开大学、厦门大学、中山大学、武汉大学等30余所国内外知名高校的60多位优秀博士生代表应邀出席了大会。西南财经大学刘锡良教授与厦门大学郑振龙教授这两位国务院学位委员会学科评议组成员,以及复旦大学石磊教授、天津大学张维教授、同济大学陈伟忠教授、山东大学胡金焱教授等6位著名学者做了大会报告,他们分别从不同视角对中国的经济和金融进行了解读,展示了独特的学术魅力。

会议在大会学术委员会主席、国务院学位委员会学科评议组成员、复旦大学姜波克教授的主持下,经过认真而严格的匿名评审,大会学术委员会最终从60多篇择优录用的论文中评出特等奖5名、一等奖10名、二等奖14名。

2. 2012年全国金融学研究生学术论坛暨实验室成立10周年活动

本届论坛的主题是"后危机时代的金融监管:反思、创新与合作",论坛由复旦大学教育部金融创新研究生开放实验室牵头申报,并获得上海市教委学位办批准、资助。在论坛期间,复旦大学姜波克教授、上海交通大学吴冲锋教授、复旦大学陈学彬教授和加拿大温莎大学安云碧教授这4位著名金融专家分别做了大会主题报告。与会代表们分别参加了以宏观经济、商业银行管理、公司金融、证券投资和金融工程为主题的10场讨论会,70余名与会代表报告了他们的学术研究成果并获得优秀论文奖。100多名与会代表分别来自波士顿大学、澳门科技大学、清华大学、北京大学、复旦大学、上海交通大学、中国科学技术大学、上海财经大学、山东大学、厦门大学、中山大学等国内外30多所知名高校及科研机构。

3. 2013年全国金融学研究生学术论坛

本届论坛的主题是"金融的过去、现在和未来：如何应对"，论坛邀请了4位著名金融专家——复旦大学的姜波克教授、南京大学的李心丹教授、复旦大学的陈学彬教授以及安硕信息高鸣董事长分别做精彩的大会主题报告，清华大学高等研究中心杨振宁教授也做了报告，闻名全球的密码破解专家王小云教授开设了"密码学基础及其在金融安全中的应用"的课程讲座。同时，来自美国伊利诺伊大学香槟分校、伦敦城市大学、诺丁汉大学、英国林肯大学、意大利罗马二大、台湾国立政治大学、澳门科技大学、复旦大学、上海交通大学、同济大学、浙江大学、厦门大学、中山大学、中国人民大学、吉林大学、新疆大学等国内外近50所高校及科研机构的100余名与会代表参加了本次大会。15位参会代表获得了优秀论文奖，其中一等奖2名、二等奖3名、三等奖10名。

4. 2014年上海市金融学研究生学术论坛

本届论坛的主题是"经济结构调整下中国金融发展、安全与应对"。本论坛由上海市教委、复旦大学教育部金融创新研究生开放实验室、复旦大学研究生院、复旦大学经济学院和复旦大学金融研究院共同主办，并受到了"上海高等学校创新能力提升计划竞争性引导项目"的资助。

在论坛期间，著名金融专家复旦大学姜波克教授、美国加州大学胡永泰教授、复旦大学陈学彬教授和国泰君安副总裁阴秀生先生应邀为大会做了4场主题报告。参会代表们分别开展了以宏观经济、货币银行、公司金融、证券投资和金融工程为主题的10场讨论会，100余名来自清华大学、中国科学技术大学、复旦大学、南开大学、厦门大学、中山大学、武汉大学、南京大学、美国波士顿大学、荷兰格罗宁根大学等国内外50余所知名高校及科研机构的研究生、博士后、青年教师参与了本次论坛，共襄盛举。经过专家组的严格评审，论坛最后选出10篇优秀的获奖论文，其中一等奖2名、二等奖3名、三等奖5名。

5. 2017年全国研究生金融论坛暨第二届复旦金融论坛

本届论坛的主题是"人民币、美元与经济波动"，论坛邀请了全国金融界著名的专家作为嘉宾参与报告和讨论。在论坛期间，复旦大学的陈学彬教授、交通银行金融市场业务中心总裁涂宏先生、东方证券首席经济学家邵宇研究员、复旦大学泛海国际金融学院执行院长钱军教授和同济大学数学科学学院许威副教授为大会做了5场精彩的主题报告。13名权威专家与学者共聚专家圆桌会议，畅谈了我国经济发展趋势、金融学科建设和金融业未来发展等议题。100余名来自中国社会科学院、复旦大学、南京大学、上海财经大学、同济大学、南开大学、辽宁大学等国内外50余所知名高校及科研机构的研究生、博士后、青年教师参与了本次论坛。参会代表们分别开展了以经济增长、金融发展、国际金融、证券投资和公司金融为主题的10场讨论会，经过专家组的严格评审，论坛最后选出12篇优秀的获奖论文，其中一等奖2名、二等奖5名、三等奖5名。

6. 2018年上海市金融学研究生学术论坛

本届论坛的主题是"金融工匠与金融创新"，论坛由上海市学位委员会主办，复旦大学经济学院、复旦大学教育部金融创新研究生开放实验室、复旦大学金融研究院、复旦大学应用经济学博士后流动站和复旦大学研究生院承办。

论坛开幕式由复旦大学经济学院副院长、金融研究院常务副院长、教育部金融创新研究生开放实验室主任张金清教授主持,并邀请到全国经济金融领域著名的专家作为嘉宾参与大会报告和讨论,主要有东方证券股份有限公司杨玉成副总裁、德勤中国华东区主管合伙人刘明华女士、中国金融期货交易研发部郑凌云总监等。大会报告环节的第一场主题为"股票质押业务问题频发的背后及相关思考",由杨玉成副总裁报告;第二场大会报告由张金清教授主讲,题目为"中国经济系统性风险防范与化解"。

本届论坛还邀请了22位国内经济金融领域的专家共聚圆桌会议。在圆桌会议期间,各位嘉宾就专业学位研究生培养工作、研究生课程与论文的评价标准、研究生在校期间的实习要求、高校与实务部门合作的框架与内容、科技金融与量化金融专业的培养体系与就业前景、量化交易大赛等议题展开了热烈讨论和深入交流。

与此同时,100余名来自清华大学、复旦大学、上海交通大学、上海财经大学、辽宁大学、上海对外贸易大学、华东理工大学、上海师范大学、河南大学等50余所知名高校与科研机构的研究生、博士后、青年教师及金融机构的部分博士后与青年才俊参与了本次论坛。参会代表们分别开展了以公司金融、金融发展、经济增长、证券投资为主题的8场讨论会,经过专家组的严格评审,论坛最后选出12位优秀论文获奖者,其中一等奖2名、二等奖5名、三等奖5名。

每届论坛从筹备宣传到会议组织,从人员接待到会务服务,从材料准备到撰写简报,都是在张金清教授的指导下由复旦大学教育部金融创新研究生开放实验室的研究生、博士后们自主开展的。一年一度的盛会是论坛举办团队的郑重承诺,也是复旦大学经济学院与教育部金融创新研究生开放实验室精益求精、执着铸造的学术品牌。在金融学科不断加速创新发展、金融业在发生重大变革的今天,金融学者、专家之间的联系与沟通更加重要,复旦大学教育部金融创新研究生开放实验室发扬"超越自我,永不放弃"的精神和新时代的"工匠精神",为谋求金融学术研究与实务发展的不断创新做出了积极贡献。

(案例提供:复旦大学教育部金融创新研究生开放实验室)

案例13-1-2

复旦大学护理学院博士研究生CMB中国护理网

一、举办缘起

CMB中国护理网(CMB Chinese Nursing Network, CCNN)是由中华医学基金会(China Medical Board, CMB)发起的中国高等护理教育协作网,目前成员学校包括北京协和医学院护理学院、复旦大学护理学院、西安交通大学护理学院、北京大学护理学院、中山大学护理学院、中国医科大学护理学院、中南大学护理学院和四川大学华西护理学院共8所高校的护理学院。2011年10月CCNN正式成立,首届和第二届轮值主席均由复旦大学护理学院胡雁教授担任。

2013年,CCNN倡议为全国护理研究生(包括博士研究生和硕士研究生)搭建切磋、交流护理研究的平台,促进护理研究生毕业论文的交流和成果展示,促进护理研究的推广和转化。因此,2013年6月,由首届轮值主席单位复旦大学护理学院承办了第一届CMB中国护理网研究生论坛,首届论坛共有23所高校的护理院校参与,CMB成员8所院校("CMB八校")的博士研究生积极投稿、报名参会。在论坛期间,博士研究生展示了优秀的学术能力,大家在交流中获取知识、增进友谊、促进合作。至2018年底,复旦大学护理学院已成功举办了6届CCNN研究生论坛。该论坛创造性地搭建了一个全国性的护理博士研究生和硕士研究生毕业论文深度交流的平台,既拓宽了博士研究生的学术视野,也展示了当代中国护理研究生教育的成果。无论是论坛参与的广度、论文的质量、与会专家的点评,还是论坛的组织形式都受到了一致的好评。

二、实施的总体情况

评审委员会对投稿的研究生毕业论文的摘要进行书面评审后,择优邀请博士研究生参与现场论坛交流,交流形式分为口头汇报和海报交流。来自"CMB八校"的8位护理院长和资深护理研究生导师就论文的研究意义、研究的严谨性、结果的创新性、汇报的表现力等方面对口头汇报的博士研究生进行点评,并组织现场参会同学就"如何用科学的研究方法来解决护理问题、促进健康"进行讨论,学生们在讨论中获取知识、增进友谊,并感受资深护理专家们对于护理科研的独到见解和严谨治学。

在论坛期间,评审专家也会对口头汇报和海报交流的论文进行评比,根据论文的创新性、重要性、严谨性评选出一等奖、二等奖、三等奖和优秀奖若干名。

三、历届CCNN研究生论坛简介

1. 2013年:第一届CCNN研究生论坛

本届论坛共有23所高校的护理学院参与,共收到95篇研究生毕业论文摘要,最终选定33篇进行大会交流,其中包括4篇博士研究生毕业论文,另有28篇论文进行海报展示。当天参会的各校研究生有200多名。在开幕式上,北京大学护理学院院长郭桂芳教授致辞。

现场口头汇报的博士研究生毕业论文是四川大学田亚丽博士的《汶川地震重灾区青少年创伤后应激障碍发病情况及其影响因素研究》、北京协和医学院姚秀珏博士的《精神疾病患者攻击性行为风险评估研究》等共4篇。博士研究生通过科研结果的分享,展示了我国护理博士研究生优秀的学习能力和创新思想,最终,复旦大学护理学院张晓菊博士的论文获得一等奖。

2. 2014年:第二届CCNN研究生论坛

第二届CCNN研究生论坛吸引了来自全国23家高校护理学院的71篇毕业论文投稿,经评审专家精心筛选,共有4篇博士论文和25篇硕士论文进行了大会或分会场交流,另有22篇论文进行了海报展示。

博士研究生所汇报的毕业论文分别是中山大学杨巧红博士的《糖尿病患者出院后延

续护理成效研究》、中南大学李春艳博士的《老年伤害现状及影响因素研究》等共5篇。

本届论坛担任评委的是来自"CMB八校"的院长和资深研究生导师。报告人和与会专家进行了充分的学术交流,大家就延续护理的模式、提高大样本调查的可行性和严谨性开展了深入讨论。最终,北京协和医学院马迪博士的毕业论文获得一等奖。

3. 2015年: 第三届CCNN研究生论坛

本届论坛收到来自全国23家高校护理学院的58篇毕业论文投稿。经评审专家的精心筛选,共有5篇博士论文和24篇硕士论文进行了大会或分会场交流,另有19篇论文进行了海报展示。上海医学院汪玲教授为论坛致辞,她提出希望以论坛为契机,在促进国内护理研究生科研能力培养、研究成果推广应用等方面开展深度合作和交流,共同促进护理学科的发展。

参与口头汇报的博士毕业论文是来自北京协和医学院张欣博士的《新生儿重症监护室患儿用药系统风险评价模型构建研究》、四川大学吴冬梅博士的《个别缅怀法对老年女性抑郁症状者影响及其作用机制的fMRI研究》等共4篇。

在论坛现场,参会研究生与来自"CMB八校"的资深专家就如何用护理手段提高患者生活质量、如何用循证方法解决临床问题开展了深入讨论,我国护理博士研究生们借助论坛展现了杰出的学术风采和学术能力。本次论坛博士毕业论文一等奖由北京协和医学院张欣博士获得。

4. 2016年: 第四届CCNN研究生论坛

本届论坛博士研究生在参与的广度上有了进一步提升,有来自20家高校护理院校的7篇博士论文和26篇硕士论文进行了汇报交流,另有13篇论文进行了海报展示。

参与口头汇报的博士研究生论文是来自中山大学刘佳丽博士的《ICU护理工作环境、工作受限、护士工作结局和护理质量关系的研究》、四川大学王艳艳博士的《预防老年患者术后谵妄的多学科综合干预模式的初步建立与评价》、复旦大学张凤博士的《剖宫产影响泌乳发动的作用机制研究》等共7篇。

本届论坛评委来自"CMB八校"的我国护理研究生教育领域的知名教授及上海知名护理专家,评委对汇报的博士研究生进行现场点评,并最终评定复旦大学、第二军医大学、四川大学、北京协和医学院的博士毕业论文获一、二等奖。

5. 2017年: 第五届CCNN研究生论坛

本届论坛共吸引了来自全国14所高校应届研究毕业生近50篇投稿,经评委精心筛选,共有9篇博士论文和21篇硕士论文进行了大会或分会场交流,另有9篇论文进行了海报展示。

进行现场口头汇报的博士论文是来自中山大学万丽红博士的《综合提醒系统对高血压合并缺血性脑卒中二级预防效果研究》、四川大学任建华博士的《发展的意义:孕妇经历地震后体验与家庭互动的扎根理论研究》、复旦大学顾莺博士的《"婴儿先天性心脏病肠内营养临床护理实践指南"构建及应用研究》等共9篇。

本届论坛研究生学位论文在选题的准确性、研究的严谨性、分析的深入性、结果的实用性上均有很大的提升,显示出我国护理研究生教育质量的发展和进步。论坛汇报者展示了护理研究生严谨的学术态度和高端的学术风采,通过交流开拓了今后的研究方向和思路。最终,来自复旦大学的顾莺博士、北京协和医学院的杨依博士获得口头汇报一等奖。

6. 2018年:第六届CCNN研究生论坛

本届论坛更是吸引了来自中部、西北部的高校参加,总共有来自全国32所高校应届毕业生130篇投稿。经专家初审,11篇博士论文进行了大会或分会场交流。进行现场口头汇报的有来自北京协和医学院徐晓华博士的《书写表达结合同伴支持降低男男HIV/AIDS患者自我歧视的效果研究》、四川大学张华果博士的《肺癌患者创伤后成长模型构建研究》、中国医科大学徐蕾博士的《基于健康信念模式构建提升乳腺癌患者内分泌治疗依从性的干预模式》等共11篇。

本届论坛论文在选题上都更贴近于解决临床问题,在方法上也更加严谨。同时,吸引了更多护理博士研究生参与,可谓"百家争鸣,百花齐放"。最终,海军军医大学耿朝辉博士的毕业论文获得口头汇报一等奖。

四、实施效果

CCNN研究生论坛为应届毕业研究生搭建了一个学术交流的平台,参与院校不仅限于"CMB八校",远在西北部、中部地区的护理研究生也积极参与其中。每一届论坛虽然现场汇报人数有限,但参会人数都是150~250人,参与院校有20多家,与会的所有同学均积极参与现场讨论。研究生们通过研究成果的分享,通过与现场专家的学术交流,既展现了学术能力,也拓宽了科研思路。

(案例提供:复旦大学护理学院)

三、复旦大学博士生学术论坛

(一)背景情况

复旦大学博士生学术论坛是由复旦大学研究生院和党委研究生工作部发起的高端论坛。论坛于2004年开始举办,迄今已14年,旨在于校园内营造一个良好的学术氛围,激发广大研究生的创新热情,加深对学科的探究和交流,营造思想碰撞、学术争鸣的良好风气。

作为复旦大学的标杆学术交流平台,复旦大学博士生学术论坛已走过14个年头,是我校历史最久、规模最大、学术水平最高的学生学术论坛。博士生论坛一直秉持"高水平、宽口径、多领域"的学术标准,致力于为广大博士生打造开放、多元的学术对话空间。

14年来,常设博士生学术分论坛的院系所有23个,举办院系分论坛近300个。近5年,分论坛征稿范围均走出复旦,涵盖上海市各高校,征稿范围面向全国的分论坛有80余个。各院系的论坛征稿对象除本校、长三角地区高校以外,还拓宽至全国范围,如清华大学、北京大学、中国人民大学等数十所高校。基于学科特点,一些学院还邀请了芝加哥大学、东北大学(美国)、英属哥伦比亚大学、约克大学、墨尔本大学、新加坡国立大学、香港中文大学、香港城市大学、台湾大学、台湾政治大学等高校参与。近6年的校级博士生论坛数量统计如表 13-1-2 所示。①

表 13-1-2　复旦大学博士生学术论坛数量统计(2008—2018 年)

年份	2008	2009	2010	2011	2012	2013	2014	2015	2016	2017	2018
数量	13	18	16	17	/	18	14	17	17	18	19

注：数据来源于复旦大学党委研究生工作部。

（二）活动介绍

复旦大学博士生学术论坛是由每个院系所开设的复旦大学系列博士生学术论坛分论坛构成，分论坛申请、举办、总结等工作由复旦大学研究生团工委博士生工作部负责指导。

院系每年 3 月收到博士生学术论坛举办通知，提交本院系分论坛申请表与计划书，由研究生团工委博士生工作部组织评审、答辩并给予批复意见。申请立项成功后，由研究生团工委博士生工作部与院系研究生会承办部门举办联席会议，商定具体的举办日程、征稿评审流程、宣传品制作等一系列事宜，保障院系分论坛顺利召开。

◆ 图 13-1-3　2017 年复旦大学博士生学术论坛化学篇

① 详见附录 19：《复旦大学博士生学术论坛一览表(2008—2015 年)》。

（三）案例介绍

案例 13-1-3

物理学系博士生学术论坛

为积极推动研究生学术交流活动，进一步拓宽研究生的学术视野，营造浓厚的学术氛围，复旦大学物理学系于 2007 年始创复旦大学物理学系学术年会，将"以学术促交流，以交流促学术"作为年会宗旨。会议为期 1~2 天，共设邀请报告、口头报告、张贴报告三大版块，以其高端、前沿、高度综合的独特魅力吸引师生参与其中。会议集中展示一年来物理学系的各项科研成果，全面呈现研究生的学术动态。教授、研究生将分别做邀请报告或口头报告。会议的另一重头戏是由 70 多名博士生将各自的研究成果分为 4 个场次，以张贴报告的形式直观而生动地展现在会场之中，形成一道靓丽的风景线。物理学系学术年会能充分调动广大教师特别是青年教师的积极性和创造力，在全系范围内形成民主、和谐的学术氛围。更为重要的是，它更有利于相互间的交叉与合作，更有条件得到"1+1＞2"的结果。而学术年会为这种潜力变成现实创造了机会和条件，加强了组与组之间、教师与教师之间、教师与学生之间、学生与学生之间的交流和了解。

2012 年，北京大学、复旦大学、中国科学技术大学、南京大学、清华大学 5 所高校发起并组织了一年一度由各校轮流举办的"物理学一级重点学科战略发展研讨会"。次年，会议经过讨论协商，决定筹划成立中国物理学一级重点学科大学联盟。联盟的简称取 5 所高校校名的英文首字母组成"PFUNT"（"朴方图"），寓有"Physics Five Universities, the National Top"之意。以联盟的形式固化五校在学生交流、人才培养、学科发展、人才引进等相关领域的交流合作，从而更好地发挥五校在我国物理学及相关领域人才培养中的关键性作用。2014 年，联盟提议各校轮流举办"五校联盟博士生学术论坛"，旨在加强国内一流大学物理学专业研究生学术交流，提高研究生的科技创新意识和学术素养，为研究生搭建一个高水平的学术交流平台。前 4 届"五校联盟博士生学术论坛"已分别在中国科学技术大学、南京大学、清华大学和北京大学隆重召开并完美落幕。

第五届"五校联盟博士生学术论坛"由复旦大学物理学院承办。共评选出口头报告一等奖 2 名、二等奖 4 名、三等奖 6 名、优秀墙报奖 25 名，促进物理学系教授、博士生之间的学术交流与合作，为优秀的博士生提供展示自己的舞台，并为其学术职业生涯打造履历和知名度。同时，为复旦大学物理学系的教授招揽人才提供第一手信息（针对博士后招揽）。论坛结束后，复旦大学物理学系将与会口头报告与张贴报告整理汇编，制作为论文集供图书资料室存档，并将所有报告视频整理为视频上传复旦大学物理学系网站。

（案例提供：复旦大学物理学系研究生会，周灿灿）

案例 13-1-4

国际关系与公共事务学院博士生学术论坛

一、论坛简介

复旦大学国际关系与公共事务学院已连续举办多年博士生学术论坛,旨在搭建相关学科促进博士生之间以及师生之间学术交流的平台,论坛会期一般为1~2天。学院博士生论坛自举办以来,得到了学院各位领导老师的大力支持与指导。从近年论坛来稿数量来看,博士生学术论坛每年收到超过40所高校逾70篇稿件,学院多位老师盲审打分,精选部分进入论坛现场汇报展示环节;从论坛来稿质量来看,其选题与时代背景和国家治理现代化的中国实践联系日益紧密,研究视角更加多元、包容和创新。

二、论坛特色

(1) 评审老师针对论坛中入围论文进行指点,在师生互动下提升学术论文水平,通过"主旨演讲+论文展示"的师生双向互动形式提升与会同学的学术水平。

(2) 结合学院学科强项与专业设置,在主题上每年有所侧重。2018年的博士生学术论坛主题为"新时代中国公共管理的新发展",2017年的博士生学术论坛主题为"理解新政治——中国与世界"。

(3) 加强国际院校合作,国际化程度高。2016年复旦大学国际关系与公共事务学院与伊拉斯谟"全球化、欧盟与多边主义"博士生项目联盟(Erasmus Mundus GEM PhD School)合作举办主题为"多极化世界中的中国与欧盟"("China and the EU in a Multipolar World")的博士生论坛,来自牛津大学、剑桥大学、日内瓦大学、华威大学、法语布鲁塞尔自由大学、荷语布鲁塞尔自由大学、荷语天主教鲁汶大学、巴黎索邦大学、墨尔本大学、德蒙福特大学以及北京大学、中国人民大学、华东师范大学和复旦大学等高校的24位博士生参与了论坛,对中欧政治、经济、外交、安全等相关议题分为6个讨论小组并宣读论文。

三、历届论坛

1. 历届论坛主题

(1) 2015年"大国崛起背景下的战略创新与制度创新"博士生学术论坛。

此次论坛历时3个多月征稿,组委会共收到校内外相关领域研究生来稿50余篇,最终,10篇优秀论文脱颖而出,分获一等奖和优秀奖。此次论坛创新研讨思路,力图将学术研究和学理讨论与实践相结合,邀请了政治学、行政管理、国际关系3个领域的一线实务工作者,将他们工作中的实际案例带到论坛,现场参与讨论交流。各小组将案例研讨成果向大会进行汇报,这种方式既给象牙塔中的研究生了解社会现实的机会,也给予实务工作者学理上的支撑与反思,讨论反响热烈,受到了各方好评。

(2) 2016年"多极世界中的中国与欧盟"国际博士生工作坊。

由欧盟Erasmus Mundus GEM PhD School和复旦大学国际关系与公共事务学院共

同举办的"多极世界中的中国与欧盟"国际博士生工作坊(GEM-Fudan International Graduate Workshop on "China and the EU in a Multipolar World")于 2016 年 5 月 26 日至 27 日成功举办。欧盟 Erasmus Mundus GEM PhD School 校长、比利时皇家科学院院士、法语布鲁塞尔自由大学和意大利国际社会科学自由大学教授 Mario Telo,复旦大学教授、原荷语布鲁塞尔自由大学欧洲研究中心主任 Gustaaf Geeraerts,复旦大学教授潘忠岐、薄燕、王正绪等担任讨论小组主席兼评论人。时任国际关系与公共事务学院院长陈志敏教授出席开幕式并致辞。来自牛津大学、剑桥大学、日内瓦大学、华威大学、法语布鲁塞尔自由大学、荷语布鲁塞尔自由大学、荷语天主教鲁汶大学、巴黎索邦大学、墨尔本大学、德蒙福特大学以及北京大学、中国人民大学、华东师范大学和复旦大学等高校的 20 多位博士生参与了工作坊,对中欧政治、经济、外交、安全等相关议题分为 6 个讨论小组并宣读论文。各小组评论人和与会同学就论文内容进行了积极讨论,并提出了许多有价值的建议。

(3) 2017 年"理解新政治——中国与世界"博士生学术论坛。

论坛下设 3 个分论坛,充分考虑本学院的学科强项与专业设置。论坛总意义是国家能力建构,分论坛根据国际关系与公共事务学院 3 个系来划分:一是国际政治,全球治理中的国家能力建构;二是政治学,比较政治视野下的国家能力建构;三是公共行政,大数据背景下的国家治理能力建设。

此次论坛收到超过 80 篇投稿论文,通过严格筛选,最终确立了 20 篇入选论文。20 位参会同学对各自的论文进行了深入的分析和充分的汇报,经过为期一天半的答辩评审,最终确定了一、二、三等奖的获奖人员共 20 位。

(4) 2018 年"'新时代'中国公共管理的新发展"博士生学术论坛。

此次论坛以"国家治理现代化"、"中国公共管理学本土化发展"、"政府绩效管理"、"公共管理理论研究"、"政府体制改革"、"基层治理建设"等为主要议题,试图通过核心议题的探讨来更好地迎接挑战,并扩展相关学科发展的新空间。

本届论坛来稿更加优质,研究视角更加多元、包容和创新,选题与时代背景和国家治理现代化的中国实践联系更加紧密,共收到超过 76 篇投稿论文,确定了 14 篇论文入选,经过答辩、评审,最终,确定了一、二、三等奖的获奖人员 14 位。

2. 活动成效

(1) 来自全国各高校的青年学子汇集国际关系与公共事务学院,在思想碰撞与开放交流中,拓宽对于自身研究领域的认识和了解,将理论创新与实践发展相联系,促进国际关系与公共事务学院相关学科与各国高校教授、博士生之间的学术交流与合作。

(2) 国际关系与公共事务学院评选出一、二、三等奖若干名,使有意申请国际关系与公共事务学院博士生及博士后的研究生提前感受复旦大学国际关系与公共事务学院浓厚的学术氛围和学科建设状况。

(3) 会议过程情况概要在国际关系与公共事务学院研究生会公众号予以报道和宣传。

(案例提供:复旦大学国际关系与公共事务学院研究生会,俞卓淇)

案例 13-1-5

中山医院博士生学术论坛

一、论坛简介

中山医院秉承"一切为了病人"的中山精神,倡导"严谨、求实、团结、奉献"的院训,拥有严谨的医疗作风、精湛的医疗技术和严格的科学管理。此外,中山医院更是一所集科教研为一体的综合性医院。

为进一步营造良好的创新学术氛围,宣传学术理念,传播科研意识,强化当代研究生的科学创造观念,提高研究生的综合素质,培养研究生崇尚科学、追求真知、勤奋学习、勇于开拓、敢于创新的科学精神,增强研究生科技创新意识和团队合作能力,提高研究生的动手能力和实践应用水平,塑造具有创新意识、实践能力和科研精神的复合型人才,中山医院通过博士生论坛的举办,旨在营造一个良好的科研学习氛围,带动周边地区乃至全国及海外高校,为硕士、博士研究生搭建学术交流的优秀平台。论坛每年邀请中国科学院院士和医学相关学科优秀学者等在内的众多专家教授,进行精彩的学术讲座和面对面的亲切交流,也为全国高校的优秀医学博士生提供展现自我的平台,聚研究之精华,以博众家之长,促进交流学习。

论坛面向全国临床医学、基础医学、理学、工学、信息科学等专业在读博士生(或优秀硕士生)公开征稿,投稿领域为所有与医学相关的研究领域,与主题方向契合;论文初评以自由报名的形式上交电子稿论文,以书面稿形式经专家评审团评选,选取优秀论文入围进行决赛答辩。现场答辩主要通过PPT的形式展示,由专家评审团在评估报告内容的基础上,同时对个人表达能力、PPT制作质量、现场表现与时间控制等进行评审。专家评审团由复旦大学中山医院心血管病研究所、肝癌研究所、IBS学院、复旦大学生命科学学院等相关单位的教授或研究员组成。

二、论坛开展情况

2016—2018年复旦大学博士生学术论坛之中山医院篇于每年9月至10月举行,其主题分别为"医以博而通其变,研以精而烛其微"、"学以勤而广其闻,医以湛而明其道——转化医学,精准治疗"、"集广韵而慕学之美,增见闻而尚医之风——生物医学多学科交叉合作"。论坛立足临床、关注基础、面向国际,积极寻求探索基础研究成果应用和服务临床诊疗实践的可能性,就学科前沿的最新研究成果与发展趋势进行交流。论坛反应了新的时代对医学生的更高要求,弘扬了中山精神,为新时代的医学青年树立了榜样;加强了学术交流,为今后的学术合作提供了平台。

1. 历届论坛

(1) 2016年"医以博而通其变,研以精而烛其微"博士生论坛。

中国科学院洪国藩院士出席论坛开幕式,并做了题为"学习与兴趣"的主题报告,教导年轻的医学生应该培养自己对于科研的兴趣,科学研究需要投入热情才能克服困难,需要坚持脚踏实地，不能急功近利，而这些付出反过来潜移默化地影响着人的一生。

此次论坛历时3个多月征稿，组委会共收到校内外相关领域研究生来稿25篇，最终，12篇优秀论文脱颖而出，分获一、二、三等奖和优秀奖。

此次论坛反应了新的时代对医学生的更高要求，唯有孜孜不倦地探索，坚持不懈、刻苦钻研、勇于开拓，才能博众家之长，应千变万化之症状，解患者苦痛。

(2) 2017年"学以勤而广其闻，医以湛而明其道——转化医学，精准治疗"博士生论坛。

本届论坛邀请中国工程院闻玉梅院士做开幕致辞。论坛的答辩环节分上下两场，答辩评委包括中山医院心血管病研究所龚惠研究员、复旦大学肝癌研究所实验室主任吴伟忠教授、复旦大学生物医学研究院张炜佳研究员。此次论坛收到近30篇投稿论文，通过严格筛选，最终确定了12篇入选论文。经过为期一天的答辩评审，最终，确定了一、二、三等奖及优秀论文奖的获奖人员12位，邀请中国科学院杨雄里院士为获奖同学颁奖并做主题演讲。

本次论坛立足临床，关注基础，将"转化医学，精准治疗"的理念融入论文交流中，探索基础研究成果应用和服务临床诊疗实践的可能性。

(3) 2018年"集广韵而慕学之美，增见闻而尚医之风——生物医学多学科交叉合作"博士生论坛。

本次论坛立足临床、关注基础、面向国际，就生物医学交叉学科前沿的最新研究成果与发展趋势进行交流。论坛收到23篇投稿论文，确定了12篇决赛答辩论文。论坛共3场答辩，经过答辩评审，最终，确定了一、二、三等奖及优秀奖的获奖人员12位。来自复旦大学附属医院不同专业的百余名研究生参会。

参会人员反映，此次博士生学术论坛增强了同学们对科研论文的理解，拓展了大家的学术视野，增强了同学们做学术报告的能力，促进了不同学科间的学术交流，也为更多人了解中山医院提供了窗口。

2. 活动成效

在复旦大学研究生团工委、研究生会的大力支持和指导下，伴随着博士生学术论坛举办经验的累积和充足的宣传，中山医院博士生学术论坛取得了积极的成果。论坛参与度不断增高，影响力逐渐扩大。

(案例提供：复旦大学附属中山医院研究生会，伍思霖)

第二节 研究生暑期学校

一、研究生暑期学校项目背景和演进历程

研究生暑期学校就是利用暑期，委托有关研究生培养单位，面向全国招收在校研究生和青年教师，聘请海内外学术水平高、教学经验丰富的知名专家、学者担任主讲教师，根据

不同的学科讲授若干门基础课程,同时开设选修课程和前沿学术报告,介绍本学科领域的学术发展动态和最新研究成果,学习结束,合格者给予认定学分[①]。研究生暑期学校的前身是原教育部研究生工作办公室于1984—1994年连续举办的"数学研究生暑期教学中心",1995年更名为"数学研究生暑期学校",研究生暑期学校的名称沿用至今。

2003年后,研究生暑期学校成为研究生教育创新计划的重要项目之一,得到壮大和发展。复旦大学新闻学研究生暑期学校分别于2005年、2006年获得教育部研究生创新计划的立项资助;公共卫生、生态学研究生暑期学校获得2007年教育部研究生创新计划的立项资助。

上海研究生教育创新项目始于2006年,最初承担全国研究生教育创新计划,2010年随着省级统筹的推进,研究生教育创新计划项目全部从教育部转为上海市运作,其中,研究生暑期学校成为持续时间最久、覆盖面最广的两大项目之一(另一为研究生学术论坛)。2009—2018年复旦大学获得上海市教育创新项目立项资助的暑期学校总数有12个。

复旦大学的创新人才培养计划开始于2009年,依托于"211工程"三期经费支持建设。秉承"以质量为中心、以创新为途径"的理念和宗旨,复旦大学积极探索培养研究生创新意识、创新精神和提升创新能力的模式。研究生暑期学校是复旦大学创新人才培养计划六大资助计划之一,并持续至今。2009—2018年累计举办校级暑期学校97个。

10年来,每年复旦大学研究生院立项资助校级暑期学校约10个。每年4月由校内各培养单位申报,5月初公布评审结果,7月中旬即可开始实施项目计划。暑期学校持续时间一般为2周,面向本校及国内外其他院校的在读硕、博研究生和青年教师招收学员,也可招收本校当年9月即将入学的研究生。学员规模一般为30~50人。研究生院对全校研究生暑期学校进行统筹指导和效果评估。各培养单位负责对暑期学校的教学安排、学员管理进行统筹,落实安全保障措施,并于暑期学校结束后及时总结并提交报告。

表13-2-1 复旦大学研究生暑期学校列表(2009—2018年)

年度	市级数量	校级数量	汇总	年度	市级数量	校级数量	汇总
2009	2	8	10	2015	2	7	9
2010	1	9	10	2016	1	7	8
2011	0	11	11	2017	2	9	11
2012	1	13	14	2018	1	9	10
2013	1	13	14	汇总	**12**	**97**	**109**
2014	1	11	12				

注:数据来源于复旦大学研究生院培养办公室。

[①] 教育部学位管理与研究生教育司:《2003—2005研究生教育创新计划实施报告》,北京理工大学出版社,2006年,第4—10页。

表 13-2-2　上海市研究生暑期学校列表（2009—2018 年）

序号	年份	项目名称
1	2009	算法博弈论暑期学校
2	2009	统计遗传学和遗传流行病学暑期学校
3	2010	金融创新与理论前沿研究生暑期学校
4	2012	复旦凝聚态物理暑期学校
5	2013	中国-欧洲大气颗粒物污染与空气质量暑期学校
6	2014	上海"统计及群体遗传学和基因组医学"研究生暑期学校
7	2015	上海"大气颗粒物污染与空气质量"中欧研究生暑期学校
8	2015	上海"生态学"研究生暑期学校
9	2016	上海基因组及表观基因组大数据分析研究生暑期学校
10	2017	上海"第三届中国-欧洲大气颗粒物污染与空气质量"研究生暑期学校
11	2017	上海"生态学：全球变化与生物多样性保护"研究生暑期学校
12	2018	上海社会科学研究方法前沿研究生暑期学校

注：数据来源于上海市学位委员会办公室统计数据。

表 13-2-3　复旦大学研究生暑期学校（2012—2018 年）

序号	年份	项目名称	院系全称
1	2012	第十届全国语言学暑期高级讲习班（CLSI10）	中国语言文学系
2	2012	复旦大学中外新闻传播理论研究与方法暑期学校	新闻学院
3	2012	首届数字出版与信息社会的公正传播	新闻学院
4	2012	"社会性别：论文写作的有效范畴"研究生高级研修班	历史学系
5	2012	"亚洲艺术、宗教与历史研究"2012 年夏季研修班	历史学系
6	2012	2012 年复旦大学德国柏林自由大学全球政治暑期学校	国际关系与公共事务学院
7	2012	非交换几何暑期学校	数学科学学院
8	2012	"海量数据的统计学习与推断"上海暑期学校	数学科学学院
9	2012	生物物理学在生物医学中应用——复旦大学研究生暑期学校	航空航天系
10	2012	复旦大学植物分子生物学暑期培训班	生命科学学院
11	2012	2012 年生态学全国研究生暑期学校	生命科学学院
12	2012	视觉、学习及模式识别暑期学校	生命科学学院

(续表)

序号	年份	项目名称	院系全称
13	2012	2012年历史地理暑期研修班	历史地理研究中心
14	2013	海内外中国古代文学研究的前沿问题	中国古代文学研究中心
15	2013	复旦大学中外新闻传播理论研究与方法暑期学校	新闻学院
16	2013	第二届"新媒体与全球信息社会的公正传播"学术研究营	新闻学院
17	2013	"社会性别：学位论文写作的有效范畴"博士生高级研修班	历史学系
18	2013	中华文明国际研修班——佛教与中国文化	历史学系
19	2013	亚洲宗教、艺术与历史研究	历史学系
20	2013	2013年复旦大学德国柏林自由大学全球政治暑期学校	国际关系与公共事务学院
21	2013	非交换几何暑期学校	数学科学学院
22	2013	"矩阵函数和矩阵方程"上海暑期学校	数学科学学院
23	2013	生物物理学在生物医学中应用——复旦大学研究生暑期学校	航空航天系
24	2013	复旦大学植物分子生物学暑期培训班	生命科学学院
25	2013	"社会政策与社会工作青年领袖"暑期研究班	社会发展与公共政策学院
26	2013	2013年历史地理暑期研修班	历史地理研究中心
27	2014	全球视野下中国古典文学研究的前沿问题	中国古代文学研究中心
28	2014	实验语言学高级研修班	中国语言文学系
29	2014	复旦大学中外新闻传播理论研究与方法暑期学校	新闻学院
30	2014	复旦中华文明国际暑期研修班	历史学系
31	2014	"社会性别：学位论文写作的有效范畴"研究生高级研修班	历史学系
32	2014	"亚洲宗教、艺术与历史研究"夏季研修班	历史学系
33	2014	2014年复旦大学德国柏林自由大学全球政治暑期学校	国际关系与公共事务学院
34	2014	现代生物数学上海暑期学校	数学科学学院
35	2014	复旦大学生态学研究生暑期学校	生命科学学院
36	2014	植物分子生物学基础与前沿	生命科学学院
37	2014	2011年历史地理暑期研修班	历史地理研究中心

(续表)

序号	年份	项目名称	院系全称
38	2015	2015复旦大学中外新闻传播理论研究与方法暑期学校	新闻学院
39	2015	复旦大学2015年"亚洲宗教、艺术与历史研究"研究生暑期学校	历史学系
40	2015	"中华文化与中国宗教研究"暑期研修班第三期	历史学系
41	2015	2015年复旦大学德国柏林自由大学全球政治暑期学校	国际关系与公共事务学院
42	2015	生物物理学在生物医学中应用	航空航天系
43	2015	跨越国界的丝绸之路:历史与未来	历史地理研究中心
44	2015	复旦大学2015年高级统计方法在公共卫生中的应用研究生暑期学校	公共卫生学院
45	2016	2016复旦大学中外新闻传播理论研究与方法暑期学校	新闻学院
46	2016	中华文明研究暑期研修班第四期	历史学系
47	2016	"亚洲艺术、宗教与历史研究"夏季研修班	历史学系
48	2016	原子,分子,光学物理和精密测量	物理学系
49	2016	组学时代的生态学	生命科学学院
50	2016	历史地理研究技能强化暑期训练营	历史地理研究中心
51	2016	高级统计方法在公共卫生研究中的应用	公共卫生学院
52	2017	复旦大学2017年中外新闻传播理论研究与方法研究生暑期学校	新闻学院
53	2017	复旦大学2017年复旦大学-哈佛燕京学社"新媒体与社会性别研究"培训工作坊研究生暑期学校	新闻学院
54	2017	复旦大学2017年"亚洲宗教、艺术与历史研究"研究生暑期学校	历史学系
55	2017	2017年复旦大学德国柏林自由大学全球政治暑期学校	国际关系与公共事务学院
56	2017	复旦大学2017年调和分析与波方程研究生暑期学校	数学科学学院
57	2017	复旦大学2017年"生物物理学在生物医学中应用"研究生暑期学校	航空航天系
58	2017	复旦大学2017年非编码RNA研究前沿研究生暑期学校	生命科学学院
59	2017	复旦大学2017年"NGO与社会发展"研究生暑期学校	社会发展与公共政策学院

（续表）

序号	年份	项目名称	院系全称
60	2017	复旦大学2017年"历史维度下的生态系统与人类文明"研究生暑期学校	历史地理研究中心
61	2018	复旦大学"中外传播理论与方法"暑期学校（第14期）	新闻学院
62	2018	复旦大学2018年第七届"新媒体与全球信息社会的公正传播"学术研究营研究生暑期学校	新闻学院
63	2018	2018年亚洲宗教、艺术与历史研究研究生暑期学校	历史学系
64	2018	现代生物数学暑期学校	数学科学学院
65	2018	复旦大学理论物理前沿研究生暑期学校	物理学系
66	2018	第十四届复旦大学生态学高级讲习班：生物多样性与进化	生命科学学院
67	2018	2018年"医学人类学视角下的适老科技与社会发展"研究生暑期学校	社会发展与公共政策学院
68	2018	"地理演化的人文印迹"暑期学校	历史地理研究中心
69	2018	大数据背景下的全球卫生与跨文化交流	公共卫生学院

注：数据来源于复旦大学研究生院培养办公室。

二、研究生暑期学校的成效

复旦大学研究生暑期学校成为国家级、省市级和校级研究生创新计划的重要组成部分，逐渐成为研究生教育领域的品牌项目。它在提高研究生创新能力、拓展研究生学术视野、增进研究生之间的思想交流、实现研究生优质教学资源的有效共享等方面发挥了重要的作用。

复旦大学先后确立了复旦大学中外新闻传播理论研究与方法暑期学校、复旦大学生态学高级讲习班、复旦大学数学学科暑期学校、复旦大学德国柏林自由大学全球政治暑期学校、中欧大气化学暑期学校、历史地理研究中心暑期学校等品牌项目。在各个暑期学校的筹划和举办过程中，各研究生培养单位进一步维护和扩大了暑期学校的品牌效应，为青年学子搭建了学术交流的广阔平台，取得"双赢"效果，学员反响热烈。暑期学校的特点主要体现在如下3个方面：①师资阵容强大，国际化程度高；②定位高，注重品牌效应，同时注重各地区平衡发展，兼顾学校的社会责任；③课程形式丰富，实用性强，时代特色鲜明，前沿前瞻性强。

◆ 图13-2-1　2015年第十一届复旦大学生态学暑期高级讲习班

◆ 图13-2-2　2015年中国-欧洲大气颗粒物污染与空气质量研究生暑期学校

案例 13-2-1

新闻学院——信息与传播研究中心暑期学校

一、举办概况

中外新闻传播理论研究与方法暑期学校坚持面向海内外新闻传播学界的年轻教师，连续15年举办，被新闻传播学界称为"黄浦军校"。迄今为止，生源已经覆盖除西藏外的全国所有省市自治区（包括香港、台湾和澳门），学员总数达1 880余人，其中，不少学员已经担任全国高校新闻传播学院系领导和重要学术骨干。

中外新闻传播理论研究与方法暑期学校在2012年获得复旦大学研究生教学成果奖一等奖基础上,2017年荣获上海市级教学成果一等奖。

二、实施总体情况

优化资源配置、建立新型培养模式、加强博士生科研创新能力培养,是教育部研究生教育创新计划的主旨,也是国家培养、选拔优秀人才战略的重要构成部分。为突破高校博士生培养各自为政的封闭性,突破以新闻传播学科为基础的知识单一性,突破受导师方向所限的视野狭隘性,以集中海内外优秀资源为基础,以开拓视野引领学术为中心,以提高博士研究生的创新思维和能力为目标,自2005年开始,创办了面向全国的中外新闻传播理论研究与方法暑期学校,迄今已成功举办14届,受训学员共近980余人,生源涵盖除西藏外全国所有省份(含港澳台),真正成为名闻海内外的全国研究生学术训练的一流营地。基本做法如下。

1. 延揽中外名师

暑期学校在长达15年的教学实践中,充分整合全球华人一流新闻传播学者和人文社科一流学者资源。自开办以来,坚持每一期都保持三分之一国际一流新闻传播学者、三分之一国内一流新闻传播学者、三分之一人文社科一流学者的授课教师比例,仅长江特聘或讲座教授就有9位,还根据需要邀请卓有建树的优秀青年学者参与主题工作坊指导,让来自全国的博士研究生有机会接触学术大家、接受学术指导。同时,参与授课的学者也因暑期学校与学员建立起紧密联系,形成了一个辐射全国的研究生培养的无形"学院",持久发挥其作用和效应。

2. 丰富教学形式

暑期学校以中外新闻传播理论和方法为名,意在从前沿问题中伸展开各种不同路径和取向,使得学员既能明了不同流派、不同理论的来龙去脉,又能领略其最新进展。要求授课教师精心选择阅读文献,提前发给学员阅读;同时,与授课教师讨论授课题目,一定关照源流、博中见新。由此,力争让学员在时间不长的学习中,获得在本校不可能获取的多元而又丰富的学术养料,促使他们从中反观自己,在学术视野上能有一个质的开拓,以利于推进他们的学术研究。

在各个环节安排上,都贯穿着学术思维和能力创新的理念。首先,要求学员必须阅读提供的文献,一方面掌握最新的研究成果,明了教师所讲的内容,另一方面推动他们深一步体验阅读、思考和研究的关系,提高学术感悟力;其次,坚持讨论式课堂教学,授课与讨论各占一半,如果白天课堂内容多,就在晚上另辟讨论课;其三,开设专题工作坊,针对学员提交的论文初稿,教师评点,学员参与讨论,从而激发学员的创造性。最后,以晚会、小组活动等形式,加强学员之间的课外交流,共同切磋砥砺。

3. 历年主题回顾

2005—2018年14届暑期学校的主题如表13-2-4所示。

表13-2-4 复旦大学新闻学院——信息与传播研究中心暑期学校主题

编号	年度	暑期学校主题	编号	年度	暑期学校主题
1	2005	传媒研究·社会理论·历史	7	2011	媒介研究的质化取向
2	2006	文化研究的理论路径	8	2012	时空的文化社会学理论及意义
3	2007	新闻学研究的理论框架和方法	9	2013	大数据时代的传播学研究
4	2008	中国新闻传播研究中的功能主义倾向	10	2016	重造新闻学
5	2009	专业主义的理论视角和分析路径	11	2017	理解与路径：新报刊/媒体史书写
6	2010	eSocial Science 与传播实证研究	12	2018	媒体实践：报刊与城市的历史书写

综上所述，课程设计始终紧跟现实和学术的变化，从各种研究取向和方法的新进展，到近些年的新媒介技术革命性变化及其导致的传播实践的翻天覆地之变革，再到以"城市传播"和"新媒介史书写"等为重点的创建具有中国特色的传播学术话语，保证了暑期学校从始至终是博士生与前沿学术思想面对面互动的第一平台。

以问题为导向，通过阅读最新文献和各种形式讨论，打破学员固有的思维。以高水准的研究为范例，让学员揣摩比照，提升学员的学术品味。以主题工作坊为场域，针对学员预先提交的研究计划和论文初稿，由该领域著名学者引领学员讨论，激发质疑和辩驳，拓展学员的学术想象力。

打破地域和院校界限，以暑期学校为平台，学员们形成了一个牢固的学术共同体。通过线上群组和线下活动，长期保持学员之间及其与授课教师的互动，共享识见，成为一个全国性的校外学校，对提升学术、促进学习、培养人才发挥着潜在而深远的影响力。

三、实施效果

经过15年持续不断的坚持努力，复旦大学中外新闻传播理论研究与方法暑期学校已成为全国新闻传播学科研究生教育的知名品牌。结业之际反馈的调查问卷显示，学员们对暑期学校教学水平、组织水平的好评率达到95%。历经14年而不衰，每年仍然有众多新闻传播研究生趋之若鹜，报名人数仍然大大多于录取人数，就足以证明其所具有的卓著声誉和作用。

课程质量高，一直深得学员信赖。一些没能报上名的学员希望能够获得讲课内容和阅读材料。不仅如此，近些年学院将暑期学校授课内容在复旦大学信息与传播研究中心微信公众号上推出之后，获得了高阅读量、高转发量和新订户的吸纳量，暑期学校对社会产生广泛影响。

暑期学校课程和工作坊中的讨论，对于学员更好地完成或者完善博士论文起到了很好的作用,相当一部分学员的博士论文达到良好质量。经过暑期学校讨论的一些论文,发表在各类海内外青年学者论坛、学术会议、学术期刊上,有的发表在 SSCI 国际学术期刊上。

据不完全统计,结业的 831 名学员中已有 40% 的人取得了副高以上职称,不少人成为所在学校的学科骨干甚至是学科带头人。其中,近 50 人取得正高职称,近 20 人目前正在担任或曾经担任不同高校新闻传播学院院长职务。

摘录部分学员及教师心得

暑校学员感悟

考上博士、参加新闻传播学界的"黄埔军校",是我 3 年以来自我勉励、自我检验的标杆。在新媒体变革如火如荼的时代背景下,暑期学校学员秉承复旦"博学而笃志,切问而近思"的校训,树立远大学术志向,努力扩宽学术视野,回应时代要求。本次暑期学校给学员提供了一个"问"与"想"的学术空间。

(蒋东旭,中国传媒大学 2017 级博士研究生)

中外新闻传播理论研究与方法暑期学校是新闻传播学界有名的"黄埔军校",十几年内来坚持举办,对学员分文不取,这种对学术的认真精神和对学员的关怀,让我们这些学生十分感动。在这几天的学习过程中,我们常常听到老师说,学术贵在建立有共识的共同体。我想,对于我们这些学员来说,这是一个很好的契机,通过共同学习的经历,相互连接,促进交流,形成我们新一代新闻传播学学人的学术共同体。

(李璐玚,中国人民大学 2017 级博士研究生)

授课教师感悟

暑期学校能够坚持办校 14 年、形成国内外学术影响力,得益于不同领域权威学者的辛勤付出,也得益于教育部、研究生院、新闻学院等多方机构对新闻传播学学术研究和人才培养的全力支持。正因如此,中外新闻传播理论研究与方法暑期学校成为国内起步最早、历史最长、影响最广的新闻传播学科暑期学术品牌。近年来,跟随学科转型发展,暑期学校的课程主题与教学模式也在不断改进之中,以求形成更具针对性的教学效果。本次暑期班,我们对学员提出要求,希望全体学员静下心来、保持认真专注的学术态度;保证扎实的课程文献阅读,在此基础上进行学术对话,不流于空谈观点;敞开自身,用心聆听和理解不同学术视野的交汇;通过不断地感悟思考,体会学术研究的方法与价值。

(黄旦,教授、复旦大学信息与传播研究中心主任)

在当前,学界、业界不同领域都高度关注中国城市发展状况。在诸如城市微更新议题的跨学科探讨中,学者广泛聚焦城市媒介与多元主体交往问题,城市传播能为此提供富有阐释力的理论视角。为此,本次暑期学校不仅引介媒介技术理论和前沿经验研究方法,还涉及如人工智能、模拟仿真技术和智能城市等前沿议题的原创性学术见解,拓宽暑期班学员对新技术与中国城市关联的视野。

(陆晔,教授、复旦大学信息与传播研究中心副主任)
(案例提供:复旦大学新闻学院)

案例 13-2-2

中国-欧洲大气化学暑期学校

一、项目背景

当前大气污染、极端天气、气候变化等重大环境问题日益凸显,空气污染导致灰霾天气增多,温室气体排放引起全球变暖和气候变化,直接关系到人体健康、生态环境、社会稳定和经济发展,影响到人类的生存和发展,越来越受到世界各国各个层面的重视。在我国,京津冀、长三角、珠三角等城市和区域频繁爆发大范围、持续多日的复合型大气污染,严重影响了我国居民的工作、生活和身体健康。PM2.5等污染物可以通过长距离传输对遥远地域产生影响,已引起了世界范围的广泛关注,对其生成和影响机制的理论和实验研究成为我国乃至世界学术界的热点。在国际上,大气环境科学界也一直致力于揭示大气物理化学过程对大气化学组分浓度的作用,并在此基础上研究全球大气化学变化对全球气候变化、人体健康和生态系统的影响。

作为人类社会面临的重要挑战,大气污染及气候变化问题的解决有赖于多学科的协同研究,也对培育新一代的大气环境研究人才提出了迫切挑战和要求。复旦大学环境科学与工程学科入选了教育部一流学科建设计划,复旦大学环境科学与工程系拥有上海市大气颗粒物污染防治重点实验室、科技部气候变化与环境研究国际科技合作基地、国家级环境科学虚拟仿真教学实验中心等科研与教学平台,在大气环境科学方向的学术研究及研究生及博士后培养上已有一定成就。为了进一步开阔大气环境科学方向研究生的学术视野,提高研究生的培养质量,增强对该领域国际前沿研究的学习,帮助包括研究生在内的年轻科学家们掌握该领域必要的理论知识、了解最先进的实验技术,自2013年起,复旦大学环境科学与工程系联合了中国科学院生态环境研究中心、法国国家科学研究中心里昂催化与环境研究所、法国国家科学研究中心燃烧与环境研究所及德国莱布尼兹协会对流层研究所等中外著名大气环境研究机构,发起了两年一届的中国-欧洲大气化学暑期学校(Sino-European School on Atmospheric Chemistry,SESAC),主要结合大气颗粒物污染等重大环境问题,聘请学术水平高、教学经验丰富的国际知名专家、学者担任主讲教师,全球选拔大气环境科学方向优秀的研究生及青年学者,进行为期两周的集中式的创新专题系列讲座、专题讨论、大气观测超级站考察及论文撰写,对新一代的年轻大气环境科学工作者进行强化教育与培养。

二、项目具体落实情况

第一、第二、第三届SESAC分别于2013年5月、2015年10月和2017年11月成功举办,承办方均为复旦大学环境科学与工程系上海市大气颗粒物污染防治重点实验室。来自中国、欧洲、北美的著名大气化学家60多人次前来讲课,海内外博士后、博士生和高年级硕士生等220多人次参加了SESAC。3届SESAC均吸引了全世界该专业领域的目光,获得了包括上海市教委、中德科学中心、法国驻华大使馆、欧盟第七框架计划(FP7)、欧盟地平线2020计划(Horizon2020)、法国国家科学研究中心、中国国家自然科学基金委员会、法国Région Auvergne-Rhône-Alpes大区政府以及专业仪器公司的资助。*Shanghai Daily*等主流媒体也对其进行了相关的报道。

首届SESAC于2013年5月17日至27日(正值复旦大学108年校庆期间)在上海及太仓举行,由复旦大学环境科学与工程系陈建民教授、法国国家科学研究中心燃烧与环境研究所副所长Abdelwahid Mellouki教授、法国国家科学研究中心里昂催化与环境研究所副所长Christian George教授及德国莱布尼兹协会对流层研究所副所长Hartmut Herrmann教授共同担任发起人兼主持人,邀请了中国、法国、德国、美国、英国、加拿大、以色列的数十家顶尖大气化学研究机构的34位著名科学家,就大气化学、全球气候变化、区域空气污染、灰霾形成机制等核心前沿科学研究问题,为中国及欧美56名博士生、博士后进行了集中10天的授课。授课教师中有美国国家科学院院士、英国皇家学会外籍院士、时任美国国家海洋大气管理署化学部主任A. R. Ravishankara教授,英国皇家化学会会士、英国勋爵、大气化学机理模型(MCM)创始人Mike Pilling教授,德国马普学会化学研究所联席所长Stephan Borrmann教授等国际大气化学顶尖科学家。除课堂授课外,为帮助学生与海外授课教师更好地了解中国大气化学发展现状,复旦大学大气灰霾移动观测平台集装箱同时运抵会场,10多套价值近1 000万元国际最先进的大气观测设备同时运行,供课后参观、现场大气数据分析,取得了良好的观摩学习效果。

在首届SESAC成功举办的基础上,2015年10月19日至31日在上海举办了第二届SESAC。陈建民教授、Abdelwahid Mellouki教授、Christian George教授及Hartmut Herrmann教授继续担任发起人,并新增中科院生态环境研究中心年玉静研究员为共同发起人。参加第二届SESAC的复旦大学在读研究生同时兼修复旦大学研究生FIST课程"大气化学——从理论到实践",意味着SESAC正式和复旦大学高质量研究生培养教育体系挂钩。第二届SESAC正式学员共71名,分别来自中国大陆(31人)、香港,还有法国、德国、瑞士、挪威、澳大利亚、日本、墨西哥等。授课教授共31位(其中18位来自欧美),包括中国科学院江桂斌院士和陶澍院士、美国国家科学院院士A. R. Ravishankara教授、美国国家工程院院士M. R. Hoffmann教授、德国马普学会化学研究所联席所长Stephan Borrmann教授等著名大气化学家。在课程中,除讲座式授课和专题讨论外,还增加了重点实验室参观活动和中国文化交流讲座。

第三届SESAC于2017年11月21日至12月1日在上海成功举办。第三届SESAC延续了前两届SESAC的授课方式和教学方案,结合当前学术热点对课程有效地进行模块化,讲授和研讨的重点集中于大气化学基础、中国的大气化学研究、非均相化学和多相化学、气相化学、中国的空气污染和研究探索,并在课程的最后设置特别专题——"大气化学与水循环及全球水资源危机"讲座。第三届SESAC正式学员120名,是来自12个国家/地区的48所大学/科研机构从事大气科学学习和研究的研究生或博士后。授课科学家26人(其中16人来自欧美),除前两届也曾参加的美国国家科学院院士A. R. Ravishankara教授、中国科学院院士江桂斌教授、德国马普学会化学研究所联席所长Stephan Borrmann教授等人外,还有中国工程院院士郝吉明教授和张远航教授等。此外,SESAC发起人联合成功申请到欧盟地平线 2020 计划的 MARSU（MARine atmospheric Science Unravelled：Analytical and mass spectrometric techniques development and application）项目，该项目同时资助了第三届 SESAC。

三、项目成效

创办 SESAC 是为了对新一代的年轻大气科学工作者（未来的大气科学家）们进行强化教育。培养、选拔和储备大气化学领域的国际化高端人才是 SESAC 的主要办学目的。连续 3 届 SESAC 培养的学员中已有多人在 Nature、Science 及其子刊等发表多篇大气化学学科领域的重要原创性成果，一些优秀的 SESAC 学员已经在大气环境科学研究领域崭露头角。例如，Stephanie Rossignol 博士是 2013 年首届 SESAC 的学员，2016 年她以第一作者身份在国际顶级期刊 Science 上发表论文"Atmospheric photochemistry at a fatty acid-coated air-water interface"，现为法国名校艾克斯-马赛大学环境化学实验室的副教授；首届 SESAC 学员李卫军博士，现为浙江大学大气科学系副系主任、浙江大学百人计划特聘研究员、国家优秀青年科学基金获得者；陈晖博士于 2013 年以复旦大学在读博士生身份参加了首届 SESAC，在完成博士学业后在法国奥尔良大学从事博士后工作，现为复旦大学环境科学与工程系的科研助理；第二届 SESAC 学员 Peter Alpert 博士，现在瑞士保罗谢勒研究所做博士后工作；第二届 SESAC 的学员唐小锋博士，现为中科院安徽光学精密机械研究所副研究员，并主持国家重点研发计划"大气污染成因与控制技术研究"重点专项（2016YFC0200300）等多项科研项目；李春林博士于 2015 年以复旦大学在读博士生身份参加了第二届 SESAC，在 2016 年博士毕业后赴法国国家科学研究中心里昂催化与环境研究所从事博士后工作，现在以色列魏茨曼研究所做博士后。来自加拿大多伦多大学的第二届 SESAC 学员 Greg Wentworth 博士，在 Nat. Comm., Atmos. Chem. Phys., Atmos. Environ. 等著名期刊上独立或合作发表了 7 篇高水平论文，并在激烈的竞争中脱颖而出，获得了在加拿大亚伯达省政府从事环境监测与研究的职位。

可见，SESAC 不仅通过集中授课向年轻的科学家传播、分享、交流了当前最好的大气环境领域的科学发现，也成为国际上许多年轻的大气科学工作者职业生涯的起点。对于复旦大学，连续举办多届 SESAC，是对大气化学国际化高端人才培养新途径的成功探索，因此，于 2017 年荣获上海市级教学成果奖一等奖。对于上海，SESAC 为大气环境学领域创新人才的教育培养起到了很好的示范作用，有助于将上海打造成我国乃至世界知名的环境科学、大气科学等相关学科教学和研究的"桥头堡"。

两年一届的 SESAC 业已成为国际大气学界的"盛事"，并已形成品牌效应。2019 年 11 月复旦大学将继续举办第四届 SESAC，在注重青年大气科学家培养的同时，力争将 SESAC 打造成全球大气科学工作者群体的标志性活动及世界大气化学学界的重要学术交流纽带。

（案例提供：复旦大学环境科学与工程系，陈建民、陆晓慧）

案例 13-2-3

复旦大学生态学暑期高级讲习班

一、背景与目标

人类赖以生存的地球系统正面临着种种环境问题,这使得生态学这一研究生物与环境相互作用的学科的重要性日益凸显,并成为21世纪的科学热点之一。我国的生态学在近年来得到前所未有的重视和长足的发展。自2011年起,生态学由原来属于生物学一级学科下的二级学科提升为理学门类下的一级学科。但是,由于我国生态学的基础薄弱,目前生态学的教育和科研水平与国际相比还存在巨大差距。

青年生态学者,特别是研究生,正逐渐成为我国生态学研究的生力军。然而,我国的研究生培养还存在一定缺陷,特别是在如何使研究生尽快掌握国际前沿和方法上明显不足。这一方面是受到师资条件的限制,另一方面是学科的快速发展使教师难以随时跟踪国际前沿。因此,使研究生尽快掌握最新进展和方法论,对于提高研究生的质量非常重要。

复旦大学生态学科是国家重点学科,并在2017年被列为"双一流"建设学科。为了给我国生态学及相关专业的优秀研究生提供一个向国际顶尖生态学家学习与交流的机会,使他们在从事生态学研究之初就有机会受到良好的引导与熏陶,为将来成长为能够担当起我国生态学研究重任并具有全球视野的优秀生态学家奠定基础,在2004—2018年复旦大学生态学科成功举办了15届"复旦大学生态学暑期高级讲习班",对解决当前我国生态学研究生教育方面的问题起到重要的引领作用。讲习班面向全国生态学及相关专业的优秀研究生,以生态学研究的哲学思想、方法论、学术前沿和新的技术方法在生态学研究中的应用为主要教学内容,主要目的是:以培养"具有全球视野、面向未来、应对多方面挑战的新一代生态学家"为目标进行教学改革,着重提高研究生掌握学科前沿和方法的能力,造就有潜力的生态学家,争取从中涌现出一批具有国际影响力的生态学家,使讲习班成为我国生态学杰出人才培养的"黄埔军校"。

二、教学模式

(1) 讲习班形成了造就"具有全球视野、面向未来、应对多方面挑战的新一代生态学家"的培养模式。当代生态学发展迅速,新方法不断涌现,而每一个单位又不可能拥有熟悉生态学各个前沿领域与全面掌握新方法的教学队伍。针对这一问题,讲习班始终围绕4个核心问题开展教学。

- 授课内容集中在当代生态学前沿领域的最新理论与方法,聘请的主讲教师为国际上相关领域的杰出科学家;
- 从全球和重大生态学问题的视角讲授,培养学员解决全球性生态学问题的能力,争取在国际生态学领域产生影响;
- 将理论、方法与案例分析紧密结合,便于学员理解、掌握和运用;
- 引导学员积极思考"中国青年生态学家当前面临的挑战",培养学员的使命感和责任感。

(2) 讲习班改变了教师讲、学生听的"填鸭式"教学模式,建立了一套师生互动的教学模式,大大提高了学员的学习积极性和综合能力。
- 学位论文研讨:选择学员的相关论文选题,师生共同研讨,帮助其完善研究计划;
- 生态学热点专题讨论:针对某一生态学热点问题进行深入讨论,培养学生凝练科学问题的能力及团队精神;
- 野外台站考察:赴复旦大学长江河口湿地野外站实习,将授课内容与实践相结合;
- 演讲比赛:组织以"中国青年生态学家的历史使命"为题的演讲比赛,鼓励学员就我国重大生态问题发表自己的看法,增强学员的使命感和责任感。

(3) 探索出组建"高效、经济和国际水准的教学队伍"的模式。近年来我国在人才引进上进行了积极的探索,并取得了显著的成绩。但是,一些人才引进的效果无法落到实处。针对我国在引进国外优秀人才中的低效、高价和盲目的问题,讲习班提出了复旦大学团队引进的模式,其特点是:针对独特的教学目标,严格遴选团队负责人,组建以"欧美生态学家创新团队"为主体,并以国际一流科学家为补充的高水平教师队伍,形成了一种高效、经济、灵活的人才引进模式,成效显著。

三、教学内容

为实现教学目的,对学员进行严格的遴选,要求申请者导师对研究生的情况进行介绍,特别是对其发展潜力做出评价;还对部分申请者进行电话面试,最终确定录取名单。因此,本讲习班有起点高的特点。针对讲习班独特的教学目的和学员起点较高的特点,讲习班的教学内容突出了以下两点。

(1) 强调学科前沿与方法论的动态教学内容。教学内容紧跟生态学领域的前沿问题,以生态学的科学前沿、方法论以及科学哲学为主线,涵盖当代生态学各个热点领域,使研究生能够较快进入生态学前沿领域。而且每年都根据学科发展对教学内容做一定的调整,教学内容呈现动态变化。每一期讲习班结束时,还请学员对每位教师的教学内容、方法和效果等进行评价,并提出具体改进意见。

(2) 针对我国生态学研究生普遍薄弱而又至关重要的环节加强教学。我国生态学研究生在科学问题的提出、研究方法的选择、实验设计、数据分析以及科技论文写作等方面较为薄弱,严重制约了我国生态学研究水平的提高。针对这些问题,讲习班在教学中突出了新方法和新技术在生态学中的应用,将如何提出科学问题、实验设计、数据分析以及科技论文写作等作为重点,邀请有经验的科学家,并结合实例对学员进行训练。

几年来,讲习班的教学内容几乎涵盖了当代生态学各个热点领域,同时加强了薄弱环节的训练。主要的教学主题如下。
- 生物多样性及保护生物学;
- 生态系统生态学;
- 全球气候变化及其模拟;
- 景观及流域生态学;
- 稳定同位素技术在生态学中的应用;
- 遥感与地理信息系统;

- 涡度协方差技术；
- 科学问题的提出；
- 生态学的试验设计及数据分析；
- 生态学科技论文的写作与发表；
- 生态学与环境教育。

四、授课教师

授课教师队伍由活跃在国际生态学领域的一流生态学家组成，特点如下。

（1）以"欧美生态学家创新团队"为主体，组建了一支具有全球影响力的生态学教学队伍。当代生态学内容广泛，任何一个单位都不可能拥有涵盖生态学各前沿领域的教师队伍。讲习班以"欧美生态学创新团队"成员为教师主体，聘请20余位有国际影响力的生态学家，并每年根据讲习班的主题邀请相关领域的著名学者前来授课，组建了一支高效、经济和高水平的教学队伍。

（2）授课教师在生态学研究领域具有国际影响力或是相关领域的学术带头人。如当代最优秀的生态学家之一、美国生态学会前任主席、美国自然科学基金生态系统研究项目主任J. F. Franklin教授；当今最权威的流域生态学家之一的R. J. Naiman教授；世界上较早研究全球变化生物学的科学家之一、当代生态学领域的重要学术领头人之一的Y. Q. Luo教授；在景观破碎化、边缘效应等领域处于国际领先地位的景观生态学家J. Q. Chen教授；保护生物学领域的学术带头人、美国人文与科学院院士J. G. Liu教授等。

（3）授课教师在科技论文写作与发表方面具有丰富的经验。如著名的种群生态学家，*Journal of Applied Ecology*前任主编A. R. Watkinson教授；著名的大气环境学家，*Agricultural and Forest Meteorology*前任主编K. T. Paw U.教授；著名的保护生物学家，*Ecosystems*，*Ecological Modeling*，*Conservation Biology*等期刊的编委J. G. Liu教授。

（4）授课教师在生态学的新方法与新技术方面处于国际领先地位。如稳定同位素技术专家G. H. Lin教授；遥感与地理信息系统专家J. G. Qi教授；涡度协方差技术专家K. T. Paw U.教授。

（5）授课教师在实验设计和数据分析方面有丰富教学经验。例如，M. North教授长期从事生态学实验设计与数据分析的教学；J. D. Lin教授在多变量分析方面具有多年实践经验。

五、效果及社会评价

（1）全国超1 400人次研究生接受培训。

自2004年首届复旦大学生态学暑期高级讲习班举办以来，有1 400余人次的生态学相关领域研究生在讲习班学习。通过举办讲习班和暑期学校，复旦大学生态学科与国内外多个在生态学领域具有影响力的大学和研究院所建立了长期合作关系，并储备了大量的国内外著名生态学家作为师资资源。目前参加过授课的学者包括多名欧美著名生态学家（包括美国生态学会主席和美国科学院院士）以及国内高校的高水平学者，已有180人次活跃在生态学教学与科研第一线的学者为讲习班授课。实际上很多研究生慕名而来，每一期报名人数都远远超过实际录取人数。近5年每届讲习班的学员来自全国40余家单位，几乎涵盖了所有拥有生态学国家重点学科的高校以及在生态学领域中有影响的研究机构。为促进边远地区生态学优秀人才的培养,讲习班还保证了这些地区的研究生参加学习的机会。

(2) 讲习班受到学员们的一致好评。

为梳理讲习班的效果,曾对学员进行了问卷调查。有近90%的学员认为复旦大学组织讲习班是"为我国生态学研究和教育培养人才"。认同复旦大学举办讲习班是为了"培养具有全球视野、能进入国际学术界的青年生态学家"、"掌握生态学研究的最新进展和当前的研究热点"和"使学员能够与国际顶尖生态学家直接接触与交流"的均超过80%。学员导师对讲习班持"非常赞同和欣赏"和"比较赞同和欣赏"态度的高达95%。尽管学员来自生态学的多个领域,但超过70%的学员都认为讲习班课程设置"很合理"或"基本合理",内容"涵盖"或"基本涵盖"了生态学的主要热点领域和前沿。学员普遍反映参加讲习班后"开阔了眼界,培养了全球的视野"和"接触了国际一流的生态学家并和他们进行面对面的交流"。

(3) 讲习班为我国培养了一批生态学及相关学科的优秀人才。

讲习班使我国年轻生态学工作者的理论与研究水平得到了提高,尤其是熟悉了生态学研究的方法论以及如何成为一名杰出的生态学家。参加讲习班的研究生学到了生态学前沿领域的知识,提高了科研能力和科技论文撰写能力,从中涌现了多名优秀的研究生。很多研究生在参加讲习班之后的短时间内就取得了突出成绩,并在相关专业的国际一流刊物上发表了重要研究论文;一些参加讲习班的研究生已在生态学领域崭露头角,成为相关领域具有影响力的学者,被聘为国内著名高校和研究所的教授、研究员,并获得教育部和基金委的人才项目。可以期待在不久的未来,将从学员中涌现出更多具有国际影响力、能成为我国生态学界学术带头人的生态学家。

(4) 讲习班得到社会各界的认可和资助。

作为复旦大学生态学科人才协作培养的代表,复旦大学生态学暑期高级讲习班探索出一套培养研究生掌握学科前沿与研究方法的新途径,讲习班培养的一批"具有全球视野、面向未来、应对多方面挑战的新一代生态学家"已在国际生态学界崭露头角,一些讲习班学员发表多篇具有国际影响力的论文,获得了全国优秀博士论文、基金委优秀青年基金等。生态学暑期高级讲习班还曾被 Science 的"News Focus"栏目进行了报道(Science, 319: 148 - 151),并于2008年获得复旦大学教学成果一等奖、2009年获得上海市级教学成果一等奖。2007年、2009年和2011年的讲习班获教育部和国家自然科学基金委批准为"全国研究生暑期学校";2015年和2017年被批准为"上海市研究生暑期学校"。

(案例提供:复旦大学生命科学学院,赵佳媛、蔡星星、李博)

案例 13-2-4

历史地理研究中心暑期学校

一、举办缘起

历史地理学是研究历史时期地理现象的一门学问。中国的历史地理学由传统的沿革地理发展而来，在《中国历史地图集》《中华人民共和国国家历史地图集》等一系列国家级基础科研工作的推动下，已形成自觉的学科意识和发展规划，其研究强调辨析人类活动和人地关系的时空特征，实事求是，服务社会。历史地理学具有文理兼顾的学科交叉特性，并且在发展过程中，不断关注和吸收其他学科方向的问题意识和研究思路。

在此学科发展背景下，历史地理研究中心发现，在科学研究和研究生培养上存在一些共同的瓶颈需要突破。一方面，研究生的培养和成长需要学习和接触的相关领域特别多；另一方面，虽然历史地理研究中心拥有一批国内公认的学科带头人，研究方向涵盖历史自然地理和历史人文地理两大分支的主要方向，但教师的具体研究各有侧重，而学科本身日新月异，教师对新技术和新方向的把握也需要一个摸索和了解的过程，仅仅依靠复旦大学历史地理研究中心的教师力量，在学科前沿的理解和教学方面势必存在一个滞后期。

为此，复旦大学历史地理研究中心从 2009 年开始尝试举办研究生暑期学校，邀请活跃于历史地理学及相关领域的一线专家，集中讲授学科前沿的成果和方法。由此，一方面，研究生能够及时聆听到一线学人的亲自讲解，消除了常规教学前沿介绍中难以避免的滞后和偏差；另一方面，复旦大学历史地理研究中心教师将暑期学校作为同行动态的交流平台，可获得研究、培养效益双收的效果。复旦大学历史地理研究中心暑期学校的创设因为适应切实的研究、培养之需，故目标明确、成效显著。自 2009 年首届以降，至 2018 年已连续成功举办 10 届。在此过程中，暑期学校的主题选定、研修形式亦因时而动，推陈出新。

二、实施的总体情况

1. 主题选定

历史地理研究中心暑期学校创设的初衷为追踪学术前沿，因此，2009 年首届的主题为"历史地理学前沿问题"。这是一个较为宽泛的提法，若每年陈陈相因，便难以将议题引向深入。因此，此后历年暑期学校主题的选择，采用主题轮动的方式，每年专精于历史地理学的一个方向，由复旦大学历史地理研究中心该方向的教授领衔组织，邀请该方向近年最活跃的一线学者担纲授课。主题轮动若干年后，穿插一次全学科性质的前沿及方法讲授。由此，暑期学校每年主题的确定方式，呈主题轮动和全科聚合的双轮驱动态势。兹将 2009—2018 年 10 届暑期学校的主题条列如下。

- 2009 年：历史地理学前沿；
- 2010 年：GIS 在历史地理及相关人文社会科学研究中的应用；
- 2011 年：历史经济地理与区域经济发展；
- 2012 年：历史政治地理前沿；
- 2013 年：历史自然地理前沿；
- 2014 年：中国人口史和移民史前沿研究；
- 2015 年：跨越国界的丝绸之路：历史与未来；
- 2016 年：历史地理研究技能强化暑期训练营；
- 2017 年：历史维度下的生态系统与人类文明；
- 2018 年：地理演化的人文印迹。

其中,2009年、2016年两届的主题为全科聚合性质,其余各届为主题轮动性质。

2. 教学形式

对于暑期学校的具体教学,讲座为最基本的授课形式。从2016年起,暑期学校还增设了一个新的教学环节——专家访谈。将学员分为若干组,利用专家讲座后的当天晚上,1组学员访谈1名专家,从而形成5名左右学员与1名专家的学术谈话。这一形式与讲座相比,气氛相对轻松。学员不仅可围绕讲座内容继续深入提问,还可向专家请教日常的研究经验。在此氛围中,专家也能超越讲座的框架,与学员分享课题缘起、思考过程、各种挫折等一般不会在正式论文或讲座中表达的研究心得。据学员反馈,分组访谈对于习得如何选定研究课题、如何组织系统思考等研究方法最有成效。历史地理研究重视景观的实地考察,故每届暑期学校还紧扣当年主题,组织近代城市景观、上海成陆冈身遗迹和江南传统农法等内容的现场讲解。

三、历届暑期学校简介

1. 2009年: 历史地理学前沿

此为暑期学校之首届,旨在清理学科发展的问题,检讨既有的研究方法,探索学科发展的方向,分享历史地理最新理念,加强与相邻学科间的渗透。这届暑期学校邀请到唐晓峰(北京大学)、辛德勇(北京大学)、王劲峰(中国科学院)、侯甬坚(陕西师范大学)等校外专家,与复旦大学葛剑雄、满志敏等共17位专家,分历史文化地理、生态与社会、人口史与GIS、区域历史地理、历史政治地理、历史城市与聚落地理6个专题进行授课和讨论。

2. 2010年: GIS在历史地理及相关人文社会科学研究中的应用

第二届暑期学校由侯杨方教授牵头组织,偏重前沿技术的引介,邀请到林珲(香港中文大学)、刘彦随(中国科学院)、王英杰(中国科学院)、吴健平(华东师范大学)、张立(华东师范大学)等校外专家,与复旦大学葛剑雄、马蔚纯等共12位专家,为学员讲授了空间综合人文学与社会科学研究进展、GIS在乡村及农业地理研究中的应用、GIS与空间可视化在人口地理研究中的应用、遥感考古理论及应用等前沿内容。这届暑期学校还为学员提供了专门的GIS软件上机时间,教师现场指导Mapinfo和ArcGIS等软件的进阶应用。

3. 2011年: 历史经济地理与区域经济发展

第三届暑期学校由吴松弟教授牵头组织,邀请到林满红(台湾中研院)、许檀(南开大学)、陆玉麒(南京师范大学)、苗长虹(河南大学)、龚胜生(华中师范大学)等校外专家,与复旦大学戴鞍钢、安介生等共18位专家,为学员讲授了世界视野下的中国近代经济变迁、清代前期的常关、双核结构与区域经济地理格局的分布、城乡经济一体化研究等前沿内容。另由中心青年教师主持了"历史经济地理的理论与方法"、"区域历史经济地理专题研究"两场综合讨论。

4. 2012年: 历史政治地理前沿

第四届暑期学校由周振鹤教授牵头组织,邀请到辛德勇(北京大学)、胡阿祥(南京大学)、陈伟(武汉大学)、郭声波(暨南大学)等校外专家,与复旦大学李晓杰、傅林祥等共12位专家,为学员讲授了从沿革地理向政治地理学的范式转换、秦简牍所见的地理问题、六朝政区问题、历史政区地理的圈层结构等前沿内容。暑期学校还组织学员前往归属浙江省、却由上海港务局管理的洋山深水港，带领学员切实体会政区地理的现实运作。

5. 2013年：历史自然地理前沿

第五届暑期学校由满志敏教授牵头组织，邀请到郑景云（中国科学院）、夏明方（中国人民大学）、方修琦（北京师范大学）、王乃昂（兰州大学）、蓝勇（西南大学）等校外专家，与复旦大学邹逸麟、张修桂等共12位专家，为学员讲授了多角度视野下的历史环境变迁研究、历史气候变化研究进展和展望、中国北方沙漠古城址与环境变迁、田野考察与中国环境史研究等前沿内容。在系列讲座后，暑期学校还组织学员实地考察了上海青浦区青龙镇及周边地区的古河道，现场理解河道变迁与城镇兴废间的关系。

6. 2014年：中国人口史和移民史前沿研究

第六届暑期学校由葛剑雄教授牵头组织，邀请到王丰（加州大学尔湾校区）、蔡泳（北卡罗来纳大学）等校外专家，与复旦大学任远、侯杨方等共10位专家，为学员讲授了作为社会理论的历史人口统计学、中国人口史研究的关键性问题与前瞻、当代中国人口变动和人口迁移流动等前沿内容。

7. 2015年：跨越国界的丝绸之路：历史与未来

第七届暑期学校由姚大力教授牵头组织，邀请到刘迎胜（南京大学）、杨波（上海外国语大学）、姚为群（上海WTO事务咨询中心）等校外专家，与复旦大学葛剑雄、杨伟兵等共10位专家，为学员讲授了海陆丝绸之路的过去与未来、丝绸之路的历史地理背景和未来启示、中亚地缘政治与经济格局等前沿内容。

8. 2016年：历史地理研究技能强化暑期训练营

第八届暑期学校由张伟然教授牵头组织，其主题并非专题，而属方法论，旨在提炼出从事历史地理研究最需要的基本能力，既讲授基本技能，又指导多种技能的综合运用，从而培养学员兼具时间和空间敏感、能活用文献和考察方法的历史地理研究能力。这届暑期学校邀请到唐晓峰（北京大学）、辛德勇（北京大学）、徐少华（武汉大学）、曹树基（上海交通大学）、蓝勇（西南大学）等校外专家，与复旦大学葛剑雄、张晓虹等共9位专家，为学员讲授了欧美历史地理研究的传统与特点、新出土史料对历史地理研究的意义等前沿内容，做了历史地理田野考察技能、历史地理论文的选题与写作等方法论指导。在讲座后，学员以分组访谈的形式向各位专家讨教研究心得，并一同进行了上海市区及周边的自然、人文地理考察。

9. 2017年：历史维度下的生态系统与人类文明

第九届暑期学校由王建革教授牵头组织，邀请到王子今（中国人民大学）、王思明（南京农业大学）、曾雄生（中国科学院）、樊志民（西北农林科技大学）等校外专家，与复旦大学姜庆五、李博、杨煜达等共10位专家，为学员讲授了中国血吸虫病防治史、环境与江南稻作、草原生态与丝绸之路交通、气候变化与人类文明等前沿内容。在讲座后，学员们还一同前往昆山悦丰岛有机生态农场，实地了解传统与现代相结合的有机农业实践。

10. 2018年：地理演化的人文印迹

第十届暑期学校由王振忠教授牵头组织，邀请到唐晓峰（北京大学）、李孝聪（北京大学)、辛德勇(北京大学)、胡阿祥(南京大学)、鲁西奇(武汉大学)等校外专家,与复旦大学周振鹤等共10位专家,为学员讲授了中国上古城市地理研究、中国历史疆域的内部开拓、早期中国乡村住宅、中国历史饮食文化地理等前沿内容。学员还通过分组访谈的形式向各位专家请益学术经验。

四、实施效果

历史地理研究中心的暑期学校除面向复旦大学师生开放外,每届录取校外正式学员约30人,并在保证正式学员坐席的前提下,对外校青年学子开放旁听,共同分享高层次前沿讲座的学习机会。每场讲座的实际听讲人数在80人左右,这一做法虽然给工作人员的会场维持带来了压力,但也令历史地理暑期学校在学术界创出了品牌,产生了显著的学术效应和社会效应。国内知名历史学微信公众号"历史研习社"曾列出国内最值得期待的历史学类暑期学校,复旦大学的历史地理暑期学校高居榜首。

暑期学校开阔了复旦大学历史地理研究中心研究生和导师的学术视野,激励他们在常规培养的基础上,广收博取,运用新视角,引入新方法,在学科前沿奋力做出新的开拓。在启动暑期学校后的2010—2018年,中心共有2篇博士论文获"全国百篇优秀博士论文"奖励,有2篇博士论文获"全国优秀博士论文"提名,有5篇博士论文、3篇硕士论文获"上海市研究生优秀成果(学位论文)"奖励。在这些毕业生中,谢湜现为中山大学历史系教授、系主任,吴俊范现为上海师范大学历史地理研究中心教授,马孟龙现为复旦大学历史系副教授,薛理禹现为上海师范大学历史系副教授。曾入选暑期学校正式学员的外校青年学子中,郑威现为武汉大学历史系教授,胡恒现为中国人民大学清史研究所副教授、副所长,张轲风现为云南大学历史系副教授、副系主任,马剑现为西南大学历史系副教授,江田祥现为广西师范大学历史系副教授。他们目前均以历史地理为主要研究方向,并成长为各高校历史地理方向的青年骨干,甚至学术带头人。暑期学校不仅为青年学子带来了学术的盛宴,也成为他们交流沟通、建立学术友谊、形成学术共同体的一个平台。他们通过研究工作坊、学术研讨会等形式,延续着在暑期学校中构建的学术联系,共同推动历史地理学的传承和发展。

(案例提供:复旦大学历史地理研究中心,邹怡)

第三节　优秀大学生夏令营

一、项目背景

"211工程"三期建设实施和《国家中长期教育改革和发展规划纲要(2010—2020年)》(2010年7月29日)的研究制定,对创新人才的培养既是机遇又是挑战。为促进我国高校优秀大学生之间的思想交流、加深青年学生对复旦大学学科及科研状况的了解,并有助于选拔优秀大学生来复旦大学深造,复旦大学自 2009 年起,每年暑期开展优秀大学生夏令营活动,每次举办 5~10 个夏令营,活动经费源于"211 工程"三期建设经费,费用原则上由学校和院系按比例分担,学校资助额度为每个夏令营 8~10 万元,主要用于补贴学生的交通、食宿费用以及教师的课酬、有关资料费等。

开办之初,申请参加夏令营活动的学生一般要求具备以下 5 个条件:①为本科三年级在校生;②达到所在高校推荐免试生要求;③有志于从事科学研究工作,有较强的科研能力;④英语水平良好;⑤遵守学术道德规范。接受申请的学生一般应提交以下 4 项材料:①《复旦大学优秀大学生夏令营活动申请表》1 份;②本科成绩单(由教务处或院系盖章)1 份;③专家书面推荐信 2 份;④其他材料(例如,英语水平证明,发表论文、专利,各类获奖或资格证书,等等)。

2009 年,学校批准 8 个院系开展夏令营活动,下拨学校配套经费 65 万元,600 多名优秀大学生参加了夏令营。至 2018 年,学校夏令营活动已经举办 10 年,共计举办夏令营 175 个,发放学校配套经费 1 072 万元,录取营员 15 194 人,拟录取推免生 9 146 人,取得了很好的人才选拔效果,历届夏令营的具体举办情况参见附录 20[①]。

二、实施成效

夏令营活动举办 10 年多来,对吸引优秀生源起到了积极作用。2009 年,第一届夏令营年有 523 名优秀大学生参加夏令营活动,预录取推免生 303 人;随后几年学校进一步扩大夏令营活动计划。2018 年,全校共举办了 24 个夏令营,投入资助资金 100 万元,共招收营员 2 679 人,预录取推免生 1 983 人,取得了良好的人才选拔效果。具体如表 13-3-1 所示。

表 13-3-1　2009—2018 年复旦大学优秀大学生夏令营招生情况

年度	夏令营(个)	学校拨款(万元)	计划招募营员(人)	实际录取营员(人)	拟录取推免生(人)
2009	8	65	570	523	303
2010	10	90	690	627	344
2011	12	100	840	741	383
2012	16	119	3 356(报名数)	1 243	656
2013	17	139	4 314(报名数)	1 401	537
2014	20	84	4 766(报名数)	1 746	959
2015	23	100	5 838(报名数)	2 008	1 323
2016	21	100	9 163(报名数)	1 888	1 006
2017	24	125	10 119(报名数)	2 338	1 652
2018	24	150	12 267(报名数)	2 679	1 983

注:数据来源于复旦大学研究生院招生办公室。

[①] 详见附录 20:《复旦大学优秀大学生夏令营实施概况表(2009—2018 年)》。

(1) 明确选拔优秀推免生目标。各院系均把夏令营的主要目标定为选拔优秀推免生,尝试了"选拔贯穿于交流活动始终"的做法,赋予营员们展示创新能力的舞台,既考察营员的学术研究潜力和思维活跃程度,也考察了其为人处事的能力。通过对营员的综合鉴定,为复旦大学选拔优秀研究生提供了良好的契机,与以往守株待兔式的研究生招生相比具有更大的主动权。

(2) 促进学科交流,宣传复旦研究生招生政策。夏令营的举办吸引了全国各大重点高校的学生来感受百年复旦的文化底蕴,了解各学科的学术实力、科研氛围,目睹教授们的风采,促进了各高校之间的交流,同时为研究生招生政策作无形的宣传。例如,历史系着力宣传"按二级学科招生"的政策,管理学院积极宣传"按一级学科招生,全面硕博连读培养"的政策。

◆ 图13-3-1 2018年7月复旦大学马克思主义学院全国优秀大学生夏令营

(3) 各院系活动精彩,特色做法多样,获得学员好评。各院系夏令营既有专题讲座、教授座谈等课堂教学,也有上实验课、参观教研室等理论与实际动手能力相结合的活动。许多院系还有一些特色做法。例如,药学院举办了"创新药物演讲比赛",数学学院设立了夏令营专家咨询委员会和夏令营组织委员会,管理学院组织了企业参访,生命科学院进行了学员问卷调查,等等。通过学员问卷调查,反映出学员对复旦大学的教师风采、学术成就、人文氛围、软硬件设施、未来前景,以及对活动安排的详尽、周到、贴心服务等,都留下了深刻的印象。

三、案例介绍

案例 13-3-1

管理学院全国优秀大学生夏令营

一、夏令营概述

复旦大学管理学院(以下简称"学院")自2008年开始举办优秀大学生夏令营。数年来,学院围绕"如何吸引最优秀的大学生"这一目标,搭建市场及招生团队、制定招生策略和计划,特别是从2015年起采取渐进式招生改革。最近几年,学院通过优秀大学生夏令营的成功举办,硕士生源获得快速提升,并在全国经管类硕士项目中建立了较高的项目定位。

二、夏令营宣传推广措施

1. 线上渠道

在2015年之前,学院硕士推免招生主要通过官网来发布招生推免通告;从2015年开始,学院开始通过微信公众号、微信群聊、微博、官网、论坛、网上直播等多种线上渠道全方面、多角度地宣传优秀大学生夏令营,从而吸引更多优质的大学生报考学院,这在大幅度提高复旦大学管理学院品牌形象的同时,也大幅度提升了生源质量。

(1) 微信公众号。2015年5月学院开设"复旦管院研究生项目"微信公众号,旨在通过微信公众号极强的传播性和扩散性,为学院研究生项目提供展示、宣传的平台,提升学院研究生项目的品牌认知度和影响力,从而吸引更多优秀大学生报考复旦大学管理学院。

在内容上,"复旦管院研究生项目"微信公众号通过发布项目信息、招生通告、夏令营通知等相关信息,及时将最新、最全的招生信息与学生共享。

在粉丝互动上,"复旦管院研究生项目"微信公众号及时解答了学生提出的各类招生相关疑惑,有效增强了粉丝黏度。

在宣传力度上,"复旦管院研究生项目"微信公众号改变了以往"被动回应"的招生状态,转为"主动出击"。截至2019年4月,粉丝数已达15 000人。

(2) 微博。相比于微信公众号的信息发布数限制,微博具有的实时性能够有效弥补微信公众号宣传带来的局限,学院通过建立认证微博账号,将线下活动以线上的形式实时传播,达到了很好的传播效应。

(3) 直播。2017年学院举办两场线上宣讲会(一次视频直播和一场语音直播),访问人数分别达到2 000人和2 815人;2018年学院举办两场线上宣讲会(一次视频直播和一场语音直播),访问人数分别达到2 314人和3 102人。

(4) 官方网站。学院于2016年起全面改版项目官网,针对目标人群的特点,突出官网招生及特色内容,更大化地展示项目风格。

2. 线下渠道

(1) 招生宣讲。在2015年之前,主要通过在学院举办招生宣讲会以吸引学生参加,旨在通过与申请者面对面的交流、考核来全面评估申请者的综合素质;从2015年开始,学院在全国范围内举办招生路演,实地到全国各所高校与优秀大学生面对面交流。从2016年起招生项目组在上海、北京、杭州、南京、武汉、成都和广州7个城市开展招生路演;2017年路演活动扩展至10个城市,并在路演中增加夏令营预录取环节;2018年路演活动涉及12个城市,逾两千名学生参与。

(2) 业界参与。专业硕士项目夏令营以2018年为例,先后邀请了瑞银集团中国区总裁、正海资本创始人、携程集团副总裁、高盛集团董事总经理、兴业全球基金经理、腾讯金融科技副总裁等校友及业界嘉宾。他们的讲座和分享让营员们领略到学院业界校友的风采,感受到学院给营员们和校友们提供的各类优秀资源和平台。

三、夏令营组织及考核方法

1. 2015年以前

采用"笔试+面试"一轮夏令营的传统选拔方式。

2. 2016年

(1) 设置5月及7月两轮夏令营,提前争取优质生源,同时扩大入营人数;
(2) 在面试中增加案例讨论环节,加强综合素质考核;
(3) 取消10月推免招生环节,保证从夏令营录取高质量学生。

3. 2017年

主要是增设预录取环节,增加综合素质考核比重。
(1) 增加路演预录取环节,以提升夏令营入营生源质量;
(2) 所有专业硕士项目案例讨论和面试环节分开,加重案例讨论考核的难度;
(3) GMiM和DDIM项目取消数学笔试,增加综合素质考核比重。

4. 2018年

(1) 将专硕夏令营与硕博夏令营分开举办,共举办3场夏令营活动,以加强单场夏令营的专业性;
(2) 进一步加强预录取在夏令营入营中所占的比例,通过预录取活动入营且最终录取人数占最终录取总人数的比例大幅度提高。

四、夏令营成效

(1) 申请人数近3年稳步增长,总申请人数年均增长15%。且来自"985"和财经类重点院校学生的申请比例快速提高。最近一年增长人数趋平,但来自重点高校的比重继续增长。

(2) 2018年夏令营学生中本科来自复旦、清华、北大、上交的录取人数占总录取人数的比例达到50%,"C9"生源所占总人数比例达到57%,"985"生源占总人数比例达到85%。其中,专业硕士项目的重点大学比例更高。

(3) 2015年夏令营招生改革后进入学院的学生,自2017年起就业情况发生较为显著的飞跃。2017届、2018届、2019届专业硕士毕业生毕业前就业率均达到100%。2017届、2018届金融硕士毕业生平均年薪较上年增长16%,国际商务硕士2018届毕业生年薪较上年增长35%。

(案例提供:复旦大学管理学院,密凯)

案例 13-3-2

药学院全国优秀大学生夏令营

自2009年以来,复旦大学药学院共举办6期全国优秀大学生夏令营活动,不仅得到学校研究生院、医学学位与研究生管理办公室的大力支持,也受到先生药业集团、勃林格殷格翰等知名药企的资助和支持。

一、广纳贤才,增进友谊

通过举办全国优秀大学生夏令营活动,来自全国各地近50所知名大学的375名药学领域优秀大学生入选营员,汇聚复旦大学药学院。通过参观复旦校园、听院士和专家讲座、与药学专家面对面交流等各种形式的夏令营活动,不仅为营员们搭建了交流的平台,增进了友谊,也赋予营员们展示创新能力的舞台,使他们的才能得以充分展示。

为了让教师更多地了解营员们的真才实学、思维和创新能力,药学院为每年的夏令营活动分别安排了专项活动。例如,2009年夏令营活动安排了一场营员们的"创新药物"演讲比赛,20名营员用PPT在规定的时间里进行演讲,专家们通过对参赛营员演讲内容的创新性、理论意义或实用价值、表达情况等综合评审,12位营员分别获得一等、二等、三等奖,其中,南京大学的谢允昌同学和哈尔滨医科大学的陈曦同学并列获得一等奖;2010年夏令营活动组织营员实地参观药学院各学科,并与学科副教授以上的教师座谈交流,为营员们报考研究生明确了专业方向;在2012年夏令营活动中,举办了实验技能大赛,不仅给营员们提供了能力展示的机会,也为学科选拔推免生提供了考察机会。实验技能大赛由药学院实验教学中心负责,按学科群分为4个组进行,并统一比赛规则,从学科选派学风正派、经验丰富的教师做评委。通过激烈的比赛、严格的评判,最终评选出一等奖4名、二等奖6名,获奖营员均受到精神鼓励和物质奖励。

二、招生宣传与选拔推免生并举

夏令营活动不仅是一次富有实效的招生宣传,也是选拔优秀研究生的途径之一。通过历年的夏令营活动,为药学院选拔推免生及优秀研究生生源做了铺垫。

2009年首次举办夏令营活动,2010年外校推荐免试研究生共4位,其中有2位是来自2009年夏令营的营员,占外校推荐免试研究生的50%;在2010年的夏令营活动中,学校首次推行"预录取协议制",24位营员通过药学院2011年推荐免试研究生的面试,并签订拟录取协议;在2012年夏令营活动中,29名营员通过药学院2012推荐免试研究生的面试,并签订了拟录取协议;在2019年招生录取的推荐免试研究生中,有69.5%的生源(29名硕士和12名直博生)来自夏令营营员;在2016年和2017年的夏令营活动中,均有一定比例的的营员通过药学院推免生选拔。

三、倍受学生和老师的欢迎和高度关注

夏令营活动虽然时间短、形式简单,但效果较好,受关注程度越来越高,报名人数逐年递增。例如,2009年有来自10所院校的80余人报名,2018年则有33所院校的196人报名,2019年的网上报名人数已达439名;实际参加人数也逐年递增。

(1) 教师评价:通过此次夏令营活动,可以直接与学生接触、近距离了解学生;学生也可以近距离了解导师,为药学院选拔优秀研究生提供了良好的契机,同时通过来自全国各地的学生,为我们的研究生招生做了无形的宣传。

(2) 学生反馈(摘录营员们的发言和感谢信):"谢谢复旦药学院夏令营期间的热情招待以及给我们的充实生活,让我们知道了很多,了解了很多,也更加有了奋斗的动力。从来没有过一个学校让我踏进校门就有种亲切的感觉,但是复旦药学院却给我这样的感觉,安静、充满科研精神的校园让人感到很舒服……"

四、领导重视,组织得力

药学院历届夏令营活动,从活动计划制定到活动的开展,均受到学院党政领导的高度重视。院招生领导小组集体讨论本次夏令营活动计划方案,分管教学的副院长担任夏令营的负责人,选派组织能力较强的研究生辅导员或教师担任夏令营的营长,同时吸纳在校的研究生作为志愿者,为夏令营活动的举办提供了强有力的组织保障。

为确保选拔的公平、公正,夏令营营员的入围选拔由学科和学院共同把关。首先,由研究生办公室根据营员入选条件及申请材料进行形式把关,再由学科对申请者的学术水平进行审核、排名,院招生领导小组根据各学科的专业排名审定夏令营入围者名单。

五、及时总结,不拘一格聚人才

2009年,"不拘一格聚人才——记2009'复旦-先声'药学全国优秀大学生夏令营"一文总结了首次举办夏令营活动的成效。

2010年举办的第二届"复旦-先声"药学全国优秀大学生夏令营,来自全国各大高校的41名优秀大学生参加了活动。

2012年,"药学才子齐聚张江——记2012年复旦大学药学院全国优秀大学生暑期夏令营活动"一文记录了营员的精彩瞬间。

2016年复旦大学药学院-勃林格殷格翰全国优秀大学生夏令营活动,以"'耀'精彩'邀'你来 80药院聚英才"为主题,来自全国21所高校的60名优秀本科生汇聚复旦大学张江校区。

2017年复旦大学药学院全国优秀大学生夏令营活动的主题为"'闪药'青春,筑梦未来",来自全国各地的70名优秀本科生参加了此次夏令营活动。

2018年复旦大学药学院全国优秀大学生夏令营活动的主题为"志存高远,我'药'飞

"翔",来自全国33所高校的101名营员参加了此次活动。

(案例提供:复旦大学药学院)

案例 13-3-3

哲学学院全国优秀大学生夏令营

全面提升研究生培养质量是新时代研究生教育的重要主题,关系到研究型大学人才培养的发展方向,也是建设具有中国特色的世界一流大学所面临的迫切要求。提升研究生培养质量的核心途径之一是持续深入优化研究生生源结构,如何进行优化也是每一所高校、每一个学科必须不断思考的问题。近年来,推荐优秀应届本科毕业生免试攻读研究生(以下简称"推免生")招生工作在硕士研究生招生过程中发挥了越发重要的作用,通过推免生所招录到的各高校应届优质生源也显著优化了相关培养单位的研究生生源结构。

自2014年起教育部在全国范围内使用统一的"推免服务系统"开展相应工作以来,推免生招生工作产生了根本性变革,呈现为三大特点。

(1)报名自由,即获得所在高校推荐资格的学生可报名任何一所具有推免生接收资格的高校、专业,不再受限于传统意义上的"校内推免"及"向外推免"资格数比例限制。

(2)选择多元,即报名学生可同时获得3所及以上高校相关专业的拟录取通知,学生最终从中择其一接受,强化了相关院系与申请学生的双向互动。

(3)过程规范,即报名学生的意向及接收结果可同步反馈给报考院系,流程清晰,一目了然。因此,报名学生在获得选择自由的同时面临选择"障碍",接收院系在掌握精准数据的同时面临竞争加剧,换言之,这对各高校和院系如何更好地吸引优质生源填报志愿均提出了更高要求。

基于上述形势和目标,为了更好地宣传和介绍复旦哲学学院的培养理念、学科优势及办学特色,复旦大学哲学学院自2015年起举办全国优秀大学生夏令营活动,面向全国各高校哲学及相关专业的当年度优秀三年级本科生,开展以专家前沿讲座、学科师生座谈、招生政策宣讲、学术报告交流等为主要内容的体验式综合型学科互动,使各校优秀学子能亲身感知复旦大学,了解哲学学院,最终选择复旦哲学学院。

活动开展5年以来,为了举办好这一品牌活动、宣传好哲学学院,复旦大学哲学学院在具体实施过程中采取了以下举措确保活动品质。

第一,以综合评定为依据,营员甄选过程严格规范,即坚持不唯学校"出身"、不唯成绩排名、不唯学科专业,以学术能力、科研潜质、综合能力为具体考察依据。5年来,随着哲学学院夏令营活动的品牌效应提升,尽管报名人数持续增加,但入围营员比例稳定在总报名人数的38%左右。要实现这一甄选比例,哲学学院在甄选流程上采取"学科专家初审+工作小组复核"模式,即每个学科的申请学生由至少2位学科专家进行初选,学院工作小组在各学科初选基础上复核后统筹确定入围名单。甄选原则坚持综合考察学生学术潜质,不区别对待不同学校,坚持择优甄选,从而实现既有"985"、"211"高校优秀学生入选,也有非"985"、"211"高校学生入选。通过这一审核机制,不仅确保甄选比例稳定,也确保入营学生的总体质量。

第二,以聚焦学术为核心,组织开展多类型学术活动展现哲学学院学科优势,考察学生综合素养,即通过邀请包括长江学者、校特聘教授、海归博士等多层次学院教师为学生做专题学术报告,展现复旦哲学学院的学科实力及人才培养情况;通过安排学科师生座谈见面会,邀请学科教师、在读研究生志愿者与夏令营营员共同交流求学志愿,深入了解学科情况,增强营员对复旦哲学学院的总体认知;通过组织营员学术报告交流会、学科专家与营员面对面深度交流,在学科教师点评及营员互评中发现营员特色,从而更为全面地考察营员学术能力、科研潜质、综合素养,为评选优秀营员提供"学术为本"的判断依据。在评选过程中对本校及外校营员学生均采用统一评价标准,择优评选,体现复旦哲学学院公平持正的理念。

第三,以服务学生为理念,活动保障贴心,流程设计合理,即通过充分的前期信息沟通、资料收集、统筹协调,力求做到日常安排衔接顺畅、活动流程紧凑有序。夏令营工作小组为前来参加活动的外校优秀学生提供住宿安排,为全体营员及参与活动的教师、志愿者提供餐饮保障,使教师及同学们能够安心参加全部活动,同时感受到哲学学院细致贴心的教学辅助支持,在活动结束后借助及时发布相应后续通知,并持续与营员学生保持后续沟通交流。此外,夏令营活动从开始便鼓励本校同学报名参与,并将活动作为本校学生与外校学子建立友谊、切磋学术的重要途径,很多本校同学也通过夏令营活动收获友谊、认知差距、促进成长。通过上述多方面举措,有效提升学生对学院的认同感,开拓了学生的视野,也促进学生最终选择复旦哲学学院。

经过5年来的不懈努力,复旦大学哲学学院全国优秀大学生夏令营在国内各哲学院系举办的夏令营活动中,在营员质量、组织安排、口碑声誉等方面均保持领先,并取得了相应令人欣慰的成果。

首先报名人数不断增加,学校范围持续扩大,优秀营员结构多样。截至2019年7月,哲学学院已成功举办5届活动,累计吸引到包括北京大学、复旦大学、中国人民大学、南京大学、北京师范大学、吉林大学、武汉大学、中山大学在内的全国50余所高校哲学及相关专业共630名学生报名,235名入围学生最终前来复旦参与活动,了解复旦。

◆ 图13-3-2 复旦大学哲学学院全国优秀大学生夏令营数据统计(2015—2019年)

从图 13-3-2 可以发现，随着复旦哲学影响力的持续提升，以及哲学学院优秀大学生夏令营的声誉日隆，报名夏令营活动的人数呈现快速增长，优秀大学生夏令营活动切实起到了良好的宣传效应，扩大了复旦大学及哲学学院的影响力和美誉度，也吸引到大批优秀学子最终报考复旦哲学学科的硕士研究生，哲学学院的研究生生源结构、生源范围得到了较好的提升和优化。根据 2015—2018 年推免生招生最终报名情况统计，近 7 成夏令营优秀营员选择前来复旦大学哲学学院深造，彰显夏令营活动在招生宣传工作中所发挥的重要作用。

其次，生源质量整体提升，学术深造人数显著增加。通过举办夏令营活动，大量优秀营员选择复旦哲学学院进行深造，从整体上促进了复旦哲学学院研究生生源结构的变化和提升，并从中涌现出一批学术研究新人。首届夏令营评选出的 12 名优秀营员，在选择复旦大学哲学学院学习后，在 2019 年 6 月迎来毕业季，最终有 5 人选择出国深造或继续在哲学学院攻读博士学位，其中，来自中央民族大学、现就读于马克思主义哲学专业博士研究生的张米兰同学便是一位典型代表。张米兰同学来自黑龙江，正是通过参加复旦大学哲学学院的夏令营活动，感受到哲学学院在各个方面的优势以及复旦大学的综合实力，最终选择前来上海深造。她经历了学习和生活方面的挑战，复旦哲学学院的综合实力及学科平台助力其学术发展，她的学术素养也得到了学科专家的一致认可，得以硕博连读继续深造。目前张米兰已有核心期刊论文发表，并已获留学基金委资助，即将赴英国圣安德鲁斯大学访学一年，未来学术发展可以期待。复旦大学哲学学院正是通过全国优秀大学生夏令营活动这一平台，不断吸引优秀学生前来继续深造。

此外，夏令营活动中的一些特色项目，如学术报告交流会，由复旦哲学学院在全国哲学学科的夏令营活动中领先设置，其后得到各相关兄弟高校哲学院系借鉴参考，也是复旦哲学学院夏令营活动具有学科影响力的具体体现。

总之，借助全国优秀大学生夏令营这一平台，复旦大学哲学学院将在未来吸引全国优秀学子前来复旦，了解复旦，最终选择复旦，让复旦哲学的办学理念、学科特色深入全国优秀学子心中，成为未来他们深造的理想之选。

（案例提供：复旦大学哲学学院，于明志）

第四节 "学术新人奖"与"学术之星"

一、"学术新人奖"

教育部于 2010 年设立博士研究生"学术新人奖"，对学业成绩突出、创新意识强、科研创新潜力大的优秀在读博士研究生进行资助。复旦大学累计有 30 个培养单位的 75 名博士生获得该奖项，如表 13-4-1 所示。

表 13-4-1　历届教育部"学术新人奖"获奖情况

年份	姓名	专业	导师	院系
2010	程少轩	中国古典文献学	裘锡圭	中国语言文学系
	闫　鸣	中国古代史	张海英	历史学系
	沈　茜	外国哲学	孙向晨	哲学学院
	王金强	国际关系	朱明权	国际关系与公共事务学院
	刘瑞明	产业组织学	石　磊	经济学院
	朱晨波	管理科学与工程	胡建强	管理学院
	吕龙进	基础数学	邱维元	数学科学学院
	周伟航	光学	陈张海	物理学系
	何　林	物理化学	曹　勇	化学系
	周　晶	无机化学	李富友	化学系
	雷　凯	发育生物学	韩　珉	生命科学学院
	何春柏	遗传学	印春华	生命科学学院
	姚　磊	生物信息学	钟　扬	生命科学学院
	丁少锋	微电子学与固体电子学	屈新萍	信息科学与工程学院
	许伟伟	微电子学与固体电子学	洪志良	信息科学与工程学院
	王冬冬	物理电子学	刘克富	信息科学与工程学院
	胡大伟	环境科学	陈建民	环境科学与工程系
	肖　晟	中西医结合基础	吴根诚	基础医学院
	朱国旗	药理学	马　兰	基础医学院
	王朝昕	社会医学与卫生事业管理	郝　模	公共卫生学院
	刘　洋	药剂学	蒋　晨	药学院
	方　颖	内科学	沈锡中	中山医院
	杨　晨	肿瘤学	邵志敏	肿瘤医院
	冯菁菁	儿科学	王卫平	儿科医院
	郑天玉	眼科学	卢　奕	五官科医院
2011	鹏　宇	汉语言文字学	刘　钊	中国语言文学系
	段志强	专门史	葛兆光	历史学系
	陈晓曦	伦理学	邓安庆	哲学学院
	刘新萍	行政管理	竺乾威	国际关系与公共事务学院
	刘道云	民商法学	季立刚	法学院
	宋渊洋	企业管理	李元旭	管理学院

(续表)

年份	姓名	专业	导师	院系
	商 城	物理化学	刘智攀	化学系
	胡 萍	无机化学	金国新	化学系
	方雪恩	化学生物学	孔继烈	化学系
	曹也文	高分子化学与物理	武培怡	高分子科学系
	方 寅	无机化学	赵东元	先进材料实验室
	李晓甡	神经生物学	杨振纲	生命科学学院
	李剑能	生物物理学	孙 刚	生命科学学院
	沈臻魁	微电子学与固体电子学	刘 冉	信息科学与工程学院
	陈 昊	电磁场与微波技术	金亚秋	信息科学与工程学院
	袁 晨	计算机软件与理论	阚海斌	计算机科学与技术系
	虞培祥	流体力学	田振夫	力学系
	聂爱英	化学生物学	贺福初	生物医学研究院
	罗 涛	病原生物学	高 谦	基础医学院
	陈仁杰	劳动卫生与环境卫生学	阚海东	公共卫生学院
	蔡 圣	药剂学	卢建忠	药学院
	黄晓勇	外科学（肝外）	周 俭	中山医院
	徐 静	外科学	徐建光	华山医院
	张礼春	耳鼻咽喉科学	张天宇	五官科医院
	何明远	放射医学	邵春林	放射医学研究所
2012	倪春军	中国古代文学	王水照	中国语言文学系
	陈 玮	中国古代史	姚大力	历史学系
	李主斌	科学技术哲学	张志林	哲学学院
	强 舸	政治学理论	林尚立	国际关系与公共事务学院
	贺小林	社会管理与社会政策	梁 鸿	社会学院
	高 琳	西方经济学	陆 铭	经济学院
	郭 垚	应用数学	林 伟	数学科学学院
	郭 聪	凝聚态物理	韦广红	物理学系
	孔 彪	无机化学	赵东元	化学系
	张卡卡	高分子化学与物理	陈道勇	高分子科学系
	仰志斌	高分子化学与物理	彭慧胜	先进材料实验室
	王传超	人类生物学	李 辉	生命科学学院

（续表）

年份	姓名	专业	导师	院系
	杨辉	生物化学与分子生物学	管坤良	生物医学研究院
	唐长兵	电路与系统	李翔	信息科学与工程学院
	鲁海生	微电子学与固体电子学	屈新萍	信息科学与工程学院
	王琪	计算机软件与理论	顾宁	计算机科学与技术系
	赵岩	材料物理与化学	武利民	材料科学系
	陆晓慧	环境科学	杨新	环境科学与工程系
	杜昕	临床检验诊断学	吕元	华山医院
	刘卫仁	外科学	樊嘉	中山医院
	戚鹏	肿瘤学	杜祥	肿瘤医院
	李剑峰	药剂学	蒋晨	药学院
	李俊	妇产科学	鹿欣	妇产医院
	吴琳琳	流行病与卫生统计学	徐飚	公共卫生学院
	李美燕	眼科学	周行涛	五官科医院

注：数据来源于复旦大学研究生院培养办公室。

◆ 图13-4-1 2011年教育部博士研究生"学术新人奖"启动仪式

二、"学术之星"

(一)背景情况

复旦大学研究生"学术之星"评选作为研究生学风教育的一项重要活动,2010年举办第一届评选活动,此后每年举办一届。历届研究生"学术之星"评比都受到全校的关注和各院系师生的大力参与和支持。研究生"学术之星"评比旨在挖掘研究生的学术精神,展现学术研究先进典型,在全校范围内弘扬以学术为风、奋斗拼搏、追求理想、勇攀学术高峰的学术精神。

学校希望通过"学术之星"的评选,在研究生中广泛传播学术规范和伦理的重要性,使广大研究生意识到学术规范是一个学术团体激发学术创新和维护学术自由需共同遵守的原则要求,希望研究生在进行科学研究时怀有敬畏之心,保有正直谦卑的学术品德,自觉接受道德和规则的约束,高标准严格要求自己。

表13-4-2 "学术之星"获奖人数(2010—2018年)

年份	2010	2011	2012	2013	2014	2015	2016	2017	2018
数量	31	28	30	30	30	30	30	31	31

注:数据来源于复旦大学党委研究生工作部。

表13-4-3 "学术之星"获奖情况(2010—2018年)

年份	获奖人数	获奖成员
2010(第一届)	31	文科组:刘瑞明、陈明华、栗永清、程少轩、包慧怡、沈茜、陈佳瑛、焦豪、张永帅、燕星宇、马建英 理科组:陆冰睿、雷云平、熊丽琴、刘建军、廖小娟、袁珮、沈剑锋、何建华、殷黎晨、马欢飞 医科组:蒋晞、徐薇、朱小东、王雷、高晓东、姚坚、李明清、汤海亮、王群、方媛
2011(第二届)	28	李明、马磊、崔惠玲、王才友、孙培军、刘新萍、徐倩、王珉、鹏宇、刘盈莹、孙胜童、吴张雄、何春柏、董金奎、彭杰、孙雪梅、李皓、奚燕萍、高粱、韩亮、刘辰莹、张峰、杨晨、白鸽、王洪权、潘礼龙、傅窈窈、周健
2012(第三届)	30	蔡圣、曹也文、陈弘、陈君、崔雪婷、丁建栋、段志强、高琳、龚巍、荚德水、李主斌、林超超、林青、罗涛、聂顺新、邱晓顿、曲鹏、孙志建、汤志波、王传超、王瑞、王文权、王熠、谢明文、胥明、许静静、杨辉、臧佳栋、赵岩、周晶
2013(第四届)	30	文科组:李甜、左希迎、黄修志、董军、赵婷婷、单蒙蒙、赵静、支运波、胡重明、陈沁 理科组:李伟、仰志斌、唐子威、张卡卡、马金贵、马英杰、黄耿耿、吴斌、颜诚、董欣然 医科组:江一舟、高会乐、刘洋、胡捷、杜昕、李宏福、汪路曼、马文娟、杨橙、张扬

(续表)

年份	获奖人数	获奖成员
2014(第五届)	30	彭一杰、贾利涛、林曦、丁琦亮、李美燕、赵地、裘翔、王军洋、姚响、徐建、胡璐璐、周少来、胡列箭、胡耀飞、李力恺、房微魏、徐巍、孟夏、赵峥、鲍俊林、唐静、陈仲欣、叶乐驰、江一舟、田林、潘泽翰、孔彪、李欣颖、阚君陶、冯陈陈
2015(第六届)	30	何益鑫、张寅、林振岳、邓富华、樊波成、刘凯、徐佳贵、徐初照、樊晓杰、王筱纶、李典、郑旦庆、胡萍萍、韩路、赵磊、姜娟、张智涛、丘龙斌、张屹綮、王一光、俞弋、赵昂、王胜、刘荣花、朱幸俊、林海、赵婧、安赛、孙云帆、王智超
2016(第七届)	30	文科组：朱家英、刘阳军、秦振耀、王锐、熊昌锟、刘贯春、石庆玲、周爱民、李丹瑶、赵卫华 理科组：程炜、卢星、蔡鹏林、蔡华、田佳、李鹰、陈亚妮、冯凯、董晓丽、张晔 医科组：吴争明、尤小芳、李玉彬、王坚、袁恒锋、马增翼、瞿元元、王作鹏、王松存、冯睿芝
2017(第八届)	31	特等奖：陈岘、王奇思、何吓俤、康婷、叶钊 文科组：彭楚秋、谢一峰、姜建国、赵达、卢毅、田艺琼、姚欣林、赵宜一、韩康 理科组：司然、崔万云、郭自洋、石张平、赵云妹、刘玉云、田野、邓珏、赵阳 医科组：蒋丽、高西辉、胡博、石洪涛、王佳骏、梁晨、蒋书恒、熊云
2018(第九届)	31	特别奖：江天骄、雷周玥、应曼、黄晓铨 文科组：高中正、郭淇斌、张孟雯 社科组：周光俊、褚剑、陆天、彭亚媛、唐俊超 理科组：石云峰、沈瑶、季鑫剑、金佳晔、徐一帆 工科组：彭博、王子仪、陈新驰、黄浩然、刘春森 医科组：刘梦杰、李胜利、陆舟、刘聪、李辉、李彦虹、周文洁、陈健、崔利园

注：数据来源于复旦大学党委研究生工作部。

(二) 活动介绍

"学术之星"的评审按各学科分类，邀请专家对本学科类内各申请人的材料进行分项评级，并给出客观的评审意见。"学术之星"评选分为3场专家评审答辩会，分别是文科专场、理科专场及医科专场。

评审专家从学术成果综评、学术成果创新性、代表作学术水平3个方面对各申请人的材料进行评级，括号内百分比为各分项占最终结果的比重。其中，学术成果综评旨在体现全部学术成果的理论意义或实用价值；学术成果创新性旨在体现科学研究理论或方法上的创新性、成果及效益；代表作学术水平旨在体现代表作达到的研究水平和学术价值。

为确保在评定过程中，博士生与硕士生在学术水平、科研成果等方面能得到公平、公正的评审，在各场专家评审答辩会中，硕士生与博士生的评分分别进行计算，按分数高低分别排序供专家参考。专家对申请人各分项情况的评级将分为 A、B、C 共 3 级。在各分项中A的个数不超过所评定人数的30%。在综合结果计算中，A、B、C这3级对应的分值分别为5分、3分、2分。每场专家评审答辩会将加权专家评审所给的成绩，按照分数高低、硕博比例评出"学术之星"。

◆ 图13-4-2　第九届"学术之星"特等奖颁奖

（三）案例介绍

案例 13-4-1

第九届文科"学术之星"

高中正：复旦大学中文系2015级古典文献学博士研究生。
研究方向：主要涉及先秦两汉的古文字与古文献。

其实做学术就和当长跑运动员一样

作为2018年度复旦研究生"学术之星"之一，高中正在自己的研究领域也算小有成绩：目前已在《中国史研究》《中华文史论丛》《文献》等重要刊物上发表多篇论文，2016年发表的《〈梁书〉"兔头"发微——兼论南北朝时方术与兵学的关系》还被《中国人大复印资料·魏晋南北朝隋唐史》全文转载。

起初，高中正其实更想研究《四库》学、清代学术史，后来，因为硕士阶段的导师方向偏向于先秦，她才随之将研究视角聚焦到如今这个方向。"兴趣是需要慢慢培养的，现在想来，当初的这种选择也是成全了自己。"谈及这段往事，高中正心中更多的是庆幸而非遗憾。

从研二上学期找到自己的兴趣点、确定走学术这条道路，到如今已经有5年多。在撰写博士论文以前，高中正的一天主要分成3段：上午看古书，"硕士的时候我会背《诗经》，但读博后记忆力下降,就主要看《尚书》",他不好意思地说道。下午的时间,他主要用来看金文,而晚上则看战国文字。"其实,每个时间段看的内容也不完全固定,但是,我给自己的规定是,你必须有一段时间十分努力",高中正补充道。

谈及学术道路上所遇到的困难,高中正坦言,其实没有哪个阶段很容易,"你会一直碰到困难,许多时候只能硬着头皮去面对,去了解自己不了解的东西。当然,如果非要说的话,可能古文字学入门比较困难,你要熟悉古文字形,学音韵,看古书,这些早期的准备都是需要花时间的"。

高中正还反复强调,做学术,"求生欲"很重要。所谓"求生欲",就是一定要走出一条属于自己的路来,不能过得太佛系。高中正还引用了自己博导的话来进一步说明,"我觉得就像老师说的,做学术就像一名长跑运动员,你是永远没法停下来的,只有永远地跑下去"。

羽毛球、回忆录与《老友记》

当然,高中正的生活也并非只有学术。作为出土文献与古文字研究中心的一员,他带动中心专门组织起一个羽毛球小队,每周都会一起打一两次羽毛球。

同时,除了专业书籍如裘锡圭先生的《文字学概要》、《裘锡圭学术文集》等,他空闲时也喜欢读一些前辈学者的回忆录。在他看来,在人文学科中,有关语言学家的回忆录有一种独特的质朴与写实。在这方面,他比较推荐两本书——徐樱的《方桂与我五十五年》与何孔敬的《长相思》。这两本书都是出自学者夫人之手,前者是怀念著名语言学家李方桂,后者则是回忆著名古文字学家、语言学家朱德熙,甚至这两本书还成为他考博时的精神支撑。

高中正认为前一本书给他带来的感触更深。"徐樱是徐树铮的女儿,也是李方桂的爱人,在李方桂去世以后,她就自己一个人在屋子里写了这本书,来回忆和李方桂是怎么认识的,回忆他们这50多年来的感情。我觉得这种回忆比较写实,而且徐樱在回忆时完全就是他只是我的丈夫,是一种比较对等的状态,顶多会有一点儿崇拜。当然,在回忆往事时,她也写到了一些民国学术界的八卦。何孔敬的《长相思》也写到了她和朱德熙在西南联大是怎么认识的,这段完全可以当言情小说来读。"高中正笑道。

当谈及在学习与娱乐二者之间寻找平衡这个话题时,高中正并未像许多"学霸"一样流露出游刃有余的自信。他表示自己仍处在挣扎阶段,很难说能在二者之间找到平衡。但是,就像人们常说的那样,"人生不如意,重看《老友记》",高中正表示自己在博士论文写作期间,做的最多的娱乐活动就是看《老友记》。

找到适合自己的道路

谈及未来的规划,高中正说自己毕业后会进高校当老师,会继续围绕古文字与古文献做研究,走学术这条道路。在别人眼中,读博乃至从事学术研究可能是条"不归路",高中正也同样坦言,自己时刻面临着各种压力。比如在最开始投稿时,他每天都会检查自己的邮箱,看有没有回信,这种焦灼的心情可能或持续好几个月甚至一两年,直至得到编辑部肯定的答复后,内心才算尘埃落定。他印象最深的一次投稿,是研二时向《中国史研究》投稿,大概等了一年多才终于等到录用的消息,"这对自己当时的信心是一个比较大的提升,也坚定了自己做学术的信念",高中正说道。

"学术这条路其实很残酷,你需要不断前进,稍不注意就会被同行抛在后头",他也直言自己不后悔,认为还是能体会其中的乐趣,并且现在也找到了自己的方向,结识了一些志同道合的学术朋友。

与此同时,他建议新入学或者还处于迷茫阶段的学弟学妹们,尽早弄清楚自己想要什么。"如果你想硕士毕业就工作的话,可以在专业问题上相对放宽对自己的要求,毕竟时间是守恒的,很难做到学术研究与工作技能培养双管齐下。但是,如果你有志于科研的话,还是那句话,'求生欲'很重要。"

"当然,除了自己奋斗外,你也要多和导师交流。"高中正说自己研究生阶段最难忘的经历,便是与导师第一次交流的时候。他的导师是陈剑教授,当时他们的第一次交流是讨论分析自己的论文,从语法病句到学术观点,导师在各个方面都给了他详细的修改意见。"那个下午是我最难熬的,但从此之后,你会树立起一个较好的学术规范与学术信念。"说到这里,高中正目光中流露出对导师深深的感激之情。

"当然,除此之外,你也不要只局限于和自己的导师交流。像我,除了向中心的青年教师学习外,也会跟中文系盛益民乃至历史系马孟龙等老师请教问题,尽力拓宽自己的知识面,他们也会热心给予帮助",高中正最后补充道。

案例 13-4-2

第九届社科"学术之星"

彭亚媛:法学院国际法专业,复旦大学法学院 2017 级博士生,曾获国家奖学金、复旦大学弼兴知识产权奖学金、上海市优秀毕业生、复旦大学优秀毕业生、第十五届 VIS 国际商事仲裁模拟法庭北京邀请赛亚军。

研究方向:国际知识产权,已发表两篇核心期刊,并参与了教育部、上海市课题撰写(共计约 18 万字)。

破除偏见,享受读博苦乐

在江湾校区第一次见到彭亚媛,短发、长靴、浅蓝色呢子外套,款款走来,落落大方,采访中叙述不缓不急,娓娓道来读书苦乐,学术杂陈滋味。

问及读博,彭亚媛说因素诸多,但最重要的还是对学术的喜欢,"成天在图书馆读自己喜欢读的书,这是一个非常幸福的过程。国家给补贴,不用工作,如果喜欢自由和学术的话,这是一个很好的选择"。网络上常有调侃,地球上只有 3 类人:男人、女人、女博士。面对这种说法,彭亚媛微笑解释道:"以前大家对女博士的印象可能有偏见,但实际上现在的女博士都非常漂亮,尤其是文科女博士,她们读书多,又会写文章,整个人的气质、精神面貌都得到了很好的提升。"

读博固然也有压力,彭亚媛说起了自己在博一时写课题申请标书的事情。许多博士生可能都会参与课题的撰写,但很少有人从申请书开始写。课题申请工作漫长繁重,竞争激烈,中标希望渺茫,可是彭亚媛视压力为磨炼。在导师的指导和帮助下,她不断提升自已组织语言、搭建框架以及文献综述的能力,在标书石沉大海后反复提炼内容、思想及创新点。彭亚媛总结道:"做学术很大一部分都在读书,但是很大一部分也在凝结文字,要把文字表达得更流畅、更有学术价值,让大家能够读懂。对于学术,这方面的能力是非常珍贵的,我希望自己的学术之路能走得更远一点。"

细谈论文写作两大武器:选题和文献综述

说起发论文,彭亚媛认为最重要的是一个好的选题。"对于研究对象,可以用兴趣点做调研,以写文献综述的方式看这个领域已经进展到什么程度。一个十分富有创见的想法往往早已被别人先下手为强,但一个完整的文献综述仍然可以告诉你,哪些已经研究完毕,哪些比较有争议,这些争议之处才是你要写的,也是最有价值的。"此外,彭亚媛认为如今的研究趋势偏向两个方向:一是交叉学科,即鲜有人涉足的领域。譬如,国际法和国际关系联系一直比较密切,国际法专业的学生就可以选修国际关系的一些基础理论课程,为交叉学科领域做铺垫。二是在前人研究的基础上再往更细分的方向研究,这极大地考验着一个人的耐心和对问题的敏锐程度。

选题之后便是令人生畏的大量文献阅读。彭亚媛认为,文献阅读是一个漫长又重要的学习过程,"一个主题,至少要阅读20~30篇文章,才有感觉"。但文献看完容易遗忘,尤其是在电子资源普及的今天更是如此。彭亚媛建议在文献阅毕对最有价值的核心要点做简短记录或整理为读书笔记。

在时间分配上,她上午阅读文献或写文章,晚上由于人吸收新知识的效率不高,可以整理白天阅读的内容。此外,搜集文献的渠道很多,彭亚媛推荐多利用外文软件,法学类的如HeinOnline,WestlawNext,LexisNexis;社科类的如SSRN和Springer;ProQuest也提供了大量的外国优秀硕博毕业论文、研究学者的论文著作等,在遇到文献下载失败的情况下可以找数据库的学术代理解决。

控制好你的生活:给研究生同学的最大建议

不管是保研还是考研,能成为复旦的研究生,大家实际上都是十分优秀的,特别是经历了披星戴月的备考,甚至二战、三战的同学,能拥有这段两三年的读研时光其实相当不易。可惜的是,很多同学在成为研究生后,有了大量的时间,却没了清晰的方向。可能看到别人课余生活丰富,想到我要参加社团;看到别人拿奖学金,想到我要写文章。飘忽不定,往往颗粒无收。"这种时候你必须控制好你的生活,没有明确的目标,就记录自己每天都在做什么,总结每天看的书、做的事,从这些记录中看到自己的重心,它可能会随着时间的推移而变化,你所能做的就是不要让每一天虚度过去,今天要比昨天更好。"彭亚媛还说:"其实大家不用担心自己一直没有目标,毕业这个时间推手在推着我们,即使再不愿思考,也必须要思考。可以多做尝试,在实践中判断,比如喜欢实务,去实习一阵子;喜欢学术,给自己一两个月的时间闭关看书写一些东西。"

彭亚媛说:"一路走来,不管读研读博,体会最深的是控制好自己的时间。在没有清晰目标之时,应记录自己每天所做之事、所看之书,每天都有不同的收获。人最可怕的是在单调的环境重复做同样的事情,恍惚之间浪费了最珍贵的青春,最好的状态应该是明天比今天更好,今天比昨天更好。"

案例 13-4-3

第九届理科"学术之星"

雷周玥：复旦大学高分子科学系2014级直博生，曾获得复旦大学硕士生优秀学业奖学金一等奖、复旦大学-陶氏化学奖学金以及国家奖学金等。

研究方向：高分子波谱学以及仿生智能材料。以第一作者在 Nature Communications、Advanced Materials、Materials Horizons 等著名学术期刊上发表10余篇高质量论文。申请10余项发明专利，有5项获得授权。曾多次参加国内外学术会议并做报告。

学术不是一种选择

"这是一件自然而然的事"，在谈及自己是如何走上学术之路的时候，雷周玥如是说。关于人生规划，我们面对的是诸多选择，比如工作还是继续读书，出国留学还是在国内深造。但是对于雷周玥来说，做学术不是众多选择中的一种，而是一件从自己的学习经历中延续下来的一个结果。她在学术起步的本科和硕士阶段就认真地投入学习中，在此过程中，发现自己对于研究工作的兴趣，因而也看到未来的方向。所以，她决定作为直博生继续在学术之路上走下去。学术不是她众多选择中的一种，而是一个必然。

作为一名潜心科研的博士生，雷周玥提到自己的生活很简单，虽然自己也有一些兴趣爱好，但是没有时间花在上面。她将学术当成一种生活状态。每天早上8:30到实验室，持续工作到凌晨一点，包括做实验、看文献、处理数据以及写文章，周六、周日也是如此。她说："这样的作息在别人看来还是蛮可怕的，但是自己已经习惯了。"她也提醒同学们，并不是每个人都要采用这样的方式，每个人情况不一样，要逐渐找到自己的节奏，但她还是强调：在做学术的过程中，要保证高效率时间的大量投入。

人不是一座孤岛

每个人都不是孤立的，学术上只靠自己一个人的力量也很难进步。雷周玥提到学校平台、团队协作以及导师指导在研究上的重要性。

刚进实验室的时候，她就注重与学长、学姐的沟通，尽量多听取他们的建议，借鉴他们的经验，并积极参与他们已经在做的多个方向的研究。这样的方式使她能够接触到更多的选题和方向，逐渐对自己的研究方向形成明晰的规划，同时积累了许多实验经验。每天想不同的问题，还能起到调节思维、培养思考敏捷性的作用。所以，她说："开始的时候还是要多进行尝试的，只有这样，才会逐渐形成自己的思路。"此外，她谈到，多和不同研究方向或领域的同学交流合作，也会有很大益处，能获得很多新的想法。

提到自己的导师武培怡教授，雷周玥说："在导师的影响下，我没什么纠结就走上了学术道路。"导师学识渊博，经验丰富，对事物具有敏锐深刻的洞察力，能为雷周玥提供学术上的指导，具体体现在导师帮助她认清研究的意义和重点，提供独特的知识见解以及正确的思考问题的方式、方法，这对她日后的研究起到事半功倍的作用。并且，导师严谨踏实的治学态度、永不停歇的工作热情、温和谦厚的处世风范，也在潜移默化地影响着她，"这是一个长期的影响，不是暂时的"。导师不仅是"良师"，更是"益友"，在遇到挫折的时候，导师能够以一个过来人的经验、体悟耐心劝导她,并鼓励和帮助她走过艰难的时光。

雷周玥特别提到,有些同学刚开始的时候就抱着一种无所谓的态度,不积极与导师以及学长、学姐交流,把自己局限在小的课题里,很容易浪费掉在学校的时光,错过那张在文凭之外真正宝贵的东西。同时,复旦大学有非常丰富的讲座资源和交流活动,同学们通过参加这些活动,能遇到各式各样优秀而有趣的人,从而打开视野,了解更广阔的世界。所以,不妨走出自己一个人的世界,多和他人交流,多和世界接触,在这样的过程中使自己的生活丰富起来,成长得更快一些。

关注事情本身

在这几年的时间中,挫折和困难是难免的,投文章被拒七八次、实验出现困难等情况,她都遇到过。"在硕士到博士阶段,每个人都会经历一些大喜大悲的时刻,可能会很艰难,但总要学着面对和度过,这一点,不管你是优秀还是平平淡淡,都是一样的。"对于这样的情况,她会更多地把精力放在解决问题上,关注事情本身,先把自己能做的做好,而不是先处理自己的情绪、搁置问题。

在发表文章方面,她的建议是,如果不是天才般的人或者是能彻底沉下心花几年时间研究一个课题出成果的人,不妨在硕士开始阶段从学长、学姐的方向上找一些可以进行研究的问题,在此基础上做一些努力,试着发发文章,从而收获一些经验和成就感,之后循序渐进地探索更难的问题。硕士和博士阶段最大的区别就是硕士能沿着别人走过的路进行学习和询问,到了博士阶段,很大程度上就只能靠自己了。"当然是可以找导师进行商讨的,但很多具体问题还是要学着自己去处理。"

谈到大多数同学都有的所谓"拖延症",雷周玥有不一样的看法。她认为一个人对自己不感兴趣的事情才会拖延下来,并会强迫自己去完成,而真正喜欢的事情,再懒惰的人都会积极投入时间和精力。遇到"拖延症"问题的同学应该思考一下,这真的是我想要继续努力的事情吗?

最后,她提到:"博士应该在所做的小方向上有独到的、新颖的见解,这才是一个比较合格的博士。如果博士到最后对自己的课题还不如旁人了解得多的话,那其实不是一个合格的博士。"

案例 13-4-4

第九届工科"学术之星"

彭博:信息科学与工程学院光科系研究生。

研究方向:研究领域涉及拓扑材料、准粒子激发、热传导、相变等。

读万卷书,行万里路

彭博对自己大学生涯的规划,用他自己的话说,是"像陈寅恪先生早年时一样,遍访海内外名山大川的著名学府,探索不同的研究方向"。

在本科阶段,彭博打基础与探索未知领域并重。他在大三上学期正式加入复旦大学信息科学与工程学院光科系张浩老师课题组,研究纳米尺度的能量输运。这个方向对于全课题组而言是全新的。在研究的起步阶段困难重重，导师也没有现成的答案，彭博只能和导师一起探索。正是因为这些经历，彭博得以自由探索未知世界，学会如何从容应对来自未知领域的挑战。

进入研究生以来，彭博不断拓展研究领域。他赴中国科学院物理研究所进行联合培养，跟随翁红明老师学习拓扑材料的相关理论。2018年10月，在导师张浩老师和朱鹤元老师的支持下，彭博去剑桥大学的卡文迪许实验室进行为期半年的访问，探索温度如何影响量子材料的性质，希望进一步提升研究能力。

从2016年至今，他以第一作者发表了SCI论文15篇，累计影响因子89.033，其中的4篇ESI前1‰高被引。当谈到如此骄人的成绩，彭博却认为，这些成绩并不算骄人。他谈到爱因斯坦26岁时发表的4篇文章分别是狭义相对论、布朗运动、光电效应和质能方程，每一个都是改变世界的工作。他说："现在我的研究范围还很窄，就好似古人说的'以管窥天、以锥刺地'一般，还处于打基础的阶段，我还只是在一小块领域上探索，努力把问题向前推进一点点。"

当问起彭博未来的发展方向时，他讲到在硅谷访问期间，他问斯坦福大学的李飞飞为什么本来研究物理最后却转向人工智能，李老师给他的答案是，"为了追随薛定谔等伟大物理学家的足迹，探索什么是生命，探索意识的起源"。彭博也一直想把自己的研究拓展到量子生物学、天文地质等跨学科领域，他现在还在努力为目标而蓄力。

他还说，从事科学研究需要有信仰，每天努力把问题向前推进一小步，可能慢慢地就是一大步了。所以，彭博借用《庄子·人间世》中的一句话，将"来世不可待，往世不可追"分别送给未来和过去的自己。

探索世界，填海造陆

彭博说："我更喜欢《浮士德》里面，走出书斋、探索世界、填海造陆。"他是这么说的，也是这样做的。

2016年暑假，刚本科毕业的他放弃了暑假的休息时间，作为队长带领复旦大学团队远赴墨西哥，参加U21全球大学生学术峰会，以"讲座＋现场问答"的形式探讨如何将自己的研究成果用于应对全球人口老龄化的挑战，并全程向全世界直播。

2017年暑假，他来到了"一带一路"倡议的诞生地——哈萨克斯坦首都阿斯塔纳的纳扎尔巴耶夫大学，参加青年全球治理创新设计大赛，将自己在新能源领域的研究成果与中亚的地理环境相结合，设计了一系列新能源使用方案。比赛期间，彭博凭借激情演讲环节的出色表现获评最佳表现选手，他的团队也获得了最具创意团队的荣誉。最终，他的提案获得了在阿斯塔纳世界博览会展示的机会。

2018年，他获得了美国百人会的全额赞助参观硅谷。回来以后，他努力尝试把自己的研究成果与应用相结合，开始对相变材料的研究。2018年暑假，他访问了联合国维也纳总部，在国际原子能机构寻找新的科研灵感。

探索世界、填海造陆的理想一直在他的心头闪烁。

珍惜当下，享受生活

谈到自己的性格，彭博用3个词概括：淡定、慵懒但是在学术上追求完美。他说："学术真的很简单、很快乐。"

彭博从小就有坚持读书的习惯。最近，他在看一些还原"一战"开战前后细节的书，他说："2018年11月11日是'一战'停战100周年，法国总统马克龙号召全世界年轻人参加巴黎和平论坛，我担任队长发起的在中亚推广新能源提案获得了论坛的邀请，在停战纪念日进行展示。"

彭博看书的涉及面很宽，内容涉及历史学、政治学、经济学、动植物学、人类学、戏剧和建筑等，并不局限于自己的学术领域。他提到自己在剑桥的导师也非常喜欢历史，"他会跟我请教《史记》和《孙子兵法》，我则跟他请教维吉尔的《爱涅阿斯》"。

彭博很好地平衡了学与玩的关系。他的第15篇SCI论文刚刚被接收，这项工作预测了2种新的狄拉克半金属。他说："今年是英国物理学家狄拉克提出狄拉克方程90周年，我希望用这篇工作向物理学前辈致敬。"

当问到发文章的技巧时，他这样回答："发文章只是为了和全世界分享自己的成果。所谓'形而上者谓之道，形而下者谓之器'。如果结果本身很漂亮、又是原创性的工作，是不用关心投稿技巧和经验的。当然，文章要发表，确实有很多地方需要和编辑、审稿人打交道，一般来说，要让他们从文章里看出你的诚意，排版、作图、谋篇布局都很好的文章会更容易发表。"

如果你以为在彭博的生活中只有书和科研的话，那就大错特错了。平时，他喜欢养生、写硬笔书法，会在家门口追踪一只害羞的小鹿，或者和剑桥乡间的小动物们做朋友，和朋友在阿尔卑斯山的起点捕捉各种昆虫。看得出，彭博的心境是充实、宁静而愉悦的。

最后，彭博给复旦的其他同学留下一句寄语："珍惜当下，享受生活！"

案例 13-4-5

第九届医科"学术之星"

陆舟：基础医学院博士三年级研究生。

研究方向：免疫应答的表达调控。

天才很少，不要觉得努力是一件不好意思的事

"老实说，我并不觉得自己聪明绝顶"，陆舟望向窗外，"大家都是芸芸众生，这世上天才很少的，不是吗？"

在很小的时候，学医的梦想便扎根于陆舟心中。儿时她体弱多病、经常住院，久而久之医院竟成了一个让她倍感暖意的地方。当年与医生、护士们在一起吃糖果聊天，是陆舟童年美好的记忆。如今回想起来，她更加珍视他们给予的耐心与照料。这种陌生人之间毫无功利性的善意，的确是难能可贵的。所以，陆舟虽然明知学医不易，但填报高考志愿时还是义无反顾地选择了医科专业。"我非常喜欢小朋友"，陆舟双眸晶亮，"最近博士论文完成了，刚好可以稍事休整一段时间，我打算去儿童医院做志愿者"。

说起成为专业佼佼者的秘诀，陆舟直言："没有秘诀。比如从我们学校到静安寺只要两站路，这是最短的路线。但学习过程中一次成功找到捷径又谈何容易。绝大多数人都

是经过无数次绕路后才到达目的地。因此,如果非要定义一个所谓的'秘诀',那唯有'努力'二字而已。"她的目光中映现出一种坚韧到类似于倔强的神采:"说到这个,爸爸还是我的启蒙老师呢!"

陆舟坦言由于高考发挥失常,大一时被分进南京师范大学生命科学学院的普通班。不服输的她励志经过一年努力,大二进入理科基地班。只是系里藏龙卧虎、人才济济,开学报到之初她便产生了惶恐与自卑的情绪。"那天我送爸妈去南京火车站。我妈一直哭,前路茫茫,我心里也不好过。这时我爸突然把我拉到一旁",那天火车站一如既往的嘈杂,还有流动小贩卖瓜子、花生、大碗面的吆喝声,"我那平日木讷寡言的爸爸看着我,他说,永远不要觉得努力是一件不好意思的事"。陆舟说:"我忘了当时自己的回答,只是突然很震惊,爸爸竟看透了我的心思。10年了,这句话我一辈子都忘不了,真的。"

绝对的专注,高效的时间管理

前面所说的努力只是一个很泛的概念。具体而言,陆舟认为有两项品质最重要:绝对的专注,以及高效的时间规划和管理能力。

她坦言,课题的选择是医科学习的关键步骤之一(直接关系论文的发表和学位的获得)。创新性和可行性两者缺一不可。尤其后者,实验室的设备、材料和资源都要考虑在内。实验过程中不可控因素太多了,因此必须要有充足的心理准备。她第一次熬通宵,大概是连轴做了19个小时实验,经历那一次磨炼后就正式进入了轨道。陆舟说,她最开心、最有成就感的时刻,便是看见理想的实验结果毫无悬念地展现在眼前,而这需要绝对的专注。一旦进入实验室,她就会彻底放空自己,全身心地投入其中。即便与合作的同学有短暂交流,但她心思全都集中在操作上。甚至有时候没出结果,她在吃饭和做梦时也会考虑实验的事情。

陆舟还十分擅长时间管理和规划。"年纪大了嘛,我还是很惜命的",她自我调侃道,"一般晚上12:00前休息,早上8:00到8:30之间起床。8小时的美容觉要保证"。面对浩如烟海的文献资料和错综复杂的实验步骤,相对于拉长战线来消耗自己,陆舟更倾向于在有限的时间内进行合理的安排。"'嵌套'式学习法是我的杀手锏",她说,"运用这个方法,可以避免将自己局限在同一件事上。我一般一天可以完成两到三个实验,如果顺利的话,顺带做完第四个也不是没有可能"。至于具体的操作,就是在出下一步实验结果前(比如附上抗体)经常需要等待,那么,这段时间就充分利用起来,开启另一个实验。实验前一天晚上,她还会列一张详细的表格,把时间段精准切割和排序,并把前期一些机械的计算工作通通做好。睡前脑海中再像翻书一样将其一遍遍过细、过熟。听说同学们称呼她"学霸"或"实验狂人",陆舟有点哭笑不得:"不要'神化'我啦!其实有些方面我反应还是蛮迟钝的。爸爸有一次来实验室看我,说你们这儿空气怎么这么浑浊,难道都感觉不出来?我很懵地摇头,估计真是'入鲍鱼之肆,久闻而不知其臭'了。"

看不惯别人,是由于自身修为不够

除了卓越的学习成果,生活中的陆舟同样有一套系统且独特的为人处世方式,举手投足间总飘逸着一股与世无争的自洽与淡然。

"我觉得,人应当有自己的进度条。所以,不轻易受外界影响是心境平和的基础。"陆舟坦言,曾经有一段时间她特别在意他人的评价和看法,活得心累又没有自我。"这可能是成长道路上必经的一个坎儿。在自身与外界进行咬合的过程中,不得不丢弃一些太过唯美梦幻的想法。累到极致后,我也渐渐想通了,不必刻意取悦任何人。人生苦短,更应当多想想,如何愉悦和充实自身。"

对于医科博士生而言,宽进严出,再加上诸多人力不可及的实验因素,延期毕业是一件稀松平常的事情,精神压力之大可想而知。也许,一些微不足道的小事都可能成为压倒坚持信念的最后一根稻草。"所以,我需要定期清理心中的稻草。很多时候,心病的症结不在别人,而在自身。我从不奢望能改变别人什么,倒是尝试着不卑不亢地放宽心,一步一步让内心强大起来。人生最惬意的状态是与自己和解、与这个身外的世界和解。看不惯别人,只是由于自身的修为不够而已。"

仰望星空的同时,生活依然可以丰富多彩

脱下白大褂、收起解剖刀的陆舟,迈入厨房后便俨然化身为一位"田螺姑娘":准备食材、调料、烹饪、蒸煮、翻炒、起锅……一系列流程驾轻就熟,不多时一桌美味佳肴就完成了。除了中式家常菜,在西餐方面她尤其擅长于烘焙糕点。那似有若无的奶油甜香荡漾在房间的各个角落,仿佛回到了翻开童话书页的小时候。去年暑假留校修改论文期间,她晚上回到宿舍后,还重拾画笔修身养性,"苦中作乐嘛,我是一个乐观主义者"。

闲暇之余,陆舟还有一个相当"男孩子气"的爱好——看球赛。曼联死忠粉的她,最喜欢的球员相当与众不同:并非众星捧月的梅西,而是守门员大卫·德赫亚。她说她很欣赏德赫亚的忠诚与坚守。无论曼联处于巅峰还是低谷,他始终默默守护,成为球队最牢固的一道防线。"德赫亚的实力广受认可,我倒觉得他的低调与无私付出更难能可贵。安安心心地做好自己的事,就够了。"

陆舟说,她最近在读刘瑜的文章,最喜欢其中一句:"愿你有好运气,如果没有,愿你在不幸中学会慈悲;愿你被很多人爱,如果没有,愿你在寂寞中学会宽容。"这不禁让她想起自己的人生导师史蒂芬·霍金。她不单崇敬霍金在物理学领域的成就,还有他对待人生的优雅姿态。"很难想象,这样一个饱受命运蹂躏的生命,竟可以这样绚丽地绽放。"陆舟感慨道,"你看,他怀抱感恩之心,用自嘲式的幽默给人们带来希望与快乐。尤其在《生活大爆炸》里的本色出演,这个霍金远比镁光灯下过度包装的大神,更让人心生亲切与钦佩"。

霍金曾教导青年人守护梦想、仰望星空。如今,陆舟正沿着这条道路脚踏实地地前行着。与此同时,兴趣广泛的她还将生活编织得丰富多彩、熠熠生辉。

(案例提供:复旦大学党委研究生工作部)

第十四章 复旦大学研究生奖助体系

研究生教育是我国高等教育人才培养的最高层次,是国家培养高素质、高层次人才的重要渠道。研究生奖助学金是研究生培养体系中的重要组成部分,它一方面激励广大研究生努力学习,潜心科研,以学报国;另一方面为广大研究生在一定程度上解决了在校生活之忧。

第一节 研究生奖助体系的历史沿革

我国研究生奖助体系是在参照本专科生资助政策的基础上,兼顾研究生教育的特殊性,历经数十年逐步建构起来的。伴随着我国研究生教育的不断发展,研究生奖助体系也经历了不断的调试和变革。高校研究生奖助体系随国家政策和要求不断调整,至2014年基本完成体系的调整和确立。复旦大学研究生奖助体系调整沿革大致经历了如下4个阶段。

一、"免学宿费+人民助学金+书籍补助费+困难补助"阶段(建国初期至1991年)

新中国成立后,1950年我国开始招收研究生,"文革"期间一度中断,直到1978年恢复研究生教育制度。建国初期,我国尚未建立研究生奖助体系,研究生资助主要是参照本专科生奖助政策,除免学宿费外,还享受人民助学金,这种状态一直持续到1991年。

(一) 人民助学金制度的确立

1952年7月8日,原政务院颁布《政务院关于调整全国高等学校及中等学校学生人民助学金的通知》,包括研究生在内的在读大学生享受每人每月18元的人民助学金,标志着全国范围内的人民助学金制度真正确立。1956年12月30日,高等教育部发布《关于全国高等学校研究生人民助学金标准问题的通知》,规定研究生人民助学金基本标准为每生每月45元,另加地区差价补助。这个标准与当时在职职工工资标准大致相当。从此,国家对于研究生的奖助开始有专门的制度安排。

从1956出台《关于全国高等学校研究生人民助学金标准问题的通知》,到1985年国家先后出台5个关于调整研究生人民助学金的文件,人民助学金标准有高低起伏,比较明显的是3年自然灾害时期,如1960年调低了人民助学金的标准,但是单列了困难补助的预算。"文革"时期,高等学校招生政策有了很大变化,"具有3年以上实践经验"、相当于初中以上文化程度的工人、贫下中农、解放军战士和青年干部被推荐到高校学习。为鼓励工农兵大学生努力读书、报效国家,1963年10月国家出台了《关于高等学校培养研究生经费、人员编制和研究生助学金及其他生活待遇问题的几点规定》。

(二)困难补助制度的确立

粉碎"四人帮"后,为了适应新形势的需要,1977年教育部、财政部和国家劳动总局颁发了《关于普通高等学校、中等专业学校和技工学校实行人民助学金制度的办法》,将研究生特殊困难补助以每人每月2元编列预算由学校执行。1981年出台有关政策,区分博士生和硕士生群体人民助学金的标准,1985年又在1981年的基础上调整了人民助学金的标准,这一标准一直延续到1991年。

从建国初期到20世纪90年代初,国家经过不断的调整和完善,逐步形成了"免学宿费+人民助学金+书籍补助费+困难补助"的研究生资助格局,为80年代我国研究生教育稳定发展提供了重要保障。

这一阶段人民助学金制度是对建国前公费制和供给制的制度沿革,是我国计划经济体制在高等教育上的体现,补助标准均与同期应届本科毕业生的工资水平相当,保证了研究生学习、生活的基本需要,从而保证了国家对精英人才的需求,推动了研究生教育的发展。我国在计划经济体制下,研究生教育的发展靠国家的拨款和支持,各高校的研究生奖助体系高度一致,因此,这一阶段复旦大学的研究生奖助体系与国家保持一致。

二、"免学宿费+研究生奖学金+副食品补贴+困难补助"阶段(1992—1999年)

(一)研究生奖学金制度的确立和人民助学金制度的终结

1. 研究生奖学金制度的试点

1991年12月,国家教育委员会、财政部发布《普通高等学校研究生奖学金制度试行办法》(教财〔1991〕98号),同时,废止1985年发布的《关于研究生在校学习期间生活待遇等问题的规定》,标志着研究生人民助学金制度的终结。试行办法明确研究生奖学金分为普通奖学金和优秀奖学金,普通奖学金是由国家统一拨款,除在职、定向、委培研究生外几乎每位合格研究生均可享受的资助政策。优秀奖学金旨在奖励研究生在学习、科研、社会实践、科技创新等各方面全面发展。办法还具体规定了研究生的书籍补助费、副食品补贴、困难补助等细节,标志着我国新时期研究生奖助政策的开端。

2. 研究生奖学金制度的确立

1994年国家教委、财政部出台《普通高等学校研究生奖学金办法》,相比试行办法,除了提高普通奖学金标准外,最大的变化体现在以下6点:①书籍补助费不再单独发放;②委托培养、定向培养的研究生待遇不由学校负责,非脱产的在职研究生不执行本办法;③优秀奖学金标准、评定比例和发放办法由各学校自定;④特殊困难补助不再单列预算,由学校勤工助学基金和对特困生的资助经费统筹解决;⑤积极推进研究生兼任助教、助研、助管的改革,把研究生奖学金同兼任"三助"的报酬结合起来;⑥鼓励国内外企业和个人出资为研究生设立奖学金。1994年的研究生奖学金办法标志着我国研究生奖助体系"双轨制"的形成,非脱产的在职研究生的待遇不再由国家和学校负责。研究生奖助体系为"免学宿费 + 研究生奖学金 + 副食品补贴 + 临时困难补助 + 研究生'三助'"。

1996年10月国家教委、财政部出台《关于提高普通高等学校研究生奖学金标准的通知》,调整了研究生普通奖学金的标准,并允许各高校可将普通奖学金标准上下浮动50元,统筹用于提高部分特殊专业普通奖学金标准、优秀奖学金和"三助"岗位津贴。其余内容遵照1994年的《普通高等学校研究生奖学金办法》。至此一直到2007年全国研究生培养机制改革,研究生奖助体系没有进行调整。

(二) 复旦大学研究生奖学金体系的内容

1997年复旦大学调整研究生奖学金有关政策,研究生普通奖学金执行国家基本标准,加上上海市地区副食品补贴,按月根据学籍变动调整发放。研究生优秀奖学金的获奖比例博士生和硕士生相同,获奖面为30%。其中,一等奖为5%,二等奖为10%,三等奖为15%,对应奖金分别为每人4 000元、2 000元和1 000元。有经济困难的研究生还可以向学校申请临时困难补助,学校视情况予以资助。

表14-1-1 1997—2007年复旦大学研究生普通奖学金发放标准

档次	博士生标准(元/月)	硕士标准(元/月)
入学前未参加工作	200	190
入学前参加工作不满2年	220	210
入学前参加工作超过4年	240	230

注:数据来源于1996年《关于提高普通高等学校研究生奖学金标准的通知》。

在从人民助学金转向奖学金制度的同时,我国还在逐步推进研究生"三助"制度。1991—1999年国家密集出台了4份文件(分别在1991年、1993年、1995年和1999年),督促高校推进"三助"工作的落实。由于没有明确规定"三助"经费来源和改革的指导性意见,加之各高校财力、对"三助"的认识及重视程度不同,这一时期全国范围内高校实施"三助"的规模不大、水平不高。这一时期的研究生奖助体系从国家的制度设计来说,主要包括研究生奖学金、副食品补贴、临时困难补助和研究生"三助",其最大特点是各高校研究生的待遇差别不大,优秀奖学金的奖励权限逐渐下放给学校;研究生"三助"作为保障研究生在校生活的资助手段之一,没有发挥出应有的作用。

可以说这个时期复旦大学的研究生资助资金构成主要以国家拨款为主,资助项目以人人有之的普通奖学金为基础,以奖励性质的优秀奖学金为主,辅之以临时困难补助。

三、"免学费+奖学金+'三助'+贷款+助学金+困难补助"阶段(2000—2014年)

1996年国家调整研究生普通奖学金标准,将优秀奖学金的权限下放到各高校;1999年国家再次将研究生"三助"提高到促进高校人事制度和校内管理改革的高度来推进此项工作;我国本科教育缴纳学费及家庭经济困难生资助体系的不断完善,这些都为探索研究生教育成本分担机制和完善研究生经济资助提供了借鉴。进入新世纪的研究生奖助体系在全国各地各高校已突破了维系近30年的"大一统"局面,高校开始在政策允许范围内和经费许可条件下主动调整和重构研究生奖助体系。各地各高校在这一阶段完成了研究生奖助体系从微调到大变革的过渡,从计划经济时代的"整齐划一"到研究生培养机制改革时期的"八仙过海,各显神通",这一变化以2007年研究生培养机制改革为分界线,可分为前后两个阶段:第一阶段为2000—2007年,第二阶段为2008—2014年。

(一)"免学费+'奖、勤、贷、助、补'体系的形成"阶段(2000—2007年)

1. 复旦大学建立研究生奖助工作机制

2000年原上海医科大学与复旦大学强强联合、组建新复旦大学,给复旦大学带来了新的发展机遇,研究生培养规模逐步扩大,学校的经费投入逐步增加,两校研究生奖助学金纳入统一管理,管理机制和管理政策陆续形成。

2000年8月学校成立党委研究生工作部(复旦〔2000〕组干字第55号),具体负责全校研究生的思想政治教育和研究生奖助、园区管理等工作。同年,学校成立复旦大学研究生奖助管理工作领导小组,由一名校领导任组长,成员包括教务处、科技处、文科科研处、医学科研处、人事处、财务处等处处长,研究生院院长、分管副院长、党委研究生工作部部长;同时,成立研究生奖助管理工作办公室,纳入党委研究生工作部管理,统筹全校研究生奖助工作,标志着复旦大学研究生奖助工作管理机构正式成立。

2. 国家助学贷款制度的确立

1997年我国本科生教育实现"并轨",实行学费缴纳制度。1999年我国高校大规模扩招,家庭经济困难学生的问题越来越凸显。在此背景下,1999年初国家成立了由教育部、财政部和中国人民银行组成的全国助学贷款部际协调小组,并在教育部成立了全国学生贷款管理中心。经国务院批准,1999年5月13日出台了《关于国家助学贷款的管理规定(试行)》,试点工作于1999年9月在北京、上海、天津、重庆、沈阳、武汉、西安、南京等8个城市启动[①]。2000年贷款对象扩大到研究生和攻读双学位的全日制学生。

2001年复旦大学部分研究生开始入住北区学生公寓,研究生住宿费收费改革自2003

---

① 王涵琳:《关于国家助学贷款的管理规定(试行)的政策研究》,电子科技大学,2016,摘要。

年正式开始,住宿费标准为每学年博士生2 000元/人、硕士生1 600元/人。当时的国家助学贷款政策规定,学生每学年可申请的贷款组成为学费(上限6 000元)、住宿费(上限2 000元)、生活费(上限4 000元),每学年贷款总额上限6 000元,申请贷款时以上部分可自由组合。复旦大学研究生国家助学贷款工作自2000年开始实施,有效缓解了复旦大学家庭经济困难研究生的住宿费和生活费问题。

表14-1-2 2000—2007年复旦大学研究生国家助学贷款统计

贷款年份	贷款总人数(人)	贷款总额(万元)	贷款银行
2000	401	720.59	中国工商银行/中国农业银行
2001	415	156.8	中国农业银行
2002	751	357.43	中国农业银行
2003	994	489.75	中国农业银行
2004	1 170	1 324.36	中国银行
2005	547	870.71	中国银行
2006	469	733.68	中国银行
2007	525	844.49	中国银行
汇总	5 272	5 497.81	

注:数据来源于复旦大学党委研究生工作部。

3. 复旦大学研究生"三助"制度的确立

关于研究生"三助"制度,1991—1999年国家先后4次出台文件,督促各高校有效实施。2000年复旦大学制订《复旦大学研究生"三助"工作实施方案(试行)》,9月在数学系、化学系、新闻学院等院系试点研究生助教工作;2001年3月在邯郸校区27个院系试点研究生助管工作;2001年设置文科科研项目博士生公共助研岗位;从2003年开始助研岗位扩大到所有计划内非定向博士生;2002年研究生"三助"工作在全校开展,同年9月设立人才工程(二期)辅导员岗位;2005年制定了《关于复旦大学非定向博士研究生助研津贴发放的补充规定》(研培养〔2005〕29号)。经过2000—2005年的试点与推进,复旦大学"三助"工作逐步步入制度化和规范化,研究生"三助"投入的经费支持从2001年的232.74万元增加到2007年的752.45万元,增幅达2.23倍。

表14-1-3 1991—1999年国家有关研究生"三助"工作的文件和内容

年份	政策文件	具体规定
1991	《普通高等学校研究生奖学金制度试行办法》	"有条件的学校可试行把发放研究生奖学金同他们兼任教学、科研和行政管理工作的报酬结合起来的办法"

(续表)

年份	政策文件	具体规定
1993	《关于加快改革和积极发展普通高等教育的意见》	"继续推行和扩大研究生兼做助教（协助教学）、助研（协助科研）、助管（协助管理）试点，改善研究生培养的物质条件"
1995	《关于进一步改进和加强研究生工作的若干意见》	"稳步推广研究生兼助教、助研、助管（简称'三助'）制度"
1999	《关于进一步加强高校资助经济困难学生工作的通知》	"各高校必须结合当前人事制度和校内管理体制改革的需要，积极推进研究生兼任'助教、助研、助管'工作，力争用两到三年的时间，使50%以上的研究生能够拥有'三助'岗位"

表 14-1-4　2000—2007 年复旦大学研究生"三助"经费投入统计

年份	金额（万元）	年份	金额（万元）
2000	9.028 9	2001	232.74
2002	413.87	2003	402.42
2004	602.25	2005	645.12
2006	739.57	2007	752.45

注：数据来源于复旦大学党委研究生工作部。

4. 研究生困难补助制度化

2003 年，教育部发出《关于切实做好资助高校经济困难学生工作的紧急通知》，全面落实和推进奖学金、学生贷款、勤工助学、特殊困难补助和学费减免政策及"绿色通道"制度，使资助高校经济困难学生工作得到进一步发展[1]。以此为契机，复旦大学研究生的困难补助工作也得到了进一步的推进。2002 年复旦大学开始开展家庭经济困难研究生认定工作，建立困难生电子档案，研究生困难补助经费在 2003 年列入学校单独财务预算，2004 年学校制定了《复旦大学研究生困难补助实施方案（试行）》，方案规定本校研究生困难补助分为新生困难补助和研究生意外事故补助两类。困难补助政策的实施，有效缓解了家庭经济困难研究生的在校经济生活压力。

5. 研究生奖学金政策的调整

这一时期的奖学金延续了研究生普通奖学金和研究生优秀奖学金的构成，为争取优秀生源，复旦大学于 2000 年 9 月开始设置新生奖学金作为研究生优秀奖学金的组成部分，奖励推荐免试入学的研究生（含博士生和硕士生）及各专业入学成绩（综合考试及面试的总成绩）排名第一名的研究生，奖金为每人 4 000 元。

1994 年《普通高等学校研究生奖学金办法》鼓励国内外企业和个人出资为研究生设立奖学金，2001 年复旦大学成立对外联络与发展处，职能之一就是负责接洽校外捐赠工作。

---

[1] 赵军、惠鑫："研究生资助体系：回顾与展望"，《三峡论坛（三峡文学·理论版）》，2010 年第 11 期。

这一时期的研究生教育是免学费的,社会捐赠主要倾向于为研究生设立奖学金项目。2002年社会企事业单位及个人在复旦大学捐赠设立的研究生奖学金共计30项,奖励标准从1 000元/人/学年到10 000元/人/学年不等,当年共奖励了668名研究生,奖励总金额为158.04万元。社会捐赠的奖学金是研究生优秀奖学金的重要补充,部分奖金甚至高于优秀奖学金的标准,有效发挥了研究生奖学金的激励功能。

表14-1-5　2002年校外捐赠奖学金一览表

序号	奖学金名称	一等奖		二等奖		不分等级		总名额（人）	总金额（元/人/学年）
		人数（人）	金额（元/人/学年）	人数（人）	金额（元/人/学年）	人数（人）	金额（元/人/学年）		
1	复旦大学中国科学院奖学金					2	10 000	2	20 000
2	复旦大学笹川良一奖学金					14	6 000	14	84 000
3	复旦大学三星奖学金	5	6 000	9	5 000			14	75 000
4	复旦大学汪氏文科基础学科奖学金					6	5 000	6	30 000
5	复旦大学招商银行一卡通奖学金					8	5 000	8	40 000
6	复旦大学华为奖学金					8	5 000	8	40 000
7	复旦大学阿尔卡特奖学金					6	4 400	6	26 400
8	复旦大学叔苹奖学金	3	1 500	2	1 200			5	6 900
9	复旦大学石锡琮奖学金					2	4 000	2	8 000
10	复旦大学董氏东方奖学金					20	4 000	20	80 000
11	复旦大学新世纪谢希德奖学金					37	4 000	37	148 000
12	复旦大学瑞士再保险研究基金奖学金					8	4 000	8	32 000
13	复旦大学柯达奖学金					18	4 000	18	72 000
14	复旦大学联想集团奖学金					10	3 500	10	35 000
15	复旦大学三和国际基金奖学金					2	3 500	2	7 000
16	复旦大学杜邦奖学金					6	3 000	6	18 000
17	复旦大学中国石油奖学金					5	3 000	5	15 000

（续表）

序号	奖学金名称	一等奖		二等奖		不分等级		总名额（人）	总金额（元/人/学年）
		人数（人）	金额（元/人/学年）	人数（人）	金额（元/人/学年）	人数（人）	金额（元/人/学年）		
18	复旦大学吴英蕃奖学金					6	3 000	6	18 000
19	复旦大学吴张令昭奖学金					3	3 000	3	9 000
20	复旦大学中国工程物理研究院奖学金					10	3 000	10	30 000
21	复旦大学联邦医学教育奖学金	10	3 000	35	2 000			45	100 000
22	复旦大学刘永龄奖学金					10	2 000	10	20 000
23	复旦大学光华奖学金					250	1 800	250	450 000
24	复旦大学宝钢教育基金奖学金					4	3 000	4	12 000
25	复旦大学GE奖学金	20	1 500			10	1 500	30	30 000
26	复旦大学华藏奖学金					15	1 000	15	15 000
27	复旦大学NKK奖学金					4	1 500	4	6 000
28	复旦大学东方奖学金	28	1 200	36	1 000			64	69 600
29	复旦大学高逢田奖学金					1	1 000	1	1 000
30	复旦大学摩托罗拉奖学金					55	1 500	55	82 500
	汇总							668	1 580 400

注：设奖等级中的"金额"均为元/人/学年。数据来源于复旦大学党委研究生工作部。

到2005年复旦大学已形成了以免学费和研究生奖学金为主、"三助"和国家助学贷款为辅、困难补助为补充的研究生奖助体系新格局。

（二）"免学费＋'奖、勤、贷、助、补'＋导师资助"的探索阶段（2008—2014年）

1. 研究生培养机制改革的背景

随着研究生招生规模不断扩大，原有的研究生培养免学费的政策带来的高等教育经费短缺压力越来越大，研究生普通奖学金标准自1997年后也未作调整，与本科毕业生的实际收入差距越来越大。伴随着物价上涨，生活成本增加，进入新时期的研究生资助力度越来越不能满足研究生的基本生活需求。因此，早在2004年和2005年研究生教育中酝酿"全面收费，以奖代免"的设想已见端倪；2006年，在哈尔滨工业大学等3所高校开展了研究生培养机制的改革试点工作；2007年，全国又有14所高校加入试点队伍中，复旦大学的政策也是在这一年开始酝酿；2008年，教育部在所有设置了研究生院的高校开展试点工作；2009年，改革工作扩展到所有研究生培养高校。培养机制改革试点高校统筹规划研生培养经费、导师的部分研究经费和其他有关资金,根据自身特点设计不同的资助体系并进行动态评审。研究生奖助体系进入改革期,这轮改革后研究生的待遇总体有所提高,但各高校的方案各具特色。

教育部倡导的研究生培养机制改革,核心是构建以科研为主导的导师负责制和以科研项目经费为引导的导师资助制,中心目标是通过合理配置资源和有效的教育成本分担机制,充分挖掘和调动学生和导师两个主体的积极性,提高研究生的培养质量。

2. 新奖助体系的特点及框架

2007年复旦大学开始试点研究生培养机制改革,统筹国家拨付的研究生培养经费、学校筹措的经费以及导师资助经费作为研究生奖助体系的总经费,当年出台《复旦大学研究生培养机制改革方案》(以下简称《培养机制改革方案》),明确规定了培养机制改革后的研究生奖助体系。方案规定研究生奖助体系构建的理念是"以构建多渠道筹资和资助体系为抓手,提高研究生的待遇,激励研究生学习和科研创新热情,增强优秀生源竞争力",以及"在研究生奖助体系构建中充分发挥院系的积极性与创造性,按照两级管理的原则,学校制定总体方案,各院系根据自身的特点制定具体实施细则"。自此,复旦大学研究生奖助体系步入改革新征程。《培养机制改革方案》规定复旦大学研究生奖助学金的构成主要包括学业奖学金、助学金(指"三助")、专项奖学金、博士研究生培养专项基金、困难补助基金等。新的奖助政策在2007级研究生中开始实施,其中,奖学金政策和助研政策采取"老生老办法,新生新办法"的过渡。

这一时期复旦大学研究生奖助改革的特点有3个:第一,全校研究生教育继续免学费;第二,强调导师资助制,体现在博士生助研经费由导师和学校根据招生人数共同出资,且由导师调配具体发放额度;第三,推进奖助工作校院两级管理体制,体现在优秀学业奖学金和博士生助研津贴由学校按照一定的比例和标准划拨院系,各院系根据自己的学科特点和工作模式进行评审和发放,更加强调研究生培养中的导师责任制。

3. 研究生奖学金政策的调整

新的奖助体系的最大变化在于自2007级开始取消培养机制改革前的研究生普通奖学金和研究生优秀奖学金,改为评定学业奖学金。《培养机制改革方案》规定,研究生学业奖学金设置如下:博士生学业奖学金分为一等奖每人10 000元、二等奖每人5 000元,覆盖面分别为30%和60%,总覆盖面为90%;硕士生学业奖学金分为一等奖每人8 000元、二等奖每人4 000元,覆盖面分别为20%和50%,总覆盖面为70%。该方案于2007年9月执行。由于院系在执行过程中发现了不同的问题,研究生学业奖学金政策经历了2008年和2010年的两次重大调整。

2008年,学校制订并下发了《复旦大学2007级研究生2008—2009学年学业奖学金评定实施意见》,将学业奖学金调整为博士生一等奖10 000元、二等奖8 000元、三等奖5 000元,覆盖面为90%;硕士生一等奖8 000元、二等奖6 000元、三等奖4 000元,覆盖面为70%;奖学金按名额下拨院系,由各院系根据实际情况制定具体实施细则,并独立完成评审工作。调整后的研究生学业奖学金通过设置一等、二等、三等奖,充分发挥奖学金的激励功能。

2010年教育部、财政部发布《关于提高中央部委所属普通高等学校博士研究生奖学金标准的通知》,复旦大学结合实际情况,重新调整了博士生的奖学金体系,调整后的博士生奖学金分为基础学业奖学金和优秀学业奖学金。基础学业奖学金相当于2007年前的研究生普通奖学金,全日制非在职的符合基本条件的博士生均可获得,每人每月1 000元,每年发放12个月。优秀学业奖学金按照2008年的博士生学业奖学金的等级设置和覆盖面测算各院系的优秀学业奖学金经费额度,具体等级及各等级额度和比例由院系根据实际情况制定并实施。经过此次改革,各院系的博士生学业奖学金的获奖等级和设奖比例有明显差异,体现了学科差异和院系奖助工作的自主性。

随着我国研究生招生结构的调整,2009年第一届全日制专业学位硕士研究生开始入学,复旦大学根据招生结构的调整,迅速调整奖助政策,将这部分学生纳入复旦大学困难补助体系、国家助学贷款及研究生助管助教申请范围。2011年,在广泛进行校内外调研的基础上,制定并通过了《关于建立自筹全日制硕士专业学位研究生奖助体系的指导意见(试行)》,推动了全日制硕士专业学位研究生奖助工作的开展(学费的20%用于设立全日制硕士专业学位研究生的奖助学金,实施校院二级管理)。

为鼓励创新和吸引优秀博士生生源,复旦大学自2010年起在优秀学业奖学金设置的基础上设置博士生相辉奖学金奖励计划,主要面向基础学科的博士生新生,奖励金额为每人18 000元,设奖比例不超过当年拟录取博士生的10%。2010年参评学科为数学、物理学、化学、生物学、基础医学、文学、历史学和哲学。

4. 研究生助研政策的调整

研究生培养机制改革的核心是明确导师在研究生资助与培养中的主导权,复旦大学助研方案改革"明确导师招收博士生要出资,研究生参与实验室工作和导师课题可以获得酬劳,为发挥导师的作用,助研津贴发放的调控权由导师负责,导师可根据研究生参与科研的表现调整津贴的发放额度,从而更有效地督促学生参加科研工作[①]"。据此,博士生可获得的助研津贴标准为每人每年5 000元,由导师和学校共同出资,学校专门为院系开通助研账户,导师出资标准根据《培养机制改革方案》的规定,"(导师)资助经费等级分为A、B、C共3类,当年招一个博士生,资助经费额度分别是1 000元、3 000元、5 000元,招两个以上(包括两个)博士生,在前一个基础上按50%累进资助。此额度是基本要求,鼓励导师为优秀的研究生提供更多的经费资助"。同时,为理科、工科和医科的硕士研究生设置助研津贴,每人每年3 000元,由学校出资分学期统一发放。

2010年,复旦大学根据《关于提高中央部委所属普通高等学校博士研究生奖学金标准的通知》,完善了博士生助研体系,在导师出资的基础上学校补足至3 000元、4 000元或6 000元,因此,不同学科、专业和导师在博士生助研津贴的实际发放额度上不一定相同。

5. 研究生助管、助教制度的调整

研究生助管、助教作为新奖助体系的重要内容,这一时期也进行了重大调整。首先,进一步理顺了助管、助教的管理体制。2008年复旦大学制定《复旦大学研究生助教实施细

---

① 罗英华:"合理配置资源,发挥研究生奖助体系激励作用",《研究生教育研究》,2011年第2期。

则(试行)》和《复旦大学研究生助管实施细则(试行)》。第二,探索岗位设置的科学化。探索将助管、助教岗位的设置与院系人员配备相关联,岗位的设置情况纳入学校人力资源管理范畴;将助教岗位的设置与院系教学工作量、教师人均工作量等挂钩。第三,挖掘助管、助教岗位的育人功能,明确设岗要求和工作内容,提高单位时间岗位津贴标准。2012年助管、助教岗位津贴提高到600元/月,2013年助教岗位津贴提高到800元/月。自2008年开始,按学期开展新上岗助管、助教培训。第四,建立助管、助教考核制度和奖惩制度。自2006年开始,按学期开展复旦大学"优秀助管、助教"评选。第五,2010年实现助管、助教的信息化管理。

6. 困难补助政策的完善

2007年,上海市开启大学生医疗保险制度改革,结束了上海市高校长达数十年的大学生公费医疗制度,引入了"医疗费用分担机制"。2008年,复旦大学制定《复旦大学学生基本医疗保障制度实施办法(试行)》和《复旦大学学生医疗帮困基金管理办法(试行)》,增设研究生医疗帮困经费专项预算。随着奖助体系改革的深入,增设未获得学业奖学金的家庭经济困难硕士生资助项目,主要向未设助研津贴的人文社会学科的硕士研究生倾斜;学校增加研究生困难补助的经费投入,2011年制定了《研究生意外突发事件困难补助实施细则》。2011年,上海市将全市大学生纳入居民基本医疗保险范围,所有全日制非在职研究生均需缴纳居民保险费参加大学生基本医保,复旦大学为鼓励研究生积极参保,提高在校期间的医疗保障,在医疗帮困经费中增设家庭经济困难研究生参保缴费专项资助。

四、"缴纳学费+'奖、勤、贷、助、补'+导师资助"完善阶段(2014年至今)

始于2006年的研究生奖助体系改革经过七八年的试点,2012年和2013年教育部相继出台了《研究生国家奖学金管理暂行办法》、《关于完善研究生教育投入机制的意见》、《研究生学业奖学金管理暂行办法》、《研究生国家助学金管理暂行办法》等,明确以国家经费投入设立研究生国家奖学金、研究生学业奖学金和研究生国家助学金。在《关于完善研究生教育投入机制的意见》中,提出加大研究生助教、助研和助管岗位津贴资助力度,助研津贴主要由科研经费支出,助管、助教津贴则由高校承担;完善国家助学贷款政策,提高研究生国家助学贷款年度最高限额;完善配套政策措施,即鼓励高校综合采取减免学费、发放特殊困难补助,加大对家庭经济困难研究生的资助力度。

2019年《学生资助资金管理办法》(财科教〔2019〕19号)出台,标志着历时近10年改革和探索的研究生奖助体系有了最新的成果,规范了中央财政出资用于落实国家资助政策资金的使用,并界定了每项政策要实现的目标:研究生国家奖学金,用于奖励纳入全国招生计划的高校中表现优异的全日制研究生,旨在发展中国特色研究生教育,促进研究生培养机制改革,提高研究生培养质量;研究生学业奖学金,用于激励研究生勤奋学习、潜心科研、勇于创新、积极进取,在全面实行研究生教育收费制度的情况下,更好地支持研究生顺利完成学业;研究生国家助学金,用于资助普通高校纳入全国研究生招生计划的所有全日制研究生,补助研究生基本生活支出。学校出资设立助管岗位及特殊困难补助,加大对家庭经济困难研究生的资助力度;助研津贴由导师主导的科研经费支出。至此,形成了

"缴纳学费+'奖、勤、贷、助、补'+导师资助"的更加完善的研究生资助体系。

2014年复旦大学在国家政策指导下出台《复旦大学研究生奖助方案实施办法(暂行)》(校通字〔2014〕27号),该办法对研究生学费、奖助体系构成和组织管理等内容进行了详尽规定,奠定了复旦大学现行研究生奖助体系的基础。

第二节 现行研究生奖助体系概况

一、复旦大学现有研究生奖助体系主要政策文件

复旦大学研究生奖助体系主要基于学校根据教育部的政策并结合学校实际制定的一系列配套政策,包括《复旦大学学生医疗帮困基金管理办法(试行)》(2007年)、《研究生意外突发事件困难补助实施细则》(2012年)、《复旦大学研究生奖助方案实施办法(暂行)》(2014年)、《复旦大学研究生学业奖学金管理办法(暂行)》(2015年)、《复旦大学研究生生活津贴发放管理办法(暂行)》(2015年)、《复旦大学研究生优秀学业奖学金证书印发管理办法(暂行)》(2015年)、《关于复旦大学人才工程预备队研究生奖助政策的补充规定》(2015年)、《复旦大学研究生助管工作实施细则《(2015年)、《复旦大学研究生助教工作实施办法》(2015年)、《复旦大学研究生"复旦-泛海"海外交流奖学金实施办法》(2016年)、《复旦大学研究生"泛海学者"评定细则》(2016年)、《复旦大学家庭经济困难学生认定实施办法(试行)》(2019年)等。

二、复旦大学现行研究生奖助体系的主要内容

目前,复旦大学研究生奖助体系主要由"奖、勤、贷、助、补"等内容构成。

1. 奖学金

主要包括国家奖学金、优秀学业奖学金、学年学业奖学金、优秀博士候选人奖学金、相辉奖学金以及社会冠名奖学金等。上述奖项均按每学年评选。

国家奖学金由中央财政出资设立,奖励标准为博士生每人每年3万元,硕士生每人每年2万元。

优秀学业奖学金由学校统筹国家财政拨款和学校资金设立,用于奖励品学兼优的全日制非定向研究生和非在职的"少数民族高层次骨干人才计划"研究生。学校根据各院系符合参评条件的研究生总人数,按博士生每人每年0.25万元、硕士生每人每年0.2万元的生均标准,核拨优秀学业奖学金经费,由院系自行决定评奖比例、等级设置和奖励标准。全日制专业学位硕士研究生(除临床医学专业学位硕士研究生以外)学费的20%作为优秀学业奖学金专项资金,由各院系制订评审办法并负责实施。

学年学业奖学金由学校统筹国家财政拨款和学校资金设立,用于鼓励2014年秋季及以后入学的全日制非定向的博士研究生、学术学位硕士研究生、临床医学专业学位硕士研究生以及非在职的"少数民族高层次骨干人才计划"研究生认真完成每一项学业要求。学校

根据各院系符合参评条件的研究生人数,按博士生每人每年0.75万元、硕士生每人每年0.6万元的生均标准,核拨学年学业奖学金经费。院系自行决定学年学业奖学金的设奖方式和评选要求,重点考察学生在课程学习、学位论文开题、中期考核、科研学术等方面的表现。

优秀博士候选人奖学金由学校出资设立,用于鼓励2014年秋季及以后入学的本科直博生以优异成绩通过资格考试,通过资格考试的本科直博生的前50%获一等奖,奖励标准为每人1.8万元;后50%获二等奖,奖励标准为每人1.4万元。

相辉奖学金在2010—2013年试行的基础上,2014年在设奖范围和奖励标准上作了调整。根据《复旦大学研究生奖助方案实施办法(暂行)》(校通字〔2014〕27号)第十四条规定:"相辉奖学金由学校出资设立,用于支持基础学科招收特别优秀的生源攻读博士学位,从事高水平基础研究工作。每届学生最多评选20人,每人获得一学年10万元的奖助学金(包括国家奖学金、优秀学业奖学金、学年学业奖学金和生活津贴),考核合格的可连续获奖,累计奖励不超过3年。"2016年在奖励标准上又有新的调整。根据《复旦大学相辉奖学金设置和评选办法》(研通字〔2016〕38号),新的奖励标准如下:每名获奖者3万元奖学金分3学年发给,每学年发给1万元;自2017级博士生开始实施。

社会冠名奖学金由社会团体、企事业单位或个人出资设立,评选的条件、名额和奖励标准按设奖协议执行。

2. 勤工助学津贴

勤工助学津贴主要包括助教、助管、助研以及研究生担任学生辅导员工作所获得的岗位津贴。助管、助教岗位由学校出资设立,优先满足文史哲等基础学科以及国家亟需、学校扶持学科的设岗、用岗需求。每个岗位的标准工作时间为每周10~12小时,标准津贴为每月900元,每学期发放5个月。

助研岗位由院系或导师出资设立,院系须对岗位的设置和管理办法、津贴发放的标准和程序作出统一规定。对基础学科及国家亟需、学校扶持学科的特殊需求,学校给予助研经费支持。

人才工程预备队制度是复旦大学设立的一项优秀人才培养计划,旨在选拔一批优秀学生在从事研究生学习的同时,承担部分学生工作或其他党政工作,锻炼、提高他们的综合素质和各方面能力,从而为学校和社会培养、输送一批高学历、高素质、全面发展的后备干部。处在人才工程预备队培养期内的研究生,按照所属专业及学历层次的研究生标准缴纳学费,发给生活津贴,参评各类奖学金,其奖助学金中的生活津贴由学校全额出资。

3. 国家助学贷款

国家助学贷款是国家贴息以资助家庭经济困难学生完成学业的政策性信用商业贷款,是国家最重要的帮困助学渠道之一,分为生源地信用助学贷款和校园地国家助学贷款两种方式。国家助学贷款解决了家庭经济困难研究生的学费问题,特别是2014年国家助学贷款每学年的贷款额度由原6 000元增长到12 000元后,基本覆盖了科学学位研究生和部分专业硕士学位研究生的学费。

学校认真贯彻执行国家及上海市关于基层就业贷款代偿学费补偿政策、在校大学生服义务兵役制贷款代偿学费补偿政策、上海市关于涉农行业及农村任教贷款代偿学费补偿政策,鼓励和引导贷款研究生参加国家西部建设和国家重点行业建设,以自己所学知识和本领服务社会进步和国家发展,在祖国最需要的岗位上贡献自己的力量。

4. 助学金

助学金主要包括国家助学金、社会捐赠的冠名助学金和发展型资助项目。

国家助学金由复旦大学统筹中央财政拨款的国家助学金、学校资金和导师配套经费设立,国家助学金在复旦大学被表述为"研究生生活津贴"。发放对象为规定学制年限内已注册的全日制非定向研究生和"少数民族高层次骨干人才计划"研究生。发放标准如下:博士生每生每月2 300元(在职"少数民族高层次骨干人才计划"博士生每生每月1 500元),硕士生每生每月600元;直博生通过资格考试前,享受由学校参照博士研究生国家助学金标准设立的博士候选人生活津贴,通过资格考试后享受博士研究生的生活津贴。研究生生活津贴每年发放10个月。

社会捐赠的冠名助学金是由社会团体、企事业单位或个人出资设立,资助的条件、名额和标准按助学金设立协议执行。

复旦大学秉承"经济资助为辅,成才育人为主"的资助理念,不断探索发展型资助项目,对品学兼优的家庭经济困难研究生的成长成才提供帮扶,目前的项目主要包括资助研究生助学公益社团的公益志愿活动和海外交流资助。复旦大学烛心社是由获得奖助支持的学生自发成立的助学公益类社团,2014年12月注册成立,以组织开展社会公益活动为主要目标,期望达到既帮助社团成员的个人成长,又能通过开展公益志愿活动服务社会。成立以来社团广泛开展校外公益活动,其中,在云南省大理州永平县和德宏州开展的"为中国而读·为支教而行"暑期大型公益读书·支教夏令营,自2015年暑期开展以来已连续举办5年,受到当地政府、家长和学生的广泛支持和欢迎。高质量的公益活动为烛心社迎来了社会捐赠的大力支持。

为开拓视野、增长知识、贯彻不使家庭经济困难学生因家庭贫困而失去出国交流的机会,复旦大学设立了"学生海外交流资助基金"。每年5月由院系推荐、学校选拔,全额资助部分家庭经济困难的优秀研究生参加暑期出国出境交流项目。

社会捐资设立了"复旦-泛海学生海外交流奖学金",如果家庭经济困难的研究生已获得出国出境交流机会,但由于经济困难而无力实现的可申请该项目资助,经专家评审并综合考虑地域、交换时间长短等因素,单个项目给予不超过5万元人民币的资助,单个项目不重复获得校内外资助。

外事处为推动学校国际化办学,每年有校际交换生项目和校际暑期课程项目,家庭经济困难的研究生如已申请到这两类项目,但由于经济困难而无力实现的可申请资助,经专家评审并综合考虑地域、交换时间长短等因素给予不同额度的资助。

5. 困难补助基金

学校设立各类困难补助基金,帮助家庭经济困难的研究生度过暂时的困难,维持正常的在校生活,这也是资助体系的重要组成部分。

由学校出资设立困难补助基金,用于资助家庭经济困难或因家庭变故急需经济帮扶的研究生。因发生意外或突发事件造成在校经济生活临时困难的研究生,可向学校申请意外/突发事件困难补助,学校视情况给予一定资助。

由学校出资设立医疗帮困基金,用于资助学生本人发生重大伤病、其医疗费用超出家庭承受能力的研究生。数额巨大的由学生本人提出申请,学校视情况给予一定资助。医疗帮困基金是复旦大学最具特色的资助方式,始于2007年上海市大学生医保改革。大学生参加上海市居民保险后,就医产生的医疗费用由市财政、学生个人、商业保险公司各承担部分。复旦大学医疗帮困主要资助家庭经济困难且个人承担的医疗费用巨大的困难研究生;资助因患重大疾病或恶性疾病导致个人承担医疗费用过大、严重影响在校正常经济生活的研究生;资助家庭经济困难研究生参加上海市居民保险的缴费费用。自2008年正式实施以来,学校每年的投入逐年增加,从2008年的7万余元增加到2018年的112万余元。

第三节 研究生奖助体系的育人探索

一、资助育人探索

复旦大学研究生奖助工作强调育人的理念,在帮助研究生完成学业的同时,将立德树人的理念贯穿始终,实现激励进步、扶贫启智、资助育人的资助目标。

1. 培训育人

开展新上岗助管培训和新上岗助教研修,不断挖掘"三助"育人内涵,培训内容不断丰富,培训形式日益多样化。

研究生助管的培训由复旦大学党委研究生工作部具体实施,在充分调研研究生助管和设岗单位的基础上,采取分批次、分时段、分校区展开培训。课程设计分为岗位技能拓展课程、个人素质拓展课程、经验分享与交流等3个部分。课程不仅立足于提升研究生的工作能力,并将提高工作能力与研究生的职业发展有机结合,受到了研究生助管的欢迎。

新上岗助教研修由复旦大学教师教学发展中心具体实施,通过线上线下学习课堂设计方法、教学教法技巧、人际沟通技巧、课堂讨论组织技巧等提升助教研究生的工作能力和技能,做好本科生课堂中主讲教师与学生之间的沟通桥梁,协助主讲教师做好课堂管理、学生答疑、课后作业批改等工作。

2. 仪式育人

精心组织各类奖学金颁奖典礼,充分发挥仪式育人功能。每年举办全校性质的奖学金颁奖典礼和部分冠名奖学金颁奖典礼,邀请学校领导、设奖方代表参加并发言,组织全校师生参加,通过优秀人物的宣传、学校及设奖方的寄语、积极向上氛围的营造,构建良好的育人平台。

3. 榜样育人

资助工作要实现育人功能的最大化,不仅要在评审中凸显育人的导向,更要在评选后充分挖掘和宣传获奖学生的优秀事迹,引发其他同学的思考,形成榜样示范效应,鼓励和

◆ 图 14-3-1 复旦大学 2017—2018 学年奖学金颁奖典礼

号召更大范围的同学学习和借鉴。近年来逐渐形成了良好的优秀获奖、获助研究生事迹报道宣传工作机制。在对获奖、获助研究生的事迹报道中,注意用挖掘先进人物的优秀事迹来感召学生,不仅注重对其所取得的成绩的描述,还着重强调其所获成绩背后的故事、成功的秘诀和支持他们的精神动力。

4. 实践育人

为家庭经济困难研究生的发展搭建成长平台,对研究生开展感恩回馈教育。复旦大学烛心社由曾经获得资助的家庭经济困难研究生发起,通过从事公益活动传播爱心、奉献社会。烛心社自 2015 年已连续 4 年在云南大理州永平县和德宏州开展暑期阅读夏令营,共计 152 名志愿者,服务 1 169 名云南孩子;作为暑期支教延伸,自 2017 年起已招募 71 名"梦想辅导员"与云南孩子形成一对一陪伴关系;成立梦想学院,开展团建及志愿培训活动。

二、资助工作对其他工作的育人支持

1. 促进就业引导

引导毕业生到祖国最需要的岗位建功立业。在 2016 年的优秀毕业生评审中,对毕业生进入国防科工委重点单位工作较多的院系给予名额上的奖励;在毕业生中开展基层就业贷款代偿学费补偿政策宣讲,认真做好初审组织工作,建立"补偿代偿工作微信群",利用每年的在岗确认的契机,加强与基层就业毕业生的联系和跟踪,实现资助工作对育人成果、就业引导的导向作用。

2. 强化德育导向

强化德育要求在资助工作中的重要作用。细化研究生奖学金的德育指标,草拟了《复旦大学研究生评奖德育考核指导意见》,并多次征求意见,分别面向院系研工组长、院系奖学金评审委员会中与教学或科研相关的委员,听取相关工作条线领导和教师的意见、建议,形成修改稿。该意见从正反两个方面强化奖学金评审的德育要求。在 2016 年的研究生奖学金评审中"负面清单"已经实施,强化了不得参加评选奖学金的情况,体现了德育要求在奖学金评审中的"一票否决"硬性要求。"正面清单"坚持德育在研究生奖学金评审中的导向,为院系奖励积极参加班团活动、实践活动、创新创业的研究生提供依据。为便于德育考核指导意见的实施,完成研究生奖惩查询系统的功能实现,并面向院系开放。

3. 促进学业交流

助力研究生尤其是家庭经济困难的研究生成长成才。每年暑期选拔并组织品学兼优的家庭经济困难研究生赴香港短期交流,开阔他们的学术视野,帮助他们树立自强自立的人生态度。根据与资助方的协议,每年从家庭经济困难研究生中评选 10 名获得"泛海学者"荣誉称号和资助,并评审若干研究生获得"复旦-泛海"海外交流奖学金资助,使他们在接受经济资助的同时,能和普通研究生一样享有出国出境学术交流的机会。

第四篇 创新发展与展望

第十五章

加快推进综合改革，实现复旦研究生教育创新发展

研究生教育是改革开放事业的重要组成部分，改革开放伟大成就的取得离不开研究生教育的贡献。40年来，研究生教育为我国社会经济文化的发展做出了巨大贡献，研究生教育的快速发展，使我国在短期内实现了从研究生教育规模较小的国家一跃成为世界研究生教育大国，实现了立足国内独立自主培养高层次专门人才的战略目标，为国家培养了大批高层次人才，为中国社会发展提供了有力的人才支持和智力支持。40年来，复旦大学的研究生教育始终与国家的发展同呼吸、共命运，始终与改革开放的伟大征程同频共振，为改革开放的胜利贡献了重要力量。但是，站在新的历史起点，面对新的世界和时代发展形势，研究生教育也面临新的机遇和挑战，因此，面向新时代必须加快推进研究生教育综合改革，实现复旦研究生教育的创新发展。

第一节 复旦大学研究生教育面临的战略背景、机遇和挑战

伴随改革开放的伟大征程，复旦大学的研究生教育走过了40年不平凡的历程，取得了巨大成就。迈入新时代，无论是世界局势的变化，还是国家社会经济发展的现实，都对研究生教育提出了新的更高的要求，研究生教育面临前所未有的历史机遇和挑战。

一、改革开放以来研究生教育取得的巨大成就

改革开放40年来，中国研究生教育规模不断扩大，研究生培养质量不断提高，研究生教育国际影响力不断提升，实现了立足国内自主培养高层次人才的战略目标，为国家现代化建设提供了强有力的人才支持。经过40年的改革和发展，目前我国已经形成了涵盖13个学科门类、111个一级学科，包括博士与硕士两个层次、学术学位与专业学位两种类型的研究生培养体系。我国研究生教育为国家现代化建设提供了大量高层次人才。1978—

2017年,全国共招收研究生总人数达到1 027.23万人,其中,招收博士研究生117.69万人,招收硕士研究生909.55万人。经过40年的发展,我国自主培养的研究生中有很大部分已经成为国家各项事业建设的中坚力量。同时,我国的研究生教育质量保障理念不断提升,质量保障制度与时俱进,质量保障实践系统深入。经过40年的持续发展,我国形成了以政府、研究生培养单位、学术组织、行业部门、社会机构为主体,以学位授权审核、若干重点建设项目为保障内容,多层次、全方位、符合中国国情的研究生教育质量保障体系。此外,改革开放以来,我国研究生教育通过开展多种形式的国际交流与合作,扩大了我国研究生教育的国际影响力,提升了我国研究生教育在世界上的话语权。随着中国国际影响力的提升和研究生教育质量的提高,来华留学研究生的规模逐渐扩大,层次日益提高,学科不断丰富,区域更加广泛①。

伴随着改革开放的伟大征程,复旦大学的研究生教育也走过了40年不平凡的历程,研究生教育的各方面事业都取得长足进步,无论是办学实力,还是研究生人才培养水平和教育质量,或是国际影响力等,都实现了质的飞跃。尤其是近10年来,学校坚持走内涵式发展道路,始终以提高研究生教育质量为主线,不断深入推进研究生招生制度、培养模式、学位授予和质量保障机制等方面改革,取得显著成效,大幅提升了复旦大学学位与研究生教育的整体水平,积累了较为丰富的改革经验。

始终坚持教育强国、守正创新、锐意改革是复旦大学在全国研究生教育改革中的精神注脚,始终不变、一以贯之的是复旦的质量意识。复旦大学的研究生教育始终将研究生培养质量放在第一位,较早确立并始终坚持走"内涵发展"道路。学校在人才选拔上,始终坚持敢为人先、不拘一格的选才理念;在人才培养上,始终紧扣研究生创新精神和创新能力培养的核心任务;在育人方法上,始终秉承开放合作的办学理念,以面向世界的战略眼光,不断推进研究生教育对外开放和国际交流。40年来,复旦大学的研究生教育之所以能取得不错的成就,正是因为坚持了这些宝贵的办学经验。

二、国际、国内发展的新形势对研究生教育提出新要求

当前,世界正在经历百年未有之大变局,全球科技教育正在发生前所未有的变革,世界多极化、经济全球化、社会信息化、文化多样化深入发展。全球治理体系和国际秩序变革加速推进,世界各国人民的命运从未像今天这样紧紧相连,科技创新从未像今天这样深刻影响世界经济和政治力量的对比,成为国际竞争力的关键。世界正在进入全面创新的时代,创新呈现全球化、协同化、网络化格局,创新更加促进人的全面发展。与此同时,高等教育的发展趋势正在发生前所未有的转变,未来的教育将重塑教与学的关系,未来的人才培养目标将更加追求个性化卓越。高层次拔尖创新人才在经济发展、科技创新和社会进步中的作用从未像现在这般凸显。放眼世界,现代化强国无一不是研究生教育强国,世界一流大学无不具有一流的研究生培养实力、无不以培养一流的研究生为重要标志和旗帜。研究生教育越发达,高端人才供给就越充分,科教融合就越紧密,科研育人机制就越

---

① 王战军、乔刚:"改革开放40年中国研究生教育的成就与展望",《学位与研究生教育》,2018年第12期。

完善,服务经济社会发展机制就越成熟。没有强大的研究生教育,就没有强大的国家创新体系;没有高质量的研究生教育,就没有高质量的人才供给。缺乏持续、稳定、全面的高层次创新型人才,就难以实现现代化强国的建设目标,也就难以实现中华民族伟大复兴的中国梦。正如习近平总书记所说,"我们对高等教育的需要比以往任何时候都更加迫切,对科学知识和卓越人才的渴求比以往任何时候都更加强烈"。

新时代新使命,十九大报告指出"建设教育强国是中华民族伟大复兴的基础工程"、要"加快一流大学和一流学科建设,实现高等教育内涵式发展"。2017年,教育部、财政部、国家发展改革委印发《统筹推进世界一流大学和一流学科建设实施办法(暂行)》的通知指出,到本世纪中叶,基本建成高等教育强国。伴随新时代社会主要矛盾的转化,当前中国研究生教育事业的主要矛盾,已经转化为国家对高层次人才日益增长的高质量需求与研究生教育发展不平衡、不充分之间的矛盾。必须立足于"四个全面"战略布局和现代化建设大局,从党和国家事业发展全局的高度出发,深刻把握全球经济、科技、人才竞争的新趋势、新挑战、新要求,充分认识研究生教育的战略地位、重要作用和历史使命,以更大的决心、更广阔的视野,坚定不移地走中国特色研究生教育发展道路,不断增强、提高研究生教育质量的责任感、紧迫感和使命感,不断增强研究生教育的竞争力、吸引力和创造力,加快打造结构优化、满足需求、各方资源充分参与的卓越而有灵魂的研究生教育。

面向新时代,面对世界科技教育发展的新趋势,要想成就一流的研究生教育、产出一流的科研成果和一流的研究生拔尖创新人才,就要以更加积极的姿态拥抱这种趋势,进一步深入推动研究生教育变革,提升研究生教育的发展水平和质量。在新时代,研究生人才培养要寻找自己的新方位。作为国家发展的战略支撑,研究生教育是"高精尖缺"高层次人才的主要来源和培养国家科技创新生力军的主渠道,是国家核心竞争力的重要依托,研究生教育必须走在时代前列。习近平总书记指出,"世界上不会有第二个哈佛、牛津、斯坦福、麻省理工、剑桥,但会有第一个北大、清华、浙大、复旦、南大等中国著名学府"。今天的复旦站在全国"双一流"建设的前列,站在代表中国高校参与全球竞争的前列,距离世界一流的梦想前所未有地接近。培养社会主义建设者和接班人是复旦大学研究生教育崇高的时代使命,建设中国特色、世界一流研究生教育是当代复旦人的历史责任。

三、复旦大学研究生教育面临的机遇和挑战

当前,我国高等教育领域正在加快推进"双一流"建设,这是党中央做出的重大战略决策。高质量的高层次人才培养是高校人才培养链条的高端,集中体现一所学校的人才培养综合能力和前沿开拓能力。研究生教育肩负着培育高素质创新人才,打造一流导师队伍、构建一流学科、凝聚一流研究成果、传承文化、服务社会的多重使命,是学校学科建设和发展的有效途径,是学科交叉、融合、创新的源泉,在"双一流"建设中发挥着不可替代的重要作用。新时代给研究生教育的改革和发展带来了前所未有的历史机遇,研究生教育必须不辱使命,率先冲击世界一流水平。

培养高水平研究生人才,关键在于提升研究生教育质量。改革开放40年来,我国研究生教育取得了举世瞩目的成就,但还无法满足世界一流大学的目标要求,无法适应国家

战略需求和经济社会发展需求,尤其是"高精尖缺"博士创新人才匮乏问题还很突出。研究生人才与学术拔尖人才、兴业英才、治国栋梁之间尚未形成等号;一流研究生人才培养的体制机制还不够科学完善,一流博士人才的"苗子"尚未充分脱颖而出;在世界重大科技成果中,我国研究生人才贡献占比低,与国家地位不相匹配。这些困扰我国高水平研究生人才培养的"难点"和"痛点",严重制约了我国科技水平和国际竞争力的提升,不利于国家长远发展。因此,要提高我国研究生人才培养水平,培养出更多符合新时代发展需要的"高精尖缺"优质研究生人才,就必须不断改革育人机制,大力提高研究生教育质量。

经过40年的改革与发展,复旦大学的研究生教育总体上处于国内领先水平,培养质量较高。但是,与建设世界一流大学的目标相比,与服务国家战略和经济社会发展的需求相比,还存在不少问题;培养质量与国际先进水平相比,还有较大差距,存在发展上的不平衡、不充分问题。具体表现为"三个不平衡、一个不充分",即:结构不平衡、模式不平衡、质量不平衡、研究生综合素养和专业能力提升不充分。

其中,结构不平衡主要表现为规模结构和类型结构不平衡。规模结构不平衡是指复旦大学学术型博士研究生规模不能适应当前学校新工科建设、张江-复旦国际创新中心建设及医学学科发展等要求;类型结构不平衡是指复旦专业学位博士研究生教育不能适应社会对高级专业人才(如药学博士、DBA、JD等)的需求。模式不平衡主要表现为当前复旦大学研究生培养模式、体制机制等方面不能适应学校"双一流"建设需要。质量不平衡主要表现为当前复旦大学研究生教育质量与国际先进水平相比存在差距,不能完全满足和适应现代化国家建设要求和人民群众的期待。当前复旦大学研究生教育质量不平衡问题集中表现为两个"参差不齐":导师参差不齐,学生参差不齐。不充分主要是对研究生的综合素养和专业能力提升不充分。这些问题严重制约了复旦大学研究生教育的进一步发展和人才培养质量的提高,阻碍了复旦大学加快建成世界一流大学的步伐,亟需在全面深化改革中予以解决。

第二节 加快研究生教育综合改革,实现复旦研究生教育创新发展

研究生教育是国家培养高层次人才的主要途径,也是学校科研创新体系的重要组成部分。复旦大学研究生教育持续发展、质量稳步提升,一方面是国家重点建设的成果,同时也是学校不断推进研究生教育改革的成效。

当前,在学校加快推进中国特色、世界一流大学建设进程中,为实现复旦大学研究生教育向世界一流水平靠拢的目标,为国家培养更多具有国际竞争力的高层次学术创新型人才和具有职业素养及创业精神的高层次专业型人才,结合教育部《关于开展博士研究生教育综合改革试点工作的通知》(教研司〔2017〕6号)精神和复旦大学《中国特色、世界一流研究生人才培养体系建设》方案,全校上下正在齐心协力,全面推进研究生教育综合改革工作。

一、推进研究生教育综合改革的战略布局

复旦大学研究生教育综合改革的总体思路和战略布局可以概括为"一个中心,两翼并举",即:坚持以质量为中心,"三基固本"与"三维提质"并举,合力提升研究生培养质量。其中,"三基固本"是指:以思想引领为基本,以先进科研为基础,以奖助保障为基石;"三维提质"包括:机制促质量,科研促质量,导师促质量。在"两翼并举"战略中,科学研究是连接"两翼"的脊梁,也是培养研究生的根本依托。

围绕上述战略布局中"三维"、"三基"6个维度,学校推出以"一个体系、四大板块、五项机制"为核心内容的研究生教育综合改革方案。"一个体系"即:构建"科教融合、协同育人体系"。"四大板块"即:①强化思想引领,重点是营造氛围,培育科学精神;②科研促质量,重点是立足高水平科研,培养高水平人才;③导师促质量,重点是强化导师第一责任人职责,通过导师的生源物色、科研资助和成长关心,提升博士生培养质量;④夯实奖助保障基石,重点是通过奖助体系改革,提高博士生待遇,给予一流的研究生一流的待遇。"五项机制"即:①学科形成机制;②人才选拔机制;③分类培养机制;④课程创新机制;⑤质量保障机制。概括起来,即:从6个维度出发,涉及"一个体系"构建、"四大板块"改革、"五项机制"创新的研究生教育综合改革方案(简称"6145"方案)。

复旦大学研究生教育综合改革方案

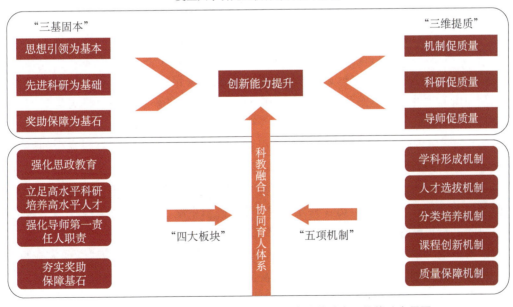

◆ 图15-2-1 复旦大学研究生教育综合改革试点工作战略布局图

二、"一个体系"构建,实现科教融合、协同育人

实现科教融合、协同育人,提升研究生培养质量,必须构建一个科教融合、协同育人体系,这是一个涵盖师生、科研、机制、质量、奖助、思政教育等多个维度支撑起来的大体系。

构建这样一个大体系,必须依靠系统性体质机制创新。具体来说,立足高水平科研、培养高水平人才为目标,围绕学校科学研究水平和人才培养质量的提升,开展"四大板块"改革,实施"五项机制"创新。

三、"四大板块"改革,引领创新发展

(一)加强思政教育,强化思想引领

复旦大学坚持把立德树人作为中心环节,把思想政治工作贯穿教育教学全过程,实现全员育人、全过程育人、全方位育人。

(1)创新思政教育形式,全面推进"课程思政"教育工作。创新思政教育形式,加强育人环境和氛围建设。根据课程思政工作思路,研究生院创新思想政治教育工作的传统内容和形式,从第二课堂出发,着力打造复旦大学研究生"我的新时代"《"五四"演讲比赛》、《中国道路大讲堂》、《大师面对面》等品牌项目,以昂扬向上的正能量和精神感召力,突出对研究生的信念导向、价值引领、精神鼓舞和素养提升。

(2)多措并举,加强科学道德和学风建设。创新教育方式,积极开展案例库建设和案例教学。将科学道德和学风教育纳入研究生课堂教学体系。加强教材建设,以教材建设推动学风建设。2016年,学校启动了"研究生科学道德和学风教育配套专著及系列教材"编写计划。目前已出版和拟定出版学风建设内容系列专著5本,具体包括协同相关单位编写出版《研究生学术行为规范读本》,直接组织编写出版《研究生学术道德案例教育读本》、《研究生学术道德案例教育百例》两本专著,并计划在未来两年时间内继续编写出版《研究生学术道德与规范百问》、《研究生导师学术行为规范读本》两本专著。作为复旦研究生教育改革的重要组成部分,以上5本系列专著的编写出版,必将有利于加强复旦大学乃至全国研究生的科学道德和学风教育工作,同时,也将为进一步提高复旦大学研究生培养质量做出贡献。

(3)加强氛围建设,弘扬科学精神。为弘扬科学精神,从源头上培育研究生的好奇心和想象力,培育和释放创新活力,学校正在论证设立"未来学者计划"。其宗旨在于通过学生自身的榜样引领,激发广大研究生对科学研究的兴趣和热爱,激发研究生对科学精神的崇尚与追求,引导广大研究生勇攀科学高峰、挑战科学难题,致力于为国家和整个人类科学事业的进步贡献青春力量;激励和促进研究生开展原创性、高水平科学研究,推动产出一批以博士生为主力创造的,具有原创性、基础性、前沿性和一流水准的科学研究成果,造就一批博士拔尖创新人才;推进科教融合、协同发展,构建科教融合、协同育人机制,营造科教结合、支撑高层次博士人才培养的良好文化氛围。

(二)立足高水平科研培养高水平人才,以科研促进质量提升

实现科教融合、协同育人的关键是要强化科研育人理念,要促进科学研究与博士生培养相结合,要坚持把科技创新与高水平博士人才培养相结合。具体来说,人才培养工作要对接国家重大战略、重大工程和未来发展需要,以战略需求为导向培养人才,从引领国家未来发展出发,积极适应科学技术和产业发展的新特点,优化人才的知识能力和素质结

构;要加强产学研紧密协同,探索建立创新链、人才链、产业链的对接机制,开展更多形式的博士生拔尖创新人才培养试验。通过改革试点,复旦大学主动对接上海科创中心建设,重点建设一批高水平科研教学创新支撑平台,实施上海科创中心拔尖人才培养计划,力求通过采取一系列实际具体举措,真正实现将科学研究与博士生培养紧密结合,从而加快推进科教融合、协同育人工作的落实。

(1) 围绕重大前沿问题,加强战略性、前瞻性布局,推动基础研究与应用研究协调发展,高起点建设一批重大科研教学创新平台,重点在生命、信息及其交叉领域,形成立足前沿、引领国际的研究团队和学术高地,为高水平博士研究生培养提供基础支撑。

(2) 实施上海科创中心拔尖人才培养计划,构筑博士拔尖人才创新培养体系。全面对接上海科创中心建设,实施上海科创中心拔尖人才培养计划,着重推行"卓越研究生导师团队计划、卓越博士生科研促进计划、前沿与交叉科学领域博士生探索计划、新工科研究生课程体系创新计划、重大国际科研合作项目研究生交流资助计划、杰出博士生青年科学家荣誉计划"六大专项计划,构筑博士拔尖人才创新培养体系。

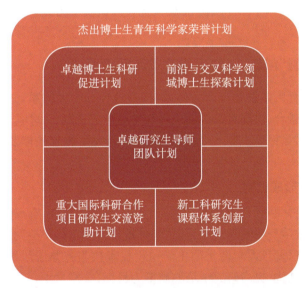

◆ 图 15-2-2 上海科创中心拔尖人才创新培养计划图

(三) 强化导师第一责任人职责,以导师力量促进质量提升

博士生导师是研究生培养第一责任人,是研究生成长成才的指导者和引路人。无论是科教融合、协同育人机制的构建,还是高水平博士生人才的培养,都必须依靠一支有理想信念、道德情操、扎实学识、仁爱之心的研究生导师队伍。为此,学校推出系列改革举措,力求通过博导遴选评价机制的创新,实现人才培养能力和博士生培养质量的全面提升。

(1) 全面改革博导遴选制度。改进现有遴选评价机制,在维持较高遴选要求的基础上,进一步优化和修订遴选标准,同时大幅简化遴选办法及程序,用更为科学的标准、高效的方法将优秀教师纳入博导队伍。具体做法如下：全面改进评价机制，大幅简化遴选程序，接轨学校人才计划。

（2）建立博士生导师上岗审核制度。结合当前研究生教育发展形势和复旦大学实际情况，在博导任职资格遴选的基础上，同步实行招生资格年度审核制度。强化与招生培养紧密衔接的岗位意识，将导师的师德师风、学术活跃度及人才培养质量等作为考核重点，打破导师终身制、形成博导岗位的动态调整机制。

（3）服务与管理并重，加强研究生导师队伍的能力建设。

（4）建设卓越研究生导师团队，树立优秀博士生导师典型。

（四）夯实奖助保障基石，给一流的研究生一流的待遇

奖助待遇保障是广大博士生安心学业的物质基础。较高水平的奖助待遇，有利于博士生更加全身心地投入科研创新活动，有利于优质科研成果的产出和博士生人才培养质量的提高。构建科教融合、协同育人机制，不能脱离研究生的待遇保障。为此，学校将改善研究生的奖助待遇作为一项重要内容，纳入改革范畴系统考虑：①深入推进研究生奖助体系改革，大力改善博士生生活待遇；②加大优质科研资助力度，实施卓越博士生科研促进计划。

四、"五项机制"创新，加快系统改革和升级再造

科教融合、协同育人体系是一个大体系，构建这样一个大体系，必须依靠系统性体制机制创新，形成科教融合、协同育人机制。将从学科形成机制、人才选拔机制、分类培养机制、课程创新机制、质量保障机制5个方面，对整个研究生教育的体制机制进行系统改革和升级再造。

（一）创新学科形成机制

结合学校发展目标和研究生培养质量，给予部分优势学科、重点学科、新兴或交叉学科和重大科研项目政策资源倾斜。一是以"学位授权自主审核单位"为契机，根据学校"双一流"建设目标，制订《复旦大学博士硕士学位授权审核实施办法》，积极引导院系以突破学科壁垒、优化学科结构、提高研究生培养质量为目标，按需自主开展新增博士、硕士授权一级学科点及新兴交叉一级学科工作。二是贯彻国家关于学位授权审核简政放权的改革精神，对标、定标我国新学科标准，突破原有二级学科框架，鼓励学科交叉与融合，整合相关院系力量，调整、凝练已有一级学科及学科方向，构建新兴、交叉学科与学科群，以适应经济社会发展对人才培养的需求，满足学校"双一流"建设的需要。三是建立常态化的学位授权点自我评估制度，强化专家评审环节，打破学位授权点终身制，对评估不合格的学位点限期整改或撤销，引导院系开展高水平学科建设，带动高水平研究生培养。同时，结合国家工程博士教育布局改革，大力促进新工科发展。

（二）创新人才选拔机制

以提升博士生生源质量为核心，深化改革博士生人才选拔机制。优秀的博士生生源是高水平人才培养的重要支撑，也是构建科教融合、协同育人机制的重要抓手。复旦大学

早在 2000 年就经教育部批准,启动了两院院士和杰出教授自主招生改革试点。2007 年,学校又在上海医学院试点博士生"申请-考核制"招生改革,并于 2010 年将改革推广到全校理、工、医学科和历史学科。2017 年博士生教育综合改革试点工作开始以后,学校进一步总结凝练博士生招生改革的成功经验,将"申请-考核制"(包括直接攻博、硕博连读和"申请-考核制")深入推广、覆盖到全校所有院系。2018 年,中文系、哲学学院、外文学院等也纳入"申请-考核制"行列,至此全校通过"申请-考核制"录取的博士生比例已超过录取总数的 90%,通过传统考试制录取的博士生比例降到 10% 以下。2019 年,全校大部分文科院系已改为实行"申请-考核制"。学校将加强统筹管理,争取到 2020 年全面实行"申请-考核制"。通过以上举措,复旦大学博士生人才选拔机制更加科学完善,博士生生源质量得到持续提升,为科教融合协同育人机制的有效构建创造了良好条件。

(三)创新分类培养机制

确立分类培养机制,针对学术型博士生,普遍实行"长学制"培养改革。通过"长学制"的实施,解决科学研究的连续性和持久性问题,从而在根本上有利于博士生出大成果、出深度成果。2018 年 5 月,学校研究生院修订并通过了《复旦大学推进"长学制"研究生培养工作实施办法》,同时,向全校所有博士生培养单位下发《关于全面开展"长学制"研究生招生培养工作的通知(研通字〔2018〕26 号)》,决定自 2019 级研究生开始,全面开展"长学制"研究生招生培养的改革工作。

(四)创新课程创新机制

深化课程教学改革,构建科学完善的研究生课程创新机制。课程学习是保障研究生培养质量的必由环节,在研究生成长成才中具有全面、综合和基础性作用。推进课程内容创新、教学方法创新、授课师资水平提升,是当前深化研究生课程教学改革的重要任务。构建科教融合协同育人机制,必须不断深化研究生课程教学改革:①对标世界一流顶尖大学,系统梳理研究生课程体系,实行全程进阶式课程设置,即本硕博课程一体化建设。在内容上需要把难易区分开来,在代码上进行梳理。这既是一个难点,也是一个特色。②按国际标准进行一级学科课程体系的系统梳理、调整、论证和规划。根据国家要求和国际水平,对复旦一级学科课程体系的标准进行梳理。③率先在理工科博士生中试点,开设加强基本研究思想和基本研究方法的"双基训练"课程。④继续实施"师资高端、内容前沿、方法创新"的 FIST 课程建设,推进前沿性、探索性课程教学工作。⑤实施"复旦大学研究生课程建设推进计划",立项资助一批特色课程建设项目。

(五)创新质量保障机制

改进研究生教育关键环节,深入完善质量保障机制:①与博士生"长学制"招生培养改革配套,同步施行研究生分流淘汰机制改革。②修订培养方案,完善学籍管理制度。③推进学位授予机制改革,完善质量保障监督体系。加强博士生培养的质量保障制度建设,推出学位论文质量控制和管理制度的改革方案,逐步建立新的统分结合、多方并举的学位论文盲审和抽检制度。④启动研究生教育教学督导制度建设工作。⑤启动研究生宿舍的后勤社会化改革。

通过加快推进研究生教育综合改革,形成规模与质量相荣、学生与导师相长、科研与教学协同、管理与学术共进的良好局面,从而培养更多具有国际竞争力的高层次学术创新型人才和具有职业素养及创业精神的高层次专业型人才,为国家高层次人才培养做出复旦应有的贡献。

第十六章

未来展望：发展中国特色、
世界一流优质研究生教育的思考

党的十九大报告描述中国发展的历史方位时，提出要"加快一流大学和一流学科建设，实现高等教育内涵式发展"，这无疑成为新时代对中国高等教育事业发展提出的新要求。站在新的时代起点，未来复旦大学的研究生教育必须主动肩负起时代赋予的使命，必须始终以扎根中国大地、培养世界一流研究生创新人才为己任，必须牢牢抓住历史机遇，努力发展中国特色、世界一流的优质研究生教育，必须不断把研究生教育的改革和发展事业推向深入。

第一节　复旦大学研究生教育的发展方向、目标与前景

未来复旦大学的研究生人才培养要找到自己的新方位。作为国家发展的战略支撑，研究生教育是"高精尖缺"高层次人才的主要来源和培养国家科技创新生力军的主渠道，是国家核心竞争力的重要依托。因此，在未来加快推进中国特色、世界一流大学建设进程中，复旦大学的研究生教育必须率先向世界一流水平靠拢。

一、指导思想与发展方向

正确的思想指导和办学方向，是确保中国特色、世界一流的优质研究生教育持续发展的根本保证。未来复旦大学的研究生教育，要始终坚持以习近平新时代中国特色社会主义思想为指导，全面贯彻党的教育方针，不忘教育初心，牢记育人使命，紧紧围绕世界一流大学、一流学科建设的总体要求，以立德树人为根本任务，以建设一流研究生培养体系为目标，以服务需求、提高质量、追求卓越为主线，以科教融合、协同育人机制建设为抓手，坚持走内涵式发展道路，不断加强顶层设计，创新体制机制，着力深化研究生教育改革创新，用高质量教育服务高质量发展，为实现中华民族伟大复兴提供强有力的人才和智力支撑。

按照新时代赋予的使命和要求,复旦大学首先明确了未来发展研究生教育的思路和战略目标。2018年9月,中国共产党复旦大学第十五次代表大会胜利召开,在大会报告中,明确将"形成以'高精尖缺'为导向的研究生培养格局",作为学校研究生教育未来发展的战略方向,并作出具体部署:"积极扩大博士生招生规模,大幅提升直博生和硕博连读生比例,稳步提高生源质量,促进招生与培养、就业环节有机联动。""推进研究生分类培养改革,完善博士生'长学制'培养模式,强化系统科研训练和创新能力培养。以培养拔尖创新人才为导向,贯通本硕博培养途径。"

在2017年12月发布的《复旦大学一流大学建设总体方案》中,将构建中国特色、世界一流研究生人才培养体系,作为学校加快世界一流大学建设的核心内容。方案明确提出,"积极推进研究生教育综合改革,着力创新研究生教育体制机制、探索研究生教育内涵发展模式,以原始创新能力培养为核心,系统提升学术学位研究生培养质量。重新定位学术型硕士培养目标,逐步将其转变为学术型博士学位衔接的学位",同时,"构建科教融合、协同育人机制,立足高水平科研,培养高水平人才"。以上思路和战略定位,为未来学校深入推进研究生教育改革和发展指明了方向。

二、发展理念与目标

理念是行动的先导,一定的发展实践都是由一定的发展理念来引领的。发展理念是否对头,从根本上决定着发展成效乃至成败。因此,在今后一段时期,复旦大学的研究生教育要牢固树立起面向未来的发展理念,通过先进的理念引领发展。具体而言,未来复旦大学的研究生教育要想与时俱进,实现中国特色、世界一流的优质研究生教育,就必须加快理念更新,着重树立以下8个方面的育人理念。

一是要更加注重以德为先。要全面落实立德树人根本任务,把思想品德、理想信念教育摆在首要位置,将社会主义核心价值观融入研究生教育的全过程、全方位和各环节。二是要更加注重全面发展。要促进德智体美劳有机融合,全面提升研究生意志品质、思维能力、创新精神等综合素质,提高身心健康发展水平;创造充分的资源和条件,满足学生按自我兴趣,自由探索、自主学习,实现个人全面发展的各类需求。三是要更加注重内涵发展。要遵循研究生教育规律,突出研究生教育在高等教育发展中的战略地位,全面提高研究生人才培养质量、科技创新水平和社会服务能力,切实将学位授予单位的发展重点引导到提高质量、内涵发展上来,贯通创新人才培养链条,提升"高精尖缺"世界一流研究生人才培养能力。四是要更加注重终身学习。要将终身受益和身心全面健康发展作为衡量研究生教育水平的重要标准,让学生在研究生阶段所习得的知识、方法和能力变成有助于其终身学习有益的资源和助力。五是要更加注重创新引领。要面向国际科技前沿,将激发研究生的创新思维、培育研究生的科研创新能力摆在更加突出的位置,充分激发研究生从事科学研究和实践创新的积极性、主动性,通过创新引领研究生教育的全面改革和发展。六是要更加注重因材施教。要把促进研究生成才成长作为出发点和落脚点,以学生为主体,以教师为主导,面向研究生个性化、多样化的学习和发展需求,提倡开放合作和个性化培养,完善教育体系,创新体制机制,改进培养模式和教育方法,促进研究生主动学习、释放潜能,获得自身的全面发展。七是要更加注重知行合一。要将研究生教育与生产劳动和社会实践紧密结合,更加强化实践环节教育,促进理论与实践相结合,以知促行,以行促知,学以致用,强化研究生职业素养和创新创业能力培养。八是要更加注重融合发展。要推进产教融合、科教融合、医教融合,推动研究生教育与产业界有机结合,促进人才培养链与产业链有效衔接,实现研究生教育与经济社会深度融合、协同发展。

根据上述思想指导和发展理念,复旦大学的研究生教育还要进一步明确未来的战略目标。在总体目标上,到2020年我国全面建成小康社会之际,要实现建成中国特色、世界一流研究生教育,基本形成结构优化、满足需求、立足国内、各方资源充分参与的高素质高水平人才培养体系,国际影响力显著增强。在此基础上,不断提升一流大学办学质量,继续向世界一流前列、再到世界顶尖行列的更高目标迈进。在2020年建成中国特色、世界一流研究生教育的基础上,再经过15年左右的努力,研究生教育的整体水平率先进入世界一流大学前列。

在主要的发展指标方面,到2035年左右,复旦大学的研究生教育至少要在以下几个方面在国内外高校中实现引领,具体包括:要形成高度自觉和自治的教育管理和资源配置体系,研究生的规模结构实现可根据学校的办学目标自由调节和匹配,不同层次、不同类型的研究生比例协调发展,服务经济社会发展的能力持续增强;研究生培养质量要达到世界一流大学前列,科教融合、医教融合的培养模式成熟、完善,研究生创新和实践能力显著增强,研究生对高水平科研成果、经济社会发展的贡献明显提升,充分满足新时代科技创新和社会经济发展需求;要建成完善而高效的拔尖创新、全面发展的人才培养体系,形成拔尖创新人才培养高地。以科教融合、协同育人机制建设为抓手,深入推进研究生教育体制机制改革,实现研究生教育发展方式、类型结构、培养模式和评价机制的根本转变,形成具有中国特色、世界一流的研究生人才培养新体系,培养更多具有人文情怀、科学精神、专业素质、国际视野的领袖人才和各行各业的栋梁;要形成广泛而重要的国际影响力,成为吸引海外研究生的区域中心,来华留学研究生的规模和质量达到国外顶尖高校同层级水准,研究生实行国际化培养,参与国际学术前沿研究的活跃度、贡献度大幅提高。

第二节 复旦大学研究生教育的使命与任务

新时代赋予复旦大学研究生教育新的使命与任务,未来复旦大学的研究生教育,必须主动肩负起自主培养我国高端人才的历史使命,始终坚持立德树人,扎根中国大地培养世界一流研究生创新人才,并坚持以构建科教融合、协同育人机制为核心,立足高水平科研培养高水平人才,从而推动并实现研究生教育的内涵式发展。

一、未来的使命

未来复旦大学的研究生教育首先要主动肩负起自主培养我国高端人才的历史使命,

推动并实现研究生教育的内涵式发展。研究生教育是培养高层次人才的主要途径,是国家创新体系的重要组成部分。作为国家发展的战略支撑,研究生教育,尤其是博士研究生教育是"高精尖缺"高层次人才的主要来源和培养国家科技创新生力军的主渠道,是国家核心竞争力的重要依托。因此,未来学校的研究生教育必须主动肩负起为祖国建设和发展的需要培养高端人才的历史使命,必须以"服务需求、提高质量"为主线,坚持走内涵式发展道路。在当前和今后一段时期,加快推进"双一流"建设是我国高等教育的主要任务。研究生教育承担着培育高素质创新人才、打造一流导师队伍、构建一流学科、凝聚一流研究成果、传承文化、服务社会的多重使命,是学校学科建设和发展的有效途径,是学科交叉、融合、创新的源泉,在"双一流"建设中发挥着不可替代的重要作用。为此,学校研究生教育必须率先冲击世界一流水平,必须不断提高研究生教育质量和水平,培养出更多符合新时代发展需要的"高精尖缺"优质人才。

未来复旦大学的研究生教育要始终坚持立德树人,扎根中国大地培养世界一流研究生创新人才。中国特色社会主义进入新时代,对我们的研究生教育提出了新要求,这就是扎根中国大地、培养世界一流水平研究生创新人才。高校立身之本在于立德树人。大力弘扬社会主义核心价值观,引导学生树立正确的世界观、人生观、价值观,是建设中国特色、世界一流大学的题中之义,也是我们区别于世界其他一流大学的鲜明特点。不论何时,我们改革和发展研究生教育,都要始终坚持社会主义办学方向,瞄准培养社会主义合格建设者和可靠接班人这一根本目标,把社会主义核心价值观教育融入人才培养全过程。未来学校的研究生教育要努力树立起"中国标准",确立我们自己的"世界一流"研究生教育目标内涵及考核指标,制定我们自己的世界一流创新人才培养标准;要坚持育人为本、德育为先,坚持不懈地培育和弘扬社会主义核心价值观,引导研究生做社会主义核心价值观的坚定信仰者、积极传播者、模范践行者;要大力培养研究生的科学精神和创新能力,引导他们甘于坚守学术理想,勇于追求科学真理,敢于挑战科学难题,提一流的问题,做一流的学问,做出一流的科研成果。

未来复旦大学的研究生教育要以构建科教融合、协同育人机制为核心,立足高水平科研,培养高水平人才。高水平科学研究与高水平人才培养是密不可分、相互促进的。从国际高等教育发展的历史和成功经验看,以科教融合、促进人才培养是增强高校国际竞争力的必然选择,以一流的科学研究培养一流人才是世界一流大学的共同选择。因此,未来学校的研究生人才培养工作也要更加主动地对接国家重大战略、重大工程和未来发展需要,要以战略需求为导向培养人才,从引领国家未来发展出发,积极适应科学技术和产业发展的新特点,优化人才的知识能力和素质结构,对学科专业和课程体系进行再设计,提高学科交叉、跨学科培养的能力和比例;要加强产学研紧密协同,探索建立创新链、人才链、产业链对接机制,开展更多形式的研究生拔尖创新人才培养试验;要聚焦"双一流"建设目标,主动进行体制机制创新,全力推进研究生教育综合改革,真正实现将高水平研究生培养与高水平科研有机结合,促进研究生的科研能力和创新水平的全面提升。

二、研究生教育面临的主要任务

（一）学习习近平新时代中国特色社会主义思想

要将习近平新时代中国特色社会主义思想作为指导和推动复旦大学研究生教育改革的强大思想武器，坚持育人为本、德育为先，突出人才培养核心地位，把立德树人贯穿到研究生教育工作的各阶段、各环节，把立德树人的成效作为检验研究生教育工作的根本标准，真正做到以文化人、以德育人。

要坚持不懈推进习近平新时代中国特色社会主义思想进教材、进课堂、进头脑，将思想政治工作贯穿于学科体系、教学体系、教材体系、管理体系当中，实现全过程、全方位育人，着力培养"有理想、有本领、有担当"的新时代青年，促进研究生思想政治教育工作质量全面提升。努力构建德智体美劳全面培养的研究生教育体系，健全以立德树人为导向的评价体系，把是否有利于培养研究生作为重要标准，扭转不科学的研究生教育评价导向。

（二）发展中国特色、世界一流的优质研究生教育

（1）全面落实立德树人根本任务，持续加强研究生思想政治教育。坚持把立德树人作为研究生教育的中心环节，把思想政治工作贯穿研究生教育教学全过程，建立、健全培育和践行社会主义核心价值观的长效机制，加强以爱国主义为核心的民族精神和以改革创新为核心的时代精神教育，加强中国特色社会主义理论体系教育。完善研究生思政教育体制机制，充分发挥各研究生培养单位的作用，明确研究生导师思政教育第一责任人职责，强化课程育人、实践育人、科研育人作用。深化研究生思想政治理论课教育教学改革，持续推动思政教育形式创新和"课程思政"改革，全面提升思政课程质量。不断加强科学道德和学术规范教育，大力培育科学精神，鼓励自由探索和大胆创新之风。广泛开展社会实践和志愿服务活动，大力支持研究生开展创新创业活动，加强研究生心理健康教育。建设以促进研究生的兴趣和才华的全面施展为主导的校园文化氛围。

（2）完善中国特色、世界一流研究生教育质量标准体系。健全中国特色、世界一流研究生教育质量标准体系，完善研究生教育质量评价机制。对标世界一流水准，建立适应未来研究生教育发展趋势和需求的生源质量、培养质量、课程质量、科研质量、学位授予质量等多方面、全方位、立体化的研究生教育质量标准体系。按学位类型制定分层分类、多元多维的评价标准，进一步明确研究生导师、学位论文答辩委员会和学位评定委员会的职责，探索导师（含导师组）对研究生教育质量直接评价机制。进一步强化各研究生培养单位质量保障的主体地位和主体责任，增强质量意识，建立与本单位、本学科和本专业办学目标和定位相一致的质量标准，争创体现中国特色、复旦特点、世界一流的高水平研究生教育。完善学风监管与学术不端惩戒机制，对学术不端行为坚决实行"零容忍"。

（3）创新中国特色、世界一流的研究生人才培养方式。创新发展中国特色、世界一流的研究生人才培养方式，不断完善科教融合、医教协同、产学结合机制。以学术能力培养为依托，以应用能力培养为导向，立足高水平科研，培养高水平人才，不断完善以科研强教育、重心在教育的研究生科教融合、协同培养体系。深化医教协同育人体系建设，深入推

进复合型高层次医学人才培养改革,主动应对国际医学竞争,瞄准医学科技发展前沿,大力提升医学研究生临床综合能力,培育医学研究生科研潜质,拓展医学研究生国际视野,培养服务健康中国战略的医学未来领军人才。创新产学研协同培养研究生模式,着力提高研究生的科研创新和实践创新能力,搭建校企协同、校所协同、校地协同拔尖创新人才培养平台,深入推进科教融合、产学结合。强化研究生创新创业实训实践,加大创新创业人才培养力度。健全研究生分类培养机制,完善高层次人才培养链条,彻底贯通本硕博培养途径,探索本硕博与博士后衔接机制。

(三) 提升一流研究生人才培养与创新能力

(1) 调整优化研究生教育资源配置体系。适应经济社会发展需求,根据实际办学条件,持续优化研究生人才培养规模与结构,实现招生名额按需、自主、科学、合理配置。统筹配置硕士、博士研究生名额资源,调整优化各类学位类型配比和结构,专业学位、学术学位研究生教育协调发展。硕士研究生教育以培养专业学位高层次应用型人才为主,学术学位博士研究生教育以培养高层次学术创新型人才为主;大力发展专业学位博士研究生教育,培养行业急需的高层次应用型人才。调整、优化学科专业结构,根据经济社会发展需求,围绕国家重大战略、重大项目,自主、科学设置和调整学科专业设置,大力发展新兴学科和交叉学科。围绕一流研究生人才培养与创新能力提升,建立全方位、立体化、科学合理、系统高效的研究生人财物资源配置体系。

(2) 改革完善研究生招生选拔机制。建立满足中国特色、世界一流研究生人才培养需求的招生选拔机制,积极争取国家政策支持,大胆进行改革探索,完善符合硕士研究生教育规律的招生选拔方式,力争实现硕士研究生由学校自主招生选拔。扩大导师招生自主权,完善博士生招生"申请-考核制",将学术品性、专业素养、研究能力、创新潜质作为考察重点。健全博士生招生、培养贯通联动机制,普遍实现博士生"长学制"招生培养。面向优质海外留学生、港澳台研究生,建立全球化的招生宣传、选拔体系。探索以导师科研经费承担研究生招生、培养成本的新模式,健全以前沿问题和重大科学、重大工程问题为导向,结合学科实力、导师科研活跃程度、历年研究生培养质量等因素的研究生招生资源动态调整、配置机制。

(3) 加强学术学位研究生创新能力培养。健全、完善博士生培养与科学研究相结合的培养机制,支持具有科研潜质的博士生开展基础性、战略性、前沿性科学研究,强化问题导向的学术训练,着力提高学术学位博士的原始创新能力,打造拔尖创新人才培养高地,显著提高学校研究生尤其是博士生解决重大科研问题、参与国际学术对话的能力和活跃程度。学术学位以培养博士生为主,普遍实行"长学制"、贯通式培养;将学术学位硕士变成过渡、衔接性学位。

(4) 加强专业学位研究生实践能力培养。健全以职业需求为导向的专业学位研究生培养机制,依据特定学科背景和职业领域的任职资格要求,改革专业学位研究生教育的课程体系、教学方式、实践教学,强化研究生与职业相关的实践能力培养。大力推进产学结合,创新发展应用型人才产学联合培养机制,建设一批专业学位研究生联合培养基地。强化专业学位研究生的实习实践环节,严格实践环节的过程管理,探索打造专业学位研究生教育发展利益共同体,以行业资源对接、实践基地建设、校外导师队伍建设等具体事务为抓手,建成一个校内外资源整合、院校两级共同参与、充分满足学生就业准备和职业发展需求的学生职业能力发展服务体系。健全专业学位研究生教育评价体系,促进专业学位与专业技术岗位任职资格的有机衔接。

（5）加强研究生课程和教材体系建设。建立充分满足人的全面发展和个性化发展需求、全面适应高层次创新人才培养要求的全新研究生课程体系。课程修读标准与国际一流大学全面接轨,课程质量达到国际一流水准,本硕博课程实现贯通、互选,课程设置全程进阶。培育一支达到世界一流水平的研究生师资队伍,深入推进研究生课程教学改革,全面革新课程内容、授课方式和考核办法,强化课程的前沿性,更加突出课程对创新思维的激发和创新能力的培养,健全课程学习支持体系,满足个性化发展需求。利用现代信息技术,开发更加丰富的在线课程资源,探索以"慕课"为代表的在线开放等形式的教学方式,建设一批优质研究生网络公开课程。严格课程教学管理,强化课程质量评估和督导。大力支持优质教材的编写和出版。

（6）统筹一流学科建设与一流研究生人才培养。把研究生教育作为一流大学和一流学科建设的重要内容,充分发挥"双一流"建设牵引作用,建立与世界一流大学、一流学科相适应的研究生教育质量标准。以一流的师资队伍、高水平的科学研究支撑高端人才培养,大力提升研究生创新能力和实践能力,充分发挥研究生教育在一流学科建设、一流科研成果产出、一流科研创新体系建构等方面的重要作用。结合学校世界一流大学建设目标,给予部分优势学科、重点学科、新兴或交叉学科和重大科研项目政策资源倾斜,通过动态调整学科专业设置,加强学位点建设与人才培养统筹力度;通过改革学位评议制度,助力交叉学科发展;通过推进工程博士教育布局改革,大力促进新工科发展。在学校层面,围绕重大前沿问题,加强战略性、前瞻性布局,推动基础研究与应用研究协调发展,高起点建设一批重大科研教学创新平台,重点在生命、信息及其交叉领域,形成立足前沿、引领国际的研究团队和学术高地,为高水平博士生培养提供基础支撑。鼓励重大科研项目经费与博士生招生培养有机衔接,加大博士生培养经费支持力度。

（四）建设高素质、专业化、创新型研究生教师队伍

（1）加大师德师风建设。全面落实研究生导师立德树人职责,强化导师的思想政治教育责任,充分发挥导师对研究生思想品德、科学伦理、学术研究的示范和教育作用。加强师德师风建设,建立师德失范一票否决与责任追究机制。强化导师是研究生培养质量第一责任人职责,对培养质量出现问题的导师,建立完善的惩戒机制。

（2）优化研究生导师队伍管理。健全导师评聘评价机制,将研究生成长成才作为导师评价的核心要素,建立学术学位和专业学位研究生导师分类评聘、分类考核评价制度和岗位动态调整机制。健全导师岗位评聘考核和资源配置办法,全面树立与招生培养紧密衔接的岗位意识,将导师的师德师风、学术活跃度及人才培养质量等作为考核重点,打破导师终身制,形成博导岗位的动态调整机制。

（3）培养高素质研究生导师队伍。打造一流研究生导师队伍,全面提升导师育人能力和综合素质,建立一套完善的、体系化、常态化的导师培训制度。完善产学研联合培养研

究生的"双导师制",探索博士生培养实行"导师组制"。在导师与导师、导师与研究生之间搭建交流、沟通和研讨的平台,增进导师群体内部和导学之间的日常交流和互动。支持和鼓励导师国内外学术交流、访学和参与行业企业实践。

(4) 保障研究生导师的权益,提升研究生导师的待遇。健全研究生导师工作规范,明确导师权责边界,保障导师在招生、培养、资助、学术评价等环节中的权力,让导师在人才培养过程中真管和敢管、真严和敢严。维护导师在和谐导学关系中的权威,保障导师潜心教学研究、认真教书育人。完善导师激励机制,持续提升导师待遇,对真心付出、真正投入、人才培养质量高、人才培养成效显著的导师,通过各种形式加强奖励。加大优秀导师宣传力度,营造尊师重教的良好氛围。

(五) 构建中国特色、世界一流研究生教育质量保障机制

(1) 健全培养过程质量保障机制。严格研究生培养过程管理,加强培养关键环节质量监控,强化研究生教育教学督导机制建设。建立有机统一的分流退出机制,完善配套制度建设,畅通各类分流退出途径,对无法达到学校规定质量评价标准的研究生,坚决实行分流退出。

(2) 健全学位授予质量保障机制。进一步健全学位论文质量内控机制,通过制度设计来形成研究生院、院系、导师、研究生的多方合力,通过信息化手段来强化规章制度的落实,切实提高研究生学位授予质量。加强学术诚信审核和把关,加大对学术不端、学位论文作假行为的查处力度,对学术不端行为坚决实行"零容忍"。

(3) 充分发挥外部质量保障机制的作用。充分发挥外部质量监督的作用,运用好由上级教育主管部门开展的学位授权点合格评估、学位论文抽检等手段,促进学位授予质量全面提升。充分发挥第三方组织的评价、认证功能,鼓励校内各研究生培养单位积极引入外部第三方力量,开展研究生培养质量自我诊断式评估。鼓励和支持有条件的研究生培养单位积极开展学科国际评估和国际教育质量认证。

(六) 加快信息化时代的研究生教育变革

(1) 丰富信息化教育资源和手段。加强优质数字教育资源开发与共享,构建信息化学习与教学环境,满足个性化学习需求。加速信息化环境下科学研究与拔尖创新人才培养的融合,推动最新科研成果转化为优质教育教学资源,提升个性化互动教学水平。利用信息化手段,推进研究实验基地、大型科学仪器设备、自然科技资源、科研数据与文献共享。

(2) 探索新型研究生教育教学方式。以更加积极的姿态迎接"5G"时代的到来,根据信息革命的发展形势,主动推进教学方式变革,强化新式信息化教学技术和手段的运用,通过技术变革,助力一流研究生人才培养。

(3) 利用信息化手段推进研究生管理方式变革。建设新一代、智能化、中英双语版本的研究生教育管理信息系统,实现校内各类信息管理系统之间的互联与数据互通。加强各类信息公开和数据共享,提高研究生教育信息共享和公开水平,破解信息"孤岛"。开展研究生教育大数据分析,建立研究生教育质量信息分析和预警机制,实现研究生教育质量实时、动态管理和监测。通过管理方式的信息化变革,全面提升研究生教育管理服务工作

的精细化和科学化水平。

（七）开创研究生教育对外开放新格局

（1）全面提升学校研究生教育国际交流合作的水平。主动服务国家对外开放战略，积极对接国家外交战略，在更宽领域、更深层次上开展研究生教育的国际交流与合作。根据国家社会经济发展需要，积极开展新型、紧缺、空白、薄弱专业的中外合作办学。重点加强与周边国家、"一带一路"沿线国家和区域的研究生教育合作，推进双边和多边学位互认工作。鼓励和支持研究生和导师参与国际重大科研合作项目和合作研究，让每个研究生都能够按照自身发展需求，获得充足的参与各类国际交流、国际联合培养、国际联合科研项目、国际组织实习实践等方面机会，提高对研究生海外学习、学术交流的资助力度。吸引世界各国更多优秀学生来华攻读研究生学位，国际研究生来源多样化和校园氛围国际化水平显著提升。

（2）全面提升学校研究生教育的国际影响力。积极参与中外人文交流机制，在教学、科研合作中不断提升我国研究生教育的国际影响力。加快培养一批具有国际视野与跨文化交流能力、通晓国际规则、能够参与国际事务和国际竞争的高层次专门人才。强化国际组织后备人才的培养力度和能力。

（3）全面提高来华留学生的培养能力和管理水平。改善留学生培养目标与培养体系，改进留学生教学内容和教学方式，建立丰富、完善的研究生英文课程体系，促进留学生对中华文化的认同和理解，全面提高来华留学研究生的培养能力和培养质量。整合教务管理、校园生活等工作职能，促进留学生与中国学生的趋同化管理，为留学生创造更好的学习与生活条件，全面提高国际化管理服务的能力和水平，构建有利于中外研究生交流互融的环境氛围。

（八）推进研究生教育管理体系改革和现代化

（1）统筹推进研究生教育管理机制改革，提升研究生教育管理服务水平。创新发展研究生教育管理机制，实现管理服务重心下移，提高管理服务精细化水平。创新研究生教育管理方式，切实提升管理服务的能力和水平，持续提高研究生教育管理服务的科学性、准确性和便捷性。

（2）加强研究生教育管理改革和人才队伍建设。按照建设世界一流研究生教育的目标要求，推进研究生教育管理机构和组织改革，建立、健全多部门协调联动机制，形成统一完善、科学合理、职责分明、协调紧密、配合高效的研究生教育管理体系。加强各类研究生教育管理人才队伍和人才梯队建设，足额配齐各类管理人员，强化培养、培训，持续提升各类研究生教育管理人员的专业化水平和综合能力。

（3）构建统分结合、运行高效的研究生教育二级管理体系。完善校、院研究生教育二级管理体系，健全规章制度，明确、细化研究生二级管理责任，加强统筹协调，强化分工合作，建立统分结合、运行高效的研究生教育二级管理体系。

（4）加强研究生教育教学研究。继承复旦大学在研究生教育研究领域的悠久传统和丰硕成果，适应未来教育变革的发展趋势，进一步加强对研究生教育教学规律和理论的研究,通过强化理论研究,不断深化对研究生教育规律的认识,从而更加正确、科学、高效地指导研究生教育的改革创新和发展。要通过加强研究生教育教学研究,将理论和实践更加紧密地结合在一起,培养一批既精通理论、又擅长实践的研究生教育管理专业化人才,从而更好地推动国家和学校未来的研究生教育变革。

根据以上八大任务,近期复旦大学将重点通过主抓以下6个方面的具体工作,来加快推动面向未来的研究生教育变革,包括:推进"未来学者计划"、一级课程体系梳理、研究生学术道德教育系列教材建设、研究生教育督导工作落实、博导上岗审核工作和交叉学部的实化等。

第一,进一步推动"未来学者计划"的实施,加强弘扬科学精神。未来一段时期,复旦大学将进一步推动"未来学者计划"的实施,以求从源头上培育研究生的好奇心和想象力、培育和释放创新活力。同时,通过学生自身的榜样引领,激发广大研究生对科学研究的兴趣和热爱,激发研究生对科学精神的崇尚与追求,引导广大研究生勇攀科学高峰、挑战科学难题,致力于为国家和整个人类科学事业的进步贡献青春力量;激励和促进研究生开展原创性、高水平科学研究,推动产出一批以博士生为主力创造的,具有原创性、基础性、前沿性和一流水准的科学研究成果,造就一批博士拔尖创新人才。

第二,深化课程教学改革,全面推进研究生一级课程体系梳理,构建科学、完善的研究生课程创新机制。课程学习是保障研究生培养质量的必由环节,在研究生成长成才中具有全面、综合和基础性作用。重视课程学习,加强课程建设,是提升研究生科研能力、创新能力、实践能力的重要手段,是当前深化研究生教育改革的重要任务。只有通过深化改革,建立起科学完善的研究生课程体系创新机制,才能做到课程教学与时俱进,才能及时把科学研究方法与成果的最新进展融入教学,才能真正建立起科学研究与人才培养密切结合的有效机制,才能真正实现高水平科学研究支撑高质量博士生的教育和教学。因此,未来一段时期,复旦大学将对标世界一流顶尖大学,系统梳理研究生课程体系,实行全程进阶式课程设置。学校将由研究生院牵头,在部分院系和一级学科层面展开试点,设立与国际接轨的课程修读标准,大幅增加课程课外阅读量;贯通本硕博课程,参照国际先进模式,实行全程进阶式课程设置;打通本研选课系统,实施本研课程共通、互选。同时,在理工科博士生中开展试点,加强基本研究思想和基本研究方法的"双基课程训练";继续实施"师资高端、内容前沿、方法创新"的 FIST 课程建设,推进前沿性、探索性课程教学工作。

第三,继续推进研究生学术道德教育系列教材建设,强化科学道德和学风教育。复旦大学在 2016 年启动的"研究生科学道德和学风教育配套专著及系列教材"编写计划,在已出版《研究生学术行为规范读本》、《研究生学术道德案例教育读本》、《研究生学术道德案例教育百例》3 本专著的基础之上,继续在未来两年时间内编写出版《研究生学术道德与规范百问》(拟 2019 年出版)和《研究生导师学术行为规范读本》(拟 2020 年出版)两本专著。同时,为进一步提高人才培养质量,推进研究生科学道德和学风建设,为全国广大研究生搭建一个相互切磋、交流学习的平台,复旦大学将发起举办以"弘扬科学精神,争做新时代优秀研究生"为主题的首届研究生科学道德和学风建设论坛。通过以上 5 本系列专著的编写出版和首届研究生科学道德和学风建设论坛的举办,将把复旦大学乃至全国的研生科学道德和学风教育工作进一步推向深入。

第四，健全研究生教育质量保障与监督评价体系，深入推进研究生教育教学督导工作落实。为健全和完善复旦大学研究生教育质量保障与监督评价体系，学校于2018年5月启动了研究生教育教学督导制度建设。未来一段时间，学校将深入推进《复旦大学研究生教育督导办法（试行）》的贯彻和落实工作，具体包括：组建成立"复旦大学研究生教育督导工作组"，各督导专家团队陆续组建，并在此基础上开始全校所有院系的巡视、抽查、听课，对研究生招生面试、课程教学、课程考试、开题报告、中期考核、学位论文预审（预答辩）、论文相似度检测、论文评阅、论文答辩等重要环节进行检查。通过此项制度的建立和相关工作的深入推进，必将为未来学校研究生教育的改革和发展做出重要贡献。

第五，改革研究生导师评聘方式，深入推进实施导师上岗审核制度。研究生导师是研究生培养第一责任人，是研究生成长成才的指导者和引路人。无论是科教融合、协同育人机制的构建，还是高水平博士人才的培养，都必须依靠一支有理想信念、道德情操、扎实学识、仁爱之心的研究生导师队伍。为此，未来学校将推出系列改革举措，力求通过博导遴选评价机制的创新，实现人才培养能力和博士生培养质量的全面提升。具体改革举措包括：改进现有遴选评价机制，在维持较高遴选要求的基础上，进一步优化和修订遴选标准，并大幅简化遴选办法及程序，用更为科学的标准、高效的方法将优秀教师纳入博导队伍。同时，结合当前研究生教育发展形势和复旦实际情况，在博导任职资格遴选的基础上，同步实行招生资格年度审核制度。强化与招生培养紧密衔接的岗位意识，将导师的师德师风、学术活跃度及人才培养质量等作为考核重点，打破导师终身制，形成博导岗位的动态调整机制。

第六，改革学位评议制度，助力交叉学科发展。为了更好地促进学科建设与发展，经复旦大学学位评定委员会第96次会议审议通过，学校于2018年10月新增4个示范性学位分委员会：微电子学院学位评定分委员会，泛海国际金融学院学位评定分委员会，大气与海洋科学系学位评定分委员会，智能科学、工程与技术学位评定分委员会（涉及工研院、类脑研究院）。在此基础上，为推进交叉学科的发展，充分发挥交叉学科培养拔尖创新人才的重要渠道作用，进一步完善并解决在交叉学科研究生培养过程中遇到的体制机制问题，学校于2017年12月设立了复旦大学交叉学部及若干交叉学科项目委员会。未来一段时期，学校将把进一步推动学科交叉和交叉学科发展作为改革重点，通过实化交叉学部，建立、健全相关制度，把此项工作推向深入。

结语　不忘初心，引领未来

研究生教育是改革开放事业的重要组成部分，改革开放伟大成就的取得离不开研究生教育的贡献。40年来，复旦大学的研究生教育始终与改革开放的伟大征程同频共振，始终坚持教育强国、锐意革新的"复旦精神"，始终坚持走内涵发展道路不动摇。40年来，复旦大学的研究生教育为我国社会经济文化的发展做出了重要贡献，为国家培养了大批高层次人才,为中国社会发展提供了有力的人才支持和智力支持。

未来复旦大学的研究生教育必须主动肩负起为国家建设和发展的需要培养高端人才的历史使命,必须以"服务需求、提高质量"为主线,秉承内涵式发展,必须率先冲击世界一流水平,不断提高研究生教育质量和水平,承担起培育高素质创新人才、打造一流导师队伍、构建一流学科、凝聚一流研究成果、传承文化、服务社会的多重使命。

未来复旦大学的研究生教育要努力树立起"中国标准",确立我们自己的"世界一流"研究生教育目标内涵及考核指标,大力培养研究生的科学精神和创新能力,引导他们甘于坚守学术理想、勇于追求科学真理、敢于挑战科学难题,提一流的问题,做一流的学问,做出一流的科研成果。

未来复旦大学的研究生人才培养工作要更加主动地对接国家重大战略、重大工程和重大需求,聚焦"双一流"建设目标,推动科学技术和产业发展,引领国家未来发展。

未来的复旦大学研究生教育要以更加坚定的文化自信参与中外合作交流和国际竞争,助力高水平人才培养。要依托国家整体对外开放战略,积极推进中外合作与交流,主动参与国际竞争;要以人类命运共同体构建、"一带一路"建设等国家战略发展为契机,以国际合作为依托,以联合培养为途径,扩展研究生国际视野,全面提升学校研究生跨文化理解、交往和竞争能力。

未来已来,初心不忘。道固远,笃行可至;事虽巨,坚为必成。复旦大学的研究生教育力争在建设世界一流大学的新征程中,再创新辉煌!

◆ 图15-2-1 在复旦大学2018届研究生毕业典礼上,校党委书记焦扬、校长许宁生为毕业研究生举行学位授予仪式

参考文献

[1] 《复旦大学百年志》编纂委员会.复旦大学百年志(1905—2005)上卷[M].上海：复旦大学出版社,2005.
[2] 《上海医科大学志》编纂委员会.上海医科大学志(1927—2000)上卷[M].上海：复旦大学出版社,2005.
[3] 《上海医科大学纪事》编纂委员会.上海医科大学纪事(1927—2000)[M].上海：复旦大学出版社,2005.
[4] 《复旦大学百年纪事续编》编纂委员会.复旦大学百年纪事续编[M].上海：复旦大学出版社,2016.
[5] 复旦大学年鉴编纂委员会.复旦大学年鉴[M].上海：复旦大学出版社,2000—2018.
[6] 研究生院.上海医科大学研究生教育概览[M].上海,1994.
[7] 上海医科大学年鉴编委会.上海医科大学年鉴[M].上海：复旦大学出版社,上海医科大学出版社,1990—2000.
[8] 汤钊猷,萧俊.上海医科大学年鉴(1990)[M].上海：上海医科大学出版社,1990.
[9] 姚泰.上海医科大学年鉴(1994)[M].上海：上海医科大学出版社,1995.
[10] 姚泰.上海医科大学年鉴(1998)[M].上海：复旦大学出版社,2001.
[11] 姚泰.上海医科大学年鉴(1999)[M].上海：复旦大学出版社,2001.
[12] 王卫平.上海医科大学年鉴(2000)[M].上海：上海医科大学出版社,2001.
[13] 国务院学位委员会办公室,教育部研究生工作办公室.学位与研究生教育文件选编[M].北京：高等教育出版社,1999.
[14] 教育部学位管理与研究生教育司.2003—2005研究生教育创新计划实施报告[M].北京：北京理工大学出版社,2006.
[15] 教育部学位管理与研究生教育司.2006—2007研究生教育创新计划实施报告[M].北京：北京理工大学出版社,2008.
[16] 中国人民大学研究生院.中国人民大学研究生教育三十年(1978—2008)[M].北京：中国人民大学出版社,2015.
[17] 王战军.中国学位与研究生教育40年(1978—2018)[M].北京：中国科学技术出版社,2018.
[18] 毛丽娟,束金龙,廖文武.终日乾乾 与时偕行——上海恢复研究生教育40年[M].上海：华东师范大学出版社,2019.

[19] 张伟江,魏润柏.上海研究生教育改革发展20年[M].上海:上海交通大学出版社,1999.
[20] 陈立民.我心目中的好老师[M].上海:复旦大学出版社,2007.
[21] 复旦大学关心下一代工作委员会,复旦大学老教授协会,复旦大学党委宣传部.复旦名师剪影(文理卷、综合卷、医学卷)[M].上海:复旦大学出版社,2013.
[22] 廖文武.鉴往思来——研究生教育创新的探索与实践[M].上海:复旦大学出版社,2005.
[23] 廖文武,刁承湘.探寻研究生教育的岁月:恢复研究生教育30年[M].上海:复旦大学出版社,2009.
[24] 正谊明道 共铸辉煌 复旦大学上海医学院(原上海医科大学)创建90周年画册[M].2017.
[25] 复旦大学研究生院.复旦大学研究生年度质量报告[R].2012—2013.
[26] 王逦琳.关于国家助学贷款的管理规定(试行)的政策研究[D].电子科技大学,2016.
[27] 马红梅.研究生奖学金改革的制度结构[D].华东师范大学,2009.
[28] 复旦大学研究生院.卿云缦缦四十载 日月光华新时代——复旦大学恢复研究生教育四十周年回顾与展望[J].中国研究生,2018(12):16—23.
[29] 王战军,乔刚.改革开放40年中国研究生教育的成就与展望[J].学位与研究生教育,2018(12):7—13.
[30] 吴宏翔.多层次全过程推进研究生教育改革——复旦大学十二五研究生教育改革实践与探索[J].上海研究生教育,2018(01):1—6.
[31] 罗英华.合理配置资源,发挥研究生奖助体系激励作用——以复旦大学为例[J].研究生教育研究,2011(2):16—19.
[32] 夏学花.现行研究生资助体系述评[J].中国研究生,2011(6):52—54.
[33] 夏学花.试析高校经济困难学生认定工作的现状及对策[J].高等教育研究,2011(2):38—39.
[34] 赵军,惠鑫.研究生资助体系:回顾与展望[J].三峡论坛(三峡文学·理论版),2010(11):99—103.
[35] 罗英华,许丽红.培养机制改革后研究生"三助"工作的发展现状与思考——以复旦大学为例[J].学位与研究生教育,2008(7):45—49.
[36] 许丽红.研究生培养机制改革下新资助体系的问题及对策[J].学位与研究生教育,2008(7):65—68.
[37] 中国社会科学网,中国社会科学院.上海研究生教育[EB/OL].http://www.cssn.cn/zx/bwyc/201808/t20180821_4546681.shtml?from=singlemessage,2017-12-30.
[38] 教育部学位与研究生教育发展中心,中国科协青少年科技中心[EB/OL].https://cpipc.chinadegrees.cn.
[39] 中华人民共和国教育部网站[EB/OL].http://www.moe.gov.cn/.
[40] 教育部,财政部,国家发展改革委.统筹推进世界一流大学和一流学科建设实施办法(暂行)(教研〔2017〕2号)[EB/OL].http://www.moe.gov.cn/srcsite/A22/moe_843/201701/t20170125_295701.html.2017-01-25/2019-08-14.
[41] 复旦大学一流大学建设总体方案[EB/OL].复旦大学信息公开网,http://xxgk.fudan.edu.cn/f7/55/c12546a128853/page.htm.2017-12-28/2018-8-14.

附 录

附录1 复旦大学学位与研究生教育大事记

复旦大学大事记(1977—1999年)

1977年

8月

在邓小平同志主持召开的科学和教育工作座谈会上,苏步青首先发言,建议恢复大学招生制度和研究生培养制度。他的发言得到邓小平同志的肯定。

10月

教育部专门发文《为复旦大学苏步青教授建议招收研究生发通知》(教高字〔1977〕337号)。由于苏步青校长的建议,复旦大学率先恢复招收研究生。

1978年

9月

复旦大学恢复招收研究生,共录取203人。

1981年

12月21日

博士学位研究生专业及导师安排就绪,文科共9个专业、9位导师;理科共12个专业、20位导师。苏步青、谢希德、周谷城、谭其骧、郭绍虞等教授担任博士生导师工作。

1982年

3月12日

经教育部批准,复旦大学学位评定委员会正式成立并举行第一次会议。苏步青任主席,蔡尚思、谈家桢、谢希德任副主席。会议审议并通过《复旦大学硕士学位和博士学位授予工作细则》(试行草案)和《复旦大学关于做好第一批硕士学位授予工作的几点意见》。

5月7日

复旦大学学位评定委员会批准授予硕士学位149名、博士学位4名,这是复旦自1978年恢复研究生教育制度以来首批授予学位的研究生。

8月17日

化学系78级8名学生参加"中美研究生培养计划"考试,均取得好成绩,并勇夺第一、第二、第四名。

1983年

4月27日

经校党委批准,复旦大学第一届研究生学生会正式成立,梁永安任主席,於崇华、徐学清任副主席。

5月

全国举行首批18名博士学位获得者的授证仪式,复旦大学基础数学学科1982年首批毕业的博士洪家兴、李绍宽、张荫南、童裕孙占据其中4席。

10月19日

复旦大学举行仪式,授予日本著名物理学家、日中协会会长茅诚司名誉学位;授予本校历史地理专业博士研究生周振鹤、葛剑雄历史学博士学位,周振鹤、葛剑雄为我国最早的文科博士。

1984年

11月6日

学校成立研究生院,副校长谷超豪兼任复旦大学研究生院院长,核物理学家杨福家、俄国文学专家袁晚禾任副院长。

12月19日

学校举行仪式,校长谢希德授予著名物理学家、诺贝尔奖获得者杨振宁复旦大学名誉博士学位。

1985年

经博士后科研流动站管理协调委员会批准,学校在数学、物理学、化学、生物4个学科首批建立博士后科研流动站;理论物理、固体物理、光学、核物理与核技术、基础数学、应用数学、计算数学、遗传学、物理化学、高分子化学10个专业可接纳博士后科研人员;1985年—1987年按规定可招收14名博士后研究人员。

1986年

9月

学校制定《复旦大学关于在职人员申请硕士、博士学位工作暂行规定》。

1987年

2月

研究生院获批自这一年起从企业及经济管理部门招收在职干部为硕士研究生。1987年计划招收20名工业经济管理硕士生,实行单独考试的试点。

1987年间

研究生院决定,在政治学、世界经济、工业经济、科学管理等5个专业试行改革硕士生的培养制度,即应届本科毕业生录取为硕士生后保留学籍,先到对口专业的部门工作1~3年,再回校攻读硕士学位。

国家首次开展重点学科评选,学校有16个博士点被评为全国重点学科。

1988年

4月

学校组成研究生教材丛书编委会,由庄锡昌、李大潜分别负责文、理科教材编委会工作。

5月

研究生院为全国第一位博士后科研人员洪志良办理出站手续,同时他被学校电子工程系聘为副教授。

10月

学校召开1988年度研究生培养工作会议,与会者着重对《复旦大学研究生指导教师条例》、《复旦大学培养博士研究生的基本要求》和《复旦大学研究生学籍管理暂行规定》3个文件的讨论稿进行讨论,并提出修改意见。

1990年

4月13—14日

学校召开研究生导师会议。

1991年

复旦大学成为全国工商管理硕士首批9所试点高校之一,开始了专业学位研究生教育。

5月23日

14位毕业于复旦大学的研究生获得国家教委、国务院学位委员会授予的"做出突出贡献的中国博士、硕士学位获得者"荣誉称号。这14位荣誉获得者是:洪家兴、王沪宁、侯晓远、葛剑雄、陈伟恕、申小龙、张荫楠、李绍宽、陆昉、陶凤岗、侯惠奇、杨玉良、许临晓、毛裕民。

6月

经1990年国务院学位委员会批准,第四批学位点审核通过,复旦大学新增5个博士点,新增32位博士生导师,新增17个硕士点。现有博士点48个、博士生导师108人、硕士点96个,其总数在全国高校中名列第三,在全国综合性大学中排名第二。

7月

学校举办全国第三届化学类研究生学术会议。

1994年

1月30日

学校正式成立"211工程"办公室,由研究生院院长李大潜任主任。

2月20日

经国务院学位委员会批准,复旦大学新增博士学位学科专业点1个(国际金融),新增博士生指导教师56名,新增硕士学位学科专业点11个。至此,学校已拥有博士学位专业点49个、硕士学位专业点106个、博士生指导教师160名。

11月6日

复旦大学研究生院成立10周年大会在相辉堂举行,国家教委发来贺信,周谷城、苏步青、谢希德、钱冬生、杨福家等题词祝贺。

1996年

5月28日

复旦大学举行研究生院正式建院大会。上海市教委主任郑令德、市学位评定委员会主任王志中到会祝贺。大会由副校长施岳群主持,郑令德和杨福家为研究生院揭牌。

8月

国务院学位委员会办公室发布学校获得批准的第六批硕士、博士学位授权学科、专业点名单,新设一批硕士点、博士点。至此,复旦大学共有博士点50个、硕士点109个。

1997年

7月13—15日

学校召开研究生工作会议,院长李大潜指出,要将复旦大学建设成世界一流的大学,研究生教育的质量应是一个十分重要的标志。党委书记程天权、副书记张济顺、副校长施岳群、方林虎出席并讲话,要求从事研究生教育的干部、教师认真学好文件,组织落实到位,努力把研究生教育提高一个台阶。

1999年

1月11日

校学位评定委员会第四十六次会议通过《复旦大学关于授予具有研究生毕业同等学力人员硕士、博士学位工作细则(修订版)》。

4月

复旦大学4篇论文入选首届全国优秀博士学位论文,入选数并列全国第三名,位居上海市榜首。

5月28日

学校召开研究生导师(上午理科导师,下午文科导师)会议。

7月2日

校学位评定委员会第四十七次会议原则同意《复旦大学学位与研究生教育国内权威和核心期刊修订目录实施办法（送审稿）》。

7月10—12日

学校召开研究生工作会议。

7月27日

国家启动"教育振兴行动计划"（"985工程"），复旦成为首批建设高校。教育部部长陈至立和上海市长徐匡迪，分别代表教育部、上海市政府在双方共建复旦大学的协议书上签字，双方将在今后3年内，各自向复旦投资6亿元人民币。这是学校迄今为止获得的最大投资额度。

原上海医科大学大事记（1977—1999年）

1978年

2月17日

国务院转发教育部关于恢复和办好全国重点高等学校的报告。上海第一医学院被列为卫生部直属重点医药院校。

9月

恢复研究生培养制度。1978年共有52个专业招收研究生146名，学制3年。这是粉碎"四人帮"后首次研究生招生。

1981年

从本年起，医学、基础医学、医学工程、卫生等专业的本科生学制由5年改为6年，药学、药化两个专业由4年制改为5年制，药理学仍为5年制。

6月

石美鑫受聘任国务院学位委员会第一届委员。石美鑫、苏德隆、杨藻宸、郭秉宽、曹小定等应聘任国务院学位委员会第一届学科评议组（医学）成员。国务院学位委员会临时约请邱传禄、应越英和沈自尹为参加评议工作的专家、学者。

11月3日

国务院学位委员会批准学校首批博士学位授权学科点21个、博士生导师29名，硕士学位授权学科点41个、硕士生导师148名。

12月

上海第一医学院成立首届学位评定委员会，石美鑫任主席，朱益栋等24名教授为委员。

1982年

根据国家有关规定，分别建立了校、院（系）两级学位委员会。

2月

根据教育部关于招收攻读博士学位研究生计划的通知,上海第一医学院招收首批8名博士研究生。

4月

根据国务院学位办关于做好应届毕业研究生授予硕士学位工作的通知,学校向1978级林树新等首批毕业研究生授予硕士学位。

1984年

原上海医科大学获批试办研究生院,是全国首批试办的22所研究生院之一。

1月13日

国务院学位委员会批准的妇产科学、儿科学、肿瘤学、卫生统计学和中西医结合基础(神经药理)为第二批博士学位授予学科专业,郑怀美、刘湘云、金汉珍、李月云、汤钊猷、陈中伟等为博士生导师,并且批准了硕士学位授权学科点2个、硕士生导师37名。

2月

学校第一本研究生硕士论文选《上海第一医学院研究生硕士论文选》出版、发行。

5月30日

经上海市卫生局同意,学校授予美国耶鲁大学教授余宽仁为上海第一医学院名誉教授。

6月

学校试行临床医学研究生教育制度,首批招收36名在职临床医学研究生。

10月6日

根据教育部有关指示精神,学校决定改革硕士研究生招生办法,1985年部分优秀本科毕业生可免试入学。

10月10日

上海第一医学院学生会成立第一届研究生分会,张作风任分会主席。

1985年

1月25日

学校举行研究生院成立大会。上海市教卫办副主任黄荣魁、高等教育局副局长张瑞琨到会祝贺并讲话。会上宣布张镜如任原上海医科大学研究生院院长,李金钟任研究生院副院长。

2月

学校根据教育部《关于硕士生提前攻读博士学位问题的通知》精神,首批试行提前攻读博士学位制度,夏霞娟等14人为首批提前攻读博士生。

3月14日

张镜如出席教育部在杭州召开的全国首届22所高校研究生院院长座谈会。回校后,张镜如在干部会议上强调"研究生、本科生教育并重","全校办研究生院"。

7月16日

学校授予彭裕文、王文健、陈惠方、樊军、萧湘生5位博士生医学博士学位,他们是学校培养的首批医学博士。其中,彭裕文是我国自己培养的第一位人体解剖学博士,王文健是我国第一位中西医结合的博士。

1986年

7月28日

国务院学位委员会批准于彦铮等35名教师为第三批博士生导师,同时,批准精神病学、放射治疗学、药剂学为博士学位授权点,实验动物学、放射医学、法医学、临床检验与诊断学为硕士学位授权点,新批准硕士生导师17名。

11月29日

国务院学位委员会、国家教育委员会、卫生部联合发出通知,颁布《培养医学博士(临床医学)研究生的试行办法》,决定把医学门类博士生的培养规格分成两类:一类以培养科学研究能力为主,一类以培养临床实际工作能力为主。后一类研究生达到博士水平的,授予医学博士(临床医学)学位。通知确定原上海医科大学与北京医科大学、协和医科大学、中山医科大学为第一批试点单位。

1987年

10月9日

国家教委成立科学技术委员会,张镜如受聘为第一届委员会委员,任医药卫生学科组组长。

1988年

4月

国务院学位委员会批准原上海医科大学麻醉学、社会医学与卫生事业管理学为第四批硕士学位授权学科。

10月10日

石美鑫受聘为国务院第二届学位委员会委员。

12月5日

校党政联席会议决定,姚泰兼任研究生院院长。

1989年

3月25日

学校举行第一届外国留学生博士生毕业典礼,汤钊猷颁发毕业证书。

4月11日

汤钊猷主持召开学校学位评定委员会第十八次会议,审核第四批新增博士生导师、硕士学位点等问题。

5月2日

校党委召开各系部、学院总支书记会议和研究生导师会议通报情况,要求每位研究生导师都要同自己的研究生谈话,做思想工作,要求研究生遵守纪律,稳定大局。

5月22日

经校学术委员会教学评审组讨论、校党政联席会议批准,成立免疫学、妇幼卫生学、健康教育学、卫生事业管理学、医院管理学、卫生经济学、医学心理学7个教研室。

11月

国务院学位委员会批准原上海医科大学的第四批博士生导师和博士学位授权点。新批的博士生导师为李鹏等41名,新批的博士学位授权点为生物物理学、药物化学、核医学3个学科。另外,学校自行审批增列了41名硕士生导师。

1991年

1月

国家教委、国务院学位办公室表彰在工作中"做出突出贡献的中国博士、硕士学位获得者",原上海医科大学彭裕文、张锦生、刘银坤、夏霞娟(女)、汪玲(女)、白春学、冯晓源、赵耀基和郑珊(女)9位博士学位获得者受到表彰。

2月

国务院学位委员会批准原上海医科大学为开展授权在职人员硕士、博士学位工作的免检单位。

7月9日

学校与上海市肿瘤研究所及顾健人研究院签订联合招收、培养研究生协议,此举开创了学校与研究所联合办学的先例。

1992年

2月

学校博士后流动站接待首批研究人员汤华、李斌、胡应,3位博士将在流动站工作2年。

1993年

3月

为保证博士生培养质量,引入竞争机制,学校制定博士学位研究生中期考核工作的规定。

9月

国务院学位委员会批准原上海医科大学为自行审批增列博士生导师试点单位。

10月

校第三十三次学位评定委员会自行审批增列博士生导师41名。

12月

国务院学位委员会批准原上海医科大学麻醉学、放射医学、社会医学与卫生事业管理学为第五批博士学位授权点,王洪复等9名教授为博士生导师。

1994年

6月

姚泰向全校教研室主任及科以上干部讲述"211工程"立项申报工作。

1995年

1月16日

学校举行试办研究生院10周年庆祝、总结、表彰大会。全国人大常委会副委员长吴阶平、国务院学位委员会主任委员何东昌、卫生部长陈敏章题词,卫生部及上海市卫生局领导到会祝贺。学校给顾天爵、顾学箕、刘湘云、熊汝成、戴自英、史玉泉6位博士生导师颁发了研究生教育伯乐奖,对左焕琛等30名优秀导师和5个研究生教育工作先进集体进行了表彰。

3月

学校自行审批第二批博士生导师27名(国务院备案第六批),并审批老年医学专业和护理学专业为硕士学位授权点。

5月19—23日

国务院学位办公室与国家教委高教司联合组织的专家检查团来校,对七年制临床医学专业的教育教学与学位授予质量进行全面检查。

1996年

3月

国家教委对原上海医科大学研究生院进行全面检查评估,正式批准学校建立研究生院。早在1984年8月8日,原上海医科大学经国务院批准,成为全国首批试办研究生院的22所高校之一。

6月20日

原上海医科大学与复旦大学签署联合培养临床医学七年制学生协议。姚泰和复旦大学校长杨福家在协议书上签字。根据协议,学校从1996级起七年制学生将在复旦大学完成公共基础课程学习。

7月5日

学校举行研究生院正式挂牌仪式。校学位与研究生教育研究中心同时宣布成立,彭裕文任中心主任。

1997年

5月20日

经国务院学位委员会批准,姚泰、闻玉梅、杨秉辉、宁寿葆、顾玉东、陈中伟、俞顺章、吴根诚为国务院学位委员会第四届学科评议组成员,其中,姚泰、闻玉梅、杨秉辉、顾玉东为所在学科评议组召集人。

5月

校第四十五次学位评定委员会会议同意研究生院提出的"总量控制,结构调整,按需设岗,竞争淘汰"的导师队伍建设16字原则,对研究生导师资格进行复审,学校研究生导师终身制被打破。

7月

组织研究生暑假赴江西井冈山地区进行社会实践,由熊仿杰、李巧云带队。

1998年

1月

根据1997年国务院学位委员会公布的调整后新的学科专业目录,原上海医科大学硕士点由 53 个调整为 44 个,博士点由 37 个调整为 30 个。

8月

国务院学位委员会第十六次全体会议审核批准,原上海医科大学生物学、基础医学、公共卫生与预防医学、中西医结合和药学 5 个一级学科获得博士、硕士学位授予权。此时学校拥有博士和硕士学位授予权的学科数量在全国医学院校中居于首位。

9月

学校被批准为临床医学专业学位试点单位,是全国 23 所试点高校之一。开展临床医学专业学位是我国医学学位制度改革的重大举措。

11月23日至12月9日

学校举办首届研究生科技文化节,以纪念恢复研究生教育 20 周年。

12月11日

学校举行庆祝恢复研究生教育 20 周年暨 98 研究生教育工作大会,表彰了 20 位优秀研究生导师。

1998年间

组织研究生暑假赴安徽省六安市金寨县人民医院进行社会实践,由吴延风带队。

1999年

1月5日

学校举行临床医学专业学位会议,宣布成立临床医学专业学位试点工作领导小组,统一领导和组织学校的临床医学专业学位试点工作。

1月27日

中国工程院院士顾玉东被批准为第四届国务院学位委员会委员。

6月17日

教育部、国务院学位委员会公布首届全国百篇优秀博士学位论文,原上海医科大学宋健和晏易平的博士学位论文入选,他们的导师分别是叶舜华、洪传洁和张安中、孙凤艳。

11月1日

原上海医科大学研究生院被评为全国学位与研究生教育管理工作先进集体。

1999年间

组织研究生暑假赴江西省安义县人民医院进行社会实践,由李巧云、陈苏华带队。

复旦大学大事记(2000—2018 年)

2000年

4月27日

复旦大学与原上海医科大学合并大会在相辉堂举行,上海市委副书记龚学平主持合并大会,并宣读中共中央政治局委员、上海市委书记黄菊的贺信。教育部部长陈至立、上海市市长徐匡迪、卫生部代表、人事司司长王环增和校长王生洪出席大会并讲话。通过两校强强联合、合并调整后,学校的学科结构得到进一步拓宽,文、理、医三足鼎立的学科格局逐渐形成,学校的整体办学实力和研究生培养能力持续增强。

5月30日

校长办公会议决定:同意在中文、历史、哲学、经济、数学、物理、化学、生物等基础学科的部分本科生中,通过选拔实行本科-硕士连读。

7月7日

校学位评定委员会第五十次会议审议《关于博士生导师资格认定若干问题的报告》,同意在原先引进的院士、长江计划特聘教授的博士生导师资格由校学位评定委员会直接认定之外,从国内其他院校引进的博士生导师,可直接获得学校博士生导师任职资格。

8月25日

党委常委会决定,成立党委研究生工作部。

2000年间

复旦大学报送两院院士和杰出教授招收博士生免去统一考试问题的请示和试行方案获教育部批准,率先启动两院院士和杰出教授自主招生改革。

组织研究生赴江苏省宝应县人民医院进行社会实践,由李巧云、陈苏华带队。

2001年

1月18—20日

学校为深入贯彻落实国家教育部《关于加强和改进研究生培养工作的几点意见》(教研〔2000〕1号)文件精神,举行复旦大学研究生教育改革研讨会,重新调整研究生教育在学校总体发展中的布局和目标定位。学校党政领导明确提出:要在重视本科生教育的同时,把工作重点放在大力发展和加强研究生教育上;特别强调对硕士研究生层次的培养以课程学习和基本科研训练为主;对于博士研究生的培养则要以科研创新精神和创新能力的培养为主。

7月2日

学校第七届学位评定委员会召开第一次会议,王生洪任主席,李大潜、闻玉梅任副主席。

2001年间

学校设立了复旦大学研究生创新基金,通过基金以专项经费奖励的方式,支持优秀博士学位论文的前期孕育。

2002年

1月22日

校长办公会议批准《复旦大学研究生教育两级管理暂行条例(试行)》。

3月

全国学位与研究生教育发展中心上海研究基地在学校成立,副校长孙莱祥任主任。

4月9日

校长办公会议决定成立研究生招生委员会。

11月28日

学校第一届高级管理人员工商管理硕士(EMBA)项目开学,首期招生133人。

2003年

1月10日

学校首次召开研究生招生工作研讨会,提出2003年不再扩招研究生,这表明复旦大学研究生教育进入加强培养、提升内涵阶段。

5月26日

学校举行纪念我国首批博士学位授予20周年座谈会。

9月18日

复旦大学-华盛顿大学首届高级管理人员工商管理硕士项目(EMBA)毕业典礼在美国圣路易斯举行。

10月17—19日

首届全国博士生学术论坛在清华大学举行,复旦大学派队参加,副校长周鲁卫在闭幕式上讲话。

12月9日

学校审定上报教育部《复旦大学中长期事业发展规划》中的学生规模数:到2005年达到研究生1.5万人。

2004年

4月24—25日

响应教育部"研究生教育创新工程"号召,学校博士生学术论坛开讲。首期论坛由管理学院承办。

6月9日

"复旦大学-新加坡国立大学联合研究生院"签约仪式在苏州举行。

2005年

1月19日

学校"首届研究生心目中的好导师"评选揭晓,杨玉良、石磊、俞吾金、章培恒、赵东元、周振鹤、陈浩然、陈思和、高鑫、闻玉梅榜上有名。

1月31日

《复旦大学学术规范及违规处理办法(试行)》颁布,即日起在全校试行。

4月18日

复旦大学学术规范委员会成立。该委员会是校学术委员会下属的专门委员会,主要负责调查、处理学术规范问题。俞吾金任首届学术规范委员会主任。

7月11日

《复旦大学学生违纪处分条例(试行)》、《复旦大学学生申诉处理条例(试行)》、《复旦大学研究生学籍管理规定(试行)》发布。

9月23日

与伦敦政治经济学院签署"全球媒介与传播双硕士学位项目"谅解备忘录。

11月8日

《复旦大学学生申诉处理条例实施细则(试行)》发布。

2006年

5月25日

学校与上海科学院在逸夫科技楼举行签约仪式,双方签署"产学研合作框架协议"和"研究生联合培养基地协议"。

2006年间

为推进研究生的国际合作与交流,扩大研究生在本学科领域的视野,研究生院自2006年起建立了研究生国际访学制度。

2007年

3月

为贯彻落实人才强国战略,推进高水平大学建设,严格按照国家留学基金委的要求,结合"985"创新平台和基地重点学科、重点实验室的建设需要,3月25日完成"国家建设高水平大学公派留学生项目"(CSC项目)的全部选拔和申报工作,全校第一批共选派92名学生前往国外一流大学攻读博士学位或联合培养。

9月

学校获准成为全国首批翻译硕士、汉语国际教育硕士专业学位的试点院校。外国语言文学学院何刚强、国际文化交流学院朱永生分别受聘为全国翻译硕士专业学位教育指导委员会、全国汉语国际教育硕士专业学位教育指导委员会委员。

9月19日

校长办公会议(党政联席会议)审议并原则通过《复旦大学研究生培养机制改革方案》(校通字〔2007〕42号),自2007年秋季入学的研究生开始执行。改革的指导思想为"适应建设创新型国家的战略要求,合理配置研究生教育资源,构建研究生教育质量保障机制,走内涵发展的道路。在研究生培养中,育人是根本,创新是灵魂,科学研究主导是核心,导师负责制是基础"。改革的主要内容为明确导师责权、改革招生机制、创新培养模式和构建新的研究生资助体系。

11月30日

学校召开纪念《上海研究生教育》(王生洪主编)创刊20周年座谈会。上海市学位办主任田蔚风、上海市研究生教育学会秘书长宋恭华等出席座谈会。上海各高校研究生院(部、处)领导、中科院上海分院研究生教育基地领导、《上海研究生教育》编辑部成员50多人参加了座谈会。

2007年间

研究生院举办5个研究生教育暑期学校:"公共卫生-全球化与和谐社会"、"中外新闻传播理论研究与方法"、"国际关系与全球治理"、"生态学"和"数学学科",邀请一批国内外著名专家、学者来校讲授相关课程和做报告,有来自全国高校和科研单位的400余名优秀研究生和具有博士学位的优秀青年教师参加了暑期学校学习。

复旦大学开始在上海医学院博士生招生中试行"申请-考核制",并逐渐推广到文、社、理、工、医各个学科和院系。

完成新一轮全校研究生培养方案制(修)订工作,按文科、理工科、医科和专业学位4个学科领域或规格类型进行编辑,包括相关的培养工作管理规定及文件选编,形成一套8本的资料书籍。

学校首次开展研究生教学成果奖评选活动,对近几年来在研究生教育的教学改革、教学研究、教材建设和教学管理等方面取得显著成效的优秀教学成果予以表彰和奖励。最终评出一等奖6项、二等奖11项、三等奖7项。

复旦大学研究生创新基金共资助79个项目,其中,优秀博士学位论文培育基金67项,创业种子基金10项,博士学位论文风险选题基金2项,资助金额总计107.5万元。复旦大学研究生创新基金最早由复旦大学与上海复旦创业投资有限公司共同设立,本年度获资助的是第七批研究生创新基金项目,涉及文科28项、理工科26项、医科25项。

2008年

1月9日

《我心目中的好老师》新书首发式举行。

5月14日

复旦大学学位评定委员会成立了交叉学科学部学位评定委员会,金力副校长任交叉学部主任。是日,召开了交叉学部首次会议,原则通过了《复旦大学交叉学科学位评定委员会工作施行办法》。

5月19日

学校召开复旦大学博士研究生招生改革研讨会,教育部学生司研招处陈瑞武处长到会指导,王生洪校长、金力副校长、陈立民副书记出席会议并讲话。会议决定,2009年博士生招生改革试点范围扩大到数、理、化、生、药、卫生等基础学科及平台。具体操作方案因学科而异,不求一刀切,重点在于强化对考生综合素质和科研能力的考查。

12月13—14日

举行纪念恢复研究生教育30周年暨研究生教育管理干部培训大会,研究生院和各院系研究生教育管理干部100多人与会。与会代表一致认为,恢复研究生教育30年以来,复旦大学的学位与研究生教育从小到大,学位制度从无到有,逐步发展,不断改革,建立和形成了具有复旦特点的研究生教育特色。

2008年间

在研究生院管理信息系统中建立网上课程评估系统,并从2007—2008学年第一学期开始,全面在互联网上对研究生课程实施教学质量评估。

2009年

3月

根据教育部《关于做好2009年全日制专业学位硕士研究生招生计划安排工作的通知

(教发〔2009〕6号)》文件精神,复旦大学开始全类别启动全日制专业学位硕士研究生招生工作。

4月

教育部学位与研究生教育发展中心公布了第二轮全国一级学科评估结果。学校在全国高校排名前10位的学科有21个,分别是:哲学、理论经济学、应用经济学、政治学、社会学、马克思主义理论、中国语言文学、新闻传播学、历史学、数学、物理学、化学、生物学、电子科学与技术、生物医学工程、基础医学、临床医学、公共卫生与预防医学、中西医结合、药学和公共管理。

5月25日

举行2009年复旦大学研究生导师培训大会,启动中青年导师培训计划。副校长、研究生院院长金力,中国科学院院士、校理论生命科学研究中心郝柏林、北京大学生命科学学院院长饶毅、国务院学位委员会办公室副主任郭新立等出席大会并做专题报告。全校400多名中青年研究生导师参加此次培训。

6月16日

复旦大学研究生招生改革研讨会在新闻学院培训中心举行。研究生院常务副院长顾云深指出要进一步深化研究生(尤其是博士生)招生改革,提出"2010年学校将通过提高推免生和直博生比例、举办夏令营和暑期学校、启动'211工程'三期创新人才培养资助计划等举措来进一步吸引优秀生源"。

6月26日

复旦大学2009届研究生毕业典礼暨学位授予仪式在正大体育馆隆重举行。本年度改革博士学位授证仪式,将博士学位授证仪式与研究生毕业典礼合并举行,一方面可以显现毕业典礼的隆重气氛,另一方面也使得即将离校的绝大部分毕业生能够参加。

6月

复旦大学出土文献与古文字研究中心录取38岁高中学历的辽宁锦州工人蔡伟为博士研究生,显示学校博士生招生改革成效,体现学校"不拘一格"选拔和培养高水平人才的育人理念。

复旦大学离校工作管理信息系统投入使用,实现离校工作数字化,为毕业生提供方便、高效、一体化的离校手续办理服务。

2009年间

启动"211工程"三期创新人才培养资助计划。该计划共包括6个资助项目,分别是:复旦大学推免生暑期科研训练资助计划、复旦大学研究生暑期学校资助计划、优秀大学生夏令营资助计划、复旦大学重点学科优秀博士生科研资助计划、复旦大学交叉学科优秀博士生科研资助计划和复旦大学博士生短期国际访学资助计划。

在由上海市人力资源和社会保障局、上海市教育委员会、上海市公务员局4年一次组织开展的2009年高等教育上海市级教学成果奖评选中,学校研究生教育共6项教学成果获奖。

2010年

4月10日

复旦大学国际评估试点院系培养方案修订研讨会在上海嘉定召开。会议由研究生院常务副院长顾云深主持,副校长、研究生院院长金力出席并参与研讨,已开展国际评估试点工作的10个院系分管院长、系主任、研究生工作秘书和教务员等参加本次会议。

7月13日

经评奖专家委员会评定,复旦大学申请教育部"博士研究生学术新人奖"候选人确定,共有25人报送教育部,其中,人文社科有6人,理工科有11人,医科有8人。教育部2010年首次设立"博士研究生学术新人奖",在试点阶段,国家财政一次性资助获奖博士生每人3万元。

8月23—27日

举办第一期研究生"学术研究能力训练"暑期学校。来自全校文、理、医不同学科的80名博士生参加暑期学校的课程学习。

12月

3个硕士专业学位授权点开始专业学位研究生教育综合改革试点工作。工商管理硕士、公共管理硕士、公共卫生硕士3个硕士专业学位授权点被列入国家专业学位研究生教育综合改革试点工作范围。

2010年间

完善导师资助制,全面落实导师出资工作。根据新修订的导师资助规章,顺利完成2007级、2008级、2009级、2010级博士生导师招收博士生出资工作。

根据教育部文件精神及政策衔接需要,复旦大学决定停止提前攻博生招生工作。博士生招生类别由原先的4种调整为3种,即普通招考、硕博连读和直接攻博。

复旦大学获批新增金融硕士、税务硕士、国际商务硕士、保险硕士、资产评估硕士、教育硕士、新闻与传播硕士、出版硕士、文物与博物馆硕士、护理硕士、药学硕士、旅游管理硕士共12个专业学位授权点,使复旦大学专业学位授权点增加至25个(其中,硕士专业学位授权点24个,博士专业学位授权点1个)。

为鼓励创新、吸引优秀博士生生源,复旦大学自2010年起在优秀学业奖学金设置的基础上,设置博士研究生相辉奖学金奖励计划,主要面向基础学科的博士研究生新生,奖额为每人18 000元,设奖比例不超过当年拟录取博士研究生的10%。2010年参评学科为数学、物理学、化学、生物学、基础医学、文学、历史学和哲学。

2011年

3月25日

学校新增5个一级学科博士点(法学、社会学、外国语言文学、光学工程、材料科学与工程)和4个一级学科硕士点(教育学、心理学、信息与通信工程、航空宇航科学与技术)。

3月

根据校长办公会的审议决定,所有研究生中英文成绩单均由研究生院出具。为此,研究生院设计和启用了具有防伪功能的新版《复旦大学研究生成绩单》,完成了研究生6 000多门课程、100多个专业和几十个院系名称的翻译工作,统一了翻译名称。

4月

国务院学位办下发了《关于反馈2010年博士学位论文抽检通讯评议结果的通知》,国务院学位办对2008/2009学年度全国授予博士学位的学位论文进行了随机抽检,抽检论文直接从国家图书馆调取,每篇论文送请3位专家进行通讯评议,评审意见分为"合格"或"不合格",复旦大学被抽检到的涉及14个一级学科的博士学位论文通讯评议结果均为合格。

6月

获得工程博士专业学位授权点。学校组织复旦大学信息学院、计算机学院、软件学院、药学院、医学院、生命科学学院申报全国工程博士试点单位,并于2011年10月获得电子与信息、生物与医药两个大领域的试点授权。

启用新版留学生研究生学历证书,新版的留学生毕业证书的版式和内容与本国学生的毕业证书一致,并且添加了国籍信息。

10月

首次对复旦大学在办的全英文硕士学位项目进行评估,了解和掌握在办项目在2010—2011学年中的学生构成、课程体系、教师团队及项目运行等情况,在办各项目获得课程建设的资助。

2011年间

学校决定由研究生院统一为专业学位校外兼职导师发放聘书,规范专业学位校外兼职导师的聘任工作。

复旦大学在巩固和完善"申请-考核制"博士生招生制度基础上,进一步推出"长学制"招生改革举措。在2012年招生计划中,复旦大学在数学科学学院和物理学系试点"长学制"招生改革。"长学制"招生改革的目的在于真正建立起研究生教育的分流、淘汰机制,落实五年一贯制研究生培养模式。在已有基础上提出本-硕-博贯通式研究生招生培养改革计划。

首次以研究生院、党委研究生工作部的名义,举办国际"学术研究能力训练"暑期学校,资助两批共计46名研究生赴美国加州州立大学富勒顿分校参加暑期学校。

研究生院启动新一轮的研究生重点课程以及研究生教材出版规划等项目的建设立项工作。

2011年是我国培养研究生的学科目录发生重大调整的一年。围绕这一重大变化,学校主要开展两项工作:①最新一级学科目录的对应调整工作,对涉及的9个一级学科作了对应的调整申报工作。其中,7个一级学科博士点分别是考古学、中国史、世界史、生态学、统计学、软件工程、护理学,2个一级学科硕士点分别是戏剧与影视学、设计学。最终,除设计学未被批准外,其他8个一级学科均批准调整。②自设学科调研及评估工作。在2011年6月召开的第七十七次校学位评定委员会提出以下3条调整建议,并得到原则通过:①对从未招生的自设学科,建议做撤消处理;②对与专业学位功能有重叠的自设学科,建议与专业学位并轨，撤销此类自设学科；③对存在毕业转专业现象的自设学科，建议各学位分委员会作进一步调查并提出处理意见。

2012年

2月

国务院学位办启动第三轮一级学科评估工作。根据自愿参评的原则，学校最终参评的一级学科包括36个一级学科博士点和1个一级学科硕士点。

为支持新疆喀什地区建设，复旦大学上海医学院首次针对援疆对口支援单位——新疆喀什地区第二人民医院招收2013年单独考试硕士研究生。

3月

医学学位与研究生教育管理办公室制定复旦大学临床医学硕士专业学位研究生（住院医师）培养方案、培养手册，并完成相关课程设置。保证首届临床医学专业学位硕士研究生（住院医师）培养工作的顺利开展。

4月

根据国家相关文件精神，学校启动自主设置与调整授予博士、硕士学位二级学科的工作，包括目录内二级学科的增设，以及对已有目录外学科的设置或调整工作。经各位委员讨论并无记名投票表决，同意在博士学位授权一级学科范围内自主设置42个学科专业，其中，目录内二级学科9个，目录外二级学科33个，并决定撤销原目录外二级学科17个。

依托复旦大学"985工程"三期人才培养资助计划，在上海医学院设立医学研究生"明道计划"，获得资助的项目共29项。

11月7日

医学学位与研究生教育管理办公室举行医学研究生教育工作调研会。上海医学院副院长、分管医学研究生培养工作的相关负责人，以及上海医学院下属各院所、附属医院、平台的分管院长、导师、管理人员和学生代表共50余人参加调研，研究生院院长钟扬等受邀出席。

12月28日

复旦大学研究生教育专题研讨会在光华楼举行。各院系分管领导、研究生学生工作首要负责人、研究生管理干部、研究生院工作人员，以及教务处、学校办公室等相关部处负责人参加会议。会议的主题是学校现阶段研究生教育的问题与对策，目的是在深入院系广泛调研的基础上，切实提高学校研究生培养质量。会议由研究生院院长钟扬和常务副院长顾云深共同主持。陆昉副校长全程参会并做总结发言。会议决定，研究生院下一步改革将推出FIST课程等一批重点项目，促进高校和社会之间的资源共享，建立更加开放和高效的研究生教育模式，进一步深化研究生教育改革；关注研究生的心理健康，建设思想工作预警系统。

2012年间

为提高复旦大学医学研究生招生的针对性、强化医学招生管理工作，在编制2013年度招生计划时，落实医学招生相对独立原则，招生计划配置和复试名单审核等由上海医学院相对独立运作，并增加上海市影像医学研究所为独立招生单位。

进一步落实"长学制"招生改革举措,在数学科学学院和物理学系试点"长学制"招生改革基础上,增加脑科学研究院为改革试点单位。

根据国务院学位委员会《关于下达工程博士专业学位授予单位名单的通知》(学位〔2011〕72号),复旦大学获准自2012年起在电子与信息、生物与医药2个领域开展工程博士招生工作。2012年,学校首次面向全国招收工程博士生11人。

以院系和校外企事业单位共建的形式开展首批专业学位实践基地建设,全校共有33个共建项目申报,其中23个项目获得校内资助。经校内选拔和上海市教委审核,其中8个项目获得上海市教委资助。

在各学位评定分委员会换届改选的基础上,复旦大学成立第十届校学位评定委员会。根据按一级学科成立学位评定分委员会的原则,考虑到大医口的管理体制以及个别学科近年来在学位授予规模上的变化,对原有学位评定分委员会在架构上作局部调整,由原19个分委员会增加为22个分委员会。

2013年

3月29日

教育部等三部委联合下发《关于深化研究生教育改革的意见》(教研〔2013〕1号),为贯彻文件精神,复旦大学在研究生招生、培养、学位授予和质量保障体系建设等方面,开启了以"服务需求、提高质量"为主线的体制机制改革。

5月6日

教育部、国家卫生和计划生育委员会发布了《关于批准第一批临床医学硕士专业学位研究生培养模式改革试点高校的通知》,复旦大学入选第一批临床医学硕士专业学位研究生培养模式改革试点高校。

6月

经第八十一次校学位评定委员会的审议,新增了3个二级学科,其中,目录外2个(媒介管理学硕士点、全科医学博士点),目录内1个(老年医学博士点)。

9月

为进一步推动研究生教育国际化的管理水平,研究开发针对国际学生的英文版信息服务系统(Graduate Students Registration and Academic Service System,GSRAS),并开始面向复旦大学全英文学位项目的国际学生投入使用。

9月24日

复旦大学生物医学工程硕士项目(医学物理方向)正式启动。该项目根据上海市质子重离子医院的人才需求,整合相关院系力量,设置高层次应用性人才培养。第一批共录取10名研究生。

11月

为全面提高研究生培养质量、明确导师职责、改善师生关系,研究生院召开师生关系问题与对策专题研讨会,从体制和机制上为和谐师生关系建立保障,充分发挥师生在研究生教育和学校发展中的主体性作用。

11月20日

复旦大学上海医学院2013年研究生导师培训会举行,这是新上海医学院成立以来第一次举办导师培训会。

2013年间

复旦大学研究生FIST课程试点项目启动,作为现行课程的一个重要补充。首批立项的44门课程在暑期开课,教学效果较好,吸引了众多跨学科专业的学生前来听课。

经过2012年、2013年连续建设,复旦大学标准化考点五大系统(网上巡查系统、视频指挥系统、考生身份识别系统、作弊防控系统、综合业务系统)已全部建成并投入使用,考场指令播放系统同时建成使用。

研究生院顺利完成研究生新生电子注册和全年毕业研究生的学历即时电子注册;建立、健全学生信息库,实现学生数据"有进有出,有始有终"的信息全程化管理以及学历查询与认证功能。在2013年上海市学生学籍学历管理工作经验交流会议上做介绍发言。

启用新版全套研究生成绩单,中文和英文两个版本的《复旦大学研究生(分博士、硕士)成绩单》适用于每位复旦大学毕业的中、外研究生。

2014年

1月16日

复旦大学研究生教育会议在光华楼召开。党委书记朱之文、校长杨玉良、副校长陆昉、副书记尹冬梅等校领导出席,各院系正职领导和研究生教育分管领导、研究生学生工作负责人、研究生教学秘书等参会。研究生院院长钟扬做大会报告。

2月19日

学校正式下文成立复旦大学研究生服务中心,并将其列为"2014年全校十件实事"之一。6月9日,研究生服务中心正式对外办公,全年无休,保证寒暑假、周末等都有工作人员值班,向师生提供一站式服务,有18项基础业务通过服务中心受理,有效地简化办事手续、提高服务效率、转变工作作风。

4月

聘请来自全国各高校、科研院所和研究生教育主管部门的36位研究生教育专家和导师对全校12个院系的研究生进行问题驱动型质量大检查;共面谈学生近千名,发放问卷近800份。

5月12日

学校发布《关于成立复旦大学学风建设领导小组的通知》(校通字〔2014〕17号)。领导小组由校党委副书记尹冬梅和副校长陆昉担任组长,下设办公室,挂靠研究生院,由研究生院院长钟扬兼任办公室主任。领导小组的成立,在机制上明确研究生院负责全校学风建设的统筹和协调工作。

5月22日

召开研究生管理干部和导师培训大会。全校共有280多名教师参加培训会,副校长陆昉出席并致欢迎词。会议邀请国务院学位委员会办公室副主任孙也刚做题为"研究生教育改革的理念、思路和措施"的主题报告,复旦大学学术规范委员会主任周鲁卫向参训人员解读学术规范制度及复旦大学学术规范实施规定,复旦大学学生心理健康教育中心主任刘明波介绍研究生心理健康问题现状与对策思考。

6月

第八十三次校学位评定委员会审议通过,新增6个二级学科,其中有目录外3个(生物统计学博士点、数据科学博士点、临床口腔医学博士点)、目录内3个(美学硕士点、人口学博士点、人类学博士点)。

8月8日

国家留学基金委本年度启动实施"创新型人才国际合作培养项目",当日举行专家评审会议,经济学院举办的"与德国乌尔姆大学保险硕士专业学位双学位联合培养项目"入选。

9月

由复旦大学自主开发建成研究生迎新系统,自2014级新生报到开始启用。

10月17日

全国科学道德和学风建设宣讲教育领导小组在复旦大学召开上海东北片区宣讲教育工作调研座谈会,研究生院做学校宣讲教育工作汇报。

10月21日

上海市科协、上海市教委在复旦大学举办"坚守与追求:优秀学位论文作者及导师代表专题交流会"。

11月14日

由许宁生校长在全校研究生奖助方案公布会议上向全校颁布新的奖助方案,旨在建立、健全以政府投入为主,研究生合理分担培养成本,学校、院系、导师等多渠道筹集经费的研究生教育投入机制,激发导师、研究生两个主体的能动性。

12月

为应对严峻的研究生考研形势,促进考试公平,研究生招生办公室组织多场考务人员考前培训会,印发《2015年全国研究生入学考试复旦大学监考负责人及巡考人员培训会材料汇编》、《考场实施程序》、《监考员职责要求》等书面材料,播放了监考培训专题录像片;协同纪委监察处,共同强调"复旦大学考试工作纪律",并首次组织监考人员业务知识考试,切实提高考试考务工作效率和管理水平。

制定并下发《复旦大学关于2014—2018年学位授权点自我评估的工作方案》,启动学位授权点合格评估工作。

2014年间

研究生院先后接待西藏大学研究生处多位领导和教师来访交流;完成学校与福建省、甘肃省战略合作协议要求的有关教育任务以及其他对口支援计划;完成国家民委委托的培训任务。研究生院院长钟扬担任中组部第六、第七批援藏干部,获评全国对口支援西藏先进个人,受到党和国家领导人接见。

2015 年

1 月 26 日

复旦大学研究生服务中心-论文写作服务分中心成立,旨在采取多种形式更好地为全校研究生提供论文写作方面的指导和服务。2015 年,该中心开设 FIST 课程"高阶科技论文写作方法"(Skills of Scientific Paper Writing);举办复旦大学 2015(春)科技论文竞赛;与《自然》集团首次合作开设复旦大学—《自然》"大师班"(Nature Master Classes)写作课程。

5 月 26 日

实现在校研究生成绩单和学籍证明等网上缴费功能,6 月 12 日研究生学籍证明开始自助打印,11 月 3 日研究生成绩单自助打印功能开通。在校研究生成绩单和学籍证明实现 24 小时自助申请、缴费、打印。

7 月

全国科学道德和学风建设宣讲教育领导小组决定在 11 所高校开展宣讲教育案例教学试点工作,复旦大学被列入试点高校。10 月,学校提交试点工作方案,计划用 1 年左右时间建设 15 门左右"学术规范与职业伦理类"课程,编写一批教学案例。年底,首批 6 门课程通过评审立项,每门课程获得 2 万元经费支持。

9 月

2015 年 9 月,启动新版学位证书的设计工作,包括证书的主色调、证书内芯、证书封套扉页及英文副本,经过多轮设计方案的讨论及设计版本的修改完善,2016 年 1 月,自主设计的新版学位证书通过校长办公会议及校学位评定委员会的审议和批准。

10 月

第八十六次校学位评定委员会审议通过,新增 3 个二级学科,其中有目录外 1 个(健康教育与健康促进硕士点)、目录内 2 个(逻辑学、微生物与生化药学博士点)。

为落实《教育部关于改进和加强研究生课程建设的意见》(教研〔2014〕5 号)、《教育部关于加强专业学位研究生案例教学和联合培养基地建设的意见》(教研〔2015〕1 号)文件精神,实施"研究生课程建设项目",经申报和遴选,2015—2016 学年资助 8 个一级学科课程体系建设项目、5 个专业学位类别课程体系建设项目、31 个特色课程建设项目。

11 月

下发《复旦大学关于强化学位授予质量控制的若干规定》,正式启动学位授予质量管理改革工作。

2015 年间

根据教育部等六部委印发《关于医教协同、深化临床医学人才培养改革的意见》,从 2015 年起,临床医学专业学位硕士研究生全面实行"5+3"为主体的人才培养模式,所有的临床医学专业学位硕士研究生参加住院医师规范化培训。经临床医学学位评定委员会审议,通过《复旦大学临床医学硕士专业学位研究生培养方案总则》。自 2015 级开始,所有临床医学专业学位研究生的培养过程与住院医师的培训过程相衔接,研究生基础课程与住院医师培训大纲中的课程相结合。为培养和提升专业学位硕士学位研究生的基本科研能力和综合素质,针对性开设"临床科研方法与研究设计"、"临床科研概论"等选修课程,进一步完善和强化临床医学专业学位硕士研究生的培养内容。

复旦大学9个专业学位实践基地获得"2015年上海市研究生教育项目经费"支持,共获资助450万元(每个基地资助50万元),其中,复旦大学公共卫生硕士专业学位研究生实践基地、复旦大学-上海银行股份有限公司金融硕士专业学位研究生实践基地、复旦大学-上海科学院工程硕士专业学位研究生基地获批"上海市示范级实践基地"。

完成政治学、环境科学与工程、公共卫生与预防医学以及翻译硕士4个学位授权点合格评估的试评估工作。同时,根据国务院学位委员会《关于开展2014年学位授权点专项评估工作的通知》文件精神,完成光学工程等2个一级学科和社会工作等15个专业学位的专项评估工作。

校学位评定委员会办公室根据《中华人民共和国学位条例》、《中华人民共和国学位条例暂行实施办法》以及《复旦大学学位授予工作细则》的相关条例,起草《复旦大学学位评定委员会章程》。经两次校学位评定委员会审议,原则通过该章程。

2016年

3月

根据国务院教育督导委员会办公室《关于开展专业学位水平评估试点工作的通知》的精神,复旦大学共有5个专业学位(法律、工商管理、会计、公共管理、临床医学)参评。从2016年上半年开始,根据《复旦大学学位授权点自我评估工作方案》,全面启动学位授权点的合格评估工作,共完成9个一级学科(法学、政治学、教育学、考古学、材料科学与工程、环境科学与工程、公共卫生与预防医学、药学、护理学)和2个专业学位(法律硕士、翻译硕士)的自我评估。经校学位评定委员会审议,11个学位授权点经评估均为合格。

6月

复旦大学研究生服务中心经多轮评审,正式获评"复旦大学文明窗口"称号。

制定《复旦大学研究生教育"十三五"规划》。

10月

经第八十九次校学位评定委员会审议通过,复旦大学新增2个目录内二级学科博士点(刑法学、急诊医学)和1个目录外二级学科博士点(社会心理学)。

《复旦大学学位授予工作细则》(2016年修订版)经第八十九次校学位评定委员会原则通过,并于12月正式对外公布实施。

11月30日

举行研究生导师及管理干部培训大会暨研究生导师服务中心揭牌仪式。中国科学院院士、复旦大学常务副校长包信和与研究生院院长钟扬共同为研究生导师服务中心的成立揭牌。全校近200名新上岗的研究生导师及部分院系研究生教育管理干部参加培训。

2016年间

学位授予质量管理改革工作取得重要进展:自2016年上半年起,经校学位评定委员会决定,在全校范围内对所有申请博士、硕士学位的论文在论文送审前开展相似度检测工作;2016年3月,修订完善了学位论文盲审工作中的基本规则;针对全国及上海市学位论文抽检结果中涉嫌抄袭或存在问题的学位论文，建立了学位授予质量与招生资源挂钩的动态配置机制等基本规则。

修订博士生相辉奖学金设置方案，完善该奖学金激励机制，调整为每名获奖者奖励3万元，在招生录取阶段评出；除学校统筹安排基础学科相关院系的奖学金经费外，鼓励各院系自筹经费设置该奖项。新方案经学校研究生招生工作领导小组和奖助学金评审委员会审议通过，从2017级博士生招生起实施；2014—2016级博士生相辉奖学金按原方案执行。

2017年

4月18日

教育部批复同意学校与西湖高等研究院（西湖大学前身）开展跨学科联合培养博士研究生项目招生。4月28日发布招生简章，经考核选拔录取首批19名博士生。该项目学生入学后在复旦大学注册学籍，由两校联合培养，完成培养方案规定的学习要求并通过学位论文答辩者，发给复旦大学博士毕业证书，授予复旦大学博士学位。

7月

完成编印全校学历教育研究生培养方案。本套汇编的研究生培养方案主要适用于全校2016级学历教育研究生，含学术学位和专业学位两种类型，分人文社会科学、理学工学、医学三大学科类别和硕士生、博士生两个学历层次，共6分册、631套研究生培养方案。

9月

复旦大学入选"世界一流大学"建设高校名单，并有17个学科入选"世界一流学科"建设名单。

全面修订研究生教育管理文件。根据《普通高等学校学生管理规定》等相关法律法规，完成了对本校研究生教育管理相关文件的全面梳理，制订了《复旦大学研究生学籍管理实施细则（试行）》《复旦大学研究生课程和教学管理规定》《复旦大学学术学位研究生培养工作规定（试行）》《复旦大学专业学位研究生培养工作规定（试行）》，并于2017年9月起开始执行。

9月25日

校党委委员、研究生院院长、生命科学学院教授，中组部第六、第七、第八批援藏干部钟扬同志在出差途中遭遇车祸去世。钟扬生前曾获全国先进工作者、对口支援西藏先进个人等多项荣誉，学术成果多次获得国家和省部级奖励，在科学研究、对口援藏、教书育人、教育管理、公众科普等多个领域都做出突出成绩，他的感人事迹在全社会引发强烈反响。他去世后先后被追授全国优秀共产党员、时代楷模、全国优秀教师等光荣称号，入选"感动中国2018年度人物"。

10月

经第九十三次校学位评定委员会的审议，复旦大学新增4个目录外二级学科博士点（老年学、社会工作、党的建设、古籍保护）。

11月6日

教育部《关于开展博士研究生教育综合改革试点工作的通知》（教研司〔2017〕6号）正

式确认复旦大学开展博士研究生教育综合改革试点工作。复旦大学成立了以书记、校长为组长的复旦大学博士研究生教育综合改革试点工作领导小组。学校将研究生教育改革内容聚焦为9个字：调规模、改机制、提质量。同时，确定了"一个中心，一体两翼"的改革战略布局，即：坚持以博士研究生培养质量提升为中心，同步实施"三维提质战略"和"三基固本战略"。

11月30日

复旦大学"基于国际视野的高素质创新型护理人才培养模式的探索"教学成果获全国首届医药学研究生教育成果奖一等奖（全国共2项一等奖），"基于健康中国需求的创新人才培养机制探索与实践"教学成果获优秀论文一等奖。

12月20日

复旦大学校长、中国科学院院士许宁生为研究生带来"中国道路大讲堂"第一讲："'双一流'建设与道路自信——复旦人的初心、使命与实践"。

2017年间

根据《教育部办公厅关于统筹全日制和非全日制研究生管理工作的通知》精神，复旦大学全日制和非全日制研究生考试招生依据国家统一要求，执行相同的政策和标准。学校在2017年研究生招生简章中明确了学习方式、修业年限、收费标准等内容。考生根据国家招生政策和学校招生简章自主报考全日制或非全日制研究生。2017年录取非全日制研究生1606人，全部为专业学位硕士研究生。

为配合《复旦大学研究生学籍管理实施细则（试行）》等教育管理文件的实施，组织启动了研究生教育管理信息系统的升级工作，完成了各院系、各相关职能部处对学籍信息的管理需求征询工作，并完成学籍信息确认、学籍异动管理、培养方案的模块架构设计和字段梳理。

落实高校思政工作会议精神，执行复旦大学研究生课程建设推进计划。围绕国家安全与法制、中华文化传承、品德与素养3个主题推进研究生公共选修课程建设，本年度共立项建设8门研究生公共选修课程；与党委研究生工作部、马克思主义学院联合推出"中国道路大讲堂"，第一讲已于2017年12月20日由许宁生校长授课完毕；启动面向留学生的"中国概论"和政治理论课程建设，筹备2018—2019学年推进面向留学生的"中国概况"等研究生课程。

与教务处合作完成2017年度复旦大学教学成果奖的4轮校内评审，并完成向上海市教委的推荐申报。教学成果奖每4年评审一次，本次推荐申报中共有6个研究生层次的教学成果奖项目，其中2项作为上海市教学成果奖特定奖拟推荐项目上报。

继续面向新生组织开展入学教育学风宣讲报告会，分别于2017年9月27日、2017年10月10日、2017年10月18日面向文科、理科、医学研究生新生组织开展了3场学科学术规范、学术诚信系列专题报告会；组织落实全国科学道德和学风宣讲教育报告会复旦分会场直播观看活动全程组织工作；组织推进上海市"科学道德与学术规范课程及案例库建设"项目建设和结题工作，完成100个案例编写。

学位授予质量管理改革工作取得突破性进展。研究生院成立了学位授予质量管理改革工作专家组,确定了"以健全学位论文质量内控机制为核心"的改革整体思路,新制定及修订下发了《复旦大学博士、硕士学位论文预审办法》《复旦大学博士、硕士学位相似度检测工作的实施办法》《复旦大学博士、硕士学位相似度检测工作的实施办法》《复旦大学博士、硕士学位论文双盲评审办法》《复旦大学博士、硕士学位论文答辩组织办法》等文件,从而形成了系统性的制度框架,并且首次引入学位论文网上提交与审核机制,通过信息化手段来强化相关规章制度的落实。

继续做好学位授权点合格评估工作,完成了哲学、理论经济学、应用经济学、社会学、马克思主义理论、中国语言文学、外国语言文学、新闻传播学、中国史、世界史、数学、生物学、生态学、生物医学工程、基础医学、中西医结合16个一级学科博士点,力学、航空宇航科学与技术2个一级学科硕士点,流体力学1个二级学科博士点,以及公共管理硕士、汉语国际教育硕士、工程硕士(生物工程)、公共卫生硕士4个专业学位类别的自我评估工作。经校学位评定委员会审议与表决,23份学位授权点自我评估报告均为合格。

2018年

3月22日

根据《国务院学位委员会关于下达2017年审核增列的博士、硕士学位授权点名单的通知》(学位〔2018〕9号),学校新增大气科学(0706)和网络空间安全(0839)两个博士学位授权一级学科。

3月下旬

学校根据教育部通知精神和自身办学实际,决定扩大专业学位博士生教育规模。5月中旬发布《复旦大学2018年招收攻读工程博士专业学位研究生简章(第二批)》,6月完成招生,当年在"电子与信息"、"生物与医药"两个领域录取工程博士专业学位研究生141人。

4月19日

根据《国务院学位委员会关于印发学位授权自主审核单位名单的通知》(学位〔2018〕18号),复旦大学成为全国首批学位授权自主审核单位,自2018年开始,可按照《博士硕士学位授权审核办法》规定的程序开展学位授权点自主审核工作。

5月4日

复旦大学举行第一届研究生"五四"演讲比赛。由研究生院、党委研究生工作部、医学学位与研究生教育管理办公室联合主办的"我的新时代"复旦大学研究生"五四"演讲比赛决赛在光华楼举行。

5月8日

中国科学院院士秦大河应邀来到复旦大学,作为"大师面对面"讲座的首期主讲嘉宾,他以"未来地球计划与中国行动"为题,围绕气候变化及其影响进行精彩演讲。本次活动由研究生院、党委研究生工作部联合举办,中国科学院院士、复旦大学研究生院院长张人禾主持。

5月

为落实教育部博士研究生教育综合改革试点任务,2018年5月在全校范围内启动全面开展"长学制"研究生招生培养工作,出台《复旦大学推进"长学制"研究生培养工作实施办法》,对于学术型博士研究生普遍实行硕博连读、直接攻博的"长学制"培养模式,实现博士生招生和培养方式整体结构的根本改变。

9月

研究生院面向理工科院系启动了直博生"双基训练"课程建设试点工作,旨在推动各院系在一级学科或相近一级学科群层面、面向直博生或硕博连读生(即"长学制"研究生)的一、二年级学生开设思想和方法类训练课程,经评审确定生命科学学院"生态学研究方法"等7门课程作为"双基课程"予以重点建设。

12月

复旦大学"基于健康中国需求的创新人才培养机制探索与实践"教学成果获第八届高等教育国家级教学成果二等奖。该成果在国内首创博士生"申请-考核制",探索基于健康中国需求的创新人才培养机制改革,取得了显著的人才培养效益。

2018年间

继续推进学位授予质量管理改革工作,在2018年上半年开展了学位申请全流程管理措施落实情况督查工作,督促各培养单位全面总结本院系学位申请审核管理工作经验,深入查找问题,强化薄弱环节,健全学位论文质量内控机制。

根据国务院学位委员会第三十四次会议精神和《国务院学位委员会、教育部关于对工程专业学位类别进行调整的通知》(学位〔2018〕7号)要求,组织相关院系整合学科资源,完成学校工程硕士、博士专业学位授权点对应调整申报工作。经校学位评定委员会审议,同意将已有的14个工程硕士领域对应调整到6个工程硕士专业学位类别、2个工程博士领域对应调整到5个工程博士专业学位类别,相关申请材料报送国务院学位委员会审核。

根据教育部关于"在具有博士、硕士学位授权的一级学科下,自主设置与调整博士、硕士学位授权二级学科的工作"的文件精神,经2018年10月第九十六次校学位评定委员会的审议,学校新增6个二级学科博士点,其中有目录内二级学科4个(美学、财政学、马克思主义发展史、国外马克思主义研究)、目录外二级学科2个(商务人工智能、集成电路与系统设计)。

修订《复旦大学学位评定委员会章程》中关于学位评定委员会学部和分委员会的设置内容。确定学部设置由4个调整为6个,设立人文学部、社会科学与管理学部、理学部、工程技术学部、医学部、交叉学部,协助校学位评定委员会开展工作;明确交叉学部的职能为负责协调处理其他学部之间因学科交叉产生的人才培养和学位授予审核等问题;调整学位评定分委员会的设立原则,由原来按门类或一级学科设立调整为按门类、一级学科或实体培养单位设立。

凡例:

① 本纪事力求系统、准确地记述复旦大学恢复研究生教育40年间的史事。
② 本纪事采用公元纪年。年代上起1977年1月,下讫2018年12月。
③ 本纪事按年、月、日记载史实。凡未能证得确切日期者,则记于同月间或同年间。
④ 史事从发生日期开始记述,相近期有因有后果者,酌予并记,以保持叙事完整性。
⑤ 本纪事资料采自《复旦大学百年纪事》(1905—2005)、《上海医科大学纪事》(1927—2000)、《复旦大学百年纪事续编》(2005—2014)、《复旦大学年鉴》,以及学校文件、会议记录或纪要,有关报刊、著作,访问记录等。
⑥ 中国学位与研究生教育信息网大事记:http://www.cdgdc.edu.cn/xwyyjsjyxx/xwbl/dsj/283652.shtml。

附录 2 复旦大学学位与研究生教育重要文件选编

复旦大学（1977—1999 年）

编号	文件名	发文时间	发文单位
1	《征集招生(研究生)情况及预报招生计划表》	1977 年 1 月	复旦大学
2	有关研究生招收、录取、安排等文件	1978 年 1 月	复旦大学
3	《本校 1978 级研究生培养方案(上)》	1978 年 7 月	复旦大学
4	《本校 1979 年培养计划》	1979 年 1 月	复旦大学
5	首批硕士学位的授予工作等文件	1981 年 6 月	复旦大学
6	《关于在校研究生自费出国留学问题的通知》	1981 年 9 月	复旦大学
7	《复旦大学关于做好第一批硕士学位授予工作的几点意见》	1982 年 3 月	复旦大学学位评定委员会
8	《本校博士学位授予工作试点》	1982 年 4 月	复旦大学
9	《本校选拔出国预备研究生》	1982 年 7 月	复旦大学
10	《硕士研究生学年学分制试行办法》	1982 年 10 月	复旦大学研究生院
11	《硕士研究生学业成绩管理办法》	1982 年 10 月	复旦大学研究生院
12	《研究生外出学习的暂行规定》	1983 年 10 月	复旦大学研究生院
13	《复旦大学关于研究生参加教学和兼任教学工作的暂行规定》	1984 年 10 月	复旦大学校长办公室
14	《复旦大学研究生赴外省市学习和参加学术活动的暂行规定》	1986 年 1 月	复旦大学研究生院
15	《复旦大学关于推荐优秀硕士生提前攻读博士学位和直接攻读学位的暂行办法》	1986 年 4 月	复旦大学研究生院
16	《复旦大学研究生学业或成绩考核管理暂行办法》	1986 年 4 月	复旦大学研究生院
17	《复旦大学关于在职人员申请硕士、博士学位工作的暂行规定》	1986 年 9 月	复旦大学研究生院
18	《复旦大学青年教师进修硕士研究生课程及申请学位的补充规定》	1986 年 9 月	复旦大学研究生院
19	《复旦大学研究生"优秀论文奖"评奖试行办法》	1987 年 6 月	复旦大学研究生院
20	《复旦大学关于研究生退学问题的暂行补充规定》	1987 年 10 月	复旦大学研究生院
21	《复旦大学关于选派博士生与外国合作培养的暂行规定》	1988 年 1 月	复旦大学研究生院
22	《复旦大学培养博士研究生的基本要求》	1988 年 10 月	复旦大学

(续表)

编号	文件名	发文时间	发文单位
23	《复旦大学研究生指导教师条例》	1988年10月	复旦大学
24	《复旦大学招收外籍人士攻读硕士、博士学位研究生的有关手续》	1990年12月	复旦大学研究生院
25	《复旦大学关于外校博士生导师因无博士点来我校担任兼职博士生导师的若干规定》	1991年2月	复旦大学
26	《关于认真做好研究生论文答辩和学位授予工作的几点意见》	1991年3月	复旦大学
27	《复旦大学研究生手册》	1991年10月	复旦大学
28	《关于举办校外研究生教学点暂行规定》	1992年7月	复旦大学研究生院
29	《复旦大学重点学科建设与管理暂行办法》	1992年10月	校务会议
30	《复旦大学校外硕士生教学点管理的暂行规定》	1993年7月	复旦大学研究生院
31	《复旦大学自行审定增列博士生指导教师实施办法》	1994年7月	复旦大学学位评定委员会
32	《复旦大学关于授予具有研究生毕业同等学力的在职人员硕士、博士学位暂行工作细则》	1995年7月	复旦大学学位评定委员会
33	《学位与研究生教育国内权威和核心期刊目录》	1995年11月	复旦大学
34	《复旦大学关于鼓励青年教师(干部)在职进修申请学位的规定》	1996年3月	复旦大学研究生院
35	《复旦大学研究生普通奖学金发放暂行管理规定》	1996年12月	复旦大学
36	《上海市学位委员会关于1997年非英语专业研究生英语测试的通知》	1997年2月	复旦大学
37	《关于改进和加强研究生学位论文及审核的几点意见》	1997年9月	复旦大学研究生院
38	《关于改进研究生招生工作的若干意见》	1997年9月	复旦大学研究生院
39	《关于毕业研究生自费出国的有关规定》	1997年10月	复旦大学研究生院
40	《关于服务范围以外单位录用毕业研究生补交教育培养费的若干规定(试行)》	1997年10月	复旦大学研究生院
41	《教育部批准复旦大学承办1999年全国生物学研究生暑期学校的通知及复旦大学报送教学方案的报告》	1997年12月	复旦大学
42	《关于复旦大学与香港大学联合培养工商管理硕士的批复》	1998年9月	复旦大学
43	《复旦大学学位与研究生教育国内权威和核心期刊修订目录实施办法》(送审稿)	1999年7月	复旦大学学位评定委员会

原上海医科大学（1977—1999 年）

编号	文件名	发文时间	发文单位
1	《上海第一医学院培养研究生暂行条例》	1963 年	上海第一医学院科研处
2	《关于推荐优秀应届本科毕业生免试为硕士研究生的实施办法》	1985 年 5 月	上海医科大学研究生院
3	《关于接受委托培养硕士研究生试行办法》	1985 年 5 月	上海医科大学研究生院
4	《关于少数优秀硕士生提前攻读博士学位的暂行办法》	1985 年 7 月	上海医科大学研究生院
5	《关于硕士研究生入学考试命题原则及具体要求》《关于硕士研究生入学考试评卷工作的规定》《关于研究生招生工作的保密规定》	1985 年 9 月	上海医科大学研究生院
6	《关于招收硕士学位研究生复试工作的暂行规定》	1986 年 4 月	上海医科大学研究生院
7	《关于招收博士生的复试办法》	1995 年	上海医科大学研究生院
8	《关于招收自筹经费研究生的规定》	1995 年	上海医科大学研究生院
9	《从香港、澳门、台湾人士中招收研究生的规定》	1995 年	上海医科大学研究生院
10	《上海医科大学研究生导师手册》	1999 年	上海医科大学研究生院
11	《上海医科大学研究生手册》	1999 年	上海医科大学研究生院
12	《上海医科大学授予学位工作细则》	1978 年至 2000 年 4 月	上海医科大学研究生院
13	《研究生指导教师工作条例》		上海医科大学研究生院
14	《研究生德育工作条例》		上海医科大学研究生院
15	《研究生奖学金评定办法》		上海医科大学研究生院
16	《研究生学籍管理办法》		上海医科大学研究生院
17	《研究生违纪处罚条例》		上海医科大学研究生院
18	《硕士研究生招生工作程序和规定》		上海医科大学研究生院
19	《博士研究生招生工作程序和规定》		上海医科大学研究生院
20	《优秀硕士研究生直接申请攻读博士学位（硕博连读）的办法》		上海医科大学研究生院
21	《研究生课程教学、考试与成绩管理的规定》		上海医科大学研究生院
22	《研究生参加课程考试的规定》		上海医科大学研究生院
23	《研究生兼任教学、科研和管理工作办法》		上海医科大学研究生院
24	《科研型硕士研究生实行学分制的办法》		上海医科大学研究生院
25	《科研型硕士研究生培养工作细则》		上海医科大学研究生院
26	《硕士研究生专业英语学习与考试规定》		上海医科大学研究生院
27	《科研型博士研究生培养工作细则》		上海医科大学研究生院

（续表）

编号	文件名	发文时间	发文单位
28	《科研型博士研究生中期考核工作规定》		上海医科大学研究生院
29	《博士生专业英语学习与考试规定》		上海医科大学研究生院
30	《与国外联合培养博士生的规定》		上海医科大学研究生院
31	《攻读临床医学专业学位研究生培养工作细则》		上海医科大学研究生院
32	《优秀硕士生申请提前攻读博士学位的办法》		上海医科大学研究生院
33	《在职人员以研究生同等学力申请科研型硕士和博士学位的规定》		上海医科大学研究生院
34	《在职临床医师申请临床医学专业学位的规定》		上海医科大学研究生院
35	《研究生科研论文档案管理规定》		上海医科大学研究生院
36	《关于推荐优秀博士学位论文的若干规定（试行）》		上海医科大学研究生院

复旦大学（2000—2018年）

编号	文件名	发文时间	发文单位
1	《复旦大学报送两院院士和杰出教授招收博士生免去统一考试问题的请示、试行方案及教育部的批复》	2000年4月	复旦大学
2	《关于博士生导师资格认定若干问题的报告》	2000年7月	复旦大学学位评定委员会
3	《复旦大学学生违纪处分条例》	2000年9月	复旦大学
4	《国务院学位办关于"全国学位与研究生教育发展中心上海研究基地"挂靠在复旦大学研究生院的通知》	2000年10月	复旦大学
5	《关于实施研究生重点课程建设项目的暂行办法》	2001年2月	复旦大学研究生院
6	《复旦大学博士、硕士学位论文规定》	2001年3月	复旦大学校长办公室
7	《复旦大学硕士学位和博士学位授予工作细则》	2001年7月	复旦大学学位评定委员会
8	《复旦大学学位评定委员会投诉受理委员会章程》	2001年7月	复旦大学学位评定委员会
9	《复旦大学研究生课程进修班管理暂行规定》	2001年8月	复旦大学研究生院
10	《复旦大学关于成立博士生指导小组的若干暂行规定》	2001年8月	复旦大学研究生院
11	《复旦大学关于博士研究生培养的基本要求（2001年版）》	2001年8月	复旦大学
12	《复旦大学研究生学籍管理规定》	2001年8月	复旦大学

（续表）

编号	文件名	发文时间	发文单位
13	《复旦大学关于外国来华留学研究生培养管理工作的规定》	2001年8月	复旦大学研究生院、国际文化交流学院
14	《复旦大学关于招收外国来华留学研究生的规定》	2001年8月	复旦大学
15	《复旦大学关于研究生参加学术活动的规定》	2001年8月	复旦大学研究生院
16	《复旦大学关于外国来华留学研究生汉语学习的规定》	2001年8月	复旦大学
17	《复旦大学研究生教务员职责范围的规定》	2001年8月	复旦大学
18	《复旦大学研究生教务秘书职责范围的规定》	2001年8月	复旦大学
19	《复旦大学关于硕士研究生培养的基本要求（2001年版）》	2001年8月	复旦大学
20	《复旦大学关于专业学位研究生培养的基本要求（2001年版）》	2001年8月	复旦大学
21	《复旦大学关于推行硕博连读研究生培养工作的规定（2001年版）》	2001年8月	复旦大学研究生院
22	《复旦大学关于研究生培养过程的若干环节要求（2001年版）》	2001年8月	复旦大学研究生院
23	《复旦大学研究生课程教学管理规定（2001年版）》	2001年8月	复旦大学
24	《复旦大学研究生证、研究生校徽管理办法》	2001年9月	复旦大学研究生院
25	《复旦大学研究生院关于报送"招收直博生试行方案"的函》	2001年9月	复旦大学
26	《复旦大学研究生教育两级管理暂行条例（试行）》	2002年1月	复旦大学
27	《复旦大学研究生教育两级管理责权分工细则》	2002年2月	复旦大学
28	《关于转发〈复旦大学博士、硕士学位论文规定〉的通知》	2002年7月	复旦大学校长办公室
29	《复旦大学审核新增硕士生导师任职资格的暂行规定》	2002年11月	复旦大学研究生院
30	《复旦大学关于博士研究生资格考试的暂行规定》	2002年12月	复旦大学研究生院
31	《复旦大学研究生培养工作文件选编》	2003年5月	复旦大学
32	《复旦大学培养研究生学科、专业目录（2003年5月）》	2003年5月	复旦大学
33	《复旦大学研究生出国管理暂行规定》	2003年8月	复旦大学研究生院
34	《复旦大学研究生创新基金管理办法》	2003年8月	复旦大学研究生院
35	《复旦大学优秀博士论文后期续研资助项目实施办法》	2003年12月	复旦大学研究生院

（续表）

编号	文件名	发文时间	发文单位
36	《复旦大学研究生入学考试复试实施办法》	2004年2月	复旦大学研究生院
37	《复旦大学招收研究生政审工作规定》	2004年2月	复旦大学研究生院
38	《复旦大学研究生入学考试命题原则、要求及纪律》	2004年2月	复旦大学研究生院
39	《复旦大学研究生招生管理规定》	2004年2月	复旦大学研究生院
40	《复旦大学研究生招生考试安全保密工作实施细则》	2004年2月	复旦大学研究生院
41	《复旦大学招收港澳台研究生实施办法》	2004年2月	复旦大学研究生院
42	《关于加强我校研究生发表学术论文署名单位管理的若干意见》	2004年4月	复旦大学研究生院
43	《复旦大学研究生教育指导委员会章程》	2004年6月	复旦大学
44	《〈复旦大学学位与研究生教育国内期刊指导目录〉制定、实施情况说明》	2004年8月	复旦大学研究生院
45	《复旦大学关于制（修）订研究生培养方案的基本要求》	2004年10月	复旦大学研究生院
46	《复旦大学涉密论文归档与管理暂行办法》	2004年11月	复旦大学图书馆
47	复旦大学学术规范及违规处理办法（试行）》	2005年1月	复旦大学校长办公室
48	《复旦大学博士、硕士学位论文规范（2005年修订版）》	2005年3月	复旦大学研究生院
49	《复旦大学涉密研究生管理办法（试行）》	2005年5月	复旦大学军工保密委员会
50	《复旦大学学位授予工作细则》	2005年6月	复旦大学学位评定委员会
51	《复旦大学关于授予具有研究生毕业同等学力人员硕士、博士学位工作细则》	2005年6月	复旦大学学位评定委员会
52	《复旦大学研究生学籍管理规定（试行）》	2005年7月	复旦大学
53	《复旦大学学生违纪处分条例（试行）》	2005年7月	复旦大学
54	《复旦大学学生申诉处理条例（试行）》	2005年7月	复旦大学
55	《复旦大学学生申诉处理条例实施细则（试行）》	2005年11月	复旦大学校长办公会议
56	《关于〈复旦大学学生申诉处理条例（试行）〉修订的通知》	2005年11月	复旦大学校长办公室
57	《复旦大学审核新增及认定博士生指导教师岗位任职资格暂行规定》	2006年1月	复旦大学研究生院
58	《复旦大学"985工程"科技创新平台研究生教育管理暂行办法（试行）》	2006年1月	复旦大学研究生院

(续表)

编号	文件名	发文时间	发文单位
59	《关于转发〈复旦大学学位授予工作细则〉和〈复旦大学关于授予具有研究生毕业同等学力人员硕士、博士学位工作细则〉的通知》	2006年1月	复旦大学校长办公室
60	《复旦大学关于博士学位论文双盲评阅异议处理的规定》	2006年8月	复旦大学研究生院
61	《复旦大学关于对上海市硕士学位论文双盲抽检异议结果处理的规定》	2006年8月	复旦大学研究生院
62	《复旦大学关于博士研究生培养的基本要求(2006年版)》	2006年8月	复旦大学
63	《复旦大学关于硕士研究生培养的基本要求(2006年版)》	2006年8月	复旦大学
64	《复旦大学关于专业学位研究生培养的基本要求(2006年版)》	2006年8月	复旦大学
65	《复旦大学关于推行硕博连读研究生培养工作的规定(2006年版)》	2006年8月	复旦大学研究生院
66	《复旦大学关于研究生培养过程的若干环节要求(2006年版)》	2006年8月	复旦大学研究生院
67	《复旦大学研究生课程教学管理规定(2006年版)》	2006年8月	复旦大学研究生院
68	《复旦大学资助博士研究生出国(境)参加学术会议的实施细则》	2006年8月	复旦大学研究生院
69	《复旦大学研究生奖学金评选条件与否决标准》	2006年8月	复旦大学研究生院
70	《关于研究生院博士后工作办公室建制划归人事处的通知》	2006年11月	复旦大学校长办公室
71	《关于成立复旦大学研究生培养机制改革领导小组及工作小组的通知》	2007年1月	复旦大学校长办公室
72	《复旦大学关于研究生课程进修班学员同等学力申请硕士学位工作的暂行规定》	2007年4月	复旦大学研究生院
73	《复旦大学招收外国来华留学研究生实施办法》	2007年5月	复旦大学研究生院、留学生办公室
74	《复旦大学研究生培养机制改革方案》	2007年9月	复旦大学研究生院
75	《复旦大学关于自主选拔招收博士生的暂行规定》	2007年11月	复旦大学研究生院
76	《复旦大学研究生指导教师工作条例(征求意见稿)》	2008年5月	复旦大学研究生院
77	《复旦大学交叉学科学位评定委员会工作施行办法》	2008年5月	复旦大学学位评定委员会
78	《复旦大学全国优秀大学生夏令营活动实施办法》	2009年3月	复旦大学研究生院

(续表)

编号	文件名	发文时间	发文单位
79	《复旦大学审核新增硕士生导师任职资格暂行规定的补充规定(2010年10月起)》	2010年10月	复旦大学研究生院
80	《复旦大学关于申请开展博士研究生"长学制"培养模式改革试点工作的申请》	2011年9月	复旦大学研究生院
81	《关于组建院系教育指导委员会的通知》	2012年6月	复旦大学研究生院
82	《复旦大学2013年招收外校推荐免试硕士生办法》	2012年6月	复旦大学研究生院
83	《复旦大学全日制专业学位校外兼职导师的遴选与管理办法(2012年10月修订版)》	2012年10月	复旦大学研究生院
84	《关于申请教育部2012年度"博士研究生学术新人奖"》	2012年	复旦大学研究生院培养办公室
85	《关于停止受理研究生课程进修班学员以同等学力申请硕士学位的资格审查工作的通知》	2012年	复旦大学研究生院
86	《复旦大学招生工作管理办法》	2013年1月	复旦大学研究生院
87	《关于申报研究生FIST项目的通知》	2013年3月	复旦大学研究生院
88	《复旦大学博士研究生招生改革调研报告》	2013年4月	复旦大学研究生院
89	《复旦大学2014年招收推荐免试硕士生和直接攻博生实施办法》	2013年9月	复旦大学研究生院
90	《关于下发〈关于加强我校研究生师生关系工作的若干意见〉的通知》	2013年12月	复旦大学研究生院
91	《复旦大学学术规范实施条例(试行)》	2014年1月	复旦大学校长办公会议
92	《复旦大学办公室关于成立研究生服务中心的批复》	2014年2月	复旦大学办公室
93	《关于做好研究生质量大检查的通知》	2014年4月	复旦大学研究生院
94	《复旦大学研究生奖助方案实施办法(暂行)》	2014年11月	复旦大学校长办公室
95	《关于公布2013年我校自主设置和调整的学科专业名单的通知》	2015年1月	复旦大学学位评定委员会
96	《复旦大学关于硕士、博士学位论文收藏和利用的管理办法》	2015年	复旦大学研究生院
97	《复旦大学研究生复试录取办法》	2015年	复旦大学研究生院
98	《关于在全校范围内开展博士、硕士学位论文相似度检测工作的通知》	2016年2月	复旦大学研究生院
99	《复旦大学研究生招生工作领导小组会议议事规则》	2016年3月	复旦大学研究生院
100	《复旦大学博士、硕士学位论文相似度检测工作的实施办法(试行)》	2016年3月	复旦大学

(续表)

编号	文件名	发文时间	发文单位
101	《复旦大学关于授予具有研究生毕业同等学力人员硕士、博士学位的实施办法》(2016年12月制订)	2016年12月	复旦大学学位评定委员会
102	《复旦大学学位授予工作细则》(2016年12月修订)	2016年12月	复旦大学学位评定委员会
103	《复旦大学学术规范(试行)》	2017年1月	复旦大学校长办公会议、复旦大学学术委员会
104	《复旦大学学术规范实施条例(试行)》(2017年1月修订)	2017年1月	复旦大学校长办公会议
105	《复旦大学博士、硕士学位论文规范》(2017年3月修订)	2017年3月	复旦大学
106	《复旦大学博士、硕士学位论文相似度检测工作的实施办法(修订)》	2017年4月	复旦大学
107	《复旦大学博士、硕士学位论文答辩组织办法》(2017年5月制订)	2017年5月	复旦大学
108	《复旦大学博士、硕士学位论文预审办法》(2017年5月制订)	2017年5月	复旦大学
109	《复旦大学学生纪律处分条例》	2017年7月	复旦大学校长办公会议
110	《复旦大学学生申诉处理条例》	2017年7月	复旦大学校长办公会议
111	《复旦大学学籍管理规定》	2017年7月	复旦大学校长办公会议
112	《复旦大学研究生课程和教学管理规定》	2017年7月	复旦大学研究生院
113	《复旦大学学术学位研究生培养工作规定(试行)》	2017年7月	复旦大学研究生院
114	《复旦大学专业学位研究生培养工作规定(试行)》	2017年7月	复旦大学研究生院
115	《复旦大学研究生学籍管理实施细则(试行)》	2017年9月	复旦大学
116	《复旦大学关于超长学习年限研究生备案的报告》	2017年10月	复旦大学研究生院培养办公室
117	《复旦大学关于申请与浙江西湖高等研究院联合招收博士研究生指标的申请》	2017年	复旦大学研究生院
118	《复旦大学保密室安防监控使用和管理规定(校内)》	2017年	复旦大学研究生院
119	《复旦大学答卷保管室安全保密制度(校内)》	2017年	复旦大学研究生院
120	《复旦大学大学试卷保密室安全保密制度(校内)》	2017年	复旦大学研究生院
121	《复旦大学机房安全保密制度(校内)》	2017年	复旦大学研究生院
122	《复旦大学进入试卷保密室规定(校内)》	2017年	复旦大学研究生院

(续表)

编号	文件名	发文时间	发文单位
123	《复旦大学试卷保密室密码文件柜钥匙管理规定（校内）》	2017年	复旦大学研究生院
124	《复旦大学试卷保密室值班人员工作制度（校内）》	2017年	复旦大学研究生院
125	《复旦大学试卷进出保密室管理规定（校内）》	2017年	复旦大学研究生院
126	《复旦大学研究生招生考试自命题工作管理办法》	2017年	复旦大学研究生院
127	《〈复旦大学学位与研究生教育国内期刊指导目录〉制定、实施情况说明》（2018年1月修订）	2018年1月	复旦大学研究生院
128	《关于原则同意〈博士研究生教育综合改革试点计划书〉的批复》	2018年3月	复旦大学办公室
129	《复旦大学推进"长学制"研究生培养工作实施办法》	2018年5月	复旦大学研究生院
130	《关于全面开展"长学制"研究生招生培养工作的通知》	2018年5月	复旦大学研究生院
131	《研究生院行政管理规程》	2018年7月	复旦大学研究生院
132	《复旦大学研究生学籍管理实施细则》	2018年7月	复旦大学研究生院
133	《关于〈修订复旦大学博士、硕士学位授权审核实施办法〉的批复》	2018年7月	复旦大学研究生院
134	《关于2016级直博生资格考试方案及成绩的通知》	2018年9月	复旦大学研究生院
135	《关于2019年上海一流研究生教育项目申报工作的通知》	2018年9月	复旦大学研究生院
136	《关于启动直博生"双基训练"课程建设试点工作的通知》	2018年9月	复旦大学研究生院
137	《关于印发〈复旦大学博士、硕士学位论文抽检结果处理办法〉、〈复旦大学博士、硕士学位论文双盲评审办法〉的通知》	2018年10月	复旦大学
138	《关于印发〈复旦大学学位评定委员会章程（修订版）〉和〈复旦大学学位评定分委员会设立暂行办法〉的通知》	2018年10月	复旦大学
139	《关于发布〈复旦大学研究生导师招生年龄管理办法（试行）〉的通知》	2018年12月	复旦大学
140	《关于组织创新能力培养计划报告》	2018年	复旦大学研究生院
141	《复旦大学研究生服务中心操作指南（2018年暂行版）》	2018年	复旦大学研究生院
142	《复旦大学研究生服务中心工作守则》	2018年	复旦大学研究生院
143	《复旦大学相辉奖学金设置和评选办法》	2018年	复旦大学
144	《复旦大学命题人员保密守则》	2018年	复旦大学研究生院

（续表）

编号	文件名	发文时间	发文单位
145	《复旦大学命题原则、要求及纪律》	2018年	复旦大学研究生院
146	《复旦大学研究生招生考试安全保密工作实施细则》	2018年	复旦大学研究生院
147	《复旦大学研究生招生考试安全突发事件应急预案》	2018年	复旦大学研究生院
148	《复旦大学研究生招生考试自命题管理工作办法》	2018年	复旦大学研究生院
149	《复旦大学2019年招收攻读博士学位研究生简章(年度)》	2018年	复旦大学研究生院
150	《复旦大学2019年招收攻读博士学位研究生专业目录(年度)》	2018年	复旦大学研究生院
151	《复旦大学2019年招收攻读硕士学位研究生简章(年度)》	2018年	复旦大学研究生院
152	《复旦大学2019年招收攻读硕士学位研究生专业目录(年度)》	2018年	复旦大学研究生院
153	《关于做好2019年硕士研究生招生考试自命题科目评卷工作的通知(年度)》	2018年	复旦大学研究生院
154	《2019年全国硕士研究生招生考试复旦大学考点考试安全工作方案(年度)》	2018年	复旦大学研究生院
155	《2019年全国硕士研究生招生考试复旦大学考点考务工作机构和职责方案(年度)》	2018年	复旦大学研究生院
156	《2019年研究生招生考试复旦大学考点考务培训方案(年度)》	2018年	复旦大学研究生院
157	《复旦大学2019年博士生招生考试初试考场管理注意事项(年度)》	2018年	复旦大学研究生院
158	《复旦大学2019年博士生招生考试初试实施程序(年度)》	2018年	复旦大学研究生院
159	《复旦大学2019年博士生招生考试监考人员职责(年度)》	2018年	复旦大学研究生院
160	《复旦大学2019年接收优秀应届本科毕业生免试攻读研究生章程(年度)》	2018年	复旦大学研究生院
161	《复旦大学部分院系2019年博士研究生招生选拔办法(年度)》	2018年	复旦大学研究生院
162	《复旦大学命题、审题保密协议书(校内)》	2018年	复旦大学研究生院
163	《复旦大学上海医学院2019年博士研究生招生选拔办法(年度)》	2018年	复旦大学研究生院
164	《复旦大学研究生院涉密人员保密承诺书(校内)》	2018年	复旦大学研究生院

(续表)

编号	文件名	发文时间	发文单位
165	《复旦大学研究生招生考试自命题科目评卷实施细则(校内)》	2018年	复旦大学研究生院
166	《全国硕士研究生招生考试复旦大学考点考试涉密人员保密责任书(校内)》	2018年	复旦大学研究生院
167	《全国硕士研究生招生考试复旦大学考点考务工作人员保密责任书(校内)》	2018年	复旦大学研究生院
168	《全国硕士研究生招生考试复旦大学考点命题工作人员保密责任书(校内)》	2018年	复旦大学研究生院

资料来源：
① 复旦大学档案馆存档文件。
②《复旦大学研究生培养文件选编》，2006年8月。
③《复旦大学研究生学位工作手册》，2007年1月。
④ 复旦大学OA校务公告。
⑤ 复旦大学大事记(涉及文件的条目)。

附录3　国家研究生教育重要文件选编①

编号	文件名	发文时间	发文单位
1	《为复旦大学苏步青教授建议招收研究生发通知》(教高字〔1977〕337号)	1977年10月	教育部
2	《关于高等学校1978年研究生招生工作安排意见》	1978年1月10日	教育部
3	《一般高等学校校舍规划面积定额(试行)》(教计字〔1979〕427号)	1979年12月31日	国家计划委员会
4	《中华人民共和国学位条例》	1980年2月12日	第五届全国人民代表大会常务委员会
5	《国务院学位委员会关于审定学位授予单位的原则和办法》(学位字〔1981〕2号)	1981年2月24日	国务院学位委员会
6	《中华人民共和国学位条例暂行实施办法》	1981年5月20日	国务院
7	《国务院学位委员会关于做好应届毕业研究生授予硕士学位工作的通知》(学位字〔1981〕19号)	1981年11月24日	国务院学位委员会
8	《国务院学位委员会关于无权授予学位的学科、专业应届毕业研究生申请硕士学位问题的通知》(学位字〔1981〕23号)	1981年12月22日	国务院学位委员会

① 选编国家文件里与复旦大学研究生教育相关的文件。

(续表)

编号	文件名	发文时间	发文单位
9	《教育部、财政部关于普通高等学校"研究生业务费"开支问题的试行规定》（教计财字〔1982〕29号）	1982年3月19日	教育部、财政部
10	《国务院学位委员会关于颁发硕士学位和博士学位证书的通知》（学位字〔1982〕7号）	1982年4月19日	国务院学位委员会
11	《教育部关于招收攻读博士学位研究生的暂行规定》（教高二字〔1982〕32号）	1982年7月17日	教育部
12	《国务院学位委员会关于进一步做好硕士学位授予工作的通知》（学位字〔1982〕22号）	1982年9月22日	国务院学位委员会
13	《教育部、劳动人事部、中国科学院、中国社会科学院〈获得硕士、博士学位研究生确定职称暂行办法〉》（教干字〔1982〕33号、劳人科〔1982〕45号、科发干字〔1982〕920号、社科人字〔1982〕59号）	1982年11月30日	教育部、劳动人事部、中国科学院、中国社会科学院
14	《高等学校和科研机构授予博士和硕士学位的学科、专业目录（试行草案）》	1983年3月16日	国务院学位委员会
15	《关于做好第二批博士和硕士学位授予单位审核工作的几点意见》	1983年3月16日	国务院学位委员会
16	《国务院学位委员会关于审批第二批文科博士和硕士学位授予单位的几点意见》	1983年3月16日	国务院学位委员会
17	《教育部关于高等学校制定理工农医各专业研究生培养方案的几项规定》	1983年6月	教育部
18	《国务院学位委员会关于研究生外国语学习和考试的规定（试行）》（教研字〔1983〕11号）	1983年7月1日	国家教育委员会
19	《国务院学位委员会关于农学和医学部分学科、专业可授不同学科门类学位的意见》	1983年11月18日	国务院学位委员会
20	《教育部关于调整和补充〈一般高等学校校舍规划面积定额〉的意见》（教基字〔1984〕92号）	1984年4月10日	教育部
21	《关于在部分全国重点高等院校试办研究生院的请示报告》	1984年6月9日	教育部
22	《国务院学位委员会关于做好博士研究生学位授予工作的通知》（学位字〔1984〕13号）	1984年7月22日	国务院学位委员会
23	《教育部关于在北京大学等22所高等院校试办研究生院的通知》（教研字〔1984〕26号）	1984年8月18日	教育部
24	《关于硕士生提前攻读博士学位问题的通知》（教研字〔1984〕54号）	1984年11月14日	教育部
25	《中共中央关于教育体制改革的决定》	1985年5月27日	中共中央会议

（续表）

编号	文件名	发文时间	发文单位
26	《关于做好第三批博士和硕士学位授予单位审核工作的通知》	1985年11月2日	国务院学位委员会
27	《关于高等学校招收委托培养硕士生的暂行规定》（教研字〔1985〕23号）	1985年11月6日	国家教育委员会、国家计划委员会、财政部
28	《国家教育委员会、财政部关于研究生在校学习期间生活待遇等问题的规定》（教计字〔1985〕180号）	1985年12月12日	国家教育委员会、财政部
29	《国家教育委员会关于发给研究生班毕业证书的通知》（教研字〔1986〕1号）	1986年1月28日	国家教育委员会
30	《国务院学位委员会授予部分学位授予单位审批硕士学位授权学科、专业的试行办法》	1986年4月11日	国务院学位委员会
31	《国务院学位委员会关于简化学位授予单位及学科、专业审批手续的通知》（学位字〔1986〕4号）	1986年4月12日	国务院学位委员会
32	《国务院学位委员会关于下放硕士学位授权学科、专业审批权试点工作的通知》（学位字〔1986〕1号）	1986年4月15日	国务院学位委员会
33	《国务院学位委员会办公室关于在职人员申请硕士、博士学位的试行办法（学位办字〔1986〕28号）	1986年9月20日	国务院学位委员会办公室
34	《国家教委研究生司关于高等学校招收在职人员为硕士生进行单独考试试点的通知》（教研司字〔1986〕31号）	1986年11月20日	国家教委研究生司
35	《国务院学位委员会办公室关于做好授予学位的备案、统计、报表工作和颁发学位证书、送交学位论文工作的通知》（学位办字〔1986〕34号）	1986年11月20日	国务院学位委员会办公室
36	《国务院学位委员会、国务院教育委员会、卫生部关于下达〈培养医学博士（临床医学）研究生的试行办法〉的通知》（学位字〔1986〕22号）	1986年11月29日	国务院学位委员会、国家教育委员会、卫生部
37	《国家教育委员会毕业研究生分配工作暂行办法》（教学字〔1986〕46号）	1986年12月8日	国家教育委员会
38	《关于改进和加强研究生工作的通知》（教研字〔1986〕30号）	1986年12月10日	国家教育委员会
39	《国家教育委员会关于处理在学研究生申请结婚问题的通知》（教研字〔1987〕8号）	1987年3月16日	国家教育委员会
40	《关于发出〈普通高等学校招生暂行条例〉的通知》（教学字〔1987〕14号）	1987年4月21日	国家教育委员会
41	《关于高等学校研究生马克思主义理论课（公共课）教学的若干规定》（教政字〔1987〕7号）	1987年6月15日	国家教育委员会

（续表）

编号	文件名	发文时间	发文单位
42	《国家教育委员会关于暂未拿到学位证书的毕业博士、硕士生参加工作后工资待遇问题的通知》（教计字〔1987〕110号）	1987年6月18日	国家教育委员会
43	《中共国家教育委员会党组、中共中央宣传部关于加强研究生思想政治工作的几点意见》（教党字〔1987〕84号）	1987年8月12日	中共国家教育委员会党组、中共中央宣传部
44	《国家教育委员会关于做好评选高等学校重点学科申报工作的通知》（教研字〔1987〕23号）	1987年8月12日	国家教育委员会
45	《国家教育委员会关于1988年度部分高等学校选派博士生与国外合作培养的通知》（教研字〔1987〕34号）	1987年12月16日	国家教育委员会
46	《国务院学位委员会办公室关于研究生班毕业生申请学位等问题的通知》（学位办字〔1988〕5号）	1988年3月6日	国务院学位委员会办公室
47	《国家教育委员会关于加强和改革高等文科教育的意见》（教办字〔1988〕25号）	1988年3月11日	国家教育委员会
48	《国务院学位委员会办公室关于做好报送博士学位论文工作的通知》（学位办字〔1988〕6号）	1988年5月9日	国务院学位委员会办公室
49	《国家教育委员会、国家计划委员会、财政部、人事部关于进一步改进研究生招生工作的几点意见》（教研字〔1988〕10号）	1988年5月31日	国家教育委员会、国家计划委员会、财政部、人事部
50	《国家教育委员会关于下达高等学校文、理、工科重点学科点名单通知》（教研字〔1988〕14号）	1988年6月10日	国家教育委员会
51	《国家教育委员会关于改进1989年毕业研究生分配工作的通知》（教学字〔1988〕9号）	1988年7月7日	国家教育委员会
52	《国务院学位委员会办公室关于做好在职人员申请学位工作中研究生班毕业生申请学位工作的通知》（学位办字〔1988〕10号）	1988年8月27日	国务院学位委员会办公室
53	《国家教育委员会关于招收和培养外国来华留学研究生的暂行规定》（教办字〔1988〕478号）	1988年9月23日	国家教育委员会
54	《国家教育委员会办公厅关于公布〈内地可对香港招收研究生的高等学校名单〉通知》（教研厅字〔1988〕5号）	1988年11月7日	国家教育委员会办公厅
55	《高等学校招收定向培养研究生暂行规定》（教研字〔1988〕26号）	1988年11月18日	国家教育委员会
56	《国家教育委员会关于研究生学习期间工龄计算问题的说明》（教研字〔1988〕29号）	1988年12月3日	国家教育委员会
57	《国务院学位委员会关于授予国外有关人士名誉博士学位暂行规定》（学位字〔1989〕3号）	1989年2月27日	国务院学位委员会

(续表)

编号	文件名	发文时间	发文单位
58	《国家教育委员会研究生司关于上报高等学校重点学科点建设规划的函》(教研司字〔1989〕3号)	1989年2月28日	国家教育委员会研究生司
59	《国家教育委员会高等学校学生行为准则(试行)》(教政字〔1989〕3号)	1989年11月17日	国家教育委员会
60	《国家教育委员会关于下达高等学校医学重点学科点名单的通知》(教高字〔1989〕21号)	1989年11月22日	国家教育委员会
61	《国家教育委员会、劳动部、人事部关于博士生和在职人员考取硕士生学习期间工龄计算问题的通知》(教高字〔1990〕1号)	1990年1月19日	国家教育委员会、劳动部、人事部
62	《普通高等学校学生管理规定》(国家教育委员会令第7号)	1990年1月20日	国家教育委员会
63	《授予博士、硕士学位和培养研究生的学科、专业目录》	1990年10月	国务院学位委员会、国家教育委员会
64	《国务院学位委员会、国家教育委员会关于表彰在工作中做出突出贡献的中国博士、硕士学位获得者的决定》(教位〔1991〕1号)	1991年1月24日	国务院学位委员会、国家教育委员会
65	《关于设置和试办工商管理硕士学位的几点意见》	1991年3月	国务院学位委员会
66	《国务院学位委员会关于授予具有研究生毕业同等学力的在职人员硕士、博士学位的暂行规定》	1991年3月29日	国务院学位委员会
67	《工商管理硕士试行培养方案》	1991年10月	管理硕士学位协作小组
68	《国务院学位委员会关于在部分普通高等学校试行〈关于普通高等学校授予来华留学生我国学位试行办法〉的通知》(学位〔1991〕17号)	1991年10月24日	国务院学位委员会
69	《国务院学位委员会办公室关于在北京大学等22个单位试建学位和研究生教育信息处理工作站的通知》(学位办〔1991〕56号)	1991年12月20日	国务院学位委员会办公室
70	《国务院学位委员会办公室、国家教育委员会研究生工作办公室关于印发〈试办工商管理硕士学位协作小组第一次会议纪要〉和〈工商管理硕士试行培养方案〉的通知》(学位办〔1992〕6号)	1992年2月14日	国务院学位委员会办公室、国家教育委员会研究生工作办公室
71	《国家教育委员会、国务院学位委员会关于印发〈研究生教育和学位工作"八五"计划和十年规划要点〉的通知》(教研〔1992〕5号)	1992年3月17日	国家教育委员会、国务院学位委员会
72	《国家教育委员会研究生工作办公室、国务院学位委员会办公室关于印发〈博士生培养工作暂行规程〉和〈关于加强博士生培养工作的意见〉(征求意见稿)的通知》(教研办〔1992〕3号)	1992年3月31日	国家教育委员会研究生工作办公室、国务院学位委员会办公室

(续表)

编号	文件名	发文时间	发文单位
73	《非英语专业研究生英语(第一外语)教学大纲(试行稿)》(教研办〔1992〕22号)	1992年11月14日	国家教委研究生工作办公室
74	《关于严格执行〈国务院学位委员会关于授予国外有关人士名誉博士学位暂行规定〉的通知》(学位〔1992〕32号)	1992年12月4日	国务院学位委员会
75	《国务院学位委员会关于做好增列博士生指导教师审核工作的通知》(学位〔1992〕31号)	1992年12月4日	国务院学位委员会
76	《关于学位与研究生教育改革和发展的若干意见》	1992年12月8日	国家教育委员会、国务院学位委员会
77	《中共中央、国务院关于印发〈中国教育改革和发展纲要〉的通知》(中发〔1993〕3号)	1993年2月13日	中共中央、国务院
78	《国家教育委员会关于成立"国家教委'211工程'办公室"的通知》(教重〔1993〕2号)	1993年3月9日	国家教育委员会
79	《国务院学位委员会关于批准开展自行审批增列博士生指导教师试点工作的通知》(学位〔1993〕4号)	1993年3月15日	国务院学位委员会
80	《国家教育委员会"211工程"办公室关于做好重点建设一批高等学校和重点学科点主管部门预审工作的通知》(教重办〔1993〕1号)	1993年7月30日	国家教育委员会"211工程"办公室
81	《国家教育委员会研究生工作办公室关于开展高等学校试办研究生院工作总结的通知》(教研字〔1993〕12号)	1993年9月1日	国家教育委员会研究生工作办公室
82	《关于对举办研究生课程进修班加强管理的通知》(学位办〔1993〕58号)	1993年12月4日	国务院学位委员会办公室
83	《国家教育委员会关于印发〈普通高等教育学历证书管理暂行规定〉的通知》(教学〔1993〕12号)	1993年12月29日	国家教育委员会
84	《国家教育委员会办公厅关于研究生学籍管理事宜的通知》(教学厅〔1994〕1号)	1994年1月24日	国家教育委员会办公厅
85	《国家教育委员会高校学生司关于实施〈普通高等教育学历证书管理暂行规定〉有关事项的通知》(教学司〔1994〕10号)	1994年2月2日	国家教育委员会高校学生司
86	《关于下达第五批博士和硕士学位授权学科、专业点名单的通知》	1994年3月1日	国家教委、国务院学位委员会
87	《国家教育委员会高校学生司关于七年制高等医学教育学生办法毕业证书有关问题的通知》(教学司〔1994〕41号)	1994年6月6日	国家教育委员会高校学生司
88	《国务院学位委员会办公室关于制订自行审定博士生指导教师实施方案等有关事宜的通知》(学位办〔1994〕27号)	1994年6月18日	国务院学位委员会办公室

（续表）

编号	文件名	发文时间	发文单位
89	《国务院学位委员会关于批准进行自行审定博士生指导教师试点工作的通知》(学位〔1994〕23号)	1994年8月1日	国务院学位委员会
90	《国务院学位委员会办公室、国家教育委员会研究生工作办公室、卫生部科教司关于印发〈关于进一步做好培养医学博士(临床医学)研究生的意见〉的通知》(学位办〔1994〕39号)	1994年9月13日	国务院学位委员会办公室、国家教育委员会研究生工作办公室、卫生部科教司
91	《国务院学位委员会、国家教育委员会关于成立全国工商管理硕士教育指导委员会的通知》(学位办〔1994〕25号)	1994年9月22日	国务院学位委员会、国家教育委员会
92	《普通高等学校研究生奖学金办法》(教财〔1994〕50号)	1994年9月26日	国家教育委员会、财政部
93	《国务院学位委员会办公室关于在职人员以同等学力申请硕士学位外国语课程水平统一考试的通知》(学位办〔1994〕67号)	1994年12月27日	国务院学位委员会
94	《国家教育委员会关于举办〈数学研究生暑期学校〉的通知》(教研字〔1994〕1号)	1994年12月31日	国家教育委员会
95	《关于中外合作办学暂行规定》(教外综〔1995〕31号)	1995年1月26日	国家教育委员会
96	《国家教育委员会研究生工作办公室关于开展研究生院评估工作的通知》(教研办〔1995〕4号)	1995年2月8日	国家教委研究生工作办公室
97	《研究生学籍管理规定》(教学〔1995〕4号)	1995年2月23日	国家教育委员会
98	《关于改革博士生指导教师审核办法的通知》(学位〔1995〕20号)	1995年5月2日	国务院学位委员会
99	《国务院学位委员会关于按一级学科进行学位与研究生教育评估和按一级学科行使博士学位授予权审核试点工作的通知》(学位〔1995〕50号)	1995年9月8日	国务院学位委员会
100	《研究生院设置暂行规定》(教研〔1995〕1号)	1995年10月9日	国家教育委员会
101	《国家教育委员会关于表彰清华大学等10所普通高等学校研究生院(试办)的决定》(教研〔1995〕2号)	1995年10月12日	国家教育委员会
102	《国务院学位委员会办公室关于下发〈关于授予具有临床医学研究生毕业同等学力的在职人员硕士、博士学位工作的试行办法〉的通知》(学位办〔1995〕69号)	1995年10月24日	国务院学位委员会办公室
103	《国家教育委员会关于进一步改进和加强研究生工作的若干意见》(教研〔1995〕3号)	1995年11月3日	国家教育委员会
104	《国家计划委员会、国家教育委员会、财政部关于印发〈"211工程"总体建设规划〉的通知》(计社会〔1995〕2801号)	1995年11月18日	国家计划委员会、国家教育委员会、财政部

(续表)

编号	文件名	发文时间	发文单位
105	《国家计划委员会、国家教委、财政部关于印发〈"211工程"总体建设规划〉的通知》	1995年11月18日	国家计划委员会、国家教委、财政部
106	《国务院学位委员会办公室、国家教育委员会学位办公室关于进一步加强学位证书管理工作和改进学位证书发行办法的通知》(学位办〔1995〕67号)	1995年11月22日	国务院学位委员会办公室、国家教育委员会学位办公室
107	《国务院学位委员会办公室关于做好在职人员申请硕士学位外国语课程水平统一考试有关问题的通知》(学位办〔1996〕1号)	1996年1月16日	国务院学位委员会办公室
108	《国务院学位委员会办公室、国家教育委员会研究生工作办公室关于委托省级学位与研究生教育主管部门对举办研究生课程进修班进行初审的通知》(学位办〔1996〕9号)	1996年2月5日	国务院学位委员会办公室、国家教育委员会研究生工作办公室
109	《国务院学位委员会办公室、国家教育委员会研究生工作办公室关于举办研究生课程进修班登记备案工作的通知》(学位办〔1996〕8号)	1996年2月5日	国务院学位委员会办公室、国家教育委员会
110	《国务院学位委员会学科评议组组织章程》	1996年4月29日	国务院学位委员会
111	《发出同意备案的第六批自行审批硕士学位授权学科、专业点名单的通知》	1996年5月23日	国务院学位委员会办公室
112	《国务院学位委员会、国家教育委员会关于按〈授予博士、硕士学位和培养研究生的学科、专业目录修订前后对照表〉进行学位授权点对应调整工作的通知》(学位〔1997〕28号)	1996年6月6日	国务院学位委员会、国家教育委员会
113	《国务院学位委员会办公室、国家教委研究生工作办公室关于开展教育硕士专业学位试点工作的通知》(学位办〔1996〕25号)	1996年6月10日	国务院学位委员会办公室、国家教委研究生工作办公室
114	《国务院学位委员会关于印发〈专业学位设置审批暂行办法〉的通知》(学位〔1996〕30号)	1996年7月22日	国务院学位委员会
115	《国务院学位委员会办公室、司法部法学教育司关于转发〈法律硕士专业学位参考性培养方案〉的通知》(学位〔1996〕41号)	1996年8月15日	国务院学位委员会办公室、司法部法学教育司
116	《国务院学位委员会办公室关于对授予同等学力在职人员硕士学位工作进行检查和评估的通知》(学位办〔1996〕37号)	1996年9月9日	国务院学位委员会办公室
117	《国务院学位委员会办公室关于印发〈在职人员以研究生毕业同等学力申请硕士学位部分专业必修课程实行题库考试的管理办法〉(试行稿)的通知》(学位办〔1996〕50号)	1996年10月3日	国务院学位委员会办公室
118	《招收攻读硕士学位研究生招生管理规定及其实施细则》	1996年11月5日	国家教育委员会

(续表)

编号	文件名	发文时间	发文单位
119	《国家教育委员会关于印发招收攻读硕士学位研究生管理规定及其实施细则的通知》(教学〔1996〕24号)	1996年11月5日	国家教育委员会
120	《国务院学位委员会办公室关于加强中外合作办学活动中学位授予管理的通知》(学位办〔1996〕3号)	1996年11月23日	国务院学位委员会办公室
121	《关于委托省级学位与研究生教育主管部门对举办研究生课程进修班进行登记备案工作的通知》(学位办〔1997〕2号)	1997年1月27日	国务院学位委员会办公室、国家教委研究生工作办公室
122	《关于对前四批博士、硕士学位授权点进行合格评估工作的通知》	1997年1月28日	国务院学位委员会
123	《国家教育委员会、国家计划委员会、财政部关于印发〈"211工程"专项资金管理暂行办法〉的通知》(教财〔1997〕12号)	1997年2月21日	国家教育委员会、国家计划委员会、财政部
124	《临床医学专业学位试行办法》	1997年4月	国务院学位委员会
125	《工程硕士专业学位设置方案》	1997年4月24日	国务院学位委员会
126	《授予博士、硕士学位和培养研究生的学科、专业目录(1997年颁布)》	1997年6月	国务院学位委员会
127	《国务院学位委员会关于做好1997年博士和硕士学位授权点审核工作的通知》(学位〔1997〕42号)	1997年9月4日	国务院学位委员会
128	《国务院学位委员会关于1997年部分学位授予单位自行审批和调整硕士点的通知》(学位〔1997〕51号)	1997年9月15日	国务院学位委员会
129	《关于调整在职人员以研究生毕业同等学力申请学位工作有关政策的通知》	1997年9月23日	国务院学位委员会
130	《关于批准部分高等学校开展工程硕士培养工作的通知》	1997年11月20日	国务院学位委员会
131	《国家教育委员会关于在物理、化学等基础学科举办研究生暑期学校的通知》(教研〔1997〕1号)	1997年12月31日	国家教育委员会
132	《国务院学位委员会办公室关于组织部分研究生培养单位编写"攻读硕士学位课程系列教材"的通知》(学位办〔1998〕3号)	1998年1月7日	国务院学位委员会办公室
133	《国务院学位委员会关于印发〈关于调整医学学位类型和设置医学专业学位的几点意见〉的通知》(学位〔1998〕5号)	1998年2月4日	国务院学位委员会
134	《国务院学位委员会关于下达〈临床医学专业学位试行办法〉的通知》(学位〔1998〕6号)	1998年2月4日	国务院学位委员会

（续表）

编号	文件名	发文时间	发文单位
135	《国务院学位委员会、国家教育委员会关于调整学位证书格式的通知》(学位〔1998〕4号)	1998年2月5日	国务院学位委员会、国家教育委员会
136	《国务院学位委员会关于对博士生指导教师遴选工作进行总结和检查的通知》(学位〔1998〕10号)	1998年4月16日	国务院学位委员会
137	《关于修订研究生培养方案的指导意见》(教研办〔1998〕1号)	1998年4月28日	教育部研究生工作办公室
138	《国务院学位委员会、教育部关于开展全国优秀博士学位论文评选工作的通知》(学位〔1998〕30号)	1998年5月14日	国务院学位委员会、教育部
139	《关于对国外学位进行认定的意见》	1998年6月	国务院学位委员会
140	《教育部、公安部关于加强学历、学位证书管理和严厉打击伪造、买卖学历、学位证书的通知》(教学〔1998〕9号)	1998年6月2日	教育部、公安部
141	《国务院学位委员会关于授予具有研究生毕业同等学力人员硕士、博士学位的规定》(学位〔1998〕54号)	1998年6月18日	国务院学位委员会
142	《国务院学位委员会、教育部关于印发〈七年制高等医学教育基本培养要求及授予临床医学硕士专业学位试行办法〉的通知》	1998年6月22日	国务院学位委员会、教育部
143	《关于申报教育硕士专业学位试点单位的通知》	1998年7月1日	国务院学位委员会办公室
144	《国务院学位委员会办公室、教育部研究生工作办公室、卫生部科教司、国家中医药管理局科教司关于开展临床医学专业学位试点工作的通知》(学位办〔1998〕59号)	1998年7月10日	国务院学位委员会办公室、教育部研究生工作办公室、卫生部科教司、国家中医药管理局科教司
145	《关于征求对〈中华人民共和国学位法〉(征求意见稿)意见的函》	1998年7月16日	国务院学位委员会办公室
146	《国务院学位委员会办公室关于开展学位证书认证咨询工作的通知》(学位办〔1998〕60号)	1998年8月17日	国务院学位委员会办公室
147	《关于印发〈高等学校全国优秀博士学位论文作者专项资金资助办法〉的通知》(教研〔1999〕3号)	1998年8月30日	教育部
148	《面向21世纪教育振兴行动计划》	1998年12月24日	教育部
149	《全国优秀博士学位论文评选办法》	1999年8月30日	教育部、国务院学位委员会办公室
150	《关于批准部分高等学校培养工程硕士和做好2000年工程硕士生招生工作的通知》(学位办〔1999〕67号)	1999年9月24日	教育部

(续表)

编号	文件名	发文时间	发文单位
151	《上海市研究生课程进修班登记备案和管理办法(试行)》(沪学位〔1999〕13号)	1999年11月	上海市学位委员会
152	《关于加强和改进研究生培养工作的几点意见》(教研〔2000〕1号)	2000年1月13日	教育部
153	《关于1999—2000年度"研究生教学用书"审定结果的通知》(教研办〔2000〕11号)	2000年6月2日	教育部研究生工作办公室
154	《关于做好1999年高等学校"两课"教师在职攻读硕士学位录取工作的通知》(学位办〔2000〕47号)	2000年6月22日	国务院学位委员会办公室
155	《教育部关于印发〈关于违反研究生入学考试规定行为的暂行处理办法〉的通知》(教学〔2001〕1号)	2001年1月9日	教育部
156	《教育部关于开展高等学校重点学科评选工作的通知》(教研函〔2001〕1号)	2001年2月20日	教育部
157	《关于加强和改进专业学位教育工作的若干意见》(学位〔2002〕1号)	2002年1月9日	国务院学位委员会、教育部
158	《关于加强学术道德建设的若干意见》(教人〔2002〕4号)	2002年2月27日	教育部
159	《非全日制攻读硕士学位全国统一考试管理规则》	2002年4月14日	国务院学位委员会办公室
160	《关于授予名誉博士学位有关事项的通知》	2002年8月28日	国务院学位委员会办公室
161	《国家计委、教育部、财政部印发关于"十五"期间加强"211工程"项目建设的若干意见的通知》(计社会〔2002〕1505号)	2002年9月2日	国家计委、教育部、财政部
162	《关于做好博士学位授权一级学科范围内自主设置学科、专业工作的几点意见》	2002年10月24日	国务院学位委员会、教育部
163	《关于做好博士学位授权一级学科范围内自主设置学科、专业备案工作的通知》(学位办〔2002〕84号)	2002年11月12日	国务院学位委员会办公室
164	《高等学校境外办学暂行管理办法》(教育部15号令)	2002年12月31日	教育部
165	《中华人民共和国中外合作办学条例》	2003年3月1日	国务院
166	《关于印发〈"211工程"建设实施管理办法〉的通知》(211部协办〔2003〕1号)	2003年8月25日	"211工程"部际协调小组办公室
167	《高等学校全国优秀博士学位论文作者专项资金资助办法(2004年5月修订)》	2004年5月	

（续表）

编号	文件名	发文时间	发文单位
168	《中华人民共和国中外合作办学条例实施办法》（教育部20号令）	2004年6月2日	教育部
169	《关于进一步完善高等教育学历证书电子注册制度的通知》（教学厅〔2004〕11号）	2004年7月1日	教育部办公厅
170	《关于印发〈"985工程"建设管理办法〉的通知》（教重〔2004〕2号）	2004年7月20日	教育部学位管理与研究生教育司
171	《关于严禁研究生招生单位举办考研辅导班的通知》（教学厅〔2004〕15号）	2004年7月29日	教育部办公厅
172	《关于修改〈中华人民共和国学位条例〉的决定》	2004年8月28日	全国人民代表大会常务委员会
173	《关于加强研究生招生单位自命试题管理工作的通知》（教学厅〔2004〕19号）	2004年10月27日	教育部办公厅
174	《教育部关于实施研究生教育创新计划、加强研究生创新能力培养、进一步提高培养质量的若干意见》（教研〔2005〕1号）	2005年1月21日	教育部
175	《普通高等学校学生管理规定》（中华人民共和国教育部令第21号）	2005年3月25日	教育部
176	《关于2005年博士学位授权点评估工作的通知》	2005年4月22日	国务院学位委员会
177	《关于进行研究生培养机制改革试点的通知》	2005年8月5日	教育部、国家发展和改革委员会、财政部
178	《关于积极组织推荐优秀博士研究生赴国外联合培养的通知》	2006年2月15日	教育部学位管理与研究生教育司、国家留学基金管理委员会
179	《教育部办公厅关于加强硕士研究生招生复试工作的指导意见》（教学〔2006〕4号）	2006年3月3日	教育部
180	《教育部关于印发〈国家重点学科建设与管理暂行办法〉的通知》（教研〔2006〕3号）	2006年10月	教育部
181	《"985工程"学校名单》	2006年12月6日	教育部学位管理与研究生教育司
182	《教育部关于印发〈普通高等学校新生学籍电子注册暂行办法〉的通知》（教学〔2007〕3号）	2007年3月13日	教育部
183	《教育部关于进一步规范中外合作办学秩序的通知》（教外综〔2007〕14号）	2007年4月6日	教育部
184	《教育部关于规范高等教育学历认证工作的公告》（教学〔2007〕5号）	2007年4月18日	教育部
185	《教育部、财政部关于关于印发〈国家公派出国留学研究生管理规定（试行）〉的通知》（教外留〔2007〕46号）	2007年7月16日	教育部、财政部

(续表)

编号	文件名	发文时间	发文单位
186	《全国授予博士、硕士学位人数统计（1981—2006）》	2007年10月12日	教育部学位管理与研究生教育司
187	《与中国签署学位学历互认协议（或备忘录等）的国家和地区名单》	2007年12月26日	教育部学位管理与研究生教育司
188	《教育部关于进一步加强考研辅导活动管理的通知》（教学〔2008〕1号）	2008年1月7日	国务院学位委员会
189	《博士、硕士学位授权审核办法改革方案》	2008年1月14日	教育部
190	《学位授予和人才培养的学科目录设置与管理暂行办法》	2008年12月	国务院学位委员会
191	《国务院学位委员会、教育部关于印发〈学位授予和人才培养学科目录设置与管理办法〉的通知》（学位〔2009〕10号）	2009年2月25日	国务院学位委员会、教育部
192	《教育部关于做好2009年全日制专业学位硕士研究生招生计划安排工作的通知》（教发〔2009〕6号）	2009年3月11日	教育部
193	《教育部关于做好全日制硕士专业学位研究生培养工作的若干意见》（教研〔2009〕1号）	2009年3月19日	教育部
194	《教育部关于严肃处理高等学校学术不端行为的通知》（教社科〔2009〕3号）	2009年3月19日	教育部
195	《全日制硕士专业学位（分类别）研究生指导性培养方案》	2009年5月19日	国务院学位委员会办公室
196	《一级学科简介》	2009年6月8日	国务院学位委员会、教育部
197	《教育部办公厅关于开展中外合作办学评估工作的通知》（教外厅〔2009〕1号）	2009年7月15日	教育部办公厅
198	《教育部办公厅关于进一步做好研究生培养机制改革试点工作的通知》（教研厅〔2009〕1号）	2009年9月4日	教育部办公厅
199	《高等学校和科研机构开展联合培养博士研究生工作暂行办法》（教研〔2009〕5号）	2009年10月10日	教育部
200	《国务院学位委员会关于在学位授予工作中加强学术道德和学术规范建设的意见》（学位〔2010〕9号）	2010年2月9日	国务院学位委员会
201	《关于印发〈关于授予境外人士名誉博士学位暂行规定〉的通知》（学位〔2010〕14号）	2010年3月29日	国务院学位委员会
202	《教育部关于开展高等学校和工程研究院所联合培养博士研究生试点工作的通知》（教发〔2010〕4号）	2010年3月30日	教育部

(续表)

编号	文件名	发文时间	发文单位
203	《教育部关于开展研究生专业学位教育综合改革试点工作的通知》(教研函〔2010〕1号)	2010年4月26日	教育部
204	《教育部、财政部关于加快推进世界一流大学和高水平大学建设的意见》	2010年6月7日	教育部、财政部
205	《国家中长期教育改革和发展规划纲要(2010—2020年)》	2010年7月29日	教育部
206	《硕士、博士专业学位研究生教育发展总体方案》	2010年9月18日	国务院学位委员会
207	《硕士、博士专业学位设置与授权审核办法》	2010年9月18日	国务院学位委员会
208	《教育部办公厅关于印发〈授予博士、硕士学位和培养研究生的二级学科自主设置实施细则〉的通知》(教研厅〔2010〕1号)	2010年11月24日	教育部办公厅
209	《授予博士、硕士学位和培养研究生的学科、专业目录》(2011年修订)	2011年3月	国务院学位委员会
210	《关于印发〈学位授予和人才培养学科目录(2011年)〉的通知》(学位〔2011〕11号)	2011年3月8日	国务院学位委员会、教育部
211	《关于印发〈工程博士专业学位设置方案〉的通知》(学位〔2011〕10号)	2011年3月8日	国务院学位委员会
212	《专业学位研究生教育指导委员会工作规程》	2011年9月21日	国务院学位委员会、教育部、人力资源和社会保障部
213	《教育部关于切实加强和改进高等学校学风建设的实施意见》(教技〔2011〕1号)	2011年12月2日	教育部
214	《教育部关于全面提高高等教育质量的若干意见》(教高〔2012〕4号)	2012年3月16日	教育部
215	《关于印发〈研究生国家奖学金管理暂行办法〉的通知》(财教〔2012〕342号)	2012年9月29日	财政部、教育部
216	《学位论文作假行为处理办法》(中华人民共和国教育部令第34号)	2012年11月13日	教育部
217	《教育部、财政部关于印发"985工程"建设管理办法〉的通知》(教重〔2013〕1号)	2013年1月6日	教育部、财政部
218	《财政部、国家发展改革委、教育部关于完善研究生教育投入机制的意见》(财教〔2013〕19号)	2013年2月28日	财政部、国家发展改革委、教育部
219	《博士、硕士学位基本要求(专业学位)》	2013年3月8日	国务院学位委员会、教育部
220	《教育部、国家发展改革委、财政部关于深化研究生教育改革的意见》(教研〔2013〕1号)	2013年3月29日	教育部、国家发展改革委、财政部

（续表）

编号	文件名	发文时间	发文单位
221	《关于贯彻落实关于深化研究生教育改革的意见工作的通知》	2013年4月19日	教育部
222	《教育部、国家卫生和计划生育委员会关于批准第一批临床医学硕士专业学位研究生培养模式改革试点高校的通知》（教研函〔2013〕2号）	2013年5月6日	教育部、国家发展改革委、财政部
223	《财政部、教育部关于做好研究生奖助工作的通知》	2013年7月29日	财政部、教育部
224	《教育部办公厅关于进一步加强推荐优秀应届本科毕业生免试攻读研究生工作的通知》（教学厅〔2013〕8号）	2013年9月4日	教育部办公厅
225	《教育部、人力资源社会保障部关于深入推进专业学位研究生培养模式改革的意见》（教研〔2013〕3号）	2013年11月4日	教育部、人力资源社会保障部
226	《国务院学位委员会、教育部关于加强学位与研究生教育质量保证和监督体系建设的意见》（学位〔2014〕3号）	2014年1月29日	国务院学位委员会、教育部
227	《国务院学位委员会、教育部关于印发〈博士、硕士学位论文抽检办法〉的通知》（学位〔2014〕5号）	2014年1月29日	国务院学位委员会、教育部
228	《国务院学位委员会、教育部关于印发〈学位授权点合格评估办法〉的通知》（学位〔2014〕4号）	2014年1月29日	国务院学位委员会、教育部
229	《教育部财政部关于印发〈普通高等学校研究生国家奖学金评审办法〉的通知》（教财〔2014〕1号）	2014年2月21日	教育部、财政部
230	《关于全面深化课程改革、落实立德树人根本任务的意见》（教基二〔2014〕4号）	2014年3月30日	教育部
231	《关于开展2014年学位授权点专项评估工作的通知》（学位〔2014〕17号）	2014年6月26日	国务院学位委员会、教育部
232	《关于开展学位授权点合格评估工作的通知》（学位〔2014〕16号）	2014年6月26日	国务院学位委员会、教育部
233	《教育部等六部门关于医教协同、深化临床医学人才培养改革的意见》（教研〔2014〕2号）	2014年6月30日	教育部、国家卫生计生委、国家中医药管理局、国家发展改革委、财政部、人力资源社会保障部
234	《教育部办公厅关于进一步完善推荐优秀应届本科毕业生免试攻读研究生工作办法的通知》（教学厅〔2014〕5号）	2014年7月25日	教育部办公厅
235	《教育部关于废止〈教育部关于加强国家重点学科建设的意见〉等文件的通知》（教政法函〔2014〕23号）	2014年10月28日	教育部

(续表)

编号	文件名	发文时间	发文单位
236	《教育部关于改进和加强研究生课程建设的意见》（教研〔2014〕5号）	2014年12月5日	教育部
237	《教育部关于做好研究生担任助研、助教、助管和学生辅导员工作的意见》（教研〔2014〕6号）	2014年12月5日	教育部
238	《国务院办公厅关于深化高等学校创新创业教育改革的实施意见》（国办发〔2015〕36号）	2015年5月4日	国务院办公厅
239	《教育部办公厅关于进一步规范普通高等学校转学工作的通知》（教学厅〔2015〕4号）	2015年5月7日	教育部办公厅
240	《教育部关于加强专业学位研究生案例教学和联合培养基地建设的意见》（教研〔2015〕1号）	2015年5月7日	教育部
241	《关于开展深化专业学位研究生教育综合改革工作的通知》（教研司〔2015〕9号）	2015年6月23日	教育部学位管理与研究生教育司
242	《国务院学位委员会、教育部关于印发〈学位证书和学位授予信息管理办法〉的通知》（学位〔2015〕18号）	2015年6月26日	国务院学位委员会、教育部
243	《国务院关于印发统筹推进世界一流大学和一流学科建设总体方案的通知》（国发〔2015〕64号）	2015年10月24日	国务院
244	《国务院学位委员会关于开展博士、硕士学位授权学科和专业学位授权类别动态调整工作的通知》（学位〔2015〕40号）	2015年11月10日	国务院学位委员会
245	《博士生导师学术指导职责指南》	2016年1月9日	教育部办公厅、国家卫生计生委办公厅、国家中医药管理局办公室
246	《关于深化博士、硕士学位授权审核办法改革的意见》	2016年1月9日	教育部办公厅、国家卫生计生委办公厅、国家中医药管理局办公室
247	《关于开展专业学位水平评估试点工作的通知》	2016年3月11日	国务院教育督导委员会
248	《国务院学位委员会关于下达2014年学位授权点专项评估结果及处理意见的通知》（学位〔2016〕5号）	2016年3月16日	国务院学位委员会
249	《教育部办公厅、国家卫生计生委办公厅、国家中医药管理局办公室关于加强医教协同、做好临床医学硕士专业学位研究生培养与住院医师规范化培训衔接工作的通知》（教研厅〔2016〕1号）	2016年4月1日	教育部办公厅、国家卫生计生委办公厅、国家中医药管理局办公室
250	《高等学校预防与处理学术不端行为办法》（中华人民共和国教育部令第40号）	2016年6月16日	教育部
251	《教育部办公厅关于统筹全日制和非全日制研究生管理工作的通知》（教研厅〔2016〕2号）	2016年9月14日	教育部办公厅

（续表）

编号	文件名	发文时间	发文单位
252	《国务院学位委员会、教育部、国家保密局关于印发〈涉密研究生与涉密学位论文管理办法的通知〉》（学位〔2016〕27号）	2016年11月25日	国务院学位委员会、教育部、国家保密局
253	《关于学习贯彻落实全国高校思想政治工作会议精神的通知》（教党〔2016〕58号）	2016年12月13日	中共教育部党组
254	《教育部、国务院学位委员会关于印发〈学位与研究生教育发展"十三五"规划〉的通知》（教研〔2017〕1号）	2017年1月17日	教育部、国务院学位委员会
255	《教育部、财政部、国家发展改革委关于印发〈统筹推进世界一流大学和一流学科建设实施办法（暂行）〉的通知》	2017年1月24日	教育部、财政部、国家发展改革委
256	《关于进一步做好原七年制临床医学教育调整改革工作的通知》（教高厅〔2017〕1号）	2017年1月25日	教育部办公厅、国家卫生计生委办公厅、国家中医药管理局办公室
257	《普通高等学校学生管理规定（2017年修订）》（教育部令第41号）	2017年2月4日	教育部
258	《国务院学位委员会关于印发〈博士、硕士学位授权审核办法〉的通知》（学位〔2017〕9号）	2017年3月13日	国务院学位委员会
259	《国务院学位委员会关于做好博士、硕士学位授权学科和专业学位授权类别动态调整工作的通知》（学位〔2017〕15号）	2017年5月19日	国务院学位委员会
260	《教育部关于进一步做好"5+3"一体化医学人才培养工作的若干意见》（教高〔2017〕4号）	2017年6月21日	教育部
261	《国务院办公厅关于深化医教协同、进一步推进医学教育改革与发展的意见》（国办发〔2017〕63号）	2017年7月3日	国务院办公厅
262	《关于开展博士研究生教育综合改革试点工作的通知》（教研司〔2017〕6号）	2017年7月12日	教育部学位管理与研究生教育司
263	《教育部、财政部、国家发展改革委关于公布世界一流大学和一流学科建设高校及建设学科名单的通知》（教研函〔2017〕2号）	2017年9月20日	教育部、财政部、国家发展改革委
264	《教育部关于全面落实研究生导师立德树人职责的意见》（教研〔2018〕1号）	2018年1月17日	教育部
265	《国务院学位委员会、教育部关于对工程专业学位类别进行调整的通知》（学位〔2018〕7号）	2018年3月14日	国务院学位委员会、教育部
266	《国务院学位委员会关于印发学位授权自主审核单位名单的通知》（学位〔2018〕18号）	2018年4月19日	国务院学位委员会
267	《国务院学位委员会关于高等学校开展学位授权自主审核工作的意见》	2018年4月19日	国务院学位委员会

(续表)

编号	文件名	发文时间	发文单位
268	《国务院学位委员会关于下达 2017 年审核增列的博士、硕士学位授予单位及其学位授权点名单的通知》(学位〔2018〕19 号)	2018 年 5 月 2 日	国务院学位委员会
269	《关于转发〈工程类博士专业学位研究生培养模式改革方案〉及说明的通知》(学位办〔2018〕15 号)	2018 年 5 月 4 日	国务院学位委员会办公室
270	《关于进一步发挥国务院学位委员会学科评议组和专业学位研究生教育指导委员会作用的意见》(学位〔2018〕20 号)	2018 年 5 月 7 日	国务院学位委员会、教育部
271	《教育部办公厅、财政部办公厅、国家发展改革委办公厅关于全面取消国内高等教育学历学位认证服务收费的通知》(教财厅〔2018〕1 号)	2018 年 6 月 15 日	教育部办公厅、财政部办公厅、国家发展改革委办公厅
272	《教育部、财政部、国家发展改革委印发〈关于高等学校加快"双一流"建设的指导意见〉的通知》(教研〔2018〕5 号)	2018 年 8 月 8 日	教育部、财政部、国家发展改革委
273	《中共教育部党组关于认真学习贯彻全国教育大会精神的通知》(教党〔2018〕50 号)	2018 年 9 月 14 日	中共教育部党组
274	《教育部、国家卫生健康委员会、国家中医药管理局关于加强医教协同、实施卓越医生教育培养计划 2.0 的意见》(教高〔2018〕4 号)	2018 年 9 月 17 日	教育部、国家卫生健康委员会、国家中医药管理局
275	《教育部办公厅关于印发〈2019 年面向香港、澳门、台湾地区招收研究生工作管理办法〉的通知》(教学厅〔2018〕12 号)	2018 年 11 月 23 日	教育部办公厅
276	《中共教育部党组关于认真学习贯彻习近平总书记在庆祝改革开放 40 周年大会上重要讲话精神的通知》(教党〔2018〕73 号)	2018 年 12 月 28 日	中共教育部党组

资料来源：
① 教育部网站上的办公厅、学生司、规划司、国际司、研究生司等部门的文件列表。
②《复旦大学研究生培养文件选编》,2006 年 8 月。
③《复旦大学研究生学位工作手册》,2007 年 1 月。
④《学位与研究生教育文件选编》,高等教育出版社,1999 年 12 月。
⑤ 国家研究生教育大事记(涉及文件的条目)。

附录4 复旦大学培养研究生学科、专业目录（学术学位）

（统计至 2018 年 12 月）

授予学位学科门类	一级学科（授权时间）	序号	专业名称	专业代码	硕士点批准时间	博士点批准时间
哲学	哲学** 2000 年 12 月 第八批	1	马克思主义哲学*	010101	1981 年 11 月	1981 年 11 月
		2	中国哲学*	010102	1981 年 11 月	1981 年 11 月
		3	外国哲学*	010103	1981 年 11 月	1981 年 11 月
		4	逻辑学*	010104	1986 年 7 月	2015 年 10 月
		5	伦理学*	010105	1993 年 12 月	2003 年 1 月
		6	美学*	010106	2014 年 6 月	2018 年 10 月
		7	宗教学*	010107	1998 年 6 月	2001 年 4 月
		8	科学技术哲学*	010108	1981 年 11 月	1998 年 6 月
		9	国外马克思主义哲学*（自设专业）	0101Z1	2004 年 2 月	2004 年 2 月
		10	经济哲学*（自设专业）	0101Z2	2004 年 2 月	2004 年 2 月
		11	比较哲学*（自设专业）	0101Z3	2004 年 2 月	2004 年 2 月
经济学	理论经济学** 1998 年 6 月 第七批	12	政治经济学*	020101	1981 年 11 月	1981 年 11 月
		13	经济思想史*	020102	1981 年 11 月	1984 年 1 月
		14	经济史	020103	1981 年 11 月	—
		15	西方经济学*	020104	1993 年 12 月	2001 年 4 月
		16	世界经济*	020105	1981 年 11 月	1986 年 7 月
		17	人口、资源与环境经济学*	020106	1990 年 11 月	2001 年 4 月
	应用经济学** 1998 年 6 月 第七批	18	国民经济学*	020201	1993 年 12 月	2001 年 4 月
		19	区域经济学*	020202	1993 年 12 月	2001 年 4 月
		20	财政学*	020203	1996 年 6 月	2018 年 10 月
		21	金融学*	020204	1990 年 11 月	1993 年 12 月
		22	产业经济学*	020205	1984 年 1 月	1986 年 7 月
		23	国际贸易学*	020206	1993 年 12 月	2001 年 4 月
		24	劳动经济学	020207	1998 年 6 月	—
		25	数量经济学*	020209	1986 年 7 月	2001 年 4 月

（续表）

授予学位学科门类	一级学科（授权时间）	序号	专业名称	专业代码	硕士点批准时间	博士点批准时间
法学	法学** 2011年3月	26	法学理论*	030101	1998年6月	2012年6月
		27	法律史*	030102	1981年11月	2012年6月
		28	宪法学与行政法学*	030103	1996年6月	2012年6月
		29	刑法学*	030104	2000年12月	2016年10月
		30	民商法学*	030105	1998年6月	2006年1月
		31	诉讼法学*	030106	2000年12月	2012年6月
		32	经济法学	030107	2005年1月	—
		33	环境与资源保护法学*	030108	2003年5月	2012年6月
		34	国际法学*	030109	1993年12月	2003年7月
	政治学** 2000年12月 第八批	35	政治学理论*	030201	1984年11月	1990年11月
		36	中外政治制度*	030202	2000年12月	2001年4月
		37	科学社会主义与国际共产主义运动	030203	2003年5月	—
		38	中共党史*	030204	2003年5月	2005年1月
		39	国际政治*	030206	1981年11月	2001年4月
		40	国际关系*	030207	1981年11月	1986年7月
		41	外交学*	030208	2003年5月	2005年7月
		42	政治哲学*（自设专业）	0302Z1	2012年6月	2012年6月
	社会学** 2011年3月	43	社会学*	030301	1993年12月	2006年1月
		44	人口学*	030302	1984年1月	2014年6月
		45	人类学*	030303	2000年12月	2014年6月
		46	民俗学(含中国民间文学)	030304	2003年5月	—
		47	社会心理学*（自设专业）	0303Z1	2016年10月	2016年10月
		48	老年学*（自设专业）	0303Z2	2017年10月	2017年10月
		49	社会工作*（自设专业）	0303Z3	2017年10月	2017年10月
	马克思主义理论** 2006年1月 第十批	50	马克思主义基本原理*	030501	2006年1月	2006年1月
		51	马克思主义发展史*	030502	2018年10月	2018年10月
		52	马克思主义中国化研究*	030503	2007年1月	2007年1月
		53	国外马克思主义研究*	030504	2018年10月	2018年10月
		54	思想政治教育*	030505	2006年1月	2006年1月
		55	党的建设*（自设专业）	0305Z1	2017年10月	2017年10月

（续表）

授予学位学科门类	一级学科（授权时间）	序号	专业名称	专业代码	硕士点批准时间	博士点批准时间
教育学	教育学▲ 2011年3月	56	课程与教学论	040102	2005年1月	—
		57	高等教育学	040106	1996年6月	—
	心理学▲ 2011年3月	58	应用心理学	040203	2006年1月	—
文学	中国语言文学** 1998年6月 第七批	59	文艺学*	050101	1981年11月	1986年7月
		60	语言学及应用语言学*	050102	1981年11月	2003年1月
		61	汉语言文字学*	050103	1981年11月	1981年11月
		62	中国古典文献学*	050104	1984年1月	1999年7月
		63	中国古代文学*	050105	1981年11月	1981年11月
		64	中国现当代文学*	050106	1984年1月	1986年7月
		65	比较文学与世界文学*	050108	1984年1月	2000年12月
		66	中国文学批评史*（自设专业）	0501Z1	2004年2月	2004年2月
		67	艺术人类学与民间文学*（自设专业）	0501Z2	2004年2月	2004年2月
		68	现代汉语语言学*（自设专业）	0501Z3	2004年2月	2004年2月
		69	影视文学*（自设专业）	0501Z4	2005年4月	2005年4月
		70	中国文学古今演变*（自设专业）	0501Z5	2005年4月	2005年4月
	外国语言文学** 2011年3月	71	英语语言文学*	050201	1981年11月	1984年1月
		72	俄语语言文学	050202	1990年11月	—
		73	法语语言文学	050203	1981年11月	—
		74	德语语言文学	050204	1993年12月	—
		75	日语语言文学	050205	1986年7月	—
		76	亚非语言文学	050210	2000年12月	—
		77	外国语言学及应用语言学*	050211	1990年11月	2003年7月
	新闻传播学** 2000年12月 第八批	78	新闻学*	050301	1981年11月	1984年1月
		79	传播学*	050302	1997年	1998年6月
		80	广告学*（自设专业）	0503Z1	2003年1月	2012年6月
		81	广播电视学*（自设专业）	0503Z2	2003年1月	2003年1月
		82	媒介管理学（自设专业）	0503Z3	2013年6月	—

（续表）

授予学位学科门类	一级学科（授权时间）	序号	专业名称	专业代码	硕士点批准时间	博士点批准时间
历史学	考古学** 2011年8月	83	考古学及博物馆学*	060101	1990年11月	2001年4月
		84	古籍保护*（自设专业）	0601Z1	2017年10月	2017年10月
	中国史** 2011年8月	85	史学理论及史学史*	060201	1997年	2001年4月
		86	历史地理学*	060202	1981年11月	1981年11月
		87	历史文献学*	060203	1986年7月	2003年1月
		88	专门史*	060204	1981年11月	2001年4月
		89	中国古代史*	060205	1981年11月	1981年11月
		90	中国近现代史*	060206	1984年1月	1996年6月
		91	人口史*（自设专业）	0602Z1	2004年2月	2004年2月
		92	边疆史地*（自设专业）	0602Z2	2012年6月	2012年6月
	世界史** 2011年8月	93	世界史*（本一级学科国家目录不设二级学科）	0603	1981年11月	1981年11月
理学	数学** 1996年6月 第六批	94	基础数学*	070101	1981年11月	1981年11月
		95	计算数学*	070102	1981年11月	1984年1月
		96	概率论与数理统计*	070103	1981年11月	1986年7月
		97	应用数学*	070104	1981年11月	1981年11月
		98	运筹学与控制论*	070105	1981年11月	1998年6月
	物理学** 1998年6月 第七批	99	理论物理*	070201	1981年11月	1981年11月
		100	粒子物理与原子核物理*	070202	1981年11月	1981年11月
		101	原子与分子物理*	070203	1986年7月	2003年1月
		102	等离子体物理	070204	1996年6月	—
		103	凝聚态物理*	070205	1981年11月	1981年11月
		104	光学*	070207	1981年11月	1984年1月
		105	无线电物理	070208	1981年11月	—
	化学** 1996年6月 第六批	106	无机化学*	070301	1981年11月	1981年11月
		107	分析化学*	070302	1981年11月	1986年7月
		108	有机化学*	070303	1981年11月	1990年11月
		109	物理化学*	070304	1981年11月	1981年11月
		110	高分子化学与物理*	070305	1981年11月	1981年11月
		111	化学生物学*（自设专业）	0703Z1	2003年1月	2003年1月

（续表）

授予学位学科门类	一级学科（授权时间）	序号	专业名称	专业代码	硕士点批准时间	博士点批准时间
	大气科学** 2018年3月	112	大气科学*	0706	暂无二级学科	暂无二级学科
	生物学** 1998年6月 第七批	113	植物学*	071001	1981年11月	1986年7月
		114	动物学*	071002	1981年11月	1984年1月
		115	生理学*	071003	1981年11月	1981年11月
		116	微生物学*	071005	1981年11月	1981年11月
		117	神经生物学*	071006	1986年7月	1996年6月
		118	遗传学*	071007	1981年11月	1981年11月
		119	发育生物学*	071008	2000年12月	2000年12月
		120	细胞生物学	071009	2003年5月	
		121	生物化学与分子生物学*	071010	1981年11月	1981年11月
		122	生物物理学*	071011	1981年11月	1990年11月
		123	生物信息学*（自设专业）	0710Z1	2004年2月	2004年2月
		124	人类生物学*（自设专业）	0710Z2	2004年2月	2004年2月
	生态学** 2011年8月	125	生态学* （本一级学科国家目录不设二级学科）	0713	—	—
理学或经济学	统计学** 2011年8月	126	统计学* （本一级学科国家目录不设二级学科）	0714	—	—
		127	生物统计学*（自设专业）	0714Z1	2014年6月	2014年6月
理学	力学▲ 2006年1月 第十批	128	一般力学与力学基础	080101	1998年6月	—
		129	固体力学	080102	1981年11月	—
		130	流体力学	080103	1981年11月	1981年11月
		131	工程力学	080104	1990年11月	
工学	光学工程** 2011年3月	132	光学工程* （本一级学科国家目录不设二级学科）	0803	2003年5月	2011年3月
	材料科学与工程** 2011年3月	133	材料物理与化学*	080501	1990年11月	1998年6月
		134	材料学*	080502	2000年12月	2012年6月
理学	电子科学与技术** 1998年6月 第七批	135	物理电子学*	080901	1981年11月	1981年11月
		136	电路与系统*	080902	1981年11月	1990年11月
		137	微电子学与固体电子学*	080903	1981年11月	1997年

（续表）

授予学位学科门类	一级学科（授权时间）	序号	专业名称	专业代码	硕士点批准时间	博士点批准时间
		138	电磁场与微波技术*	080904	1998年6月	2005年7月
		139	光电系统与控制技术（自设专业）	0809Z1	2005年4月	—
		140	集成电路与系统设计*（自设专业）	0809Z2	2018年10月	2018年10月
工学	信息与通信工程▲ 2011年3月	141	通信与信息系统	081001	1998年6月	
理学	计算机科学与技术** 2000年12月 第八批	142	计算机系统结构*	081201	1986年7月	2001年4月
		143	计算机软件与理论*	081202	1981年11月	1986年7月
		144	计算机应用技术*	081203	1981年11月	2000年12月
		145	数据科学*（自设专业）	0812Z1	2014年6月	2014年6月
工学	航空宇航科学与技术▲ 2011年3月	146	飞行器设计	082501	2003年5月	—
理学	环境科学与工程** 2006年1月 第十批	147	环境科学*	083001	1990年11月	2000年12月
		148	环境工程*	083002	2003年5月	2012年6月
工学	生物医学工程** 2000年12月 第八批	149	生物医学工程*（本一级学科国家目录不设二级学科）	0831	1981年11月	1996年6月
		150	生物力学*（自设专业）	0831Z1	2004年2月	2004年2月
	软件工程** 2011年8月	151	软件工程*（本一级学科国家目录不设二级学科）	0835	—	—
	网络空间安全** 2018年3月	152	网络空间安全*（本一级学科国家目录不设二级学科）	0839	—	—
医学	基础医学** 1998年6月 第七批	153	人体解剖与组织胚胎学*	100101	1981年11月	1981年11月
		154	免疫学*	100102	1981年11月	1981年11月
		155	病原生物学*	100103	1981年11月	1984年1月
		156	病理学与病理生理学*	100104	1981年11月	1981年11月
		157	法医学*	100105	1986年7月	2005年1月
		158	放射医学*	100106	1986年7月	1993年12月
		159	分子医学*（自设专业）	1001Z1	2004年2月	2004年2月
		160	医学信息学*（自设专业）	1001Z2	2004年2月	2004年2月
		161	医学系统生物学*（自设专业）	1001Z3	2004年2月	2004年2月

(续表)

授予学位学科门类	一级学科（授权时间）	序号	专业名称	专业代码	硕士点批准时间	博士点批准时间
医学	临床医学** 2003年9月 第九批	162	内科学*	100201	1981年11月	1981年11月
		163	儿科学*	100202	1981年11月	1984年1月
		164	老年医学*	100203	1996年6月	2013年6月
		165	神经病学*	100204	1981年11月	1981年11月
		166	精神病与精神卫生学*	100205	1981年11月	1986年7月
		167	皮肤病与性病学*	100206	1981年11月	1981年11月
		168	影像医学与核医学*	100207	1981年11月	1981年11月
		169	临床检验诊断学*	100208	1986年7月	1996年6月
		170	外科学*	100210	1981年11月	1981年1月
		171	妇产科学*	100211	1981年11月	1984年1月
		172	眼科学*	100212	1981年11月	1981年11月
		173	耳鼻咽喉科学*	100213	1981年11月	1981年11月
		174	肿瘤学*	100214	1984年1月	1984年1月
		175	康复医学与理疗学*	100215	2003年5月	2005年1月
		176	运动医学*	100216	1981年11月	2005年7月
		177	麻醉学*	100217	1986年7月	1993年12月
		178	急诊医学*	100218	1993年12月	2016年10月
		179	临床流行病学和循证医学（自设专业）	1002Z1	2005年4月	—
		180	全科医学*（自设专业）	1002Z2	2004年2月	2013年6月
		181	临床口腔医学*（自设专业）	1002Z3	2014年6月	2014年6月
	口腔医学	182	口腔临床医学	100302	1981年11月	—
	公共卫生与预防医学** 1998年6月 第七批	183	流行病与卫生统计学*	100401	1981年11月	1981年11月
		184	劳动卫生与环境卫生学*	100402	1981年11月	1981年11月
		185	营养与食品卫生学*	100403	1981年11月	2005年7月
		186	儿少卫生与妇幼保健学*	100404	1981年11月	2005年7月
		187	卫生毒理学*	100405	1990年11月	2001年4月
		188	健康教育与健康促进（自设专业）	1004Z1	2015年10月	—
	中西医结合** 1998年6月 第七批	189	中西医结合基础*	100601	1981年11月	1981年11月
		190	中西医结合临床*	100602	1981年11月	1981年11月

(续表)

授予学位学科门类	一级学科（授权时间）	序号	专业名称	专业代码	硕士点批准时间	博士点批准时间
理学或医学	药学** 1998年6月 第七批	191	药物化学*	100701	1981年11月	1990年11月
		192	药剂学*	100702	1981年11月	1986年7月
		193	生药学*	100703	1981年11月	2001年4月
		194	药物分析学*	100704	1981年11月	2012年6月
		195	微生物与生化药学*	100705	2015年10月	2015年10月
		196	药理学*	100706	1981年11月	1981年11月
		197	临床药学*（自设专业）	1007Z1	2012年6月	2012年6月
医学	护理学** 2011年8月	198	护理学* （本一级学科国家目录不设二级学科）	1011	—	—
管理学	管理科学与工程** 1998年6月 第七批	199	管理科学与工程* （本一级学科国家目录不设二级学科）	1201	1990年11月	1998年6月
		200	管理科学（自设专业）	1201Z1	2004年2月	—
		201	信息管理与信息系统*（自设专业）	1201Z2	2004年2月	2012年6月
		202	物流与运营管理*（自设专业）	1201Z3	2004年2月	2004年2月
		203	商务人工智能*（自设专业）	1201Z4	2018年10月	2018年10月
	工商管理** 2000年12月 第八批	204	会计学*	120201	1993年12月	2001年4月
		205	企业管理*	120202	1986年7月	1996年6月
		206	旅游管理*	120203	1996年6月	2005年1月
		207	技术经济及管理	120204	2003年5月	—
		208	东方管理学*（自设专业）	1202Z1	2004年2月	2004年2月
		209	市场营销*（自设专业）	1202Z2	2004年2月	2012年6月
		210	财务学*（自设专业）	1202Z3	2004年2月	2012年6月
		211	金融工程管理（自设专业）	1202Z4	2004年2月	
	公共管理** 2003年9月 第九批	212	行政管理*	120401	1997年	1998年6月
		213	社会医学与卫生事业管理*	120402	1986年7月	1993年10月
		214	教育经济与管理*	120403	2003年5月	2012年6月
		215	社会保障	120404	2003年5月	—
		216	环境管理*（自设专业）	1204Z1	2005年4月	2012年6月
		217	社会管理与社会政策*（自设专业）	1204Z2	2005年4月	2005年4月
		218	公共政策*（自设专业）	1204Z3	2006年1月	2006年1月

（续表）

授予学位学科门类	一级学科（授权时间）	序号	专业名称	专业代码	硕士点批准时间	博士点批准时间
艺术学	戏剧与影视学▲ 2011年8月	219	电影学	130302	2003年5月	—
		220	广播电视艺术学	130303	2000年12月	—

注：
① "＊＊"为博士学位授权一级学科点；"▲"为硕士学位授权一级学科点；"＊"为二级学科博士点。
② 在上述学科、专业中，共有博士学位授权一级学科点37个、硕士学位授权一级学科点6个。

附录5 复旦大学培养研究生学科、专业目录（专业学位）

（统计至2018年12月）

序号	专业学位名称	专业代码	领域	领域代码	授权年份
1	金融硕士（MF）	0251	金融	025100	2010
2	应用统计硕士（MAS）	0252	应用统计	025200	2014
3	税务硕士（MT）	0253	税务	025300	2010
4	国际商务硕士（MIB）	0254	国际商务	025400	2010
5	保险硕士（MI）	0255	保险	025500	2010
6	资产评估硕士（MV）	0256	资产评估	025600	2010
7	法律硕士（JM）	0351	法律（非法学）	035101	1998
			法律（法学）	035102	1998
8	社会工作硕士（MSW）	0352	社会工作	035200	2009
9	教育硕士（EDM）	0451	教育管理	045101	2010
10	汉语国际教育硕士（MTCSOL）	0453	汉语国际教育	045300	2007
11	应用心理硕士（MAP）	0454	应用心理	045400	2014
12	翻译硕士（MTI）	0551	英语笔译	055101	2007
13	新闻与传播硕士（MJC）	0552	新闻与传播	055200	2010
14	出版硕士（MP）	0553	出版	055300	2010
15	文物与博物馆硕士（MCHM）	0651	文物与博物馆	065100	2010
16	工程硕士（ME）	0852	光学工程	085202	2004
			材料工程	085204	2002
			电子与通信工程	085208	2001
			集成电路工程	085209	2006

（续表）

序号	专业学位名称	专业代码	领域	领域代码	授权年份
			计算机技术	085211	2001
			软件工程	085212	2002
			化学工程	085216	2004
			环境工程	085229	2003
			生物医学工程	085230	2005
			生物工程	085238	2008
			项目管理	085239	2004
			物流工程	085240	2004
	工程博士（DE）*		电子与信息	085271	2011
			生物与医药	085273	2011
17	临床医学博士（MD）* 临床医学硕士（MM）	1051	内科学	105101	1998
			儿科学	105102	1998
			老年医学	105103	1998
			神经病学	105104	1998
			精神病与精神卫生学	105105	1998
			皮肤病与性病学	105106	1998
			影像医学与核医学	105107	1998
			临床检验诊断学	105108	1998
			外科学	105109	1998
			妇产科学	105110	1998
			眼科学	105111	1998
			耳鼻咽喉科学	105112	1998
			肿瘤学	105113	1998
			康复医学与理疗学	105114	1998
			运动医学	105115	1998
			麻醉学	105116	1998
			急诊医学	105117	1998
			中西医结合临床	105126	1998
			全科医学	105127	2011
			临床病理学	105128	2011

(续表)

序号	专业学位名称	专业代码	领域	领域代码	授权年份
18	口腔医学硕士(SMM)	1052	口腔医学	105200	2003
19	公共卫生硕士(MPH)	1053	公共卫生	105300	2002
20	护理硕士(MNS)	1054	护理	105400	2010
21	药学硕士(M Pharm)	1055	药学	105500	2010
22	工商管理硕士(MBA)	1251	工商管理	125101	1991
22	高级管理人员工商管理硕士(EMBA)	1251	高级工商管理	125102	2002
23	公共管理硕士(MPA)	1252	公共管理	125200	2000
24	会计硕士(MPAcc)	1253	会计	125300	2004
25	旅游管理硕士(MTA)	1254	旅游管理	125400	2010
26	图书情报硕士(MLIS)	1255	图书情报	125500	2014
27	艺术硕士(MFA)	1351	戏剧	135102	2009

注：共有博士专业学位授权点2个(用"﹡"标记)、硕士专业学位授权点27个。

附录6 1978—2018年复旦大学学历教育研究生招生数统计表(含2000年前原上海医科大学)

年度及校区	硕士(含研究生班)			博士		
	总数(人)	港澳台学生(人)	留学生(人)	总数(人)	港澳台学生(人)	留学生(人)
1978 邯郸	203	0	0	0	0	0
1978 枫林	146	0	0	0	0	0
1979 邯郸	164	0	0	0	0	0
1979 枫林	122	0	0	0	0	0
1980 邯郸	52	0	0	0	0	0
1980 枫林	50	0	0	0	0	0
1981 邯郸	154	0	0	22	0	0
1981 枫林	62	0	0	8	0	0
1982 邯郸	166	0	0	14	0	0
1982 枫林	81	0	0	3	0	0
1983 邯郸	250	0	硕士、博士总数为4	3	0	0

(续表)

年度及校区	硕士（含研究生班）			博士		
	总数（人）	港澳台学生（人）	留学生（人）	总数（人）	港澳台学生（人）	留学生（人）
1983 枫林	82	0	0	6	0	0
1984 邯郸	444	0	硕士、博士总数为2	53	0	0
1984 枫林	122	0	2	20	0	0
1985 邯郸	630	0	0	34	0	0
1985 枫林	216	0	0	35	0	0
1986 邯郸	562	0	1	65	0	1
1986 枫林	199	0	3	55	0	2
1987 邯郸	527	0	0	90	0	0
1987 枫林	200	0	0	54	0	0
1988 邯郸	531	0	0	94	0	0
1988 枫林	161	0	2	66	0	2
1989 邯郸	407	0	1	63	0	1
1989 枫林	159	0	2	53	0	1
1990 邯郸	445	0	1	64	0	1
1990 枫林	167	0	0	52	0	2
1991 邯郸	436	0	2	89	0	0
1991 枫林	156	0	7	73	0	3
1992 邯郸	485	0	2	127	0	1
1992 枫林	162	0	2	93	0	0
1993 邯郸	683	0	10	143	0	20
1993 枫林	198	0	0	88	1	2
1994 邯郸	901	0	17	163	0	18
1994 枫林	204	0	0	106	0	1
1995 邯郸	632	0	13	266	0	19
1995 枫林	205	0	0	128	0	0
1996 邯郸	838	0	17	296	1	13
1996 枫林	230	0	0	153	0	0
1997 邯郸	939	0	18	289	3	13
1997 枫林	205	0	1	142	0	1

（续表）

年度及校区	硕士(含研究生班)			博士		
	总数（人）	港澳台学生（人）	留学生（人）	总数（人）	港澳台学生（人）	留学生（人）
1998 邯郸	1 013	8	16	358	6	8
1998 枫林	226	1	3	159	1	0
1999 邯郸	1 209	0	15	452	7	11
1999 枫林	233	0	4	169	0	1
2000 总数	1 852	3	19	804	5	13
2001 总数	2 320	19	21	946	11	18
2002 总数	2 435	24	41	1 039	28	16
2003 总数	2 528	45	44	1 063	22	17
2004 总数	2 665	36	52	1 154	15	19
2005 总数	2 632	48	68	1 119	31	21
2006 总数	2 680	38	75	1 141	21	37
2007 总数	2 733	35	159	1 144	16	43
2008 总数	2 933	29	213	1 177	12	43
2009 总数	3 597	30	291	1 200	15	46
2010 总数	3 836	36	342	1 223	15	45
2011 总数	4 046	33	305	1 236	14	37
2012 总数	4 008	47	292	1 364	8	34
2013 总数	4 155	54	315	1 508	10	56
2014 总数	4 191	40	327	1 384	5	43
2015 总数	4 386	40	437	1 405	3	48
2016 总数	4 433	50	384	1 631	8	64
2017 总数	6 114	52	414	1 811	6	92
2018 总数	6 500	94	384	2 193	6	64
总计	83 301			28 690		

数据来源：

① 对于2000年前邯郸校区的数据，1978—1999年的每年学生总数来自《复旦大学百年志》（上卷）。每年港澳台学生数来自当年入学名册（纸质版）。每年留学生数来自复旦大学留学生办公室，为当年入学数字。

② 对于2000年前枫林校区的数据，1978—1993年的每年学生总数来自《上海医科大学研究生教育概览》。1994—1998年的每年学生总数来自《上海医科大学年鉴》（1998）。1999年的学生总数来自《上海医科大学年鉴》（1999）。每年港澳台学生数和留学生数来自当年入学名册（由医学学位与研究生教育管理办公室统计）。

③ 对于2000年后的数据，2000—2004年来自《复旦大学百年志》（上卷）。2005—2014年来自《复旦大学年鉴》（2006—2015年）（正式出版）。2015—2018来自《复旦大学年鉴》（2016—2019年）（送校办稿）。

附录7　复旦大学专业学位研究生实践基地列表

所在院系	涉及专业学位类别/领域	基地名称	基地级别	立项时间
中国语言文学系	艺术硕士	复旦大学-上海市作家协会艺术硕士研究生实践基地	市级	2012年
中国语言文学系	出版硕士	复旦大学出版硕士研究生实践基地	校级	2012年
新闻学院	新闻与传播硕士	复旦大学-上海广播电视台新闻与传播硕士研究生实践基地	市级	2012年
新闻学院	新闻与传播硕士	复旦大学-上海陆家嘴金融城人才发展中心新闻与传播硕士研究生实践基地	校级	2012年
化学系	工程硕士	复旦大学-海军医学研究所工程硕士研究生实践基地	市级	2012年
高等教育研究所	教育硕士	复旦大学教育硕士研究生实践基地（复旦大学附属中学）	校级	2012年
高等教育研究所	教育硕士	复旦大学教育硕士研究生实践基地（复旦大学第二附属中学）	校级	2012年
旅游学系	旅游管理硕士	复旦大学-星木酒店管理咨询（上海）有限公司旅游管理硕士研究生实践基地	校级	2012年
经济学院	金融硕士	复旦大学-上海银行股份有限公司金融硕士研究生实践基地	市级	2012年
经济学院	税务硕士	复旦大学-毕马威企业咨询（中国）有限公司税务硕士研究生实践基地	校级	2012年
管理学院	金融硕士	复旦大学-星展银行（中国）有限公司金融硕士研究生实践基地	市级	2012年
生命科学学院	工程硕士	复旦大学-吴江近岸蛋白质科技有限公司工程硕士研究生实践基地	校级	2012年
生命科学学院	工程硕士	复旦大学-上海高科联合生物技术研发有限公司工程硕士研究生实践基地	校级	2012年
信息科学与工程学院	工程硕士	复旦大学-上海科学院工程硕士研究生实践基地	市级	2012年
社会发展与公共政策学院	社会工作硕士	复旦大学-上海儿童医学中心社会工作硕士研究生实践基地	校级	2012年
社会发展与公共政策学院	社会工作硕士	复旦大学-上海杨浦区复馨社工师事务所社会工作硕士研究生实践基地	校级	2012年

（续表）

所在院系	涉及专业学位类别/领域	基地名称	基地级别	立项时间
社会发展与公共政策学院	社会工作硕士	复旦大学-上海复源社工师事务所社会工作硕士研究生实践基地	校级	2012年
环境科学与工程系	工程硕士	复旦大学-苏州苏净环保工程有限公司工程硕士研究生实践基地	校级	2012年
环境科学与工程系	工程硕士	复旦大学-上海市宝山区环境监测站工程硕士研究生实践基地	校级	2012年
公共卫生学院	公共卫生硕士	复旦大学-上海市闵行区疾病预防控制中心公共卫生硕士研究生实践基地	市级	2012年
公共卫生学院	公共卫生硕士	复旦大学-上海市浦东新区疾病预防控制中心公共卫生硕士研究生实践基地	校级	2012年
药学院	药学硕士	复旦大学-辉瑞（中国）研究开发有限公司药学硕士研究生实践基地	市级	2012年
化学系	工程硕士	复旦大学-中国石化催化剂上海分公司化学工程专业学位研究生实践基地	校级	2013年
旅游学系	旅游管理硕士	复旦大学-吴江东太湖生态旅游度假区管委会旅游管理硕士研究生实践基地	校级	2013年
文物与博物馆学系	文物与博物馆硕士	复旦大学文物与博物馆专业学位研究生实践基地	市级	2013年
管理学院	金融硕士	复旦大学管理学院研究生专业实践基地	校级	2013年
生命科学学院	生物工程	复旦大学工程硕士（生物工程领域）专业学位研究生实践基地	校级	2013年
临床医学院	临床医学博士/硕士	复旦大学临床医学专业学位研究生实践基地	市级	2013年
临床医学院	临床医学博士/硕士	复旦大学-中山医院青浦分院医学专业学位研究生实践基地	校级	2013年
临床医学院	临床医学博士/硕士	复旦大学-华山医院静安分院医学专业学位研究生实践基地	校级	2013年
公共卫生学院	公共卫生硕士	复旦大学全日制公共卫生硕士社会实践教学基地	校级	2013年
公共卫生学院	公共卫生硕士	复旦大学全日制公共卫生硕士社会实践教学基地	校级	2013年
药学院	药学硕士	复旦大学-复旦大学附属中山医院药学硕士研究生实践基地	校级	2013年

（续表）

所在院系	涉及专业学位类别/领域	基地名称	基地级别	立项时间
中国语言文学系	出版硕士	复旦大学出版硕士上海世纪集团实践基地	市级	2014年
外国语言文学学院	翻译硕士	复旦大学-上海韦勋翻译有限公司翻译硕士专业学位研究生实践基地	校级	2014年
法学院	法律硕士	复旦大学法律硕士研究生市一中院实践基地	市级	2014年
经济学院	税务硕士	复旦大学-沪港国际咨询集团有限公司税务硕士专业学位研究生实践基地	校级	2014年
经济学院	金融硕士等5类	复旦大学-复星高科技集团有限公司专业学位研究生实践基地	校级	2014年
经济学院	保险硕士	复旦大学-大众保险股份有限公司保险硕士专业学位研究生实践基地	校级	2014年
社会发展与公共政策学院	社会工作硕士	复旦大学-上海儿童医学中心社会工作硕士研究生实践基地	校级	2014年
环境科学与工程系	工程硕士	复旦大学-昆山禾信质谱技术有限公司工程硕士专业学位研究生实践基地	校级	2014年
国际文化交流学院	汉语国际教育硕士	复旦大学-奥克兰大学汉语国际教育硕士专业学位研究生实践基地	校级	2014年
基础医学院	生物医学工程	复旦大学生物医学工程硕士（医学物理）研究生实践基地	市级	2014年
数学科学学院	金融硕士	复旦大学金融硕士专业学位研究生韬睿惠悦咨询公司实践基地	市级	2015年
文献信息中心	图书情报硕士	复旦大学图书情报硕士研究生上海图书馆实践基地	市级	2015年
材料科学系	材料工程	复旦大学-上海出入境检验检疫局工业品与原材料检测技术中心材料工程硕士专业学位研究生专业实践基地	院系	2016年
计算机科学技术学院	计算机技术	复旦大学-上海机场出入境检验检疫局计算机技术专业学位研究生专业实践基地	院系	2017年
计算机科学技术学院	计算机技术	复旦大学-上海计算机软件技术开发中心计算机技术专业学位研究生专业实践基地	院系	2017年
高分子科学系	化学工程	复旦大学-多凌控股集团有限公司化学工程专业学位研究生专业实践基地	院系	2017年

（续表）

所在院系	涉及专业学位类别/领域	基地名称	基地级别	立项时间
生命科学学院	生物工程	复旦大学-上海澳斯泰临床检验有限公司生物工程专业学位研究生专业实践基地	院系	2017年
经济学院	金融硕士	复旦大学-汇添富基金管理有限公司金融硕士研究生实践基地	市级	2018年
经济学院	金融硕士	复旦大学-资邦金服网络科技集团有限公司金融硕士专业学位研究生专业实践基地	院系	2018年
经济学院	金融硕士	复旦大学-上海九鞅投资管理合伙企业(有限合伙)金融硕士专业学位研究生专业实践基地	院系	2018年

附录8 2015—2016年研究生课程体系及重点建设特色课程项目列表

所在院系	项目类别	项目名称	负责人
马克思主义学院	学术规范与职业伦理课程	医学科研道德概论	刘学礼
马克思主义学院	学科理论与方法课程	当代中国社会思潮	李冉
中国语言文学系	学科理论与方法课程	汉语语法学	陈振宇
中国语言文学系	学术规范与职业伦理课程	出版学概论	傅杰
外文语言文学学院	学科理论与方法课程	叙事理论与短篇小说选读	段枫
外文语言文学学院	专业学位实践课程	翻译项目基础与实践	陶友兰
新闻学院	专业学位体系	新闻与传播专业学位研究生课程体系建设	张涛甫
哲学学院	一级学科体系	哲学一级学科研究生课程体系建设	王新生
数学科学学院	一级学科体系	数学一级学科研究生课程体系建设	林伟
计算机科学技术学院	一级学科体系	数据科学研究生课程体系建设	汪卫
法学院	学科理论与方法课程	国际公法专题	张乃根
材料科学系	一级学科体系	材料科学与工程一级学科与材料工程专业学位研究生课程体系建设	蒋益明

(续表)

所在院系	项目类别	项目名称	负责人
旅游学系	专业学位体系	旅游管理专业学位研究生课程体系建设	孙云龙
经济学院	一级学科体系	应用经济学一级学科研究生课程体系建设	张金清
经济学院	学科理论与方法课程	高级政治经济学	张晖明
管理学院	专业学位体系	基于CFO能力培养的MPAcc课程结构体系建设	娄贺统
管理学院	专业学位体系	产业分析与投资管理课程体系开发	芮明杰
管理学院	专业学位实践课程	复旦MBA商业咨询实验室项目	祁新娥
管理学院	专业学位实践课程	商业模式设计与创新	王安宇
生命科学学院	一级学科体系	生态学一级学科研究生课程体系建设	李 博
生命科学学院	专业学位实践课程	基因工程实验	卢大儒
生命科学学院	学术规范与职业伦理课程	科研伦理及规范	孙 璘
信息科学与工程学院	学术规范与职业伦理课程	信息科学学术规范和职业伦理	石艺尉
社会发展与公共政策学院	一级学科体系	社会学暨心理学一级学科研究生课程体系建设	刘 欣 周 楚
社会发展与公共政策学院	专业学位体系	社会工作专业学位研究生课程体系建设	顾东辉 赵 芳
社会发展与公共政策学院	学科理论与方法课程	心理实验研究设计	周 楚
社会发展与公共政策学院	学术规范与职业伦理课程	社会工作伦理	赵 芳
环境科学与工程系	一级学科体系	环境科学与工程系研究生课程体系建设	张士成
环境科学与工程系	学术规范与职业伦理课程	科研生存技能和学术规范	马 臻
历史地理研究中心	学科理论与方法课程	地理信息系统	路伟东
文献信息中心	专业学位实践课程	古籍编目实践	乐 怡
文献信息中心	学术规范与职业伦理课程	图书情报学术规范方法论与论文写作	郝 群
文献信息中心	学术规范与职业伦理课程	理科电子文献检索	李晓玲

附录9 分模块研究生课程列表

课程名称	负责人	所在院系	课程模块	年份
英语写作(2)	张宁宁	大学英语教学部	重点课程教材资助项目	2010
硕士第一外国语(英语)	曾建彬	外国语言文学学院	重点课程教材资助项目	2010
宪法学	潘伟杰	法学院	重点课程教材资助项目	2010
日本外交史专题(教材)	冯玮	历史学系	重点课程教材资助项目	2010
中国文学批评史	黄霖等	中国语言文学系	重点课程教材资助项目	2010
传播学定量研究方法(教材)	廖圣清	新闻学院	重点课程教材资助项目	2010
医学科研道德概论	刘学礼	马克思主义学院	重点课程教材资助项目	2010
东方管理理论(经典著作选读)	苏东水	管理学院	重点课程教材资助项目	2010
产业经济学研究	殷醒民	经济学院	重点课程教材资助项目	2010
生物信息学	钟扬	生命科学学院	重点课程教材资助项目	2010
抽象代数基础、抽象代数	吴泉水	数学科学学院	重点课程教材资助项目	2010
量子场论	施郁	物理学系	重点课程教材资助项目	2010
无机合成	周锡庚	化学系	重点课程教材资助项目	2010
模拟集成电路和系统(教材)	洪志良	微电子学院	重点课程教材资助项目	2010
高级软件工程(教材)	赵文耘	计算机科学技术学院	重点课程教材资助项目	2010
高等连续介质力学(教材)	霍永忠	航空航天系	重点课程教材资助项目	2010
高级病理生理学(教材)	陈思锋	基础医学院	重点课程教材资助项目	2010
毒理学原理与方法	金泰廙	公共卫生学院	重点课程教材资助项目	2010
光谱分析	侯爱君	药学院	重点课程教材资助项目	2010
医学实验动物学(教材)	周光兴	实验动物科学部	重点课程教材资助项目	2010
翻译研究导轮	何刚强	外国语言文学学院	重点课程教材资助项目	2011
研究生俄语(教材)	赵世锋	外国语言文学学院	重点课程教材资助项目	2011
英语文学导读(教材)	范若恩	外国语言文学学院	重点课程教材资助项目	2011
比较文学概论	杨乃乔	中国语言文学系	重点课程教材资助项目	2011
营销传播	程士安	新闻学院	重点课程教材资助项目	2011
区域经济学前沿专题	范剑勇	经济学院	重点课程教材资助项目	2011
产业组织理论	芮明杰等	管理学院	重点课程教材资助项目	2011
科研方法与科学论文写作	卢宝荣等	生命科学学院	重点课程教材资助项目	2011

（续表）

课程名称	负责人	所在院系	课程模块	年份
高等电动力学	黄吉平	物理学系	重点课程教材资助项目	2011
高等量子力学	宁西京	现代物理研究所	重点课程教材资助项目	2011
非线性发展方程	吴昊	数学科学学院	重点课程教材资助项目	2011
随机微分方程及其数值解	薛军工	数学科学学院	重点课程教材资助项目	2011
随机分析引论（教材）	应坚刚	数学科学学院	重点课程教材资助项目	2011
非线性系统理论以及应用（教材）	林伟	数学科学学院	重点课程教材资助项目	2011
代数曲线讲义（教材）	杨劲根	数学科学学院	重点课程教材资助项目	2011
随机过程	倪卫明	信息科学与工程学院	重点课程教材资助项目	2011
数据挖掘导论（教材）	朱扬勇	计算机科学技术学院	重点课程教材资助项目	2011
算法续论	Rudolf Fleischer	计算机科学技术学院	重点课程教材资助项目	2011
实用细胞培养技术（含教材）	谭玉珍	基础医学院	重点课程教材资助项目	2011
遗传医学进展	左伋	基础医学院	重点课程教材资助项目	2011
医院绩效管理	薛迪	公共卫生学院	重点课程教材资助项目	2011
现代色谱技术（含教材）	段更利	药学院	重点课程教材资助项目	2011
药物动力学（教材）	蒋新国	药学院	重点课程教材资助项目	2011
英语散文选读	雍毅	大学英语教学部	重点课程教材资助项目	2012
高级口语（教材）	何静	大学英语教学部	重点课程教材资助项目	2012
语用学	熊学亮	外国语言文学学院	重点课程教材资助项目	2012
价值哲学经典精读	冯平等	哲学学院	重点课程教材资助项目	2012
西方伦理学史	邓安庆	哲学学院	重点课程教材资助项目	2012
中国文化的"宗教性"（教材）	李天纲	哲学学院	重点课程教材资助项目	2012
中国历史自然地理概述	杨伟兵	历史地理研究中心	重点课程教材资助项目	2012
课程管理与评价	乐毅	高等教育研究所	重点课程教材资助项目	2012
西方近代语言文学原典精读	白钢等	中文系	重点课程教材资助项目	2012
训诂学	汪少华	中文系	重点课程教材资助项目	2012
汉语言文字学专业英语（教材）	蒋勇等	中文系	重点课程教材资助项目	2012
文艺学经典理论的影像实践（教材）	杨俊蕾	中文系	重点课程教材资助项目	2012
中国新闻思想史	黄旦	新闻学院	重点课程教材资助项目	2012
组织传播学研究（教材）	谢静	新闻学院	重点课程教材资助项目	2012
中国环境法	张梓太	法学院	重点课程教材资助项目	2012

(续表)

课程名称	负责人	所在院系	课程模块	年份
国际经济贸易中的冲突法问题(教材)	杜 涛	法学院	重点课程教材资助项目	2012
中国行政法专题(教材)	刘志刚	法学院	重点课程教材资助项目	2012
旅游市场调查与分析	郭英之	旅游学系	重点课程教材资助项目	2012
财务报表分析与有效管理	方军雄	管理学院	重点课程教材资助项目	2012
研究方法 II	郑明等	管理学院	重点课程教材资助项目	2012
创业-组合投资理论专题	张陆洋	经济学院	重点课程教材资助项目	2012
商务智能(第二版)(教材)	赵卫东	软件学院	重点课程教材资助项目	2012
现场流行病学(教材)	赵根明	公共卫生学院	重点课程教材资助项目	2012
循证护理	胡 雁	护理学院	重点课程教材资助项目	2012
Introduction to Chinese Language and Culture/中国语言与文化导论	龚群虎	中国语言文学系	上海市高校外国留学生英语授课示范性课程	2013
International Politics and Theories/国际政治与理论	潘忠岐	国际关系与公共事务学院	上海市高校外国留学生英语授课示范性课程	2013
Chinese Public Administration/中国公共行政	敬乂嘉	国际关系与公共事务学院	上海市高校外国留学生英语授课示范性课程	2013
China's Taxation System and Fiscal Policy/中国税收制度与财政政策	杜 莉	经济学院	上海市高校外国留学生英语授课示范性课程	2013
Social Security System and its Reform/中国社会保障体系及其改革	丁 纯	经济学院	上海市高校外国留学生英语授课示范性课程	2013
Macroeconomics/宏观经济学原理	潘 佳 葛劲峰	经济学院	上海市高校外国留学生英语授课示范性课程	2013
Evolution of International Business/国际商务的演进	赵优珍	管理学院	上海市高校外国留学生英语授课示范性课程	2013
Chinese Arts/中国艺术	陆 扬	中国语言文学系	上海市高校外国留学生英语授课示范性课程	2014
Modern Chinese Popular Culture/中国当代流行文化	蒋 勇	中国语言文学系	上海市高校外国留学生英语授课示范性课程	2014
Ancient Chinese Culture and Tradition/中国古代文化传统	汪习波	中国语言文学系	上海市高校外国留学生英语授课示范性课程	2014
Pre-Qin Confucianism and Legalism/先秦儒家与法家	白彤东	哲学学院	上海市高校外国留学生英语授课示范性课程	2014
E-governance in China/中国电子治理	郑 磊	国际关系与公共事务学院	上海市高校外国留学生英语授课示范性课程	2014
Contemporary Chinese Diplomacy/当代中国外交	肖佳灵	国际关系与公共事务学院	上海市高校外国留学生英语授课示范性课程	2014

（续表）

课程名称	负责人	所在院系	课程模块	年份
China Financial System/中国金融体系	殷醒民	经济学院	上海市高校外国留学生英语授课示范性课程	2014
China's Reform and Opening-up/中国的改革与开放	张 晏	经济学院	上海市高校外国留学生英语授课示范性课程	2014
Seminars on Chinese and Comparative Public Administration/比较公共管理	敬乂嘉 张 平	国际关系与公共事务学院	上海市高校外国留学生英语授课示范性课程	2015
Gauge Theories/规范场论	Antonino Marciano	物理学系	上海市高校外国留学生英语授课示范性课程	2015
Health and Culture/医学人类学	朱剑峰	社会发展与公共政策学院	上海市高校外国留学生英语授课示范性课程	2015
Doing Fieldwork in China/文化人类学研究方法	潘天舒	社会发展与公共政策学院	上海市高校外国留学生英语授课示范性课程	2015
易学与儒佛道审美文化	谢金良	中国语言文学系	中华文化传承系列	2017
信仰民俗学	郑土有	中国语言文学系	中华文化传承系列	2017
西方人眼中的孔子学说	王建伟	大学英语教学部	中华文化传承系列	2017
摩西五经与希伯来文明	刘 平	哲学学院	品德与素养系列	2017
当代中国外交	肖佳灵	国际关系与公共事务学院	国家安全与法制系列	2017
全球网络空间治理概论	沈 逸	国际关系与公共事务学院	国家安全与法制系列	2017
语言与文化	纳日碧力戈	社会发展与公共政策学院	品德与素养系列	2017
世界民族音乐	陈莉萍	艺术教育中心	品德与素养系列	2017
智能材料研究	郭艳辉	材料科学系	双基训练课程	2018
材料科学基础研究素养	梅永丰	材料科学系	双基训练课程	2018
生态学研究方法	潘晓云	生命科学学院	双基训练课程	2018
研究生生物学实验与仪器分析	倪 挺	生命科学学院	双基训练课程	2018
现代生物学基础与前沿	林鑫华	生命科学学院	双基训练课程	2018
信息学科双基课程	李 翔	信息科学与工程学院	双基训练课程	2018
机器人学	张文强	工程与应用技术学研究院	双基训练课程	2018

附录10 复旦大学 FIST 课程项目开课课程汇总清单(2013—2018年)

序号	课程名称	开课单位	授课教师	立项年度
1	马克思主义与社会科学方法论	马克思主义学院	王克迪、肖巍、吴海江、陆炜	2013
2	中国马克思主义与当代	马克思主义学院	韩庆祥、肖巍、吴海江、钱箭星	2013
3	中国文学古今演变研究	古籍整理研究所	谭帆、廖可斌、陈思和、黄仁生	2013
4	中国电影史研究	中国语言文学系	周斌、颜海平、陈向阳	2013
5	唐宋文人集团研究	中国语言文学系	王水照、查屏球、朱刚	2013
6	中国学术思潮与文学	中国语言文学系	吴承学、彭玉平、吴兆路	2013
7	言语听觉科学	中国语言文学系	陈忠敏、李华伟、蒋家琪	2013
8	中国易学与文化	中国语言文学系	谢金良、詹石窗、张善文	2013
9	如何用英语撰写医学 SCI 论文——语言探索与习得	大学英语教学部	梁正溜	2013
10	硕士研究生综合英语	大学英语教学部	曾建彬、卢玉玲、黄莺、郭骅	2013
11	传播学研究方法	新闻学院	祝建华、彭泰权、张伦、廖圣清	2013
12	传播政治经济学	新闻学院	曹晋、Graham Murdock、姚建华	2013
13	人际传播理论与实践	新闻学院	胡春阳、Kory Floyd、张国良	2013
14	艺术传播学	新闻学院	曹意强、徐钢、汤筠冰	2013
15	欧洲近代思想史	历史学系	李宏图、杨肃献、高毅	2013
16	西方史学史专题	历史学系	周兵、张广智、王晴佳	2013
17	西方国际关系理论	国际关系与公共事务学院	倪世雄、潘忠岐、信强、潜旭明	2013
18	非交换几何入门	数学科学学院	Vaughan Jones、Ron Douglas、Paul Baum、郁国樑	2013
19	现代物理专题(凝聚态物理)	物理学系	Pierre Hohenberg、陈焱	2013
20	东大哥大凝聚态物理前沿讲座	物理学系	封东来、胡江平	2013
21	低维凝聚态物理	物理学系	孙鑫、吴长勤、姚尧	2013
22	高等原子物理学	现代物理研究所	T. Brage、邹亚明、R. Hutton、陈重阳	2013
23	高等无机化学	化学系	金国新、韩英锋、F. Ekkehardt Hahn	2013

（续表）

序号	课程名称	开课单位	授课教师	立项年度
24	金属有机化学进展	化学系	周锡庚、陆熙炎、薛子陵、麻生明	2013
25	分子影像学	化学系	李富友、易涛、张现忠	2013
26	数据管理与分析前沿技术	计算机科学技术学院	汪卫、Jeffery Yu Xu、王海勋	2013
27	侵权责任法专题	法学院	刘士国、张新宝	2013
28	现代金融与法律	法学院	白江、罗培新、Hal S. Scott	2013
29	宪法学	法学院	潘伟杰、董茂云、刘志刚	2013
30	计算流体力学	航空航天系	倪明玖、李新亮、田振夫	2013
31	现代张量分析及其在连续介质中的应用	航空航天系	谢锡麟、吴介之、仲政	2013
32	湍流高端数值模拟技术导论	航空航天系	徐弘一、Xiaohua Wu	2013
33	教育与社会经济发展	高等教育研究所	林荣日、白杰瑞、田凌晖	2013
34	中外课程政策与管理比较	高等教育研究所	Glen A. Jones、王洪才、乐毅	2013
35	全球化背景下的欧洲经济和社会模式研究	经济学院	丁纯、周弘、罗长远	2013
36	金融风险管理专题	经济学院	张金清、王小云、李端	2013
37	不平等与经济发展	经济学院	François Bourguignon、封进	2013
38	经济学讲座5（歧视经济学：理论与证据）	经济学院	方汉明	2013
39	环境税与排放贸易理论与政策	经济学院	张中祥	2013
40	进化基因组学方法和应用	生命科学学院	谷迅、苏志熙、于军、胡松年	2013
41	科学研究方法与论文写作	生命科学学院	卢宝荣、刘永胜、Norman Ellstrand	2013
42	高等生物统计学	生命科学学院	罗泽伟、田卫东、胡跃清、张洪	2013
43	基因组生物信息学	生命科学学院	赵国屏、周雁、窦同海	2013
44	科学技术发展战略研究	生命科学学院	陈家宽	2013
45	现代细胞培养与应用技术	上海医学院	谭玉珍、Wu S. M.、丁建东	2013
46	医学生物安全与健康	上海医学院	瞿涤、卢洪洲、姜世勃、秦川	2013
47	病原微生物与宿主细胞的相互作用	上海医学院	周道国、瞿涤、袁正宏、姜世勃	2013
48	循证护理	上海医学院	胡雁、张博恒、Janita Chau、卢惠娟	2013
49	医学表观遗传学	上海医学院	于文强、施扬、蓝斐	2013

(续表)

序号	课程名称	开课单位	授课教师	立项年度
50	科学研究立项导论	上海医学院	杨芃原、钱小红、赵英明、时东陆、崔征	2013
51	细胞代谢异常和人类疾病	上海医学院	管坤良、赵世民、雷群英、陆豪杰	2013
52	传染肿瘤学	上海医学院	蔡启良、姜世勃、蓝柯、张晓明	2013
53	科研论文写作方法	上海医学院	金坤林、何士刚、郭景春	2013
54	现代法医学研究进展	上海医学院	赵子琴、汤其群、沈敏、李玲	2013
55	分子生物学、病毒学及病理生理学研究前沿	上海医学院	吴健、童舒平、姜世勃、谢幼华	2013
56	自然辩证法	马克思主义学院	张春美、肖巍、吴海江、刘学礼	2014
57	中国特色社会主义理论与实践研究	马克思主义学院	邵晓莹、瞿晓敏、张济琳	2014
58	自然辩证法	马克思主义学院	张春美、肖巍、吴海江	2014
59	中国文学古今演变研究	古籍整理研究所	黄仁生、左东岭、黄霖	2014
60	中国现代民俗学学术史	中国语言文学系	郑土有、刘魁立、施爱东	2014
61	言语与听觉科学	中国语言文学系	陈忠敏、李华伟、蒋家琪	2014
62	中国电影史研究	中国语言文学系	周斌、颜海平、陈向阳	2014
63	学术英语(医学)	大学英语教学部	孙庆祥、唐伟、蔡和兵	2014
64	如何用英语撰写医学SCI论文——语言探索与习得	大学英语教学部	梁正溜	2014
65	当代医学新视野	大学英语教学部	陈社胜	2014
66	计算新闻传播学	新闻学院	彭泰权、祝建华、周葆华	2014
67	传播政治经济学与全球信息社会转型	新闻学院	曹晋、Graham Murdock、Vincent Mosco	2014
68	传播学研究方法	新闻学院	祝建华、张伦、廖圣清	2014
69	新媒体与社会变迁	新闻学院	孙少晶、邓建国、David Nolan	2014
70	欧洲近代思想史	历史学系	李宏图、杨肃献、Mark Goldie	2014
71	东西文化交流史	历史学系	夏伯嘉、董少新、司佳	2014
72	西方史学史专题	历史学系	张广智、王晴佳、吴晓群	2014
73	西方哲学专题研究	哲学学院	莫伟民、Claude Imbert、Barbara Cassin	2014
74	数据科学基础	数学科学学院	吴宗敏	2014
75	代数几何基础	数学科学学院	Miles Reid、陈猛	2014

(续表)

序号	课程名称	开课单位	授课教师	立项年度
76	健康信息学——大数据方法	计算机科学技术学院	张彦春、Uwe Aickelin	2014
77	可视媒体计算基础与趋势	计算机科学技术学院	Xiaoyang Mao、Jiang Yu Zheng、姜育刚	2014
78	数据科学导论	计算机科学技术学院	朱扬勇、Wei Wang、余凯	2014
79	新型大数据管理技术	计算机科学技术学院	汪卫、Hui Xiong、Zhiyuan Chen	2014
80	公司治理国际比较研究	法学院	白江、高旭军、Reinier Kraakman	2014
81	民法解释学	法学院	刘士国、铃木贤、张新宝	2014
82	飞机/发动机空气动力学设计	航空航天系	孙刚、Dimitri Papamoschou、刘峰	2014
83	现代张量分析及其在连续介质中的应用	航空航天系	谢锡麟、何国威、王建祥	2014
84	教育与社会经济发展	高等教育研究所	林荣日、许美德、田凌晖	2014
85	经济学讲座13	经济学院	Gary Jefferson	2014
86	全球化背景下的欧洲经济和社会模式研究	经济学院	丁纯、宋新宁、罗长远	2014
87	环境税与排放贸易理论与政策	经济学院	张中祥	2014
88	现代显微成像技术在细胞生物学研究中的应用	生命科学学院	马红、蔡亮、白凡	2014
89	科学研究方法与论文写作	生命科学学院	卢宝荣、刘永胜、Catherine M. Ketcham	2014
90	非编码RNA研究前沿	生命科学学院	戚益军、麻锦彪、倪挺	2014
91	现代显微成像技术在细胞生物学研究中的应用(Ⅱ)	生命科学学院	马红、蔡亮、白凡	2014
92	高等生物统计学	生命科学学院	罗泽伟、田卫东、胡跃清	2014
93	基因组生物信息学	生命科学学院	赵国屏、周雁、窦同海	2014
94	化学感知和行为的神经调控	生命科学学院	许田、Greg Suh、Niels Ringstad	2014
95	全球化和地方转型时代的人类学理论与实践	社会发展与公共政策学院	Michael Herzfeld、Mary Scoggin、潘天舒	2014
96	高级水处理技术前沿	环境科学与工程系	刘会娟、宋卫华、代瑞华	2014
97	传染肿瘤学	上海医学院	蔡启良、袁正宏、姜世勃	2014
98	现代法医学研究进展	上海医学院	赵子琴、丛斌、侯一平	2014

(续表)

序号	课程名称	开课单位	授课教师	立项年度
99	急慢性肾脏损伤发生机制的基础与临床、前沿与趋势	上海医学院	陆利民、阮雄中、蓝辉耀	2014
100	肝脏生物学、病理学及免疫学前沿	上海医学院	梁春敏、谢幼华、袁正宏	2014
101	病毒细菌中的RNA调控分子	上海医学院	谢幼华、蓝柯、惠静毅	2014
102	医学表观遗传学	上海医学院	施杨、于文强、蓝斐	2014
103	医学实验研究及论文的撰写与发表	上海医学院	Kunlin Jin、何士刚、孙凤艳	2014
104	医学与生物安全	上海医学院	瞿涤、武桂珍、姜世勃	2014
105	病原微生物与宿主细胞的相互作用	上海医学院	周道国、瞿涤、袁正宏	2014
106	新发与再现传染病的研究前沿与展望	上海医学院	姜世勃、袁正宏、瞿涤	2014
107	现代药物发现	药学院	邵黎明、王永辉、余科	2014
108	现代工程研究方法论	微电子学院	蒋玉龙、陈文新	2014
109	中国马克思主义与当代	马克思主义学院	许良、肖巍、吴海江、钱箭星	2015
110	自然辩证法	马克思主义学院	张春美、肖巍、吴海江、刘学礼	2015
111	中国特色社会主义理论与实践研究	马克思主义学院	瞿晓敏、李梁、邵晓莹、张济琳	2015
112	中国诗歌古今演变研究	古籍整理研究所	程毅中、刘梦芙、查洪德、黄霖、陈思和、姚蓉、黄仁生	2015
113	藏学与因明学研究	古籍整理研究所	多识、郑伟宏、刘震	2015
114	言语听觉科学	中国语言文学系	陈忠敏、李华伟、蒋家琪、王国民、戴富春、郭起浩	2015
115	法国文学专题研究	中国语言文学系	Christian Doumet、Eliane Dalmonin、Charles Ramond、黄蓓	2015
116	中国易学与文化	中国语言文学系	林忠军、丁四新、谢金良	2015
117	中外文学交流中的中国形象演变和推广	外国语言文学学院	李征、和田博文、范若恩、张华	2015
118	健康传播理论专题与案例分析	新闻学院	Hye-Jin Paek、孙少晶、Timothy Teo、王帆	2015
119	传播政治经济学与全球信息社会转型	新闻学院	Graham Murdock、Benedetta Brevini、Paolo Magagnoli、曹晋	2015
120	人际传播理论与实践	新闻学院	Diana Stover、胡春阳、王怡红、吴国华	2015
121	数据新闻	新闻学院	祝建华、秦洁、申琦、廖圣清	2015
122	欧洲近代思想史	历史学系	Trautmann-Waller, Céline、Colette Camelin、韦遨宇、李宏图	2015

（续表）

序号	课程名称	开课单位	授课教师	立项年度
123	法国哲学专题研究	哲学学院	莫伟民、Claude Imbert、王礼平	2015
124	科学写作	物理学系	张远波、Jeffery Wragg、乐永康	2015
125	相变理论和软物质	物理学系	史安昌、唐萍	2015
126	高等原子物理学	现代物理研究所	Tomas Brage、Phil Judge、邹亚明、Roger Hutton、陈重阳	2015
127	配位化学	化学系	韩英锋、金国新、F. Ekkehardt Hahn、邓亮	2015
128	媒体大数据计算基础与趋势	计算机科学技术学院	姜育刚、Jun Wang、Fei Wang	2015
129	健康信息学——大数据方法	计算机科学技术学院	张彦春、Uwe Aickelin、朱山风	2015
130	数据科学导论	计算机科学技术学院	朱扬勇、Wei Wang、Zhenyuan Chen	2015
131	非诉讼纠纷解决：从谈判者到仲裁者	法学院	项焱、熊浩	2015
132	现代庭审理论与应用	法学院	邱联恭、孙笑侠、章武生、朱光仁	2015
133	流体流动的高精度高分辨率格式	航空航天系	汤华中、万德成、邱建贤、田振夫	2015
134	现代张量分析及其在连续介质中的应用	航空航天系	谢锡麟、符松、王建祥	2015
135	先进薄膜科学与技术	材料科学系	梅永丰、Oliver G. Schmidt、Gregory Parsons	2015
136	教育与社会经济发展	高等教育研究所	潘甦燕、林荣日、田凌晖	2015
137	Macroeconomic Crises of the 1990–2014 Period	经济学院	胡永泰	2015
138	Productivity, Innovation, and Trade Dynamics	经济学院	Yi (Daniel) Xu	2015
139	Empirical Industrial Organization	经济学院	Panle Jia Barwick	2015
140	Statistics of Financial Markets	经济学院	Wolfgang Karl Härdle	2015
141	全球化背景下的欧洲经济和社会模式研究	经济学院	丁纯、Fausto de Quadros、Guenter Heiduk、罗长远	2015
142	融合中的金融与保险	经济学院	虞彤、陈冬梅、冯智坚	2015
143	经济增长与发展	经济学院	Michael Graff、Heiner Mikosch	2015
144	1970—2008年间的宏观经济危机	经济学院	胡永泰	2015
145	私人与公共保险	经济学院	Peter Zweifel	2015
146	经济发展与不平等	经济学院	弗朗索瓦·布吉尼翁	2015

(续表)

序号	课程名称	开课单位	授课教师	立项年度
147	快乐经济学	经济学院	Francis Munier	2015
148	高阶科技论文写作方法	生命科学学院	卢宝荣、钟扬	2015
149	非编码RNA研究前沿	生命科学学院	屈良鹄、麻锦彪、倪挺	2015
150	研究生生物学实验与仪器分析Ⅰ-遗传和细胞模块	生命科学学院	卢大儒、倪挺、韦有衡、沈素芹	2015
151	研究生生物学实验与仪器分析Ⅱ-生化和实验动物、生理模块	生命科学学院	麻锦彪、张旭敏、薛磊、黄青山	2015
152	高等生物统计学	生命科学学院	罗泽伟、田卫东、胡跃清、张洪	2015
153	植物发育与环境响应	生命科学学院	邓兴旺、沈文辉、林辰涛、杨贞标	2015
154	现代显微成像技术在细胞生物学研究中的应用	生命科学学院	蔡亮、孙育杰、欧光朔、张瑞霖	2015
155	植物代谢组学分析与功能基因研究	生命科学学院	冯钰锜、王小强、南蓬、田智全	2015
156	科学研究方法与论文写作	生命科学学院	卢宝荣、刘永胜、Catherine M. Ketcham	2015
157	生物信息学：计算比较基因组学	生命科学学院	王秀杰、马坚	2015
158	基因组时代的分子进化分析导论	生命科学学院	米泽隆弘、井上润、西原秀德、钟扬	2015
159	低功耗嵌入式系统设计	信息科学与工程学院	Hannu Tenhunen、杨庚	2015
160	健康照顾领域的社会工作研究与干预	社会发展与公共政策学院	Sarah Gehlert、季庆英、付芳	2015
161	心理学视野下的社会心态研究	社会发展与公共政策学院	周晓虹、钟年、孙时进	2015
162	21世纪人类学理论与实践：面向21世纪的民族志	社会发展与公共政策学院	George E. Marcus、詹梅、纳日碧力戈、潘天舒	2015
163	生物质能源技术前沿	环境科学与工程系	Irini Angelidaki、Lasse Rosendahl、张士成、罗刚	2015
164	大气化学——从理论到实践	环境科学与工程系	A. R. Ravishankara、陶澍、Abdelwahid Mellouki、陈建民	2015
165	基于学科交叉的当代语言科学导论	国际文化交流学院	冯建峰、陈忠敏、俞洪波、张学新、危辉、张豫峰	2015
166	医学生物安全与健康	上海医学院	瞿涤、卢洪洲、秦川、吴健	2015
167	如何提高英文论文发表和国际会议发言的水平和技巧	上海医学院	Douglas B. Lowrie、Jan Davies、谢幼华、瞿涤	2015
168	病原微生物与宿主细胞的相互作用	上海医学院	周道国、瞿涤、姜世勃、谢幼华	2015
169	现代法医学研究进展	上海医学院	赵子琴、金力、刘良、王旭	2015

(续表)

序号	课程名称	开课单位	授课教师	立项年度
170	急慢性肾脏损伤发生机制的基础与临床、前沿与趋势	上海医学院	陆利民、阮雄中、朱大年、张志刚、聂静、田中民、郝传明、易凡、杨莉、余晨	2015
171	现代细胞培养与应用技术	上海医学院	谭玉珍、Wu S. M.、丁建东	2015
172	肝脏生物学、病理学及免疫学前沿	上海医学院	袁正宏、吴健、Mark A. Zern、沈锡中	2015
173	干细胞生物学与再生医学	上海医学院	汤其群、吴健、Jan A. Nolta、文波、孙宁	2015
174	医学表观遗传学	上海医学院	于文强、蓝斐、杨运桂、李劲松、林羿、邓大君、马端、杨力	2015
175	药物基因组学	药学院	蔡卫民、石乐明、Joshua LaBaer、相小强	2015
176	创新药物研发及其过程管理	药学院	邵黎明、Kerry Spear、万昭奎	2015
177	新发与再现传染病的研究前沿与展望	公共卫生学院	姜世勃、胡芸文、陆路、应天雷	2015
178	医学实践研究	中山医院	王向东、程韵枫、陈洛南	2015
179	儿童临床遗传病学	儿科医院	鲁青、姜永辉、周文浩	2015
180	生殖医学基础&临床研究方法	妇产科医院	李大金、王红艳、孙斐、袁伟、李笑天、郭孙伟、孙晓溪	2015
181	病毒细菌中的RNA分子	生物医学研究院	蓝柯、谢幼华、瞿涤、惠静毅	2015
182	生物质谱技术与应用	生物医学研究院	杨芃原、Carlito B. Lebrilla、陆豪杰、赵英明	2015
183	传染肿瘤学	生物医学研究院	Erle Robertson、蓝柯、卢春、蔡启良	2015
184	生物医学信息学	生物医学研究院	刘雷、石乐明、刘赟、Philip R. O. Payne、Kun Huang	2015
185	系统哲学基本原理	研究生院	乌杰、金瑞、狄增如、吴彤、钟扬	2015
186	社会性别与中国妇女权利前沿问题研究	马克思主义学院	孙笑侠、韩贺南、孙晓屏、朱晓慧	2016
187	生物医学研究伦理学	马克思主义学院	朱伟、邹和建、卢大儒、李伦	2016
188	中国特色社会主义理论与实践研究	马克思主义学院	瞿晓敏、李梁、邵晓莹、张济琳	2016
189	自然辩证法	马克思主义学院	张春美、肖巍、吴海江、刘学礼	2016
190	中国马克思主义与当代	马克思主义学院	许良、肖巍、吴海江、钱箭星	2016
191	世界文化史	中国语言文学系	Christophe Charle、Colette Camelin、韦遨宇、黄蓓	2016
192	汉语语法研究方法论	中国语言文学系	袁毓林、胡建华、陈振宇	2016

（续表）

序号	课程名称	开课单位	授课教师	立项年度
193	言语听觉科学	中国语言文学系	陈忠敏、李华伟、蒋家琪、王国民、吴毅、郭起浩	2016
194	中西比较文学理论与实践	外国语言文学学院	李征、谢天振、Francis Claudon、张华	2016
195	人际传播理论与实践	新闻学院	胡春阳、Brian H. Spitzberg、王怡红	2016
196	环境传播专题研究	新闻学院	Toby Miller、刘景芳、刘涛、林红	2016
197	社会媒体与社会变化	新闻学院	大卫 诺兰、玛格丽特 赛蒙、邓建国	2016
198	传播政治经济学与全球信息社会转型	新闻学院	曹晋、Graham Murdock、Vincent Mosco、Christine Hine	2016
199	数据新闻	新闻学院	赵心树、柳旭东、申琦、廖圣清	2016
200	纪录片研究	新闻学院	聂欣如、黎小锋、杨击	2016
201	全球史导论	历史学系	李剑鸣、James Mark、邓峰	2016
202	欧美近现代思想文化史	历史学系	David Wotton、Georgios Varouxakis、李宏图	2016
203	佛教的经典：概念、使用和比较方法——梵语《八千颂般若波罗蜜经.空品》研读	哲学学院	宗玉媺、刘宇光、李胜海	2016
204	研究生学术研究指导与规范	哲学学院	朱宝荣、刘学礼、杨庆峰、陈敬铨、苏祺	2016
205	中国哲学中的语言与逻辑	哲学学院	冯耀明、刘梁剑、才清华	2016
206	法国哲学专题研究	哲学学院	莫伟民、Claude Imbert、王春明	2016
207	藏学概论	哲学学院	李胜海、任小波、刘宇光、江波	2016
208	固体电子结构：从理论到计算程序	物理学系	龚新高、Stefano de Gironcoli	2016
209	科学写作	物理学系	周磊、Jeffery Wragg、乐永康	2016
210	媒体大数据计算基础与趋势	计算机科学技术学院	姜育刚、田奇、齐国君	2016
211	大数据系统、算法与应用	计算机科学技术学院	杨卫东、汪卫、王飞	2016
212	现代庭审的理论与应用	法学院	姜世明、孙笑侠、章武生、朱光仁	2016
213	相变理论和软物质	高分子科学系	史安昌、邱枫、唐萍	2016
214	国际经济新常态：中国经济管理的新挑战	经济学院	胡永泰	2016
215	开放度与国际技术转移	经济学院	傅晓岚	2016

(续表)

序号	课程名称	开课单位	授课教师	立项年度
216	中国宏观经济的微观基础	经济学院	宋铮	2016
217	中国贸易与发展	经济学院	桑德拉·庞赛特	2016
218	经济发展与政治经济学	经济学院	Nancy Qian	2016
219	融合中的金融与保险	经济学院	虞彤、相广平、姚奕	2016
220	全球化背景下的欧洲经济和社会模式研究	经济学院	Martin Holland、丁纯、罗长远	2016
221	产业组织中的实证方法	经济学院	肖沬	2016
222	美国经济史专题研究	经济学院	Ann Carlos	2016
223	微观经济学在世界经济增长中的应用	经济学院	Deirdre Mc Closkey	2016
224	Economics of Happiness	经济学院	Francis Munier	2016
225	1970—2000年间的宏观经济危机	经济学院	胡永泰	2016
226	应用微观经济学的实验方法	经济学院	Songnian Chen	2016
227	科学研究方法与论文写作	生命科学学院	卢宝荣、刘永胜、Catherine M. Ketcham	2016
228	线虫学——土壤线虫分类与生态	生命科学学院	Wasim Ahmad、傅声雷、梁文举、李辉信、吴纪华	2016
229	现代显微成像技术在细胞生物学研究中的应用	生命科学学院	蔡亮、孙育杰、欧光朔、姚雪彪	2016
230	高等生物统计学	生命科学学院	罗泽伟、田卫东、胡跃清、张洪	2016
231	生命伦理学前沿问题研究	生命科学学院	王国豫、孙璘、张锋	2016
232	全球化和地方转型时代的人类学理论与实践	社会发展与公共政策学院	Chris Sinha、纳日碧力戈、邵京、张亦农	2016
233	人类认知：心理学的理解	社会发展与公共政策学院	郭秀艳、孙时进、朱磊	2016
234	多变量分析方法原理及在环境质谱中的应用	环境科学与工程系	张琦、王琳	2016
235	生物质能源技术前沿	环境科学与工程系	James Clark、Zhongchao Tan、张士成、罗刚	2016
236	创意写作与留学生学术写作	国际文化交流学院	Phillip Lopate、黄梵、张豫峰	2016
237	基于学科交叉的当代语言科学导论	国际文化交流学院	陈忠敏、冯建峰、危辉、俞洪波、张学新、张豫峰	2016
238	现代法医学研究进展	上海医学院	陈腾、沈忆文、陆豪杰、王旭	2016
239	病原微生物与宿主细胞的相互作用	上海医学院	周道国、瞿涤、姜世勃、谢幼华	2016

(续表)

序号	课程名称	开课单位	授课教师	立项年度
240	现代细胞培养与应用技术	上海医学院	谭玉珍、Ratajczak M. Z.、丁建东	2016
241	干细胞生物学与再生医学	上海医学院	吴健、Jan A. Nolta、文波	2016
242	如何提高英文论文发表和国际会议发言的水平和技巧	上海医学院	Doughlas B. lowrie、Jan Davies、瞿涤	2016
243	新发与再现传染病的研究前沿与展望	上海医学院	姜世勃、胡芸文、陆路、应天雷	2016
244	病毒细菌中的RNA调控分子	上海医学院	蓝柯、谢幼华、瞿涤、周保罗、惠静毅	2016
245	肝脏生物学、病理生理学及免疫学前沿	上海医学院	袁正宏、吴健、沈锡中	2016
246	医学生物安全与健康	上海医学院	瞿涤、卢洪洲、秦川、吴健	2016
247	传染肿瘤学	上海医学院	Erle Robertson、蓝柯、卢春、蔡启良	2016
248	创新药物研发及其过程管理	药学院	邵黎明、Kerry Spear、王永辉	2016
249	生命过程中的化学	药学院	邵黎明、Motonari Uesugi（上杉志成）	2016
250	高级职业与环境流行病学方法	公共卫生学院	陶旭光、周志俊、阚海东、金克峙	2016
251	毒理学分子机制的研究进展和方法	公共卫生学院	丁欣欣、浦跃朴、周志俊	2016
252	儿童临床遗传病学	儿科医院	鲁青、周文浩、姜永辉	2016
253	生殖医学的基础及转化研究	妇产科医院	王红艳、Richard Finnell、Jerome Strauss、赵世民、梁德杨、张锋	2016
254	生物医学信息学	生物医学研究院	刘雷、Hua Xu、Xinghua Lu、Kun Huang、刘赟	2016
255	隐私保护理论与实践	软件学院	李宁辉、王晓阳、韩伟力	2016
256	研究生创业实践特训营	研究生院	张锐、张强、丘锡彬、方铭洋、牛晋	2016
257	艺术传播学	艺术教育中心	Joel Ebarb、胡平、李立新、汤筠冰	2016
258	科学研究中的伦理问题	马克思主义学院	朱伟、邹和建、卢大儒、李伦	2017
259	社会性别与中国妇女权利前沿问题研究	马克思主义学院	孙笑侠、James Gomez、韩贺南、孙晓屏、朱晓慧	2017
260	中国特色社会主义理论与实践研究	马克思主义学院	瞿晓敏、张济琳、邵晓莹、李梁	2017
261	中国马克思主义与当代	马克思主义学院	许良、肖巍、杜艳华、吴海江	2017
262	自然辩证法	马克思主义学院	张春美、肖巍、吴海江、刘学礼	2017

（续表）

序号	课程名称	开课单位	授课教师	立项年度
263	法国文学专题研究	中国语言文学系	Dominique Combe、Emmanuelle Sordet、黄蓓	2017
264	汉语语法研究方法论	中国语言文学系	袁毓林、张伯江、陈振宇	2017
265	中国新诗创作与研究	中国语言文学系	王宏图、肖水、侯体健	2017
266	翻译概论与实务	外国语言文学学院	张政、梁欣荣、陶友兰	2017
267	国际期刊科技论文写作与发表	外国语言文学学院	Margaret Cargill、蔡基刚	2017
268	译学前沿研究	外国语言文学学院	陈德鸿、张美芳、陶友兰	2017
269	国际SCI期刊科技论文写作与发表	外国语言文学学院	姜峰、李咏燕、蔡基刚	2017
270	传播学研究方法	新闻学院	赵心树、柳旭东、申琦、廖圣清	2017
271	传播学高级研究方法	新闻学院	孙少晶、Rob Potter、Ying Ding	2017
272	人际传播理论与实践	新闻学院	胡春阳、Barbara Pfetsch、王怡红	2017
273	纪录片研究	新闻学院	杨击、聂欣如、黎小锋	2017
274	传播政治经济学与全球信息社会转型	新闻学院	姚建华、曹晋、Graham Murdock、Annette Burfoot、Ulises A. Mejias	2017
275	社会媒体与社会变化	新闻学院	David Nolan、邓建国	2017
276	环境传播专题研究	新闻学院	Phaedra C. Pezzullo、Alison Anderson、刘景芳、林红	2017
277	中国书法初阶	历史学系	王朝宾、高智群	2017
278	中国书法初阶(二)	历史学系	王朝宾、高智群	2017
279	西夏学入门	哲学学院	Кирилл Солонин、刘震、汤铭钧	2017
280	综合艺术专题	哲学学院	赵穗康、林晖、陈佳	2017
281	研究生学术研究指导与规范	哲学学院	朱宝荣、刘学礼、苏祺、杨庆峰、陈敬铨	2017
282	法国哲学专题研究	哲学学院	莫伟民、Claude Imbert、王春明	2017
283	高等原子物理学	现代物理研究所	Reinhold Schuch、Tomas Brage、邹亚明、Roger Hutton、陈重阳	2017
284	计算广告学	计算机科学技术学院	朱兴全、熊辉、张伟楠	2017
285	媒体大数据计算基础与趋势	计算机科学技术学院	姜育刚、田奇、齐国君	2017
286	大数据系统、算法与应用	计算机科学技术学院	汪卫、杨卫东、王飞	2017

(续表)

序号	课程名称	开课单位	授课教师	立项年度
287	健康信息学——大数据方法	计算机科学技术学院	张彦春、朱山风、Uwe Aickelin、Sun Jimeng、马建钢	2017
288	现代庭审的理论与应用	法学院	姜世明、章武生、孙笑侠	2017
289	飞机、发动机空气动力学设计	航空航天系	孙刚、Min Sun、陈磊山	2017
290	湍流生成及其结构的新理论和基于DNS数据深度分析对近壁湍流规律的再认知	航空航天系	徐弘一、刘超群、蔡小舒	2017
291	流体流动的高精度高分辨率格式	航空航天系	李新亮、刘铁钢、廖世俊、田振夫	2017
292	光催化材料前沿	材料科学系	朱永法、崔晓莉、沈杰	2017
293	相变理论和软物质	高分子科学系	An-Chang Shi、邱枫、唐萍	2017
294	全球化背景下的欧洲经济和社会模式研究	经济学院	Martin Holland、丁纯、Guenter Heiduk、罗长远	2017
295	应用微观经济学的实验方法	经济学院	陈松年	2017
296	量化交易：算法、数据和最优化	经济学院	黎子良	2017
297	实验与行为经济学	经济学院	Brit Grosskopf	2017
298	经济增长与发展	经济学院	Michael Graff	2017
299	资产定价：理论及运用	经济学院	虞彤	2017
300	品牌与产品战略	经济学院	Krisztina Kolos	2017
301	科学研究方法与论文写作	生命科学学院	卢宝荣、刘永胜、Catherine M. Ketcham	2017
302	现代显微成像技术在细胞生物学研究中的应用	生命科学学院	蔡亮、孙育杰、欧光朔、姚雪彪、杨小杭	2017
303	大学生创业理论与实践	信息科学与工程学院	张荣君、张强、丘锡彬、方铭洋	2017
304	现代光学仪器系统设计	信息科学与工程学院	徐敏、孔令豹、马炯、Hexin Wang、Michael Totzeck	2017
305	科技创新与全球老龄化	社会发展与公共政策学院	黄於唱、叶士青、黄延焱、陈虹霖	2017
306	分档气溶胶微物理模型及颗粒物大小和成分演变的模拟	环境科学与工程系	余方群、王琳	2017
307	大气化学——从理论到实践	环境科学与工程系	A. R. Ravishankara、Abdelwahid Mellouki、张远航、陈建民	2017
308	生物质能源技术前沿	环境科学与工程系	James Clark、Ruizhong Zhang、张士成、罗刚	2017

（续表）

序号	课程名称	开课单位	授课教师	立项年度
309	基于学科交叉的当代语言科学导论	国际文化交流学院	冯建峰、陈忠敏、俞洪波、张学新、危辉、张豫峰	2017
310	医学生物安全与健康	上海医学院	瞿涤、卢洪洲、秦川、吴健	2017
311	现代法医学研究进展	上海医学院	李成涛、陈忆九、王振原、沈忆文	2017
312	现代细胞培养与应用技术	上海医学院	谭玉珍、Wu S. M.、丁建东	2017
313	病毒细菌中的 RNA 分子	上海医学院	瞿涤、谢幼华、蓝柯、惠静毅	2017
314	新发与再现传染病的研究前沿与展望	上海医学院	姜世勃、陆路、胡芸文、应天雷、黄竞荷	2017
315	病原微生物与宿主细胞的相互作用	上海医学院	周道国、瞿涤、姜世勃、谢幼华	2017
316	传染肿瘤学	上海医学院	蔡启良、蓝柯、卢春、Erle Robertson	2017
317	如何提高英文论文发表和国际会议上发言的水平和技巧	上海医学院	Douglas B. Lowrie、Jan Davies、瞿涤	2017
318	肝脏生物学、病理学及免疫学前沿	上海医学院	袁正宏、吴健、沈锡中	2017
319	干细胞生物学和再生医学	上海医学院	吴健、Jan A. Nolta、文波	2017
320	急慢性肾脏损伤发生机制的基础与临床、前沿与趋势	上海医学院	陆利民、聂静、杨莉、易凡、张爱华、朱大年、张志刚、田中民、郝传明、余晨	2017
321	创新药物研发及其过程管理	药学院	邵黎明、余科、王永辉	2017
322	生物医学信息学	生物医学研究院	刘雷、陈洛南、刘云龙、张国强、徐华	2017
323	数字信号处理的 VLSI 实现	微电子学院	K. K. Parhi、陈赟、曾晓洋	2017
324	先进半导体制程与设备技术	微电子学院	Tsujimura Manaba、屈新萍	2017
325	艺术传播研究	艺术教育中心	岸文和、王琛、汤筠冰	2017
326	自然辩证法	马克思主义学院	张春美、肖巍、吴海江、刘学礼	2018
327	中国特色社会主义理论与实践研究	马克思主义学院	瞿晓敏、李梁、邵晓莹、张济琳	2018
328	中国马克思主义与当代	马克思主义学院	许良、肖巍、吴海江、高晓林	2018
329	社会性别与中国妇女权利前沿问题研究	马克思主义学院	Kathleen Ferrier、徐飚、韩贺南、孙晓屏、朱晓慧	2018
330	法国文学研究与批评	中国语言文学系	Michel Murat、Rémi Mathieu、黄蓓	2018
331	汉语语法研究方法论	中国语言文学系	袁毓林、刘丹青、陈振宇	2018
332	汉语语义学研究	中国语言文学系	潘海华、郭锐、陈振宇	2018

(续表)

序号	课程名称	开课单位	授课教师	立项年度
333	唐宋转型与文学演变	中国语言文学系	田安、陈尚君、陈引驰、浅见洋二、川合康三、傅君劢、张健、胡可先、查屏球、朱刚、侯体健	2018
334	言语听觉科学	中国语言文学系	陈忠敏、李华伟、王国民、吴毅、郭起浩、尹恒、陈臻	2018
335	当代俄罗斯小说专题	外国语言文学学院	张建华、М. М. Голубков、李新梅	2018
336	国际科技论文写作与发表	外国语言文学学院	王浩、蔡基刚、李咏燕、Winnie Cheng	2018
337	人际传播理论与实践	新闻学院	胡春阳、Fred Zandpour、Sherry Tavassoli Zandpour、王彦青	2018
338	传播学高级研究方法	新闻学院	孙少晶、Rob Potter	2018
339	传播政治经济学与全球信息社会转型	新闻学院	姚建华、曹晋、Graham Murdock、George Pleios	2018
340	传播学研究方法	新闻学院	赵心树、柳旭东、申琦、廖圣清	2018
341	研究生学术研究指导与规范	哲学学院	朱宝荣、刘学礼、杨庆峰、陈敬全、苏祺	2018
342	综合艺术专题：感性直接的音乐	哲学学院	赵穗康、袁新、林晖	2018
343	从分析哲学的观点看中国哲学	哲学学院	冯耀明、郭晓东、郭美华、才清华	2018
344	宋明理学系列专题研究	哲学学院	包弼德、田浩、陈来、徐洪兴、吴震、何俊、郭晓东	2018
345	低维磁性和自旋输运	物理学系	Wolfgang Kuch、吴义政	2018
346	实验谱学	现代物理研究所	邹亚明、Kitsuru Kikuchi、Shigeru Morita、Kerry Lawson、杨洋	2018
347	高等服务计算	计算机科学技术学院	Hong-Linh Truong、张亮	2018
348	健康信息学——大数据方法	计算机科学技术学院	张彦春、Uwe Aickelin、王飞、朱山风、马建钢	2018
349	大数据时代的新型数据查询方法	计算机科学技术学院	Arbee Chen、June Zhang、汪卫	2018
350	大数据系统、算法与应用	计算机科学技术学院	杨卫东、汪卫、王飞	2018
351	现代庭审理论与应用	法学院	Jochen Glöckner、孙笑侠、章武生、朱光仁	2018
352	国际残障人权利法专题研究	法学院	Gerald Quinn、崔凤鸣、陆志安	2018
353	光催化材料前沿	材料科学系	朱永法、崔晓莉、沈杰	2018

（续表）

序号	课程名称	开课单位	授课教师	立项年度
354	教育与社会经济发展	高等教育研究所	詹盛如、林荣日、田凌晖	2018
355	中国科技考古的发展与前沿研究	文物与博物馆学系	陈建立、吴小红、袁靖、朱泓	2018
356	影子银行与金融危机专题	经济学院	邓志伟、王永钦	2018
357	全球化背景下的欧洲经济和社会模式研究	经济学院	Martin Holland、丁纯、Guenter Heiduk、Sang Chul Park、罗长远	2018
358	经济学院讲座9	经济学院	Michael Graff	2018
359	经济学院讲座10	经济学院	Anjali Adukia	2018
360	经济学院讲座11	经济学院	George M. Busch	2018
361	经济学院讲座8	经济学院	Francis Munier	2018
362	现代显微成像技术在细胞生物学研究中的应用	生命科学学院	蔡亮、孙育杰、欧光朔、姚雪彪、戚昀	2018
363	科学研究方法与论文写作	生命科学学院	卢宝荣、刘永胜、Catherine M. Ketcham、蔡星星	2018
364	统计学方法在生命科学中的应用	生命科学学院	姚音、Xiaofeng Zhu、王一	2018
365	现代光学仪器系统设计	信息科学与工程学院	徐敏、Ralf Wolleschensky、Hexin Wang、孔令豹、马炯	2018
366	科技老龄化与医养结合	社会发展与公共政策学院	叶士青、黄延焱、安宁、陈虹霖	2018
367	现代危机与共生思想	社会发展与公共政策学院	钱宏、程一恒、胡守钧、徐珂	2018
368	大学生创业：思维、能力与方法	社会发展与公共政策学院	俞志元、周汀、牛晋、曾劲、赵华东、潘永刚	2018
369	失能者的社会工作干预：政策保护、福利支持与志愿服务	社会发展与公共政策学院	Linda L. Raclin、Barry Rosenberg、赵芳、陈虹霖、朱晨海	2018
370	当代心理咨询中的家庭问题	社会发展与公共政策学院	Bonnie Lee、孙时进、陈侃	2018
371	生物质能源技术前沿	环境科学与工程系	James Clark、Huu Hao Ngo、Daniel Tsang、张士成、罗刚	2018
372	历史环境演变	历史地理研究中心	何洪鸣、裴卿、费杰	2018
373	基于学科交叉的当代语言科学导论	国际文化交流学院	冯建峰、陈忠敏、俞洪波、张学新、危辉、张豫峰	2018
374	中国书法初阶	中华古籍保护研究院	王朝宾、高智群、曹业锋	2018

（续表）

序号	课程名称	开课单位	授课教师	立项年度
375	医学生物安全与健康	上海医学院	瞿涤、卢洪洲、秦川、吴健	2018
376	肝脏生物学、免疫学及病理生理学前沿	上海医学院	袁正宏、吴健、沈锡中	2018
377	干细胞生物学与再生医学	上海医学院	Jan A. Nolta、吴健、文波	2018
378	现代细胞培养与应用技术	上海医学院	谭玉珍、Ratajczak M. Z.、丁建东	2018
379	传染肿瘤学	上海医学院	Erle Robertson、蓝柯、卢春、蔡启良	2018
380	病毒细菌中的 RNA 调控分子	上海医学院	蓝柯、谢幼华、瞿涤、惠静毅、文波、陈力	2018
381	新发与再现传染病的研究前沿与展望	上海医学院	姜世勃、陆路、应天雷、黄竞荷、吴凡	2018
382	急慢性肾脏损伤发生机制的基础与临床、前沿与趋势	上海医学院	陆利民、聂静、杨莉、赵景宏、张志刚、郭兵、田中民、余晨、张春	2018
383	现代法医学研究进展	上海医学院	朱波峰、张霁、黄平、沈忆文	2018
384	创新药物研发	药学院	邵黎明、余科、王永辉	2018
385	生物信息学的临床研究应用	儿科医院	鲁青、周文浩、吴飞珍、卢宇蓝	2018
386	表观遗传与人类疾病	儿科医院	徐国良、Yonghui Jiang、施杨、黄国英、蓝斐、储以微、王艺	2018
387	2018 年妇产科学临床研究方法与进展	妇产科医院	李大金、曹广文、宁光、李华芳、张锋、陈世耀	2018
388	生命科学研究的前沿技术	妇产科医院	李大金、杜美蓉、王永明、吴奇涵、孙瑞林、赵洪波、李明清、叶江枫、孙妍	2018
389	生物医学信息学	生物医学研究院	刘雷、Hui Lu、刘宏芳、许东、陶萃	2018
390	数字信号处理的 VLSI 实现	微电子学院	K. K. Parhi、曾晓洋、陈赟	2018
391	厄尔尼诺	大气与海洋科学系	张人禾、De-Zheng Sun、谭言科	2018
392	艺术传播学	艺术教育中心	谢晓泽、王端廷、赖雯淑、汤筠冰	2018

附录 11 复旦大学研究生教材列表（2002—2018 年）

教材名称	作者/编者	出版时间	类别
经济理论比较研究	洪远朋	2002 年 3 月	21 世纪复旦大学研究生教学用书

（续表）

教材名称	作者/编者	出版时间	类别
高等教育学	杜作润、廖文武	2003年4月	21世纪复旦大学研究生教学用书
数据库与智能数据分析——技术、实践与应用	施伯乐、朱扬勇	2003年5月	21世纪复旦大学研究生教学用书
现代信号处理理论和方法	汪源源	2003年8月	21世纪复旦大学研究生教学用书
泛函分析教程（第二版）	童裕孙	2004年6月	21世纪复旦大学研究生教学用书
研究生德育论	刁承湘	2004年10月	21世纪复旦大学研究生教学用书
网络安全原理与应用	张世永	2005年6月	21世纪复旦大学研究生教学用书
产业经济学	芮明杰	2005年8月	21世纪复旦大学研究生教学用书
现代公司理论与运行	芮明杰、袁安照	2005年8月	21世纪复旦大学研究生教学用书
电生理学基础（第二版）	［德］沃尔夫冈·施瓦茨、约格·雷迪根 著，丁光宏、顾全保 主译	2006年8月	21世纪复旦大学研究生教学用书
当代科学技术哲学导论	陈其荣	2006年12月	21世纪复旦大学研究生教学用书
李群基础（第二版）	黄宣国	2007年5月	21世纪复旦大学研究生教学用书
高等教育管理引论	熊庆年	2007年7月	21世纪复旦大学研究生教学用书
量子力学的物理基础和哲学背景	金尚年	2007年7月	21世纪复旦大学研究生教学用书
中国行政法专题	刘志刚	2011年11月	21世纪复旦大学研究生教学用书
毒理学原理和方法	金泰廙	2012年11月	21世纪复旦大学研究生教学用书
医学实验动物学	周光兴	2012年11月	21世纪复旦大学研究生教学用书
医院绩效管理	薛迪、吕军	2013年8月	21世纪复旦大学研究生教学用书
遗传医学进展	左伋、刘晓宇	2014年5月	21世纪复旦大学研究生教学用书
代数曲线	杨劲根	2014年10月	21世纪复旦大学研究生教学用书
软件工程：方法与实践	赵文耘 等	2014年12月	21世纪复旦大学研究生教学用书
行政诉讼法律法规、司法解释与案例汇编	刘志刚 等	2015年9月	21世纪复旦大学研究生教学用书
粒子宇宙学导论：宇宙学标准模型及其未解之谜	［意］卡西莫·斑比 著，蔡一夫、林春山、皮石 译	2017年5月	21世纪复旦大学研究生教学用书
微分几何十六讲	黄宣国	2017年8月	21世纪复旦大学研究生教学用书
随机分析引论	钱忠民、应坚刚	2017年9月	21世纪复旦大学研究生教学用书
中国文论通史	周兴陆	2018年9月	21世纪复旦大学研究生教学用书
高级计量经济学	谢识予、朱宏鑫	2005年5月	复旦博学·21世纪经济管理类研究生教材

(续表)

教材名称	作者/编者	出版时间	类别
产业经济学	杨公朴	2005年6月	复旦博学·21世纪经济管理类研究生教材
行为金融学(第二版)	饶育蕾、张轮	2005年7月	复旦博学·21世纪经济管理类研究生教材
企业战略——谋取长期竞争优势	王玉、王琴	2005年11月	复旦博学·21世纪经济管理类研究生教材
规制经济学	曲振涛、杨恺钧	2006年3月	复旦博学·21世纪经济管理类研究生教材
中高级公共经济学	毛程连	2006年4月	复旦博学·21世纪经济管理类研究生教材
金融博弈论	陈学彬 等	2007年5月	复旦博学·21世纪经济管理类研究生教材
数据库技术在会计和财务中的应用	冯兆中	2011年3月	复旦博学·21世纪经济管理类研究生教材
研究生英语听力1	王美娣、吴建蕖	2002年4月	复旦博学·21世纪研究生英语系列教材
研究生英语听力2	王美娣、吴建蕖	2002年6月	复旦博学·21世纪研究生英语系列教材
研究生英语翻译	陶友兰、查国生	2002年9月	复旦博学·21世纪研究生英语系列教材
研究生英语写作	查国生	2002年9月	复旦博学·21世纪研究生英语系列教材
研究生综合英语2	陆效用、曾道明	2003年1月	复旦博学·21世纪研究生英语系列教材
研究生综合英语3教师用书	刘雯、赵蓉、何静	2006年6月	复旦博学·21世纪研究生英语系列教材
研究生综合英语4教师用书	刘雯、赵蓉、何静	2006年8月	复旦博学·21世纪研究生英语系列教材
研究生综合英语1(修订版)	曾道明、陆效用	2007年12月	复旦博学·21世纪研究生英语系列教材
研究生综合英语2(修订版)	陆效用、曾道明	2008年5月	复旦博学·21世纪研究生英语系列教材
研究生综合英语3(修订版)	曾道明、陆效用	2009年3月	复旦博学·21世纪研究生英语系列教材
研究生综合英语教师用书1(修订版)	黄莺、夏威、雍毅	2009年3月	复旦博学·21世纪研究生英语系列教材

(续表)

教材名称	作者/编者	出版时间	类别
研究生综合英语2(修订版)教师用书	黄莺、夏威、雍毅	2009年4月	复旦博学·21世纪研究生英语系列教材
英文原著选读	曾建彬	2010年4月	复旦博学·21世纪研究生英语系列教材
研究生综合英语1(修订版)教师用书	黄莺、夏威、雍毅	2010年6月	复旦博学·21世纪研究生英语系列教材
研究生综合英语2(修订版)教师用书(第二版)	黄莺、夏威、雍毅	2010年6月	复旦博学·21世纪研究生英语系列教材
研究生英语	曾建彬、卢玉玲	2012年6月	复旦博学·21世纪研究生英语系列教材
研究生高级英语	曾建彬、刘雯	2012年8月	复旦博学·21世纪研究生英语系列教材
研究生英语/高级英语教师用书	黄莺	2012年9月	复旦博学·21世纪研究生英语系列教材
研究生英语散文选读	雍毅	2014年3月	复旦博学·21世纪研究生英语系列教材
研究生高级英语(第二版)	曾建彬、刘雯、张宁宁	2017年2月	复旦博学·21世纪研究生英语系列教材
研究生英语高级英语教师用书(第二版)	夏威	2017年9月	复旦博学·21世纪研究生英语系列教材
研究生英语论文及应用文写作	陆效用	2006年3月	复旦博学·21世纪研究生英语选修课系列
研究生英语英汉互译教程	曾道明、陶友兰	2012年12月	复旦博学·21世纪研究生英语选修课系列
凝聚态物理专题	叶令、彭向阳	2003年7月	复旦博学·Fudan Series in Graduate Textbooks(研究生系列教程)
高等量子力学	苏汝铿、王斌	2004年6月	复旦博学·Fudan Series in Graduate Textbooks(研究生系列教程)
表面物理与表面分析	丁训民、杨新菊、王迅	2004年10月	复旦博学·Fudan Series in Graduate Textbooks(研究生系列教程)
量子场论	徐建军	2004年11月	复旦博学·Fudan Series in Graduate Textbooks(研究生系列教程)
高级计算机程序基础	周麟祥	2005年8月	复旦博学·Fudan Series in Graduate Textbooks(研究生系列教程)
非线性光学	钱士雄、朱荣毅	2005年9月	复旦博学·Fudan Series in Graduate Textbooks(研究生系列教程)

(续表)

教材名称	作者/编者	出版时间	类别
Advanced Statistical Physics(高等统计物理)	戴显熹	2007年11月	复旦博学·Fudan Series in Graduate Textbooks(研究生系列教程)
创业学	李志能	2012年4月	复旦博学·MBA前沿系列
物业管理：理论与实务(第二版)	李斌	2012年9月	复旦博学·MBA前沿系列
创业学	丁栋虹	2014年4月	复旦博学·MBA前沿系列
行政伦理：美国的理论与实践	马国泉	2006年6月	复旦博学·公共管理硕士(MPA)系列
土地资源学	刘卫东、谭永忠、彭俊、连纲、张常新、曹宇	2011年2月	复旦博学·公共管理硕士(MPA)系列
电子政务	李传军	2011年6月	复旦博学·公共管理硕士(MPA)系列
公共管理学案例	庄序莹	2012年5月	复旦博学·公共管理硕士(MPA)系列
公共管理学(第二版)	庄序莹	2012年6月	复旦博学·公共管理硕士(MPA)系列
公共政策分析	张国庆	2014年12月	复旦博学·公共管理硕士(MPA)系列
现代城市规划与管理	卢新海	2015年1月	复旦博学·公共管理硕士(MPA)系列
比较公务员制度	周敏凯	2015年8月	复旦博学·公共管理硕士(MPA)系列
公共事业管理	崔运武	2015年8月	复旦博学·公共管理硕士(MPA)系列
公共部门人力资源管理	吴志华	2016年4月	复旦博学·公共管理硕士(MPA)系列
政府绩效管理	范柏乃	2016年4月	复旦博学·公共管理硕士(MPA)系列
公共行政学经典文选(英文版)	竺乾威	2016年7月	复旦博学·公共管理硕士(MPA)系列
组织行为学(公共管理硕士系列)	邱柏生	2017年6月	复旦博学·公共管理硕士(MPA)系列
当代中国公共政策(第二版)	刘伯龙、竺乾威	2017年8月	复旦博学·公共管理硕士(MPA)系列
公共行政学(第三版)	竺乾威	2017年8月	复旦博学·公共管理硕士(MPA)系列
公共经济学(第二版)	樊勇明	2017年9月	复旦博学·公共管理硕士(MPA)系列
政治学(第二版)	孙关宏、胡雨春	2017年9月	复旦博学·公共管理硕士(MPA)系列
领导学原理：科学与艺术(第四版)	刘建军	2018年1月	复旦博学·公共管理硕士(MPA)系列
公共行政理论	竺乾威	2018年3月	复旦博学·公共管理硕士(MPA)系列
分类数据的统计分析及SAS编程	刘勤、金丕焕	2002年9月	复旦博学·公共卫生硕士系列
卫生服务研究	龚幼龙、冯学山	2002年10月	复旦博学·公共卫生硕士系列
卫生统计学方法	曹素华、赵耐青	2003年1月	复旦博学·公共卫生硕士系列
现代医院管理	曹建文、陈英耀	2003年1月	复旦博学·公共卫生硕士系列

（续表）

教材名称	作者/编者	出版时间	类别
毒理学基础	金泰廙	2003年2月	复旦博学·公共卫生硕士系列
卫生经济学	胡善联	2003年3月	复旦博学·公共卫生硕士系列
卫生监督	达庆东、戴金增	2003年8月	复旦博学·公共卫生硕士系列
妇幼卫生概论	钱 序、郭志平	2003年10月	复旦博学·公共卫生硕士系列
卫生检验基础	郑力行	2003年10月	复旦博学·公共卫生硕士系列
现代健康促进理论与实践	傅 华、李 枫	2003年10月	复旦博学·公共卫生硕士系列
营养与食品安全	郭红卫	2005年3月	复旦博学·公共卫生硕士系列
现场调查技术（第二版）	詹绍康	2010年4月	复旦博学·公共卫生硕士系列
当代西方新闻媒体（第二版）	李良荣等	2017年2月	复旦博学·新闻传播学研究生核心课程
马克思主义新闻思想概论	陈力丹	2017年11月	复旦博学·新闻传播学研究生核心课程
研究生学术行为规范读本	"上海在读研究生学术行为规范研究"课题组	2014年10月	—
研究生学术道德案例教育读本	复旦大学研究生院	2017年9月	—
你应该了解的：专业学位硕士研究生政治读本	肖巍等	2018年7月	—
管理学教学案例精选（修订版）	王凤彬、刘松博、朱克强	2009年4月	工商管理（MBA）教学案例精选
人力资源管理教学案例精选	姚裕群、文跃然	2009年6月	工商管理（MBA）教学案例精选
创业融资	[美]吉姆·司坦塞 著 邹 琪译	2008年12月	工商管理（MBA）系列教材
商业案例实战训练指南	黄智颖等	2011年7月	工商管理（MBA）系列教材
中国本土企业人力资源管理典型案例解析	颜爱民	2011年10月	工商管理（MBA）系列教材
物流和供应链管理	朱道立	2014年4月	工商管理（MBA）系列教材
商务英语沟通（第三版）	[英]艾菲德·罗伯茨、[英]菲利普·布鲁斯、黄智颖	2014年7月	工商管理（MBA）系列教材
中国企业领导力	[英]艾菲德·罗伯茨、[荷]杰隆·博格、黄智颖	2014年7月	工商管理（MBA）系列教材
名师教案（数学分册）	陈开明、颜 冬	2014年8月	工商管理（MBA）系列教材
组织行为学	胡君辰	2014年10月	工商管理（MBA）系列教材
管理经济学	袁志刚	2016年1月	工商管理（MBA）系列教材

(续表)

教材名称	作者/编者	出版时间	类别
管理沟通	苏 勇	2016年2月	工商管理(MBA)系列教材
人力资源总监：人力资源创新（第二版）	张文贤	2017年7月	工商管理(MBA)系列教材
财务报表分析	宋 军	2012年9月	金融硕士专业学位主干课系列
金融理论与政策：宏观分析视角	陈学彬	2012年9月	金融硕士专业学位主干课系列
投资学：证券分析与投资管理	张宗新	2012年9月	金融硕士专业学位主干课系列
公司金融	朱 叶	2012年10月	金融硕士专业学位主干课系列
财务报表分析行业案例	宋 军	2013年1月	金融硕士专业学位主干课系列
财务分析与估值	宋 军	2017年9月	经管类专业学位硕士核心课程系列教材
程序化交易中级教程（国信TradeStation）	陈学彬等	2017年9月	经管类专业学位硕士核心课程系列教材
公司金融	沈红波	2017年9月	经管类专业学位硕士核心课程系列教材
金融风险管理实务	张金清	2017年9月	经管类专业学位硕士核心课程系列教材
投资学	张宗新	2017年9月	经管类专业学位硕士核心课程系列教材

附录12 复旦大学研究生教学成果奖列表(2005—2017年)

年度	成果名称	主要完成人	获奖等级（校级）	获奖等级（上海市）	获奖等级（国家级）
2017	基于健康中国需求的创新人才培养机制探索与实践	汪玲、桂永浩、钱睿哲、吴海鸣、金力、葛均波、袁正宏、陆昉、包江波、尤小芳	特等奖	特等奖	/
2017	提高文化软实力，推动中国哲学全球化——复旦大学中国哲学英文硕士项目	白彤东、才清华、张子立、Benoit Vermander、李天纲、刘宇光、陈佳、Eberhard Guhe、于明志、徐波	特等奖	一等奖	/
2017	大气化学国际化高端人才培养的新途径探索——中欧大气化学研修班教学实践	陈建民、杨新、张士成	特等奖	一等奖	/
2017	我国量化交易高级人才培养体系探索	陈学彬、张金清、刘庆富、蒋祥林、宋军	一等奖	一等奖	/

（续表）

年度	成果名称	主要完成人	获奖等级（校级）	获奖等级（上海市）	获奖等级（国家级）
2017	全日制公共卫生硕士培养模式的创新与实践	何纳、汪玲、何更生、陈文、葛慧、姜庆五、周志俊、陈兆君、谢静波、包江波	特等奖	一等奖	/
2017	基于国际视野的高层次护理人才培养的创新与实践	胡雁、汪玲、王君俏、包江波、夏海鸥、卢洪洲、梁燕、徐建鸣、蒋红、陈文	特等奖	一等奖	/
2017	推进"一带一路"政策沟通的探索：中国与比较公共管理全英文课程体系建设	敬乂嘉、张平、Evan Berman、Graham Hassall	一等奖	一等奖	/
2017	以临床应用能力为导向的循证医学教学体系的创建和实践	王吉耀、施鹏、王小钦、陈世耀、朱畴文、王艺、张博恒、刘天舒、姜林娣、白浩鸣	特等奖	一等奖	/
2017	基于国家重大需求的优秀儿科医学人才培养体系的创新与实践	黄国英、周文浩、徐虹、陈超、吴静燕	一等奖	二等奖	/
2017	老年医学教育体系的构建与实践	俞卓伟、保志军、王姣锋、张艳、黄一沁	一等奖	二等奖	/
2017	临床药学人才培养模式的探索与创新	侯爱君、蔡卫民、马国、吕迁洲、钟明康	一等奖	二等奖	/
2017	言语听觉科学系列课程建设	陈忠敏、李华伟、蒋家琪、龚群虎、平悦铃	一等奖	二等奖	/
2017	基于沉浸式教学方法的数据分析类课程实践	赵卫东、韩伟力、戴伟辉	三等奖	/	/
2017	面向科研创新能力提升的研究生教学培养	汪兴轩	三等奖	/	/
2017	汇聚全球一流学者，引领新技术时代传播学科创新——中外新闻传播理论研究与方法暑期学校办学实践	黄旦、陆晔、谢静、廖圣清、孙玮、张琪瑶	三等奖	/	/
2017	专业化、国际化、立体化的税务硕士研究生协同培养体系建设	杜莉、余显财、孙琳、徐晔、王殿志	三等奖	/	/
2017	"医学科研道德概论"课程建设	刘学礼	三等奖	/	/
2013	临床医学专业学位教育综合改革的探索和创新	汪玲、桂永浩、陆昉、吴鸿翔、何珂、赖雁妮、郑玉英、吴海鸣、先梦涵、卢清	特等奖	特等奖	特等奖（2014）
2013	"马克思主义哲学前沿研究"课程建设与创新	邹诗鹏、吴晓明、王德峰、冯平、汪行福、王金林、郑召利、吴猛	一等奖	一等奖	/
2013	多学科、国际化研究生培养模式的创新探索	钱序、汪玲、史慧静、何更生、谭晖、袁伟、徐秀、李笑天、张蕴晖、胡雁	一等奖	一等奖	/
2013	文理交叉培养跨学科人才——基于中华民族形成史的人才培养模式探索	韩昇、金力、李辉、陈文婷	特等奖	/	/
2013	夯实基础 强化科研的创新人才培养："热力学统计物理Ⅱ"教学创新实践	陈焱、金晓峰、林志方、周磊、吴长勤、孙鑫	一等奖	二等奖	/
2013	"现代免疫学"课程教学的改革与创新	储以微、何睿、刘光伟、王继扬、刘杰	一等奖	二等奖	/

(续表)

年度	成果名称	主要完成人	获奖等级（校级）	获奖等级（上海市）	获奖等级（国家级）
2013	药学专业学位硕士研究生培养新模式的探索	朱依谆、侯爱君、谭凌实、乔娟、程能能、章蕴毅、靳跃敏	一等奖	二等奖	/
2013	面向企业需求的跨学科商务智能课程群学用结合教学模式	赵卫东、戴伟辉、李银胜	一等奖	二等奖	/
2013	模拟集成电路教学和创新人才培养	洪志良、易婷、秦亚杰、黄煜梅、李天望	一等奖	二等奖	/
2013	全英文学位项目办学中的自主发展与国际合作探索	陈志敏、敬乂嘉、陈玉刚、吴心伯	一等奖	二等奖	/
2013	整合优势资源 创新培养模式——中外新闻传播理论研究与方法暑期学校办学实践	黄旦、陆晔、谢静、廖圣清、薛丽	一等奖	/	/
2013	以医院中心实验室为基地的临床研究生科研技能的规范化培训	高继明、关明、吕珏、张心菊、李益明	一等奖	/	/
2013	"科研伦理和规范"的研究生教学	孙璘、张锋	一等奖	/	/
2013	"申请-考核制"在博士研究生招生中的应用	冯晓源、高继明、冯素云、储以微、邹和建	一等奖	/	/
2010—2012	影视学研究生的教学与培养	周斌	一等奖	/	/
2010—2012	日本近代文学作品选读	李征	一等奖	/	/
2010—2012	研究生英语课程设置与教学实践创新	曾建彬、廖文武、卢玉玲、梁正溜、张宁宁	一等奖	/	/
2010—2012	研究生思想政治理论课教学改革	顾钰民、肖巍、吴海江、陈华杰、刘学礼	二等奖	/	/
2010—2012	社会经济史专题研究	戴鞍钢	二等奖	/	/
2010—2012	国际贸易核心课程建设中的互补问题	尹翔硕、强永昌、程大中	二等奖	/	/
2010—2012	以全英文和比较法为特色的证券法课程	高凌云	二等奖	/	/
2010—2012	中国文学古今演变研究	黄仁生	二等奖	/	/
2010—2012	高级临床应用解剖学的教学改革	谭德炎、王劼	二等奖	/	/
2010—2012	临床应用为导向 教材建设为基础 《局解》教学上台阶——尸体解剖开启研究生创新思维	李瑞锡、王海杰、张红旗、王劼、孙燕	二等奖	/	/
2010—2012	"病理学理论与实践"课程	张志刚、刘秀萍、曾文姣、蒋涛、刘晔	二等奖	/	/
2010—2012	"现代组织化学"课程建设	朱虹光、刘颖、刘学光、李慧、赵仲华	二等奖	/	/
2010—2012	"临床药物治疗学"优质课程与教材建设	蔡卫民、吕迁洲、钟明康、张鹏、马国	二等奖	/	/
2010—2012	"临床免疫学"	李大金、王晓川、杜美蓉、金莉萍、李明清	二等奖	/	/
2010—2012	PBL教学模式在研究生教学(四证合一全科教学)中的初步应用研究	许澎、段磊、洪洋、顾勇、牛建英	二等奖	/	/

(续表)

年度	成果名称	主要完成人	获奖等级（校级）	获奖等级（上海市）	获奖等级（国家级）
2009	研究生金融创新能力培养模式探索——以复旦大学金融创新研究生开放实验室建设实践为例	张金清、廖文武、张荣乾、沈蔚、刘庆富	一等奖	一等奖	/
2009	复旦大学生态学暑期高级讲习班：培养研究生掌握学科前沿与研究方法的新途径	李博、陈吉泉、马志军、姜丽芬、赵斌	一等奖	一等奖	/
2009	公共卫生硕士培养模式的实践和探索	姜庆五、汪玲、钱序	一等奖	二等奖	/
2009	数字医学交叉学科研究生培养的实践与探索	宋志坚、汪玲、吴海鸣、俞立英、冯晓源	一等奖	二等奖	/
2009	《中国历代文论选新编》四卷本（教材）	黄霖、杨明、邬国平、周兴陆、羊列荣	一等奖	三等奖	/
2009	计算机网络相关研究生课程建设及研究生培养	高传善、毛迪林、曹袖	二等奖	三等奖	/
2008	数学与金融保险密切结合，培养受市场欢迎的精算人才	尚汉冀、李荣敏、沈玮熙、黄云敏	一等奖	/	/
2008	临床医学复合型研究生培养模式的实践与探索	邵志敏、沈镇宙、杜祥、吴炅、单珠凤	一等奖	/	/
2008	翻译研究导论	何刚强	二等奖	/	/
2008	外国史学名著导读	赵立行、张广智、黄洋、金重远、金寿福	二等奖	/	/
2008	"管理学（中级）"课程的改革与实施	许晓明、苏勇、罗殿军	二等奖	/	/
2008	文化研究导论	陆扬	二等奖	/	/
2008	马克思主义与当代社会思潮	孙承叔、王德峰、吴晓明、陈学明、余源培	二等奖	/	/
2008	数据库课程改革与实践	朱扬勇、廖文武、熊赟、施伯乐	二等奖	/	/
2008	高分子研究方法（含实验）	武培怡	二等奖	/	/
2008	中西医结合基础学科的研究生课程教学建设	吴根诚、陈伯英、王彦青、马淑兰、汪军	二等奖	/	/
2008	"药物靶向传释系统"课程	陆伟跃、裴元英、吴伟、朱建华、蒋晨	二等奖	/	/
2008	医科研究生公共技术课程的教学改革及公用实验教学平台的建设	潘銮凤、高红阳、王松梅、吴春根、方宁涛	二等奖	/	/
2008	"遗传医学进展"课程建设	左伋、刘雯、刘晓宇	二等奖	/	/
2008	研究生英语教学模式之探索	曾道明、曾建彬、查国生、卢玉玲、范若恩	三等奖	/	/
2008	明清西学史	邹振环	三等奖	/	/
2008	人力资源管理	胡君辰、谢晋宇、姚凯、李绪红、徐笑君	三等奖	/	/
2008	中国近现代金融史研究	吴景平	三等奖	/	/
2008	"自然辩证法概论"教学、研究与改革	朱宝荣、魏洪钟、王志伟、刘学礼、徐志宏	三等奖	/	/

(续表)

年度	成果名称	主要完成人	获奖等级（校级）	获奖等级（上海市）	获奖等级（国家级）
2008	高等无机合成实验	周锡庚、庞震、闫世润	三等奖	/	/
2008	中西医结合临床	王文健、王兴娟、蔡定芳	三等奖	/	/
2008	临床免疫学	李大金	三等奖	/	/
2008	"药学实验设计优化法"课程体系建设	吴伟、张奇志、卢懿	三等奖	/	/
2008	留学博士生高级汉语与文化研习	祝克懿	三等奖	/	/
2008	医学论文英语撰写系列讲座	梁正溜、戴月珍	三等奖	/	/
2007	哲学系博士公共课	俞吾金、孙承叔、吴震	一等奖	/	/
2007	泛函分析课程的建设	童裕孙	一等奖	/	/
2007	"同步辐射应用概论"课程与教材建设	马礼敦、张新夷、杨福家	一等奖	/	/
2007	以掌握知识、服务科研为原则的现代信号处理课程改革	汪源源	一等奖	/	/
2007	加强管理，注重细节，培养一流博士生	吕元、关明、蒋晓飞、高继明	一等奖	/	/
2007	社会主义：理论与实践	肖巍、钱玉莉、胡承统、钱箭星	二等奖	/	/
2007	研究生教育成本实证研究——以复旦大学为例	林荣日、顾云深、廖文武	二等奖	/	/
2007	语言学课程的建设和教学改革	熊学亮	二等奖	/	/
2007	MBA"组织行为学"课程建设与教学改革	杨永康、苏勇	二等奖	/	/
2007	"高等教育学"	杜作润、廖文武	二等奖	/	/
2007	"材料化学Ⅱ"课程建设与实践	杨振国	二等奖	/	/
2007	"计算机网络安全技术"课程教学	张世永、吴承荣、傅维明	二等奖	/	/
2007	医学分子细胞生物学课程建设	刘雯、左伋	二等奖	/	/
2007	卫生政策学	郝模、吕军、罗力、袁凤水、王颖	二等奖	/	/
2007	硕士研究生"流行病学原理与方法"教学改革与实践	徐飚、赵根明、姜庆五、何纳	二等奖	/	/
2007	研究生自然辩证法教学改革探索	刘学礼	三等奖	/	/
2007	哲学硕士研究生基础通识课程	吴晓明、张汝伦、刘康德	三等奖	/	/
2007	信息系统技术与管理	张成洪、凌鸿、黄丽华	三等奖	/	/
2007	文化遗产系列课程建设	杨志刚	三等奖	/	/
2007	"高分子物理—Crystallization of Linear Macromolecules"课程建设与教学	范仲勇	三等奖	/	/
2007	协同计算研究生培养	顾宁、王放、卢暾	三等奖	/	/
2007	"卫生服务评价"互动式双语教学模式探索	陈英耀、唐智柳、黄葭燕	三等奖	/	/
2005	MPA（公共管理硕士）系列教材	竺乾威、马国泉、孙关宏、刘建军、樊勇明	/	一等奖	/
2005	金融学研究生系列教材建设项目	刘红忠、朱叶、姜波克、胡庆康、雍炯敏	/	一等奖	/

年度	成果名称	主要完成人	获奖等级（校级）	获奖等级（上海市）	获奖等级（国家级）
2005	发挥名师作用，加强研究生创新能力培养	马兰、闻玉梅、杨雄里、汤钊猷、顾玉东	/	一等奖	二等奖
2005	药剂学专业研究生课程体系的改革与实践	方晓玲、陆伟耀、吴伟、蒋兴国、翁伟宇	/	二等奖	/
2005	研究生英语交际能力培养模式之探索	陆效用、曾道明、曾建彬、刘雯、陶友兰	/	二等奖	/
2005	网上学习支持系统的应用与实践——文检课系列教改	李晓玲、夏知平、符礼平、王宇芳、俞健	/	三等奖	/

附录13 复旦大学研究生培养项目（含全英文研究生学位项目）列表

培养项目名称	所在院系	项目类型	培养层次	学位类型
"中国语言与文化"EIDP项目	011 中国语言文学系	自设专门项目（全英文）	硕士	科学学位
Fudan-LSE"全球媒介与传播"EIDP双学位项目	013 新闻学院	国际合作双学位项目（全英文教学）	硕士	科学学位
Fudan-Science Po."传播与媒介"EIDP双学位项目	013 新闻学院	国际合作双学位项目（全英文教学）	硕士	科学学位
Fudan-VCU"战略公共关系"EIDP双学位项目	013 新闻学院	国际合作双学位项目（全英文教学）	硕士	科学学位
Fudan-USYD"国际健康传播"EIDP双学位项目	013 新闻学院	国际合作双学位项目（全英文教学）	硕士	科学学位
Fudan-Wasada EIDP 全英文项目	013 新闻学院	国际合作双学位项目（全英文教学）	硕士	科学学位
Fudan-Melbourne"全球媒介传播"EIDP双学位项目	013 新闻学院	国际合作双学位项目（全英文教学）	硕士	科学学位
"中国历史与文化"EIDP项目	014 历史学系	自设专门项目（全英文）	硕士	科学学位
"中国哲学与文化"EIDP项目	016 哲学学院	自设专门项目（全英文）	硕士	科学学位
"中国宗教"EIDP项目	016 哲学学院	自设专门项目（全英文）	硕士	科学学位
"比较政治"EIDP项目	017 国际关系与公共事务学院	自设专门项目（全英文）	硕士	科学学位
"中国政治与外交"EIDP项目	017 国际关系与公共事务学院	自设专门项目（全英文）	硕士	科学学位
"国际政治"EIDP项目	017 国际关系与公共事务学院	自设专门项目（全英文）	博士	科学学位
"中国政府与治理"EIDP项目	017 国际关系与公共事务学院	自设专门项目（全英文）	硕士	科学学位

(续表)

培养项目名称	所在院系	项目类型	培养层次	学位类型
"国际公共政策"EIDP项目	017 国际关系与公共事务学院	自设专门项目(全英文)	硕士	科学学位
Fudan-CityU 社会科学博士双学位项目	017 国际关系与公共事务学院	国际合作双学位项目(中文教学)	博士	科学学位
Fudan-Science Po."国际事务中的欧洲与亚洲"EIDP双学位项目	017 国际关系与公共事务学院	国际合作双学位项目(全英文教学)	硕士	科学学位
Fudan-Korea"亚洲校园项目"EIDP双学位项目	017 国际关系与公共事务学院	国际合作双学位项目(全英文教学)	硕士	科学学位
Fudan-UBC 社会科学 EIDP 双学位项目	017 国际关系与公共事务学院	国际合作双学位项目(全英文教学)	硕士	科学学位
Fudan-Lund 社会科学 EIDP 双学位项目	017 国际关系与公共事务学院	国际合作双学位项目(全英文教学)	硕士	科学学位
Fudan-Kobe"亚洲校园项目"EIDP双学位项目	017 国际关系与公共事务学院	国际合作双学位项目(全英文教学)	硕士	科学学位
"Fudan-Keio"EIDP双学位项目	017 国际关系与公共事务学院	国际合作双学位项目(全英文教学)	硕士	科学学位
Fudan-GU 社会科学 EIDP 双学位项目	017 国际关系与公共事务学院	国际合作双学位项目(全英文教学)	硕士 博士	科学学位
"中国商法"EIDP项目	027 法学院	自设专门项目(全英文)	硕士	科学学位
Fudan-WU Law 法律双学位项目	027 法学院	国际合作双学位项目(中文教学)	硕士	专业学位
Fudan-WM 法律双学位项目	027 法学院	国际合作双学位项目(中文教学)	硕士	专业学位
Fudan-NUS Law 法律硕士双学位项目	027 法学院	国际合作双学位项目(中文教学)	硕士	专业学位
Fudan-NU Law 法律硕士双学位项目	027 法学院	国际合作双学位项目(中文教学)	硕士	专业学位
Fudan-ILF 法律硕士双学位项目	027 法学院	国际合作双学位项目(中文教学)	硕士	专业学位
Fudan-OSU 旅游管理硕士双学位项目	050 旅游学系	国际合作双学位项目(中文教学)	硕士	专业学位
"全球化和中国经济"EIDP项目	068 经济学院	自设专门项目(全英文)	硕士	科学学位
金融学 EIDP 项目	068 经济学院	自设专门项目(全英文)	硕士	科学学位
Fudan-ESSCA 国际商务硕士 EIDP 双学位项目	068 经济学院	国际合作双学位项目(中文教学)	硕士	专业学位
Fudan-ULM 保险硕士 EIDP 双学位项目	068 经济学院	国际合作双学位项目(中文教学)	硕士	专业学位
Fudan-Emlyon"定量金融"EIDP双学位项目	068 经济学院	国际合作双学位项目(中文教学)	硕士	专业学位
Fudan-Paris 1"全球化与世界经济"EIDP双学位项目	068 经济学院	国际合作双学位项目(全英文教学)	硕士	科学学位
Fudan-Chungang"全球化与中国经济"EIDP双学位项目	068 经济学院	国际合作双学位项目(全英文教学)	硕士	科学学位
Fudan-Groningen"全球化与中国经济"EIDP双学位项目	068 经济学院	国际合作双学位项目(全英文教学)	硕士	科学学位
Fudan-ESSCA"全球化与中国经济"EIDP双学位项目	068 经济学院	国际合作双学位项目(全英文教学)	硕士	科学学位

(续表)

培养项目名称	所在院系	项目类型	培养层次	学位类型
Fudan-Yonsei"全球化与中国经济"EIDP双学位项目	068 经济学院	国际合作双学位项目（全英文教学）	硕士	科学学位
Fudan-Ulm"全球化与中国经济"EIDP双学位项目	068 经济学院	国际合作双学位项目（全英文教学）	硕士	科学学位
Fudan-Exeter"全球化与中国经济"EIDP双学位项目	068 经济学院	国际合作双学位项目（全英文教学）	硕士	科学学位
Fudan-Chungang 金融学 EIDP 双学位项目	068 经济学院	国际合作双学位项目（全英文教学）	硕士	科学学位
Fudan-SKKU 金融学 EIDP 双学位项目	068 经济学院	国际合作双学位项目（全英文教学）	硕士	科学学位
Fudan-LSE 统计金融学 EIDP 双学位项目	068 经济学院	国际合作双学位项目（全英文教学）	硕士	科学学位
Fudan-SKKU"定量金融"EIDP双学位项目	068 经济学院	国际合作双学位项目（全英文教学）	硕士	专业学位
Fudan-UCLA"财务管理"金融硕士 EIDP 项目	069 管理学院	国际合作单学位项目（英文教学）	硕士	专业学位
"金融工程管理"金融硕士 EIDP 项目	069 管理学院	国际合作单学位项目（英文教学）	硕士	专业学位
Fudan-MIT IMBA EIDP 项目	069 管理学院	国际合作单学位项目（英文教学）	硕士	专业学位
复旦-台大"EMBA"双学位项目	069 管理学院	国际合作双学位项目（中文教学）	硕士	专业学位
Fudan-Bocconi/LUISS"国际商务" EIDP 双学位项目（DDIM项目）	069 管理学院	国际合作双学位项目（全英文教学）	硕士	专业学位
Fudan-LBS"全球化经营与管理"EIDP 双学位项目（GMiM项目）	069 管理学院	国际合作双学位项目（全英文教学）	硕士	专业学位
"S3 Asia MBA"EIDP双学位项目（S3 MBA）	069 管理学院	国际合作双学位项目（全英文教学）	硕士	专业学位
Fudan-BI MBA 项目	069 管理学院	国际合作境外学位项目	硕士	专业学位
Fudan-HKU IMBA 项目	069 管理学院	国际合作境外学位项目	硕士	专业学位
Fudan-CityU DBA 项目	069 管理学院	国际合作境外学位项目	博士	专业学位
Fudan-WashU EMBA 项目	069 管理学院	国际合作境外学位项目	硕士	专业学位
Fudan-CTH 博士双学位项目	072 信息科学与工程学院	国际合作双学位项目（中英文教学）	博士	科学学位
Fudan-imec-KU Leuven 博士双学位项目	072 信息科学与工程学院	国际合作双学位项目（中英文教学）	博士	科学学位
Fudan-UTU"信息与通信技术"EIDP 双学位项目	072 信息科学与工程学院	国际合作双学位项目（全英文教学）	硕士 博士	专业学位 科学学位
"中国社会"EIDP项目	073 社会发展与公共政策学院	自设专门项目（全英文）	硕士	科学学位
Fudan-WashU 社会政策双学位项目	073 社会发展与公共政策学院	国际合作双学位项目（中文教学）	硕士	科学学位
Fudan-Lund"中国社会"EIDP双学位项目	073 社会发展与公共政策学院	国际合作双学位项目（全英文教学）	硕士	科学学位
"环境科学与工程"EIDP项目	074 环境科学与工程系	自设专门项目（全英文）	博士	科学学位
"环境管理"EIDP项目	074 环境科学与工程系	自设专门项目（全英文）	博士	科学学位
Fudan-QUT 博士双学位项目	074 环境科学与工程系	国际合作双学位项目（中文教学）	博士	科学学位
Fudan-UCD 软件工程 EIDP 双学位项目	201 软件学院	国际合作双学位项目（全英文教学）	硕士	专业学位

附录 14　复旦大学学位评定委员会会议主要内容

复旦大学学位评定委员会会议主要内容（1982—2000 年）

会议名称	时间	主持人
学位评定委员会第一次会议	1982 年 3 月 12 日	苏步青

(1) 校学位评定委员会举行第一次会议。
(2) 会议审议并通过《复旦大学硕士学位和博士学位授予工作细则》（试行草案）和《复旦大学关于做好第一批硕士学位授予工作的几点意见》。

会议名称	时间	主持人
学位评定委员会第二次会议	1982 年 5 月 7 日	苏步青

(1) 讨论审批 1981 年度授予 149 人硕士学位的名单。

会议名称	时间	主持人
学位评定委员会第三次会议	1982 年 6 月 24 日	苏步青

(1) 审批授予洪家兴等 4 人博士学位。
(2) 审批 1981 年、1982 年学士学位授予草案。

会议名称	时间	主持人
学位评定委员会第四次会议	1982 年 9 月 28 日	苏步青

(1) 讨论由复旦大学推荐的"国务院学科评议分组的增补成员名单"和"临时约请参加评议工作的学者、专家名单"。

会议名称	时间	主持人
学位评定委员会第五次会议	1983 年 1 月 19 日	苏步青

(1) 审批 1982 年度授予硕士学位人员的名单。
(2) 讨论关于通过"学位课程的要求问题"。
(3) 讨论关于毕业研究生要求"对本人的学位答辩重新进行复议"的问题。

会议名称	时间	主持人
学位评定委员会第六次会议	1983 年 5 月 17 日	苏步青

(1) 审议申请硕士学位授予权的专业、导师名单。
(2) 审议申请博士学位授予权的专业、导师名单。

会议名称	时间	主持人
学位评定委员会第七次会议	1983 年 5 月 24 日	苏步青

(1) 复审第六次会议没有通过申请博士学位授予权的导师名单。

会议名称	时间	主持人
学位评定委员会第八次会议	1983 年 7 月 11 日	苏步青

(续表)

(1) 讨论授予茅诚司和乔治·基沃斯（George A·Keyworth Ⅱ）等复旦大学名誉博士的问题。
(2) 讨论关于刘放桐等两人申请补报博士授予权的事宜。
(3) 审议历史学系周振鹤、葛剑雄两名博士生提前进行论文答辩的问题。

会议名称	时间	主持人
学位评定委员会第九次会议	1983年10月8日	苏步青

(1) 审议两名提前毕业的博士生周振鹤、葛剑雄的学位。

会议名称	时间	主持人
学位评定委员会第十次会议	1983年11月18日	苏步青

(1) 审议并同意授予62人硕士学位。
(2) 讨论有关授予意大利经济学家范厄尼在复旦大学申请名誉博士学位的问题。

会议名称	时间	主持人
学位评定委员会第十一次会议	1984年11月6日	谢希德

(1) 一致通过推荐授予杨振宁教授、李政道教授复旦大学名誉博士的建议。
(2) 初步讨论《复旦大学硕士学位和博士学位授予工作细则》（讨论稿）。
(3) 审议并同意授予毕业研究生顾忆林等13人硕士学位。

会议名称	时间	主持人
校学位评定委员会第十二次会议	1985年2月26日	谢希德

(1) 审议并同意授予128人硕士学位。
(2) 审议并同意授予13人博士学位。
(3) 讨论通过《复旦大学硕士学位和博士学位授予工作细则》（修改稿）。

会议名称	时间	主持人
学位评定委员会第十三次会议	1985年9月7日	谢希德

(1) 审议并同意授予陈刚等185人硕士学位。
(2) 审议并同意授予马美信文学博士和穆穆、葛明、陶柯励生理学博士。
(3) 为了保证授予学位质量，外单位研究生向复旦大学申请学位时，必须进行考试，才能组织论文答辩。
(4) 会议一致认为：经校学位评定委员会决定，不授予学位的研究生，在一般情况下，不得重新申请学位；如有特殊理由要重新复议者，系学位评定分委员会需先报校学位评定委员会批准后，才能进行复议，否则表决无效。

会议名称	时间	主持人
学位评定委员会第十四次会议	1985年12月16日	谢希德

(1) 审议第三批申请博士、硕士学位授予权的专业、导师名单。
(2) 讨论3人博士学位的申请。

会议名称	时间	主持人
学位评定委员会第十五次会议	1986年4月24日	谷超豪

(1) 讨论《关于在职人员申请博士、硕士学位的办法》（草案），根据委员们提出的修改意见，修改后交下次学位评定委员会再次讨论。
(2) 审议并同意授予9人博士学位。

会议名称	时间	主持人
学位评定委员会第十六次会议	1986年6月18日	谷超豪

(1) 重新审核复旦大学第三批申请硕士学位授予权的9个专业点。
(2) 一致通过批准9个专业点获硕士学位授予权。

(续表)

会议名称	时间	主持人
学位评定委员会第十七次会议	1986年7月9日	谷超豪

(1) 审议并同意授予230人硕士学位。
(2) 审议并同意授予6人博士学位。

会议名称	时间	主持人
学位评定委员会第十九次会议	1988年5月3日	谢希德

(1) 审议并同意授予申小龙等30人博士学位。
(2) 讨论通过按一级学科、专业设置组成第三届学位评定分委员会,对分委员成员名单提出意见,责成有关单位作适当修改。
(3) 一致通过第三届校学位评定委员会委员名单(共25人),并讨论校学位评定委员会主席由校长担任,副主席由研究生院院长担任。

会议名称	时间	主持人
学位评定委员会第二十次会议	1988年7月11日	谢希德

(1) 审议并同意授予369人硕士学位。
(2) 审议并同意授予顾晓鸣等15人博士学位。

会议名称	时间	主持人
学位评定委员会第二十一次会议	1989年1月3日	谢希德

(1) 审议并同意授予7人硕士学位。
(2) 审议并同意授予洪修平等8人博士学位。
(3) 审议并同意授予73名在职人员硕士学位。
(4) 学位评定委员会主席谢希德传达国务院学位委员会第八次会议关于进行第四批博士、硕士学位授予权审核工作的有关精神。
(5) 学位评定委员会主席谢希德根据国家教委批准同意校学位评定委员会决定,主席由校长担任,即日起由华中一校长担任第三届校学位评定委员会主席。
(6) 研究生院副院长袁晚禾汇报1989年度研究生招生和分配情况。

会议名称	时间	主持人
学位评定委员会第二十二次会议	1989年4月29日	华中一

(1) 讨论学位授权申报的有关条件,并审议各系(所)拟申报的各学位评定分委员会初审的新增博士点及新增博士生导师的材料。
(2) 审议并原则上通过各系(所)拟申报的新增硕士学位授权专业及导师队伍,对某些申报点的导师队伍组成提出调整意见。

会议名称	时间	主持人
学位评定委员会第二十五次会议	1990年7月7日	庄锡昌

(1) 研究生院副院长李大潜汇报研究生院对本学期学位论文答辩抽查的情况。
(2) 审议并同意授予314人硕士学位。
(3) 审议并同意授予戴金珊等27人博士学位。
(4) 审议并同意授予15名在职人员硕士学位。
(5) 通过各分委员会上报的新增硕士导师名单。

（续表）

会议名称	时间	主持人
学位评定委员会第二十六次会议	1991年1月11日	华中一

(1) 审议并同意授予71人硕士学位。
(2) 审议并同意授予尚志英等17人博士学位。
(3) 审议并同意授予9名在职人员硕士学位。

会议名称	时间	主持人
学位评定委员会第二十七次会议	1991年7月8日	杨福家

(1) 审议并同意授予303人硕士学位。
(2) 审议并同意授予林志远等42人博士学位。
(3) 审议通过研究生院学位办公室根据国务院学位委员会学位〔1991〕5号文件精神修订的《复旦大学关于授予具有研究生毕业同等学力的在职人员硕士、博士学位暂行工作细则》。
(4) 讨论通过《复旦大学关于学位评定委员会和分委员会换届原则和改选办法》。
(5) 审批各学位评定分委员会上报的31名硕士生导师名单。

会议名称	时间	主持人
学位评定委员会第二十八次会议	1992年1月14日	华中一

(1) 审议并同意授予顾珏民等26人硕士学位。
(2) 讨论俞吾金等16名博士研究生的博士学位审议情况和1名在职人员以同等学力申请博士学位的审议情况，一致通过同意授予俞吾金等17人博士学位。
(3) 审议并同意授予刘康德等22名在职人员硕士学位。
(4) 研究生院学位办公室介绍第四届校学位评定委员会的组成情况和人员名单。
(5) 决定今后增列硕士生导师，名单由分委员会审核后上报研究生院。

会议名称	时间	主持人
学位评定委员会第二十九次会议	1992年7月10日	华中一

(1) 审议并同意授予韩文甫等247人硕士学位。
(2) 审议并同意授予曾晓力等48人博士学位。
(3) 审议并同意授予胡健等12人具有研究生毕业同等学力的在职人员硕士学位。
(4) 讨论并同意17名博士生导师材料上报国务院学位办公室审批。

会议名称	时间	主持人
学位评定委员会第三十次会议	1993年1月13日	华中一

(1) 审议并同意授予孙新雷等68人硕士学位。
(2) 审议并同意授予16人博士学位。
(3) 审议并同意授予钱世政等12名在职人员硕士学位。
(4) 讨论并决定发表论文有必要作为授予学位的条件之一，并决定从1992级研究生开始实行。
(5) 向委员们转发国务院学位委员会文件并进行议论。

会议名称	时间	主持人
学位评定委员会第三十一次会议	1993年3月10日	杨福家

(1) 审核和表决复旦大学不属于自行审批博士生导师试点工作一级学科范围、须上报国务院学位委员会审批的学科专业增列博士生导师名单。

(续表)

会议名称	时间	主持人
学位评定委员会第三十二次会议	1993 年 6 月 18 日	杨福家

(1) 讨论并决定增列 36 人为博士生导师。
(2) 审核讨论复旦大学申报博士学位授权点、硕士学位授权点(不含自行审批的硕士点)和增列博士生导师事宜。

会议名称	时间	主持人
学位评定委员会第三十三次会议	1993 年 7 月 9 日	杨福家

(1) 审议并同意授予刘文等 355 人硕士学位。
(2) 审议并同意授予 43 人博士学位。
(3) 审议并同意授予阎嘉陵等 45 名在职人员硕士学位。
(4) 重申因特殊情况用英文撰写的学位论文必须要有一份中文论文以供审阅和存档。

会议名称	时间	主持人
学位评定委员会第三十四次会议	1994 年 1 月 13 日	杨福家

(1) 审议并同意授予 43 人硕士学位。
(2) 审议并同意授予卢文莹等 14 人博士学位。
(3) 对大专毕业的在职人员补修本科 7 门主干课程及综合考试环节如何保证质量提出一些意见。
(4) 讨论研究生院学位办制定的《关于下放授予毕业研究生硕士学位审批权工作的通知》,并决定从 1994 年起执行。

会议名称	时间	主持人
学位评定委员会第三十五次会议	1994 年 7 月 6 日	杨福家

(1) 审议并同意授予徐洪生等 54 人博士学位。
(2) 同意授予金志等 19 名在职人员硕士学位。
(3) 审议并同意授予汪树清等 348 人硕士学位。
(4) 讨论研究生发表论文是获得学位的条件之一,委员对授予博士学位者需发表学术论文的要求提出看法。

会议名称	时间	主持人
学位评定委员会第三十七次会议	1994 年 1 月 12 日	杨福家

(1) 审议并同意授予刘振芳等 17 人博士学位,授予具有博士研究生毕业同等学力的在职人员王杰博士学位。
(2) 审议并同意授予孙建南等 23 名在职人员硕士学位。
(3) 审议并同意授予郭锐等 52 人硕士学位。
(4) 对研究生院学位办制订的《复旦大学学位评定委员会和分委员会换届改选的原则和办法》(初稿)进行讨论并提出意见。
(5) 再次强调研究生发表论文是获得学位的重要条件之一,从 1994 年起开始执行。
(6) 认为在职人员以同等学力申请硕士、博士学位是培养人才的有效途径,但是,一定要严格把关、保证授予质量。

会议名称	时间	主持人
学位评定委员会第三十八次会议	1995 年 7 月 4 日	杨福家

（续表）

(1) 审议并同意授予博士生徐洪兴等82人博士学位。
(2) 审议并同意授予孙志海等351人硕士学位。
(3) 审议通过复旦大学上报国务院学位委员会审核的博士点、硕士点名单，以及报上海市学位委员会审核的硕士点名单。
(4) 审议通过修订的《复旦大学关于授予具有研究生毕业同等学力的在职人员硕士、博士学位暂行工作细则》自通过之日起执行。
(5) 研究生院学位办公室介绍第五届校学位评定委员会的组成情况和人员名单。

会议名称	时间	主持人
学位评定委员会第三十九次会议	1996年1月23日	杨福家

(1) 审议并同意授予马新爱等26人博士学位。
(2) 审议并同意授予陶源、彭增安等48名在职人员硕士学位。
(3) 审议并同意授予陈光明等81人硕士学位。
(4) 委员们对文理科硕士、博士授予学位发表期刊的规定提出意见，并作出明确规定。

会议名称	时间	主持人
学位评定委员会第四十一次会议	1996年7月9日	杨福家

(1) 审议并同意授予江涛和在职人员崔伟宏等88人博士学位。
(2) 审议并同意授予道书明等33名具有研究生毕业同等学力的在职人员硕士学位。
(3) 审议并同意授予肖卫民等472人硕士学位。

会议名称	时间	主持人
学位评定委员会第四十三次会议	1997年6月28日	杨福家

(1) 审议并同意授予虞圣强等128人及在职人员胡伟博士学位。
(2) 审议并同意授予陈因达等47名在职人员硕士学位。
(3) 审议并同意授予朱青松等664人硕士学位。

会议名称	时间	主持人
学位评定委员会第四十四次会议	1998年1月9日	杨福家

(1) 审议并同意授予40人博士学位。
(2) 审议并同意授予在职人员朱永宁等24人硕士学位。
(3) 审议并同意授予张栩青等111人硕士学位。
(4) 决定今后凡各学位评定分委员会提出修订国内权威期刊和核心期刊目录，均委托研究生院进行审核。
(5) 审议并通过49人的博士生导师资格。

会议名称	时间	主持人
学位评定委员会第四十五次会议	1998年6月30日	李大潜

(1) 审议并同意授予博士毕业研究生刘刚等174人、在职青年教师陈正宏等2人博士学位。
(2) 听取研究生院学位办公室关于1998年上半年度在职人员以同等学力申请硕士学位的情况汇报。
(3) 审议并同意授予赖恩明等480人硕士学位。
(4) 决定对《复旦大学研究生申请学位发表学术论文的国内权威期刊和核心期刊目录》进行修订。

(续表)

会议名称	时间	主持人
学位评定委员会第四十六次会议	1999年1月11日	李大潜

(1) 审议并同意授予博士毕业研究生魏洪钟等66人、同等学力人员吴炫等4人博士学位。
(2) 审议并同意授予徐琴等73名在职人员硕士学位。
(3) 审议并同意授予殷小勇等131人硕士学位。
(4) 听取研究生院关于修订《复旦大学关于授予具有研究生毕业同等学力人员硕士、博士学位工作细则》的汇报,原则上通过《细则》修订稿。
(5) 还就有关问题形成一致意见:①复旦大学博士、硕士学位论文应用中文撰写。②审批研究生提前毕业应从严掌握。③对发表论文不符合规定要求的申请者,学位评定分委员会应严格把关,不宜简单地提交校学位评定委员会决定。④经全体委员举手表决一致通过,表决通过票采取"四舍五入"计票方法。

会议名称	时间	主持人
学位评定委员会第四十七次会议	1999年7月2日	王生洪

(1) 审议并同意授予博士毕业研究生杨建祥等174人、同等学力人员颜世富等8人博士学位。
(2) 审议并同意授予田丰等70名在职人员硕士学位。
(3) 审议并同意授予汪震宇等584人硕士学位。
(4) 表决通过孙承叔等51人的博士生导师资格。
(5) 原则同意《复旦大学学位与研究生教育国内权威和核心期刊修订目录实施办法》(送审稿)。

会议名称	时间	主持人
学位评定委员会第四十八次会议	2000年1月14日	王生洪

(1) 同意授予刘华丽等66人博士学位。
(2) 同意授予黄远堂等197人硕士学位。
(3) 审议并原则同意增列"电子科学与技术"(6份)、"中国语言文学"(2份)、"社会学"(3份)3个学科(专业)共11份期刊为核心或权威期刊。
(4) 建议由研究生院负责,对研究生发表论文的规定等问题进行调查,并对有关规定作出实事求是的调整。

原上海医科大学学位评定委员会会议主要内容(1981—1999年)

时间	主持人
1981年12月	石美鑫

(1) 国务院学位委员会批准原上海医科大学首批博士学位授权学科点21个,博士生导师29名,硕士学位授权学科点41个,硕士生导师148名。
(2) 成立首届学位评定委员会,石美鑫任主席,朱益栋等24名教授为委员。

时间	主持人
1982年4月	石美鑫

(1) 根据国务院学位办关于做好应届毕业研究生授予硕士学位工作的通知,对78级林树新等首批毕业研究生授予硕士学位。
(2) 根据国家有关规定,分别建立校、系两级学位评定委员会。

(续表)

时间	主持人
1983 年 1 月	石美鑫

(1) 讨论认为药学系毕业研究生的学位名称应该为理学学位,并将此更名问题专题上报卫生部审批。

时间	主持人
1984 年 1 月	石美鑫

(1) 国务院学位委员会批准原上海医科大学的妇产科学、儿科学、肿瘤学、卫生统计学和中西医结合基础(神经药理)为第二批博士学位授予学科专业。
(2) 通过郑怀美、刘湘云、金汉珍、李月云、汤钊猷、陈中伟等教授为博士生导师。
(3) 批准硕士学位授权学科点 2 个、硕士生导师 37 名。
(4) 第一本研究生硕士论文选《上海第一医学院研究生硕士论文选》出版、发行。

时间	主持人
1985 年 2 月、7 月	石美鑫

(1) 根据教育部《关于硕士生提前攻读博士学位问题的通知》精神,首批试行提前攻读博士学位制度,夏霞娟等 14 人为首批提前攻读博士生。
(2) 授予彭裕文、王文健、陈惠方、樊军、萧湘生 5 人医学博士学位,他们是原上海医科大学培养的首批医学博士。
(3) 彭裕文是我国自己培养的第一位人体解剖学博士,王文健是我国第一位中西医结合的博士。

时间	主持人
1986 年 7 月	张镜如

(1) 国务院学位委员会批准原上海医科大学于彦铮等 35 人为第三批博士生导师。
(2) 批准原上海医科大学精神病学、放射治疗学、药剂学为博士学位授权点。
(3) 批准原上海医科大学实验动物学、放射医学、法医学、临床检验与诊断学为硕士学位授权点。
(4) 批准新增硕士生导师 17 名。

时间	主持人
1989 年 4 月	汤钊猷

(1) 校学位评定委员会换届,汤钊猷任第三届学位评定委员会主席,萧俊、姚泰任副主席,王正敏等 24 人为委员。
(2) 石美鑫、邱传禄、戴自英担任特邀委员。
(3) 审核第四批新增博士生导师、硕士学位点等问题。

时间	主持人
1989 年 11 月	汤钊猷

(1) 国务院学位委员会批准原上海医科大学第四批博士生导师和博士学位授权点。
(2) 新增博士生导师有李鹏等 41 人,新增博士学位授权点有生物物理学、药物化学、核医学 3 个学科。
(3) 自行审批硕士生导师 41 人。

时间	主持人
1990 年	汤钊猷

(续表)

(1) 通过授予硕士学位142人,授予博士学位32人。
(2) 经国务院学位委员会批准,原上海医科大学可以向申请博士、硕士学位的在职人员授予学位权。
(3) 1986—1989年有21人通过在职学位申请,其中,获得博士学位2人、硕士学位19人。1989年授予在职申请硕士学位5人。

时间	主持人
1991年4月、12月	汤钊猷

(1) 举行优秀学位获得者表彰大会,9名"做出突出贡献的中国博士学位获得者"以及陶旭光、王建华、王卫平、徐志信、王胜资和刘鲁明6名校优秀博士学位获得者,吴根诚、叶诸榕、吾敏之、王玉琦、谢毅等13名校优秀硕士学位获得者,受到大会表彰。
(2) 经国务院学位委员会会议批准,李鹏、宋后燕等41人为第四批博士生导师。
(3) 同意授予硕士学位132人,授予博士学位59人。
(4) 遴选硕士生导师109人。

时间	主持人
1992年7月	汤钊猷

(1) 对第三届学位评定委员会进行充实调整,汤钊猷任主席,萧俊、姚泰任副主席,左焕琛等26人为委员。
(2) 同意授予硕士学位113人,授予博士学位41人。
(3) 遴选硕士生导师39人。

时间	主持人
1993年10月	汤钊猷

(1) 同意授予硕士学位115人,授予博士学位68人。
(2) 遴选硕士生导师38人,审批增列博士生导师48人。

时间	主持人
1994年10月	姚泰

(1) 姚泰主持召开学位评定委员会、学术委员会、专家委员会全体新老委员会议,通报学校工作和增列"211工程"的情况,听取专家们对增列"211工程"的意见。
(2) 第五届学位评定委员会主席由姚泰担任,副主席由曹世龙、彭裕文担任。
(3) 同意授予硕士学位147人,授予博士学位67人。
(4) 遴选硕士生导师53人。

时间	主持人
1995年	姚泰

(1) 同意授予硕士学位129人,授予博士学位94人。
(2) 遴选硕士生导师6人,博士生导师28人。

时间	主持人
1996年	姚泰

(1) 同意授予硕士学位193人,授予博士学位89人。
(2) 遴选硕士生导师63人,博士生导师25人。

（续表）

时间	主持人
1997年5月	姚泰

(1) 同意研究生院提出的"总量控制,结构调整,按需设岗,竞争淘汰"的16字原则,对研究生导师资格进行复审,研究生导师终身制被打破。
(2) 同意授予硕士学位158人,授予博士学位96人。
(3) 遴选硕士生导师49人,博士生导师25人。

时间	主持人
1998年1月、8月	姚泰

(1) 根据1997年国务院学位委员会公布的调整后新的学科专业目录,原上海医科大学硕士点由53个调整为44个,博士点由37个调整为30个。
(2) 同意授予硕士学位167人,授予博士学位116人。
(3) 遴选硕士生导师29人,博士生导师16人。

时间	主持人
1999年7月、12月	姚泰

(1) 同意授予硕士学位189人,授予博士学位144人。
(2) 校学位评定委员会换届,第六届学位评定委员会成立,姚泰任主席,彭裕文、王卫平任副主席。
(3) 成立第四届专家委员会,朱世能任主任委员,王承棓、曹世龙任副主任委员。

复旦大学学位评定委员会会议主要内容(2000—2018年)

会议名称	时间	主持人
学位评定委员会第四十九次会议	2000年5月22日	王生洪

(1) 审议复旦大学参加第八次博士、硕士学位授予权审核的学科、专业材料。

会议名称	时间	主持人
学位评定委员会第五十次会议	2000年7月7日	李大潜

(1) 审议授予博士学位、硕士学位、同等学力硕士学位人员名单。
(2) 就受处分者、"双盲"评审中被判为不合格的学位论文、发表论文不符合规定要求的学位申请者等有关问题形成一致意见。
(3) 听取研究生院关于《关于博士生导师资格认定若干问题的报告》的汇报,对引进人员的博导认定形成一致意见。

会议名称	时间	主持人
学位评定委员会第五十一次会议	2001年1月6日	王生洪

(1) 对本届学位评定委员会的审核范围和审核模式进行讨论。
(2) 审议博士学位人员(含同等学力人员)名单、硕士学位人员名单及具有研究生毕业同等学力人员硕士学位人员名单。
(3) 审议枫林校区硕士研究生导师资格问题。
(4) 对以下内容进行审议：决定增列历史学5种核心期刊;原则同意研究生院提出的《关于对具有一级学科博士学位授予权的二级学科博士学位授予权进行认定的实施细则》;对《复旦大学审核新增博士生导师任职资格的暂行规定》提出修改意见;原则同意研究生院提出的《关于改进文科研究生发表论文制度的几点设想》。

(续表)

会议名称	时间	主持人
学位评定委员会第五十二次会议	2001年4月17日	王生洪

(1) 审议新增博士生导师任职资格申请人名单。
(2) 审核复旦大学已获一级学科博士学位授予权的二级学科博士学位授予专业并进行无记名投票表决。
(3) 原则同意《复旦大学硕士学位和博士学位授予工作细则》(修改稿)。

会议名称	时间	主持人
学位评定委员会第五十三次会议	2001年7月2日	王生洪

(1) 审议授予博士学位、硕士学位人员名单。
(2) 审议复旦大学学位评定委员会所属投诉受理委员会关于博导遴选异议问题的处理意见。
(3) 审议并表决通过不予受理原上海医科大学研究生樊九怀的硕士学位复议申请。
(4) 还就同等学力学位申请、论文发表问题及博导遴选有关问题形成一致意见。

会议名称	时间	主持人
学位评定委员会第五十四次会议	2002年1月10日	王生洪

(1) 审议授予博士学位、硕士学位人员名单。
(2) 对博导遴选时间、博导年龄计算方法、跨专业博导资格评审、增列核心期刊、"双盲"抽检、校外研究生教育基地等事项进行讨论。

会议名称	时间	主持人
学位评定委员会第五十五次会议	2002年7月1日	王生洪

(1) 审议授予博士学位、硕士学位人员名单。
(2) 对增列核心期刊、新增硕士生导师任职资格、跨学科招收博士生等问题进行审议。

会议名称	时间	主持人
学位评定委员会第五十六次会议	2003年1月9日	王生洪

(1) 审议授予博士学位、硕士学位人员名单。
(2) 审议新增博士生导师任职资格申请人名单。
(3) 审核复旦大学已获一级学科博士学位授予权的二级学科博士学位授予权。
(4) 对医学权威、核心刊物目录制定等问题进行审议。

会议名称	时间	主持人
学位评定委员会第五十七次会议	2003年5月14日	王生洪

(1) 根据国务院学位委员会第九次学位授权审核工作安排,审议并表决复旦大学自审硕士点。
(2) 审议新增博士生导师任职资格遗留问题。
(3) 审议复旦大学学位评定委员会改革预案等5项事项。

会议名称	时间	主持人
学位评定委员会第五十八次会议	2003年6月21日	王生洪

(1) 审议授予博士学位、硕士学位人员名单。
(2) 审议《复旦大学学位与研究生教育国内权威和核心期刊目录》等问题。

会议名称	时间	主持人
学位评定委员会第五十九次会议	2003年11月1日	王生洪

(1) 审议因非典问题遗留的博士学位、硕士学位人员名单。
(2) 审议2003年复旦大学自设学科、专业的申报及专家论证情况。
(3) 审议邯郸校区研究生发表论文权威和核心期刊目录修订工作。

会议名称	时间	主持人
学位评定委员会第六十次会议	2004年1月13日	王生洪

(1) 审议博士学位、硕士学位人员名单。
(2) 审议新增及认定的博士生导师岗位任职资格申请人名单。
(3) 审议邯郸校区权威和核心期刊目录修订工作情况,并投票表决。

会议名称	时间	主持人
学位评定委员会第六十一次会议	2004年6月21日	李大潜

(1) 审议博士学位、硕士学位人员名单。
(2) 审议提请本次会议特别审议的学位问题。
(3) 审议引进及兼职教师的博士生导师岗位任职资格认定申请。
(4) 审议博士学位论文双盲评审、第四届教职工代表大会等问题。

会议名称	时间	主持人
学位评定委员会第六十二次会议	2005年1月26日	王生洪

(1) 审议博士学位、硕士学位人员名单。
(2) 审议增列及自设学科点名单。
(3) 审议新增及认定的博士生导师岗位任职资格申请人名单。
(4) 审议学位论文抄袭、优秀博士论文评选等事项。

会议名称	时间	主持人
学位评定委员会第六十三次会议	2005年4月27日	王生洪

(1) 审议《复旦大学学位授予工作细则》。
(2) 审议《复旦大学关于授予具有研究生毕业同等学力人员硕士、博士学位工作细则》。
(3) 审议《复旦大学审核新增及认定博士生指导教师岗位任职资格的暂行规定》。

会议名称	时间	主持人
学位评定委员会第六十四次会议	2005年6月27日	王生洪

(1) 审议博士学位、硕士学位人员名单。
(2) 审议增列及自设学科点名单。
(3) 审议《复旦大学学位授予工作细则》等学位工作文件。

会议名称	时间	主持人
学位评定委员会第六十五次会议	2006年1月12日	王生洪

(1) 审议博士学位、硕士学位人员名单。
(2) 审议新增及认定的博士生导师岗位任职资格申请人名单。
(3) 审议应用心理学硕士点、国防经济学核心期刊等事项。

（续表）

会议名称	时间	主持人
学位评定委员会第六十六次会议	2006年6月27日	王生洪

（1）审议博士学位、硕士学位人员名单。
（2）审议复旦大学2005年校级优秀博士学位论文名单。
（3）审议跨专业、转专业博士生导师岗位任职资格等事项。

会议名称	时间	主持人
学位评定委员会第六十七次会议	2007年1月19日	王生洪

（1）审议博士学位、硕士学位人员名单。
（2）审议新增及认定的博士生导师岗位任职资格申请人名单。
（3）审批马克思主义中国化研究博士点等事项。

会议名称	时间	主持人
学位评定委员会第六十八次会议	2007年7月5日	王生洪

（1）审议博士学位、硕士学位人员名单。
（2）审议校级优秀博士、硕士学位论文名单。
（3）审议复旦大学名誉博士学位授予人员名单等事项。

会议名称	时间	主持人
学位评定委员会第六十九次会议	2008年1月14日	王生洪

（1）审议博士学位、硕士学位人员名单。
（2）审议新增及认定的博士生导师岗位任职资格申请人名单。
（3）审议部分学位分委员关于在《复旦大学学位与研究生教育国内期刊指导目录》中增列部分权威、核心期刊的报告。
（4）审议期刊目录、名誉博士学位候选人等问题。

会议名称	时间	主持人
学位评定委员会第七十次会议	2008年6月19日	王生洪

（1）审议博士学位、硕士学位人员名单。
（2）审议优秀博士学位论文审核工作。
（3）学位办向校学位委员会通报相关分委员会提出的意见、建议和议题，包括：学位授权点建设、博士论文盲审制度、研究生发表论文期刊目录、学位论文规范问题，委员们一致同意博士学位论文应双面打印的建议。

会议名称	时间	主持人
学位评定委员会第七十一次会议	2009年1月7日	王生洪

（1）审议博士学位、硕士学位人员名单。
（2）审议新增及认定的博士生导师岗位任职资格申请人名单。
（3）金力副校长向各位委员介绍国务院学位委员会第二十六次会议的精神。
（4）学位办主任向委员会介绍学位工作计划。

会议名称	时间	主持人
学位评定委员会第七十二次会议	2009年6月23日	杨玉良

(1) 审议博士学位、硕士学位人员名单。
(2) 审议学位授权点布局规划情况。
(3) 审议2009年度优秀学位论文。

会议名称	时间	主持人
学位评定委员会第七十三次会议	2010年1月27日	杨玉良

(1) 审议博士学位、硕士学位人员名单。
(2) 审议新增及认定的博士生导师岗位任职资格申请人名单。
(3) 审议部分学位分委员关于在《复旦大学学位与研究生教育国内期刊指导目录》中增列部分权威、核心期刊的报告。

会议名称	时间	主持人
学位评定委员会第七十四次会议	2010年6月29日	杨玉良

(1) 审议博士学位、硕士学位人员名单。
(2) 通报自行审核一级学科学位授权点工作的进展情况。
(3) 通报自行审核新增硕士专业学位授权点的工作情况。
(4) 审议《复旦大学研究生基本学术规范及违规处理办法》(试行)。

会议名称	时间	主持人
学位评定委员会第七十五次会议	2010年9月15日	杨玉良

(1) 审议网络教育学院授予学士学位人员的备案名单。
(2) 审议自行审核一级学科学位授权点的名单。

会议名称	时间	主持人
学位评定委员会第七十六次会议	2011年1月19日	杨玉良

(1) 审议继续教育学院审核通过的学士学位人员备案名单。
(2) 审议博士学位、硕士学位人员名单。
(3) 审议新增及认定的博士生导师岗位任职资格申请人名单。
(4) 审议上海市优秀论文评审结果等事项。

会议名称	时间	主持人
学位评定委员会第七十七次会议	2011年6月23日	杨玉良

(1) 审议教务处、继续教育学院、网络学院和国际文化交流学院审核通过的学士学位人员备案名单。
(2) 审议博士学位、硕士学位人员名单。
(3) 审议文科类各学位分委员会关于申请学位发表论文要求的调整方案。
(4) 审议国家最新公布的一级学科目录情况等事项。

会议名称	时间	主持人
学位评定委员会第七十八次会议	2012年1月13日	杨玉良

(1) 审议2012年1月继续教育学院审核通过的学士学位人员备案名单。
(2) 审议博士学位、硕士学位人员名单。
(3) 审议新增及认定的博士生导师岗位任职资格申请人名单。

(续表)

会议名称	时间	主持人
学位评定委员会第七十九次会议	2012年6月26日	杨玉良

(1) 审议教务处、继续教育学院、网络学院和国际文化交流学院审核通过的学士学位人员备案名单。
(2) 审议博士学位、硕士学位人员名单。
(3) 审议博士学位异议的申诉事宜。
(4) 审议复旦大学自主设置与调整博士、硕士授权二级学科的名单。

会议名称	时间	主持人
学位评定委员会第八十次会议	2012年12月27日	杨玉良

(1) 审议继续教育学院、网络学院审核通过的学士学位人员备案名单。
(2) 审议博士学位、硕士学位人员名单。
(3) 审议新增及认定的博士生导师岗位任职资格申请人名单。
(4) 审议人文社科类研究生申请学位发表论文要求等事项。

会议名称	时间	主持人
学位评定委员会第八十一次会议	2013年6月25日	杨玉良

(1) 审议教务处、继续教育学院、网络学院和国际文化交流学院审核通过的学士学位人员备案名单。
(2) 审议博士学位、硕士学位人员名单。
(3) 审议关于撤销学位(管理学院、计算机学院)的事宜。
(4) 审议自主设置与调整博士、硕士授权二级学科的名单。
(5) 审议新增博士生导师的岗位任职资格(中文系遗留问题)。
(6) 学位办通报2012年上海市优秀学位论文评审结果及近7年学位论文盲审的异议情况。

会议名称	时间	主持人
学位评定委员会第八十二次会议	2014年1月10日	杨玉良

(1) 审议继续教育学院、网络学院审核通过的学士学位人员备案名单。
(2) 审议博士学位、硕士学位人员名单。
(3) 审议新增博士生导师的岗位任职资格。
(4) 审议新增专业学位授权点等事项。

会议名称	时间	主持人
学位评定委员会第八十三次会议	2014年6月24日	杨玉良

(1) 审议教务处、继续教育学院、网络学院和国际文化交流学院审核通过的学士学位人员备案名单。
(2) 审议博士学位、硕士学位人员名单。
(3) 审议关于撤销学位(国际关系与公共事务学院)的事宜。
(4) 审议自主设置与调整博士、硕士授权二级学科的名单。

会议名称	时间	主持人
学位评定委员会第八十四次会议	2015年1月12日	许宁生

(1) 审议授予学士学位人员备案名单。
(2) 审议博士学位、硕士学位人员名单。
(3) 审议新增博士生导师的岗位任职资格。
(4) 审议学位办通报2014年下半年硕士、博士学位论文盲审等事项。
(5) 审议关于变更学位审核会议次数的报告。
(6) 审议《复旦大学学位评定委员会章程》(征求意见稿)。

(续表)

会议名称	时间	主持人
学位评定委员会第八十五次会议	2015年6月29日	许宁生

(1) 审议授予学士学位人员备案名单。
(2) 审议博士学位、硕士学位人员名单。
(3) 学位办通报2015年上半年硕士、博士学位论文盲审的情况。
(4) 审议《复旦大学学位评定委员会章程》的制订等事项。

会议名称	时间	主持人
学位评定委员会第八十六次会议	2015年10月27日	许宁生

(1) 审议授予学士学位人员备案名单。
(2) 审议博士学位、硕士学位人员名单。
(3) 审议儿科医院毕业生裴新红的博士学位等事项。

会议名称	时间	主持人
学位评定委员会第八十七次会议	2016年1月12日	许宁生

(1) 审定教务处《关于全日制本科毕业生学士学位授予日期调整相关事宜的请示》。
(2) 审议博士学位、硕士学位人员名单。
(3) 审议博士生导师审核工作等事项。

会议名称	时间	主持人
学位评定委员会第八十八次会议	2016年6月17日	许宁生

(1) 审定《教务处关于2016年全日制本科毕业生学士学位授予工作安排的请示》和学士学位人员备案名单。
(2) 审议博士学位、硕士学位人员名单。
(3) 重新审议关于软件学院毕业生王禹和陆奕男的硕士学位事宜。
(4) 通报全校范围内对学位论文开展相似度检测工作的情况。
(5) 审议备案理工学部2016年申请新增博士生导师的岗位任职资格。
(6) 讨论《复旦大学学位授予工作细则》(修订稿)。

会议名称	时间	主持人
学位评定委员会第八十九次会议	2016年10月31日	许宁生

(1) 审定授予学士学位人员备案名单。
(2) 审议博士学位、硕士学位人员名单。
(3) 审议复旦大学自主设置博士学位授权的二级学科名单等事项。
(4) 审议博士、硕士学位授权点自我评估总结报告。
(5) 审议并原则通过《复旦大学学位授予工作细则》的修订稿。

会议名称	时间	主持人
学位评定委员会第九十次会议	2017年1月5日	许宁生

(1) 审定授予学士学位人员备案名单。
(2) 审议博士学位、硕士学位人员名单。
(3) 审议新增博士生导师工作。

会议名称	时间	主持人
学位评定委员会第九十二次会议	2017年6月20日	许宁生

(续表)

(1) 审定授予学士学位人员备案名单。
(2) 通报本学期研究生院关于强化学位论文质量控制的相关举措。
(3) 审议博士学位、硕士学位人员名单。
(4) 审议关于撤销软件学院王禹和公共卫生学院张亚南的硕士学位事宜。
(5) 审议原则通过《复旦大学博士、硕士学位授权审核实施办法》。
(6) 审议新增博士学位授权一级学科点。
(7) 审议并原则同意新增数据科学与统计学学位评定分委员会。

会议名称	时间	主持人
学位评定委员会第九十三次会议	2017年10月25日	许宁生

(1) 审定授予学士学位人员备案名单。
(2) 审议博士学位、硕士学位人员名单。
(3) 审议博士、硕士授权一级学科的自我评估总结报告。
(4) 审议复旦大学自主设置博士、硕士学位授权二级学科。
(5) 讨论《复旦大学关于设置与调整博士、硕士学位授权点的实施细则》。

会议名称	时间	主持人
学位评定委员会第九十四次会议	2018年1月17日	许宁生

(1) 审定授予学士学位人员备案名单。
(2) 审议博士学位、硕士学位人员名单。
(3) 审议博士生导师岗位任职资格人员名单。
(4) 审议硕士学位授权点的自我评估总结报告。
(5) 通报全国博士学位论文抽检结果,并审议整改报告。

会议名称	时间	主持人
学位评定委员会第九十五次会议	2018年6月26日	许宁生

(1) 审定授予学士学位人员备案名单。
(2) 审议博士学位、硕士学位人员名单。
(3) 审议《复旦大学学士学位授予工作细则》、《复旦大学学位评定委员会章程》等文件的修订。
(4) 通报2018年上半年博士、硕士学位论文"双盲"评审情况及相关文件的修订。

会议名称	时间	主持人
学位评定委员会第九十六次会议	2018年10月26日	许宁生

(1) 审定授予学士学位人员备案名单。
(2) 审议博士学位、硕士学位人员名单。
(3) 审议通过新增6个二级学科博士学位授权点:美学、财政学、马克思主义发展史、国外马克思主义研究、商务人工智能、集成电路与系统设计。
(4) 审议工程硕士、博士专业学位授权点对应调整。
(5) 审议博士、硕士学位授权点的自我评估情况。
(6) 审议同意新增4个学位评定分委员会:示范性微电子学院学位评定分委员会,泛海国际金融学院学位评定分委员会,大气与海洋科学系学位评定分委员会,智能科学、工程与技术学位评定分委员会。
(7) 通报全国博士学位论文抽检结果。

会议名称	时间	主持人
学位评定委员会第九十七次会议	2019年1月8日	许宁生

(1) 审定授予学士学位人员备案名单。
(2) 审议博士学位、硕士学位人员名单。
(3) 审议博士生导师岗位任职资格。

注:资料来源于"复旦大学学位评定委员会会议记录本"。

附录15 复旦大学历年授予博士和硕士学位按门类、类别人数统计表(含2000年前原上海医科大学)

复旦大学历年授予博士学位按门类、类别人数统计表(含2000年前原上海医科大学)

年份	校区/年月	哲学	经济学	法学	文学	历史学	理学	工学	医学	管理学	工程	临床医学	学期合计	年度合计
1982	1982 邯郸	0	0	0	0	0	4	0	0	0		0	4	4
1983	1983 邯郸	0	0	0	0	2	0	0	0	0		0	2	2
1984	1984 邯郸	0	0	0	0	0	13	0	0	0		0	13	13
1985	1985 邯郸	2	0	0	2	0	11	0	0	0		0	15	20
1985	1985 枫林	0	0	0	0	0	0	0	5	0		0	5	
1986	1986 邯郸	2	0	0	0	0	4	0	0	0		0	6	12
1986	1986 枫林	0	0	0	0	0	0	0	6	0		0	6	
1987	1987 邯郸	2	1	0	4	1	32(1)	0	0	0		0	40(1)	46
1987	1987 枫林	0	0	0	0	0	0	0	6	0		0	6	
1988	1988 邯郸	1	0	1	0	2	19	0	0	0		0	23	41(2)
1988	1988 枫林	0	1	0	0	0	0	0	18(2)	0		0	18(2)	
1989	1989 邯郸	1	0	0	5	3	35	0	0	0		0	45	77
1989	1989 枫林	0	0	0	0	0	3	0	29	0		0	32	

(续表)

年份	校区/年月	哲学	经济学	法学	文学	历史学	理学	工学	医学	管理学	工程	临床医学	学期合计	年度合计
1990	1990 邯郸	1	3	1	9	2	28(1)	0	0	0		0	44(1)	66(1)
	1990 枫林	0	0	0	0	0	0	0	22	0		0	22	
1991	1991 邯郸	2	4	3	8	4	38(1)	0	0	0		0	59(1)	118(2)
	1991 枫林	0	0	0	0	0	1	0	58(1)	0		0	59(1)	
1992	1992 邯郸	5	2	3	10	4	40	0	0	0		0	64	105(1)
	1992 枫林	0	0	0	0	0	1	0	40(1)	0		0	41(1)	
1993	1993 邯郸	4	11	2	5	3	27	2	0	0		0	54	122(2)
	1993 枫林	0	0	0	0	0	0	0	68(2)	0		0	68(2)	
1994	1994 邯郸	2	5	6	7	3	30	1	0	0		0	54	121(3)
	1994 枫林	0	0	0	0	0	2(1)	0	65(2)	0		0	67(3)	
1995	1995 邯郸	4	15	8	19	1	53(3)	0	0	0		0	100(3)	194(4)
	1995 枫林	0	0	0	0	0	3	0	91(1)	0		0	94(1)	
1996	1996 邯郸	6(1)	13	6	20	14(1)	55(1)	0	0	0		0	114(3)	203(5)
	1996 枫林	0	0	0	0	0	0	0	89(2)	0		0	89(2)	
1997	1997 邯郸	8	32	17(1)	17	7	85	0	0	0		0	166(1)	262(2)
	1997 枫林	0	0	0	0	0	0	0	96(1)	0		0	96(1)	
1998	1998 邯郸	11	44	19	35(2)	17	91(1)	0	0	0		0	217(3)	333(9)
	1998 枫林	0	0	0	0	0	7	0	109(6)	0		0	116(6)	
1999	1999 邯郸	18	59(2)	16(3)	45(2)	13	94(5)	0	0	7		0	252(12)	395(22)
	1999 枫林	0	0	0	0	0	3	0	140(10)	0		0	143(10)	

（续表）

年份	校区/年月	哲学	经济学	法学	文学	历史学	理学	工学	医学	管理学	工程	临床医学	学期合计	年度合计
2000	2000 邯郸	24	53	13	47	14	91	0	0	13		0	255	370(10)
	2000 枫林	0	0	0	0	0	11	0	103(10)	1		0	115(10)	
2001	2001(1月)	3	3	3	10	5	32	0	21(4)	3(2)		8	88(6)	496(21)
	2001(7月)	20	75(2)	17	68	11	71(3)	2	61(7)	21(3)		62	408(15)	
2002	2002(1月)	2	8	5(1)	9	1	23	1	10(4)	3(1)		11	73(6)	561(15)
	2002(7月)	27	92	17(1)	81(1)	15	88(1)	1	69(6)	28		70	488(9)	
2003	2003(1月)	0	13(2)	3	10(2)	2	24(2)	1	7(2)	10		3	73(8)	676(17)
	2003(7月)	26	104	11	89(1)	20	120	0	84(2)	33(1)		89(3)	576(7)	
	2003(11月)非典	2	10	4	2	1	3(1)	0	2(1)	2		1	27(2)	
2004	2004(1月)	4	18	12	12	6	30	1	10(4)	4		7(2)	104(6)	771(15)
	2004(7月)	41	119(2)	24	92(1)	27	138(1)	0	93(4)	44(1)		89	667(9)	
2005	2005(1月)	8	20	2	14(1)	2	48	2	15(2)	11		8	130(3)	805(8)
	2005(6月)	28	92	32	92	31	164	4	77(4)	49		106(1)	675(5)	
2006	2006(1月)	7	24	9	6	7	83	2	16(3)	16		13	183(3)	852(10)
	2006(6月)	26	79(1)	31	78	30	191	6	85(2)	36(1)		107(3)	669(7)	
2007	2007(1月)	1	22	10(1)	7	10	91	0	30(4)	12		4(2)	187(7)	891(16)
	2007(6月)	31	75	37	83(1)	35	199(1)	6	121(4)	37(1)		80(2)	704(9)	
2008	2008(1月)	4	19	16	14	6	98(1)	0	19(2)	16(1)		5(1)	197(5)	921(12)
	2008(6月)	31	63(1)	48	89(1)	43	224	13	109(2)	29(1)		75(2)	724(7)	

(续表)

年份	校区/年月	哲学	经济学	法学	文学	历史学	理学	工学	医学	管理学	工程	临床医学	学期合计	年度合计
2009	2009(1月)	6	17	13	18	8	84(1)	2	19(1)	13		10(5)	190(7)	924(14)
	2009(6月)	33	54	42	83(1)	33	241	8	138(4)	34		68(2)	734(7)	
2010	2010(1月)	3	11	15	14	9	95	6	40(1)	15		4	212(1)	892(2)
	2010(6月)	34	40	39	69	26	238	15	133	41		45(1)	680(1)	
2011	2011(1月)	6	15(1)	8	17	3	99(1)	3	51(1)	15		11(4)	228(7)	902(8)
	2011(6月)	32	49	64	68	29	221	13	131(1)	32		35	674(1)	
2012	2012(1月)	5	13	22	20(1)	5	127(1)	1	35	15		12	255(2)	1 066(4)
	2012(6月)	34	37	52	79	26	238(1)	13	177(1)	29		126	811(2)	
	2012(12月)	4	6	5	20	7	112	2	50	16		13(2)	235(2)	
2013	2013(6月)	28	38	52	92(1)	44	291	10	203(2)	30		141(9)	929(12)	1 164(14)
2014	2014(1月)	3	13	10	9	7	102	4	41	14		10(4)	213(4)	1 082(11)
	2014(6月)	21	43	54	51	32	290	13	198(1)	25		142(6)	869(7)	
2015	2015(1月)	7	15	6	14	4(1)	101	7	48	13		2(2)	217(3)	1 212(13)
	2015(6月)	18	38	43	78(1)	28	310	19	216(1)	31		143(8)	924(10)	
	2015(10月)		1	4	2		38	1	18	6		1	71	
2016	2016(1月)	1	11	8	18	5	83	7	32	13		0	178	1 152(23)
	2016(6月)	20	23	42	51	27	320	18	204(1)	34	2	140(22)	881(23)	
	2016(10月)	1	4	2	3	1	47	2	25	3		5	93	

（续表）

年份	校区/年月	哲学	经济学	法学	文学	历史学	理学	工学	医学	管理学	工程	临床医学	学历合计	年度合计
2017	2017(1月)	5	5	9	17	11	75		28	9	3	6(6)	168(6)	
	2017(6月)	24	32	48(1)	78	48	339	22	220	31	4	145(17)	991(18)	1 278(24)
	2017(10月)		5	5	3	1	56	3	39	6	1		119	
2018	2018(1月)	6	7	9	14	5	86	8	30	11		3(1)	179(1)	
	2018(6月)	19	26	51(1)	56	31	370(1)	28	230	38	2	159(16)	1 010(18)	1 339(19)
	2018(10月)	1	0	9	10	2	76	5	33	9	1	4	150	

注：①括号内数字为授予同等学力人员学位人数。
②1982—2018年共计授予博士学位19 488人，其中含同等学力人员310人。

复旦大学历年授予硕士学位按门类、类别人数统计表（含2000年前原上海医科大学）

年份	校区/年月	哲学	经济学	法学	文学	历史学	理学	工学	医学	管理学	艺术学	金融	应用统计	税务
1981	1981 邯郸	10	8	5	26	8	93	0	0	0	0	0	0	0
1982	1982 邯郸	21	22	3	21	10	72	0	0	0	0	0	0	0
	1982 枫林	0	0	0	0	0	15	0	205	0	0	0	0	0
1983	1983 邯郸	3	11	4	13	5	26	0	0	0	0	0	0	0
	1983 枫林	0	0	0	0	0	0	0	0	0	0	0	0	0
1984	1984 邯郸	21	24	8	8	9	70	0	0	0	0	0	0	0
	1984 枫林	0	0	0	0	0	6	0	67	0	0	0	0	0
1985	1985 邯郸	19	20	14	32	17	85	0	0	0	0	0	0	0
	1985 枫林	0	0	0	0	0	15	0	40	0	0	0	0	0

(续表)

年份	校区/年月	哲学	经济学	法学	教育学	文学	历史学	理学	工学	医学	管理学	艺术学	金融	应用统计	税务
1986	1986 邯郸	13	34	11	0	29	19	124	0	0	0				
	1986 枫林	0	0	0	0	0	0	7	0	87	0				
1987	1987 邯郸	13	48(13)	4	0	24(2)	14(1)	177(3)	0	0	0				
	1987 枫林	0	0	0	0	0	0	11	0	66	0				
1988	1988 邯郸	21	87(36)	23(6)	0	38(2)	34(10)	246(19)	0	0	0				
	1988 枫林	0	0	0	0	0	0	22	0	149(13)	0				
1989	1989 邯郸	23	103(15)	36(4)	0	49(5)	24(3)	213(23)	0	0	0				
	1989 枫林	0	0	0	0	0	0	17	0	124(8)	0				
1990	1990 邯郸	16	104(14)	36(2)	0	16(2)	12	225(6)	0	0	0				
	1990 枫林	0	0	0	0	0	0	13	0	129(7)	0				
1991	1991 邯郸	22(1)	62(15)	29	0	19	9	218(1)	0	0	0				
	1991 枫林	0	0	0	0	0	0	18(1)	0	114(3)	0				
1992	1992 邯郸	17(3)	91(11)	36(3)	0	16(2)	7	172(5)	0	0	0				
	1992 枫林	0	0	0	0	0	0	11(2)	0	102(2)	0				
1993	1993 邯郸	16(3)	156(50)	43(5)	0	35(3)	14(1)	209(18)	0	0	0				
	1993 枫林	0	0	0	0	0	0	14	0	101(8)	0				
1994	1994 邯郸	19	96(12)	32(1)	0	35	8(1)	163(5)	0	0	0				
	1994 枫林	0	0	0	0	0	0	20(2)	4	127(5)	0				
1995	1995 邯郸	13	118(21)	39(1)	0	23	13	178(2)	0	0	0				
	1995 枫林	0	0	0	0	0	0	21(2)	0	108(3)	0				

(续表)

年份	校区/年月	哲学	经济学	法学	教育学	文学	历史学	理学	工学	医学	管理学	艺术学	金融	应用统计	税务
1996	1996 邯郸	15	229(71)	54(6)	0	51(1)	20	201(3)	5	0	0				
	1996 枫林	0	0	0	0	0	0	0	0	188(4)	0				
1997	1997 邯郸	16	382(104)	91(4)	0	34	20	225(4)	11(1)	0	0				
	1997 枫林	0	0	0	0	0	0	17(1)	0	141(6)	0				
1998	1998 邯郸	14	246(45)	60(3)	0	36(14)	21(3)	139(10)	71	0	0				
	1998 枫林	0	0	0	0	0	0	19	0	149(13)	0				
1999	1999 邯郸	21(3)	196(38)	47(2)	0	54(11)	19(1)	241(19)	6	0	67(23)				
	1999 枫林	0	0	0	0	0	0	14	0	175(25)	0				
2000	2000 邯郸	14(3)	192(5)	68(14)	1	60(6)	24(5)	285(11)	6	0	65(9)				
	2000 枫林	0	0	0	0	0	0	24(7)	0	166(28)	2(2)				
2001	2001(1月)	3(2)	10(6)	4	0	16(10)	2	24(6)	0	17(13)	6(3)				
	2001(7月)	15(2)	212(19)	64(2)	4	65(6)	35	269(1)	0	66(15)	65(7)				
2002	2002(1月)	0	29(18)	8(2)	0	7(3)	4(1)	18(4)	0	24(21)	2(1)				
	2002(7月)	21(1)	240(20)	77(2)	4	75(7)	26(1)	304(4)	2	94(20)	60(3)				
2003	2003(1月)	1(1)	16(13)	97(23)	0	6(3)	3(2)	15(1)	0	16(13)	9(5)				
	2003(7月)	23(1)	211(16)	85(1)	7	107(2)	29	363(1)	24	108(14)	81(3)				
	2003(11月)	0	79(7)	3(1)	0	2(2)	1(1)	0	0	9(6)	1(1)				
2004	2004(1月)	0	13(5)	86(81)	0	7(3)	2	32	1	18(14)	11(7)				
	2004(7月)	30(3)	317(7)	113(2)	7	127(11)	40	383(6)	42	142(24)	115(5)				

(续表)

年份	校区/年月	哲学	经济学	法学	教育学	文学	历史学	理学	工学	医学	管理学	艺术学	金融	应用统计	税务
2005	2005(1月)	3	15(3)	82(78)	0	17(4)	2	35(2)	3	16(14)	11(2)				
	2005(6月)	35	363(13)	122	6	156(5)	42	394(1)	46	120(13)	127(1)				
2006	2006(1月)	4(3)	7	85(81)	0	17(7)	4	50(3)	1	35(24)	6(5)				
	2006(6月)	35	383(30)	140(2)	7	172(3)	39	391(2)	44	126(27)	127				
2007	2007(1月)	0	12(3)	30(24)	0	10(6)	1	46(3)	2	22(7)	9(2)				
	2007(6月)	29(3)	372(32)	155	4	187(4)	45(1)	456(3)	47	123(6)	141(1)				
2008	2008(1月)	4(1)	16(12)	47(41)	0	13(7)	2	70(3)	4	40(24)	4				
	2008(6月)	33(1)	361(30)	165	7	157(4)	41	451(4)	50	131(13)	150(3)				
2009	2009(1月)	1	26(19)	45(40)	0	8	3	55(3)	8(1)	54(42)	32(1)				
	2009(6月)	44(1)	327(24)	172(6)	8	182(5)	39	465(2)	49	130(13)	123(2)				
2010	2010(1月)	0	39(14)	46(40)	1	33(21)	2	78(3)	1	39(26)	52				
	2010(6月)	34(1)	299(12)	187(2)	6	215(14)	48	442(2)	49	141(11)	99				
2011	2011(1月)	1	55(23)	48(41)	0	26(6)	1	87(5)	0	58(29)	45(2)				
	2011(6月)	38(2)	292(8)	188(2)	7	222(1)	51	538(6)	47	149(9)	116				
2012	2012(1月)	2	45(21)	32(20)	3(3)	18(4)	6	82(7)	3	75(31)	70				
	2012(6月)	39	332(7)	209	8	237(4)	55	499(6)	56	134(8)	213				
	2012(12月)	1	60(19)	25(15)	4(4)	9(3)	0	78(4)	3	34(7)	73	0	0		
2013	2013(6月)	38	308(11)	190(1)	11(2)	194(1)	48	573	63	159(16)	210	7	75		
2014	2014(1月)	1	37(12)	10	2(2)	5	4	88(1)	1	47(19)	6	6			
	2014(6月)	47	273(11)	191(1)	13	200(3)	54	518(2)	63	195(19)	143	4	158		18

(续表)

年份	校区/年月	哲学	经济学	法学	教育学	文学	历史学	理学	工学	医学	管理学	艺术学	金融	应用统计	税务
2015	2015(1月)	2	46(30)	8(1)	0	3(1)	1	90	2	34(12)	6(1)	0	8		1
	2015(6月)	46	217(17)	151	18	183	50	498	55	179(22)	173(14)	2	155		19
	2015(10月)							53		20					
2016	2016(1月)	2	79(65)	4	0	3	3	40(2)	0	22(10)	22(18)	0	4		
	2016(6月)	39	225(37)	170	11	156	60	485(2)	55	193(23)	96(13)	4	210		22
	2016(10月)	1	14	1	0	1	0	64	7	21(1)			2		
2017	2017(1月)		40(23)	3		10(1)	3(1)	38(3)	2	29(18)	5(5)		13		1
	2017(6月)	50	194(21)	155	9	166	44	469(1)	54	190(12)	75(13)	2	241	15	21
	2017(10月)		6	1	2	5		66	5	23(1)	3		7		
2018	2018(1月)	2	47(25)	4	1	12	5	28(2)	1	21(15)	20(17)		11		
	2018(6月)	50	182(22)	149	12	147	53	405(2)	61	203(20)	95(20)	1	277	23	21
	2018(10月)		5	4	1	4		67	5	30(1)	3		2		

年份	校区/年月	国际商务	保险	资产评估	法律	社会工作	教育	汉语国际教育	应用心理	翻译	新闻与传播	出版	文物与博物馆	工程	临床医学
1981	1981 邯郸				0	0	0	0	0	0	0			0	0
1982	1982 邯郸				0	0	0	0	0	0	0			0	0
	1982 枫林				0	0	0	0	0	0	0			0	0
1983	1983 邯郸				0	0	0	0	0	0	0			0	0
	1983 枫林				0	0	0	0	0	0	0			0	0

(续表)

年份	校区/年月	国际商务	保险	资产评估	法律	社会工作	教育	汉语国际教育	应用心理	翻译	新闻与传播	出版	文物与博物馆	工程	临床医学
1984	1984 邯郸				0	0		0		0				0	0
	1984 枫林				0	0		0		0				0	0
1985	1985 邯郸				0	0		0		0				0	0
	1985 枫林				0	0		0		0				0	0
1986	1986 邯郸				0	0		0		0				0	0
	1986 枫林				0	0		0		0				0	0
1987	1987 邯郸				0	0		0		0				0	0
	1987 枫林				0	0		0		0				0	0
1988	1988 邯郸				0	0		0		0				0	0
	1988 枫林				0	0		0		0				0	0
1989	1989 邯郸				0	0		0		0				0	0
	1989 枫林				0	0		0		0				0	0
1990	1990 邯郸				0	0		0		0				0	0
	1990 枫林				0	0		0		0				0	0
1991	1991 邯郸				0	0		0		0				0	0
	1991 枫林				0	0		0		0				0	0
1992	1992 邯郸				0	0		0		0				0	0
	1992 枫林				0	0		0		0				0	0

（续表）

年份	校区/年月	国际商务	保险	资产评估	法律	社会工作	教育	汉语国际教育	应用心理	翻译	新闻与传播	出版	文物与博物馆	工程	临床医学
1993	1993 邯郸				0	0		0		0				0	0
	1993 枫林				0	0				0				0	0
1994	1994 邯郸				0	0		0		0				0	0
	1994 枫林				0	0				0				0	0
1995	1995 邯郸				0	0		0		0				0	0
	1995 枫林				0	0				0					0
1996	1996 邯郸				0	0		0		0				0	0
	1996 枫林				0	0				0				0	0
1997	1997 邯郸				0	0		0		0				0	0
	1997 枫林				0	0				0					0
1998	1998 邯郸				0	0		0		0				0	0
	1998 枫林				0	0				0				0	0
1999	1999 邯郸				0	0		0		0				0	0
	1999 枫林				0	0				0					0
2000	2000 邯郸				0	0		0		0				0	0
	2000 枫林				0	0				0				0	0
2001	2001（1月）				0	0		0		0				0	0
	2001（7月）				0	0				0				0	110

(续表)

年份	校区/年月	国际商务	保险	资产评估	法律	社会工作	教育	汉语国际教育	应用心理	翻译	新闻与传播	出版	文物与博物馆	工程	临床医学
2002	2002(1月)				0	0		0		0				0	1
	2002(7月)				51(51)	0		0		0				0	100(9)
2003	2003(1月)				0	0		0		0				0	14(12)
	2003(7月)				47(1)	0		0		0				0	131(10)
	2003(11月)				1	0		0		0				0	7(6)
2004	2004(1月)				111(110)	0		0		0				0	14(12)
	2004(7月)				115(5)	0		0		0				89(89)	157(20)
2005	2005(1月)				116(114)	0		0		0				143(143)	14(14)
	2005(6月)				145	0		0		0				175(175)	159(24)
2006	2006(1月)				173(171)	0		0		0				274(274)	12(12)
	2006(6月)				156(6)	0		0		0				219(219)	165(24)
2007	2007(1月)				166(166)	0		0		0				378(378)	8(4)
	2007(6月)				155(7)	0		0		0				493(493)	283(21)
2008	2008(1月)				195(192)	0		0		0				188(188)	9(9)
	2008(6月)				159(2)	0		0		0				355(355)	321(15)
2009	2009(1月)				305(304)	0		0		0				290(290)	17(12)
	2009(6月)				154(7)	0		0		0				412(412)	387(14)
2010	2010(1月)				266(265)	0		30(30)		0				328(328)	15(13)
	2010(6月)				161(4)	0		2(2)		0				322(322)	280(19)

（续表）

年份	校区/年月	国际商务	保险	资产评估	法律	社会工作	教育	汉语国际教育	应用心理	翻译	新闻与传播	出版	文物与博物馆	工程	临床医学
2011	2011(1月)				242(242)	0		30(30)		11(11)				267(267)	22(22)
	2011(6月)				213(9)	0		42(5)		38(7)				404(321)	96(13)
2012	2012(1月)				206(204)	0		33(27)		16(15)				425(371)	23(20)
	2012(6月)				191(5)	46		25(6)		33(8)				446(334)	199(11)
	2012(12月)				215(214)	0		1		24(20)			0	398(332)	21(20)
2013	2013(6月)				200(3)	45		47(2)		39(4)	32		9	378(313)	218(9)
2014	2014(1月)	48			106(105)			1(1)					1	342(286)	15(9)
	2014(6月)	46	19	18	210(17)	18	5	25		27	39	20	15	379(270)	202(14)
2015	2015(1月)	58	0		93(89)	46	1	4(2)		0	0	0	0	319(255)	14(3)
	2015(6月)	18	19		225(9)	15	17	50		28	43	23	11	583(446)	206(16)
	2015(10月)	1									1			1	3
2016	2016(1月)	63	0		97(95)	64	0	0		1	0	0	1	362(292)	13(6)
	2016(6月)	14	28	18	208(2)	10	13	39		21	61	19	16	290(175)	222(7)
	2016(10月)	1	1							1	1			6(2)	6
2017	2017(1月)	76	2	1	78(75)	57	8	3			1		2	287(225)	15(3)
	2017(6月)	74	16	17	172(11)	17		37	18	19	57	24	15	400(268)	260(3)
	2017(10月)	1	2		1							1		3	3

(续表)

年份	校区/年月	国际商务	保险	资产评估	法律	社会工作	教育	汉语国际教育	应用心理	翻译	新闻与传播	出版	文物与博物馆	工程	临床医学
2018	2018(1月)	56	1		111(104)	38		3	7				1	401(338)	21(4)
	2018(6月)	71	16	20	180(8)	21	10	31	20	20	62	19	25	366(236)	254
	2018(10月)	1		1	2	1				1		3		3	2

年份	校区/年月	口腔医学	公共卫生	护理	药学	工商管理	高级管理人员	公共管理	会计	旅游	图书情报	艺术	学期合计	年度合计
1981	1981 邯郸	0	0	0	0	0	0	0	0			0	150	150
1982	1982 邯郸	0	0	0	0	0	0	0	0			0	149	369
	1982 枫林	0	0	0	0	0	0	0	0			0	220	
1983	1983 邯郸	0	0	0	0	0	0	0	0			0	62	62
	1983 枫林	0	0	0	0	0	0	0	0			0	0	
1984	1984 邯郸	0	0	0	0	0	0	0	0			0	140	213
	1984 枫林	0	0	0	0	0	0	0	0			0	73	
1985	1985 邯郸	0	0	0	0	0	0	0	0			0	187	242
	1985 枫林	0	0	0	0	0	0	0	0			0	55	
1986	1986 邯郸	0	0	0	0	0	0	0	0			0	230	324
	1986 枫林	0	0	0	0	0	0	0	0			0	94	
1987	1987 邯郸	0	0	0	0	0	0	0	0			0	280(19)	357(19)
	1987 枫林	0	0	0	0	0	0	0	0			0	77	

(续表)

年份	校区/年月	口腔医学	公共卫生	护理	药学	工商管理	高级管理人员	公共管理	会计	旅游	图书情报	艺术	学期合计	年度合计
1988	1988 邯郸	0	0	0	0	0	0	0	0			0	449(73)	620(86)
	1988 枫林	0	0	0	0	0	0	0	0			0	171(13)	
1989	1989 邯郸	0	0	0	0	0	0	0	0			0	448(50)	589(58)
	1989 枫林	0	0	0	0	0	0	0	0			0	141(8)	
1990	1990 邯郸	0	0	0	0	0	0	0	0			0	409(24)	551(31)
	1990 枫林	0	0	0	0	0	0	0	0			0	142(7)	
1991	1991 邯郸	0	0	0	0	0	0	0	0			0	359(22)	491(26)
	1991 枫林	0	0	0	0	0	0	0	0			0	132(4)	
1992	1992 邯郸	0	0	0	0	0	0	0	0			0	339(24)	452(28)
	1992 枫林	0	0	0	0	0	0	0	0			0	113(4)	
1993	1993 邯郸	0	0	0	0	0	0	0	0			0	473(80)	588(88)
	1993 枫林	0	0	0	0	0	0	0	0			0	115(8)	
1994	1994 邯郸	0	0	0	0	14	0	0	0			0	367(19)	514(26)
	1994 枫林	0	0	0	0	0	0	0	0			0	147(7)	
1995	1995 邯郸	0	0	0	0	39	0	0	0			0	427(24)	556(29)
	1995 枫林	0	0	0	0	0	0	0	0			0	129(5)	
1996	1996 邯郸	0	0	0	0	59	0	0	0			0	634(81)	835(87)
	1996 枫林	0	0	0	0	0	0	0	0			0	201(6)	

（续表）

年份	校区/年月	口腔医学	公共卫生	护理	药学	工商管理	高级管理人员	公共管理	合计	旅游	图书情报	艺术	学期合计	年度合计
1997	1997 邯郸	0	0	0	0	74	0	0	0			0	853(113)	1 011 (120)
	1997 枫林	0	0	0	0		0	0	0			0	158(7)	
1998	1998 邯郸	0	0	0	0	79	0	0	0			0	666(75)	834(88)
	1998 枫林	0	0	0	0		0	0	0			0	168(13)	
1999	1999 邯郸	0	0	0	0	207(46)	0	0	0			0	858(143)	1 047 (168)
	1999 枫林	0	0	0	0		0	0	0			0	189(25)	
2000	2000 邯郸	0	0	0	0	315(122)	0	0	0			0	1 030(175)	1 222 (212)
	2000 枫林	0	0	0	0	0	0	0	0			0	192(37)	
2001	2001(1月)	0	0	0	0	167(27)	0	0	0			0	249(67)	1 327 (183)
	2001(7月)	0	0	0	0	173(64)	0	0	0			0	1 078(116)	
2002	2002(1月)	0	0	0	0	180(9)	0	0	0			0	273(59)	1 556 (288)
	2002(7月)	0	0	0	0	229(111)	0	0	0			0	1 283(229)	
2003	2003(1月)	0	0	0	0	186(8)	0	0	0			0	363(151)	1 915 (302)
	2003(7月)	0	0	0	0	101	0	0	0			0	1 317(49)	
	2003(11月)	0	0	0	0	132(78)	0	0	0			0	235(102)	
2004	2004(1月)	0	0	0	0	207(7)	0	0	0			0	502(239)	2 649 (727)
	2004(7月)	0	0	0	0	249(95)	121(121)	100(100)	0			0	2 147(488)	
2005	2005(1月)	0	0	0	0	216(8)	96(96)	17(17)	0			0	786(495)	3 109 (991)
	2005(6月)	0	9(9)	0	0	311(142)	6(6)	107(107)	0			0	2 323(496)	

(续表)

年份	校区/年月	口腔医学	公共卫生	护理	药学	工商管理	高级管理人员	公共管理	会计	旅游	图书情报	艺术	学期合计	年度合计
2006	2006(1月)	0	22(22)	0	0	236(31)	58(58)	49(49)	0			0	1033(740)	3 625
	2006(6月)	0	16(16)	0	0	292(142)	125(125)	155(155)	0			0	2592(751)	(1 491)
2007	2007(1月)	0	20(20)	0	0	246(39)	57(57)	52(52)	0			0	1059(761)	4 148
	2007(6月)	2	20(20)	0	0	223(78)	120(120)	173(173)	61(61)			0	3089(1 023)	(1 784)
2008	2008(1月)	0	17(17)	0	0	258(36)	91(91)	55(55)	4(4)			0	1017(680)	4 074
	2008(6月)	1	12(12)	0	0	242(89)	136(136)	225(225)	60(60)			0	3057(949)	(1 629)
2009	2009(1月)	0	18(18)	0	0	256(47)	75(75)	77(77)	2(2)			0	1272(931)	4 418
	2009(6月)	4(2)	32(32)	0	0	254(101)	135(135)	183(183)	46(46)			0	3146(985)	(1 916)
2010	2010(1月)	0	21(21)	0	0	269(24)	91(91)	47(47)	5(5)			0	1363(928)	4 347
	2010(6月)	2	35(35)	0	0	261(113)	144(144)	212(212)	45(45)			0	2984(938)	(1 866)
2011	2011(1月)	0	34(34)	0	0	249(20)	94(94)	92(92)	12(12)			0	1374(930)	4 499
	2011(6月)	1	49(49)	0	0	238(102)	126(126)	189(189)	81(54)			0	3125(903)	(1 833)
2012	2012(1月)	0	42(42)	0	0	288(15)	136(136)	66(66)	6(6)			0	1577(988)	4 889
	2012(6月)	4	53(53)	5	20	137(9)	135(135)	177(177)	47(47)			12	3312(810)	(1 798)
	2012(12月)	0	53(53)	0	0	376(3)	97(97)	85(45)	1(1)				1558(837)	4 978
2013	2013(6月)	5	73(47)	9	0	133(1)	191(191)	91(88)	57(57)			17	3420(746)	(1 583)
2014	2014(1月)	0	60(60)		9	361(4)	117(117)	142(45)	6(6)	14			1429(667)	4 920
	2014(6月)	5	92(66)	13	21	136	168(168)	101(75)	57(57)	1		15	3491(703)	(1 370)

(续表)

年份	校区/年月	口腔医学	公共卫生	护理	药学	工商管理	高级管理人员	公共管理	合计	旅游	图书情报	艺术	学期合计	年度合计
2015	2015（1月）	0	42(42)	0	3	379	97(97)	130(28)	4(4)	4		0	1 395(565)	4 989 (1 370)
	2015（6月）	3	62(38)	15	24	133	133(133)	74(44)	66(66)	5		16	3 515(805)	
	2015（10月）												79	
2016	2016（1月）	0	25(24)	0	3	336	76(76)	145(34)	8(8)	12		0	1 385(630)	4 728 (1 171)
	2016（6月）	6	69(37)	12	23	176	129(129)	83(54)	59(59)	8		17	3 267(538)	
	2016（10月）												126(3)	
2017	2017（1月）	0	40(40)	0	6	390	75(75)	128(31)	7(7)	24		1	1 337(507)	4 960 (1 087)
	2017（6月）	7	81(46)	16	27	230	81(81)	111(55)	68(68)	12	26	15	3 493(579)	
	2017（10月）			1									130(1)	
2018	2018（1月）	0	23(23)	0	6	387	125(125)	147(28)	8(8)	21		0	1 508(689)	5 066 (1 291)
	2018（6月）	7	79(47)	13	29	165	159(159)	85(32)	55(55)	8	29	0	3 423(601)	
	2018（10月）												135(1)	

注：① 括号内数字为授予同等学力人员学位人数。
② 1981—2018年共计授予硕士学位81 274人，其中含同等学力人员23 746人；共计授予博士学位100 762人，其中含同等学力人员24 056人。

附录16　复旦大学历届全国优秀博士学位论文提名奖、上海市优秀博士学位论文、上海市优秀硕士学位论文入选情况

复旦大学历届全国优秀博士学位论文提名奖入选情况

年份	作者	论文题目	导师	一级学科
2003	陆　铭	工资、就业的议价对经济效率的影响	袁志刚	理论经济学
2003	李本乾	中国大众传媒议程设置功能研究	张国良	新闻传播学
2003	温　涛	物理中三个逆问题的多种严格解方法的探求研究及具体实现	戴显熹	物理学
2003	向　斌	阿片受体磷酸化及其对受体信号转导的调控机制	马　兰	生物学
2003	陈向军	MGT-30在胸腺瘤重症肌无力中意义的研究	吕传真	临床医学
2003	邱双健	肝癌免疫基因治疗的实验研究	叶胜龙	临床医学
2004	田素华	东道国国际资本流入结构的成因与管理	洪文达	理论经济学
2004	楼红卫	偏微分方程最优控制问题解的正则性	雍炯敏	数学
2004	何　华	人类MP1LC3家族三个成员的翻译后修饰分析及一种新的翻译后修饰形式的鉴定	余　龙	生物学
2004	常　梅	随机非球形粒子层全极化散射的Mueller矩阵解	金亚秋	电子科学与技术
2004	徐文东	提高膈神经移位治疗臂丛撕脱伤疗效的基础与临床研究	徐建光	临床医学
2005	龙太江	论政治妥协——以价值为中心的分析	王邦佐	政治学
2005	陈元峰	北宋馆阁翰苑与诗坛研究	王水照	中国语言文学
2005	钱　冬	3d金属超薄膜的结构和磁性研究	金晓峰	物理学
2005	高　峰	介孔SBA-15在生物分离和纳米材料制备上的应用及相关研究	赵东元	化学
2005	郝　模	我国农村卫生发展的关键问题政策研究	胡善联	公共管理
2006	王泽军	二维轴对称活塞问题激波解的存在性	陈恕行	数学
2006	李华林	表皮葡萄球菌细胞间粘附素基因功能及表达调控的研究	闻玉梅	基础医学
2007	戴黎刚	闽语的历史层次及其演变	游汝杰	中国语言文学
2007	杨煜达	清代云南(1711—1911年)的季风气候与天气灾害	邹逸麟	历史学

（续表）

年份	作者	论文题目	导师	一级学科
2007	李 辉	澳泰族群的遗传结构	金 力	生物学
2007	蒋巍川	适应动态排拓扑网络的多Agent计算关键技术研究	张世永	计算机科学与技术
2007	张 倜	利用血管内皮异质性预测和干预肝癌转移复发的研究	汤钊猷	临床医学
2008	赵 赟	苏皖地区土地利用及其驱动力机制（1500—1937）	满志敏	历史学
2008	田传山	人工调控结构的金属薄膜磁性	金晓峰	物理学
2008	孟 岩	有序的有机高分子介孔材料的合成与结构	赵东元	化学
2008	贾韦韬	生物质谱新技术与新方法及其在蛋白质组学中的应用研究	杨芃原	化学
2008	陈维灶	RNAi抑制口蹄疫病毒复制与感染的相关研究	郑兆鑫	生物学
2008	周艺彪	日本血吸虫中间宿主湖北钉螺遗传变异及分类的研究	姜庆五	公共卫生与预防医学
2009	王国强	《中国评论》与西方汉学	周振鹤	历史学
2009	谢纳庆	有关引力能量的几个几何问题	谷超豪	数学
2009	吴 昊	非线性发展方程及方程组整体解的渐近性态	郑宋穆	数学
2009	季 敏	纳米结构及其相变的第一性原理计算研究	龚新高	物理学
2009	杨 科	基于同步辐射实验方法的低维系统物理性质研究	封东来	物理学
2009	宋海清	新型光学微腔激光器的构造及其方向性激光出射的研究	徐 雷	物理学
2009	张福强	介孔材料水热稳定性的改进及新型介孔碳材料的水相合成	赵东元	化学
2009	刘 芸	微流控芯片酶反应器的研究	刘宝红	化学
2009	王永刚	高比能量电化学电容器的研究	夏永姚	化学
2009	曹丽慧	钠尿肽对视网膜双极细胞活动的调制	杨雄里	生物学
2009	高小玲	凝集素修饰纳米粒经鼻入脑的递药特性研究	蒋新国	药学
2009	徐 鹏	我国突发公共卫生事件处置工作规范及其支持系统研究	郝 模	公共管理
2010	周 波	战国时代各系文字间的用字差异现象研究	裘锡圭	中国语言文学
2010	吴俊范	从水乡到都市：近代上海城市道路系统演变与环境（1843—1949）	满志敏	历史学
2010	杨 翎	紧致Riemann对称空间的整体几何性质及其应用	忻元龙	数学

（续表）

年份	作者	论文题目	导师	一级学科
2010	宁文强	一维关联体系粒子激发谱研究	吴长勤	物理学
2010	沈大伟	2H结构过渡族金属二硫属化物电子结构的高分辨角分辨光电子能谱研究	封东来	物理学
2010	李嫣	蛋白质的磁性微球快速酶解与高效富集新方法研究	张祥民	化学
2010	刘锋	人CD34+造血干/祖细胞和日本血吸虫的转录组学和蛋白质组学研究	杨芃原	化学
2010	王传明	负载金催化剂的第一性原理研究：从纳米催化到单活性位非均相催化	刘智攀	化学
2010	徐书华	高密度常染色体SNPs揭示的现代人群遗传结构	金力	生物学
2010	田晓晨	乙型肝炎病毒表面抗原对细胞蛋白LEF-1以及CyPA功能的影响及其意义	闻玉梅	基础医学
2010	刘琼	针刺治疗实验性抑郁症时成年大鼠海马神经发生的变化	吴根诚	中西医结合
2010	黄容琴	脑靶向树枝状高分子纳米基因递释系统的研究	裴元英	药学
2011	叶晔	明代中央文官制度与文学	陈广宏	中国语言文学
2011	谢湜	高乡与低乡：11—16世纪太湖以东的区域结构变迁	葛剑雄	历史学
2011	黄寒松	Bergman空间上的von Neumann代数、约化子空间和相关的几何分析	郭坤宇	数学
2011	陈时友	多元半导体及其合金的第一性原理计算研究	龚新高	物理学
2011	徐丰	全极化合成孔径雷达的正向和逆向遥感理论	金亚秋	电子科学与技术
2011	余科达	功能性论证雌醌代谢酶基因多态性与乳腺癌发生易感性的关联	邵志敏	临床医学
2012	赵灿	"诚言"与"关心自己"：福柯的古代哲学解释研究	佘碧平	哲学
2012	刘建军	临界条件下的KAM理论及其应用	袁小平	数学
2012	高勇	几种复杂流体的物性研究	黄吉平	物理学
2012	刘勤	时间反演不变性拓扑绝缘体中杂质效应的相关研究	陶瑞宝	物理学
2012	韩英锋	半夹心结构有机金属框架化合物的设计、可控制备与性能研究	金国新	化学

(续表)

年份	作者	论文题目	导师	一级学科
2012	龚 昱	过渡金属氧化物和氧气络合物的低温基质隔离红外光谱和理论计算研究	周鸣飞	化学
2012	王启军	Salmonella Enterica 中心代谢关键酶的赖氨酸可逆乙酰化修饰研究	赵国屏	生物学
2012	雷云平	VANGL 基因和 DACT1 基因与神经管畸形的相关性研究	王红艳	生物学
2012	法文哲	月球微波遥感的理论建模与参数反演	金亚秋	电子科学与技术
2012	张伟娟	ALD-DNA 诱导 SLE 的新机制:巨噬细胞极化及其作用	熊思东	基础医学
2012	徐洁杰	乙型肝炎病毒 X 蛋白(HBx)对 Notch1 与 Snail 的调控及其功能的研究	闻玉梅	基础医学
2013	刘瑞明	国有企业如何拖累了经济增长:理论与中国的经验证据	石 磊	应用经济学
2013	栗永清	学科·教育·学术:学科史视野中的中国文学学科	朱立元	中国语言文学
2013	顾琪龙	树状网络上的拟线性双曲组的精确边界能控性与能观性	李大潜	数学
2013	董金奎	非常规超导体的极低温输运性质研究	李世燕	物理学
2013	徐 薇	代谢的乙酰化调控与 IDH1 突变促进肿瘤发生机制的研究	管坤良	生物学
2013	姚 坚	MicroRNA-30d 及抑制型 G 蛋白在肝癌侵袭转移中的作用及其分子机制研究	顾健人	基础医学
2013	张 峰	药物洗脱支架对血管重构和内皮功能影响的实验和临床研究	葛均波	临床医学
2013	朱小东	抗血管生成促肝癌转移中 IL-12b 介导的机体免疫起关键作用	汤钊猷	临床医学

注:① 2003 年全国优秀博士学位论文提名奖全国共 179 篇,复旦大学 6 篇;
② 2004 年全国优秀博士学位论文提名奖全国共 139 篇,复旦大学 5 篇;
③ 2005 年全国优秀博士学位论文提名奖全国共 159 篇,复旦大学 5 篇;
④ 2006 年全国优秀博士学位论文提名奖全国共 137 篇,复旦大学 2 篇;
⑤ 2007 年全国优秀博士学位论文提名奖全国共 158 篇,复旦大学 5 篇;
⑥ 2008 年全国优秀博士学位论文提名奖全国共 177 篇,复旦大学 6 篇;
⑦ 2009 年全国优秀博士学位论文提名奖全国共 363 篇,复旦大学 12 篇;
⑧ 2010 年全国优秀博士学位论文提名奖全国共 334 篇,复旦大学 12 篇;
⑨ 2011 年全国优秀博士学位论文提名奖全国共 256 篇,复旦大学 6 篇;
⑩ 2012 年全国优秀博士学位论文提名奖全国共 278 篇,复旦大学 11 篇;
⑪ 2013 年全国优秀博士学位论文提名奖全国共 273 篇,复旦大学 8 篇。

复旦大学历届上海市优秀博士学位论文入选情况

年份	作者	论文题目	导师	一级学科
2000	沈训芳	经济形态与正义：理论与历史考察	曹沛霖	政治学
2000	陈昌来	语义成分研究	范晓	中国语言文学
2000	黄仁生	杨维桢与元末明初文学思潮	章培恒	中国语言文学
2000	戴鞍钢	港口、城市、腹地——上海与长江流域经济关系的历史考察	邹逸麟	历史学
2000	周汝光	与孤立子方程相关的有限维可积系统	谷超豪	数学
2000	金其年	不适定问题的稳定化研究	侯宗义	数学
2000	任忠民	载能束合成材料及其表征	李富铭	物理学
2000	吕瑞波	液晶定向以及铁电液晶器件的研制	徐克璘	物理学
2000	李和兴	新型非晶态合金催化材料的制备及其催化性能的研究	邓景发	化学
2000	邱枫	剪切流场中聚合物共混物的相分离	杨玉良	化学
2000	赵靖	激动剂诱导的 δ 和 κ 阿片受体磷酸化研究	马兰	生物学
2000	李昕欣	硅多层微机械机构的无掩膜腐蚀技术和硅微机械振动式陀螺的研究	鲍敏杭	电子科学与技术
2000	朱蕾	COPD 呼吸衰竭面罩通气和缓解期运动肺功能的研究	钮善福	临床医学
2000	耿道颖	星形胶质细胞瘤的 MRI 诊断研究	沈天真	临床医学
2000	徐建光	颈 7 神经根选择性束组移位术的应用基础与临床研究	顾玉东	临床医学
2000	周行涛	国产板层角膜成形系统（LASIK 微型角膜刀）实验和临床研究	褚仁远	临床医学
2000	贺平	肝癌细胞因子基因治疗的研究	汤钊猷	临床医学
2000	徐丛剑	卵巢癌药物敏感基因治疗实验研究	张惜阴	临床医学
2001	郁建兴	自由主义批判与自由理论的重建——黑格尔政治哲学及其影响	俞吾金	哲学
2001	林尚立	当代中国政治形态研究	曹沛霖	政治学
2001	邹振环	晚清西方地理学在中国的传播与影响——以 1815 至 1911 年西方地理学译著为中心	周振鹤	历史学
2001	陈惠香	双交叉积与量子偶	许永华	数学
2001	陈伯勇	关于 Bergman 核的一些研究	张锦豪	数学
2001	张旭	半线性分布参数系统的精确能控性及某些相关问题	雍炯敏	数学

(续表)

年份	作者	论文题目	导师	一级学科
2001	张胜坤	用空间电荷谱研究 GeSi 半导体低维量子结构的电学特性	王 迅	物理学
2001	孙雨龙	细胞色素 B5 和细胞色素 C 的结合和电子传递	黄仲贤	化学
2001	张红东	高分子分相动力学的理论和模拟	杨玉良	化学
2001	张克忠	人凝血因子 IX 乳腺生物反应器研究	薛京伦	生物学
2001	郭华北	N-乙酰氨基葡萄糖转移酶 V(GnT-V)的调控、功能及其与肝癌转移的关系	陈惠黎	生物学
2001	孙惠川	肝细胞癌生长转移与新生血管的关系及其干预治疗	汤钊猷	临床医学
2001	陈 亮	维持肢体正常的运动与感觉功能所需最少神经根数的实验研究	顾玉东	临床医学
2001	蔡 琳	福建省胃癌高发现场分子流行病学研究	俞顺章	公共卫生与预防医学
2001	赵 鹏	针刺的抗脑缺血作用与氨基酸类递质及一氧化氮的关系	程介士	中西医结合
2002	汪 斌	国际区域产业结构论——一种理论框架及其对中国的应用分析	伍柏麟	理论经济学
2002	刘建军	中国现代政治形态之确立——以政治的知识基础为中心	曹沛霖	政治学
2002	陈启宏	变分不等式的间接障碍最优控制问题	李训经	数学
2002	曹 勇	芳环有机分子在 Si(111)-7x7 面上的表面化学	邓景发	化学
2002	刘世勇	高分子络合物的溶液、本体和表面性质及其自组装行为研究	江 明	化学
2002	何军坡	活性自由基聚合的 Monte Carlo 模拟及动力学改进	杨玉良	化学
2002	郭 骏	G 蛋白偶联受体激酶介导的 d 阿片受体磷酸化及其脱敏研究	马 兰	生物学
2002	武 力	乙型肝炎病毒包膜基因变异株的结构与功能基因组学研究	闻玉梅	基础医学
2002	王 鲁	a 干扰素及其他制剂干预肝癌转移复发和肿瘤生长的实验研究	汤钊猷	临床医学
2003	陆 铭	工资、就业的议价对经济效率的影响	袁志刚	理论经济学
2003	梁 鸿	中国农村现阶段社区保健的经济学分析	彭希哲	理论经济学
2003	陈 钊	转型国家的经济重构和所有制结构调整	张 军	理论经济学
2003	秦月星	虚拟经济下货币需求理论研究	姜波克	应用经济学
2003	杨光辉	萨都剌及著作实证研究	章培恒	中国语言文学
2003	李本乾	中国大众传媒议程设置功能研究	张国良	新闻传播学

(续表)

年份	作者	论文题目	导师	一级学科
2003	温涛	物理中三个逆问题的多种严格解方法的探求研究及具体实现	戴显熹	物理学
2003	向斌	阿片受体磷酸化及其对受体信号转导的调控机制	马兰	生物学
2003	柯越海	中国人群的进化与多基因病研究（ⅠⅡⅢ）	金力	生物学
2003	李学君	褪黑素的羟自由基清除作用与自由保护	孙凤艳	生物学
2003	林旭	乙型肝炎病毒复制性增强的机理研究	闻玉梅	基础医学
2003	陈向军	MGT-30在胸腺瘤重症肌无力中意义的研究	吕传真	临床医学
2003	邱双健	肝癌免疫基因治疗的实验研究	叶胜龙	临床医学
2003	王建设	宫内感染乙型肝炎病毒免疫失败机理及对策研究	朱启镕	临床医学
2004	孙斌	守护夜空的星座——从阿多诺的视野看一段美学问题史	张汝伦	哲学
2004	田素华	东道国国际资本流入结构的成因与管理	洪文达	理论经济学
2004	陈周旺	正义之善——论乌托邦的政治意义	林尚立	政治学
2004	陈玉刚	国家与超国家——欧洲一体化理论比较研究	俞正梁	政治学
2004	龙太江	论政治妥协——以价值为中心的分析	王邦佐	政治学
2004	姚晓雷	"民间"审视下的新时期河南乡土类型小说	陈思和	中国语言文学
2004	陈元峰	北宋馆阁翰苑与诗坛研究	王水照	中国语言文学
2004	郭建斌	电视下乡：社会转型期大众传媒与少数民族社区——独龙江个案的民族志阐释	张国良	新闻传播学
2004	高蒙河	长江下游考古时代的环境研究——文明化进程中的生态系统和人地关系	葛剑雄	历史学
2004	王勤	粗几何上的指标问题的局部化方法	陈晓漫	数学
2004	楼红卫	偏微分方程最优控制问题解的正则性	雍炯敏	数学
2004	王利彬	拟线性非严格双曲组Cauchy问题经典解的整体存在性及奇性形成理论	李大潜	数学
2004	欧阳晓平	低强度脉冲裂变中子探测技术研究	霍裕昆	物理学
2004	钱冬	3d金属超薄膜的结构和磁性研究	金晓峰	物理学
2004	余承忠	嵌段共聚物导向下新型介孔分子筛材料的合成与表征	赵东元	化学
2004	高峰	介孔SBA-15在生物分离和纳米材料制备上的应用及相关研究	赵东元	化学
2004	何华	人类MP1LC3家族三个成员的翻译后修饰分析及一种新的翻译后修饰形式的鉴定	余龙	生物学
2004	常梅	随机非球形粒子层全极化散射的Mueller矩阵解	金亚秋	电子科学与技术

(续表)

年份	作者	论文题目	导师	一级学科
2004	张 羽	狭窄血管超声多普勒血流信息提取方法的研究	王威琪	电子科学与技术
2004	郑仕辉	基于关系的 XML 数据处理	周傲英	计算机科学与技术
2004	李 雁	转移性人肝癌细胞模型的优化及转移机理探讨	汤钊猷	临床医学
2004	徐文东	提高膈神经移位治疗臂丛撕脱伤疗效的基础与临床研究	徐建光	临床医学
2004	莫 凌	异烟肼耐药相关基因及其功能分析	翁心华	临床医学
2004	叶青海	肝细胞癌转移预测模型的建立及其转移相关基因的筛选——cDNA 微阵列技术分析	汤钊猷	临床医学
2004	张奇志	尼莫地平鼻腔给药的脑内递药特性研究	蒋新国	药学
2004	郝 模	我国农村卫生发展的关键问题政策研究	胡善联	公共管理
2005	徐英瑾	维特根斯坦哲学转型期中的"现象学"之谜	俞吾金	哲学
2005	黎明洁	叙述学视角下的新闻写作改革研究	张骏德	新闻传播学
2005	李玉偿	环境与人：江南传染病史研究(1820—1953)	葛剑雄	历史学
2005	林 伟	复杂系统中的若干理论问题及其应用	阮 炯	数学
2005	王泽军	二维轴对称活塞问题激波解的存在性	陈恕行	数学
2005	杨海峰	片状介孔材料的制备及其在纳米结构模板合成中的应用	赵东元	化学
2005	范 杰	介孔材料结构和孔道的模板合成及其在生物和电池中的应用	赵东元	化学
2005	郭金虎	人类新基因识别与蛋白结构域鉴定	余 龙	生物学
2005	王 昉	EVL-14/PDS-5 和 SCC-3 是线虫有丝分裂和减数分裂必需的姐妹染色单体粘连蛋白	韩 珉	生物学
2005	文 波	Y 染色体、mtDNA 多态性与东亚人群的遗传结构	金 力	生物学
2005	李华林	表皮葡萄球菌细胞间粘附素基因功能及表达调控的研究	闻玉梅	基础医学
2005	李文军	颈 7 切断与神经损伤后大脑皮层变化的实验研究	顾玉东	临床医学
2005	侯意枫	ERβ 对乳腺癌细胞株生物学特性的影响及肺高转移乳腺癌细胞系的建立	沈镇宙	临床医学
2005	张蕴晖	邻苯二甲酸酯类的雄性生殖发育毒性及健康危险度评价	陈秉衡	公共卫生与预防医学
2005	魏 峰	组织-管理者心理契约违背研究	张文贤	工商管理
2006	王礼平	存在的呐喊：绵延与柏格森主义	黄颂杰	哲学
2006	戴黎刚	闽语的历史层次及其演变	游汝杰	文学
2006	彭利贞	现代汉语情态研究	戴耀晶	中国语言文学

(续表)

年份	作者	论文题目	导师	一级学科
2006	熊忠辉	中国省级卫视发展研究	张骏德	新闻传播学
2006	杨煜达	清代云南(1711—1911年)的季风气候与天气灾害	邹逸麟	历史学
2006	卢文联	动力系统与复杂网络：理论与应用	陈天平	数学
2006	王彦博	数值微分及其应用	程晋	数学
2006	陈良善	经典波在二维体系中的传播和有机高聚物的极化反转现象	孙鑫	物理学
2006	田博之	新型介观结构材料的合成：从无定形到晶态	赵东元	化学
2006	胡华荣	猝冷骨架Ni样品的制备、表征、催化及吸附脱硫性质研究	范康年	化学
2006	王昕	新型过渡金属烯烃聚合催化剂的合成及性质研究	金国新	化学
2006	王家芳	相界面、临界核、胶束和囊泡——多组分聚合物体系自组织现象的自洽场理论研究	杨玉良	化学
2006	李辉	澳泰族群的遗传结构	金力	生物学
2006	蒋玉龙	用于亚0.1 m CMOS器件技术中的镍硅化物研究	李炳宗	电子科学与技术
2006	蒋巍川	适应动态拓扑网络的多Agent计算关键技术研究	张世永	计算机科学与技术
2006	张倜	利用血管内皮异质性预测和干预肝癌转移复发的研究	汤钊猷	临床医学
2006	张杰	乳腺癌前哨淋巴结活检及骨髓播散肿瘤细胞的检测	邵志敏	临床医学
2006	赖凌云	醛固酮对大鼠肾小球硬化的影响及机制探讨	顾勇	临床医学
2006	蔡全才	传染性非典型肺炎传播规律及其防制研究	姜庆五	公共卫生与预防医学
2006	董志强	胶质细胞源性神经营养因子在大鼠神经痛及电针镇痛中的作用及其机制研究	吴根诚	中西医结合
2006	陆伟	阳离子白蛋白结合聚乙二醇-聚乳酸纳米粒的脑内递药研究	蒋新国	药学
2006	关涛	跨国公司内部知识转移过程与影响因素的实证研究	薛求知	工商管理
2007	邓子勉	宋金元词籍文献研究	王水照	中国语言文学
2007	赵赟	苏皖地区土地利用及其驱动力机制(1500—1937)	满志敏	历史学
2007	程郁	清至民国的蓄妾习俗与社会变迁	樊树志	历史学
2007	周兵	当代西方新文化史研究	张广智	历史学
2007	雷震	粘弹性流体力学方程组的整体经典解和不可压缩极限	周忆	数学
2007	王志强	非自洽拟线性双曲型方程组的精确能控性	李大潜	数学
2007	黄丽	表面动力学和金属量子阱系统的第一性原理研究	龚新高	物理学

(续表)

年份	作者	论文题目	导师	一级学科
2007	田传山	人工调控结构的金属薄膜磁性	金晓峰	物理学
2007	孟 岩	有序的有机高分子介孔材料的合成与结构	赵东元	化学
2007	贾韦韬	生物质谱新技术与新方法及其在蛋白质组学中的应用研究	杨芃原	化学
2007	陈雪莹	新型非晶态合金材料的设计合成及催化性能研究	贺鹤勇	化学
2007	陈维灶	RNA干扰抗口蹄疫病毒复制与感染的相关研究	郑兆鑫	生物学
2007	李一峰	线粒体乙醛脱氢酶基因多态E487K对硝酸甘油疗效和代谢的影响	金 力	生物学
2007	陈 敏	聚合物/SiO_2有机-无机纳米复合微球的制备与表征	武利民	材料科学与工程
2007	谢 明	紫杉醇PLGA微球瘤内注射治疗喉癌裸鼠移植瘤的实验研究	周 梁	临床医学
2007	王 杰	Duffy抗原趋化因子受体(DARC)抑制人乳腺癌细胞的生长和肺转移	邵志敏	临床医学
2007	陈智鸿	AQP5对人呼吸道黏膜下腺细胞水跨膜通透性及粘蛋白合成、分泌影响的研究	白春学	临床医学
2007	周艺彪	日本血吸虫中间宿主湖北钉螺遗传变异及分类的研究	姜庆五	公共卫生与预防医学
2008	王国强	《中国评论》与西方汉学	周振鹤	历史学
2008	谢纳庆	有关引力能量的几个几何问题	谷超豪	数学
2008	吴 昊	非线性发展方程及方程组整体解的渐近性态	郑宋穆	数学
2008	王 凯	单位球上的Hilbert模和K-同调	郭坤宇	数学
2008	宋清海	新型光学微腔激光器的构造及其方向性激光出射的研究	徐 雷	物理学
2008	季 敏	纳米结构及其相变的第一性原理计算研究	龚新高	物理学
2008	杨 科	基于同步辐射实验方法的低维系统物理性质研究	封东来	物理学
2008	张福强	介孔材料水热稳定性的改进及新型介孔碳材料的水相合成	赵东元	化学
2008	刘 芸	微流控芯片酶反应器的研究	刘宝红	化学
2008	王永刚	高比能量电化学电容器的研究	夏永姚	化学
2008	施益峰	纳米浇铸法合成有序介孔高温陶瓷材料及金属硫化物、氮化物材料	赵东元	化学
2008	贾中凡	基于PEO多官能团引发体系合成特殊结构的两亲性共聚物及其性质研究	黄骏廉	化学
2008	丁 昇	piggyBac转座系统——哺乳动物遗传分析的新工具	许 田	生物学

（续表）

年份	作者	论文题目	导师	一级学科
2008	曹丽慧	钠尿肽对视网膜双极细胞活动的调制	杨雄里	生物学
2008	张 磊	拟南芥维生素 C 的代谢工程	唐克轩	生物学
2008	丁 旭	SUN1 在小鼠减数分裂中对端粒动态变化及配子发生的功能研究	韩 珉	生物学
2008	江建海	β1,4 半乳糖基转移酶 I 和 V 在肿瘤中作用和转录调控的研究	顾建新	生物学
2008	戎 俊	花粉介导的水稻（Oryza sativa L.）基因漂移及其模型的研究	卢宝荣	生物学
2008	叶红霞	随机粗糙面与目标复合电磁散射的数值计算方法	金亚秋	电子科学与技术
2008	黄 煜	趋化因子 CXCL16/CXCR6 在人早孕期母-胎界面的表达及调控作用	李大金	临床医学
2008	高小玲	凝集素修饰纳米粒经鼻入脑的递药特性研究	蒋新国	药学
2008	徐 鹏	我国突发公共卫生事件处置工作规范及其支持系统研究	郝 模	公共管理
2009	杨严炎	群体诉讼研究	章武生	法学
2009	周 波	战国时代各系文字间的用字差异现象研究	裘锡圭	中国语言文学
2009	邹 军	虚拟世界的民间表达——中国网络舆论研究	黄 瑚	新闻传播学
2009	吴俊范	从水乡到都市：近代上海城市道路系统演变与环境（1843—1949）	满志敏	历史学
2009	阮清华	上海游民改造研究（1949—1958 年）	张济顺	历史学
2009	仇鹿鸣	魏晋之际的政治权力与家族网络	韩 昇	历史学
2009	王大学	明清"江南海塘"的建设与环境	葛剑雄	历史学
2009	袁海荣	管道内一类跨音速激波的适定性	陈恕行	数学
2009	杨 翎	紧致 Riemann 对称空间的整体几何性质及其应用	忻元龙	数学
2009	吴 玮	复杂网络的同步性分析	陈天平	数学
2009	沈大伟	2H 结构过渡族金属二硫属化物电子结构的高分辨角分辨光电子能谱研究	封东来	物理学
2009	宁文强	一维关联体系粒子激发谱研究	吴长勤	物理学
2009	郝加明	人工电磁特异材料的物性研究	周 磊	物理学
2009	张 豫	水相 CdTe 量子点在细胞中的光致发光行为研究	王培南	物理学
2009	李 嫣	蛋白质的磁性微球快速酶解与高效富集新方法研究	张祥民	化学
2009	刘 锋	人 CD34＋造血干/祖细胞和日本血吸虫的转录组学和蛋白质组学研究	杨芃原	化学

(续表)

年份	作者	论文题目	导师	一级学科
2009	王传明	负载金催化剂的第一性原理研究：从纳米催化到单活性位非均相催化	刘智攀	化学
2009	唐嘉伟	新型介孔材料的设计合成及其功能研究	余承忠	化学
2009	张 凡	稀土氟化物纳米结构制备及上转换光学性质研究	赵东元	化学
2009	周旭峰	新型多孔材料及自组装杂化材料的合成与表征	余承忠	化学
2009	徐书华	高密度常染色体SNPs揭示的现代人群遗传结构	金 力	生物学
2009	孙 磊	小鼠17号染色体全长有丝分裂重组系统构建以及平衡染色体初探	庄 原	生物学
2009	曹 红	大鼠前扣带皮层ERK/MAPK信号通路参与痛厌恶情绪的胞内机制	张玉秋	生物学
2009	魏溪颜	人转录激活因子ATF5的功能和调控的研究	顾建新	生物学
2009	陈运文	形状识别与图像分割方法研究	陈雁秋	计算机科学与技术
2009	田晓晨	乙型肝炎病毒表面抗原对细胞蛋白LEF-1以及CyPA功能的影响及其意义	闻玉梅	基础医学
2009	高 强	免疫微环境与肝细胞癌复发转移及"免疫微环境分子预测模型"的建立与验证	樊 嘉	临床医学
2009	张晓燕	卵泡刺激素受体靶向的卵巢癌纳米化疗给药系统的研制	徐丛剑	临床医学
2009	柯爱武	四跨膜蛋白CD151与肝细胞癌侵袭转移及其对HGF/c-Met信号转导的影响	刘康达	临床医学
2009	张志杰	湖沼地区血吸虫病高风险区域的空间分析及重点钉螺孳生地的探测	姜庆五	公共卫生与预防医学
2009	刘 琼	针刺治疗实验性抑郁症时成年大鼠海马神经发生的变化	吴根诚	中西医结合
2009	王 鹏	胰腺癌中医证与病机及清胰化积方抑瘤作用机制探讨	刘鲁明	中西医结合
2009	黄容琴	脑靶向树枝状高分子纳米基因递释系统的研究	裴元英	药学
2009	王宇露	海外子公司的战略网络、社会资本与网络学习研究	李元旭	工商管理
2010	陈 伟	事实与规范的辩证法——哈贝马斯法哲学研究	莫伟民	外国哲学
2010	罗健豪	美国集团诉讼退出制研究	章武生	民商法学
2010	刘 娇	西汉以前古籍中相同或类似内容重复出现现象的研究——以出土简帛古籍为中心	裘锡圭	中国古典文献学
2010	郑 幸	袁枚年谱新编	陈正宏	中国古典文献学
2010	叶 晔	明代中央文官制度与文学	陈广宏	中国古代文学
2010	张天星	报刊与晚清文学现代化的发生	黄 霖	中国古代文学

（续表）

年份	作者	论文题目	导师	一级学科
2010	谢 湜	高乡与低乡：11—16世纪太湖以东的区域结构变迁	葛剑雄	历史地理学
2010	李尚君	演说舞台上的雅典民主——德谟斯提尼的演说表演与民众的政治认知	黄 洋	世界史
2010	黄寒松	Bergman空间上的von Neumann代数、约化子空间和相关的几何分析	郭坤宇	基础数学
2010	王志张	乘积流形上的两个存在性结果	黄宣国	基础数学
2010	郁 文	经验似然方法在一些半参数模型中的应用	郑祖康	概率论与数理统计
2010	江 杰	非线性发展方程组的整体解及渐近性态	郑宋穆	应用数学
2010	潘克家	石油地球物理勘探中若干反问题研究	谭永基	应用数学
2010	陈时友	多元半导体及其合金的第一性原理计算研究	龚新高	凝聚态物理
2010	欧宏炜	金属氧化物功能材料奇异电子结构的高分辨角分辨光电子能谱研究	封东来	凝聚态物理
2010	孙聊新	ZnO回音壁微腔中激子极化激元色散、激射以及凝聚的实验研究	陈张海	光学
2010	王红宁	新型囊泡及泡沫材料的制备与表征	余承忠	无机化学
2010	韩英锋	半夹心结构有机金属框架化合物的设计、可控制备与性能研究	金国新	有机化学
2010	张 亮	磺酸酯参与的若干交叉偶联反应研究及其在类天然小分子合成中的应用	吴 劼	有机化学
2010	张晓昌	小鼠KASH蛋白Syne-1，Syne-2和SUN蛋白SUN1，SUN2在肌肉细胞核锚定和神经细胞迁移过程中的功能研究	韩 珉	发育生物学
2010	王振轩	低维无机纳米材料空心结构的制备与性能研究	武利民	材料物理与化学
2010	徐 丰	全极化合成孔径雷达的正向和逆向遥感理论	金亚秋	电路与系统
2010	陈海波	云计算平台可信性增强技术的研究	臧斌宇	计算机系统结构
2010	李 娟	中亚地区沙尘气溶胶的理化特性、来源、长途传输及其对全球变化的可能影响	庄国顺	环境科学
2010	高 波	固有免疫分子TRIM22对乙型肝炎病毒的抑制作用及其机制研究	熊思东	免疫学
2010	李清泉	化疗药物影响乳腺癌侵袭转移能力的分子机制研究	许祖德	病理学与病理生理学
2010	张书宁	基质弹性在确定急性心肌梗死后骨髓单个核细胞移植最佳时机中的作用	葛均波	内科学
2010	丁振斌	自噬在肝癌的侵袭转移及药物干预中的相关作用研究	樊 嘉	外科学

(续表)

年份	作者	论文题目	导师	一级学科
2010	杨欣荣	肝癌侧群细胞差异基因表达谱筛选及其在肝癌复发、转移中的作用	樊 嘉	外科学
2010	余科达	功能性论证雌酮代谢酶基因多态性与乳腺癌发生易感性的关联	邵志敏	肿瘤学
2010	韩冰洁	东道国腐败及其对跨国公司战略的影响研究	薛求知	企业管理
2011	赵 灿	"诚言"与"关心自己"：福柯的古代哲学解释研究	佘碧平	哲学
2011	范子英	央地关系与区域经济格局：财政转移支付的视角	张 军	理论经济学
2011	艾 青	中国电影事业的开拓者——明星影片公司研究	周 斌	中国语言文学
2011	侯体健	刘克庄的文学世界——晚宋文学生态的一种考察	王水照	中国语言文学
2011	杨朕宇	《新闻报》广告与近代上海休闲生活的建构（1927—1937）	黄 瑚	新闻传播学
2011	刘 波	复杂网络上的同步及趋同性研究	陈天平	数学
2011	刘见礼	闵可夫斯基空间中的时向极值曲面若干问题的研究	周 忆	数学
2011	刘建军	临界条件下的KAM理论及其应用	袁小平	数学
2011	高 勇	几种复杂流体的物性研究	黄吉平	物理学
2011	贺 喜	黑洞时空中的似正规模研究	王 斌	物理学
2011	刘 锋	甲虫的结构色与结构变色研究	资 剑	物理学
2011	刘 勤	时间反演不变性拓扑绝缘体中杂质效应的相关研究	陶瑞宝	物理学
2011	丘学鹏	交换偏置磁锻炼和恢复效应的研究和GMR自旋阀的制备	周仕明	物理学
2011	尹少禹	中高能物理与宇宙学中的热力学统计物理问题	苏汝铿	物理学
2011	付丽君	复合材料在锂离子电池和储氢体系中的应用	吴宇平	化学
2011	龚 昱	过渡金属氧化物和氧气络合物的低温基质隔离红外光谱和理论计算研究	周鸣飞	化学
2011	王会芳	金属铂表面复杂脱氢氧化反应机理的理论研究	刘智攀	化学
2011	翁经纬	蛋白质分子大幅度构象变化的计算模拟研究	王文宁	化学
2011	袁 珮	复杂多孔材料的制备及电子断层扫描三维结构解析	赵东元	化学
2011	邹 岳	有机催化及均相金催化策略在新型潜香物质合成中的应用研究	王全瑞	化学
2011	陈梦玲	脊髓胶质细胞参与吗啡镇痛耐受：P2X7受体的研究	赵志奇	生物学
2011	雷云平	VANGL基因和DACT1基因与神经管畸形的相关性研究	王红艳	生物学
2011	王启军	Salmonella Enterica 中心代谢关键酶的赖氨酸可逆乙酰化修饰研究	赵国屏	生物学

(续表)

年份	作者	论文题目	导师	一级学科
2011	殷黎晨	用于改善生物大分子药物功效的超多孔水凝胶、纳米粒新型给药载体	印春华	生物学
2011	沈剑锋	新型碳材料-碳纳米管及石墨烯的制备、修饰与初步应用研究	叶明新	材料科学与工程
2011	法文哲	月球微波遥感的理论建模与参数反演	金亚秋	电子科学与技术
2011	刘亮	OFDM超宽带系统的低能耗、低复杂度数字信号处理及VLSI实现方法研究	任俊彦	电子科学与技术
2011	孙贺	算法设计中的若干前沿问题	朱洪	计算机科学与技术
2011	黄侃	亚洲沙尘长途传输中的组分转化机理及中国典型城市的灰霾形成机制	庄国顺	环境科学与工程
2011	徐洁杰	乙型肝炎病毒X蛋白(HBx)对Notch1与Snail的调控及其功能的研究	闻玉梅	基础医学
2011	张伟娟	ALD-DNA诱导SLE的新机制：巨噬细胞极化及其作用	熊思东	基础医学
2011	郭培奋	人胸腺基质淋巴细胞生成素在母-胎界面的表达及其在母-胎免疫耐受中的调节作用	李大金	临床医学
2011	黄朝晖	血浆microRNA用于结直肠癌诊断的研究及miR-95促进结直肠癌生长的机制研究	杜祥	临床医学
2011	竺向佳	人晶状体细胞膜流动性的年龄相关性改变及可溶性晶状体蛋白的调节作用	卢奕	临床医学
2011	王娜	江苏省海门市原发性肝癌时间趋势及相关危险因素队列研究	姜庆五	公共卫生与预防医学
2011	占昌友	多肽介导的神经胶质瘤靶向给药系统研究	陆伟跃	药学
2011	朱赛杰	整合素v3介导的阿霉素-树枝状聚合物纳米载药系统的肿瘤靶向研究	裴元英	药学
2011	宋培建	互联网产品整合对使用传递行为的影响研究	黄丽华	管理科学与工程
2012	汤铭钧	陈那、法称因明的推理理论——兼论因明研究的多重视角	郑伟宏	哲学
2012	刘瑞明	国有企业如何拖累了经济增长：理论与中国的经验证据	石磊	应用经济学
2012	刘言浩	不当得利法的形成与展开	段匡	法学
2012	栗永清	学科·教育·学术：学科史视野中的中国文学学科	朱立元	中国语言文学
2012	许蔚	断裂与建构：净明道的历史与文学	陈引驰	中国语言文学
2012	崔惠玲	韩国语词类学的历时研究	姜银国	外国语言文学
2012	毛颖辉	党报民族话语的框架变迁研究——《新疆日报》（汉文版）1949—2009年民族报道分析	黄芝晓	新闻传播学

(续表)

年份	作者	论文题目	导师	一级学科
2012	潘 艳	长江三角洲与钱塘江流域距今 10 000—6 000 年的资源生产：植物考古与人类生态学研究	陈 淳	历史学
2012	马孟龙	西汉侯国地理	葛剑雄	历史学
2012	张佳佳	洪武更化：明初礼俗改革研究	葛兆光	历史学
2012	高美娜	无穷维 KAM 理论及其在偏微分方程中的应用	袁小平	数学
2012	彭 杰	布尔函数的密码学性质及构造	吴泉水	数学
2012	顾琪龙	树状网络上的拟线性双曲组的精确边界能控性与能观性	李大潜	数学
2012	杜 恺	倒向随机偏微分方程及其应用	汤善健	数学
2012	董金奎	非常规超导体的极低温输运性质研究	李世燕	物理学
2012	杨乐仙	复杂过渡金属化合物的新奇物性的光电子谱研究	封东来	物理学
2012	李 皓	新型光学微腔和微腔激光器生物传感效应研究	徐 雷	物理学
2012	吴张雄	新型碳基有序介孔材料的合成、功能化及性质与应用	赵东元	化学
2012	陈知远	利用串联反应合成异喹啉与吲哚类化合物	吴 劼	化学
2012	方亚辉	电极条件下简单化学反应的理论计算模拟	刘智攀	化学
2012	宋士杰	高性能聚烯烃结晶行为及结构性能关系研究	武培怡	化学
2012	张 正	PCLA-PEG-PCLA 温致水凝胶的合成、多肽包裹与修饰及其医学应用	丁建东	化学
2012	蒋雯卿	乙酰化修饰调控代谢网络和磷酸烯醇式丙酮酸羧激酶的机制研究	管坤良	生物学
2012	吕 雷	乙酰化促进丙酮酸激酶 M2 通过自噬降解积累中间代谢产物	熊 跃	生物学
2012	徐 薇	代谢的乙酰化调控与 IDH1 突变促进肿瘤发生机制的研究	管坤良	生物学
2012	王满宁	神经导航误差分析与提高空间配准精度的研究	宋志坚	生物医学工程
2012	姚 坚	MicroRNA-30d 及抑制型 G 蛋白在肝癌侵袭转移中的作用及其分子机制研究	顾健人	基础医学
2012	曹汐汐	RACK1 对人乳腺癌增殖、迁移和侵袭转移的影响及相关机制的研究	许祖德	基础医学
2012	朱小东	抗血管生成促肝癌转移中 IL-12b 介导的机体免疫起关键作用	汤钊猷	临床医学
2012	张 峰	药物洗脱支架对血管重构和内皮功能影响的实验和临床研究	葛均波	临床医学
2012	李 翀	抑制 p53 与 MDM2 结合的抗肿瘤多肽设计与靶向递送	陆伟跃	药学

（续表）

年份	作者	论文题目	导师	一级学科
2012	张伟	功能性 Pluronic P123/F127 混合胶束用于治疗多药耐药肿瘤的研究	方晓玲	药学
2013	何朝安	涵义的形而上学研究	张志林	哲学
2013	唐东波	中国的贸易开放、产业升级与就业结构研究	张 军	理论经济学
2013	马 磊	国家干预模式、产权性质与组织间网络关系——对2000—2010年中国连锁董事网形成的制度主义社会学分析	刘 欣	社会学
2013	侯红霞	亚当·斯密美德思想研究	高国希	马克思主义理论
2013	程少轩	放马滩简式占古佚书研究	裘锡圭	中国语言文学
2013	孙 超	民初"兴味派"小说家研究	黄 霖	中国语言文学
2013	钱 进	作为流动的职业共同体：驻华外国记者研究	黄 旦	新闻传播学
2013	丁 琪	几何发展方程中的若干问题研究	忻元龙	数学
2013	刘立宇	量子齐次空间与 Twisted Calabi-Yau 代数	吴泉水	数学
2013	向 伟	高维激波对凸楔形物体绕流问题的研究	陈贵强	数学
2013	唐炎林	分位数回归中的若干问题研究	朱仲义	数学
2013	曲 鹏	一阶拟线性双曲型方程组经典解的长时间性态	李大潜	数学
2013	陈 君	光学微操控的若干理论研究	林志方	物理学
2013	张 焱	铁基超导体中磁有序以及超导配对对称性的角分辨光电子能谱研究	封东来	物理学
2013	周伟航	凝聚态体系中类氢杂质原子的量子混沌动力学研究	陈张海	物理学
2013	周 晶	稀土上转换发光纳米材料用于小动物成像研究	李富友	化学
2013	杜贤龙	催化转化生物质基乙酰丙酸制备高附加值化学品研究	曹 勇	化学
2013	李晔飞	光化学条件下简单反应的理论计算模拟	刘智攀	化学
2013	陈 涛	基于取向碳纳米管纤维的新型太阳能电池	彭慧胜	化学
2013	黄三庆	取向碳纳米管及其复合膜的制备和应用	彭慧胜	化学
2013	孙胜童	热致响应聚合物材料的合成与组装行为研究	武培怡	化学
2013	赵健元	叶酸代谢通路关键酶基因非编码区多态的先天性心脏病易感性研究及功能分析	王红艳	生物学
2013	雷 凯	对小鼠 SUN 蛋白（SUN1、SUN2）和 KASH 蛋白（Syne-1、Syne-2）在骨骼肌细胞核锚定、大脑神经细胞迁移、视网膜发育以及 DNA 损伤反应中的功能研究	韩 珉	生物学
2013	周正君	核不均-核糖蛋白 AB(hnRNP AB)促进肝癌侵袭转移的机制研究	樊 嘉	生物学

(续表)

年份	作者	论文题目	导师	一级学科
2013	许凯亮	超声导波评价长骨状况的研究	王威琪	生物医学工程
2013	陈 弘	慢性阻塞性肺病急性加重期的生物标志物组群研究	王向东	临床医学
2013	王 熠	APPL1改善肥胖相关的胰岛素抵抗和内皮功能紊乱的机制研究	李益明	临床医学
2013	郑必强	miR-148a和miR-409在胃癌转移中的作用及其机制研究	师英强	临床医学
2013	林海江	浙江省台州地区艾滋病相关危险行为网络与分子流行病学研究	何 纳	公共卫生与预防医学
2013	韩 亮	多肽介导肝肿瘤靶向诊断与治疗的纳米载药系统	蒋 晨	药学
2014	钱立卿	现象学哲学作为严格的构造性科学体系——论胡塞尔的《观念》	张庆熊	哲学
2014	林 青	阿尔都塞激进政治话语研究	邹诗鹏	哲学
2014	徐 浩	论英语中进入Pro-XP的合并	褚孝泉	外国语言文学
2014	董 军	国家形象是如何可能的——"中国威胁论"的话语生产	孟 建	新闻传播学
2014	江伟涛	近代江南的城镇化水平研究	满志敏	历史学
2014	薛理禹	清代人丁研究	侯杨方	历史学
2014	黄耿耿	特征蜕化的非线性椭圆方程的正则性估计及其在几何中的应用	洪家兴	数学
2014	王 珂	二阶拟线性双曲组的精确边界能控性与能观性	李大潜	数学
2014	于 怡	高维数据变量选择的几点研究	应志良	数学
2014	杨吉辉	光伏半导体材料和Cu基存储材料的第一性原理研究	龚新高	物理学
2014	项泽亮	混合量子电路在量子计算中的应用	游建强	物理学
2014	吴 西	金纳米颗粒的光学性质及其用于细胞标记和肿瘤治疗	陈暨耀	物理学
2014	肖诗逸	电磁特异表面的理论及实验研究	周 磊	物理学
2014	李 炜	凝聚态物理中的拓扑量子态与铁基高温超导电性的理论研究	陈 焱	物理学
2014	刘 倩	上转换发光纳米材料的构建及其生物成像应用研究	李富友	化学
2014	孙雪梅	新型敏感的取向碳纳米管/高分子复合材料	彭慧胜	化学
2014	魏 晶	两亲性模板剂的设计及其用于新型大孔径有序介孔材料的合成及应用	赵东元	化学
2014	黄胜利	功能配位化合物的构筑——金属合成子策略	金国新	化学

（续表）

年份	作者	论文题目	导师	一级学科
2014	商 城	势能面搜索新方法的发展及其在复杂非均相催化反应研究中的应用	刘智攀	化学
2014	叶盛青	利用多样性导向合成策略构建几类小分子化合物骨架	吴 劼	化学
2014	王琼民	成年人脑内新生神经元和胚胎人脑内神经生发层的特征	杨振纲	生物学
2014	肖 晓	雌激素在痛相关厌恶情绪反应中的作用及机制	张玉秋	生物学
2014	马 通	灵长类大脑皮质中间神经元的来源及分类	杨振纲	生物学
2014	虞培祥	不可压导电流体流动问题的流函数-速度型算法研究及应用	田振夫	力学
2014	鲁海生	新型铜互连阻挡层 Co/TaN 的化学机械抛光研究	屈新萍	电子科学与技术
2014	王 林	复合种群空间流行病演化动力学与对策分析	李 翔	电子科学与技术
2014	王 晖	流密码构造与分析中一些问题的研究	阚海斌	计算机科学与技术
2014	王珊珊	基于被动 DOAS 的上海城区 NO_2 和气溶胶污染的反演研究	陈立民	环境科学与工程
2014	陈捷亮	乙型肝炎病毒多聚酶蛋白拮抗 I 型干扰素通路的机制研究	袁正宏	基础医学
2014	杨崇广	中国部分地区以人群为基础的结核病分子流行病学研究	高 谦	基础医学
2014	赵趣鸣	中国新生儿先天性心脏病筛查体系的建立与应用研究	黄国英	临床医学
2014	路俊锋	汉语语言中枢的多模态技术研究及其在外科手术定位中的应用	周良辅	临床医学
2014	孟凤熙	成纤维细胞直接转分化为神经元和视网膜神经节样细胞的研究	郭文毅	临床医学
2014	王 瑞	非小细胞肺癌驱动突变及预后因素研究	陈海泉	临床医学
2014	杨 橙	Caspase-3 小干扰 RNA 在猪自体肾移植模型中对供肾的保护作用及机制研究	朱同玉	临床医学
2014	杨 鑫	MicroRNA-26a 在肝细胞癌中功能和机制的研究	钦伦秀	临床医学
2014	李佩盈	调节性 T 细胞移植对实验动物脑缺血损伤的保护作用	梁伟民	临床医学
2014	贾 平	氙气预适应对急性肾损伤的保护作用及其机制研究	丁小强	临床医学
2014	赵 刚	阻断 CXCL16/CXCR6 信号轴减轻心肌缺血/再灌注损伤的机制研究	葛均波	临床医学
2014	朱迎钢	人骨髓间充质干细胞释放的微粒通过传递角质细胞生长因子 mRNA 从而保护内毒素所致的小鼠急性肺损伤	瞿介明	临床医学

(续表)

年份	作者	论文题目	导师	一级学科
2014	陈仁杰	复合型大气污染对我国17城市居民健康效应研究	阚海东	公共卫生与预防医学
2014	高会乐	基于不同靶向策略的脑肿瘤靶向递药系统设计及评价	蒋新国	药学
2015	李主斌	事实、真理与符合	张志林	哲学
2015	许小委	论鲍曼之"流动的现代性"	冯 平	哲学
2015	郭西安	修辞策略与话语实践：西汉《春秋》学的诠释学研究	杨乃乔	中国语言文学
2015	潘德宝	现代中国文学观念的形成与日本中介	梅新林	中国语言文学
2015	陈 阳	《真相画报》与"视觉现代性"	顾 铮	新闻传播学
2015	卢艳香	中国国民党中政会研究（1924—1937）	吴景平	中国史
2015	鲍俊林	明清江苏沿海盐作地理与人地关系变迁	葛剑雄	中国史
2015	钟 敏	反问题多尺度迭代正则化方法	程 晋	数学
2015	葛 天	计算神经科学中的若干模型与方法	冯建峰	数学
2015	徐 建	可积系统和随机矩阵：Riemann-Hilbert方法	范恩贵	数学
2015	马金贵	脉冲信噪比单次互相关测量的新技术研究	钱列加	物理学
2015	张 伟	胶体单层关联动力学研究	陈 唯	物理学
2015	何寅琛	阻挫体系中自选液体及其相变的理论研究	陈 焱	物理学
2015	彭 瑞	关联体系超薄膜新奇物性的界面调控与高分辨角分辨光电子能谱研究	封东来	物理学
2015	谭世勇	FeSe单晶薄膜的分子束外延生长和角分辨光电子能谱研究	封东来	物理学
2015	司 雯	基于柱芳烃单分子人工跨膜离子通道的组装及其跨膜输送性质研究	侯军利	化学
2015	姚 响	基于材料表面图案化技术研究细胞形状和表面手性特征对干细胞黏附与分化的影响	丁建东	化学
2015	李 伟	钛基和碳基核壳结构纳米材料的制备与应用研究	赵东元	化学
2015	孙镇坤	新型功能化无机介孔材料的可控合成及其应用	邓勇辉	化学
2015	姚子健	基于功能化碳硼烷配体的后过渡金属有机化合物的合成、反应和催化性能研究	金国新	化学
2015	马万福	高性能磁性复合微球的制备及其在低丰度磷酸肽和糖肽选择性富集中的应用	汪长春	化学
2015	仰志斌	高性能纤维状太阳能电池	彭慧胜	化学
2015	韩 梅	大鼠前扣带皮层SIP30参与痛厌恶情绪反应的细胞分子机制	张玉秋	生物学
2015	杨 辉	代谢中间物参与表观遗传动态调控及促进肿瘤发生相关分子机制研究	管坤良	生物学

（续表）

年份	作者	论文题目	导师	一级学科
2015	周玮晨	人类基因组中结构变异的突变、功能和进化机制	金 力	生物学
2015	李 慧	互花米草入侵盐沼中芦苇顶枯病的发生机制及生态后果	李 博	生态学
2015	陈 浩	金属氧化物（氢氧化物）纳米结构材料的制备及其在光电探测器和超级电容器中的应用	武利民	材料科学与工程
2015	李欣颖	数字相干的大容量光纤无线系统与网络的研究	余建军	电子科学与技术
2015	陈碧欢	基于需求和体系结构的软件系统自适应方法	赵文耘	计算机科学与技术
2015	王 森	乙型肝炎病毒表面抗原抑制 TLR2 和 TLR4 信号通路的机制研究	袁正宏	基础医学
2015	叶乐驰	长链非编码 RNA CLMAT1 在结直肠癌肝转移中的作用及机制研究	许剑民	临床医学
2015	周少来	CXCL5 促进中性粒细胞浸润及其在肝癌微环境中的作用和机制研究	周 俭	临床医学
2015	唐子惠	心脏自主神经病变诊断评估、相关危险因素分析及数学模型的构建研究	周丽诺	临床医学
2015	李宏福	发作性运动诱发性运动障碍 PRRT2 突变特征、基因型表型关系及可能机制	吴志英	临床医学
2015	王倩倩	RNASET2 分子在白癜风发病中的作用及机制研究	项蕾红	临床医学
2015	杜 昕	新的细胞壁锚定蛋白 SasX 在金黄色葡萄球菌定植和感染中的作用及其作为疫苗靶点可行性的初步研究	吕 元	临床医学
2015	邱君君	长链非编码 RNA-ElncRNA1 在 ERα 阳性卵巢癌转移中功能及机制的研究	华克勤	临床医学
2015	李美燕	飞秒激光小切口透镜取出术与飞秒 LASIK 术后干眼与神经修复的比较研究	周行涛	临床医学
2015	吴春萍	人高分化喉鳞状细胞癌细胞系 FD-LSC-1 的建立、鉴定及特征分析	周 梁	临床医学
2015	马文娟	温度对我国 16 城市居民死亡影响的研究	阚海东	公共卫生与预防医学
2015	魏晓丽	稳定性多肽介导跨屏障膜的脑胶质瘤双重靶向递药系统研究	陆伟跃	药学
2015	阚君陶	S-炔丙基半胱氨酸对于血管新生的作用及相关分子机制的研究	朱依谆	药学
2015	张兴旺	生物素化脂质体促进胰岛素口服吸收的研究	吴 伟	药学
2015	江一舟	乳腺癌新辅助化疗前后基因变异检测及其功能论证	邵志敏	临床医学

复旦大学历届上海市优秀硕士学位论文入选情况

年份	作者	论文题目	导师	一级学科
2000	夏晓辉	合资企业的繁荣与终结：一个所有权安排的模型	施越群	理论经济学
2000	王志强	《名公书判清明集》指导思想初探	叶孝信	法学
2000	鲁贞根	胡风的编辑活动和编辑思想	陈思和	中国语言文学
2000	朱立俊	核 γ 激光及电子在强脉冲激光中的动力学行为	霍裕昆	物理学
2000	杨中芹	宽禁带 GaP 和 α-GaN 电子结构和光学性质的理论研究	徐至中	物理学
2000	林志群	液晶/高分子体系的相平衡及相分离动力学的研究	杨玉良	化学
2000	侯建	非平衡态等离子体常压处理大气污染物研究	侯惠奇	环境科学与工程
2001	管锡展	利率期限结构的经济分析	郁义鸿	应用经济学
2001	马忠法	论建立我国证券交易中的民事赔偿制度	董世忠	法学
2001	朱建刚	街区：权力生长与磨合的公共空间——当代中国街区权力研究导论	竺乾威	政治学
2001	曹先安	GaAs 表面及其器件的硫钝化	候晓远	物理学
2001	孙建伟	大孔 EMT 沸石的合成、表征及其异丁烷/丁烯烷基化反应性能研究	李全芝	化学
2001	许国强	流动状态下高分子链构象和粘弹性的 Monte Carlo 模拟	丁建东	化学
2001	姚伟	脑循环动力学参数识别与临床应用	丁光宏	力学
2001	马学玲	乙型肝炎病毒感染与 Iga 肾病发病的关系	张月娥	基础医学
2001	毕允力	肾母细胞瘤裸小鼠模型建立及 CD/5-FC 治疗实验	高解春	临床医学
2001	袁东	含铅、无铅汽油燃烧后尾气排出物的毒性比较	叶舜华	公共卫生与预防医学
2002	孙斌	关于幸福的言说或者有情的语言游戏——维特根斯坦美学思想研究	张汝伦	哲学
2002	寇宗来	软件盗版的政治经济学	石磊	理论经济学
2002	张涌	中国国有企业融资体制研究	姜波克	应用经济学
2002	黄玮	越剧音韵研究	游汝杰	中国语言文学
2002	陈健梅	裴松之年谱	吴金华	中国语言文学
2002	钱亦蕉	曹禺后期研究	陈思和	中国语言文学
2002	高纪宁	差分-微分主手征场的 Darboux 变换及其连续极限	周子翔	数学
2002	董阳	GaAs 表面及其器件的硫钝化	侯晓远	物理学
2002	黄爽	毛细管液相色谱/高效毛细管电泳微分离方法研究	张祥民	化学
2002	程桦	丙烷选择性氧化制丙烯酸	戴维林	化学

(续表)

年份	作者	论文题目	导师	一级学科
2003	眭 骏	石韫玉年谱	吴 格	中国语言文学
2003	杨新宇	自我反诘与众语喧哗——八十年代"探索话剧"综论	周 斌	中国语言文学
2003	张鲁凝	主族元素羰基化合物负离子的低温基质隔离红外线光谱研究	秦启宗	化学
2003	唐海榕	银催化剂表面修饰作用的理论研究	范康年	化学
2003	王 昕	陆地蜂窝无线定位技术研究	王宗欣	电子科学与技术
2003	杨 越	大气中CFCs的时空变化和极地特征研究	陈立民	环境科学与工程
2003	焦 正	中国癫痫患者卡马西平的群体药动力学研究	钟明康	药学
2004	陈 凯	经济增长趋同假说在中国的验证(1978—2000)	石 磊	理论经济学
2004	徐品飞	法官如何理解法律——论德沃金的"整体性阐释"及意义	张光杰	法学
2004	朱 川	内部人短线交易归入法律制度研究——兼论《证券法》第42条的完善	胡鸿高	法学
2004	赵丽梅	网络服务提供者民事法律规制体系初探	胡鸿高	法学
2004	李 鹏	论经济全球化进程中基本劳工权利的国际保护	陆志安	法学
2004	盛 丰	近代上海:一种新都市娱乐文化的滥觞——近代上海城市指南中的上海和上海娱乐(1895—1936)	周振鹤	历史学
2004	董安钢	多级有序分子筛材料的纳米组装研究	唐 颐	化学
2004	彭慧胜	制备核壳结构聚合物纳米聚集体的新途径及形态控制	陈道勇	化学
2004	金 燕	中国野生大豆(Glycine Soja)基因资源的保护对策研究	卢宝荣	生物学
2004	陈 彤	G-CSF对小鼠造血细胞表面粘附分子表达的影响	谢 毅	临床医学
2005	吕 明	王思任年谱	陈广宏	中国语言文学
2005	丁 骏	词典编纂中的美学思考	陆谷孙	外国语言文学
2005	陶建杰	城市农民工信息传播研究——以上海为例	孟 建	新闻传播学
2005	林 颖	论新闻舆论监督对司法公正的影响	黄芝晓	新闻传播学
2005	李春博	南京教案与明末儒佛耶之争——历史与文献	邹振环	历史学
2005	许 昀	分形介质上的分式Fokker-Planck方程	邱维元	数学
2005	李四化	截断情况下回归模型中的参数估计问题	郑 明	数学
2005	张莉莉	蛋白质的并行分子动力学模拟及全电子结构计算	叶 令	物理学
2005	刘晓英	新型氧化硅介孔材料和低维纳米材料的合	赵东元	化学

(续表)

年份	作者	论文题目	导师	一级学科
2005	水雯箐	氨基酸同位素标记、新型纳米材料等在蛋白质组学中的应用	陈 先	化学
2005	沈建锋	下一代移动通信中智能天线和定位技术研究	王宗欣	信息与通信工程
2005	陈 宁	关于算法博弈论若干问题的研究	朱 洪	计算机科学与技术
2005	陶 倩	超声多普勒血流和管壁信号的计算机仿真与分离	汪源源	生物医学工程
2005	王 华	丙型肝炎病毒基因3非编码区对IRES介导的翻译和多聚酶合成RNA的影响	袁正宏	基础医学
2005	史振祺	盐酸美普他酚鼻腔喷雾剂的研制及脑内递药特性研究	蒋新国	药学
2005	邹迎曙	柘树抗肿瘤活性成分的研究	侯爱君	药学
2006	林 伟	延时周期Lotka-Volterra系统的稳定性分析	陈天平	数学
2006	刘 毅	丝素蛋白与聚酰胺-66的共混研究及蜘蛛丝的力学性能测试	邵正中	化学
2006	王兴龙	荠菜中Cbcbf25，Cbice53等抗冻相关基因的克隆及功能验证	唐克轩	生物学
2006	陈 玮	原子层淀积高介电常数栅介质层反应机理的量子化学研究	张 卫	电子科学与技术
2006	黄旭明	基于独立元分析的仿射参数估计和目标识别	张立明	电子科学与技术
2006	梁刘红	视频内容的结构化分析	薛向阳	计算机科学与技术
2007	萧海扬	明代兵书附图研究	陈正宏	中国语言文学
2007	姚 军	纳米电子器件自旋和电荷相关输运问题的理论研究	杨中芹	物理学
2007	严晓霞	新型有序纳米介孔生物玻璃材料的合成与体外生物活性研究	余承忠	化学
2007	陈 平	氧化硅纳米线水热合成、结构表征以及光学性质研究	唐 颐	化学
2007	周 佳	密度泛函方法研究银团簇和双原子分子的相互作用	范康年	化学
2007	吴 楠	全反式视黄酸作用人肝癌细胞的差异蛋白质组及其通过上调profilin 1抑制肝癌细胞增殖和迁移	查锡良	生物学
2007	徐 琳	表皮葡萄球菌luxS/AI-2数量阈值感应系统对其生物膜和毒力的影响	高 谦	基础医学
2007	黄滔敏	柱前衍生化-HPLC分析方法在卡托普利等药物中的研究及应用	段更利	药学
2008	林俊杉	电阻抗断层成像与核磁共振电阻抗断层成像中的若干数学问题	程 晋	数学
2008	刘 爽	半夹心结构有机金属碳硼烷多核化合物的合成与结构研究	金国新	化学

(续表)

年份	作者	论文题目	导师	一级学科
2008	孙小宇	氮杂环丙烷化合物的若干开环反应研究	吴劼	化学
2008	徐冰君	固体酸在催化应用中的一些探索	乐英红	化学
2008	谭晶晶	无籽晶铜互连扩散阻挡层研究	屈新萍	电子科学与技术
2008	吴宝剑	HPMC/果胶/氯化钙骨架中吲哚美辛"S"型释放研究	吴伟	药学
2008	陈卓浩	拓展品牌延伸的心理边界	蒋青云	工商管理
2009	江波	带函数约束的(向量)(广义)拟变分不等式的Levitin-Polyak适定性	黄学祥	数学
2009	梁崇文	人微球蛋白氨基酸片段的全原子分子动力学模拟：蛋白质聚集分子机制研究	韦广红	物理学
2009	刘立晖	膜世界引力体系的场扰动与稳定性	王斌	物理学
2009	杨隋	全氟羧酸诱导下新型多孔二氧化硅材料的合成与表征	余承忠	化学
2009	余美花	新型二氧化硅囊泡材料的自组装及结构调控	余承忠	化学
2009	熊曼	大鼠缺血损伤脑内活化的caspase-3通过激活β-分泌酶促进Aβ生成	孙凤艳	生物学
2009	吴雨桐	互花米草入侵崇明东滩河口湿地对土著昆虫群落结构以及取食的影响	李博	生物学
2009	潘吉彦	具有自适应遮挡处理与模板漂移抑制的视频目标跟踪算法	胡波	电子科学与技术
2009	戴尔燕	极化合成孔径雷达对城市目标的检测和重建	金亚秋	电子科学与技术
2009	杜浩	计算视觉中三维重建、图像增强及模式分类问题的新方法	陈雁秋	计算机科学与技术
2009	胡国标	汉语言网络统计特性与半监督文档聚类算法研究	周水庚	计算机科学与技术
2009	陈海涵	羰基硫与大气气溶胶典型氧化物的多相反应机理研究	陈建民	环境科学与工程
2009	夏兰艳	新型无极紫外辐射技术降解中低浓度含硫恶臭气体的研究	董文博	环境科学与工程
2009	苏圣民	重组双功能水蛭素体内分析方法研究及在临床试验中的应用	郁韵秋	药学
2009	王园园	跨国公司内部知识国际转移的民族文化差异影响研究	徐笑君	工商管理
2010	张锦波	何晏思想研究	刘康德	中国哲学
2010	赵协真	论斯宾诺莎《伦理学》中的Conatus学说	莫伟民	外国哲学
2010	朱方文	集体学习对集群企业竞争优势影响研究	胡建绩	产业经济学
2010	曾子潆	《孔子诗论》的整理及其与四家《诗》的比较	章培恒	中国古代文学

(续表)

年份	作者	论文题目	导师	一级学科
2010	叶慧珏	双重身份：跨界的记者职业诉求想象——我国大众媒体与非政府组织间的特殊现象研究	黄 旦	新闻学
2010	罗 凯	唐前期道制研究——以民政区域性质的道为中心	安介生	历史地理学
2010	李 易	自旋轨道耦合体系中的守恒流	陶瑞宝	理论物理
2010	田文佳	电场下胶体颗粒的物性研究	黄吉平	凝聚态物理
2010	李 暄	垂直磁化薄膜的制备和自旋转移矩效应模拟研究	张宗芝	光学
2010	张东方	超短脉冲信噪比单次测量技术	钱列加	光学
2010	苏方正	氧化物负载的金催化剂在液相醇氧化和氢转移反应中的研究	曹 勇	物理化学
2010	罗加严	水系锂离子电池和电极材料的研究	夏永姚	物理化学
2010	金丽华	光敏液晶高弹体的本构特性及光致弯曲行为研究	霍永忠	一般力学与力学基础
2010	过晨雷	注意力选择机制的研究：算法设计以及系统实现	张立明	电路与系统
2010	刘力帆	高光谱遥感图像混合像元解混方法的研究	王 斌	电路与系统
2010	刘顺佳	降低OFDM系统峰均功率比的最小覆盖圆方法	胡 波	电路与系统
2010	陈 婷	构建基因调控网络的算法研究	李 锋	电路与系统
2010	罗 磊	14比特100兆采样/秒流水线模数转换器	任俊彦	微电子学与固体电子学
2010	万 景	三层结构纳米压印及其在模板复制和硅纳米线传感器制备中的应用	屈新萍	微电子学与固体电子学
2010	肖 昊	基带处理器中多模快速傅里叶变换(FFT)加速器的研究与设计	曾晓洋	微电子学与固体电子学
2010	汤宇哲	基于DHT的索引结构研究	周水庚	计算机软件与理论
2010	王笑非	上海市大气二次气溶胶的单颗粒质谱研究	杨 新	环境科学
2010	张 弛	光声成像的图像重建算法研究	汪源源	医学电子学
2011	李主斌	塔斯基：语义性真理论与符合论	邵强进	哲学
2011	陈才华	可然世界的艺术——论库切小说中对真实与虚构关系的处理	徐志啸	中国语言文学
2011	王晴璐	徐学谟的生平交游、文学思想与诗文创作初探	黄仁生	中国语言文学
2011	张梦霞	Dichtung oder Wahrheit? — Zum Autobiographischen Werk	魏育青	外国语言文学
2011	冯佳睿	纵向Zero-Inflated计数数据的半参数分析	朱仲义	数学
2011	靳俊凤	各向异性磁特异介质的有效介质理论研究	林志方	物理学
2011	车海鸥	激光等离子体尾波场加速电子的理论研究	孔 青	物理学

（续表）

年份	作者	论文题目	导师	一级学科
2011	陈和美	基于功能磁性微纳米材料的低丰度蛋白和肽组学富集新方法研究	邓春晖	化学
2011	钱昆	功能化多孔纳米材料的设计合成及其在蛋白质组学分析中的应用	余承忠	化学
2011	孙浩	羟基磷灰石基高效多相纳米金催化材料的构筑及其在绿色选择氧化反应中的应用	曹勇	化学
2011	钟伯坚	禾本科祖先分枝的插曲式适应性进化研究	钟扬	生物学
2011	蒲海辉	全息聚合物分散液晶 Bragg 光栅的机理研究与性能优化	刘建华	光学工程
2011	万海军	电阻存储器 RRAM 的可靠性研究	林殷茵	电子科学与技术
2011	尤伟	超声彩色血流成像系统中的杂波抑制方法研究	汪源源	电子科学与技术
2011	隋可融	高性能红外空芯光纤设计与制作	石艺尉	信息与通信工程
2011	向宇	基于语义上下文建模的图像语义自动标注研究	周向东	计算机科学与技术
2011	王妙辉	基于 H.264/AVC 的码率控制新技术	颜波	计算机科学与技术
2011	陈昌由	流形学习理论和算法研究及其在生物认证中的应用	张军平	计算机科学与技术
2011	陈炜于	自组织网络中服务组合研究	孙未未	计算机科学与技术
2011	张倩	选择性环氧化酶 2 下游通路 mPGES1－PGE2－EP2 在慢性肾衰竭甲状旁腺异常增生中的作用研究	陈靖	临床医学
2011	区雪婷	非 AIDS 相关隐球菌感染患者 MBL 基因多态性分布及其相关研究	朱利平	临床医学
2011	柯伟伦	多肽介导脑胶质瘤靶向纳米给药系统	蒋晨	药学
2011	曹师磊	离子敏感即型凝胶剂在鼻腔给药系统中的应用	蒋新国	药学
2011	苏超	管理层好坏消息对分析师预测行为的影响	洪剑峭	工商管理
2012	谢强强	中国地区间产业分布的本地市场效应检验	范剑勇	应用经济学
2012	朱梦雯	萧纲诗歌研究	章培恒	中国语言文学
2012	谈珩	从挥之不去的"无聊"之病试观波德莱尔"现代性"之一百五十年	褚孝泉	外国语言文学
2012	车群	清中叶以降浙南乡村家族人口与家族经济——以石仓家谱、文书为核心的个案研究	侯杨方	历史学
2012	陈南	岩溶含水层耦合数学模型的理论分析及数值模拟	程晋	数学
2012	顾旭旻	一类带超临界耗散输运方程的整体解	雷震	数学
2012	陈淳	多层铜氧化物高温超导体及强关联异质结构中电子态性质的理论研究	陈焱	物理学
2012	高昆	ZnO 纳米晶薄膜的结构、发光和掺杂	吴嘉达	物理学

(续表)

年份	作者	论文题目	导师	一级学科
2012	戴俊文	复杂环境中目标电磁散射特性与重构技术的研究	金亚秋	物理学
2012	刘莎莎	基于功能化磁性介孔材料的肽组学分离分析新方法的研究	邓春晖	化学
2012	姚国平	蛋白质的快速酶解与高效富集新方法研究	邓春晖	化学
2012	杨志剑	环氧乙烷催化水合制备乙二醇高效催化剂的开发与研究	张亚红	化学
2012	王冰清	用于提高体内外基因转染功效的亚油酸和聚苹果酸双接枝壳聚糖新型纳米载体	印春华	生物学
2012	阳祖涛	高分辨率遥感影像监测河口湿地外来种的方法探讨	赵斌	生物学
2012	高粱	硼氢化物与氨合金属(Mg,Zn)氯化物结合放氢与机理研究	余学斌	材料科学与工程
2012	蒋景飞	几何代数模型矢量天线阵列信号的方法及应用	张建秋	电子科学与技术
2012	刘雪松	基于非负矩阵分解的高光谱遥感图像混合像元分解研究	王斌	电子科学与技术
2012	谭奔	维数约减和半监督学习研究及在人群数量估计的应用	张军平	计算机科学与技术
2012	黄东波	P2P直播流媒体系统中的QoS问题研究	薛向阳	计算机科学与技术
2012	成磊	住院患者跌倒预防的循证实践研究	胡雁	临床医学
2012	范登轩	人早孕期母-胎界面蜕膜γδ T细胞与滋养细胞的相互调节作用	金莉萍	临床医学
2012	陈翱翔	let-7/LIN28通路相关基因多态性与乳腺癌发生易感性的关联研究	邵志敏	临床医学
2013	王春明	萨特的"意向性"问题	莫伟民	哲学
2013	茅宇凡	"唯识"理论中的"名言"问题初探——以《成唯识论》为中心	刘宇光	哲学
2013	裴兰婷	《论语》典故词研究	苏杰	中国语言文学
2013	龚兰兰	明清李攀龙批评研究	黄仁生	中国语言文学
2013	孙程	小说《雷阵雨》词汇分布、句法结构的计量学研究	姜宝有	外国语言文学
2013	刘传博	间距空间中的手机传播：场域切换的相关因素及影响分析	孙少晶	新闻传播学
2013	张赟	人胰岛淀粉样多肽hIAPP单体及二聚体与POPG磷脂膜相互作用的分子动力学模拟研究	韦广红	物理学
2013	李磊	纳米技术用于肿瘤光动力治疗	陈暨耀	物理学
2013	孟娇然	基于新型磁性聚合物材料的微固相萃取新方法及疾病代谢组学研究	邓春晖	化学

(续表)

年份	作者	论文题目	导师	一级学科
2013	胡啸波	柱芳烃的衍生化及其性能研究	侯军利	化学
2013	王章薇	基于离子液体和聚异丙基丙烯酰胺相关体系的相变机理研究	武培怡	化学
2013	王瀚清	频率权重耦合周期振子网络的建模、分析与控制	李 翔	电子科学与技术
2013	胡 嵩	高线性无线通信接收机射频前端研究与设计	洪志良	电子科学与技术
2013	王美姣	精子线粒体膜蛋白 Prohibitin 和 UPS 通路相关蛋白的表达及与男性不育的相关性研究	陈 红	基础医学
2013	郭维杰	胱氨酸/谷氨酸反向转运体 xCT 在肝癌中的功能及其分子作用机制研究	李锦军	基础医学
2013	刘 媛	肾小球肾炎中足细胞 UCH-L1 的表达及其相关因素初步研究	张志刚	基础医学
2013	陈涵一	S市居民生活饮用水三卤甲烷类和卤乙酸类消毒副产物暴露评价	屈卫东	公共卫生与预防医学
2013	杨春雪	细颗粒物和臭氧对我国居民死亡影响的急性效应研究	阚海东	公共卫生与预防医学
2013	刘书环	T7肽修饰的脑胶质瘤靶向双载药纳米递释系统的研究	蒋 晨	药学
2013	夏慧敏	细胞穿膜肽修饰的纳米递释系统用于脑靶向和肿瘤靶向研究	陈 钧	药学
2014	张茜茹	肖像与漫画之间——试论萨德侯爵在中国大陆及台湾地区的译介与接受	陈良明	外国语言文学
2014	王 凡	具有部分耗散的三维磁流体方程解的整体存在唯一性	雷 震	数学
2014	冯 磊	电磁诱导透明体系中的亚内禀线宽谱线研究	肖艳红	物理学
2014	丑凯亮	量子点在光动力疗法中的新应用	陈暨耀	物理学
2014	贾丽霞	核结构材料中氢氦行为的第一性原理研究	王月霞	物理学
2014	郭文瀚	基于取向碳纳米管纤维的人工肌肉	彭慧胜	化学
2014	吴昊宇	低维半导体纳米材料的合成及其光解水性能的研究	郑耿锋	化学
2014	卢 晋	基于新型功能化纳米材料的磷酸化蛋白质分离分析新方法研究	邓春晖	化学
2014	景王莹	石墨烯/热响应聚合物复合材料的制备与相变行为的二维红外光谱研究	武培怡	化学
2014	王丽香	重组 ADAMTS13 减轻脑缺血后应用 tPA 所致的脑出血	赵冰樵	生物学
2014	郑 昊	基于壳聚糖季铵盐-精氨酸聚合物载体的 DNA 纳米复合物提高体内外基因转染功效	印春华	生物学

(续表)

年份	作者	论文题目	导师	一级学科
2014	陆怀宝	基于多尺度准连续介质法的纳米断裂与纳米压痕研究	倪玉山	力学
2014	郭红华	基于 $L1_0$-FePt 的垂直取向交换耦合复合型磁记录介质研究	马 斌	光学工程
2014	袁 峰	氨合过渡金属硼氢化物的合成及其储氢性能研究	余学斌	材料科学与工程
2014	王 威	液晶聚合物/碳纳米管复合薄膜及可反应性液晶嵌段共聚物的光致形变研究	俞燕蕾	材料科学与工程
2014	孙帮山	多层膜红外及太赫兹空芯光纤	石艺尉	信息与通信工程
2014	张连明	MHC II 类亲和肽跨亚型预测算法研究	朱山风	计算机科学与技术
2014	李 钧	分布式存储系统中数据再生策略研究	王 新	计算机科学与技术
2014	陈超洁	十二指肠-胃反流超声检测中的图像分析处理研究	汪源源	生物医学工程
2014	吴之源	熔解分析衍生技术在骨髓增殖性肿瘤分子标志物 JAK2 V617F 突变检测中的应用	关 明	临床医学
2014	刘 馨	DNA 甲基化介导的氧化应激相关基因 CRYAA 及 GJA3 在年龄相关性核性白内障中的筛选及作用机制研究	罗 怡	临床医学
2014	谷广志	多肽介导的纳米递释系统靶向治疗脑胶质瘤研究	陈 钧	药学
2014	黄实现	多肽介导纳米载药系统靶向治疗脑胶质瘤	蒋 晨	药学
2014	姚 瑶	打造接班人:新中国少年儿童形象的建构及传播——考察 1950 年至 1955 年《人民画报》的摄影	顾 铮	戏剧与影视学
2015	王沈洁	贝克莱"两种性质"理论探析	俞吾金	哲学
2015	莫家伟	地方政府性债务对地区工业增长的影响研究:国际经验与中国机制	范剑勇	理论经济学
2015	池光胜	老龄化、储蓄、物价与实际有效汇率	林 曙	应用经济学
2015	林奇涵	戴望舒诗歌创作研究	谈蓓芳	中国语言文学
2015	傅及斯	敦煌本《华严经》整理与研究	张小艳	中国语言文学
2015	胡 玥	"华社"论影——中华摄影学社小史	顾 铮	新闻传播学
2015	徐少卿	清代东北巡防体系研究——以《珲春副都统衙门档》所载 1736—1860 年珲春协领辖区为例	李晓杰	中国史
2015	叶一超	孤立子方程转化成 Hirota 双线性方程的研究	周子翔	数学
2015	逯学曾	多铁材料的第一性原理研究	向红军	物理学
2015	王从从	四元半导体光伏材料的第一性原理计算研究	龚新高	物理学
2015	伍子龙	一维锗硅纳米结构的可控制备及其光学特性研究	钟振扬	物理学
2015	王明宏	基于空间限域和界面导向效应的功能多孔材料的合成研究	邓勇辉	化学

(续表)

年份	作者	论文题目	导师	一级学科
2015	郭自洋	高能量密度锂空气电池的相关研究	王永刚	化学
2015	张 波	特殊结构热致响应聚合物的合成及其相变机理的研究	武培怡	化学
2015	林惠娟	基于取向碳纳米管的新型柔性储能器件	彭慧胜	化学
2015	余波杰	可共载化疗药物和基因以协同增强其抗肿瘤功效的叶酸修饰两亲性壳聚糖纳米载体	印春华	生物学
2015	蒋 臻	基于三线态-三线态湮灭上转换发光的光致形变液晶高分子材料	俞燕蕾	材料科学与工程
2015	曾 星	医学超声成像中的特征空间最小方差波束形成算法研究	汪源源	电子科学与技术
2015	王宝杰	激光二极管触发的光导开关导通特性研究	刘克富	电子科学与技术
2015	陈建锋	新型 EWOD 数字微流控芯片研究	周 嘉	电子科学与技术
2015	吴 斌	自相似复杂网络的性质及应用研究	章忠志	计算机科学与技术
2015	张 珂	图像语义分割算法研究	薛向阳	计算机科学与技术
2015	黄元龙	上海市大气气溶胶光学与化学性质研究	杨 新	环境科学与工程
2015	胡文婷	人蜕膜基质细胞表达的 IL-33 在诱导早孕母-胎免疫耐受中的作用及其细胞与分子机制	朱晓勇	临床医学
2015	戚 勋	核苷(酸)类似物治疗对慢性乙型肝炎患者肾小球滤过率估计值的影响	张继明	临床医学
2015	胡全银	多肽介导的脑胶质瘤靶向递药策略研究	陈 钧	药学
2015	曾 贤	细胞自噬在血液恶性肿瘤治疗中的作用和机制研究	鞠佃文	药学
2015	傅 亮	艾滋病临床护理实践指南的构建研究	胡 雁	护理学

附录 17 复旦大学博士生参加全国博士生学术论坛情况

年份	承办高校	分论坛	姓名	题目	参会形式	所在院系
2003—2004	清华大学	物理	李 盛	导电高聚物分子中自旋载子的电荷反转	宣读	物理系
		物理	李 盛	随机激光的物理机理	张贴	物理系
		生物	陈 昕	急性眼压升高对视皮层功能影响	宣读	生命学院
		生物	张进平	集聚蛋白及其受体在免疫细胞中的表达及作用	宣读	医学院

（续表）

年份	承办高校	分论坛	姓名	题目	参会形式	所在院系
		生物	熊 炜	干扰素诱导的MyD88蛋白抑制乙型肝炎病毒的复制	宣读	医学院
		生物	高永静	大鼠前扣带皮层参与痛情绪的神经机制研究	张贴	生命学院
		力学	谢锡麟	轴对称自由剪切流空间相关性的实验研究	张贴	力学系
		计算机	赵运磊	弱公钥匙模型下可重置的零知识证明系统	宣读	信息学院
		计算机	李 伟	抗TSM攻击的局部化数字音频水印技术	宣读	信息学院
		计算机	王 晨	在有序标号树中挖掘结构化信息	张贴	信息学院
		管理	卢向华	基于评价的企业信息系统项目价值促生模式研究	宣读	管理学院
	华东师范大学	中国语言文学	陈振宇	现代汉语时间系统的整体分析	宣读	中文系
		中国语言文学	倪 兰	现代汉语疑问代词基本语意研究	张贴	中文系
		中国语言文学	宛新政	论现代汉语使句的语意和句法	张贴	中文系
		地理学	李智君	海浸与海退：甘宁青汉语方言地理变迁	宣读	史地中心
	中国人民大学	经济学	罗长远	项目属性、融资渠道与金融结构	宣读	经济学院
		经济学	方军雄	委托代理困境与激励机制设计	宣读	管理学院
		经济学	李寿喜	关于会计报表信息与股价的关联性研究——兼评中国会计标准改革的经济效果	宣读	管理学院
		经济学	张 震	中国金融业必须内外开放并举——一个简单的相互竞争模型	张贴	经济学院
		经济学	郭建伟	低通货膨胀与货币政策	张贴	经济学院
		经济学	姚 宇	对非正规就业问题的新认识	张贴	人口所
		法学	马忠法	信息社会中的技术霸权主义与国际技术转让制度	宣读	法学院
		管理学	李 焱	影响管理创新成效的组织学习方式研究	宣读	管理学院
		管理学	方军雄	基于三因素模型的企业持续经营危机及其演化趋势的实证研究	宣读	管理学院
		管理学	蒋卫平	换股合并：权益结合抑或购买重组？——试析我国TCL集团公司合并上市的会计信息披露问题	张贴	管理学院
		管理学	魏 峰	组织-管理者心理契约违背对管理者行为的影响	张贴	管理学院

（续表）

年份	承办高校	分论坛	姓名	题目	参会形式	所在院系
		管理学	于立宏	知识团队自我激励有效性研究	张贴	管理学院
		政治学	卢光盛	地缘经济学与中国经济安全	宣读	国关学院
		政治学	徐纬光	有限理性约束下的公民理论	宣读	国关学院
		政治学	李瑞昌	关系、结构与利益表达——公共治理中的政策制定的网络模式	张贴	国关学院
		政治学	郑长忠	中国改革开放中的执政党逻辑	张贴	国关学院
		政治学	赵可金	公民社会的发展与公共外交的兴起：中国实现和平崛起的外交吁求	张贴	国关学院
		政治学	李小军	论海权对中国石油安全的影响	张贴	国关学院
		政治学	牛海彬	欧洲治理的三个变量：主权、民主与认同	张贴	国关学院
		社会学	韩福国	中间领域组织在制度博弈中的双重代理分析——以工商联为分析载体	张贴	国关学院
	哈尔滨工业大学	材料科学	沈 怡	二维 ATR‑FTIR 光谱研究水在 PI/Silica 纳米复合膜中的扩散行为	宣读	高分子系
		材料科学	彭 云	二维红外光谱研究偏二氟乙烯（PVDF）熔融过程的结构变化	张贴	高分子系
		管理科学	曾庆丰	信息技术驱动的电子商务演化研究	张贴	管理学院
		管理科学	吉阿兵	港口群内的港口竞争策略研究	张贴	管理学院
	北京大学	化学	沈 怡	用二维红外光谱来研究 PVKC 升温过程中的结构变化	宣读	高分子系
		生命科学	沈 吟	视网膜水平细胞解耦联对双极细胞细胞感受野的影响	宣读	生命学院
		生命科学	郭金虎	含 7 个保守半胱氨酸基序的 MANSC Domain 的鉴定与分析	宣读	生命学院
		生命科学	陈 凌	大鼠神经节细胞上内向整流性钾通道	张贴	生命学院
		生命科学	刘欣秋	杏仁体基底外侧核受体参与恐惧记忆再巩固	张贴	生命学院
		生命科学	陈 帅	十种肿瘤基因表达谱的生物信息学分析	张贴	生命学院
		生命科学	陈中海	Molecular Cloning and Characterization of a Novel Mannose-biding Lectin Gene from Zantedeschia Aethiopica	张贴	生命学院
		生命科学	张习春	两种 NO 信号通路参与脊髓 C 纤维场电位 LTP 形成	张贴	生命学院
		生命科学	马朝林	阻断前额叶皮层 α2 受体损害猴 no-go 操作	张贴	生命学院
		生命科学	张 华	新型芋螺毒素特异阻断河豚毒素不敏感钠通道	张贴	生命学院

(续表)

年份	承办高校	分论坛	姓名	题目	参会形式	所在院系
	北京大学	生命科学	张 玲	大鼠前扣带皮层参与疼痛的下行易化调节	张贴	生命学院
		医学	沙先谊	自微乳化给药系统对细胞紧密连接蛋白的影响	宣读	药学院
		医学	梁高林	Kobophenol A 的动物体内行为研究	张贴	药学院
		医学	翁鸿博	葛根黄豆甙元对沙土鼠脑缺血及缺血再灌注脑损伤的影响	张贴	药学院
		医学	文 勇	重组克莱博氏菌青霉素 G 酰化酶的研究	张贴	药学院
		医学	施 斌	星状胶束的稳定化策略和体内行为	张贴	药学院
		医学	力 弘	Effect of Tripterine on Active Chromatin Induced Model of Systemic Lupus Erythematosus (SLE)	张贴	药学院
		医学	魏 东	视黄酸及受体与小儿淋巴结 B 细胞发育的研究	张贴	儿科医院
		医学	陶月红	视黄酸对脐血树突状细胞的作用及其途径	张贴	儿科医院
		医学	朱彦琪	长期双室同步起搏改善慢性心衰患者运动耐量	张贴	市一医院
		医学	李 磊	雨蛙肽增强急性胰腺炎小鼠脂多糖耐受性及其机制的研究	张贴	市一医院
				实验性脓毒症小鼠白细胞基因表达谱的变化		
				雨蛙肽诱导的急性胰腺炎小鼠基因表达谱研究		
	电子科技大学	电子科学与技术	叶红霞	随机分布异向材料非球形离子层的极化散射	宣读	信息学院
		电子科学与技术	曹冠英	单根 Ag(TCNQ) 微/纳米结构的制备及其光致变色特性	宣读	材料系
		电子科学与技术	蒋益明	Ag/TCNQ 纳米双层膜中的传质规律研究	宣读	材料系
		电子科学与技术	李喜峰	高迁移率透明导电 In_2O_3：Mo 薄膜的光电性能	宣读	材料系
	武汉大学	哲学	方 珏	简论阿尔都塞的意识形态与文艺理论	宣读	哲学系
		哲学	计海庆	黑客文化的技术史探源	张贴	哲学系
		中国语言文学	陈振宇	怎样计算现代汉语句子的时间信息	宣读	中文系
		中国语言文学	黄 鸣	从先秦乐器铭文看先秦儒家乐论之嬗变	宣读	中文系
		中国语言文学	朴珉秀	"前、后、上、下"的空间意义——兼论方位词系统的内部划分	宣读	中文系

（续表）

年份	承办高校	分论坛	姓名	题目	参会形式	所在院系
		中国语言文学	王 芳	谢灵运的"息迹"及其山水诗	宣读	中文系
		中国语言文学	李春桃	元代诗法浅论	张贴	中文系
		历史学	樊如森	天津——近代北方经济的龙头	宣读	史地中心
		历史学	李智君	民族政权演替过程中的语言效应	宣读	史地中心
		历史学	高 凯	从吴简看孙吴初期长沙郡吏民的社会生活习俗	张贴	史地中心
		历史学	高 俊	近代中国历史上的"商"——一种社会观念变迁的考察	张贴	历史系
		历史学	张仲民	后现代史学理论述评	张贴	历史系
		新闻与传播学	蔡 静	转型社会的新闻选择——对美国进步主义时代新闻业的考察	宣读	新闻学院
		新闻与传播学	姜 红	现代中国自由主义新闻思潮的流变	宣读	新闻学院
		新闻与传播学	刘成付	游走在现代性和后现代性之间的视觉文化传播	宣读	新闻学院
		新闻与传播学	沈国麟	看得见的手：论市场经济环境中政府对广电产业的管制——以美国联邦通信委员会为例	张贴	新闻学院
		新闻与传播学	孙 藜	探索"迷思"：新闻客观性作为职业规范的历史建构	张贴	新闻学院
		新闻与传播学	王新杰	乡镇企业"信息饥渴"的制度性原因及其破解之道	张贴	新闻学院
		新闻与传播学	张天莉	治理理论对转型期中国传媒分类管理的启示	张贴	新闻学院
		新闻与传播学	周葆华	试论"使用与满足"研究在传播学史上的位置	张贴	新闻学院
		外国语言文学	何绍斌	作为文学"改写"形式的翻译——Andre Lefevere的翻译思想研究	宣读	外文学院
		外国语言文学	江 帆	镜中的中国妇女——论林语堂英语小说及其汉译本	宣读	中文系
2005	北京理工大学	机械工程学科	余慧杰	车辆多体动力学模型的动态仿真	宣读	车辆工程
		机械工程学科	周圆兀	王朝更替策略遗传算法在机械设计中的应用	宣读	机械设计
	南京农业大学	/	赵 赟	折亩及其距离衰减规律研究		历地中心
			王加华	近代江南地区的土壤耕作制度		历地中心
			贺振华	农户的外出行为、土地流转与土地配置效率的可能改进		经济学院
			李 刚	关于打击农村地下六合彩的策略研究		经济学院
			王 刚	中国农业生产经营方式变迁论		管理学院

(续表)

年份	承办高校	分论坛	姓名	题目	参会形式	所在院系
	山东大学	/	王列辉	近代对外开埠与双岸城市的形成	宣读	
			王大学	清代江南海塘善后制度变迁初探	宣读	
			彭远明	历史文化遗产的破坏分析及管理保护策略	宣读	
			傅 辉	洪武二十六年河南土地数据与明代土地登记体系关系研究	张贴	
			李小军	全球化语境下中国民族精神的危机与重构	宣读	
			李秀明	人际语用标记语和语篇标记语	张贴	
			倪晋波	王家台秦简《归藏》与口头传统	张贴	
			由兴波	论黄庭坚诗歌观与书法观中"免俗"思想	宣读	
			张 弓	实践存在论与生态美学	宣读	
			赵玲玲	利用稻瘟霉模型研究海洋真菌的活性代谢产物	张贴	
			李 炜	阿片受体κ亚型吲哚吗啡喃类选择性拮抗剂的分子模拟和三维定量构效关系研究	宣读	
			韩 旻	人参皂苷Rb1的口服吸收机理研究	张贴	
			谢 琼	(－)-美普他酚乙酰胆碱酯酶结合模型的分子对接研究	宣读	
			张江虹	内源性雄烷受体对丝裂霉素C细胞毒性的影响	宣读	
			徐 晗	天然产物中的抗补体活性成分及其应用前景	张贴	
			周治华	倡导尊重：构建和谐社会的基础道德	宣读	
2006	大连理工大学		王华滔	FCC晶体位错成核机理的多尺度模拟	宣读	
			刘超峰	用格子Boltzmann方法模拟具有分形边界微管道流	宣读	力学系
			周圆兀	一个基于遗传算法的前馈神经网络	宣读	力学系

(续表)

年份	承办高校	分论坛	姓名	题目	参会形式	所在院系
	吉林大学	理论经济学	王 鹏	中国产业内贸易：基于国家特征的经验研究		
		考古	陈洪波	论良渚文化玉器纹饰中的两类宗教信仰因素		
		考古	陈 虹	旧石器时代装柄工具的微痕实验研究		
		水资源与环境	吴俊范	城市空间扩展视野下的近代上海河道资源利用与环境问题		
		水资源与环境	张翼飞	城市景观河流生态修复的产出研究		
2007	同济大学		葛焰明	带消费者选择行为的超订管理	张贴	
			胡安安	基于文化视角的中国企业员工ERP系统接受模型	张贴	
			石静娜	基于实物期权的ITIT/IS投资评价研究回顾与评述	张贴	
			王 刚	基于方法集的农业产业化综合评价模型	宣读	
			王华滔	FCC金属纳米压痕的多尺度模	宣读	

注：数据来源于复旦大学研究生院培养办公室。

附录18　复旦大学承办全国博士生学术论坛情况（2005年）

分论坛	报告题目	报告人
管理学科	客户关系管理：一个应用过程的视角	楼天阳
	股权集中度、代理成本与审计独立性	陈小林
	金融网络中洗钱资金转移路径的查处概率模型	杨冬梅
	MNC母公司对JV控制机制框架的构建研究	罗来军
	组织复杂信息技术吸收的探索性案例研究	陈文波
	减免农业税的长期效应与中国农业发展的对策	马士国
	我国IT行业中性别工资歧视的微观计量分析	范 闽
	企业信息化成功因素分析——以M公司为例	郑大庆
	社会资本与经济转轨	刘 宪

(续表)

分论坛	报告题目	报告人
	中国上市公司治理经理层评价指数研究	张国萍
	企业信息技术采纳与扩散行为模型研究	李怡文
	中国房地产信托 SCP 分析	孙国梁
	竞争不确定条件下的发电投资博弈	臧宝锋
	中小企业版上市公司治理评价实证研究	郝　臣
	Studies on Core Competence of Chinese Joint-Stock Commercial Bank	李　萌
	消费者伦理信念及关系品质对消费者非伦理行为的影响	曾伏娥
	MC 模式下供应链调度的主导矛盾分析与优化	姚建明
	售后服务数据的运用	杨华李
	开放经济下中国新凯恩斯混合菲利普斯曲线	曾利飞
	含交付时间不确定性的季节性供应链研究（1）：信息共享的价值与局限	鲁其辉
	家族企业继任研究的中美比较	魏海燕
	异质性成员关系下的合作均衡	黄　珺
	供应链系统的动态模型及其牛鞭效应控制	晏妮娜
	Debt Financing and Determinant Components: Evidence and Empirical Study in China	倪　铮
政治学科	论民国初年的政党政治实践	高　俊
	总统制和议会制对经济政策影响之比较	黄相怀
	经济学的政治经济研究目的、方法与路径	王宝恒
	20 世纪中国文武关系与国家建设	李月军
	常态社会与运动式治理	唐皇凤
	王道政治的伦理困境	王　炜
	咸安改革：我国基层治理的转型模式研究	袁方成
	程序正义与审议民主	朱海英
	话语理论视角中的公共政策质量问题	曹堂哲
	谁是主角？——从圆明园事件看我国环保机制中的公民参与	储　殷
	公共治理行动体系的责任结构分析	韩志明
	构建和谐社会的财政政策研究	马　静
	武汉市公务员的素质评估与制度创新	裘　铮

（续表）

分论坛	报告题目	报告人
	土地资源配置中政府规划干预政策的经济学分析	吴郁玲
	农村养老的现实选择——以河南十县市的调查为例	行红芳
	网络型权力结构与多中心治理	章 伟
	试析英国学派中的多元主义和连带主义	刘 波
	传媒视野下的全球治理	刘中伟
	从自闭走向国际合作——中国关于创立维和行动的投票记录分析（1994—2004）	毛睿鹏
	灾难治理与灾难外交	阚天舒
	东北亚的能源竞争态势与合作前景分析——以俄远东油气资源博弈为个案	孙 霞
	美国军队之"共和党化"现象透析	王永强
	非政府组织在全球治理中的角色分析	张农寿
	多维国际关系理论视野下的国际金融合作	赵长峰
数学学科	从手征谈起	王诗晟
	从三角形到流形——Atiyah-Singer 指标定理简介	张伟平
	动态风险度量的一些最新进展	彭实戈
	L2-临界非线性 Schrödinger 方程的柯西问题	钟思佳
	稳态 Navier-Stoke 型非线性方程组的部分正则性	陈淑红
	Existence of Classical Solution for Incompressible Viscoelastic Fluids Near Equilibrium	雷 震
	Representations and Co-cycle Twists of Color Lie Algebras	陈晓伍
	On the Representation Dimension of Rank Two Group Algebras	胡 维
	强 Goldie 维数	沈 亮
	Practical Computation of Formal Vector Field and Formal Energy	戴桂冬
	不可压缩可混溶驱动问题迎风区域分裂差分法	李长峰
	广义逆 AT,S(2) 的一般扰动和 AT,S(1,2) 基于正则分裂的迭代法	秦 梅
	鞍点问题的结构化向后误差和条件数	向 华
	三维空间中带有异性项的 Landau-Lifshitz 方程的部分正则解	李太龙
	(2+1)维 Burgers 方程的新的有理形式孤波解	智红燕
	Asymptotic Behavior of the Cahn-Hilliard Equation with Dynamic Boundary Condition	吴 昊
	波方程的 Strichartz 估计和适定性问题	王成波
	求解偏微分方程的无网络径向基函数方法	张云新

(续表)

分论坛	报告题目	报告人
	粘性依赖于密度的可压缩流体的自由边界问题	张 挺
	Stability of Closed Geodesics on Finsler 2-Spheres	王 嵬
	Relative Entropy, Asymptotic Pairs and Chaos	张国华
	浅谈朗斯基技巧, Pfaffianization 和 Pfaffian	李春霞
	非线性耦合技巧与混沌系统的随机同步	陈 章
	二阶差分方程边值问题的非平凡解	白定勇
	Lorenz 系统与统一系统的最终界与正向不变集	李大美
	具有变延时的随机区间 Hopfield 神经网络的指数稳定性	李小林
	广义线性回归参数的"学生化"极限定理	岳 丽
	Rough-Vague 集和 Vague-Rough 集	韩 冰
	方差分量模型协方差阵的估计	尹素菊
	单位圆周上正交多项式渐近分析的 Riemann-Hibert 方法	杜志华
	关于保形逼近的几个问题	孙德华
	基于强拟开集所给出的一些映射	徐振国
	泛 Clifford 分析中特征边界上正则函数 Plemelj 公式	许 娜
	复杂网络系统	周 青
	Multidimensional Shock Theory	陈恕行
	亚纯系数的高阶线性微分方程的复振荡	曹廷彬
	一类非线性系统的采样降价观测器	金辉宇
	控制系统根轨迹绘制的数学方法探讨	汪兴轩
	A New Method of Qualitative Fuzzy Logic System	邹 丽
	Positive Energy Theorems and Their Generalization	谢纳庆
	Many New Kinds Exact Solutions to 2 + 1 Dimensional Burgers Equation and Symbolic Computation	王 振
	一类非线性波方程的尖波解	申建伟
	二维相对 Vlasov-Klein-Gordon 系统整体弱解	韦明俊
	基于 MIP 算法的系统 Petri 网模型中的死锁预防	胡核算
	机器人导航中的多传感器数据融合新算法	李 雄
	一种新的 C^2 曲面细分方法	赵宏庆
	EMD 的间歇检验数据滤波特性及解决方案	李合龙
	一类具有分布时滞的神经网络模型的稳定性和分支	程尊水
	计算共振双 Hopf 分叉系统的最简规范形	何学军

(续表)

分论坛	报告题目	报告人
	A Neural Network for Constrained Saddle Point Problems and its Stability Analysis	沈喜生
	Existence of Solutions to a Class of Higher-Order Singular Boundary Value Problem for the One-Dimensional p-Laplacian	田 玉
	脉冲微分系统的严格 Lipschitzian 稳定	赵海清
	共轭算子法和高维 Hopf 分叉系统的最简规范形	田瑞兰
	一类动力系统广义同步的符号-数值计算方法	王 琪
	三角形网络上的半离散中心迎风格式及其应用	蔡 力
	Cf 1 Graphs	张 霞
	On the Average Genus of a Graph	陈仪潮
	分块增加的自适应迭代支持向量机回归算法	姜静清
	利用模糊集理论评价公交公司服务质量	覃频频
	全对策	王 艳
	Richardson Extrapolation and Defect Correction of Mixed Finite Element Methods for Non-Fickian Flows in Porous Media	张书华
	伪 NM 代数及其性质	刘用麟
	双奇异随机系统的熵流与熵产生	谢文贤
	弱 T-余代数和强 T-范畴	贾 玲
	新耦合 Kdv 方程族的有限维完全可积系统	秦振云
	半导体两极流体动力学模型的存在性与渐近性	徐 江
	利用多分量矩阵 Loop 代数获得多分量 Toda 族和它的可积耦合系统	于发军
物理学科	Dirac 宇宙学和宇宙的加速膨胀	苏汝铿
	从黑洞物理学到全息宇宙学	蔡荣根
	量子阱红外探测器	陆 卫
	电子自旋学	吴义政
	固态量子计算	游建强
	量子信息中的量子纠缠问题	王晓光
	Er_2O_3 薄膜的电学性质研究	陈 圣
	GeSi 量子点掠入射小角 X 射线散射(GISAXS)研究	王玉柱
	具有混合电子传输层有机发光二极管特性研究	袁永波
	高磁导率 NiZn 铁氧化的微波烧结及磁谱研究	胡 军
	空气中热氧化金属纳米晶制备金属氧化物纳米针	刘曰利

(续表)

分论坛	报告题目	报告人
	Er3YAG 和 ErYAlO$_3$ 晶体中紫外、可见上转换发光动力学	杨海贵
	Constraints on the Dark Energy	Jianyong Shen
	Holographic Explanation of Wide-angle Power Correlation Suppression in the Cosmic Microwave Background Radiation	Zuo-Yi Huang
	Hessence 暗能量	韦 浩
	Quasinormal Modes in Time-dependent Black Hole Background	Cheng-Gang Shao
	TBA	上海交大
	二重复对称引力理论中宇宙的加速膨胀	邵 颖
	利用 W 态和隐形传态实现直接量子通讯	曹海静
	受激辐射下的原子纠缠	郭彦青
	一维原子链电子输运的第一性原理研究	石兴强
	Slowly Rotating Proto Strange Stars in Quark Mass Density-and temperature-dependent Model	Jianyong Shen
	五维反弹模型的重新构建	徐立昕
	物质暗能量的统一状态方程	王 玮
	Quantum Robot-Structure, Algorithms and Applications	董道毅
	基于量子联想记忆神经网络求解组合优化问题的研究	丰小月
	对称破缺磁超晶格中的自旋输运	袁瑞旸
	Structure and Stability of B10 and B-10 Clusters	徐 羽
	噪声诱发纠缠的产生	陈 菁
	Al$_2$O$_3$ 涂层激光热冲击损伤机理研究	李东荣
	铁磁-有机半导体结构中的电流自旋极化	任俊峰
	ZnO, ZnO-CN$_x$ 和 ZnO-carbon 同轴纳米线的电子场发射特性研究	廖 蕾
	Ho$_{1-x}$Y$_x$Ni$_2$B$_2$C 体系的再入超导电性研究	赵松睿
	Au-GaN 界面的同步辐射研究	邹崇文
化学学科	Hydrothermal Synthesis and Crystal Structure of 2D Supramolecular Complexes: [M$_{(2-pzc)2}$(H$_2$O)$_2$] (M = Co, Ni; 2 - pzc = 2 - pyrazinecarboxylic acid) Though Hydrogen Bond Interactions	牛学丽
	Electron Affinities of Percyano-benzene (C$_6$(CN)$_6$) and Percyano-naphthalene(C$_{10}$(CN)$_8$)	张秀辉
	含 1,3,4 -噁二唑环金属铱配合物合成与发光性能研究	陈连清
	PCDD/Fs 蒸气压的温度依附性预测模型	丁光辉
	银(I)与 2 -(4 -三唑)吡啶配合物的合成及其晶体结构	王 英

（续表）

分论坛	报告题目	报告人
	Theoretical Treatment of the Potential Energy Surfaces of Conformational Isomerizations in Biomolecule: Tryptamine	罗 琼
	Synthesis of Corrole Xanthene and Their Manganese and Copper Complexes for the Oxidation of Water	高 岩
	Explore Water Stabilization and Mutagenicity for Uracil: A Changing Role of Water at Different Temperature	梁婉春
	吡啶-2,5-二羧酸稀土配合物的合成、结构和荧光性质	宋益善
	First Principles Studies of Oxidative Dehydrogenation of Propane on V_2O_5(001) surface	傅 惠
	Heteronuclear Derivatives of the 16-electron Half-sandwich Complex Cp'Rh[$E_xC_2(B_{10}H_{10})$](E=S, Se)	蔡淑怡
	In-situ Observation on Domain Switching of PLZT via Raman Spectroscopy	张 飒
	Hydrothermal Synthesis of (001)-orientation $Bi_4Ti_3O_{12}$ powder	刘来君
	类球红细菌 Rb. Sphaeroides 反应中心激发态光谱的理论研究	任彦亮
	直流电沉积法制备大块纳米晶体镍与镍钴合金	谷长栋
	不同反应条件对 PtSnNa/ZSM-5 催化剂丙烷脱氢反应性能的影响	张一卫
	四氢喹啉衍生物的光致分子内电荷转移	陈瑞奎
	基于活性炭和锂离子嵌入化合物的新型水体系混合电化学超级电容器	王永刚
	新型杂萘联苯聚醚砜酮中空纤维纳滤膜的研制	杨永强
	自组装复合囊泡交联过程的电化学研究	陈 涛
	新的多功能 D-π-A 分析——噻吩乙烯基衍生物的合成、电化学和电致化学发光研究	姜 晓
	新型非对称电荷正电膜的制备与表征	汤蓓蓓
	低 PH 比率检测 1,8-萘酰亚胺类荧光探针	徐兆超
	软团聚纳米晶 YSZ 的合成及其电性能	辛显双
	致孔法制备新型大孔高吸水树脂及其性能研究	陈 煜
	锂电池正极材料 $LiNi_{0.75}Co_{0.25}O_2$ 合成过程中相变的研究	贺 慧
	新型再生纤维素纤维的结构与性能	蔡 杰
	Catalytic Distillation for Recovery of Dilute Acetic Acid Using NKC-9 as Catalyst	李晓峰

(续表)

分论坛	报告题目	报告人
	原位接枝改性纳米二氧化硅/聚丙烯复合材料的研究	周彤辉
	低温苯甲醇醇解法制备具有高活性的锐钛型纳米晶 TiO_2 催化剂	朱 建
	应用液芯光纤检测溶液中超痕量生物分子	田艳杰
	立体异构性二亚胺镍催化剂合成及其乙烯聚合	邹 昊
	β-氨基酸对映体在涂敷型手性配体交换色谱固定相上的分离	陈 磊
	辐射接枝 SBS 及其改性道路沥青研究	付海英
	桑色素氧化及其与 DNA 相互作用的电化学研究	王 芳
	三维混杂编织 CF/UHMPEFF 复合材料力学性能研究	何 芳
	Novel One-step Decontamination and Peptide Enrichment Protocol for Low-abundance Protein	贾韦韬
	A Novel Plasticizer for the Preparation of Thermoplastic Starch	杨晋辉
	"Y"型荧光传感器薄膜的制备及其对有机铜盐的选择性识别研究	高莉宁
	Zn/ZnO 纳米颗粒的微结构控制及其亚稳特性	曾海波
	掺杂 SnO_2 对 ZnO 多孔厚膜气敏传感器性能的影响	徐红燕
	Visible-light photocatalysis in Nitrogen-carbon-doped Titanium Oxide Film by Heating TiO_2 Gel-film Using the Ionized N_2	杨 晶
	酚类化合物色谱保留指数的估计与预测	周 原
	延长乙烯裂解炉辐射段反应炉管寿命的研究	何 琨
	唯铁氢化酶活性中心模型配合物质子化研究	王福军
	一种简单的制备 ZnO 纳米棒的新方法	杨 枣
	Asymmetric Oxidation of Sulfenamides Catalyzed by a Vanadium-Macrocyclic System	杨红伟
	唯铁氢化酶活性中心模型配合物质子化研究	王福军
	一种新型超支化聚苯醚的合成与可控研究	张纪贵
	聚醚砜酮基气体分离碳膜的制备及表征	张 兵
	间规聚苯乙烯/纳米碳酸钙非等温结晶的晶型	陆 明
	用聚乳酸/纳米羟基磷酸灰石多孔材料构建组织工程骨	赵 鹏
	Re-examination of Zimm-Bragg Thermodynamic Theory Based on the Dynamic Process of Coil-helix Transition via Lattice Monte Carlo Simulation	陈彦涛
	Synthesis of PbS Nanostructures by a Surfactant-assisted Reflux Process	王淑芬
	马来酸锌催化二氧化碳与环氧化物环加成生成换碳酸酯的研究	戚朝荣
	具有可逆蓝光发射特性的氧化硅纳米绳	郝玉峰
	Controlled Formation of Metal-Metalloid	陈雪莹

（续表）

分论坛	报告题目	报告人
医学学科	镉抑制成纤维细胞DNA合成并引起的Gadd45-和p53-dependent G2检查点反应	曹　锋
	职业紧张、工作满意度与工作疲竭感的关系分析	戴俊明
	胃食管反流病的流行病学研究	熊理守
	汉族人群肺癌遗传易感性的研究	梁戈玉
	急性白血病环境危险因素与遗传易感性的研究	张　娟
	CYP2E1基因在南京汉族人群中的表达及其与多态性的关系	刘　冉
	Prospective Study of Body Mass, Physical Activity and Risk Factors for Stroke among Working Age Women	吕　明
	黑龙江省突发公共卫生事件应急反应能力研究	焦明丽
	射频电磁场对细胞DNA损伤的影响	曾群力
	中国口腔卫生服务现状与发展研究报告	李　刚
	Bone Marrow-derived Cells Transformed into Different Types of Tumors	刘春芳
	不同转移潜能人肝癌细胞系的转录因子活性差异	潘　奇
	血清蛋白质指纹图谱模型在肝细胞诊断中的应用	耿　鑫
	细胞因子促进表达Fas配体人结肠癌细胞的免疫逃逸	徐　彤
	肿瘤/睾丸抗原基因的表遗传学表型在睾丸生殖细胞肿瘤发生中的实验研究	张　诚
	腺病毒介导的新颖IkBa突变体转基因对树突状细胞表型和功能的影响	周林福
	胰岛素对5-氟尿嘧啶的增效作用及其机制	王　瑞
	Clinicopathologic and Molecular Features of Sporadic Microsatellite Stable Diploid Colorectal Cancers	蔡国响
	淋巴显像在乳腺癌前哨淋巴结活检中的价值	张　杰
	野生型P53基因诱导凋亡相关基因ANNEXIN A2的表达研究	黄　昀
	CD28噬菌体展示及其生物活性检测	李　娜
	hVEGF165与嵌合水蛭肽融合基因防治血管再狭窄的研究	沈　雳
	中国南方人PDE4D基本与缺血性脑卒中的遗传易感性研究	李才明
	As_2O_3纳米微粒对血管平滑肌细胞作用的实验研究	卢　勤
	扛疟中药青蒿、常山抗心脏过早搏动的基础和临床研究	焦华琛
	血脂康胶囊对载脂蛋白E基因敲除小鼠动脉粥样硬化的干预研究	刘龙涛
	降脂曲微粉对高脂血症和颈动脉粥样硬化临床疗效的对比研究	吴　敏
	PPARa及其配体在急性心肌缺血性损伤中的作用	袁　杰
	吸烟诱导的晚期糖基化终产物对血管内皮细胞ICAM-1表达的影响	焦云根

(续表)

分论坛	报告题目	报告人
	多胺在大鼠心肌缺血/再灌注损伤中的作用及其机理研究	赵雅君
	胺碘酮对哇巴因诱发豚鼠心肌细胞钾通道改变的作用	龚冬梅
	重组1、2、5型腺相关病毒载体在大鼠CNS中基因转到效率和细胞亲嗜性研究	栗世芳
生命科学学科	Molecular Cloning, Characterization and Expression of a Jasmonate Biosynthetic Pathway Gene Encoding Allene Oxide Cyclase from Camptotheca Acuminata	皮 妍
	Trehalose-6-phosphate Phosphatase, a Novel Culture Filtrate Protein from Mycobacterium Tuberculosis and Mycobacterium Bovis BCG	张 旻
	Split-ubiquitin Membrane Yeast Two-Hybrid System to Identify the Proteins Interacting with Membrane Proteins Interacting with Membrane Protein Lass2	曹 炜
	Induced DNA Recombination by Active TAT－ΦC31 Integrase Protein Transduction into Mammalian Cells	张茂祥
	Study on Isolation and Characterization of Xylanase from Trichoderma Koningii	陆登俊
	Association of PCR-RFLP Polymorphisms of Myf-5 Gene with Carcass and Meat Quality Traits in Pig Resource Family	刘 敏
	Difference of Potassium Efficiency of Varied genotypic Cotton	姜存仓
	番茄GDP－D-甘露糖焦磷酸化酶cDNA的克隆、表达及定位	邹礼平
	Localization of Avian Influenza Virus RNA in Formalin-fixed, Paraffin-embedded Chicken Tissues by in Situ Hybridization	张万坡
	Isochore Structures in the Chicken Genome	高 峰
	Genome-wide Investigation of Intron Length Polymorphisms and Their Potential Asmolecular Markers in Rice（Oryza Sativa L.）	赵向前
	Transcriptional Profiling of Flower Bud in the Male Meiotic Cytokinesis（mmc）Mutant Compared to Wild-type in Brassica Rapa L. ssp. Chinensis	黄 鹏
	Matrix Attachment Region Increased Report Gene Expression in Stably Transformed Dunaliella Salina	王天云
	Thidiazuron Induced Transcripts in Transdetermination in Medicao Sativa Calli	张春荣
	Molecular Cloning Characterization of 3' Terminal Sequence of Cathepsin L-like Cysteine Proteinase Gene from Neobenedenia Melleni（MacCallum, 1927）Yamaguti, 1963（Monogenea：C apslidae）	饶颖竹
	Plasticity and Ontogenetic Drift of Biomass Allocation in Response to Varying Resource Availabilities：a Case Study of Alternanthera Philoxeroides	耿宇鹏

（续表）

分论坛	报告题目	报告人
	Genetic Diversity and Population Structure in Elephantopus Scaber from Southern China as Revealed by ISSR Markers	王　莉
	Low Frequency of Transgene Flow from Bt/CpTI Rice to its Non-transgenic Counterparts Planted at Close Spacing	戎　俊
	Analysis of Morphological Variation of Oncomelania Hupensis from Mainland of China	周艺彪
	Removal of Chromium（Ⅵ）by the Substrate of Brown-rot Fungus Lentinus Edodes	陈桂秋
	Effects of Bacterial-feeding Nematodes on Root Proliferation of Tomato	毛小芳
	Effects of Earthworm on the Phytoremidiation of Plants in Zn Polluted Soil	王丹丹
	Effects of Seawater in Irrigation on Soil Safety and Crop Yield in Coastal Semi-arid Area	赵耕毛
	Effects of Rice-duck Mutualism of the Major Biotic Population Diversity of Postharvest Fruits and Vegetables	甄若红
	Action Mechanism of Superatmospheric Oxygen for Texture Softening of Postharvest Fruits and Vegetables	邓　云
	Study on the Red Tide Organisms Diversity in the Ballast Waters and Sediments and Their Latent Invasion Harmfulness	邢小丽
	南极阿德雷岛沉积物中细菌多样性研究	赵　晶
	Dynamics of Arbor Biodiversity along an Urban-rural Gradient in Hangzhou，China	赵兴征
	Distribution，Transfer and Accumulation of Nutrients and Heavy Metals in the Changjiang Estuary Wetlands	全为民
	Study on Mutation Screening Breeding in Treatment for Wastewater and Biohydrogen and SCP Producing Photosynthetic Bacteria Microalgae by Ion Beam Implantation	李　淼
	Activity-Dependent Long-term Plasticity of Neuron-Glia Signaling	戈鹉平
	A Approach for Protein Design Based on Relative Entropy and HNP Model	焦　雄
	Between gp41 and Inhibitors Interactions Studied by Molecular Dynamics Simulation and MM-PBSA Calculations	李作峰
	Detecting Correlation between Sequence and Expression Divergences in a Comparative Analysis of Human Serpin Gene	张文娟
	DEPD：a Novel Database for Differentially Expressed Protein	贺权源
	hsPPIP：An Online Tool for Prediction of Protein-protein Interactions in Human	薛　宇
	Prediction of Residue Solvent Accessibility Using Profile Based Support Vector Regression	李　鹜
	A Study of Prediction Methods for Protein Subcellular Localization	王明会

(续表)

分论坛	报告题目	报告人
	Missing Value Estimation for DNA Microarray Gene Expression Data by Support Vector Regression Imputation and Orthogonal Coding Scheme	王　娴
	Analysis of Expression and Function Prediction of Histone Deacetylase HD2 Family on Rice by Bioinformatics Strategy	符稳群
	Refined Phylogenetic Profiles Method for Predicting Protein-protein Interactions	孙景春
	Insights into the Coupling of Duplication Events and Macroevolution from an Age Distribution of Animal Transmembrane Gene Families	丁国徽
	DGIP: a Solution to the Resource Constrain in Human Genetic Community	李淼新
	Dynamic Flux Balance Analysis of Myocardial Energy Metabolism under Ischemic Conditions	罗若愚
	Prediction of Protein-protein Interaction by Support Vector Machines	余晓晶
	Neurochip Based on Light-addressable Potentiometric Sensor	刘清君
	The Neural Correlations for Familiarity of Hallucination-like Voices: a Functional MRI Study	姚志剑
	Effects of Carbachol on Anion Secretion in Cultured Rat Epididymis	杜建阳
	Research on Bio-functional Chromatography of Dopamine Transporter	江　晶
	Development and Validation of a HPL/CMS Method for the Determination of Endogenous Neurotoxins Salsolinol and N-methyl Salsolinol	牟晓玲
	Investigation of Potential Cytotoxic Effect of Chronic Administration of Creatine by the Method of LC/MS	王　琳
	A Novel Sensitive High-performance Liquid Chromatography/ESI Mass Spectrometry for the Determination of Activity of Semicarbazide-sensitive Amine Oxidase(SSAO)	庄力霞
	Detecting Vibrio in Aquatic Products with Lab-in Tube System Based Microarray	吴中伟
	铁对牛卵细胞体外成熟和体外受精的影响	高国龙
	Crystal Structure of Human Guanosine Monophosphate Reductase2 (GMPR2)	李继喜
	Integrated Gene Expression Map and High-resolution Analysis of Aberrant Chromosomal Regions in Squamous Cell Lung Cancer Based on MPR Microarray Datasets	张新宇

注：数据来源于复旦大学研究生院综合办公室。

附录 19　复旦大学博士生学术论坛一览表（2008—2015 年）

年份	单位	主题	举办时间
2008	外国语言文学学院	外文篇——"斟字酌句　品人论文"	4月7,8日
	高分子科学系	高分子科学篇——"南北对话交流互通"	4月23,24日
	公共卫生学院	环境与职业医学篇暨第七届环境与职业医学研究生学术研讨会——"健康保障和谐：公共卫生与和谐发展"	4月28,29日
	上海医学院	医学篇暨首届全国医学研究生学术年会——"立足医学基础，基于临床实践，夯实科研平台，提升学术品质"	5月31日,6月1日
	脑科学研究院	脑科学篇暨"中国复旦大学-日本东北大学研究生神经科学学术研讨会"	10月16,17日
	生命科学学院	生命科学篇暨第一届上海市高校研究所研究生生命科学论坛——"展现各高校生命科学领域最新进展，加深各高校生物学研究生交流沟通"	10月25日
	哲学学院	哲学篇——"时代之火花"	11月3日
	中国历史地理研究所	历史地理篇——"开放　融入　发展——多维度的历史地理学"	11月15,16日
	管理学院	管理篇——"发展与转型时期的管理理论本土化和创新探究"	11月21,22日
	经济学院	经济篇——"回顾与展望——纪念中国改革开放三十周年"	11月21,22日
	社会发展与公共政策学院	社会篇——"科学改革,协调发展"	11月22,23日
	环境科学与工程系	环境科学篇——"改革开放30年之环境保护"	11月28,29日
	新闻学院	新闻传播篇暨2008年中国新闻传播学科研究生学术年会——"变革与传播：中国传媒三十年"	11月29,30日
2009	外国语言文学系	联璧中西,鉴往启今	3月31日
	华山医院	探索临床,研究前沿	4月25日
	法学院	改革开放与中国法治进程——我们的变革和使命	4月25日
	力学与工程科学系	现代力学在航空航天中的作为	5月9,10日
	数学科学学院	向数求是,谋学为真	5月26日
	上海医学院	严谨　开拓　协作　发展	6月5,6日
	国际关系与公共事务学院	全球治理的挑战与对策	5月30,31日
	公共卫生学院	发展中国家生殖健康的挑战与对策	9月5日

(续表)

年份	单位	主题	举办时间
	先进材料实验室、材料科学系	新能源 新材料 新发展	9月24,25日
	中国历史地理研究所	旧资料,新方法	10月17,18日
	社会发展与公共政策学院	审视发展 改革创新	10月31日,11月1日
	新闻学院	媒介融合与新闻传播	11月13,14日
	哲学学院	哲学与当代中国	11月28,29日
	历史学系	反思与重建:21世纪的历史学	11月28,29日
	信息科学与工程学院	信息科学与技术:创新与发展	11月28,29日
	管理学院	"变"中解危机,"革"里谋发展	11月29日
	经济学院	激荡六十年:中国经济的变革与发展	12月6日
	化学系	通向可持续发展的绿色化学之路	12月26,27日
2010	生命科学学院	学术搭建桥梁,沟通传承友谊,交流促进创新	5月22日
	高分子科学系	新高度,新契机,新挑战	5月25,26日
	上海医学院	求实明道,协作交流	6月2日
	公共卫生学院	新医改背景下的药物经济学与医药政策	6月6日
	信息科学与工程学院	现代信息技术的传承与开拓	10月16,17日
	社会发展与公共政策学院	关注民生,和谐发展	10月30日
	数学科学学院	博学蕴秀,数缘涵奇	11月1至5日
	外国语言文学系	文本,语境,历史	11月7,8日
	计算机科学技术学院	新世纪的计算机科学前瞻与开拓	11月13日
	新闻学院	全媒体时代的新闻传播	11月20,21日
	国际关系与公共事务学院	新世纪的中国外交:机遇与挑战	11月26,27日
	环境科学与工程系	气候变化,绿色环境	11月27日
	哲学学院	追寻人类幸福——哲学对现代性的反思	11月27,28日
	管理学院	后危机时代中国企业的可持续发展	11月28日
	经济学院	复苏、反思、重塑——世界经济再平衡与中国经济转型	12月12日
2011	力学与工程科学系	现代力学在建设创新型国家中的作为	1月8,9日
	上海医学院	德逾精诚,医道无疆	6月18日
	信息科学与工程学院	创新信息汇智光华——新信息新智慧新世界	10月15,16日

(续表)

年份	单位	主题	举办时间
	外国语言文学系	文韵·言律·译思	10月16日
	材料科学系、先进材料实验室	新材料：让生活更美好	10月25日
	社会发展与公共政策学院	包容性增长·促社会进步	10月29日
	计算机科学技术学院	百花齐放的计算机科学与技术	10月29日
	数学科学学院	求学于精，用学于谨	10月31日
	哲学学院	形而上学与生活世界	11月9日
	新闻学院	现代性语境中的中国传媒	11月26,27日
	生命科学学院	从生命科学中读懂我们自己	12月10日
	经济学院	转型、增长与发展——聚焦当代中国经济	12月11日
	管理学院	经济转型时期中国企业的可持续发展	12月11日
	化学系	化学点亮美好未来	12月18日
	生物医学工程平台	生物医学转化研究进展前沿与应用	10月26,27日
	韩国研究中心	中国韩国学（以中国与朝鲜半岛关系研究的新探索为主题）	5月18,19日
	软件学院	上海地区计算机学科研究生学术论坛	7月8至10日
2013	生物医学研究院	生物医学 走进2013	4月29日
	高分子系	交流、聚合、共进	5月4,5日
	华山医院	引"转化"新理念，促医学新发展	6月1日
	基础医学院	正医明德，博学致知	6月6日
	信息科学与工程学院	中国梦，信息魂	10月19日
	外文学院	Voices·Visions	10月19,20日
		Verities	
	化学系	化学，引领能源新时代——节能、环保、可持续	11月2日
	新闻学院	新媒体与社会融合	11月16,17日
	计算机科学技术学院	大数据时代的计算机科学	11月17日
	哲学学院	社会转型与哲学关怀	11月23,24日
	管理学院	大数据时代背景下的中国企业转型与创新	12月8日
	力学与工程科学系	力弥万物·学以化成	12月14日
	史地所	"禹贡"历史地理博士生学术论坛	12月14,15日
	法学院	跨学科、跨行业、跨国界法律问题研究	12月15日
	经济学院	中国经济新动向——"中国梦"的经济图景	12月15日

（续表）

年份	单位	主题	举办时间
	社会发展与公共政策学院	中国梦——发展路径和策略	12月21日
	生命科学学院	大数据时代的生物学	12月21日
	国际关系与公共事务学院	理性、制度、行动——2013年全国政治学博士生学术论坛	12月
2014	社会发展与公共政策学院	中国梦——革新与动力	11月1日
	经济学院	中国经济新常态	12月7日
	管理学院	转型与升级——新常态背景下中国企业的抉择	12月7日
	生命科学学院	后基因组时代的生命科学	11月12日
	新闻学院	跨学科的视野——城市与传播	11月22,23日
	计算机科学技术学院	从学术理想到创客精神	11月30日
	力学与工程科学系	力学，让生活更美好	11月29日
	先进材料实验室、材料科学系	新材料，新器件，新梦想	12月9日
	信息科学与工程学院	信息筑梦，开创未来	10月18日
	哲学学院	南北五校哲学博士生论坛	11月21至24日
	外文学院	Unity: Uniqueness & Universality	10月18日
	基础医学院	博学明智，医路伴行	6月26日
	环境科学与工程系	积聚科学力量，呼唤绿色时代	11月25日
	数学科学学院	复旦-京都中日博士生数学论坛	11月2至8日
2015	脑科学学院	脑疾病的基础与临床	5月24日
	基础医学院	博学而有蕴涵，尚医而赛九州	6月10日
	外文学院	Illumination: Innovation and Illustration	10月10日
	信息科学与工程学院	信息纵横，协同创新	10月17日
	计算机科学技术学院	"互联网+"时代的挑战	10月31日
	生命科学学院	交叉学科背景下的生命科学	10月31日
	历史学系	二战记忆：让历史告诉未来	11月13日
	国务学院	大国崛起背景下的战略创新和制度创新	11月21日
	哲学学院	现代性与中国	11月15日
	社政学院	梦想中国：创新与发展	11月21日
	生物医学研究院	转化医学，精准治疗	11月15日
	新闻学院	网络化社会：传播与社会互动	11月28日

（续表）

年份	单位	主题	举办时间
	力学系	汇聚力想，驭梦飞翔	11月28日
	经济学院	转型、合作与发展——中国经济改革与世界经济繁荣	12月5日
	化学系	新技术、新材料、新能源、新发现——创新化学，引领未来	12月6日
	管理学院	时变之应，国家宏观战略下企业发展的新抉择	11月29日
2016	数学科学学院	交流、创新、严谨、融合	1月6日
	外文学院	Enrichment; Exchange & Exploration	10月22日
	新闻学院	变革·创新：媒体融合与社会发展	11月26,27日
	公共卫生学院	不良环境与健康——可接受的风险	11月6至9日
	经济学院	创新、联动与包容：新增长模式下的中国改革与世界共赢	12月4日
	哲学学院	启蒙与古今之变	11月19日
	国际关系与公共事务学院	多极化世界中的中国与欧盟	5月26,27日
	信息学院	智汇信息 引领创新	10月15,16日
	计算机学院	Mind & Machine：人工智能的未来	10月30日
	航空航天系	聚力攀高峰，启航新征程	11月1日
	生命科学学院	精准医疗时代的生物医药与疾病研究	11月19日
	国际文化交流学院	汉语跨文化传播	11月18日
	中山医院	医以博而通其变，研以精而烛其微	10月13至27日
	社会发展与公共政策学院	小康社会：发展与公平	11月20日
	基础医学院	见博则不迷，听聪则不惑	6月16,17日
	环境科学系	聚焦环境发展，引领绿色未来	11月19日
	先进材料实验室	"材"高识远，"器"象万千	11月1日
	管理学院	供给侧改革背景下的经济结构调整和企业管理创新	11月27日
2017	基础医学院	求真·争鸣	6月8,9日
	法学院	法理精进分论坛	9月16,17日
	国务学院	国家能力建构	11月12日
	信息科学与工程学院	信息共享 开放创新	10月14日
	外国语言文学学院	Acquisition; Aspiration & Appreciation	10月28日
	中山医院	转化医学——精准治疗	10月14日

（续表）

年份	单位	主题	举办时间
	计算机科学学院	区块链：定义未来经济新格局	11月8日
	生命科学学院	生命科学新思维的碰撞与交融	11月11日
	历史学系	海与帝国：海洋连接起的世界	12月9,10日
	化学系	新连接，新见解，更简洁，更便捷——绿色的化学，更好的世界	11月6日
	哲学学院	现代文明与中国话语	11月11日
	社政学院	经济新常态下的民生改善	11月4日
	新闻学院	移动互联时代的中国传媒改革	11月18,19日
	生物医学研究院	转化医学——精准治疗	11月2,3日
	航空航天系	力行天下　航遍寰宇	12月3日
	管理学院	中国制造2025＋互联网——中国经济发展的新动能	12月2日
	经济学院	稳定、增长与开放：新经济下的中国改革与世界共赢	12月4日
	公共卫生学院	全民健康的探索与实践	11月11日
2018	经济学院	以新经济拥抱新时代：中国结构升级与全球化新格局	12月1日
	哲学学院	科技发展与文明的未来	11月17,18日
	外国语言文学学院	Dialogue: Inheritance & Innovation	10月27日
	信息科学与工程学院	信联你我，电照未来	10月27日
	计算机科学技术学院	大数据与人工智能	12月1日
	物理学系	朴厚致理，方展宏图——2018年复旦大学博士生学术论坛之物理学篇暨第五届PFUNT中国物理学一级重点学科大学联盟博士生论坛	12月13至15日
	生物医学研究院	生物医学领域的跨界融合与思路创新暨生物医学研究院第二届"CNS一作论坛"	11月20日
	环境科学与工程系	迈向生态文明新时代　开启绿色发展新未来	11月6,7日
	法学院	网络信息时代的法律规制	10月21日
	社会发展与公共政策学院	构建美好生活：新时代　新征程	5月29日、6月8,9日
	复旦大学附属中山医院	生物医学多学科交叉与合作	10月20日
	新闻学院	新时代与新视野：中国传媒变革的进程与趋势	11月17,18日
	先进材料实验室	新材料、新能源　让生活更美好	11月10日
	生命科学学院	生命科学新时代，技术思维共创新	11月24日

(续表)

年份	单位	主题	举办时间
	管理学院	Improving Well-being in Society, How Can Corporates Help?	12月8日
	航空航天系	启航新时代 聚力双一流	12月8日
	国际关系与公共事务学院	"新时代"中国公共管理的新发展	11月4日
	基础医学院	见博则不迷,听聪则不惑	6月15日
	数学科学学院	第一届全国PDE偏微分方程博士生论坛	11月10,11日

注：数据来源于复旦大学党委研究生工作部。

附录20　复旦大学优秀大学生夏令营实施概况表(2009—2018年)

年份	院系名称	批准经费(万元)	规模人数(人)
2009	历史系	7.5	35
	经济学院	10	100
	管理学院	10	200
	数学科学学院	7.5	50
	物理学系	7.5	50
	生命科学学院	10	80
	药学院	7.5	60
	生物医学研究院	5	50
2010	历史系	7.5	41
	数学科学学院	8	106
	物理学系	5	48
	计算机科学技术学院	10	51
	经济学院	10	72
	管理学院	10	110
	生命科学学院	12	50
	环境科学与工程系	7.5	40
	上海医学院	12	67
	药学院	8	42

（续表）

年份	院系名称	批准经费(万元)	规模人数(人)
2011	新闻学院	8	30
	历史学系	9	51
	数学科学学院	10	109
	物理学系	8	31
	计算机科学技术学院	8	51
	经济学院	10	80
	管理学院	10	100
	信息科学与工程学院	5	46
	环境系	8	73
	上海医学院	10	62
	公共卫生学院	7	38
	生物医学研究院	7	70
2012	历史学系	8	39
	国际关系与公共事务学院	5	43
	数学科学学院	8	108
	物理学系	7	63
	计算机科学技术学院、软件学院	8	55
	力学与工程科学系	5	38
	材料学系	5	42
	经济学院	12	181
	管理学院	10	199
	生命科学学院	8	98
	信息科学与工程学院	10	86
	环境科学与工程系	6	63
	上海医学院	8	68
	公共卫生学院	7	53
	药学院	7	52
	生物医学研究院	5	55
2013	社会科学基础部	5	24
	历史学系(含文史研究院)	9	40
	国际关系与公共事务学院	6	45

（续表）

年份	院系名称		批准经费(万元)	规模人数(人)
	数学科学学院		9	124
	物理学系		8	70
	化学系		9	82
	计算机科学技术学院、软件学院		8	56
	力学与工程科学系		6	27
	材料学系		6	47
	经济学院		12	65
	管理学院		10	86
	生命科学学院		10	92
	信息科学与工程学院	光科学与工程系	12	50
		通信工程系		31
		微电子学系		55
	环境科学与工程系		7	50
	上海医学院	临床医学院	22	152
		公共卫生学院		69
		基础医学院（含生物医学研究院）		98
		脑科学研究院		42
2014	马克思主义学院		5	30
	历史学系（含文史研究院）		6	44
	国际关系与公共事务学院	国际公共政策方向	7	20
		政治学理论、国际政治、行政管理方向		20
	数学科学学院、上海数学中心		7	120
	物理学系、现代物理研究所		5	90
	化学系		7	90
	计算机科学技术学院、软件学院		6	50
	航空航天系		4	30
	材料科学系		5	70
	高分子科学系		4	40
	经济学院	科学学位	8	60
		专业学位		100

(续表)

年份	院系名称		批准经费(万元)	规模人数(人)
	管理学院		9	250
	信息科学与工程学院	光科学与工程系	6	40
		微电子学院		30
	环境科学与工程系		5	70
2015	马克思主义学院		5	24
	历史学系(含文史研究院)		6	50
	哲学学院		5	20
	国际关系与公共事务学院	国际公共政策方向	7	20
		政治学理论、国际政治、行政管理方向		40
	数学科学学院、上海数学中心		8	220
	物理学系、现代物理研究所		6	80
	化学系		7	90
	计算机科学技术学院、软件学院		6	50
	航空航天系		5	30～35
	材料科学系		6	60
	高分子科学系		5	50
	经济学院	科学学位	8	80
		专业学位		200
	管理学院		8	200
	生命科学学院		7	120
	信息科学与工程学院	光科学与工程系	6	40
		微电子学院		30
	环境科学与工程系		5	50
2016	马克思主义学院		5.7	30
	历史学系(含文史研究院)		6.65	50
	哲学学院		5.7	30
	数学科学学院、上海数学中心		8.55	120
	物理学系、现代物理研究所		6.65	80
	化学系		7.6	90
	计算机科学技术学院、软件学院		6.65	50
	航空航天系		5.7	35～40

(续表)

年份	院系名称		批准经费(万元)	规模人数(人)
	材料科学系		6.65	70
	高分子科学系		6.65	90
	经济学院	科学学位	7.6	60
		专业学位		150~200
	管理学院		5	160
	生命科学学院		7.6	120
	信息科学与工程学院	光科学与工程系	7.6	40
		通信科学与工程系		40
	微电子学院			50
	环境科学与工程系		5.7	50
2017	马克思主义学院		6	30
	历史学系(含文史研究院)		7	60
	哲学学院		6	30
	数学科学学院、上海数学中心		8	120
	物理学系、现代物理研究所		6	100
	化学系		7	90
	计算机科学技术学院、软件学院		8	55
	航空航天系		5	40
	材料科学系		6	70
	高分子科学系		6	90
	经济学院	科学学位	2	60
		专业学位		200~250
	管理学院		2	160
	生命科学学院		7	120
	信息科学与工程学院	光科学与工程系	6	40
		微纳系统中心		
		通信科学与工程系		40
	环境科学与工程系		5	50
	大数据学院		4	80
	微电子学院		4	40
	大气科学研究院		5	5

(续表)

年份	院系名称		批准经费(万元)	规模人数(人)
2018	马克思主义学院		8	50
	历史学系(含文史研究院)		8	60
	哲学学院		8	50
	数学科学学院、上海数学中心		9	150
	物理学系、现代物理研究所		9	120
	化学系		9	150
	计算机科学技术学院、软件学院		9	80
	法学院		7	30
	航空航天系		7	40
	材料科学系		8	60
	高分子科学系		8	80
	泛海国际金融学院		/	100
	经济学院	科学学位	5	200
		专业学位		
	管理学院		5	380
	生命科学学院		9	150
	信息科学与工程学院	微纳系统中心	8	15
		通信科学与工程系		40
	环境科学与工程系		5	70
	类脑人工智能科学与技术研究院		5	50
	工程与应用技术研究院		8	70
	大数据学院		5	90
	微电子学院		5	60
	大气科学研究院		5	40

注：数据来源于复旦大学研究生院招生办公室。

后　记

　　2018年是中国改革开放40周年，也是复旦大学恢复研究生教育40周年。40年来，复旦大学研究生教育历经磨砺，始终不忘初心、砥砺前行。为回顾40年来复旦大学研究生教育之发展变迁、总结研究生教育之成就经验、展望研究生教育之未来前景，推动实现复旦大学研究生教育迈向世界一流水平的目标，为国家培养出更多具有国际竞争力的高层次学术创新型人才和具有职业素养及创业精神的高层次专业型人才，复旦大学研究生院决定开展恢复研究生教育40周年相关纪念活动和文献出版工作。

　　2018年初夏，在张人禾院长带领下，研究生院组织开展复旦大学恢复研究生教育40周年纪念活动，并由常务副院长吴宏翔负责具体推进。围绕纪念活动，研究生院先后组织召开了12次专家座谈会、老同志座谈会、媒体专业人士座谈会、框架讨论会、审稿会等多形式、多任务专题会议。按照"纵向看发展，横向比优势；盘点四十年，体现新亮点"、"思想有高度，措施有力度，实施有温度"的要求和"既是40年工作总结，也是40年数据、资料整理汇编"的思路以及"众手成志"的方法，开展资料收集、整理及文稿编撰工作。对于原上海医科大学的相关材料处理，采纳了刁承湘等同志提出的"Y型结构"建议。通过相关同志夜以继日地工作，终于在2018年年底完成了"一块板、一本书、一篇文章"的"三个一"计划。2018年12月25日至2019年1月16日，在复旦大学橱窗展出了"卿云缦缦　日月光华[①]——复旦大学恢复研究生教育40周年（1978—2018年）"展览；在《中国研究生》2018年第12期发表了纪念文章"卿云缦缦四十载　日月光华新时代——复旦大学恢复研究生教育40周年回顾与展望"；在"复旦大学2018年度研究生教育工作会议"[②]上印发了30余万字的"卿云缦缦　日月光华——复旦大学恢复研究生教育40周年（1978—2018年）"纪念册。

　　在纪念册成功印发的基础上，研究生院决定组织力量编写《复旦大学恢复研究生教育

[①] 源自《卿云歌》"卿云烂兮，纠漫漫兮。日月光华，旦复旦兮"。复旦大学校名撷取自《尚书大传·虞夏传》"卿云烂兮，纠缦缦兮；日月光华，旦复旦兮"两句中的"复旦"二字，本义是追求光明，寓含自主办学、复兴中华之意。
[②] 2019年1月8日上午在复旦大学光华楼东辅楼102报告厅举行，许宁生校长出席并讲话。

40周年(1978—2018年)》一书。为了有效完成此项任务,研究生院先后召开了15次专题会议,研究框架安排、写作提纲、写作思路和写作要点。各办公室抽调专门力量参与,相关同志多次赴图书馆、档案馆查阅资料,从海量资料中寻找写作素材。由于老同志陆续退休、新同志不断接替,新老更替中使得相关研究生教育史料亟待积累和传承,这也是本书编撰工作的初心之一。相关史料通过编者一字一句的录入和校对,形成书中的文字并能得以传承。从纪念册到书稿的蜕变,无疑是一个艰难的过程。在包晓明、杜磊、胡玲琳、潘星、刘晓宇几位各篇章负责人的努力下,以及金鑫、廖文武、陆德梅、王烨、夏学花、许滢、姚玉河、赵姝婧、段军岩等同志的主要参与和研究生院其他同志的积极配合下,经过1年多时间,同志们放弃了"两暑一寒"假期,马不停蹄地勤勉工作,翔实采撷、细致梳理、悉心打磨,终于汇集成这本《卿云缦缦 日月光华:复旦大学恢复研究生教育40周年(1978—2018年)》。

本书的编写工作由研究生院常务副院长吴宏翔主持,并由他负责审稿、统稿。本书各篇的负责人分别是包晓明(第一篇)、胡玲琳(第二篇)、杜磊(第三篇)、潘星(第四篇),全书医学内容的负责人是刘晓宇。本书各章的主要编写人员如下:

第一篇　第一章　潘星、廖文武、包晓明。
　　　　第二章　包晓明、潘星、刘晓宇、赵姝婧、朱纯正。
　　　　第三章　包晓明、潘星、赵姝婧、朱纯正。
　　　　第四章　包晓明、廖文武、先梦涵、刘晓宇、赵姝婧。

第二篇　第五章　胡玲琳、潘星、陆德梅。
　　　　第六章　胡玲琳。
　　　　第七章　胡玲琳、刘晓宇、吴鸿翔。
　　　　第八章　王烨、姚玉河。
　　　　第九章　陆德梅、金鑫、刘晓宇、胡玲琳。
　　　　第十章　胡玲琳、先梦涵。

第三篇　第十一章　潘星、杜磊、唐荣堂。
　　　　第十二章　杜磊、潘星、李婷婷。
　　　　第十三章　杜磊、金鑫、唐荣堂、李婷婷。
　　　　第十四章　夏学花。

第四篇　第十五章　潘星、吴宏翔。
　　　　第十六章　潘星、吴宏翔。

在本书的编写过程中,以下各位同志都为本书部分章节资料的收集、补充、修改等提供了帮助:陈芳、陈建平、陈珂、陈仁波、陈苏华、陈兆君、楚永全、刁承湘、段咏红、樊廷建、樊智强、耿昭华、顾树棠、姜友芬、梁玲、刘佳琪、刘树麟、罗爱华、马彦、慕梁、潘晓蕾、裴鹏、彭丽、钱益民、任宏、施展、谭嵩、谭芸、汪玲、王安华、王晶晶、王磊俊、王永珍、王云、吴海鸣、夏天怡、徐洁祎、徐晓创、许丽红、杨长江、杨柳、应质峰、詹梅、张人禾、甄炜旎、周春莲、周小雅、庄琛。在此向他们表示诚挚的谢意!

本书的出版得到全校上下的大力支持和帮助,在此衷心感谢复旦大学校领导对研究生教育的引领;感谢顾问组专家的高远见解与分析;感谢校内各研究生培养单位及相关部处提供的珍贵资料,特别是医学学位与研究生教育办公室、党委研究生工作部、档案馆、图书馆等单位的大力支持和帮助;感谢研究生院全体同仁的努力付出;更感谢所有参与本书策划、讨论、资料收集、编撰及后期打磨等过程的同志。大家的汗水与心血,成就了这部对于复旦大学研究生教育而言极具纪念意义和参考价值的作品。同时,复旦大学出版社给予了大力支持,责任编辑梁玲女士从本书策划起参与讨论,为本书的出版工作付出了诸多辛劳;范仁梅女士虽已退休,仍不遗余力协助本书的文字修改。复旦档案馆钱益民等同志对本书的撰写也给予帮助。编者在此向他们表示诚挚的谢意!

特别感谢复旦大学党委书记焦扬、校长许宁生在百忙之中为本书作序,他们的序言成为本书的重要指引。

本书力求客观、完整地反映在中国恢复研究生教育和改革开放的大背景下,复旦大学恢复研究生教育40年来改革与发展的历史进程与经验成效。由于资料积累尚有不足、资料收集本身可能存在疏漏,加之编写组水平所限、经验不足,书稿虽经仔细校阅,仍可能存在不当和疏漏之处,甚至是错误,诚望专家、读者不吝批评指正。

日月光华,旦复旦兮,前路迢迢,未来可期。复旦大学研究生教育将坚定理想信念,志与日月争辉。

本书编写组

2019年9月30日

图书在版编目(CIP)数据

卿云缦缦　日月光华:复旦大学恢复研究生教育40周年/复旦大学研究生院编著. —上海:复旦大学出版社,2019.12
ISBN 978-7-309-14797-1

Ⅰ.①卿… Ⅱ.①复… Ⅲ.①复旦大学-研究生教育-教育工作-成就　Ⅳ.①G643

中国版本图书馆 CIP 数据核字(2019)第 287861 号

卿云缦缦　日月光华:复旦大学恢复研究生教育40周年
复旦大学研究生院　编著
责任编辑/梁　玲

复旦大学出版社有限公司出版发行
上海市国权路 579 号　邮编:200433
网址:fupnet@fudanpress.com　http://www.fudanpress.com
门市零售:86-21-65102580　团体订购:86-21-65104505
外埠邮购:86-21-65642846　出版部电话:86-21-65642845
上海丽佳制版印刷有限公司

开本 787×1092　1/16　印张 39.25　字数 883 千
2019 年 12 月第 1 版第 1 次印刷

ISBN 978-7-309-14797-1/G·2059
定价:168.00 元

如有印装质量问题,请向复旦大学出版社有限公司出版部调换。
版权所有　侵权必究